SUBWAY DE LOS SUEÑOS, ALUCINAMIENTO, LIBRO ABIERTO
La novela vanguardista hispanoamericana

KATHARINA NIEMEYER

COLECCIÓN NEXOS Y DIFERENCIAS, N.º 11

Colección nexos y diferencias
Estudios culturales latinoamericanos

Enfrentada a los desafíos de la globalización y a los acelerados procesos de transformación de sus sociedades, pero con una creativa capacidad de asimilación, sincretismo y mestizaje de la que sus múltiples expresiones artísticas son su mejor prueba, los estudios culturales sobre América Latina necesitan de renovadas aproximaciones críticas. Una renovación capaz de superar las tradicionales dicotomías con que se representan los paradigmas del continente: civilización-barbarie, campo-ciudad, centro-periferia y las más recientes que oponen norte-sur y el discurso hegemónico al subordinado.

La realidad cultural latinoamericana más compleja, polimorfa, integrada por identidades múltiples en constante mutación e inevitablemente abiertas a los nuevos imaginarios planetarios y a los procesos interculturales que conllevan, invita a proponer nuevos espacios de mediación crítica. Espacios de mediación que, sin olvidar los nexos que histórica y culturalmente han unido las naciones entre sí, tengan en cuenta la diversidad que las diferencian y las que existen en el propio seno de sus sociedades multiculturales y de sus originales reductos identitarios, no siempre debidamente reconocidos y protegidos.

La **Colección nexos y diferencias** se propone, a través de la publicación de estudios sobre los aspectos más polémicos y apasionantes de este ineludible debate, contribuir a la apertura de nuevas fronteras críticas en el campo de los **estudios culturales latinoamericanos.**

Directores	**Consejo asesor**
Fernando Ainsa	Jens Andermann
Lucia Costigan	Santiago Castro-Gómez
Frauke Gewecke	Nuria Girona
Margo Glantz	Esperanza López Parada
Beatriz González-Stephan	Kirsten Nigro
Jesús Martín-Barbero	Sylvia Saítta
Sonia Mattalia	
Kemy Oyarzún	
Andrea Pagni	
Mary Louise Pratt	
Beatriz J. Rizk	

SUBWAY DE LOS SUEÑOS, ALUCINAMIENTO, LIBRO ABIERTO
La novela vanguardista hispanoamericana

Katharina Niemeyer

Iberoamericana · Vervuert · 2004

Bibliographic information published by Die Deutsche Bibliothek
Die Deutsche Bibliothek lists this publication in the Deutsche Nationalbibliografie;
detailed bibliographic data is available on the Internet at <http://dnb.ddb.de>.

Nuestro agradecimiento a la Deutsche Forschungsgemeinschaft (DFG)
por su apoyo financiero a la publicación de este libro

Reservados todos los derechos

© Iberoamericana, Madrid 2004
Amor de Dios, 1 – E-28014 Madrid
Tel.: +34 91 429 35 22
Fax: +34 91 429 53 97
info@iberoamericanalibros.com
www.ibero-americana.net

© Vervuert, 2004
Wielandstr. 40 – D-60318 Frankfurt am Main
Tel.: +49 69 597 46 17
Fax: +49 69 597 87 43
info@iberoamericanalibros.com
www.ibero-americana.net

ISBN 84-8489-126-7 (Iberoamericana)
ISBN 3-86527-104-9 (Vervuert)

Depósito Legal: M. 17.069-2004

Ilustración de cubierta: Tina Modotti. *Julio Antonio Mella's typewriter* (1928).
        © The Estate of Tina Modotti.
Cubierta: Marcelo Alfaro
Impreso en España por Imprenta Fareso, S. A.
The paper on which this book is printed meets the requirements of ISO 9706

ÍNDICE

Palabras liminares 7

Introducción 9

Capítulo I. La novela vanguardista hispanoamericana: primeros deslindes (1922-1928) 19
1. Comienzos y contextos 19
    1.1. Un comienzo es un comienzo es un comienzo... 19
    1.2. Las Vanguardias hispanoamericanas: terminología, teoría 23
    1.3. Vanguardia y novela (y algo más sobre los comienzos) 38
    1.4. El contexto histórico-literario: procesos y problemas de la novela hispanoamericana en los años 20 47
2. Novelas ejemplares 69
    2.1. Arqueles Vela: *La señorita etc.* (1922) 71
    2.2. César Vallejo: *Escalas melografiadas* (1923) 85
    2.3. Xavier Villaurrutia: *Dama de corazones* (1925-1926, publicada en 1928) 97
    2.4. Pablo Palacio: *Débora* (1927) 112
3. Poética de la novela vanguardista 126
    3.1. La novela vanguardista: estado de la cuestión 126
    3.2. La novela vanguardista: ¿género, escritura, poética? 130
    3.3. Hacia una poética de la novela vanguardista hispanoamericana 135
4. Vertientes 150
    4.1. La difícil modernidad 154
    4.2. Otras vertientes 195

Capítulo II. La novela vanguardista hispanoamericana: diferenciación, diseminación, radicalización (1929-1940) 233
1. La novela vanguardista en el contexto 233
    1.1. Panorama histórico-cultural 233
    1.2. La novela vanguardista entre teoría y crítica 246
    1.3. La novela hispanoamericana entre modernización y tradicionalidad o cómo la novela vanguardista infiltró las filas enemigas 269

   2. Continuar, diferenciar... 293
      2.1. "América, adentro, más adentro" 299
      2.2. ¿Una nueva novela histórica? 320
      2.3. De nuevo: el yo y la modernidad 349
   3. "La dejo libro abierto": final y nuevo comienzo 411
      3.1. Las novelas de Juan Emar 413
      3.2. Las novelas de Macedonio Fernández 437

Bibliografía 453
1. Textos 453
      1.1. Novelas y narrativa de la época 453
      1.2. Otros textos 456
2. Estudios 458

Índice onomástico (autores y críticos de la época) 491

Palabras liminares

Este libro se ha venido gestando durante largos años. Y para que finalmente resultaran las páginas que siguen fue imprescindible la ayuda que de muchas partes he tenido la suerte de recibir. Klaus Meyer-Minnemann (Hamburgo), maestro y colega ejemplar, desde el principio ha compartido mi interés en el tema y me otorgó su apoyo constante para el desarrollo de la investigación; Sabine Schlickers (Bremen) leyó una primera versión y me hizo una serie de comentarios que me ayudaron a aclarar mis ideas; Inke Gunia y Dieter Reichardt (Hamburgo) me acompañaron con su solidaridad intelectual y moral; desde allende del mar Irmtrud König y Nelson Osorio (Santiago de Chile), Vicky Unruh (Kansas), Hugo Verani (Davis, California) y Noé Jitrik (Buenos Aires) me animaron a seguir adelante; la Deutsche Forschungsgemeinschaft me hizo posible investigaciones en las bibliotecas de Buenos Aires y Santiago de Chile; Gisela Huber (Biblioteca del Instituto de Investigaciones Ibero-Americanas de Hamburgo) me ayudó en cuestiones no sólo bibliográficas; Per-Olof, mi marido, siempre creía que mis interminables reflexiones sobre temas vanguardistas iban a llevar a buen fin; Doris, Anna y Julia Niemeyer, mis amigas de Hollenbek y, en particular, Astrid Ulrich me resolvieron problemas que a menudo me parecían irresolubles. Una vez terminada la redacción, Ana Luengo (Bremen) corrigió el manuscrito y me brindó sus advertencias siempre pertinentes; Sandra Lhafi (Colonia) me ayudó a pasar las correcciones en limpio; Mary Louise Pratt (Nueva York) y Klaus Dieter Vervuert (Francfort) acogieron el libro en la colección *Nexos y diferencias*; la Deutsche Forschungsgemeinschaft, otra vez, ayudó a la publicación con un apoyo generoso. A todas ellas y ellos quiero dejar aquí constancia de mi más sincera gratitud.

La mayor deuda de gratitud, sin embargo, la he contraído con mi hija, quien me hizo un don irrecompensable: tiempo de su infancia. Muchas noches se durmió esperando en vano que yo terminara de trabajar y le leyera un cuento de los que a ella le gustan, con princesas, aventuras y final feliz; en fin, todo lo contrario de los textos que a mí me ocupaban; muchos días tuvo que contentarse con mi semi-ausencia y unas comidas creo que apenas digeribles... A Nora, pues, dedico este libro, con la esperanza de que algún día entenderá que la Vanguardia valió y sigue valiendo la pena.

Katharina Niemeyer
Hollenbek, noviembre de 2003

INTRODUCCIÓN

> Ahora bien:/ Esta historia pasa de aquí a su comienzo, en la primera mañana de mayo; sigue a través de estas mismas páginas, y cuando llega de nuevo aquí, de nuevo empieza allá.../ Tal era su iluminado alucinamiento (Palacio 1964: 276).

Con esta apertura de un círculo de lectura interminable, "iluminada" por la conciencia de la barrera entre las "páginas" y lo que está fuera de ellas, termina *Vida del ahorcado (Novela subjetiva)*, la segunda y última novela del ecuatoriano Pablo Palacio, publicada en Quito en 1932. Varios años más tarde, hacia 1948, otro escritor vinculado en su momento a la Vanguardia histórica –el argentino Macedonio Fernández–, iba a hacer empezar el "Prólogo final" que da fin a *Museo de la Novela de la Eterna (Primera novela buena)* con la siguiente reflexión: "Lo dejo libro abierto: será acaso el primer 'libro abierto' en la historia literaria" (Fernández 1993: 253).

Podría ampliarse sin problemas esa serie de citas procedentes de "novelas" hispanoamericanas escritas, y en su mayoría también publicadas, entre los años 20 y los 40 del siglo XX que testimonian la autoconciencia y la existencia de un "nuevo" tipo de novela hispanoamericana: la novela vanguardista. Ella abarca un amplio corpus de textos: desde *La señorita etc.* (1922), del mexicano Arqueles Vela, y la novelística de los Contemporáneos, las novelas de Roberto Arlt, Pablo Palacio, Martín Adán, Gamaliel Churata, Vicente Huidobro y Pablo Neruda, pasando por las primeras novelas de Max Jiménez, Humberto Salvador, Arturo Uslar Pietri, José Isaac de Diego Padró y las últimas de Enrique Bernardo Núñez, hasta las "novelas gaseiformes" de Enrique Labrador Ruiz y la obra novelística de Juan Emar y, el propio, Macedonio Fernández.

Es decir, desde 1922 hasta 1948, y desde México y Cuba, pasando por el Perú y Ecuador hasta Chile y la Argentina, se extiende una corriente que ya en su momento se entendió como "la literatura más atrevida" que se ha hecho en América Latina (Carrión 1930: 70). Así pues, existen no solamente determinadas "novelas" –si es que todavía deben llamarse así–, que a través de su carácter particular y a veces también por auto-declaraciones correspondientes se inscriben en la Vanguardia histórica. También se puede seguir el rastro, en la misma época, a todo un discurso crítico-teórico acerca de ellas, calificadas inmediatamente de "nuevas", "deshumanizadas" o, simplemente, "vanguardistas" (*cfr.* también Pérez Firmat 1982: 3-39).

Pero durante los decenios siguientes la novela vanguardista latinoamericana apenas ha sido tomada en consideración. Recién en los años 70 –e impulsada tal vez por la entonces llamada nueva novela– la crítica ha empezado el "rescate" (Lastra 1977) de las obras en cuestión, a estudiarlas con cierta sistematicidad[1] y a establecer los primeros "parecidos de familia" de la narrativa de la Vanguardia hispanoamericana (Osorio 1978). No obstante, del creciente interés por la Vanguardia que en los inicios de los años 80 llegó a un primer apogeo, a la narrativa/novela vanguardista tocaba sólo una pequeña parte. Se dieron los primeros estudios de conjunto de Gustavo Pérez Firmat (1982) y de Fernando Burgos (1986, 1989), así como el intento no menos pionero de Ángel Rama (1982)[2] de trazar la historia de la novela vanguardista como parte integrante del desarrollo de la novelística hispanoamericana. Mas trascurrirían años hasta que esas iniciativas fueron continuadas en los estudios recientes sobre la narrativa de la Vanguardia de Fernando Burgos (1995), Hugo Verani/Hugo Achugar (1996), María Bustos Fernández (1996) y en artículos como los de Álvaro Contreras (1996) y Wilfrido Corral (1996). Al mismo tiempo, el trabajo de Vicky Unruh (1994) por primera vez "adresses the more specific artistic and cultural problems investigated by Latin American vanguardists" (*ibíd.*, 26) dedicando la misma atención a manifiestos y a textos 'literarios', prosa, poesía y teatro. Y algunas historias recientes de la literatura latinoamericana, como la editada por Michael Rössner (1995), siguen esta línea al intentar restituir a las Vanguardias históricas en la totalidad de sus manifestaciones el sitio y papel que les corresponde en el proceso literario del continente.

No obstante, mucho resta todavía por hacer. Falta tanto una historia de la narrativa vanguardista como una re-construcción, en alguna medida sistemática, de los rasgos distintivos de los textos en cuestión[3]. A ambas interrogantes intenta responder el presente trabajo, dedicado a una parte importante de la narrativa de las Vanguardias hispanoamericanas: la novela. Por más que la Vanguardia cuestionaba las convenciones genéricas, lo hacía en gran

---

[1] Pioneras en este sentido fueron publicaciones como *Cinco estudios y dieciséis notas sobre Pablo Palacio* (1976), Vitale (1977), Jitrik (1973), Flammersfeld (1976), Lastra (1977), entre otros.

[2] Cabe recordar que el estudio en cuestión, "Medio siglo de narrativa latinoamericana (1922-1972)" se publicó en italiano ya en 1973.

[3] Reflexiones al respecto en Niemeyer (1998b).

medida no para abolir los "grandes" géneros literarios de la poesía lírica, la novela y el teatro, sino para renovarlos en cuanto a sus rasgos y posibilidades específicos. La obra de Vicente Huidobro, que abarca la poesía, la novela, el teatro, el poema en prosa, el cuento y el manifiesto sin dejar lugar a equivocaciones de la 'pertinencia' genérica respectiva, da tal vez el testimonio más obvio. Pero también hay muchos otros casos en los que, por ejemplo, el término novela acompañado de un adjetivo calificativo forma parte del título y/o consta en los paratextos, desde la "novela estridentista" de Arqueles Vela hasta la *Primera novela buena* de Macedonio Fernández. Es decir, la misma existencia de textos así denominados evidencia una voluntad de discusión, renovación y cambio en torno, precisamente, al género de la novela.

Concretamente, el presente estudio se propone analizar los rasgos de contenido, expresión y sentido que caractericen a estos textos y que en parte también marquen su pertinencia intencional a un tipo de novela que resulte a la vez diferenciable de otros tipos de novela vigentes en su contexto y, en ello, correspondiente al proyecto de las Vanguardias. Se trata, por ende, de buscar lo específico de los textos en cuestión: su respuesta/propuesta particular dentro de y frente a los código(s) novelístico(s) y los discursos socioculturales vigentes, sus concreciones del proyecto de las Vanguardias, en fin, su perfil de sentido individual así como sus "parecidos de familia". Con estos materiales se intenta (re)construir la poética común, que configura el eje central tanto para una mejor comprensión de los textos como para un esbozo de la historia de la novela vanguardista. Tal historia va a prestar particular atención a las relaciones dialógicas que los textos, como manifestaciones individuales de una poética, establecen con sus contextos y entre sí. Y también tendrá en cuenta la recepción coetánea de los textos y su repercusión en (otros) textos de la época. Así va a ser posible, espero, contribuir a entender la función histórica –literaria y cultural– de la novela vanguardista en y para su tiempo y lugar.

Está claro que el marco epistemológico de semejante haz de propósitos combina toda una serie de distintos enfoques y suposiciones básicas. Entre ellos cabe destacar que los análisis de los textos descansan, en último término, sobre una teoría y un método que durante los decenios pasados ya varias veces se han declarado muertos, pero que una y otra vez han mostrado su potencial heurístico con respecto al vasto campo de las manifestaciones culturales: la hermenéutica. Sin olvidar las limitaciones epistémicas ni, en particular, los argumentos que aducen las problematizaciones postestructuralistas de conceptos como sentido y código, texto, sujeto, individuo y discurso, sí existe la posibilidad de "entender", en el sentido de un entender, en última instancia, irreductiblemente hipotético (*cfr.* Frank 1989). Es decir, aquí se sigue una hermenéutica que ha hecho suya las reflexiones semióticas, los conocimientos de la pragmática y también los argumentos postestructuralistas contra la hipóstasis cientista del código como productor de sentido, pero que por ello tampoco recurre, en el otro extremo, al juego no menos absolutista de la diferencialidad[4]. No hay regla capaz de aplicarse ella misma, ni signo que signifique algo por sí mismo o que pueda 'generar' su interpretante, como Peirce subrayaba varias veces (y Derrida no ha querido tomar en cuenta), ni diferencialidad que, por más que configure el lugar para la perfilación y la existencia distinta de la autoconciencia 'amorfa', pueda producir el sentido (*cfr. ibíd.*, 540-551). El único punto de partida seguro para la pregunta por la instancia de la aplicación de códigos, tradiciones etc. es el sujeto, el individuo, entendido en la línea de las reflexiones de Humboldt, Schleiermacher y Sartre. Frente a la otra tradición mucho más poderosa que determina el individuo como lugar de plenitud y como *species* de lo general, estos filósofos insisten en la indeducibilidad del concepto de individuo y subrayan, para recordar a Schleiermacher, que el 'sentimiento individual' no es el centro de una mismidad imperecedera, sino al contrario el 'complemento' de una carencia que en cuanto tal suple la falta de unidad de aquel movimiento en el cual la autoconciencia singular intenta representar en su mismo seno la condición general de la verdad. En palabras de Manfred Frank (*ibíd.*, 546; la traducción es mía):

> Esa falta de un significado natural que lo defina en su esencia de una vez por todas, fuerza al individuo a tomar el camino de la interpretación: en cada instante ha de proyectar su sentido de nuevo y nunca va a resolver las perspectivas cambiantes bajo las cuales se le ofrece su propio ser y el del mundo 'en un pensamiento idéntico [ni va a] eliminar las diferencias' [Schleiermacher, *Hermeneutik und Kritik*, 1977: 411].

De este modo, [el individuo] se convierte en condición trascendental de sentido y comprensión: instaura las significaciones sobre cuyo intercambio se hacen posibles comunicación y, por consiguiente, intersubjetividad. Pero bajo estas significaciones no se halla ninguna que garantice una comprensión 'completa', una que se libre de la 'aposición individual' y que re-presente la totalidad del fuera-de-nosotros de manera objetiva y por tanto definitiva.

---

[4] Sobre la necesidad de tomar en serio los planteamientos postestructuralistas sin que ello implique dejar de lado los problemas epistemológicos que contienen ni seguir sus postulados, existe ya toda una serie de trabajos. Una breve síntesis al respecto ofrece Niemeyer (1994).

INTRODUCCIÓN

Las reflexiones aducidas bastarán para indicar que los textos se enfocarán desde el punto de vista de su intención de sentido y a sabiendas del carácter hipotético y conjetural de cualquier "re-construcción" al respecto. Tal perspectiva significa ver el texto como producto intencional de un autor real, ubicado en un determinado tiempo y lugar, que lo ha creado con finalidades comunicativas dirigidas hacia un lector/receptor no menos histórico. No obstante, lo que en la interpretación aparece/se construye como la instancia responsable para la intención de sentido no es sino lo que se ha venido a llamar el autor implícito[5]. Esta instancia, tan cuestionada en los últimos años[6], no hay por qué definirla en la línea tradicional, cartesiana-hegeliana del sujeto, con sus rasgos de auto-consistencia, estabilidad, monologicidad, etc. Postular la inadecuación principal del concepto en relación con "el texto" significaría dejar de lado tanto la posibilidad de una intención de sentido ya de por sí pluridimensional e inestable como, por el otro lado, el hecho histórico de que ciertos textos –y no pocos– procuran comunicar un sentido unívoco, coherente y hasta autoritario. Plurivocidad, dialogicidad, diferenciación y delimitación del sentido no son, por encima de lo que a este respecto implica el lenguaje, rasgos 'naturales' del texto literario, sino objetivos específicos de determinadas concepciones históricas de la literatura –y de su crítica–.

Sobre este trasfondo se emprende la re-construcción de la intención de sentido tal como resulta expresada en y a través del mundo narrado y su presentación narrativa, el modelo del mundo y la poética subyacentes, así como la relación particular con los contextos literarios, ideológico-discursivos e histórico-sociales de producción, recepción y referencia que así establece el texto. La narratología y el modelo de la comunicación en los textos ficcionales, la teoría de los géneros, la semántica de la ficción, el renovado enfoque de la 'apropiación de realidad'[7], el estudio de la intertextualidad y también la teoría sociológica del campo literario ofrecen en este contexto instrumentos teóricos y metodológicos de innegable valor heurístico. Es decir, los análisis intentan prestar atención a todos estos diferentes aspectos y dimensiones del texto. Pero no privilegian ninguno de ellos, sino la cuestión por los rasgos específicamente vanguardistas que –en atención a cierta teoría de la Vanguardia– se perfilan en su configuración particular.

---

[5] Una síntesis esclarecedora de las razones más bien pragmáticas para establecer la diferencia entre autor real y autor implícito, así como de la discusión sobre esta diferencia ofrece Paschen (1991:16 s.).

[6] Así Nünning (1993), que se dirige contra la 'antropomorfización' del constructo del autor implícito.

[7] *Cfr.* las explicaciones en Dill/Gründler/Meyer-Minnemann/Niemeyer (1994).

Tampoco a este respecto hay alguna garantía para una síntesis acertada de los signos intencionalmente dotados de sentido. Pues al intentar re-construir los rasgos que distinguen a los textos como integrantes de una clase cuya 'definición' –cifrada en este caso en una poética común– se halla presente sólo en sus manifestaciones individuales, surge el viejo problema del círculo hermenéutico[8], de la relación entre lo general y lo individual, entre la definición de la clase y el texto singular. El problema se relativiza al tener en cuenta que un código –y en un plano general una poética bien puede considerarse como un tipo de código– posibilita pero no determina las manifestaciones individuales y que ellas a su vez afectan el código. Así se evita el cortocircuito entre determinación del corpus y definición de la clase, ya que el condicionamiento mutuo entre ambas se entiende ahora como fenómeno intrínseco de la dinámica inherente a todo proceso semiótico, y ello tanto en el plano de los objetos como en el de su estudio. Por consiguiente, en vez de entender la relación entre corpus y clase a modo de las ciencias exactas, en las que la 'existencia' del primero ha de garantizar la 'verdad' de la definición de la segunda, se la concibe aquí como proceso de interacción interpretativa.

El enfoque historiográfico, en rigor, persigue finalidades semejantes –y se halla ante problemas afines–. Busca trazar y explicar el proceso de formación, continuación y diferenciación de una determinada concepción y práctica de la novela hispanoamericana, estableciendo relaciones de sentido entre los textos, los fenómenos y sucesos que en el plano de la realidad fáctica no existen. Pero precisamente sobre la base de este escepticismo (posmoderno) frente a la historiografía tradicional y su construcción de "la historia"[9] se ofrece la vuelta autocrítica a una historiografía narrativa, cuyas

---

[8] Como bien se sabe, en los últimos años la filosofía y, en particular, la teoría de la ciencia ya ha reflexionado ampliamente sobre el problema de que la observación (supuestamente) científica y, en general, cualquier observación está determinada por conjuntos discursivos y hasta prediscursivos que recién posibilitan en la práctica vital el entender y explicar y, en las ciencias, el planteamiento de la cuestión. Las reflexiones de Pérez Firmat (1982: ix-xi) sobre la inevitabilidad del círculo hermenéutico entre la descripción de la clase y la determinación del corpus apuntan, pues, sólo hacia un aspecto del problema que teorías epistemológicas actuales –constructivismo, etc.– han colocado en el centro de su atención.

[9] Cabe recordar aquí no sólo a Hayden White (1987) y Jean-François Lyotard (1979), sino también los cambios introducidos en la práctica de la historiografía literaria y cultural que han introducido la estética de la recepción (Jauss 1967), el New Historicism (*cfr.* Greenblatt/Gunn 1992), la sociología de la literatura en su continuación de Bourdieu o Luhmann, la teoría literaria feminista, los *gender studies* y la ciencia medial.

INTRODUCCIÓN

posibilidades para la interpretación y representación de un objeto literario 'convencional' había esbozado Hayden White ya en 1976, desgraciadamente sin tener en cuenta las agudas reflexiones de Claudio Guillén (1971).

A todo este respecto, el estudio siguiente está lejos de querer proponer un nuevo modelo para la historiografía literaria, sino que intenta hacer fructíferas algunas de las reflexiones aludidas para una historia que, por su tema, pertenecería a las tradicionales historias de un género, en este caso, el de la novela. Así, las páginas siguientes tienen también algo de narración historiográfica. Y su "héroe", al decir de White (1976), es la novela vanguardista hispanoamericana. En su deseo de imponerse en el campo literario y de contribuir a cambios culturales sustanciales dentro del contexto de la modernidad ha de encontrar sus estrategias al respecto, luchar contra una serie de antagonistas, re-formular su posición frente a circunstancias cambiantes y, finalmente, sacar las consecuencias de su actuación. La descripción del ambiente en el cual se ubica esta trama ocupa cierto espacio, aún más la 'introspección' del protagonista. El modelo narrativo subyacente sería, pues, una mezcla entre novela psicológica, novela social y novela de aventuras, si bien con un *happy ending* sólo a medias y con un mensaje en cierto sentido revisionista respecto de la historiografía 'oficial' de las Vanguardias y la novela hispanoamericana.

Pero, como ya se ha dicho, el objetivo historiográfico convive con el interpretativo-sistemático y, en uno y otro aspecto, la orientación hermenéutica crítica, así como el interés particular en el ámbito de lo literario, implican entender el texto como *culture in action*, colocado (*embedded*) en una red de interdependencias dinámicas socioculturales y estéticas tanto sincrónicas como diacrónicas[10]. Frente a otras historias, también de la Vanguardia, se intenta, pues, dar mayor atención al contexto de los textos, entre otras cosas porque los textos mismos así lo requieren: su sentido vanguardista se establece en la interacción polémica con los discursos y estructuras socioculturales y estéticas vigentes. Pero ello no significa, en el presente trabajo, ni la pérdida del 'lugar privilegiado' de los textos singulares ni mucho menos el abandono de las nociones de literariedad y (relativa) autonomía de la literatura. Ambas son categorías funcionales que sólo se pueden definir históricamente con respecto a un determinado momento histórico en una cultura dada, (Bürger 1974, Reisz de Rivarola 1986). Precisamente, el estudio de la Vanguardia y en particular de la novela vanguardista va a mostrar

---

[10] Estos términos se acuñaron, como bien se sabe, por el New Historicism, pero creo que son igualmente válidos para los estudios culturales.

la enorme importancia, pero también el potencial subversivo, tanto de la noción de literariedad y de las diferentes definiciones de 'lo literario', como de la conciencia de la autonomía de la literatura y del campo literario.

En fin, el presente trabajo se divide en dos partes. La primera trata de "primeros deslindes" en un doble sentido. Se dedica a trazar la formación de la novela vanguardista hispanoamericana (cap. I, 1.1 y 1.3), aclarar el contexto histórico y literario en el cual y frente al cual surgió (cap. I, 1.4), analizar cuatro primeras propuestas (cap. I, 2) y estudiar de modo algo más sumario las distintas modalidades que resultan rastreables en la serie de novelas vanguardistas que se escribieron en estos primeros años de 1922 hasta 1928, aproximadamente (cap. I, 4). Es decir, esa primera fase se extiende desde la aparición de la primera propuesta hasta el momento en el cual la novela vanguardista no sólo había explorado el conjunto de sus rasgos distintivos, sino que también empezó a tener algo como una tradición propia que a partir de entonces iba a formar parte del contexto de su producción, recepción y referencia. En el otro sentido de "primeros deslindes" se busca describir en esta parte el objeto en cuestión desde un punto de vista más abstracto. Así, se aclara brevemente la noción de la Vanguardia (hispanoamericana) que sirve de hipótesis heurística (cap. I, 1.2) y que intenta correlacionar los estudios crítico-literarios correspondiente con enfoques sociológicos –Max Weber–, filosófico-culturales –Cornelia Klinger– y la estética de lo sublime de Theodor W. Adorno y François Lyotard. La relevancia de estos clásicos se va a percibir también, y tal vez aún más claramente, en otros capítulos, en particular los que se dedican a esbozar la poética de la novela vanguardista hispanoamericana (cap. I, 3.1 y 3.3).

La segunda parte trata de la fase siguiente de la novela vanguardista, que se extiende de 1929 hasta 1940. Después de recordar los cambios históricos y culturales que marcaron los años entre 1929 y 1936 y de esbozar su impacto/re-interpretación en el ámbito cultural así como el desarrollo de los movimientos de Vanguardia (cap. II, 1.1), se vuelve a la novela vanguardista. Primero se la enfoca desde una perspectiva 'exterior', analizando el discurso teórico y crítico coetáneo en torno a ella, con particular atención para la recepción en la crítica literaria periodística (cap. II, 1.2), así como el impacto que tuvo en la diferenciación de la novela hispanoamericana de la época (cap. II, 1.3). La indagación en los distintos caminos que ella tomó en y frente a toda esta situación configura el siguiente capítulo (cap. II, 2). La segunda parte termina con el análisis de dos novelas/proyectos novelísticos que en más de un sentido significan un punto final –y un comienzo– (cap. II, 3). Pueden leerse como las novelas más radicalmente vanguardistas y a la vez como una transformación de la poética en algo de nuevo "nuevo". Una conclusión, así pues, no la habrá. Primero, lo que en ella se podría decir se ha expuesto de manera ya bastante concisa en capítulos anteriores, en particular en el capítulo I, 3.4, y capítulo II, 1.3 y 2.3. Y segundo, las historias de héroes tales como la novela vanguardista no se ofrecen para sacar conclusiones, sino para concluir con unos finales que, al igual que los de las muchas historias de *Fantomas*, tan del gusto de los vanguardistas, prometen nuevas aventuras...

Capítulo I

La novela vanguardista hispanoamericana: primeros deslindes (1922-1928)

1. Comienzos y contextos

1.1. *Un comienzo es un comienzo es un comienzo...*

A finales de 1922, en el suplemento *La Novela Semanal* de *El Universal Ilustrado*, vio la luz pública un texto a todas luces tan insólito que se le agregó un prólogo que debía justificar su edición. Para no caer en partidismo literario, explica allí el director, Manuel Maples Arce, "el poeta estridente" merece en el diario igual lugar que otro poeta "de distintas tendencias". De ahí, también, "que en este Suplemento publique Arqueles Vela su primera novela estridentista, *La señorita etc.*", una "extraña novela" sobre la cual "cada uno pensará a su antojo" (citado según Schneider 1983: 29). Hasta la fecha, el joven Arqueles Vela (1899-1977) se había perfilado como poeta postmodernista –*El sendero gris y otros poemas 1919–1920* (1921)– y como periodista, pues desde 1922 ocupaba el cargo de secretario de redacción de *El Universal Ilustrado*. Y no hacía mucho que participaba en la "tendencia" iniciada por Maples Arce a finales de 1921: En agosto del año siguiente había publicado la única reseña positiva sobre *Andamios interiores* –el poemario de Maples Arce– que apareció en México[1], y sólo entonces empezó a escribir su primera obra estridentista, *La señorita etc.*. Ella es, como la crítica ya ha subrayado[2] –curiosamente sin prestar mayor atención al texto– la primera novela que se auto-presenta como novela "vanguardista" hispanoamericana.

¿"Vanguardista"? Ya en *Actual No. 1. Hoja de Vanguardia. Comprimido Estridentista de Manuel Maples Arce*, había aparecido el término, y ello no sólo en el título –por si esto ya no bastara– sino también al comienzo del manifiesto: "En nombre de la vanguardia actualista de México" lanza Maples Arce

---

[1] Vela, Arqueles: "Los Andamios interiores de Manuel Maples Arce", *El Universal Ilustrado*, 31.08.1922, p. 8.

[2] A modo de ejemplo, *cfr*. Verani (1996).

sus ataques contra la cultura mexicana anquilosada y llama a hacer "una síntesis quinta-esencial y depuradora" de todos los *ismos*, o sea, "las tendencias florecidas en el plano máximo de nuestra moderna exaltación iluminada y epatante"[3]. Por consiguiente, y observando la cronología, el término "vanguardista" se entiende aquí en una primera aproximación como perteneciente al proyecto de los movimientos artísticos y literarios (hispanoamericanos) que a partir de los primeros años 20 se iban a agrupar bajo el nombre generalizador de "vanguardia", queriendo apuntar hacia las ideas de "lo nuevo", "lo moderno" y la "ruptura" que en la perspectiva de la época caracterizaban los *ismos* o "nuevas tendencias literarias"[4]. Es decir, *La señorita etc.* debía resultar, y de hecho resultaba, una novela vanguardista por su novedad y su actitud de ruptura frente al código novelístico vigente en su contexto, y por demostrar en esta ruptura correspondencias temáticas y escriturales evidentes con el programa del Estridentismo, que a su vez se entendía desde sus comienzos como parte de un proyecto vanguardista intercontinental e internacional.

El de 1922 es el *annus mirabilis* de la Vanguardia, tanto en Europa como en Latinoamérica (Verani 1990). Y no deja de ser significativo que la primera novela vanguardista hispanoamericana se escribiera y editara por los mismos meses en los que junto a los del Estridentismo aparecieron los manifiestos del Diepalismo y del Euforismo en Puerto Rico, del Ultraísmo en la Argentina y de "Rosa Náutica" en Chile y se publicaran libros como *Trilce*, de César Vallejo, *Los gemidos*, de Pablo de Rokha, *Metamorfosis* de Jacques Edwards, "Chargé d´affaires DADA au Chili" (i.e. Joaquín Edwards Bello), y *Veinte poemas para ser leídos en el tranvía*, de Oliverio Girondo, para citar sólo los ejemplos más conocidos de la vasta producción con la cual en ese año la Vanguardia hispanoamericana –y la brasileña– entró de lleno en la escena cultural[5].

---

[3] Citado según Schwartz (1991: 162-169).

[4] Acerca de la difusión, la extensión y la intensión del término en Hispanoamérica *cfr.* el clásico estudio de Forster (1975). Cabe recordar en este contexto el artículo de un tal Isen, "Las nuevas tendencias literarias" en la revista chilena *Zig-Zag* 1003 (10.5.1924), donde se propone una caracterización de los distintos *"ismos* muy semejante a la arriba esbozada, lamentando, además, la falta de "un movimiento renovador franco y extremado" y, por lo general, la ignorancia de las nuevas escuelas literarias en Chile.

[5] Para mayor información remito, otra vez, a Verani (1990), Osorio (1988b) y Schwartz (1991), donde se pueden consultar los manifiestos mencionados. Hablar de 1922 como fecha inicial no quiere decir que antes no se hayan dado informaciones sobre y algunas iniciativas (aisladas) de vanguardia en Hispanoamérica, como para el caso venezolano ha demostrado Osorio (1985) y para el ecuatoriano Robles (1988 y 1989), y como también cabe recordar para el poeta peruano Alberto Hidalgo y, desde luego, para Huidobro. Sobre los problemas de establecer los límites cronológicos de la Vanguardia hispa-

Pero no menos relevante resulta el hecho de que sólo poco después de *La señorita etc.* se publicaran también otros textos narrativos de indudable carácter vanguardista: *Escalas melografiadas*, de César Vallejo, salió de la imprenta en marzo de 1923, "¡Qué México! Novela en que no pasa nada", de Salvador Novo, se dio a conocer en septiembre de 1923[6]. A partir de entonces comienza a perfilarse una auténtica "ola" de textos narrativos vanguardistas[7]: en 1924, J. I. De Diego Padró sacó a luz *Sebastián Guenard*, primer esbozo de lo que más tarde será la novela *En Babia* (1930/1940); este mismo año, Arqueles Vela escribió y leyó su *El Café de Nadie* (1926); Gamaliel Churata empezó con *El Pez de Oro* (escrita en su mayor parte entre 1924-1930 y publicada en 1957); en 1925, Roberto Arlt estaba terminando *El juguete rabioso* (1926), entonces todavía con el título de *La vida puerca*; Gilberto Owen publicó la novela breve *La llama fría* (1925); Xavier Villaurrutia estaba redactando su *Dama de corazones* y Arqueles Vela comenzó *El Intransferible* (escrita en 1925-1927 y publicada en 1976). En los años inmediatamente siguientes, la producción/publicación seguía aumentando: baste recordar a *El habitante y su esperanza* (1926), de Pablo Neruda, *Novela como nube* (escrita en 1926), de Gilberto Owen, *Panchito Chapopote* (escrita en 1926), de Xavier Icaza, *Débora* (1927), de Pablo Palacio, *Margarita de niebla* (1927), de Jaime Torres Bodet, *¡Ecué–Yamba–O!* (primera versión de 1927), de Alejo Carpentier, y *La casa de cartón* (1927-1928), de Martín Adán.

En la mayoría de los casos, estos textos señalan su carácter "vanguardista" ya desde "fuera", a través de sus paratextos y/o sus medios de publicación. Son textos que se editaron o por completo o en fragmentos en revistas dedicadas a presentar y divulgar "el arte nuevo" –adelantos de *El juguete rabioso* en *Proa*, de *La casa de cartón* en *Amauta*, de las novelas de los Contemporáneos en *Ulises*– o en series editoriales comprometidas con el mismo fin, como la serie Nova Novarum, las Ediciones de Ulises, etc.[8]; son

---

noamericana *cfr.* los estudios de Osorio (1981), Schopf (1986), Verani (1990) y Schwartz (1991).

[6] *La Falange* (México), septiembre de 1923, pp. 346–349.

[7] Al mismo tiempo surgen más propuestas para una narrativa entre innovadora y vanguardista (aún más) breve: Julio Garmendia está completando su colección de cuentos *La tienda de muñecos* –el libro se publicó recién en 1927, pero la dedicatoria del autor data de 1922 y los dos prólogos de 1925 y 1926, respectivamente–; Felisberto Hernández prepara la edición del tomo de cuentos *Fulano de tal* (1925), José Antonio Ramos Sucre compila y amplía sus prosas en *La torre de Timón* (1925).

[8] Sobre este aspecto insiste, tal vez algo desmesuradamente, Pérez Firmat (1982).

textos de autores ya conocidos por sus actividades y publicaciones íntimamente relacionadas a determinados *ismos* o en general al ámbito de las "nuevas tendencias literarias" –el caso de César Vallejo, Pablo Neruda, Jorge Isaac de Diego Padró, Xavier Icaza, entre otros–; son textos cuyos títulos ya anuncian cierta intención anti-tradicional –*Novela como nube*, por ejemplo–; textos en cuya portada se hallan ilustraciones vanguardistas –de Ramón Alva de la Canal para *El Café de Nadie* y *Panchito Chapopote*, de Kanela (Carlos Andrade Moscos) para *Débora*, entre otros–; por último, se trata de textos anunciados como vanguardistas en sus prólogos y/o epílogos, como sucede con *La señorita etc.* y *La casa de cartón*.

En atención a tales estrategias preparadoras del horizonte de expectativas, no puede sorprender que de manera casi simultánea se formase también en la crítica literaria oficial de la época cierta noción de la "novedad" y del vanguardismo de estas obras. Las novelas casi siempre se entendieron como "diferentes" y, a la vez, relacionadas con la Vanguardia, y ello también cuando en el contexto cultural respectivo hasta el momento apenas si se habían tenido noticias de novelas/textos narrativos de este tipo. Es decir, aunque los críticos que reseñaron los libros para los diarios y revistas del *establishment* raras veces denominaron con exactitud los rasgos decisivos al respecto, casi nunca dejaron de notar el carácter vanguardista –nuevo, deshumanizado, ruptural, audaz, etc.– de la obra en cuestión. La crítica literaria vanguardista, por lo demás, no solía ser mucho más explícita. Así "most of this information [de la crítica literaria sobre las novelas vanguardistas], however, does not supply any real insight into the novels, nor does it adequately differentiate the class" (Pérez Firmat 1982: 40), hecho que indudablemente tiene que ver también con la orientación impresionista de la crítica literaria de la época, de la oficial tanto como de la vanguardista[9]. Sin embargo, uno y otro discurso crítico demuestran lo que en este contexto cabe subrayar como hecho decisivo: la noción de la existencia de una novela vanguardista –o sea, la idea de un nuevo tipo de novela, diferente y diferenciable de los ya existentes– se formó como "saber cultural" en un proceso dialógico particularmente rápido entre la producción y la recepción de las obras. Hasta podría decirse que con la aparición de los primeros movimientos hispanoamericanos de Vanguardia, cronológicamente algo anterior a la publicación de las primeras novelas vanguardistas, también ya estaba pre-

---

[9] Para más detalles, *cfr.* cap. II, 1, y la reconstrucción del discurso crítico sobre la novela vanguardista, desgraciadamente poco diferenciada según los distintos contextos nacionales y estético-ideológicos, de Pérez Firmat (1982).

sente la noción –y tal vez hasta la expectativa– de una novela hispanoamericana de Vanguardia. Sólo hacía falta que se concretara.

1.2. *Las Vanguardias hispanoamericanas: terminología, teoría*

By the second decade of our century avant-garde, as an artistic concept, had become comprehensive enough to designate not one or the other, but *all the new schools* whose aesthetic programs were defined, by and large, by their rejection of the past and by the cult of the new [...].
The possibility of grouping all the antitraditional extreme movements in a broader category succeeded in making of avant-garde an important terminological instrument of twentieth-century literary criticism. The term subsequently underwent a natural process of ‚historicization', but at the same time, with increased circulation, its meaning became of an almost uncontrollable diversity (Calinescu 1974, en Hardt 1989: 105).

Ese proceso de lo que Calinescu llama la *historicization* del término también está documentado respecto al ámbito hispanoamericano[10]. Como metáfora para señalar una "avanzada de un grupo o movimiento ideológico, político, literario, etc." (DRAE 1984, s. v. "vanguardia")[11] se había generalizado en los países hispanohablantes del continente durante los primeros años 20, para convertirse relativamente pronto en un nombre propio que, al igual que en Francia el de *avant-garde*, señala el conjunto de todos los *ismos* contemporáneos. En esta función se impuso sobre los otros términos a disposición, como el derivado "vanguardismo, pero también a expresiones como "arte nuevo", "las nuevas escuelas", "arte deshumanizado", etc.[12]

---

[10] Prescindo de dar aquí un resumen de la historia "externa" de las Vanguardias hispanoamericanas, entretanto ya bastante bien conocidas; *cfr.* las síntesis en Verani (1990) y Schwartz (1991) y, además, los estudios sobre Vanguardias nacionales de Osorio (1985), Robles (1988, 1989), Schneider (1970), Unruh (1984), Vergara (1994), entre otros.

[11] Cabe recordar que la segunda acepción se remonta hacia 1825, cuando Olinde Rodrigues, discípulo de Saint-Simon, aplicó la voz *avant-garde* por primera vez al ámbito literario-artístico en su artículo "L'artiste, le savant et l'industriel" (recogido en *Œuvres de Saint-Simon et d'Enfantin. Réimpression photomécanique de l'édition 1865-1878*, tomo 39. Aalen: Otto Zeller 1964, pp. 201-258). Para la historia del término/concepto *avant-garde* en el marco europeo *cfr.* los ya clásicos estudios de Poggioli (1968), Egbert (1967) y Calinescu (1974, 1977).

[12] Sobre este tema *cfr.*, aparte del estudio ya mencionado de Forster (1975), los trabajos de Siebenmann (1988), centrado en España, y de Videla de Rivero (1988),

El empleo de la palabra "vanguardia" en el primer manifiesto estridentista apunta ya hacia la acepción como nombre colectivo propio –se habla de "la vanguardia actualista de México"–, al igual que lo hace el manifiesto de "Rosa Náutica"[13], suscrito por "La dirección del movimiento vanguardista chileno". Pocos años más tarde, este uso ya parece tan de dominio común que por ejemplo José Carlos Mariátegui, en su "Presentación de *Amauta*"[14], o Jorge Mañach, en "Vanguardismo"[15], se ven obligados, también a causa de sus intereses políticos, a redefinir el término: "Ya lo de vanguardia a secas pertenece a un trivium dejado atrás. El vocablo, con ser tan metafóricamente expresivo, señala una época de proposiciones, de tanteos, de entusiasmos apostólicos y aislados" (Mañach 1927, en Verani 1990: 128). Asimismo, en la crítica oficial de la época también se dio este proceso, aunque a veces con cierto atraso: en 1926, el crítico chileno Alone (Hernán Díez Arrieta) califica *El habitante y su esperanza*, la novela vanguardista de Pablo Neruda, como "esclavo de la escuela que manda deshumanizar el arte y proscribe la anécdota"[16] y no hace uso del término "vanguardia" o uno de sus derivados; en 1929, Daniel de la Vega, otro crítico chileno, publica toda una serie de artículos precisamente bajo el título "La Vanguardia Literaria"[17], refiriéndose al conjunto de los nuevos *ismos*[18]. La monumental obra de Guillermo de Torre sobre *Literaturas Europeas de Vanguardia* (1925), casi inmediatamente reseñada en toda Hispanoamérica, tuvo indudablemente cierto papel en la imposición del término en la crítica. No obstante, el hecho decisivo fue a todas luces la auto-denominación de los movimientos hispanoamericanos.

La crítica literaria hispanoamericana actual sigue por lo general con este empleo del término y usa las voces "la vanguardia", escrita casi siempre con

---

quien investiga también, aunque brevemente, la relación entre el concepto de vanguardia estética y el de la sociopolítica durante la década del 20. Para la situación en el Brasil, donde se emplea el término "modernismo", *cfr.*, a modo de síntesis, Schwartz (1991: 116).

[13] Publicado en *Antena. Hoja Vanguardista*, Valparaíso, mayo de 1922, reproducido en Schwartz (1991: 95-97).

[14] En *Amauta* 1 (septiembre de 1926), p. 1.

[15] Publicado en los tres primeros números de *revista de avance* (marzo y abril 1927), reproducido en Verani (1990: 128-135).

[16] "Crónica Literaria", *La Nación* (Santiago de Chile), 26 de septiembre de 1926, p. 3.

[17] Se trata de seis artículos, aparecidos del 5 al 12 de julio de 1929 en el diario santiaguino *El Mercurio*.

[18] Más ejemplos en Osorio (1985) y Robles (1989).

minúscula[19], "vanguardismo", a veces con mayúscula[20], "las vanguardias"[21], y "los vanguardismos" para referirse al fenómeno, o sea, a lo que con más precisión a partir de los años 60 también se suele llamar los "movimientos históricos de vanguardia". Pero conviene poner un poco de orden en esta diversidad de términos y grafías: si se emplean estos sustantivos no como sustantivos comunes (predicados en el sentido lógico), sino como nombres propios –y éste es el caso aquí al igual que en los estudios mencionados–, se han de escribir con mayúscula, en analogía al empleo en esta misma función de voces como Romanticismo, Modernismo, Estridentismo, Ultraísmo, etc. (*cfr.* también Meyer-Minnemann 1987a: 77). Así, en lo siguiente se va a escribir "Vanguardia(s)" –preferible por motivos históricos tanto como sistemáticos y pragmáticos al término "vanguardismo"[22]–, salvo en los casos en los que se usa el término en su acepción general de 'avanzada'[23].

Mucho más compleja que esta cuestión terminológica resulta la historia de la definición del concepto de "Vanguardia". En la crítica literaria latinoamericana lo mismo que en la europea abundan las divergencias y ambigüedades, y ello ya en la clasificación del tipo de fenómeno histórico al que se refiere el concepto. Para unos es una "noción que refiere, a la vez, a un modo particular de producción de símbolos culturales y a un determinado período de la historia de Occidente" (Achugar 1996: 10); para otros, tal vez más pragmáticos, "la vanguardia es el nombre colectivo para las diversas tendencias artísticas (los llamados *ismos*) que surgen en Europa en las dos primeras décadas del siglo XX [...] unidas por un propósito común: la renovación de modalidades artísticas institucionalizadas" (Verani 1990: 9). Ya se entiende la Vanguardia como "tendencia" literaria (Osorio 1981), ya como "algo más que un estilo en sentido estricto" (Videla de Rivero 1988: 61) o,

---

[19] Casi todos los críticos e historiadores mantienen esta grafía, *cfr.*, p. ej., Verani (1990), Schwartz (1991).

[20] Así lo hace Osorio (1985), que escribe "vanguardia" con minúscula aún cuando parece que lo emplea como nombre propio: "las tendencias de la vanguardia" (*ibíd.*, 86).

[21] Así lo hacen, entre otros, Weisgerber (1984) y Videla de Rivero (1988).

[22] Desde luego, también la voz "vanguardismo(s)" puede usarse como nombre propio, y varios críticos lo hacen para identificar con ella el mismo fenómeno –el conjunto de los movimientos históricos de Vanguardia– que se identifica con el término "Vanguardia(s)". Pero también es frecuente emplearla como sustantivo común –para designar algo como un estilo (epocal)– y hasta hay quienes establecen una diferencia en este plano entre vanguardia y vanguardismo (*cfr.* Reichardt 1999).

[23] Esto se refiere ante todo al empleo del término en contextos tales como "vanguardia política", etc.

al contrario, como un "anti-style" (Calinescu 1974), como un "sistema cultural" (Bosi 1991), un "antidiscurso" en el sentido foucaultiano (Wentzlaff-Eggebert 1991a)[24], una "escritura" (Burgos 1995).

Donde las divergencias cobran aún mayor relieve es en cuanto a la definición del carácter y la función de "Vanguardia(s)" como concepto analítico-historiográfico[25]. Mientras que durante largos decenios se defendían nociones de la vanguardia que clasificaran los fenómenos según una taxonomía estricta de inclusión y exclusión, desde los trabajos pioneros de Nelson Osorio (1981), Francine Masiello (1986), Beatriz Sarlo (1988) y otros más recientes, el enfoque de las tentativas vanguardistas latinoamericanas tiende a dejar atrás las visiones homogeneizadoras y reductivas y busca propuestas más diferenciadas, dinámicas y, para decirlo así, más latinoamericanas[26]. "Sólo en plural se puede hablar de los movimientos vanguardistas en América Latina", afirma Kirkpatrick (1998: 9). Mas, no obstante este énfasis en la multiplicidad y heterogeneidad de los fenómenos, sí existe cierto acuerdo acerca de la marca característica más obvia de los movimientos vanguardistas: su objetivo o principio de "ruptura", reconocido como tal ya por la crítica de la época[27]. De alguna manera, todas las modelizaciones contemporáneas de la Vanguardia histórica en Europa, lo mismo que en Hispanoamérica, parten de este rasgo y a menudo lo convierten en el eje central: "La vanguardia es la gran ruptura y con ella se cierra la tradición de la ruptura", reza una de las frases famosas de Octavio Paz ([1974] 1990: 148). Saúl Yurkievich (1984: 351), en cambio, postula que "La vanguardia instaura la ruptura de la tradición y la tradición de la ruptura". La lista de fórmulas que con más o menos ingeniosidad proponen conceptualizar lo que Vicky Unruh (1994: 2-3) resume, ya sin hacer uso del término, como "multifaceted cultural activity, manifested in a variety of creative endeavors and events and seeking to challenge and redefine the nature and purpose of art", como "serious critical inquiry into ways of thinking about art and culture in Latin America" podría alargarse por páginas y páginas, buena muestra del reto que la Vanguardia sigue planteando a críticos, historiadores, pensadores, escritores y, por lo general, lectores.

---

[24] Sobre esta modelización y su aporte para el entendimiento de la Vanguardia, *cfr.* Niemeyer (1998b).

[25] Una sistematización de estos problemas definitorios dentro del marco europeo ofrece Hardt (1983), para el contexto hispanoamericano se carece todavía de estudios detallados al respecto.

[26] Así también el resumen del estado de la cuestión en Lasarte Valcárcel (1998).

[27] *Cfr.* los testimonios ya aducidos, los que estudia Pérez Firmat (1982) y más abajo cap. II, 1.

Pues lo que hace tan difícil y a la vez urgente el intento de definir la actitud de "ruptura", "rebelión" "cuestionamiento", "crítica" o "negación" específica de la(s) Vanguardia(s), es, primero, el hecho de que en atención a las manifestaciones y actividades, la ruptura "vanguardista" a todas luces no se limitaba o, mejor dicho, no debía limitarse a convenciones y códigos artísticos y literarios. Y segundo, lo "vanguardista" de lo que se llama la Vanguardia histórica no se limitaba a "la ruptura", ni tampoco al deseo de "lo nuevo". Ambos fenómenos tienen que ver con la (auto)ubicación y la (auto)concepción de la Vanguardia en el contexto de la modernidad[28]. Además, la noción de ruptura en cuanto tal resulta históricamente poco específica. Por sí misma ella no permitiría distinguir claramente entre Modernismo y Vanguardia, para citar sólo ejemplos hispanoamericanos que a su vez bien pueden dar razón a la conceptualización de la modernidad como "tradición de la ruptura" y que, por consiguiente, también se pueden enfocar como momentos distintos y en el fondo nada antagónicos de un mismo movimiento: la modernidad (*cfr.* Burgos 1995). Es decir, lo que hay que repensar, como con razón postula Contreras (1996) siguiendo a Jitrik (1987), es no sólo la operabilidad de la noción de "ruptura" en cuanto a la definición de la Vanguardia, sino también su valoración y su conexión con la idea de "lo moderno". La ruptura no debe entenderse como una condición para definir la producción literaria de la Vanguardia, sino como un elemento de ella (*cfr.* Jitrik 1987).

De ahí que la ruptura intencionada por la Vanguardia hispanoamericana se explique en su variedad de manifestaciones y orientaciones concretas también por el hecho de que el objeto de la ruptura, constituido como tal siempre a través de procesos de re-interpretación, en muchos casos incluía su no pequeña dosis de anticipación de un estado de cosas y de conciencia todavía no plenamente presentes en/para los discursos culturales dominantes. No obstante, la dirección "trascendente" de la ruptura vanguardista se perfilaba de manera muy clara desde sus mismos comienzos. Los manifiestos, eventos, *performances*, exposiciones y publicaciones[29] reivindicaron

---

[28] Cabe indicar que en atención a lo ya expuesto sobre el uso del término "Vanguardia" como nombre propio, también la voz "modernidad" debería escribirse en este contexto –siempre cuando se usa para designar 'la época de la modernidad' (en alemán *die Moderne*)– con mayúscula. No obstante, dado que la misma expresión también se usa en función de un predicado lógico (para lo cual en alemán se dispone de la expresión *Modernität*, sin equivalente en castellano), se opta por el empleo constante de la minúscula. El contexto de la frase aclarará la función respectiva.

[29] Esta riqueza de las manifestaciones vanguardistas se la puede apreciar en Unruh (1994).

expresar e instaurar precisamente no sólo una nueva corriente artística, sino "la nueva sensibilidad", una renovación global radical: "¡Rompamos los moldes viejos, la tradición! Olvidemos el pasado; no tengamos ojos sino para el presente luminoso y para el futuro más luminoso aún. ¡Hagamos una nueva historia, una nueva tradición, un nuevo Pasado!" ("Manifiesto Euforista", en Schwartz 1991: 188).

En términos precisos expone Noé Jitrik (1987: 69) esta "doble dirección de la ruptura" característica de la Vanguardia:

> la ruptura a que se consagra la vanguardia, o los vanguardismos, no es nunca o casi nunca solamente ruptura de un sistema poético; es más, quizás ni siquiera en los que se proponen tal cosa se llegue a romper efectivamente el sistema poético contra el que combaten, pero la decisión de ruptura, que no se deja de formular, va más allá, alcanza la cultura misma (¿sólo literaria?) cuya economía puede ser alterada (en caso de éxito) o bien permanecer incólume.

Por consiguiente,

> acaso la filosofía que está atrás del gran impulso vanguardista de este siglo sea, más que la nitzscheana, un genérico neohegelianismo que iluminaría, por un lado, el gesto semiótico vanguardista: ataque y destrucción (negación) para dar lugar a una nueva creación (*ibíd.*, 70).

Y todo ello señala, como ha aclarado Ulrich Schulz-Buschhaus (1991) en su crítica de las modelizaciones de la Vanguardia de Bürger (1974) y de Paz ([1974] 1990), no hacia la intención de una reconciliación "repatriadora" entre arte y vida, sino hacia la duplicidad inquietante de su voluntad de emancipación y su voluntad de poder. Se trataba de mantener la autonomía del arte lograda en el proceso de diferenciación entre los distintos campos del actuar social y, a la vez, ocupar desde esta base autónoma los otros ámbitos sociales. Es éste el rasgo que hizo de la Vanguardia un *skandalon* político (Schulz-Buschhaus 1991: 479) o, como recientemente lo ha expuesto con envidiable claridad la filósofa Cornelia Klinger (1995: 80 ss.), un "movimiento cultural" en el sentido propio del término. Así, la Vanguardia comprende "la esfera de la cultura como arena de la decisión social y del cambio histórico" y hace que lo que se consideraba el sustrato inmóvil de la sociedad, el folio a su vez estático del cambio (social), se coloque en el centro de la atención (*ibíd.*, la traducción es mía).

Es decir, la Vanguardia no se define por el intento de abolir lo que Bürger (1974) ha llamado el estado autónomo de "la institución arte" dentro de la sociedad burguesa. Los vanguardistas a ambos lados del Océano arreme-

CAPÍTULO I 29

tieron y polemizaron contra las instituciones literarias y artísticas establecidas –academias, revistas, editoriales, autores y críticos consagrados, etc.– y, sobre todo, contra las normas y tradiciones que ellas representaban. Pero esa revuelta se situaba dentro de lo que con Bourdieu conviene llamar el campo literario[30]. Sólo era posible gracias a la autonomía ya alcanzada de este campo. Y a la vez representaba un paso más en su autonomización, en tanto que la historia propia del campo se volvió pasado rechazado así como meta prolongada hacia el futuro (inminente). La configuración de esta historia debía estar ahora en manos de la Vanguardia, que confiaba en que la historia iba a reconocer precisamente el valor literario histórico de su labor[31].

Desde luego, en los países hispanoamericanos, en los que la autonomización del campo literario tenía una tradición más joven y difícil, muy raras veces la revuelta vanguardista tenía un cariz anti-institucional tan radical como el surrealista francés[32]. Pero en las obras y actividades de las Vanguardias latinoamericanas destaca con igual fuerza el rasgo vanguardista específico: la búsqueda de una participación autónoma del ámbito de la racionalidad estético-expresiva en el proceso de la modernidad[33]. Concretamente, para las Vanguardias se trataba de cambiar la posición marginal para el desarrollo

---

[30] Para la teoría del campo literario *cfr.* Bourdieu (1992), en cierto sentido la *summa* de sus trabajos iniciados en 1966; para la explicación concisa de esta teoría, véase Jurt (1995).

[31] Resulta significativo que esta argumentación se dio hasta en uno de los movimientos vanguardistas hispanoamericanos que a primera vista parecen de los más anti-institucionales, el Estridentismo mexicano, *cfr.* Niemeyer (1999b).

[32] Tal vez el único ejemplo que sin embargo no sólo resiste sino hasta sale ganando de tal comparación sería el del argentino Omar Viñole, "el hombre de la vaca", *cfr.* Reichardt (1991).

[33] En lo siguiente me refiero básicamente a las teorías de Klinger (1995) sobre la modernidad y sus *anti-mondes* estéticos desde el Romanticismo, el fin de siglo y las Vanguardias hasta el 68. De particular importancia en este contexto son los trabajos de Max Weber. Su célebre modelización del proceso de la modernidad como proceso de racionalización y diferenciación, concretamente como diferenciación de las distintas esferas de la racionalidad –la racionalidad cognitiva de las ciencias (naturales) y la técnica, la evaluación del derecho natural y la ética (protestante), y la estética-emotiva del arte y del amor (extra-matrimonial)– ha sido retomada, desde distintas perspectivas, en modelizaciones más recientes. Así, subyace a la teoría de los campos de Bourdieu (*cfr.* también Jurt 1995), pero también a la teoría de las dos modernidades –la socio-económica/burguesa y la estética–, de Calinescu (1977). A todo este respecto, el lúcido trabajo de Klinger tiene el mérito de enfocar de manera muy diferenciada las distintas conceptualizaciones y prácticas de la relación entre las dos modernidades que se han ofrecido a lo largo de la historia cultural (europea) a partir del Romanticismo.

social que en el proceso de la diferenciación y autonomización de las distintas esferas de racionalidad y valores que constituye la modernidad se había adjudicado y se seguía adjudicando a la esfera de lo estético. A ésta se le había relegado la función de recoger las preguntas por la unidad (con la naturaleza), la totalidad (del sistema social) y el sentido del sujeto, o sea, aquellas preguntas que la modernidad desde su misma estructura básica había de negarse a contestar, por incompatibles con los principios del saber y la sociedad en un mundo post-metafísico. Los ámbitos diferenciados de la racionalidad moderna siguen su propia lógica, y a todas luces lo hacen de manera tanto más eficiente cuanto más se hallan liberados de preocuparse por un todo global (*cfr. ibíd., passim*). Dentro de este contexto y desde la perspectiva de la modernidad burguesa, la esfera de lo estético, el arte, se entiende como ámbito "complementario" o "compensatorio" del proceso de modernización, como lugar opuesto al impacto de la racionalidad moderna. No obstante, se halla interrelacionado a los otros ámbitos, ya que respecto de ellos tiene la tarea de "recreo" y descargo de las consecuencias negativas de la modernización. "El desencantamiento moderno del mundo se compensa –modernamente– por el encantamiento suplementario de lo estético", ha formulado esta función Odo Marquard (citado según Klinger 1995: 19, la traducción es mía). Cabe destacar (*cfr.* también *ibíd.*, 21), que semejante concepción de la autonomía compensatoria de lo estético no sólo expresa una actitud crítica respecto de la modernidad –que se reconoce como necesitada de compensación–, sino que a la vez implica la afirmación de su supremacía y la aceptación de su noción vigente. La función del ámbito estético-expresivo consiste pues, a fin de cuentas, en la estabilización del proceso de la modernidad a través del 'recreo' mediante la puesta en escena de unidad y sentido (re)-ubicados en la esfera de lo privado. Como bien se ve, ese concepto se halla marcado en su mismo seno por la lógica de la modernidad y su autonomización de las distintas funciones sociales. De ahí que tampoco excluya la adaptación de los contenidos y modos de expresión a la 'realidad actual', o sea, la renovación de la estética en atención a la obligación *sui generis* del arte para con el progreso[34]. Al contrario, la exige con tal de que siga orientándose hacia la función complementaria y para

---

[34] Este último punto resulta sumamente importante de tener en cuenta, primero como condición de posibilidad para la efectividad de la función compensatoria, que se pierde justamente cuando se pone al descubierto la unidad funcional entre el sistema racional y la supuesta 'alteridad' del arte –es el caso del *kitsch*–. Y segundo, la ubicuidad de la racionalidad moderna significa la extensión de las ideas de desarrollo y progreso hacia todos los subsistemas sociales. Desde la perspectiva burguesa, también la esfera del arte converge/debe converger finalmente con las otras esferas en la dirección del desarrollo

que la obra de arte pueda proporcionar experiencias de sentido 'auténtico' en/frente a las circunstancias socio-históricas de su momento.

Pero a más tardar con Charles Baudelaire se empezó a vislumbrar también otro modelo de concebir la relación entre el proceso de la racionalidad y el ámbito de lo estético. Este modelo de correspondencia postula el desarrollo de una modernidad estética específica en íntima correlación con las otras formas de racionalidad moderna (*cfr. ibíd.*, 33-44). Descuella ya en la famosa fórmula del poeta francés de que "la modernité, c'est le transitoire, le fugitif, le contingent, la moitié de l'art, dont l'autre moitié est l'eternel et l'immutable" (Baudelaire [1863] 1961: 1163). Y desde la retrospectiva se tiende a privilegiar toda esa corriente de conceptualizaciones y prácticas artísticas que aprovecha y dinamiza la lógica propia de la esfera de la racionalidad estético-expresiva, así como su obligación para con la modernización, para realizar "a major cultural shift [...] to an aesthetics of transitoriness and immanence, whose central values are change and novelty" (Calinescu 1977: 3).

La Vanguardia indudablemente representa el apogeo de este proceso. Acepta el proceso de la modernidad en sus dos vertientes a la vez que lo enfoca críticamente –y al parecer con más reflexión y sensibilidad para la irreversibilidad de la historia que muchos de sus contemporáneos–. Es así como aprovecha la modernización de la estética para reproyectar las cuestiones que se habían relegado a este ámbito sobre el conjunto de la sociedad moderna. Pues su concepto de la modernidad estética no sólo se debe a la creciente auto-dinamización del desarrollo artístico en correlación con la cada vez más vertiginosa velocidad de los cambios socio-económicos, científico-técnicos, etc. También significa una inversión de la tensión entre forma y función estéticas respecto de la modernidad:

> Mientras que en el contexto de la concepción burguesa la obligación estricta a la anti-modernidad de las formas estaba correlacionada con una afirmación ilimitada de la realidad moderna, o sea, con la función de asegurar la modernidad y estabilizar el sistema, ahora una estética decididamente moderna en sus formas se comporta antimoderna en sus funciones, mejor dicho, se comporta como crítica de la modernidad (Klinger 1995: 40; la traducción es mía)[35].

(común) hacia el progreso social. Por la 'puerta trasera' se hace entrar así la idea de la unidad entre las distintas esferas que la noción de la autonomización creciente intenta exorcizar, mas no puede erradicar; *cfr.* también Klinger (1995: 28-31 y 53-60).

[35] La "anti-modernidad de las formas" se refiere a la obligación de la estética de proporcionar experiencias de sentido, unidad, armonía (artística), etc.; *cfr.* lo dicho en la nota anterior.

Es decir, la modernidad estética se redefine ahora en la medida en la cual la estricta modernización de la estética adquiere una función contestataria frente a la modernidad (burguesa). Bien había captado ya esta dimensión Theodor W. Adorno (1970: 39) cuando decía que "la modernidad es arte por la mimesis hacia lo endurecido y enajenado"[36]. Y se expresa así, en esta máxima modernidad estética, un malestar frente al 'desgarramiento' de la modernidad que en más de un caso se proyecta como superado en un momento posterior (inminente) del desarrollo histórico. Pero es también aquí, precisamente, donde se anuncia el tránsito de una actitud crítica-social frente a la modernidad –en cuanto tal conforme a la misma lógica de la modernización– hacia una posición de cuestionamiento radical de ella (*cfr.* también Klinger 1995: 41).

No es de sorprender, pues, que para más de un crítico las Vanguardias (europeas), con su proyección utópica hacia la superación de la modernidad entendida como *telos* del desarrollo histórico, cayeron bajo la sospecha del totalitarismo y la anti-modernidad (*ibíd.*, 44-46). Ello ha desembocado en diversos intentos de "domar" la alteridad de la modernidad estética por medio de la institucionalización de su disidencia (*cfr.* también Welsch 1990: 168). La reserva respecto de la pertinencia plena y efectiva de las Vanguardias históricas a la modernidad en su sentido general trasluce aún en todas aquellas modelizaciones de las Vanguardias latinoamericanas, por lo general menos totalizadoras y utópicas que las europeas, que intentan establecer, desde Octavio Paz a Elsa Dehennin, una diferencia entre modernidad y Vanguardia (*cfr. supra*). Frente a ello cabe recordar otra vez las reflexiones de Klinger (1995: 52, la traducción es mía):

> Las tendencias entendidas como movimientos contestatarios, los ámbitos marginados como *anti-mondes* no se ubican en el más acá o el más allá de la modernidad. Al contrario, presuponen el proceso de la modernidad como su horizonte de formación, participan en él en la diferenciación de su sentido propio, específico en cuanto subsistema, y lo continúan, es decir, incluso lo adelantan (sobre todo respecto de su propia fundamentación en la noción moderna de la subjetividad), en vez de resistir, compensar o superarlo. La tercera esfera de valores, los dominios del arte y del amor, el ámbito del despliegue de la racionalidad estético-expresiva, no configura ningún lugar de fuga más allá de la realidad moderna; no representa un reservado del pasado, ni un depósito de lo futuro; a largo plazo ni siquiera resulta apto como refugio de consuelo y recreación. No

---

[36] La traducción es mía. Adorno habla de "Mimesis <u>ans</u> Verhärtete und Entfremdete", esto es, 'mimesis hacia', y no sólo 'mimesis de'.

se trata ni de residuos del pasado, ni de anuncios del futuro, ni de un lugar exterior y ex-territorial, ni de un lugar interior protegido, sino –sin un sí o un pero– de una parte integrante de la modernidad.

Ahora bien, para entender la relación entre Vanguardia y modernidad en Hispanoamérica, resulta no sólo imprescindible enfocar aquella en el contexto histórico del continente, como "vinculada al proceso de transformaciones y cambios por el que atraviesa el conjunto de la sociedad latinoamericana de la postguerra" (Osorio 1981: 239). Tampoco basta desligarla de la cuestión de sus parecidos con la Vanguardia europea, paso necesario porque "si bien hay una comunidad de impulso y son comunes los sentimientos de crisis y de insurgencia antirretórica, las manifestaciones del vanguardismo hispanoamericano encuentran sus raíces ideológicas en un proceso propio de cuestionamiento crítico que se vincula al ascenso de nuevos sectores sociales en América Latina" (*ibíd.*, 244). Al mismo tiempo hay que replantear la cuestión de la noción de la modernidad dentro de este contexto.

Y a este respecto es esencial tener en cuenta el carácter y, aún más, la conciencia de la modernidad periférica que se vivía –de distintas maneras y en distintos grados– en Hispanoamérica. A partir de las ya mencionadas reflexiones de Ángel Rama (1974, 1982)[37] se han visto cada vez mejor los conflictos que esta condición histórica acarreaba inevitablemente no sólo respecto de la orientación y auto-ubicación de los movimientos literarios hispanoamericanos, desgarrados en su mismo seno entre el deseo de la actualización histórica con el centro cultural del momento –otra vez París– y el adentramiento en las culturas propias, sino también en cuanto a la definición de los términos involucrados –modernidad, universalidad, ruptura, etc.– y su "transculturación" a/en América Latina. Lo que ello significaba para la región andina, lo ha esbozado con gran plasticidad Cornejo Polar (1994b: 166 s):

> si por una parte se trataba de [...] generar una auténtica y libérrima renovación artística y si, por otra, se experimentaba una intensa desazón frente al riesgo de producir una literatura en la que la modernidad no pasara de ser [...] una engañosa cosmética que nacía y moría en un solo gesto de inautenticidad, y todo ello bajo la desasosegante conciencia de vivir en un mundo insoportablemente arcai-

---

[37] Una discusión crítica de los postulados de Rama (1973, 1982), que en su momento ayudaron tanto a desencasillar la discusión sobre la narrativa hispanoamericana del siglo XX de las oposiciones rígidas y frecuentemente eurocentristas, ofrece Ortiz-Márquez (1997).

co, inclusive tomando en cuenta los modestos procesos de modernización de esos años, entonces los proyectos literarios de ese momento tenían que transitar por un campo peligrosamente minado por incoherencias de todo tipo.

Pero *mutatis mutandis*, tales problemas se plantearon, asimismo, en el Buenos Aires de la época, como lo demuestra el estudio de Beatriz Sarlo (1988) titulado *"una* modernidad periférica" (el subrayado es mío). Es decir, en todo caso, la Vanguardia histórica hispanoamericana se constituyó como tal gracias a la tensión entre por lo menos dos impulsos. Se enfrentaba a una doble modernidad. Por un lado, estaba ahí el proceso de modernización en el continente, un proceso de desarrollo y cambio, de crisis y promesas para el futuro que acentuaba la comunidad histórica de los diversos países latinoamericanos dentro del marco de su condición neo-colonial y, también, su ya lograda o inminente integración (dependiente) en el mundo occidental moderno. Mas a la vez, ese proceso acrecentaba la heterogeneidad socioeconómica y cultural dentro de los países periféricos. Y en atención al postulado entonces todavía indiscutido de la homología entre el progreso histórico y el artístico, ya esta experiencia requería nuevas modelizaciones y nuevos modos de la expresión literaria. La recepción de los últimos desarrollos culturales europeos, por el otro lado, ahondaba la experiencia de la modernidad periférica, pero también ayudaba a visiones más diferenciadas del contexto propio que a su vez repercutieron en la percepción y valorización de la modernidad (europea). De ahí que, en todo este contexto, para las Vanguardias hispanoamericanas no sólo se tratara de "a través de qué procedimientos y desde dónde la literatura hispanoamericana se integra en la modernidad, o cómo se articula tal modernidad en las culturas periféricas", de plantear un "nuevo concepto de cultura" y nuevos "modos específicos de relación entre las culturas periféricas y las centrales", como ha observado Mattalia (1988: 336), siguiendo ideas de Rama (1974). También significaba, en palabras de Contreras (1996: 149), "interrogar los conceptos y categorías elaboradas en las culturas metropolitanas desde una periférica". Lo que estuvo sobre el tapete, pues, fue el concepto de la modernidad misma.

De este modo, se empiezan a perfilar las marcas características de la Vanguardia hispanoamericana. En cuanto Vanguardia ella realiza el cambio de perspectiva de la crítica social a la crítica cultural que la señala como movimiento cultural en el sentido elaborado por Klinger (1995: 89 s.):

> En el lugar de la crítica de la realidad social se coloca una crítica de los conceptos en los cuales se percibe, siente, piensa y describe esta realidad. [...] La revolución de la conciencia reemplaza a la revolución en la realidad. La crítica se vuelve reflexiva: sólo una transformación radical de nuestros hábitos de ver y

pensar, de nuestros modos de sentir y actuar, de nuestro lenguaje y de nuestros conceptos abre el horizonte para cambios sociales efectivos y básicos [...] Realidades conceptuales, normativas y simbólicas se reconocen como construcciones y se reivindican su reestructuración y/o reconstrucción innovadoras (la traducción es mía).

Y a la vez, como Vanguardia hispanoamericana, emprende este cambio de perspectiva en respuesta a la experiencia particular de la modernidad hispanoamericana y sus modelizaciones en el contexto propio, buscando "art's possible roles *within the problematic social and cultural contexts surrounding its production*" (Unruh 1994: 7, el subrayado es mío). Es decir, lo que distingue a las Vanguardias hispanoamericanas no es sólo el hecho de que realiza este cambio de perspectiva hacia la crítica cultural, sino también que lo hace con respecto a contextos culturales específicos. Por consiguiente, la importancia de los contextos, en particular de los contextos literario-culturales nacionales, para el qué y el cómo, así como el desarrollo histórico de la producción literaria vanguardista radica no sólo en que ellos configuran el objeto de su intención de "ruptura"[38]. Al mismo tiempo son la "otra parte" de las Vanguardias, inscrita en su proyecto como horizonte de referencia y de efecto y vinculada a su desarrollo histórico por la dinámica inherente a la heterogeneidad como totalidad conflictiva.

Y esta dinámica se da respecto de un espacio nacional específico tanto como en un plano supranacional, o sea, continental (Osorio 1981: 247). Por otra parte, la orientación supranacional, la conciencia de los vanguardistas de los más distantes puntos del continente de participar en un ""common enterprise" (Forster 1990: 8), no resulta ser sino una cara de las Vanguardias hispanoamericanas. Relativiza la importancia de factores políticos, sociales y culturales nacionales, pero no la niega. Como acertadamente ha destacado Vicky Unruh (1994: 10): "Latin American vanguardism as a whole was simultaneously international and autochthonous in its orientation, as artists interacted with European avant-garde currents in keeping with their own cultural exigencies"[39]. Lo mismo vale con respecto a la interrelación del enfo-

---

[38] La crítica siempre ha insistido en este aspecto. No obstante, predomina todavía –con excepciones notables como los trabajos ya varias veces mencionados de Cornejo Polar (1994b), Masiello (1986), Sarlo (1988) y Fernández (1991)– un enfoque en cierto sentido "autopoético" del arte de las Vanguardias, con escasa atención a la interacción entre ellas y los contextos respectivos.

[39] La escasa recepción de la Vanguardia hispanoamericana en Europa y EE.UU. merecería un estudio aparte. Claro, hubo excepciones: Huidobro logró hacerse cierta

que continental con el nacional. Y sobre este trasfondo, las diferencias y desfases en el desarrollo histórico de las Vanguardias hispanoamericanas no sólo demuestran la "acratía" y la "originalidad" de las manifestaciones vanguardistas[40], sino que resultan en cierto sentido consustanciales a su mismo programa de movimiento crítico-cultural y respuesta/propuesta más avanzada del proceso de la modernidad hispanoamericana. Ello, precisamente, implica la variedad de sus manifestaciones como condición necesaria de la posibilidad de orientarse hacia las realidades concretas dentro de las cuales se pretende desplegar el sentido y efecto vanguardistas[41]. Y una vez iniciado ese proyecto, la voluntad de "lo nuevo", que en cuanto tal lleva en sí la obligación a las renovación y actualización continuas[42], hace otro tanto para afirmar la diversidad y el cambio como señas propias de la Vanguardia.

Ahora bien, esta diversidad de las orientaciones estético-ideológicas manifiesta en el plano de las actividades vanguardistas concretas y frecuentemente subrayada por los mismos vanguardistas —y a veces, como se sabe, motivo para fuertes polémicas–, ha constituido desde siempre un objeto privilegiado de los estudios y reflexiones sobre la Vanguardia. Y por lo común se ha intentado ordenar y explicar esa diversidad distinguiendo entre determinados "polos" o tendencias básicas opuestas[43]: cosmopolitismo vs. nacio-

---

posición en Francia y sus novelas *Cagliostro* y *Mío Cid Campeador* se publicaron también y con bastante éxito en inglés; Asturias obtuvo un premio literario francés para *Leyendas de Guatemala* y el espaldarazo de Paul Válery; John Dos Passos tradujo *Vrbe. Super-poema bolchevique en cinco cantos* (1924), de Manuel Maples Arce, al inglés, y en España sí se solía prestar atención a (ciertas) direcciones de las Vanguardias hispanoamericanas, básicamente a aquellas que ofrecían puntos de contacto con la Vanguardia española —como la empresa de los Contemporáneos– o a proyectos/obras de autores que por diversos motivos pasaron por España o hasta durante cierto tiempo residieron allí –Borges, Huidobro, por último Neruda–.

[40] Sobre este punto ya insiste Burgos (1995).

[41] Así pues, lo que se acaba de exponer no significa negar ni la contingencia del desarrollo histórico ni del elemento individual imprevisible, sino tener en cuenta el particular carácter de movimiento declarada y ampliamente contestatario de la Vanguardia, o sea, su estética orientada hacia el "efecto", rasgo que por cierto no "predice" el desarrollo histórico, pero que sí abarca la posibilidad y hasta la necesidad de variación como integrante de la autoconcepción del movimiento, en ello más conscientemente "histórico" que otros movimientos.

[42] Sobre las contradicciones internas que la intención de lo nuevo acarreaba para los movimientos de Vanguardia —pues no sólo implicaba la renovación continua, sino también la superación de la estética original en el momento en el cual ella ya no resulte "nueva"–, se habrá de volver más adelante.

[43] Sobre este aspecto *cfr.* también el esclarecedor trabajo de Contreras (1996).

nalismo/americanismo (*cfr.* Fernández Retamar 1975, Jitrik 1987, entre otros), "talentosa imitación" vs. "el polo transculturador de la vanguardia latinoamericana" (Rama 1974), vanguardia estética vs. vanguardia política, que se traduce en la "clásica oposición del 'arte por el arte' y el 'arte comprometido'" (Schwartz 1991: 32). En unos casos, estas dicotomías se emplean sobre todo para explicar el desarrollo histórico de la Vanguardia, en otros sirve para dar cuenta también de las tensiones simultáneas que caracterizan a la Vanguardia hispanoamericana en cuanto participa de la heterogeneidad como totalidad a veces conflictiva y siempre dinámica que caracteriza las culturas latinoamericanas[44]. Ello permite una visión más diferenciada de la coexistencia de distintas tendencias en un mismo proyecto, como el de José Carlos Mariátegui y su revista *Amauta* o el del Estridentismo, el Muralismo, la *revista de avance* y el *Boletín Titikaka*, todos ellos ejemplos para los vínculos posibles entre la Vanguardia (estético-cultural) y el compromiso social y político directos[45].

Algo semejante vale para la supuesta dicotomía cosmopolitismo/universalismo vs. nacionalismo/americanismo que, como lo han mostrado Sarlo (1982 y 1988) para el caso argentino y Cornejo Polar (1994b) para el andino, resulta más bien un *continuum* de preocupaciones manifiestas de manera distinta en la interrelación de los diferentes planos de las obras y actividades que una cuestión cifrable en la presencia de determinados elementos temáticos y escriturales tales como la "explícita contemporaneidad" y la marcada preferencia por lo urbano, lo dinámico, lo inestable, lo diverso, etc. (Yurkievich 1984). Ello no significa, por otra parte, negar la existencia de lo que Unruh (1994: 168) ha denominado "the Americanist vein" de la Vanguardia latinoamericana, al contrario, pero sí intenta hacer operable el concepto subyacente de la indagación en "Latin American lived experience" (*ibíd.*, 169) también para la literatura vanguardista urbana, que según Bosi (1991: 23) se ha de llamar con igual derecho "enraizada" –transcultural en la terminología de Rama– que la otra. Cualquier dicotomización en las líneas arriba expuestas no implicaría a fin de cuentas sino recaer en los mismos esquemas que la Vanguardia en conjunto y como conjunto había buscado cuestionar y superar.

---

[44] Ejemplares a este respecto son los ya mencionados trabajos de Masiello (1986), Sarlo (1988), Robles (1988, 1989), Fernández (1991) y Unruh (1994).

[45] Véase Unruh (1994). Cabe recordar que tal relación también podía darse en las Vanguardias europeas, piénsese en el Futurismo italiano o, más tarde, el "flirteo" del Surrealismo con el Comunismo, para no hablar de la situación compleja en los primeros años de la URSS.

1.3. *Vanguardia y novela (y algo más sobre los comienzos)*

La Vanguardia, pues, fue un movimiento cultural. Literatura y arte configuraron sus principales campos de acción, pero su proyecto iba más allá. El surgimiento de semejante iniciativa se debía, como ya se ha explicado, al proceso de la modernidad misma, o sea, a la diferenciación y autonomización de los distintos campos del actuar social y la marginación concomitante de las preguntas por la unidad, la totalidad y el sentido del individuo. Conscientes de este proceso irreversible y de su particular concreción en el continente, las Vanguardias hispanoamericanas seguían un doble impulso: la metarreflexión sobre las funciones y posibilidades de la literatura en la modernidad (hispanoamericana) y la consiguiente insatisfacción con la práctica literaria establecida de la época, incapaz de respuestas/propuestas válidas frente a la experiencia histórica.

La formación de la novela/narrativa vanguardista en Hispanoamérica demuestra muy a las claras la conjunción de los dos impulsos. No obstante la impresionante serie de textos narrativos publicados a partir de 1922, sus fechas de composición/publicación son por lo general posteriores a los comienzos de las actividades vanguardistas y la formulación de los primeros programas. Hasta en los casos excepcionalmente tempranos de Vela, Vallejo, Novo y De Diego Padró[46], los textos se empezaron a escribir cuando ya se habían dado manifestaciones vanguardistas en el contexto nacional respectivo. En más de un caso fueron actividades u obras de los mismos autores[47]. Ello no significa que en cuanto a su poética las novelas vanguardistas hispanoamericanas se orientaran en *ismos* concretos, al contrario, la novela estridentista de Vela representa más bien una excepción a este respecto. Pero sí quiere decir que los comienzos de la novela vanguardista a todas luces se deben a un proceso de apropiación y transposición consciente del proyecto vanguardista general al discurso novelístico[48]. Los movimientos de Vanguardia no se iniciaron en la narrativa, y la renovación/revolución vanguardista de la novela no surgió desde dentro del género, sino del diálo-

---

[46] Podría agregarse a ellos, como la primera afirmación literaria desde fuera de la propia serie, la novela *La malhora* (1923), de Mariano Azuela, *cfr.* cap. II, 1.3.

[47] Cabe subrayar que, a este respecto, incluso la trayectoria de César Vallejo corresponde *grosso modo* a un esquema general.

[48] Cabe recordar que en los movimientos vanguardistas europeos ocurre algo análogo, aunque por motivos distintos: el Surrealismo no se ocupaba de la novela por ser ella el género practicado por los escritores dominantes y el económicamente más exitoso; *cfr.* Jurt (1995: 247 s.).

go con los programas estético-ideológicos de la Vanguardia que preveían, aunque raras veces lo explicitaron, la extensión de su tentativa a los otros géneros. En los primeros años, los textos programáticos, así como los manifiestos y también ensayos, notas editoriales y otros, apenas tocan la posibilidad ni mucho menos el qué y cómo de una novela/narrativa vanguardista[49]. Tal vez por eso no se dio ninguna novela ultraísta, ni simplista, euforista o martínfierrista, para citar sólo algunos de los *ismos* más prominentes de los primeros años 20.

Por otro lado, una vez proyectada la voluntad de Vanguardia sobre la novela, ella ejercía a todas luces una atracción considerable que no sólo se debía a que en este género la renovación vanguardista estaba todavía por iniciar. También tenía que ver, primero, con su rasgo constitutivo en cuanto tal: la creación, a través de un discurso narrativo doblemente estructurado (Mignolo 1981), de mundos inventados que se caracterizan como tales por su relación de semejanza o no-semejanza con el (supuesto) mundo fáctico[50]. Para la Vanguardia, en su intento crítico-cultural de re-estructurar los términos en los cuales se percibe y modeliza la realidad y de reivindicar así el poder de lo estético respecto de los otros ámbitos de la racionalidad moderna, la relación entre ficción y realidad extraliteraria configuraba uno de los focos de mayor interés. De ahí que la novela se ofrecía como campo de experimentación enormemente rico para problematizar y renovar no sólo la entonces convencional obligación mimética-verosímil de la novela, sino en general el límite (convencional) entre ficción y no-ficción, literatura y realidad. Y, segundo, parece que la novela (hispanoamericana) tal como se la practicaba en la época resultaba a los vanguardistas un objeto de rechazo casi ideal, cosa que invitaba y a la vez facilitaba la tarea del *make it new*. A diferencia de la poesía, donde desde el principio reconocieron y aclamaron

---

[49] Resulta significativo en este contexto también el hecho de que, frente a las muchas antologías de la "nueva poesía", sólo se publicaran muy pocas dedicadas a la "nueva narrativa": la de Miranda Klix (1929), la de Serrano (1938).

[50] Me atengo aquí, por razones históricas, a una definición muy general de la ficción en la línea de Albaladejo (1992), ya que ella ofrece la posibilidad de ubicar la relación mimética entre el mundo novelesco y la realidad efectiva en una escala de relaciones posibles que no privilegia de antemano la ficción mimética. Casi sobra mencionar a este respecto que la idea de la mimesis en sus distintas versiones históricas "ha dominado el discurso hoy llamado literario hasta en las reacciones más violentas de rechazo" (Dill/Gründler/Meyer-Minnemann/Niemeyer 1994: 18), como también se verá en los capítulos siguientes. Sobre las elaboraciones del concepto en la Antigüedad, *cfr.* Fuhrmann (1992); entre los innumerables estudios dedicados al tema que últimamente parece recobrar nuevo vigor, *cfr.* Gebauer/Wulf (1992) y Hopfe (1996).

públicamente la labor innovadora de un Tablada y Eguren, no hallaban en la novela puntos de continuación[51]. Desde luego, existían textos innovadores –cuentos y novelas de Arévalo Martínez, Pocaterra, Mariano Azuela, Pedro Prado–, pero desde la perspectiva vanguardista predominaba, a todas luces, su compatibilidad con el código dominante.

¿Y el impulso de la novela moderna europea? Por cierto que el mismo propósito de las Vanguardias latinoamericanas de sintonizar con la hora del mundo, de inscribirse en la modernidad (estética) universal ya implica casi "naturalmente" una orientación hacia la avanzada de la novelística europea. Sin embargo, desde una perspectiva latinoamerican(ist)a[52], hay que plantear esta cuestión a la inversa: ¿las novelas europeas del momento podían dar impulsos para lo que se proponían las Vanguardias hispanoamericanas con respecto a la novela? ¿En qué sentido? ¿Y cuáles de ellas?[53]

En primer lugar, desde luego, ha de pensarse aquí en las novelas europeas que de hecho se leyeron o podían leerse dentro de los círculos vanguardistas y/o favorables a la renovación cultural. Cabe recordar que las revistas de Vanguardia prestaban en general relativamente poca atención a la narrativa/novela y que sus referencias/comentarios de novelas europeas modernas o avanzadas la mayoría de las veces no son ni muy extensas ni tratan de fomentar los conocimientos de la nueva literatura/novela europea en cuanto tal, sino más bien deben subrayar la equivalencia de los propios empeños

---

[51] Con excepción de las "grandes" novelas regionalistas publicadas durante los años 20 y la obra de Mariano Azuela, estimada por los estridentistas y los Contemporáneos, la crítica literaria vanguardista apenas trata y/o menciona novelas/novelistas hispanoamericanos de la generación anterior.

[52] Esta perspectiva, que intenta corresponder a las ya mencionadas exigencias formuladas por Osorio (1981) con respecto al estudio de las Vanguardias latinoamericanas sin dejar de tener en cuenta las reflexiones agudas de Levinson (1997) en torno a "latinamericanism as global praxis/poiesis", tiene su fundamento histórico en el ya expuesto compromiso, para decirlo así, de los movimientos y autores vanguardistas hispanoamericanos con el contexto nacional/intercontinental, así como su (auto)conciencia muy perfilada de la condición periférica de la cultura americana.

[53] Tal formulación un tanto polémica de la pregunta, por cierto importante, sobre el papel de la novela europea moderna en la formación de la novela vanguardista hispanoamericana responde en primer lugar al manejo a-crítico de conceptos como "influencia" (de la literatura europea sobre la latinoamericana), manejo todavía bastante común como lo demuestra, entre otros, el libro de Nagel (1991), que sugiere tal influencia como hecho casi natural, en vez de enfocar la apropiación específica de la literatura europea por la latinoamericana como estrategia que no necesitaba su articulación explícita borgeana –"Es por la irreverencia que los americanos podemos acceder a la cultura de occidente"– para ponerse en práctica.

renovadores. Y además hay que contar desde luego con la diferencia entre textos reseñados e intertextos efectivos. No obstante, son rastreables unas líneas generales en la recepción a través de las revistas y los ensayos que también van a resultar significativas a la hora de analizar las novelas. Así, al principio, en la Vanguardia se leyeron y comentaron casi las mismas obras que en aquel entonces también despertaban el interés del *establishment*. Las obras de Proust y Gide –quienes junto con los otros del grupo en torno a la *N.R.F.* ya representaban algo como los 'clásicos modernos' y desde hacía algún tiempo ocupaban la posición dominante en el campo literario francés (*cfr.* Jurt 1995: 226-254)– eran las novelas modernas extranjeras más reseñadas y apreciadas en toda Hispanoamérica. Conocidas a partir de finales de la primera década[54], mantenían dentro de la Vanguardia su sello de "novedad" y su rango de innovadoras fundamentales de la novela hasta entrados los años 30[55]. Pronto el aprecio de los vanguardistas, en particular de los Contemporáneos, se extendía a las novelas de Jean Giraudoux[56] y Paul Morand, que entonces ya estaban en el camino de alcanzar una posición muy importante dentro del campo literario francés (*cfr.* Jurt 1995: 230). Además, en las revistas de Vanguardia –*Martín Fierro* y *Contemporáneos* ante todo– se hablaba bastante de Ramón Gómez de la Serna –a quien se apreciaba, sin embargo, sobre todo por sus greguerías y su actitud y figura personal–, de Benjamín Jarnés y Antonio Espina. Es decir, aquí se trata de novelas publicadas a partir de 1926 y consideradas modernas en la línea de la *Revista de Occidente*, al igual que la *N.R.F.* lectura poco menos que obligatoria entre muchos vanguardistas. De ahí, tal vez, que la selección y las

---

[54] *Cfr.* al respecto las fechas de reseñas en *Nosotros*.

[55] Así, el artículo "Concepción proustiana de la novela", de Ulises Petit de Murat, (*Síntesis* 36, mayo de 1930, pp. 231-234) empieza: "„Proust es un creador. Inaugura una concepción vital nueva de la novela", y subraya la singularidad de su obra frente a "los universos literarios conocidos", a la vez que censura "su gusto sacrílego y su consentimiento del vicio". La novedad y originalidad de Proust es subrayada en 1927 por Alberto Rojas Jiménez (1994: 126 s.), Torres Bodet (1928), Genaro Estrada ([1928] 1983: 350 ss.). Un tenor semejante demuestran, asimismo, los juicios sobre su obra en las revistas vanguardistas. A modo de ejemplo para la recepción de Proust por parte del *establishment*, *cfr.* el artículo "La obra de Marcel Proust", de Antonio Herrero, en *Nosotros* 44, junio de 1923, pp. 208-215.

[56] Sobre la recepción de Giraudoux en la narrativa de los Contemporáneos, de Martínez Sotomayor y de Eduardo Mallea, *cfr.* el trabajo de Nagel (1991), cuyas conclusiones acerca de la "influencia" formativa de la poética subyacente a las novelas del escritor francés sobre la obra de los autores citados no resiste el análisis, *cfr.* cap. I, 2 y 4.

valoraciones, a veces muy típicas para la época[57], que efectuaron los vanguardistas correspondieran bastante bien a lo que en *La deshumanización del arte* Ortega y Gasset (1987: 76) dice sobre los exponentes del "supra o infrarrealismo": Proust, Ramón Gómez de la Serna, Joyce, "Giraudoux, Morand, etc.". Pero ya antes de leer su nombre en el ensayo orteguiano, la Vanguardia hispanoamericana –el joven Borges– había iniciado la recepción del *Ulysses* de James Joyce como una de las obras novelísticas más importantes e innovadores para toda la época[58]. En cambio, nada se parece saber de las novelas de Virginia Woolf hasta su promoción a través de *Sur*, ya a finales de los 30[59].

Por su parte, la novela futurista, desde *Mafarka le futuriste* (1910), del propio Marinetti, pasando por *Imbottigliature* (1917), de Primo Conti, hasta *Infinito* (1933) de Giordano Bruno Sanzin y *L'aeropoema del Golfo della Spezia* (1935), otra vez de Marinetti[60], parece que no se llegaron a conocer[61]. Ello bien puede que tenga que ver con el (relativo) desprecio en que a partir de 1924, a más tardar, cayó el Futurismo como movimiento superado por el posterior desarrollo de los *ismos* en Europa e Hispanoamérica, desprecio aumentado por el compromiso de Marinetti con el fascismo, que en la Vanguardia hispanoamericana y aun fuera de ella no encontró ni comprensión ni mucho menos afiliación (*cfr.* Bremer 1991). Y cabe recordar que ya desde el principio el Futurismo había gozado de una recepción bastante ambigua entre los (futuros) vanguardistas del continente, pues mientras tuvo una influencia innegable en las muy primeras manifestaciones del Estridentismo mexicano y del poeta peruano Alberto Hidalgo y algunos otros, también fue objeto de burla de autores como Vicente Huidobro (1964: 622): "el trencito ante todo. Agú, Marinetti."...

---

[57] De otro modo resultaría poco comprensible, por ejemplo, el aprecio por la obra de Morand, "Meister des kosmopolitischen Kolportageromans" (Engler 1984, s. v. "Morand").

[58] *Cfr.* su famoso artículo y traducción de un fragmento del *Ulysses* en *Proa* 6 (1925). Antes, la novela del escritor irlandés ya había sido objeto de comentarios en la prensa chilena; *cfr.* cap. I, 1.4.

[59] *Cfr.* el estudio de King (1989).

[60] Sobre la novela futurista italiana, aún más olvidada que gran parte de la vanguardista hispanoamericana, *cfr.* la excelente antología y el estudio introductorio de Masi (1995), sobre *Mafarka le futuriste*, primero publicado en francés, y el reciente trabajo de Blum (1996).

[61] En las revistas de Vanguardia no he encontrado ninguna alusión a ellas, ni siquiera Mariátegui, indudablemente el mejor conocedor hispanoamericano de la escena cultural italiana presta atención a ellas. Sobre la recepción del Futurismo, *cfr.* también Osorio (1982; 1985).

La narrativa francesa vanguardista propiamente dicha, como las obras narrativas surrealistas de René Crevel, Louis Aragon y Philippe Soupault[62], a todas luces recién se empezaron a tomar en cuenta después de la publicación de *Nadja* (1928), de André Breton, que sí se comentaba ampliamente –y críticamente[63]–. Ya antes de la recepción del Surrealismo a partir de 1925, en América Latina se conocían a Apollinaire y los *Chants de Maldoror*[64], y novelas como *El Intransferible* (escrita en 1925-1927), de Arqueles Vela, hacen pensar en el conocimiento de *Le paysan de Paris* (1926), de Louis Aragon. Mas, con excepción de *Nadja*, parece que el interés de los vanguardistas hispanoamericanos por el Surrealismo, que por lo demás en el segundo lustro de los años 20 se inició muy lentamente y adquirió pleno vigor recién a partir de finales de la década, se centraba ante todo en sus escritos programáticos y sus experimentos con la escritura automática y no en la novela, rechazada tan rotundamente en el Primer Manifiesto.

Aparte del prestigio de la literatura francesa moderna y, más tarde, la atención general que despertó el Surrealismo como movimiento vanguardista (europeo) más pujante, cabe destacar que en el predominio de la narrativa francesa entre las obras extranjeras leídas/reseñadas por los vanguardistas hispanoamericanos –que en ello reflejan la preferencia del *establishment*– también influyeron factores muy prácticos: ¿Quién sabía leer inglés o alemán, quién dominaba el ruso? ¿Y quién, si tenía *reading knowledge*, estaba además tan familiarizado con estas literaturas para saber descubrir sus textos contemporáneos innovadores? Para más de un vanguardista (para no hablar de otros lectores) los nombres de Joyce y John Dos Passos eran conocidos, pero no así sus obras, que tardaron bastante en traducirse al castellano[65]. Lo mismo vale para una novela como *Berlin, Alexanderplatz* (1929), de Alfred Döblin[66], o para *Los grandes incendios: una novela de 25 autores*,

---

[62] En las revistas vanguardistas consultadas al respecto –*Proa, Martín Fierro, revista de avance, Amauta, Ulises, Contemporáneos*– apenas se mencionan a estos autores; Sheridan (1985: 246) incluye a Soupault en la lista de las lecturas de los futuros Contemporáneos, pero con razón subraya el papel "predominante" de Proust.

[63] Piénsese en las reseñas de Torres Bodet y de Mariátegui, *cfr*. cap. I, 1.2. La del último otra vez destaca por el enjuiciamiento históricamente todavía válido y por saber apreciar, a diferencia de Torres Bodet, "ese fondo de magnífica rebelión" de la obra de Breton, que como casi sobra recordar, no estaba intencionada como novela, si bien se podía leer así.

[64] *Cfr*., p. ej., Robles (1988) para el caso del Ecuador, y el testimonio de Asturias, quien dice haber leído a Lautréamont en 1920.

[65] *Cfr*. el conocido comentario de Arlt en su prefacio a *Los lanzallamas* (Arlt 1994: 8).

[66] *Cfr*. la reseña de esta novela por Julio Fingerit en *Síntesis* 36 (mayo 1930), por lo demás muy negativa.

aparecida en la revista moscovita *Ogonjok* en 1927 (la traducción del título es mía); indudablemente el experimento narrativo colectivo (!) más excepcional que en aquellos años se dio en la joven Unión Soviética (*cfr.* Mierau 1997) no se conocía ni de nombre. La novelística soviética "ortodoxa" –Andreyev, Ehrenburg y otros– era por lo general, como bien se sabe, asunto de los sectores de izquierdas y apenas fue comentada en revistas vanguardistas[67].

Ahora bien, respecto del efecto ruptural crítico-cultural intencionado por las Vanguardias en América Latina, gran parte de las novelas europeas modernas recibidas no podían aportar sino muy poco. Indudablemente, varias de ellas y ante todo la obra de Proust ofrecían importantes e impactantes innovaciones en la técnica narrativa y la práctica de la estética realista, mas lo hacían dentro de la concepción entonces vigente de la literatura/novela y su función para con los otros ámbitos del actuar social. Sólo la narrativa surrealista y a su modo el *Ulysses* manifiestan una interrelación entre la renovación radical de las convenciones del género, el cuestionamiento de los modos de percibir y entender la realidad y un nuevo modo de plantear la relación entre la modernidad estética y las otras esferas de la racionalidad moderna que podía resultar 'modélica' para la concreción novelística de las intenciones vanguardistas hispanoamericanas. En el caso de las otras novelas había de reelaborarse o transculturarse sus innovaciones de modo que resultaran capaces de expresar tales intenciones[68]. En otro plano ello valía, asimismo, para las novelas vanguardistas europeas, cuyo valor 'ejemplar' se veía relativizado por la voluntad y la perspectiva americanas y su replanteamiento de la relación entre periferia y centro. Y en todo este contexto tampoco debe olvidarse que varias de las novelas europeas innovadoras se publicaron y/o llegaron a conocerse cuando en Hispanoamérica la novela vanguardista ya se hallaba en pleno proceso de formación y primera diferenciación. Así, para recordar sólo unos pocos ejemplos, la publicación de *Les Faux-Monnayeurs* (1925), de André Gide, considerado como hito poco menos que epocal en el desarrollo de la metaficción, coincidió con la composición de los cuentos metaficcionales de Julio Garmendia y los primeros esbozos de Macedonio Fernández para lo que iba a ser *Museo de la Novela de la Eterna* (*cfr.* Camblong 1993: LX); al mismo tiempo que

---

[67] *Cfr.* los artículos en *Claridad* (Buenos Aires), y otra vez los comentarios esclarecedores de Mariátegui (1959).

[68] Hasta Nagel (1991: 132) finalmente se ve obligada a admitir este hecho: "Pneumatic imagery is thus used by the spanish American vanguard writers to express something vastly different than what Giraudoux had intended".

Le paysan de Paris, a todas luces el primer texto narrativo surrealista conocido por algunos vanguardistas hispanoamericanos[69], también apareció *El habitante y su esperanza* y Arqueles Vela ya había iniciado *El Intransferible*, los dos primeros ejemplos de una novela de rasgos surrealistas no sólo en Hispanoamérica sino a la vez marcadamente hispanoamericanista.

En fin, el "impulso" de novelas europeas ya modernas, ya vanguardistas se perfila como factor bastante ambiguo. En los primeros años ellas aparecen ante todo como parte integrante del horizonte de la modernidad estética (pretendidamente) universal hacia el cual apunta la novela vanguardista en su doble diálogo con el contexto internacional y el nacional, un diálogo arraigado en la autoconciencia americana y la concomitante perspectiva crítica frente a lo europeo, como se evidenciará muy claramente en la novelística de los Contemporáneos y de Martín Adán. Y la apropiación/elaboración de nuevas técnicas narrativas –que desde luego no procedían ni todas ni mayoritariamente de la novelística europea, sino que también tenían antecedentes en la hispanoamericana y/o se debían a la auto-dinámica del desarrollo de la novela en cuanto tal– se realiza bajo las consignas de la Vanguardia, orientada en primer lugar y básicamente hacia el contexto propio. Más tarde, dentro de este horizonte de modernidad universal indicado por las novelas vanguardistas hispanoamericanas cobran especial relieve el Surrealismo y su novela, pero ello dentro de unas coordenadas bastante cambiadas por el surgimiento de otras corrientes, así como la entretanto ya casi tradición de la novela vanguardista hispanoamericana misma. Es decir, la apropiación de la novelística europea moderna/avanzada en ningún caso representa un fin "en sí" o algo "natural", sino que es una de las estrategias que en muy variadas versiones empleaba la novela vanguardista hispanoamericana desde el principio en función de su proyecto a la vez nacional y universal.

En todo caso, la atracción y exigencia de una renovación radical de la novela, impulsada por la Vanguardia y su diálogo crítico con la modernidad entre centro y periferia, tiene que haber sido poderosa. Es así como varios de los "poetas" vanguardistas –como Neruda, Adán y Villaurrutia– se ensayaron por lo menos una vez y ello bastante temprano en la narrativa/novela;

---

[69] Importa subrayar que las primeras obras narrativas de Philippe Soupault –*Le bon apôtre* (1923), *A la dérive* (1923), *Les frères Durandeau* (1924) y *En joue!* (1925)– y de Louis Aragon –*Anicet ou le panorama, roman* (1921) y *Les aventures de Télémaque* (1922)– según todos los indicios no se leyeron en América Latina, si es que llegaron, antes de la recepción del Surrealismo como movimiento a partir de 1925. Aun después de esta fecha no he podido localizar ninguna reseña de esas obras en las revistas de Vanguardia.

otros –Huidobro, Torres Bodet, Vallejo– dedicaron buena parte de su obra a ese género, para no hablar de los novelistas/prosistas cien por cien, como Arlt, Icaza, Palacio y otros, una situación que sólo muy atenuadamente se produjo, significativamente, respecto del otro gran género, el teatro[70].

Además, aunque cuantitativamente los textos narrativos no ocupan el mismo lugar que la poesía, tampoco están ausentes de las revistas vanguardistas: aparte de los ejemplos ya mencionados cabe recordar que en *Proa* se publicaron también fragmentos narrativos de Macedonio Fernández; que *Hélice* acogió cuentos de Pablo Palacio y que el primer número de *Los Nuevos* contiene un relato de Jorge Zalamea. Además, algunos de los relatos y novelas vanguardistas se publicaron en suplementos de grandes diarios y/o series de gran tiraje –*La señorita etc.*, de Arqueles Vela, y *La llama fría*, de Gilberto Owen, en *La novela semanal* de *El Universal Ilustrado*; *Fabla salvaje*, de César Vallejo, en *La novela peruana*–, con lo cual alcanzaron una difusión indudablemente mayor que cualquier poemario de los "nuevos". Y si bien en los primeros momentos se observa una cierta reserva en cuanto a exposiciones teóricas sobre la narrativa/novela o problemas vinculados a ese género, hacia finales de la década se dio un aumento de textos al respecto, impulsado también por la discusión en torno a *La deshumanización del arte* (1925), de Ortega y Gasset[71].

Y en cuanto a la relación entre los distintos movimientos y la narrativa, no sólo se ha de constatar que muchos *ismos* no se concretaron en textos narrativos correspondientes, sino también la situación contraria, o sea, la existencia de novelas vanguardistas que no se dejan integrar en un movimiento concreto ya existente, como sucede con las novelas de Neruda, Palacio y Adán, pero, asimismo, con las de De Diego Padró y Arlt y, desde luego, la prosa/cuasi-novela de Vallejo. Ninguno de los movimientos vanguardistas que ya se habían perfilado en el contexto nacional respectivo configura el punto de referencia programático para estos textos, lo que con respecto a la obra de Arlt ha dado lugar a las consabidas discusiones sobre su ubicación en la polémica entre Boedo y Florida (*cfr*. Gnutzmann en Arlt 1992a), y en cuanto a las de Vallejo y Neruda, que sólo encuentran paralelos en la obra poética propia de sus autores, ha ayudado a su marginación todavía persistente en la crítica y la historiografía.

---

[70] Aparte de las iniciativas del estridentista Luis Kin Taniya y de los Contemporáneos, así como de las obras teatrales de Arlt, Coronel Urtecho y Huidobro, parece que el género ha sido cultivado poco y bastante tarde en relación con las otras actividades vanguardistas; *cfr*. Unruh (1994: 170-206).

[71] *Cfr*. Unruh (1994: 21-26) y Gómez-Martínez (1987); para las repercusiones literarias, *cfr*. cap. I, 2 y 4.

Así, volviendo a la cuestión por los comienzos, ya se empiezan a aclarar ciertos rasgos específicos. Indudablemente, *La señorita etc.* es cronológicamente la primera realización de la novela vanguardista hispanoamericana. Pero no representa sino uno de sus inicios. La formación de la novela vanguardista, al igual que la de las Vanguardias (europeas e hispanoamericanas) en general, no corresponde al modelo del desenvolvimiento homogéneo a partir de un "origen" único o, por lo menos, bien delimitado. Más bien se trata de un *polygénisme* (*cfr.* Szabolcsi 1984), consustancial al proyecto vanguardista como movimiento cultural contestatario supranacional que, no obstante, se realiza frente a y dentro de muy distintos contextos nacionales y que no depende de núcleos irradiadores precisos. Y dentro de la Vanguardia, la narrativa/novela ha ocupado una posición particular, pero en absoluto "secundaria". Sus comienzos fueron más meditados y, también, más mediatizados. No obstante, desde estos mismos comienzos, la novela vanguardista destacaba como parte integrante esencial de la Vanguardia, y con los años se iba a convertir en una de sus manifestaciones principales, debido a la envergadura y el impacto del proyecto de una renovación y transformación vanguardista de la novela dentro del contexto histórico y literario dado.

1.4. *El contexto histórico-literario: procesos y problemas de la novela hispanoamericana en los años 20*

Debido a la particular historia política y cultural de la América hispánica, "la novelística hispanoamericana propiamente dicha sólo empezó a tomar cuerpo después de la Independencia" (Dill/Gründler et al. 1994: 13), y ello en un proceso complejo y difícil, hecho muy presente y a menudo tematizado en el discurso de la crítica y la historiografía literaria latinoamericana de los años 20 y 30[72]. Es así como en esta época se reconocía la exis-

---

[72] A modo de ejemplo basta citar las historias literarias nacionales y los ensayos sobre la literatura nacional o hispanoamericana que se publicaron en la época, como las de Gálvez (1915), Rojas (1917-1922), Sánchez (1920), González Peña (1928), Jiménez Rueda (1928), Carrión (1930), Aita (1931), Alone (1931) y Sánchez (1933). En todos estos trabajos o se habla explícitamente del surgimiento tardío de la novela nacional/latinoamericana o se subraya su actual auge, lo que en los contextos dados connota casi lo mismo. Asimismo, es constante la constatación más o menos velada de la escasez de 'grandes' novelas nacionales/latinoamericanas, comparables a las europeas –son estas últimas las que sirven de punto de referencia y son muy raros lo elogios sin reservas de novelas nacionales–. Prototípico es el artículo "Para Evar Méndez Calzada, jefe del

tencia de obras fundacionales, ya de importancia intercontinental –como *María*, de Jorge Isaacs–, ya de relevancia ante todo nacional –*Amalia*, de José Mármol, y las obras de la generación del 80 en la Argentina, Altamirano en México, Blest Gana en Chile y Matto de Turner en el Perú–, y se apreciaba el aporte de la novelas modernistas al "perfeccionamiento de la técnica en la prosa" (Jiménez Rueda 1928: 212). Y, asimismo, se contaba con determinadas obras consideradas "ejemplares" para el desarrollo ya alcanzado de la novelística nacional y hasta hispanoamericana, tales como las novelas de Manuel Gálvez, Eduardo Barrios, Joaquín Edwards Bello, Carlos Reyles y Rufino Blanco Fombona[73]. Pero en el fondo se consideraba la novela como el género cuya contribución a la formación de la literatura y la identidad nacionales todavía era de esperar. La recepción ya entusiasta, ya muy crítica, pero casi nunca moderada de la novelas regionalistas a partir del redescubrimiento en 1925 de *Los de abajo*, de Mariano Azuela, y sobre todo la publicación de *Don Segundo Sombra* (1926), de Ricardo Güiraldes, demuestra muy a las claras con qué insistencia la crítica y el público estaban esperando ese aporte (*cfr.* también cap. II, 1). De ahí que ambas obras –a las que hacia finales de la década se agregaron *La vorágine* (1924), de José Eustasio Rivera, que al principio sólo tuvo eco nacional, y *Doña Bárbara* (1929), de Rómulo Gallegos–, se convirtieran tan pronto en "modelos" de *la novela americana* exigida una y otra vez por la crítica oficial también en los otros países hispanoamericanas[74]. Puede decirse que esa insistente llamada a los autores a producir obras equivalentes a las dos mencionadas fue algo como el *cantus firmus* de la crítica literaria oficial a partir de 1926 que comprueba, a su vez, que la novela estaba por alcanzar la posición dominante

---

Suplemento de La Nación de los Domingos, nuestra literatura tiene de 40 a 50 años y cuenta actualmente con diez o doce figuras de positivo valor" (*La Literatura Argentina*, 8 de abril de 1929), donde el entrevistado expone que la novela es el género que actualmente tiene más partido, pero que pocos escritores se dedican al medio social y humano argentino y que se espera "un Balzac argentino futuro" ya que casi todos los temas están "vírgenes" debido a que los autores escriben mirando hacia afuera. Y concluye que el tema debe ser nacional, mientras la cultura y la forma, la sutileza y el ingenio deben ser europeos.

[73] Para la apreciación de la obra de estos autores a nivel intercontinental véanse las reseñas publicadas en *Nosotros*, la revista literaria del *establishment* con mayor difusión en todo el continente; *cfr.* Engelhardt (1991).

[74] A modo de ejemplo, las reseñas entusiastas sobre *Don Segundo Sombra* en Chile, la de Alone, "El gaucho en un libro: Don Segundo Sombra", *La Nación*, 19.12.1926, p. 4; y la de Ricardo Latcham, "Al margen de libros y autores: Don Segundo Sombra por Ricardo Güiraldes", *El Diario Ilustrado*, 12.12.1926, p.3.

dentro del sistema de géneros. Buena parte de los debates y polémicas en torno al estado de la literatura nacional respectiva –como la polémica de 1924/1925 acerca de la literatura mexicana revolucionaria, el debate de lo nacional en la literatura peruana sostenido entre 1905 y 1928 y la polémica entre criollistas e imaginistas en Chile a partir de 1928– afirman ese dato, pues fueron en el fondo debates en torno a la novela y sus posibilidades dentro y para el futuro desarrollo literario nacional/hispanoamericano. Sin embargo, esa mirada hacia el futuro significaba, con respecto a la concepción y la práctica del género, ante todo la insistencia en la continuación y prolongación de códigos y funciones ya establecidos. A diferencia de la poesía –donde se contaba con las obras de un Tablada, López Velarde, Eguren, para citar sólo a algunos–, faltaban todavía ejemplos significativos para una renovación de la novela desde dentro de la tradición novelística propia[75]. Las obras representativas al respecto –aparte de ciertas novelas regionalistas, textos de Eduardo Barrios y Pedro Prado en Chile, de José Rafael Pocaterra y Teresa de la Parra en Venezuela, Rafael Arévalo Martínez en Guatemala y Mariano Azuela en México– se elaboraron o casi al mismo tiempo que los primeros textos narrativos vanguardistas o hasta en respuesta a ellos (*cfr.* cap. II, 1). Realismo y Regionalismo[76]: casi sobra mencionar que en los años 20 el discurso dominante de y sobre la novela giraba en torno a estos conceptos heredados del siglo XIX y actualizados o re-interpretados en atención a la nueva situación histórica.

Contexto cultural

La llamada vuelta hacia lo autóctono en cuanto a contenidos, escritura e intenciones se había iniciado, como bien se sabe, a principios de siglo y en respuesta a la integración dependiente y cada vez más rápida de América Latina en el sistema capitalista mundial. En los primeros decenios del siglo XX se vivía, así, el "apogeo del orden neocolonial" (Halperin Donghi

---

[75] Sobre esta intrincada cuestión de los "antecedentes" y/o del límite entre innovación desde dentro e innovación en base a ruptura, *cfr.* cap. I, 3.

[76] El término "Criollismo", que suele aducirse en este contexto –Alonso (1996) usa 'novela criollista' como equivalente a 'novela regionalista' y 'novela de la tierra'–, se emplea en aquel entonces en los distintos países hispanoamericanos con diferentes intenciones y, sobre todo, extensiones: en el Perú "Criollismo" se refiere a otra cosa (*cfr.* Rea 1985) que en Chile (*cfr.* Múñoz/Oelker 1993) o, un tercer caso, que en la Argentina (*cfr.* Schäffauer 1998). De ahí que en adelante prefiera el término "Regionalismo".

1994) que se tradujo, en el interior del (sub-)continente, en la llamada "crisis de la dominación oligárquica" (Pérus 1982). Pero la resistencia de los nuevos grupos anti-oligárquicos –las clases medias en ascenso y, en los países más industrializados, el incipiente proletariado con conciencia de clase–, no se dirigía contra el nuevo orden colonial en cuanto tal, sino contra la posición de los que dentro de este orden ocupaban el poder (Halperin Donghi 1994: 339). De ahí la variedad de posiciones ideológicas, desde el tradicionalismo católico, pasando por el pensamiento liberal hasta el socialismo, el anarquismo y el sindicalismo, de quienes colaboraron en favor de la democratización y del mejoramiento de la situación social y laboral de las clases bajas y la pequeña burguesía. Su expresión más llamativa encontró toda esa corriente anti-oligárquica en la Revolución Mexicana y el movimiento de la "Reforma Universitaria", que se inició en 1918 en Córdoba (Argentina) y que pronto se difundió en muchos otros países.

El eclecticismo ideológico, rasgo característico de la politización de sectores cada vez más amplios, no era, sin embargo, sólo la expresión de la cambiada situación política mundial después de la Primera Guerra Mundial y la crisis de Europa como centro de poder y modelo civilizatorio, como opina Halperin Donghi (1994: 340). También respondía a la experiencia de la modernización vertiginosa en América Latina misma. Hay que tener en cuenta que aparte de los cambios ya mencionados se vivía en aquella época un crecimiento demográfico, corrientes migratorias y una urbanización en proporciones antes desconocidas (*cfr.* Romero 1976). La masificación de las ciudades, cuya población era cada vez más heterogénea –debido a los inmigrantes de las zonas rurales o del extranjero, como en el caso de Buenos Aires–, imponía nuevos modos de vida y hacía que se reactualizara la tensión económico-política e ideológica entre ciudad y campo, que por su parte tampoco escapó al impacto de la civilización industrial (Romero 1982). Buenos Aires se hallaba en la punta de este proceso. En otras ciudades –como Santiago de Chile, Lima, Caracas y Guayaquil– se realizaron los cambios en medida menos drástica, pero se vivían no menos intensamente[77]. La instalación de electricidad, los nuevos medios de transporte público, el tráfico creciente, los anuncios luminosos, teléfonos, nuevos centros comerciales también en barrios periféricos, salas de cine, discos, radios, periódicos y revistas ilustrados con fotografías de gran tiraje, nuevos depor-

---

[77] Para el caso conocido de Buenos Aires, véase a modo de síntesis Sarlo (1988); para el de Lima, *cfr.* Ortega (1986) y Elmore (1993); para el panorama general, Romero (1976).

tes –fútbol, boxeo, tenis–, avisos de publicidad para productos de consumo de procedencia norteamericana, una moda femenina que cada vez necesitaba menos tela y moldeaba la silueta de la mujer según el ideal deportivo-andrógino... Todo ello imprimió a las ciudades un carácter y un ritmo de vida radicalmente distintos, nuevos. Parecía que el tiempo mismo se aceleraba, arrastrando en pos de sí no sólo costumbres y tradiciones sino todo un orden social y cultural.

De las profundas transformaciones que en el transcurso de este proceso de modernización dependiente se realizaron en el campo cultural propiamente dicho, cabe destacar, en primer lugar, la creciente masificación y a la vez diferenciación con respecto a productores y público lo mismo que en cuanto a los productos culturales mismos. La formación de las nuevas clases sociales, el aumento de la movilidad social y el mejoramiento de las posibilidades de acceso a la educación que se tradujo en la subida de las tasas de alfabetización y del número de escolares y estudiantes, todos estos factores, hicieron surgir nuevos grupos y estratos de productores y receptores de cultura. La antigua oposición entre una cultura "alta" y una cultura "popular" –en el sentido de folclórica o campesina–, se disolvía en distinciones y alianzas cada vez más sofisticadas entre la cultura "alta" de la elite criolla y/o de los que querían pertenecer a ella, por un lado, y las viejas culturas popular rural y popular urbana, la nueva cultura de masas –que en muchos aspectos rebasaba los límites de clase–, y la incipiente cultura específicamente proletaria[78] por otro lado. Ayudaron a todo este proceso, asimismo, la introducción y popularización de otros tipos de actividad cultural: el cine, el teatro, eventos deportivos, etc. Se desarrollaron al lado de las tradicionales y configuraban nuevos espacios de la cultura masiva urbana y de una creciente comercialización cultural.

En cuanto a los *print media*, este proceso de diferenciación y amplificación se hallaba en estrecha relación con el desarrollo del mercado del libro: después de la Primera Guerra Mundial se dieron en muchos países latinoamericanos los primeros intentos de crear una industria editorial propia, que se dedicó, en primer lugar, a publicar obras de autores nacionales. Algo semejante ocurrió con el mercado de la prensa, que durante los primeros

---

[78] Para estos procesos de diferenciación cultural, que en más de un sentido preludian la "hibridización" cultural constatada por García Canclini (1989), *cfr.* entre otros los estudios ya clásicos de Romero (1976), Losada (1980), Franco (1983) y Moraña (1984); para la cultura proletaria, Dill (1994); para el caso argentino, donde esa diferenciación se inició ya muy temprano, *cfr.* Ludmer (1988), Sarlo (1985 y 1988), Montaldo (1989) y Olea Franco (1993); para el de la región andina, véase Cornejo Polar (1994b).

decenios del siglo XX experimentó un auge enorme, tanto en las capitales como en las provincias[79], y que con respecto al público enfocado y el *layout* se hallaban en la avanzada de la diferenciación cultural y la modernización técnica. Es así como al lado de la "gran prensa" del *establishment* y los primeros diarios y revistas de partido, surgieron nuevos tipos de periódicos, revistas y demás productos de imprenta que, por primera vez, se dirigían a un público lector masivo (urbano) –los casos más conocidos son los diarios porteños *Crítica* (1913) y, aún más, *El Mundo* (1928)[80]–, y que recogieron –y fomentaron– de manera muy "visible" las demandas específicas de los nuevos grupos sociales. El aumento de la participación de los escritores e intelectuales en los diarios y revistas así como las mayores posibilidades de encontrar a editores, contribuyeron a la profesionalización de los escritores y, en general, a mejorar las condiciones económicas del campo literario-cultural en muchos países del continente[81].

La apertura u ocupación de espacios para el discurso opositor, proletario en casos como Argentina y Chile, proletario e/o indigenista en el de los países andinos, significa un aspecto sumamente decisivo del desarrollo cultural en la época. Se manifestaba, ante todo, en las variadas iniciativas de educación y concienciación de las clases bajas, tales como la fundación de Universidades Populares, bibliotecas de barrio, Casas del Pueblo, etc. y de una prensa obrera, para no hablar de las campañas de alfabetización e instrucción de la población rural en el México revolucionario[82]. En relación con la configuración del discurso opositor, vacilante entre distintas posiciones político-ideológicas e impregnado casi siempre de un nacionalismo progresista bastante comprometido, hay que ver también la emergencia de toda una nueva generación de intelectuales, escritores y artistas provenientes en su mayoría del estudiantado de procedencia pequeño-burguesa (provinciana), que en el transcurso del movimiento de la Reforma Universitaria o a raíz de experiencias tales como "la masacre de Guayaquil" anticiparon o se unieron a las protestas de las masas populares. De ese modo, se formó todo "un bloque de oposición frente a las clases dirigentes y su discurso cultural

---

[79] *Cfr.* Wilke (1992 y 1994).

[80] Para el desarrollo del periodismo, *cfr.* a modo de ejemplo el excelente estudio sobre la situación argentina de Mangone (1989).

[81] En cuanto al desarrollo del mercado editorial, *cfr.* los estudios citados en Gründler (1994).

[82] Piénsese, a modo de ejemplo, en el caso peruano, expuesto en Ortega (1986), y el argentino, estudiado en Montaldo (1989). Sobre las particularidades de la situación mexicana, véanse cap. I, 2.1. y 2.3.

elitista", como bien resume Fernández (1993: 17) este proceso para el caso de Ecuador.

El campo cultural hispanoamericano de la época se caracterizaba, en suma, por la copresencia más o menos conflictiva de muy distintos discursos y prácticas. De ninguna manera la escena se reducía a un antagonismo cifrable sólo en términos sociológicos e ideológicos, o sea, como oposición entre el discurso cultural dominante oligárquico y un discurso opositor entre mesocrático y proletario. Primero, el nuevo fenómeno de la cultura de masas, estrechamente vinculado al auge de la influencia cultural norteamericana –el cine, la música, la comercialización de la cultura que se manifestaba, por ejemplo, en las campañas de publicidad para productos culturales[83]– afectaba a uno y otro, ya como condición de producción, ya como reto frente al cual se había de afirmar y defender la propia concepción y práctica de la cultura. Segundo, ambos discursos se basaban en una serie de nociones comunes, tales como la definición de la cultura y del arte como "representación" de la nación y su grado de civilización, y la insistencia en la misión "elevadora" y educadora de cultura y arte, insistencia que tenía que ver, en ambos casos, con la preocupación por el futuro del país. Lo que difería era, pues, el ideal cultural y social, así como la consiguiente interpretación de la situación actual, pero no la definición de la cultura en cuanto tal. Tercero, ni el discurso cultural elitista, ni el opositor mesocrático-proletario eran del todo uniformes. Es así como, por ejemplo, en el discurso dominante se entrecruzaba la orientación europeizante tradicional de las elites liberales con el ya no menos tradicional nacionalismo-criollismo de los sectores conservadores, dando lugar a una práctica que incluía la familiaridad con la "buena" cultura europea –y con la lengua francesa– como uno de sus rasgos distintivos, con tal de que no desembocara en la imitación exagerada ni significara el desprecio de las "buenas" tradiciones criollas –los dos reproches más frecuentes contra los nuevos ricos–. El discurso opositor, por su parte, no estaba tan lejos de tales postulados como creía, pues si bien acogía en parte, como ya se dijo, la creciente conciencia de la existencia de las llamadas "culturas interiores" –rurales, indígenas– y en general de los múltiples anacronismos puestos de relieve por la modernización desigual, no lo

---

[83] Así, también los diarios tradicionales del *establishment*, como *La Nación*, de Buenos Aires, publicaron estos tipos de aviso, que se referían tanto a productos de consumo masivo –películas, etc.–, como a libros filosóficos de difícil lectura –las obras de Ortega y Gasset, *No toda es vigilia la de los ojos abiertos*, de Macedonio Fernández–, y a conferencias.

hacía sino desde una definición igualmente europea de la cultura, sólo que cifrada en modelos distintos.

Por último –*last but not least*–, a partir de los primeros años 20 intervino en todo este proceso de diferenciación cultural, que en cuanto a la formación del discurso opositor mesocrático-proletario en varios países recién se estaba iniciando, otro factor igualmente nuevo que reclamaba encarnar algo como "la oposición fundamental": el discurso de los primeros movimientos vanguardistas hispanoamericanos. Aunque tenía no pocos puntos de contacto con el discurso anti-oligárquico, desde el principio no dejaba lugar a dudas de que su proyecto no se dejaba reducir al de éste, ni a ninguna posición definible según los criterios sociológicos, ideológicos y políticos entonces vigentes. De ahí la provocación que evidentemente significaba para la cultura dominante tanto como para la opositora que se definía por su orientación social (izquierdista), pues cuestionaba precisamente los criterios según las cuales éstas definían su ideal y la legitimidad de su práctica cultural. Desempeñaba, con todo, un papel hasta ahora apenas evaluado en la diferenciación del campo cultural de la época, a la vez que iba a ejercer una influencia en cierto sentido catalizadora en cuanto al desarrollo de sus orientaciones dominantes, entre nacionalistas y sociales. No hay que olvidar que fue precisamente la Vanguardia la que puso el dedo en la llaga: el modo, las condiciones y los objetivos bajo los cuales América Latina entraba en la modernidad.

La vuelta hacia lo autóctono

Así, la vuelta hacia lo autóctono, manifiesta ya en las celebraciones del *Centenario* y reforzada en los años siguientes, se basaba, en cada caso, en un proyecto de modernidad nacional por lo general vinculado a la proyección de lo que Romero (1976: 312) ha calificado como mentalidad burguesa –la ideología del éxito económico y del ascenso social– hacia el cuerpo de la nación, proyección que se veía refrenada, sin embargo, por la experiencia histórica de la propia situación periférica en ese proceso mundial. De ahí que el proyecto de la modernidad y la urgencia de definir la identidad nacional se condicionaran y reclamaran mutuamente. O, como ha explicado Elmore (1993: 37) con respecto a la situación peruana: "El motivo de esa solidaridad íntima es que las dos tendencias crecen en un mismo terreno pantanoso, un terreno ubicado en los arrabales de Occidente y en la periferia del capitalismo monopolista".

En cuanto *vuelta* hacia lo autóctono, era al principio sobre todo una opción de las elites criollas –como muy bien lo ilustran la polémica criollista de la cultura argentina de principios de siglo (*cfr.* Olea Franco 1993: 77-92) y el debate sobre la literatura nacional en el Perú (*cfr.* Rea 1985) –, que buscaban imponer un determinado concepto de cultura, lengua y tradición nacionales frente a las nuevas prácticas culturales. Y mientras en la Argentina ello se cifraba en la redefinición de lo "legítimamente criollo" frente a lo "gringo" y, aún más, frente al criollismo nuevo de los inmigrantes (*cfr.* Olea Franco 1993: 92), en otras regiones se trataba, además, de deslindar, con respecto siempre a la elaboración de una definición totalizadora de lo específico de la nación y cultura nacional propias, el lugar de lo "indígena" (*cfr.* Rea 1985, Cornejo Polar 1994b).

A partir del Centenario, los conceptos básicos de nación y cultura nacional involucrados en esa vuelta hacia lo autóctono se basaban en medida creciente en el neo-espiritualismo, vitalismo y *arielismo*, entonces tan en boga en el discurso de la alta cultura[84]. Fenómenos típicos fueron los proyectos culturales de Ricardo Rojas –*Eurindia* (1924) y su monumental obra *La literatura argentina: ensayo filosófico sobre la evolución de la cultura en el Plata* (1917-1922)–, y de José Vasconcelos –*La raza cósmica* (1925) e *Indología* (1926)–, así como la divulgación de los escritos del Conde de Keyserling, de Oswald Spengler y del pensamiento de José Ortega y Gasset. El "redescubrimiento" de la naturaleza americana como fuerza autónoma, incontrolable y todopoderosa jugaba desde luego un papel importante en todas esas modelizaciones. En tanto intentos de conciliar el deseo de emancipación de las metrópolis con la no menos firme orientación hacia el progreso universal –que por otra parte privilegiaba las ideas de nación/estado nacional como específicamente modernas– continuaban la construcción de un "patrimonio criollo" y en particular la mitificación de las zonas rurales que ya se había iniciado en el siglo XIX y que desembocaba en la revalorización de estas zonas, antaño lugar de la mera "barbarie", como espacio de la originalidad y la esencia nacionales[85]. Ahora, en una mezcla muy de la época entre postulados positivistas, nociones vitalistas y crítica de la civilización moderna 'decadente'[86], la naturaleza aparece como fuerza que marca

---

[84] Para este contexto, *cfr.*, entre otros, Alonso (1990: 44-64).

[85] Sobre todo este proceso ideológico-cultural, rastreable de manera muy ilustrativa en la historiografía literaria a partir de las últimas décadas del siglo XIX, *cfr.* el importante estudio de González Stephan (1987), así como el de Montaldo (1993) sobre el caso argentino. Agradezco a Sabine Schlickers las discusiones sobre el tema.

[86] Cabe recordar que semejante fenómeno se dio también en Europa, plasmándose, por ejemplo, en la novela regionalista de un Jean Giono, para no hablar del caso alemán y su viraje hacia la ideología de *Blut und Boden*.

al hombre expuesto a su impacto y con la cual puede vivir en armonía y alcanzar las dimensiones más profundas de su humanidad siempre y cuando reconozca la 'esencia' de la naturaleza –de la pampa, de la selva, de los llanos, la costa marítima, etc.–, respete sus leyes y cumpla con la misión 'intrínseca' del hombre en/frenta a ella. Es el modo de vida logrado en *Don Segundo Sombra* (1926), de Ricardo Güiraldes, frente a *La vorágine* (1924), de José Eustasio Rivera, donde la selva destruye a quienes la explotan y/o sucumben ante el atractivo de su violencia/sensualidad. En todo caso, la naturaleza adquiere rango de protagonista y se la presenta, junto a la herencia prehispánica, la cuestión de raza/mestizaje, la lengua y la historia, como uno de los factores específicamente americanos, como fuerza gracias y frente a la cual se realizan cultura y literatura, a su vez expresión del "espíritu" y la conciencia nacionales[87]. Pero cabe subrayar que la vuelta hacia lo autóctono de ninguna manera se deja reducir a ese "retorno" a la naturaleza y a la vida rural, como la crítica posterior a veces ha postulado. Al contrario, desde sus mismas premisas siempre apuntaba hacia una redefinición de la cultura y la nación que no presta menos atención a relaciones interculturales e históricas que al nexo con la naturaleza. Ello descuella también en el caso de José Vasconcelos y del nacionalismo cultural mexicano entre 1921 y 1924. Comprueba, además, que esa vuelta hacia lo autóctono bien podía convertirse, aun bajo las mismas consignas espiritualistas, en un amplio programa cultural y pedagógico anti-oligárquico que intentaba el difícil equilibrio entre la aspiración universalista y el enraizamiento en las tradiciones populares e indígenas, y que así y de todos modos pretendía ser equivalente a la novedad de la Revolución Mexicana (*cfr.* Monsiváis 1987).

Pero, asimismo, el discurso opositor propiamente dicho se apropió de la vuelta hacia lo autóctono. Y fue un paso lógico: no se podía dejar el espacio donde se modelizan la conciencia nacional y el concepto de nación y de cultura nacional en manos del discurso hegemónico u oficialista. Es así como a partir de los primeros años 20 la afirmación de lo autóctono estaba cada vez más presente como parte integrante de las ideologías políticas revolucionarias en auge, que en las regiones andina y caribeña a menudo se hallaban en estrecha relación con las reivindicaciones culturales, sociales y nacionales del Indigenismo y del Afroamericanismo, respectivamente, y con el enfoque etnológico-antropológico que enmarcaba sus modelizaciones de lo autóctono. En estos últimos contextos, se inició así un cambio de orientación en la

---

[87] Significativamente, tal enfoque se trasluce también en historias literarias como la de Sánchez (1933), no obstante su atención a los factores político-sociales.

vuelta hacia lo autóctono: de una propuesta originalmente homogeneizante, se llega a manifestar la creciente conciencia de la heterogeneidad étnica y cultural latinoamericana. No obstante, en otros casos, la pretendida autoctonización se ofrecía principalmente como una nostalgia convencional del pasado y/o de la vida rural frente a la ciudad moderna, epifenómeno de los vertiginosos cambios socio-económicos y culturales. Sin embargo, esta nostalgia, típica sobre todo del punto de vista oligárquico y burgués tradicional, no significaba ningún menoscabo esencial de la creencia en América como el "continente de futuro" frente a la Europa decadente, creencia que gracias a *La decadencia de occidente*, de Oswald Spengler[88], se veía reforzada por el 'respaldo' desde la misma Europa.

REALISMO Y REGIONALISMO Y EL PROBLEMA DE LA MIMESIS

Dentro de todo este contexto histórico-cultural, desde luego mucho más variado según los distintos países que el espacio de unas pocas páginas permite esbozar, se perfilaron a lo largo de la década de los 20 varias corrientes novelísticas. No obstante sus diferencias, participaron de esa preocupación por la identidad nacional/americana, expresándola en una estética realista de tradición decimonónica que no necesariamente renuncia del todo a temas y rasgos narrativos modernistas (*cfr.* Ille/Meyer-Minnemann/Niemeyer 1994: 101-2). La novela de la tierra propiamente dicha, la novela colonialista, la llamada novela psicológica, la novela indigenista, la novela proletaria, la novela de la Revolución Mexicana[89], todas ellas defienden vehementemente la concepción de la novela como apropiación de la realidad nacional/americana, con base en una estética que se funda a su vez en los conceptos seculares de la mimesis y la verosimilitud. Precisamente por ello se

---

[88] El primer tomo del pronto famoso libro de Spengler apareció en 1918 – el segundo en 1927– y se publicó en español en 1925, con un prefacio de José Ortega y Gasset. Alcanzó gran difusión en el ámbito hispánico gracias a la *Revista de Occidente* y el pensamiento orteguiano.

[89] Dada la envergadura del tema, prescindo aquí de una bibliografía especificada al respecto. Para modelizaciones recientes de las características de ese discurso/período, que por lo demás todavía ofrece aspectos poco estudiados, *cfr.* los trabajos correspondientes en Dill/Gründler/Gunia/Meyer-Minnemann (1994: 171-228), así como los excelentes estudios de Alonso (1990 y 1996) sobre la novela criollista, de Cornejo Polar (1977, 1979, 1989 y 1994b) sobre la novela indigenista, y el trabajo ya clásico de Dessau (1972) sobre la novela de la Revolución Mexicana.

consideraba la estética más idónea para cumplir también con las funciones entre extra e intraliterarias entonces más requeridas. Y éstas no eran pocas. Se trataba "to provide a founding myth for the collectivity, and to produce a transcendent text in which the national or continental soul could see reflect both itself and a prophetic vision of its future" (Alonso 1996: 201); pero también, desde el discurso opositor, de la denuncia social y/o la contribución, con medios literarios, a los cambios sociales y políticos necesarios. A ello se agregaba la revelación y documentación de culturas y paisajes desconocidos para el lector, así como su conservación cuando, como en el caso del mundo indígena, pero también, aunque en menor medida, en el de culturas rurales de otras regiones, éstos se hallaban y/o se consideraban en vía de descomposición[90]; no menos importante eran la integración de los nuevos estratos de lectores, la contribución a la creación de una conciencia nacional colectiva y, desde luego, la ejemplificación de la existencia de una literatura nacional artísticamente válida, representativa de la propia cultura y/o de lo que se proyectaba como tal. En fin, lo que se quería y requería eran respuestas constructivas a los problemas y retos planteados por la modernización dependiente y la creciente diferenciación de cultura y sociedad mediante la modelización literaria generalmente válida y comprensible acerca de la *conditio humana* específicamente hispanoamericana.

Es decir, el postulado de la mimesis en cuanto obligación ontológica, epistemológica y ética de la ficción para con la realidad extratextual –la realidad precede a la ficción y configura su meta y su punto de orientación– representa el trasfondo común todavía incuestionado, por lo menos a primera y segunda vista. A la tercera vuelta –y un tanto deconstructivista– los textos mismos ofrecen ciertas dudas al respecto: "the *novela de la tierra* paradoxically marks the critical departure from its own essence through the presence of a discourse that continuously affirms that same essence", presente cuando, por ejemplo, "„the text lapses into a commentary that tries to elucidate explicitly the relationships that presumably undergird the world it is depicting" (Alonso 1990: 67-68). No obstante, desde la perspectiva hispanoamericana de la época, la mimesis se ofrecía como la constante firme de la propia producción novelística moderna, ya que a su modo también la novela modernista hispanoamericana se había planteado la representación verosímil de la realidad (Meyer-Minnemann 1991a y 1994). Únicamente la narrativa fantástica, de formación entonces relativamente reciente en Hispanoamérica, había marcado cierta "disidencia" frente a este postulado (*cfr.* König 1984).

---

[90] Sobre estas funciones, *cfr.* en especial Harmuth (1994).

Pero, como ya queda dicho, se trataba no sólo de seguir con una estética mimética en general, sino de romper "con la orientación de la literatura latinoamericana hacia las normas y los procedimientos de las avanzadas literarias europeas" prevaleciente hasta entonces (Ille/Meyer-Minnemann/Niemeyer 1994: 101). De ahí que se volviera a una estética marcadamente "realista" según los modelos, ante todo, del realismo decimonónico[91] –en primer lugar el francés, pero también el español, el portugués y el ruso: Eça de Queiroz y Dostoievsky[92]–, considerado desde tiempo atrás como estética con "carta de naturaleza" en América Latina[93]. Así, durante toda la época no sólo se abogaba por el realismo como la estética que mejor convenía a los supuestos fines intrínsecos del arte –la mimesis–, sino también como la que mejor correspondía, por motivos históricos o biológicos, a la identidad latinoamericana y, por consiguiente, a su expresión/modelización novelística. En 1928, el crítico argentino Carmelo M. Bonet defendió, refiriéndose a Ortega y Gasset[94], que el realismo "dominante, como se ve, en todos los sectores de la actual literatura argentina, responde, en el fondo, a un determinismo de raza y de clima". Por tanto, él declara no tener "la menor confianza en el auge, entre nosotros, de la lírica de vanguardia", auge que al igual que antes el del romanticismo y del simbolismo no sería sino seguir en "pleno coloniaje intelectual". El ejemplo de Güiraldes, quien en "un arranque de sinceridad consigo mismo" se libra de las influencias extranjeras y "se identifica con su tierra" –en *Don Segundo Sombra*– y logra el éxito, sirve para ilustrar "nuestro camino de Damasco: reflejar nuestra realidad social, emancipándonos, en lo estético, de las escuelas extranjeras que respondan a una realidad social distinta"[95]. También críticos muy favorables a las "nuevas tendencias", como el ecuatoriano Benjamín Carrión, hubieran podido firmar esa declaración de principios. Sin embargo, y *contra intentionem*:

> la autoctonización de la novela hispanoamericana mantiene, a nivel de apropiación de la realidad, su concomitancia con las estructuras socioeconómicas pro-

---

[91] Por razones parecidas a las aducidas con respecto a la grafía del término "modernidad", se opta por escribir en lo siguiente "realismo" con minúscula, ya que se usa –y se usaba en la época– tanto en función de nombre propio como en la de predicado, sobre este problema intrincado *cfr.* también Albaladejo (1992). Su intensión/extensión respectiva se especificará, como en el caso presente, por el contexto.
[92] El gran aprecio por la obra de los dos se manifiesta, p. ej., en Carrión (1930), que por lo demás está muy "al tanto" de la actualidad literaria europea.
[93] Esta valoración es rastreable ya a finales del s. XIX, *cfr.*, a modo de ejemplo, el caso argentino estudiado por Niemeyer (1998b).
[94] *Cfr. Meditaciones del Quijote* [1914] (Ortega y Gasset 1976: 59-74).

fundas de América Latina. En el tránsito a una concepción literaria acentuadamente aislacionista se expresa un intento de enfrentar las relaciones de dependencia y asimetría con medios literarios (Ille/Meyer-Minnemann/Niemeyer 1994: 102).

Ello no significaba que durante los años 20 y principios de los 30 no se hubiera estado informado sobre los desarrollos novelísticos europeos más o menos contemporáneos. Los grandes diarios, las revistas literarias del *establishment* y las nuevas publicaciones periódicas opositoras: todos tenían sus secciones sobre letras extranjeras donde se reseñaron las obras de autores contemporáneos consagrados o *bestseller*, ante todo de Francia y España[96], pero también el *Ulysses*[97]. La crítica oficial apenas intentaba deducir de las obras en cuestión líneas directrices para la propia literatura. Al contrario, muchas veces se censuraron los últimos desarrollos europeos, con la excepción de Proust, por su rebuscamiento y sus complejidades o, en el polo opuesto, por su falta de innovación u originalidad y "fuerza" auténticas. Se relacionaba así el clásico esquema de la Europa decadente con la afirmación más o menos tácita del realismo y del "escribir bien". Pero ello no impedía las quejas sobre la "pobre" producción nacional ni, por otra parte, la orientación hacia la llamada "literatura mundial", como meta todavía inalcanzada por la novela del propio país y, asimismo, gran parte de la novelística europea actual. *Mutatis mutandis*, o sea, con miras hacia una futura novela proletaria, esto último valía también para la crítica izquierdista.

Versiones del realismo

Sobre todo ese trasfondo común, el concepto del realismo vigente en la época se ofrece como la copresencia, a veces bastante polémica, de concep-

---

[95] "Orientación estética dominante en la actual literatura argentina", *Síntesis* 12 (mayo 1928), pp. 5-20.
[96] Para los autores españoles reseñados en la prensa argentina, *cfr.* Zuleta (1990-1991).
[97] Antes del artículo y la traducción de un fragmento del *Ulysses* por Borges, en *Proa*, la novela del escritor irlandés ya había sido objeto de comentarios en la prensa chilena; *cfr.* "Crónica Literaria", *La Nación* (Santiago de Chile), 26.2.1922, en la que se citan los juicios de Valéry Larbaud sobre esta novela. *La Prensa* (Buenos Aires, 1.8. y 29.8. 1926) publicó "Sobre Joyce – superfluidades", de Ramón Pérez de Ayala, que precisamente en sus furibundos ataques contra esta novela demuestra el prestigio que entretanto ya había alcanzado.

ciones y prácticas variadas. En primer lugar ellas se pueden distinguir según su mayor o menor cercanía a la modalidad del realismo "genético" o, en el polo opuesto, a la del realismo "formal", para usar los términos (re)elaborados por Darío Villanueva (1992). A este criterio se relacionan otros, como la cuestión de qué epistemas, ideologemas y modelos de mundo se concretan/reinterpretan, o sea, la cuestión del vínculo con las distintas corrientes de pensamiento ya mencionadas. Y a ello se agregan el problema del compromiso más o menos fuerte y directo con funciones extraliterarias y, en general, la concepción de los rasgos y funciones específicos del discurso narrativo literario frente a los discursos no-literarios y los literarios no-narrativos. Existe así, por un lado, la creencia en la posibilidad de referencia inmediata a la realidad extralingüística[98] y de su re-producción "fiel" a través del mundo narrado y su presentación narrativa. Semejante creencia afirma el papel primordial de la observación objetiva y 'sincera' por parte del autor a la vez que minimaliza el carácter de ficción y la intervención de lo imaginario. Y por el otro lado se da la posición que tiende a un mayor reconocimiento de la autonomía de la ficción y del hecho de que el mundo narrado es la invención del autor, correspondiente a su concepto del mundo y sus facultades de crear la ilusión de realidad. Ésta depende, pues, básicamente, del carácter inmanente del mundo ficcional y su presentación, o sea, del efecto de realidad que se produce en el lector. El antagonismo entonces posible entre ambas concepciones se manifiesta de manera prototípica en la polémica entre criollistas e imaginistas en Chile, donde precisamente se trataba de subrayar o refutar el papel de la imaginación frente a la observación "con método" y el "mimetismo" de lo regional[99]. Y, asimismo, las reivindicaciones de las novelas del realismo social frente a los otros tipos de novela vigentes de representar "la realidad y nada más que la realidad", como reza el lema del famoso Grupo de Guayaquil, manifiesta esta pugna entre las distintas concepciones del realismo.

Desde luego, las diferencias no se reducían a la reivindicación de mayor o menor "fidelidad" inmediata de la ficción para con la realidad. Estribaban también en la definición de los términos y aspectos involucrados: ¿qué se entiende por "realidad" y cuál es el modelo que se tiene de ella?, ¿por medio de qué tipo de escritura se la puede representar o ilusionar adecuadamente?, ¿cómo manejar el papel inevitablemente intermediario del autor y del narra-

---

[98] Sobre la importancia de este postulado del realismo genético para los narradores del llamado realismo social, *cfr.* Cornejo Polar (1994b: 170-175). Se volverá sobre esta cuestión más abajo.

[99] *Cfr.* a modo de ejemplo los testimonios de Mariano Latorre y Salvador Reyes en Promis (1995), así como los artículos sobre ambos escritores en Alone (1931).

dor en la presentación de esa realidad? y, por último, ¿cómo marcar el carácter literario de semejante (re)presentación? Importa recordar aquí que en la concepción del realismo vigente en la época que más cerca se halla del realismo formal –manifiesta en el Imaginismo chileno, en la novela psicológica-filosófica y la colonialista pero también en parte de la novela de la tierra–, la ficción tampoco se consideraba del todo autónoma. Se la subordinaba a la 'verdad superior' sobre el hombre (hispanoamericano) y su entorno que el autor debía aspirar a captar y expresar por medio de su imaginación, y se le requería el ilusionamiento de realidad que no excluía, por cierto, la presencia de lo extraordinario (dentro del marco general de lo verosímil), pero que exigía, asimismo, una fuerte base de elementos (convencionales) con efecto de realidad. Y los criterios para determinar tanto la ilusión de realidad como la 'verdad superior' representada/simbolizada por el mundo ficcional y su narración se ubicaban, otra vez, en la referenciabilidad de la ficción a la realidad (extraliteraria). Pues, asimismo, la 'verdad superior' se medía por su grado de conformidad: a las creencias vigentes y supuestamente 'verdaderas' sobre la porción de realidad enfocada –que ahora es ante todo la llamada "realidad humana" o espiritual en oposición a la meramente material–, y a las convicciones y la personalidad del autor. Ambos tipos de conformidad se logran, cómo no, por el cumplimiento de determinadas convenciones lingüísticas y estéticas de la (re)presentación, entre ellas a todas luces la de la coincidencia ideológica entre autor (implícito) y narrador como señal de la "autenticidad"de la obra en cuanto al "espíritu" del escritor. Es así como Salvador Reyes, el principal representante del Imaginismo, formuló en 1928:

> Una creación completamente desconectada de la vida no es mi ideal. Pero el escritor que entrega *la verdad de su espíritu en una fábula*, hace obra de calidad humana. A mí lo que me molesta es la tendencia a la fotografía, la incapacidad para inventar, el gusto por arrastrarse sobre el polvo de la calle [...] Contra eso he ido y he señalado a Luis Enrique Délano como un artista capaz de narrar cosas bellas que, si son imaginadas, tienen la calidad humana de los caracteres y del propio espíritu del escritor que se entrega (cit. en Promis 1995: 231 s.).

Con todo, esta concepción de un realismo 'superior' –y supuestamente más 'verdadero' y literario que el Naturalismo, arraigado en la materialidad o superficie de los fenómenos, y más 'propiamente hispanoamericano' que el Modernismo[100]–, se distanciaba sólo gradualmente de la fe en la posibilidad

---

[100] Cabe anotar que en este juicio concuerdan, en el fondo, la novela regionalista y la novela proletaria o del realismo social. Desde sus respectivos puntos de vista –idealista o

de referencia de la ficción (lingüística) a la realidad (no-lingüística) que ya habían reivindicado anteriores versiones del realismo y que iban a reforzar las corrientes del realismo social. De ellos se distinguía por tener en cuenta más marcadamente el proceso de recepción como lugar donde se efectúa la referencia a la realidad insinuada por el texto, y por un acatamiento más consciente a convenciones estéticas ya elaboradas, debido no en último lugar a su mayor preocupación por la "belleza" de expresión y contenido.

Por su parte, el realismo "genético", claramente predominante en la novela social/proletaria y en la indigenista, tampoco era del todo ingenuo a este respecto. Se reconocía como representación "tendenciosamente veraz", como posteriormente dijo José de la Cuadra, integrante del Grupo de Guayaquil. Se admitía de este modo, si bien por lo general implícitamente, que su observación estaba marcado por una determinada perspectiva ideológica. Aún más claramente trasluce este reconocimiento en la concepción del realismo de José Carlos Mariátegui, quien defendía el realismo proletario y 'verdadero' frente al arte realista burgués, pero a la vez insistía en el papel de la fantasía, orientada dialécticamente hacia la realidad, y del "espíritu nuevo" como elementos imprescindibles para "revelarnos lo real" (Mariátegui 1959: 23)[101]. Asimismo, el realismo genético mostraba, en sus rupturas de determinadas convenciones lingüísticas y estéticas –que debían señalar, precisamente, la no-convencionalidad o 'sinceridad' y mayor adecuación realista de sus re-presentaciones– una cierta conciencia de la función de estas convenciones con respecto a la impresión (ilusión) de realidad. Semejante semi-conciencia de las convenciones involucradas motivaba a la crítica adversa a calificar tales obras de propagandísticas, naturalistas, ingenuas o, simplemente, de no realistas[102].

---

socialista– rechazaban el Naturalismo ya por su insistencia supuestamente hipertrofiada en los detalles soeces y su carga positivista, ya por su observación desde una perspectiva burguesa, y el Modernismo por demasiado subjetivista, elitista y extranjerizante. Ambas estéticas se consideraban históricamente superadas, pero sirvieron una y otra vez como punto de referencia frente al cual se perfilaron los rasgos específicos de las concepciones actuales, como muy bien trasluce en los artículos respectivos de Mariátegui, *cfr.* Schmidt (1996: 23-47).

[101] Para la concepción del realismo de Mariátegui, *cfr.* los ensayos de Melis (1999), Moraña (1984) y Schmidt (1996); todos insisten en su distancia frente a la teoría literaria del marxismo ortodoxo que se institucionalizó en los años 30. En su momento, los artículos correspondientes de Mariátegui obtuvieron un eco muy escaso.

[102] Tópicos todos ellos frecuentes, por ejemplo, en las reseñas negativas de novelas boedistas y, también, las de Arlt. Una de las más significativas al respecto es la de Lisardo Alonso (en *Megáfono* IX, dic. 1931, pp. 125-129) sobre *Los lanzallamas*, donde se

La modalidad entonces vigente del realismo "de conciencia formal" marcaba el carácter ficcional verosímil de sus mundos narrados ante todo por la compatibilidad de los personajes, paisajes, situaciones y conflictos con los postulados del discurso americanista neo-espiritualista. Insistía en la plausibilidad y diferenciación psicológicas –herencia modernista– y, al mismo tiempo, el carácter 'típico', específicamente hispanoamericano de los personajes como resultado de la interacción entre hombre y naturaleza, considerada como fuerza autónoma, y/o como resultado de la formación y las vivencias sociales, pero sin dejar de lado el elemento individual y la libertad personal –el libre albedrío, si se quiere–; procuraba señalar sobre esta base el 'valor simbólico' de los protagonistas y la orientación también entre metafísica, mítica y/o intrahistórica de sus conflictos; se esforzaba por la concatenación cuidadosa de los sucesos, la referenciabilidad por lo menos regional de los lugares y, en cambio, cierta vaguedad en la ubicación temporal; al mismo tiempo ofrecía la posibilidad, si bien no necesariamente muy marcada, de lo extraordinario, lo irracional, el *fatum* –pasiones, misterios, encuentros inesperados, sucesos poco probables, etc.–; a nivel del discurso, señalaba el carácter literario a través, sobre todo, de las descripciones cuidadosas y estilísticamente elaboradas y el aprovechamiento de las técnicas modernas ya establecidas en cuanto a la (re)presentación del discurso del personaje y las posibilidades de focalización 'verosímil' del narrador; en cuanto al discurso de los personajes, por otro lado, se intentaba cierto efecto de realidad y de 'inmediatez' mediante la inclusión (estilizada) de marcas dialectales y sociolectales, como también se usaban términos especializados en las descripciones de labores, costumbres, vestidos, paisajes, etc.

En cambio, el realismo "genético", tal como se reformulaba en aquel entonces, cifraba el carácter realista de sus ficciones básicamente en la semejanza o estricta compatibilidad de las estructuras y fenómenos del

---

burla de "esta literatura enfermiza que viene a enseñarnos que los hombres son malos y la vida dura, como si ya no lo supiéramos tiempo ha", y disputa el carácter realista a todo arte de este último tipo: "Es sabido que el verdadero arte no se limita a copiar la realidad circundante, como la verdadera ciencia [...] no se contenta con anotar observaciones sino que se toma luego la molestia de releerlas. [...]Y el arte debe estar por encima de aquella realidad, con ella por base, claro, porque nunca podrá abandonarla por completo". Y prosigue: "Se ha dado en confundir realismo con pintura de los detalles y como no es posible pintarlos todos, se buscan de preferencia los más pequeños, los más sucios", juicio que recuerda los reproches contra el Naturalismo, al igual que su siguiente reparo: "¿O por realismo debemos entender franqueza en el lenguaje, desprecio por las convenciones bien educadas?".

mundo narrado con las visiones de la sociedad, de la historia y de la situación del país según el punto de vista del discurso socioeconómico y político izquierdista o por lo menos reformista. En el caso del Indigenismo y Afroamericanismo servían como punto de orientación también los enfoques y modelizaciones de la antropología y etnología. Y a nivel textual desempeñaba esa función realista la presencia de elementos y descripciones que por su falta de tradición literaria hispanoamericana y/o por su crudeza, crueldad, miseria, etc. debían funcionar como datos verídicos, ya que no 'literaturizados', al lado de los –muchos– datos referenciables en el espacio y el tiempo. Por cierto, en cuanto al papel atribuido a la observación, las concepciones de personajes y situaciones (sociales y regionales) y, también, las técnicas narrativas, no se puede negar a esta vertiente conceptual cierta cercanía a postulados y rasgos de contenido y expresión naturalistas, como ya destacó la crítica coetánea (*cfr.* más arriba). Sin embargo, cabe insistir en algunas diferencias fundamentales del nuevo concepto del realismo "genético" frente al Naturalismo hispanoamericano: el viraje hacia las ciencias sociales y un vago materialismo histórico en oposición al paradigma biológico-médico y moral imperante en éste, así como el compromiso con el cambio social desde una perspectiva entre reformista-paternalista y decididamente de izquierda a diferencia de la ideología mayoritariamente conservadora y un tanto nostálgica que destaca sobre todo en el Naturalismo argentino[103]. Y mientras el Naturalismo buscaba la adecuación de su lenguaje/escritura en la convergencia con los discursos científicos y periodísticos entonces en formación[104], el incipiente realismo social tenía que forjarse su lenguaje primero frente a las normas estilísticas heredadas del Modernismo tardío, pero también en convergencia con los (nuevos) discursos político-revolucionario, sociológico y antropológico, así como dentro del contexto de la creciente conciencia de la variedad lingüística existente y la consiguiente necesidad de reformular el estándar del lenguaje nacional.

Desde luego, en las novelas escritas en la década y el discurso de la crítica contemporánea puede observarse, por lo general, un entrecruzamiento ecléctico y variable de los planteamientos y rasgos respectivamente típicos de las dos concepciones del realismo. Sólo muy raras veces se dieron con aquella nitidez con la cual aquí, por razones analítico-hermenéuticas, se las

---

[103] Piénsese, entre otras, en las novelas *En la sangre* (1887), de Eugenio Cambaceres, y las del llamado ciclo de la Bolsa, *cfr.* los estudios de Meyer-Minnemann (1975) y Niemeyer (1998b), respectivamente.

[104] Agradezco a Sabine Schlickers sus valiosos comentarios al respecto.

ha esbozado. Es así como tampoco se deja correlacionar sin más una de estas concepciones con una determinada corriente novelística de la época: si bien la novela de la tierra y la llamada novela psicológica demuestran por lo general la orientación hacia un realismo de conciencia "formal", no están exentas de rasgos "genéticos". *La vorágine* (1924), de José Eustasio Rivera, combina una perspectiva de denuncia social, escenas de inusitada crueldad y la estricta referenciabilidad geográfica con una estructura casi épica, elementos míticos[105] y un lenguaje que abarca desde el estilo alto, metafórico y patético de herencia modernista hasta la reproducción de distintos registros orales[106]. E incluso novelas supuestamente prototípicas para estas dos corrientes –*Don Segundo Sombra*, o *Alsino* (1920), de Pedro Prado, e *Ifigenia. Diario de una señorita que escribió porque se fastidiaba* (1924), de Teresa de la Parra–, demuestran puntos de contacto con postulados "genéticos". Por otro lado, en las novelas indigenistas y del realismo social no está del todo ausente ni la preocupación por la elaboración cuidadosa y marcadamente literaria del lenguaje ni el interés por la psicología de los personajes.

La primera recepción de *Don Segundo Sombra* demuestra muy a las claras la mezcla de esas concepciones del realismo. En la Argentina –y fuera de ella– se alababa la novela de Güiraldes como creación de un mito, de un símbolo, como epopeya del "heroísmo campero" de rasgos clásicos, y al mismo tiempo se intentaba destacar el fundamento 'real' y 'auténtico' de ese mito, su adecuación a la realidad empírica. Es así como se elogiaron la veracidad y naturalidad, o sea, el efecto de realidad que sugieren los diálogos y las descripciones de la pampa, y acto seguido se calificó la figura de Don Segundo en relación con la imagen de la pampa como encarnación esencial y verdadera del alma argentina[107]. Otros críticos, en cambio, cuestionaron precisamente este fundamento verídico.Es el caso de Ramón Doll, que rechazó la imagen idealizada "gauchi-burguesa" de la pampa y de los paisanos que, según él, no corresponde en absoluto a la realidad social de los

---

[105] *Cfr.* Wentzlaff-Eggebert (1992) y Ordoñez (1990).

[106] Sobre este último aspecto, *cfr.* Alonso (1990), quien lo ve como consecuencia del paradigma filológico que en su interpretación subyace a la novela de la tierra, a diferencia de la novela indigenista y afroamericanista, dominadas, según él, por el paradigma antropológico-etnológico. Como demuestra el agudo análisis de Cornejo Polar (1994b) sobre la concepción del lenguaje en la novela indigenista y la del realismo social (*cfr.* más abajo), las cosas no son tan fáciles.

[107] Piénsese en las reseñas de Juan B. González, Antonio Aíta, Mariano A. Barrenechea y Roberto F. Giusti en *Nosotros* (*cfr.* Engelhardt 1991: 116-118), así como la célebre crítica de Lugones en *La Nación*, 12.9.1926

"esclavos asalariados"[108]. El famoso comentario burlón de Paul Groussac de que a Güiraldes se le ve el *smoking* sobre el *chiripá* va en la misma dirección, si bien desde una perspectiva (supuestamente) a-política. Algo más tarde, se halla una argumentación análoga a la de la recepción positiva de *Don Segundo Sombra* en el extenso estudio de Benjamín Carrión sobre la novela *Ifigenia*. Pone de relieve su orientación simbólica, cifrada ya en el título, a la vez que elogia el efecto de realidad, causado por la "potencia de evocación, la plasticidad", por "la prosa clara y limpia en el recordar, en el nombrar y en el decir" (Carrión 1930: 52), por su "rara cualidad, [...], de ponernos en contacto íntimo con realidades de paisaje y de espíritu, sin necesidad de recurrir a la descripción prolija de sitios y personas", por su don de presentar escenas "en las cinco dimensiones de la sensibilidad. Se lo ve, se lo oye, se lo huele, se lo gusta, se lo toca...".

REALISMO/REGIONALISMO: CUESTIONES NARRATOLÓGICAS
Y EL PROBLEMA DEL LENGUAJE LITERARIO NACIONAL

Ahora bien, casi sobra subrayar que aparte de los rasgos que posibilitan tales entrecruzamientos, ambas concepciones del realismo comparten igualmente otras características. Fundamental para ambas es la configuración de la instancia narradora (extradiegética), que se realiza en atención a sus funciones tradicionales de crear la ilusión de realidad y de comunicar las claves hermenéuticas para la adecuada actualización del sentido. Por consiguiente, prevalece la figura del narrador heterodiegético de focalización cero que por lo general tiende a la "objetividad" –y que en este contexto prefiere la presentación escénica y el discurso indirecto libre para dar cuenta de los personajes, así como la descripción detallada visualizante de paisajes y otros contornos–, pero que también hace comentarios explicativos. Los relativamente pocos narradores homodiegéticos demuestran particularidades semejantes dentro de su 'natural' tendencia hacia la focalización interna y su propensión a autentificar lo narrado enfatizando su carácter "real" y "vivido". En ambos casos, pues, se insiste en la autoridad del narrador con respecto al mundo narrado y su propio discurso y la verosimilitud de éste en cuanto a perspectiva y lenguaje. Esos rasgos, junto a otros ya mencionados, convergen en la intención de una visión homogeneizante y totalizadora del aspecto

---

[108] Ramón Doll: "Segundo Sombra y el gaucho que ve el hijo del patrón", *Nosotros* 58 (nov.-dic. 1927), pp. 270-281.

de realidad en cuestión y la revelación de su sentido y representatividad social y/o nacional. Y corren parejos, si bien en medida variable, con la intención de marcar el carácter literario de la narración, tarea conferida sobre todo al "estilo" del discurso narrativo.

Así, hay dos aspectos más que resultan cruciales en este contexto: el de la configuración y valoración del espacio hispanoamericano, ahora modelizado mayoritariamente según el discurso americanista vigente, interferido en parte por el "descubrimiento" de la ciudad como ámbito vital y social no menos específicamente nacional, y el de la preocupación por el lenguaje, mejor dicho, por la formación, ejemplificación e institucionalización de un lenguaje literario propiamente nacional/hispanoamericano.

La importancia atribuida a este último problema resulta sumamente obvia en el caso de la Argentina (*cfr.* Masiello 1986, Ulla 1990, Schäffauer 1998), pero es rastreable también en las discusiones y producciones literarias que durante los años 20 y principios de los 30 se dieron en Chile, México y los países andinos. El término "lenguaje literario nacional" indica ya buena parte de lo que estaba sobre el tapete: las orientaciones y los presupuestos ahora vigentes en la búsqueda de la identidad nacional e hispanoamericana; los conceptos de literatura, cultura y "educación"; y *last but not least* los ideales lingüísticos realistas de 'naturalidad', transparencia y representatividad. Este último punto toca no solamente el ya mencionado problema de la referencia 'inmediata' del lenguaje a la realidad no-verbal, sino, asimismo, la disputada cuestión de quién o quiénes encarnan la identidad nacional, o sea, la cuestión de qué variedad lingüística típica de qué estrato social/cultural/étnico se había de elevar en el rango de lenguaje nacional. Las contradicciones que así habían de marcar cualquier intento de forjar un lenguaje literario nacional –en tanto que único y generalmente válido–, no son pocas. Con respecto a la situación en el área andina, donde la novela realista –en sus vetas social e indigenista– se formó a la par que la narrativa vanguardista, Antonio Cornejo Polar (1994b) ha puesto de relieve los problemas y círculos viciosos principales:

> el esfuerzo lingüístico-estético tiende a construir vínculos intersociales, interculturales e interétnicos, y en última instancia espacios de homogeneidad, pero en el mismo acto de realizarse revela la magnitud de las grietas que desintegran lo que el lenguaje y la literatura quieren pero no pueden soldar (*ibid.*, 174);
>
> los abismos étnico-sociales del área andina son de tal magnitud que incluso si el ejercicio literario se ubica en el horizonte de las capas medias, que además reivindican orgullosamente su condición plebeya y establecen o tratan de establecer alianzas con los estratos populares urbanos y campesinos, su mera condición letrada descoloca y pone en crisis todo el proyecto: si se trata de una litera-

tura abarcadoramente nacional-popular, siempre queda en el fondo de la pirámide un excedente opaco al que la escritura –ciertamente con mayor evidencia la escritura literaria– le es ajena y no lo expresa (*ibíd.*, 175).

Con ciertas modificaciones, las observaciones agudas de Cornejo Polar tienen validez de igual forma para otras regiones latinoamericanas y, en sus rasgos más generales hasta para el caso de la Argentina, donde en aquella época las diferencias entre lengua(s) oral(es) y lengua escrita y entre cultura (alta), cultura(s) popular(es) y la llamada subcultura se planteaban en otros términos étnicos, sociales e históricos y tal vez ya menos dicotómicamente, pero con no menor envergadura (*cfr.* Schäffauer 1998). La conocida polémica iniciada en 1924 por el *boedista* Roberto Mariani en torno a la concepción del lenguaje literario nacional de los *martinfierristas* demuestra el enorme peso ideológico y estético de la cuestión del lenguaje (*cfr.* Sarlo 1982 y, sobre todo, Schäffauer 1998: 225-247). Sus contradicciones internas tenían que ver, de modo análogo a la situación analizada por Cornejo Polar, con la conciencia creciente de la dificultad de reconciliar las reivindicaciones de homogeneidad y autoridad con la heterogeneidad lingüística y cultural, o sea, con la ambigüedad de la posición de la Vanguardia argentina frente a las estructuras de poder del discurso cultural oficial. Lo que estaba en debate, con respecto a la novela, era precisamente la configuración del discurso propio del narrador extradiegético y su valor "representativo" en el doble sentido del término. En cambio, en cuanto al discurso de los personajes sí se admitía la presentación (convencionalizada según las normas escriturales) de rasgos dialectales y sociolectales, siempre y cuando ello fuera 'verosímil' en atención a la configuración de éstos (*cfr.* Schäffauer 1998) y bajo la condición de que no aparecieran palabras tabuizadas. Así, pervive la clásica norma del *aptum* como trasfondo de la exigencia de la verosimilitud y representatividad discursivas en una concepción de la novela que muy bien sabía del papel central del narrador y su acto narrativo, pero que –significativamente– dejaba de lado el hecho de que recién en este último se constituye el primero.

2. Novelas ejemplares

La novela vanguardista hispanoamericana surgió en un contexto preciso y como respuesta/propuesta fundamentalmente crítico-innovadora frente a este contexto. Su proyecto de revolucionar la novela se dirigía, por ende, no sólo contra las prácticas novelísticas vigentes en su momento y lugar. También y aún más se volvía contra la noción del género novela que les servía de base. Mas en la medida en la cual la novela vanguardista se presentaba como una respuesta en contra de lo establecido, también se auto-definía como propuesta "a favor de": de la renovación de la novela como experiencia estética autónoma y modo de comunicación específico de sentido; del experimento con las posibilidades y limitaciones de la ficción y el ensanchamiento de sus capacidades de dar acceso a la realidad; del ahondamiento en las condiciones de posibilidad del discurso narrativo y su función en la construcción del mundo y del sujeto; de la apropiación/participación/remodelización hispanoamericana de la modernidad, para anticipar aquí sólo los ejes más importantes.

Los siguientes análisis de cuatro novelas/obras narrativas vanguardistas intentan rastrear este movimiento dialéctico entre negación y creación. Todas merecen el calificativo de "ejemplares" a este respecto. Así, la selección de las cuatro novelas no ha sido arbitraria. *La señorita etc.* (1922) resulta "ejemplar" no sólo por ser la más temprana propuesta para una novela vanguardista, sino también por inscribirse en un movimiento vanguardista nacional ya existente. *Escalas melografiadas* (1923), en cambio, interesa por su cuestionamiento de la unidad narrativa y las diferencias (convencionales) entre novela y cuento y por ahondar en la orientación "vernácula" de la nueva poética narrativa, orientación todavía ajena al *mainstream* de la Vanguardia de aquel entonces, tanto en el Perú como en los otros países hispanoamericanos. Bastante distinto es el caso de la novela *Dama de corazones*, del mexicano Xavier Villaurrutia. Ella manifiesta, como ya se dijo, los inicios del proceso de auto-contextualización de la novela vanguardista, ya que emprende una crítica en atención a dos polos: el de la novelística dominante, por un lado, y el de una noción ya bastante perfilada y divulgada de la Vanguardia, por el otro. *Débora* (1927), la primera novela de Pablo Palacio, ya varias veces citada, representa otra de las "primeras" propuestas para una novela vanguardista hispanoamericana: se trata de la primera novela hispanoamericana abiertamente metaficcional (*cfr.* Verani 1996), posibilidad que había sido anticipada, en cierto sentido, por los escritos de Macedonio Fernández y los cuentos de Julio Garmendia. No obstante, es la novela de Palacio la que introduce la metaficcionalidad como rasgo intrínseco de la nueva poética que por caminos ya parecidos, ya distintos –y sólo parcialmente debidos al conocimiento de *Débora*–, iba a convertirse en una de las dominantes de la novelística hispanoamericana de Vanguardia. Con ella, la formación de la novela vanguardista encuentra un primer punto final. La gran mayoría de las novelas vanguardistas escritas a partir de entonces se iban a inscribir, si bien con modificaciones a veces considerables –sobre todo a partir de 1929/30– en una de las líneas propuestas por las cuatro novelas a estudiar ahora.

2.1. *Arqueles Vela:* La señorita etc. *(1922)*

No parece haber sido mera casualidad que la primera novela vanguardista hispanoamericana se produjera precisamente en México, en el seno del incipiente Estridentismo. En ninguno de los otros países hispanoamericanos el intento de encontrar una respuesta a los problemas de la modernización periférica se había articulado con tanta radicalidad y violencia, en ningún otro lugar la necesidad de desarrollar discursos culturales "a la altura" de los cambios históricos –los ya acaecidos pero también los que a partir de estos se presentían o proyectaban para el futuro inminente–, se podía sentir más insistentemente.

Alrededor de 1922 la situación de México ofrecía no pocas contradicciones. Con la Revolución, la antigua oligarquía y las capas medias urbanas habían perdido su poder político frente a la hegemonía de la llamada dinastía de Sonora, que se apoyaba en las nuevas formaciones sindicalistas y agraristas. Pero su antiguo poder económico había quedado básicamente intacto, y pronto empezó a pactar en este plano con el gobierno del presidente Obregón (1920-1924). El optimismo general que caracterizaba el ambiente de los años entre 1920 y 1925, "the good years" de la Revolución Mexicana como solía decir Cosío Villegas, se debía a varios motivos, entre ellos indudablemente el alivio de que la lucha armada había terminado y la posibilidad de proyectar muy distintas esperanzas sobre el nuevo orden todavía no del todo definido[109].

En el campo cultural, la situación no era menos compleja. La educación de las capas populares, la identificación con el nuevo Estado, la integración de la población indígena, así como la creación de una identidad nacional –"forjar patria"– eran los objetivos centrales de la política cultural oficial, en manos de José Vasconcelos, quien desde la recién fundada Secretaría de Educación desarrollaba una actividad asombrosa[110]. La repercusión de sus iniciativas fue considerable, sobre todo en el campo y entre los intelectua-

---

[109] Una exposición concisa del contexto histórico ofrecen Halperin Donghi (1994) y Bernecker et al. (1996), para más detalles, *cfr.* El Colegio de México (1981) y Tobler (1984).

[110] Para un análisis del proyecto cultural de Vasconcelos, véase Blanco (1977).

les, artistas y escritores jóvenes. Si bien varios de ellos –como los futuros Contemporáneos y los muralistas– no se identificaban del todo con el programa de Vasconcelos, sí compartían su general orientación nacionalista y latinoamericanista y, sobre todo, sí sabían apreciar y aprovechar las posibilidades que éste les ofrecía[111]. No obstante, la política cultural de Vasconcelos desde el principio era objeto de discusiones: no correspondía a los intereses ni de las clases medias, por un lado, ni de los representantes de la izquierda, por el otro. Y mientras éstos recién estaban ideando su programa al respecto, aquellos seguían dominando amplios sectores de la producción cultural, entre ellos la prensa capitalina y el campo literario.

De ahí que al principio de la década tanto la estética literaria como la estructura del campo literario apenas mostraran cambios con respecto a la situación prerrevolucionaria, dominada por el Ateneo de la Juventud[112]. En la poesía se defendía el Modernismo tardío[113], mientras que en la novelística seguía estando vigente, en distintas versiones, el realismo de temática nacional, subyacente también al recién introducido subgénero de la novela colonialista. Frente a este estado de cosas, por cierto no muy favorable "para la existencia de una ficción innovadora" (Verani 1996: 50) –que, por otra parte, en general, no existía–, lo que era necesario no era una renovación, sino una revolución. Así lo insinúa Manuel Maples Arce en *Actual No. 1*[114]. Con esta proclama y el poemario *Andamios interiores*, publicado en verano de 1922, el Estridentismo se perfila como oposición radical frente a las normas estéticas vigentes y las estructuras de poder dentro del campo literario, cuyas posiciones dominantes reclama para sí mismo, con base en argumentos particularmente provocadores en el caso mexicano. Maples Arce ataca el estado anquilosado de la literatura mexicana no sólo desde la perspectiva de los últimos avances estéticos internacionales, sino también en nombre de la situación histórica –universal y mexicana–, o sea, la obligación del arte para con el desarrollo social. Y en el caso del Estridentismo, este ideal 'moder-

---

[111] Para las divergencias, por ejemplo, entre Vasconcelos y Diego Rivera acerca del contenido de los frescos, *cfr.* Blanco (1977). La identificación de varios de los escritores que más tarde iban a formar el grupo de los Contemporáneos con el proyecto vasconceliano se manifiesta, entre otras, en el programa y las colaboraciones para la revista *La Falange*; consabidas son sus relaciones institucionales con Vasconcelos, *cfr.* Sheridan (1985).

[112] Para una exposición, desgraciadamente poco sistemática, del campo literario mexicano de la época, *cfr.* el trabajo de Monsiváis en El Colegio de México (1981).

[113] Un análisis de sus rasgos ofrece Meyer-Minnemann (1982).

[114] Citado según Schwartz (1991: 162-169).

nista' de la correspondencia entre el progreso técnico y social y el progreso artístico no sólo significa un fenómeno característico de los primeros movimientos históricos de Vanguardia (*cfr*. Wehle 1982), sino también la participación en el optimismo típico de los *good years* de la Revolución Mexicana. El reproche estridentista de que la literatura mexicana establecida está "fuera del eje" (histórico y estético) implica, así pues, un sentido universal y otro nacional, particularmente provocador para un *establishment* que aunque no tenía simpatías para la Revolución Mexicana sí compartía la general orientación nacionalista. La reivindicación estridentista de la contemporaneidad de México y de la propia estética con respecto a la modernidad, intención central de *Actual No. 1* (Meyer-Minnemann 1982: 32), también en otros aspectos se basa en principios teóricamente comunes a todo el campo literario de aquel entonces, tales como la concepción del arte como la autoexpresión del individuo y la defensa de la autonomía del arte frente al poder político-económico (*cfr*. Schneider 1970; Niemeyer 1999b).

Indudablemente, el programa del Estridentismo[115] resultaba particularmente propicio para intentar la narración vanguardista. Las nuevas "técnicas de expresión" tematizadas y ejemplificadas en el primer manifiesto y en *Andamios interiores* –como la apropiación del vocabulario técnico moderno, la fragmentación de los nexos lógico-sintagmáticos, el desprendimiento del lenguaje de su función referencial convencional y la integración/usurpación de discursos no-literarios–, no se refieren únicamente a la creación o construcción de textos específicamente poéticos, sino que resultan practicables también en otros géneros. Frente a otros movimientos vanguardistas de principios de los años 20, centrados básicamente en la renovación de la poesía –como el Ultraísmo o el Diepalismo–, el Estridentismo se señala por la envergadura genérica de sus propuestas estéticas, que cunden también en las artes plásticas. No menos importante en este contexto resulta el hecho de que el Estridentismo, en el fondo, no persiga el abandono total de la mimesis: más que renunciar a cualquier referencia a la realidad, propone otro concepto de esta relación, más adecuado –ya que "actualista"– y más amplio. Identifica la realidad con la modernidad, cifrada en los fenómenos del progreso técnico y social, y postula la referencia a esta realidad mediante un lenguaje y unas técnicas literarias 'nuevas' como rasgo específicamente moderno de la propia literatura. Concuerda con ello el concepto "actualista" de la belleza –de clara herencia futurista–, así como la rigurosa

---

[115] Sobre el programa y la historia del Estridentismo, véase el reciente y excelente estudio de Escalante (2002).

instrumentalización de las técnicas literarias, que en cuanto tales se someten no sólo a las necesidades propias de la obra y de la expresión subjetiva, sino también al cambio histórico: el Estridentismo cuenta con el carácter fugaz de la modernidad y de la eficacia (expresiva e iconoclasta) de estas técnicas y de los textos construidos con ellas.

Y el estado de la novela mexicana contemporánea, visto desde la perspectiva "actualista" del Estridentismo, llamaba aún más a intentar la ruptura que el de la poesía. El realismo burgués, cuyos ejemplos posrevolucionarios más destacados se han de ver en *La fuga de la quimera* (1919), de González Peña, y *Fuertes y débiles* (1919), de López-Portillo y Rojas, desde la perspectiva estridentista representa una tendencia completamente 'inactual'. Las novelas siguen defendiendo la modernización económica y técnica de la sociedad burguesa (prerrevolucionaria) y traten la dicotomía entre ciudad y campo según el modelo liberal de civilización y barbarie, criticando, desde una posición nostálgico-criollista, que introduce una leve nota discordante en el general optimismo burgués, sólo los excesos de la modernización de los hábitos vitales, que conducen a la 'desnaturalización' del ser criollo. Los motivos, el proceso y los resultados de la Revolución apenas se tematizan, aunque la historia narrada está ubicada en el mismo tiempo: la Revolución aparece personalizada, debida a intenciones y actuaciones individuales en su mayoría poco honestas, y no, precisamente, como consecuencia y parte estructural de la situación histórica (ficcional). Es decir, las novelas ofrecen una modelización de esta realidad que en cierta medida equivale a una "represión" de la experiencia del cambio histórico, seguramente muy familiar a una burguesía profundamente impresionada por el encuentro con otro México –y otra modernidad–.

El ya mencionado subgénero de la novela colonialista, que en aquellos años se da también en varios otros países hispanoamericanos, ante todo en Argentina y Perú, así como en España, se inicia en México en 1918 con obras de Francisco Monterde y Julio Jiménez Rueda: *El madrigal de Cetina* (1918) y *Cuentos y diálogos* (1918). No obstante su pertinencia a una tendencia historicista internacional, cumple una función particular dentro del contexto mexicano. Siguiendo el impulso nacionalista tan típico de aquellos años, estas novelas subrayan la pertinencia a la tradición hispánica y así manifiestan "a desire to get away from the confusion of revolutionary Mexico" (Brushwood 1989: 3). Frente a la situación actual marcan una oposición conservadora, si bien estéticamente original, frente a las tendencias populistas, proletarias o indigenistas defendidas por los gobiernos postrevolucionarios (*ibíd.*, 9).

Dentro de todo este horizonte, *La señorita etc.* no deja lugar a dudas acerca de su carácter vanguardista. Ya el título sugiere la actitud contestaria al parodiar la convención del título significativo con respecto a la historia y/o su(s) protagonista(s). "La señorita" hace esperar un nombre propio o una frase relativa caracterizadora, expectativa burlada por "etcétera", que proyecta las connotaciones de 'arbitrariedad', 'insignificancia' y 'de sobra conocido' –o sea, 'carente de individualidad'– sobre "señorita" lo mismo que sobre el título en cuanto tal y su relación con el texto. No obstante, la arbitrariedad y la falta de identidad estable juegan un papel importante en la estructura profunda del texto. El título en absoluto es arbitrario. Pero el lector enfocado se dará cuenta de ello sólo después de la lectura, de modo que aquí se da una inversión de la convencional función del título. Este no sirve como guía de lectura, instrumento que facilita la decodificación, sino que resulta ser un paratexto que requiere del mismo trabajo de interpretación que el texto. La brevedad del texto, presentado como "novela", representa otro rasgo desconcertador para el lector enfocado, cuya posible función orientadora tampoco salta a la vista antes de haber leído el texto: transferir hábitos de lectura desarrollados con respecto a la prosa breve –el cuento breve, la prosa poética– a un género que convencionalmente permite una lectura mucha más seguida, suelta y literal.

Esta misma estrategia de crear significados a partir de la ruptura de convenciones que en cuanto convenciones 'rechazadas' sí forman parte del proceso de significación, caracteriza todo el texto. El comienzo hace esperar, por un lado, el relato más o menos convencional de una historia de esquema conocido, romántico-sentimental: la narración autodiegética de un hombre que se enamora de una mujer enigmática conocida durante un viaje en tren y que al final logra revelar el misterio –la identidad– de ella:

> Llegamos a un pueblo vulgar y desconocido. Todos los pasajeros habíamos urdido esa fugaz amistad de calceta provisional que se urde durante el ocio de un vertiginoso camino de hierro. Por un accidente inesperado, tuvimos que dejar un momento los vagones y asaltar la primera estación del itinerario. [...]/ Yo compré mi pasaje hasta la capital, pero por un caso de explicable inconsciencia, resolví bajar en la estación que ella abordó. Al fin y al cabo, a mí me era igual... (Vela 1990: 59).

Pero por otro lado ya despuntan elementos –como los adjetivos insólitos y las vacilaciones en cuanto a la causa del arribo a la estación– que hacen dudosa esta expectativa. Y a lo largo del texto, repartido en ocho capítulos de parecida extensión salvo el último que consta sólo de unas pocas líneas, cualquier expectativa de un relato convencional resulta inoperable: ni la historia, ni su narración se parecen a esquemas conocidos. Aún más, el texto hace todo lo posible por imposibilitar la reducción a esquemas, conocidos o nuevos, en general.

Es así como el texto tiene poco en común con una narración en cuanto realización de un tipo de discurso centrado en la comunicación, por un emisor a un destinatario, de una sucesión de acontecimientos que tengan unidad de acción. Si bien se guarda la figura del narrador autodiegético como única instancia (ficcional) que origina la enunciación, resulta sumamente difícil decodificar su enunciado. La enorme abundancia de metáforas e imágenes insólitas o audaces, construidas muchas veces con un vocabulario técnico marcadamente moderno, y la brevedad y frecuente inconexión semántico-sintagmática de los párrafos, a menudo formados por una sola frase, y de las frases mismas, en cuya construcción no es rara la yuxtaposición a-lógica, acercan el texto al discurso poético moderno en su versión estridentista: "La calle fue pasando bajo nuestras pies, como una proyección cinemática" (*ibíd.*, 59), o "El parpadeo de mi semáforo columbró, a lo lejos su silueta confundida de vela que se desprende y se va a pegar a los mástiles atmosféricos, cuando un viento agita la epidermis del mar" (*ibíd.*, 63). El ideograma incluido en la narración significa el ejemplo más radical de esta fusión típicamente estridentista entre la orientación a-mimética, por un lado, y la llamada sobre la 'realidad' actual mediante un léxico específico de la modernidad técnico-social, por el otro. Y a la vez señala la ruptura más evidente con la linealidad del discurso narrativo:

    Bajo su mirada fulgurante de

              C O
              R R
              U G
              IC
              L E
              E R
              P O

                V
                I
                A

                L
                I
                B
                R
                E

sus senos y mi corazón se quedaron temblando, exhaustos, con ese temblor incesante del motor desconectado repentinamente de un anhelo de más allá... (*ibíd.*, 66).

No obstante estas dificultades de actualizar los significados en atención a su mera sucesión denotativa-sintagmática y, a partir de ellos, sintetizar una línea de acción y algo como un mundo narrado, resulta posible distinguir algunas acciones, así como elementos de su cronotopos. Siguiendo la segmentación del texto en capítulos y sus pocos y breves pasajes más bien convencionalmente narrativos, se reconocen fases de la vida de un yo masculino: la llegada a "una ciudad del Golfo de México" y el paseo con "ella", la conocida en el tren (cap. I), la permanencia en esta ciudad, donde conoce a otra "ella" (cap. II), otro viaje en tren (cap. III), la vida y el trabajo en la "metrópoli", donde descubre a ("otra?") ella en el tranvía (cap. IV) y, finalmente, el establecimiento de una relación ("sexual?") con otra "ella" (cap. V). En los últimos capítulos la acción se desvanece en autorreflexiones del protagonista-narrador, así como en recuerdos y, por último, presentimientos de "ella". Ya desde el comienzo la narración de acciones aparece subordinada a la evocación de estados interiores del yo narrado, debidos a su encuentro con "ella(s)", pero más aún a su vida en las dos ciudades, señaladas como contemporáneas a través de la mención de actividades sindicalistas y objetos urbanos modernos, como el tranvía, anuncios luminosos, ascensores y, también, la explícita referencia a "la vida casi mecánica de las ciudades modernas" (*ibíd.*, 66). Así, *La señorita etc.* invierte el esquema de la novela realista mexicana del momento: el contexto, en vez de servir de telón de fondo sin relación interior con la historia, llega a dominar sobre ella, integrándola como algo sólo posible bajo estas condiciones.

Pero el contexto, tanto como las pocas acciones y los muchos estados interiores que se exponen, aparecen como velados, encubiertos por el predominio del lenguaje poético estridentista que subraya el empleo extremado de la focalización interna fija: todos los objetos y acontecimientos 'exteriores' son presentados como percepciones, imaginaciones y memorias del yo narrado/narrador, incluso los poquísimos discursos de los personajes son reportados o como discurso indirecto libre (de él) o como discurso narrativizado (de "ella"). De este modo, lo que al principio todavía tiene asomos de una unidad de acción se revela como un conjunto fragmentario de momentos de la vida interior del protagonista que no llegan a tener un fin convencional ni resultan ubicables unívocamente en cuanto a tiempo y lugar, relación de causalidad y estatus óntico (intraficcional), vacilante entre sueño y realidad:

> Sentado junto a ella, en medio de la soledad marina y de la calle, me sentía como en mi casa. Disfrutaba de un poco de música, de un poco de calor, de un poco de ella.
> Cuando empezó a estilizarse la decoración imaginista, me di cuenta de que había estado alucinado de un sueño (*ibíd.*: 59 s.),

recuerda el narrador su primer encuentro con "ella" al principio de su narración. Al final parece revivir un momento parecido –¿o retornar al primero o seguir soñando el mismo sueño?–:

> Había peregrinado mucho para encontrar la mujer que una tarde me despertó hacia un sueño. Y hasta ahora se me revelaba.
> Presentía sus miradas, etc. ... sus sonrisas, etc. ... sus caricias, etc. ... Estaba formada de todas ellas...
> Compleja de simplicidad, clara de imprecisa, inviolable de tanta violabilidad (*ibíd.*: 70).

Los protagonistas, así pues, carecen de un carácter definido, de rasgos personales y, aún más, de identidad estable. "Ella" no sólo no tiene ningún nombre propio, tampoco tiene una referencia fija, sino que es "ella", la conocida en el viaje, "ella", la conocida en el café, en el tranvía, en el ascensor del hotel, en el parque, la memoria e imaginación de "ella" y de "esta otra ella" (*ibíd*: 62) que, al final del discurso, confluyen en la imagen de una "ella" soñada, presentada a partir del encuentro con "ella", la compañera de viaje. Su aspecto físico, tal como es percibido por el yo narrado, no es sino "la sensación de un retrato cubista" (*ibíd.*, 64), un conjunto de fragmentos connotados ya como 'técnicos', ya como altamente 'eróticos'. Otra vez es recordada como ejemplo de "las mujeres actuales": sindicalista, feminista, antirromántica y antisentimental, convencida de la necesidad de una "revolución espiritual" a la vez que asidua cliente de una peluquería elegante y consumidora de perfumes franceses (*ibíd.*, 68 s.).

Y del yo narrado –y por consiguiente del yo narrador– tampoco se llega a saber el nombre y sólo muy pocos datos personales: un hombre sin prehistoria y sin particularidades salvo la de buscar/encontrar a una "ella" que tampoco tiene nombre. Es decir, lo que caracteriza a este narrador-protagonista es, ante todo, su manera de percibir las cosas, su modo de narrar estas percepciones, su discurso. Al igual que la marcada poeticidad del lenguaje, la fuerte presencia de este yo que más bien parece un yo lírico –instancia de percepción/enunciación, no personaje–, señala la necesidad de cambiar la lectura denotativo-lineal, típica de la narrativa realista, por una estrategia decodificadora distinta que combine la lectura sintagmática con la paradigmática y enfoque el texto como metáfora continuada, un tipo de lectura cuya orientación básica se parece a la que más tarde iban a reivindicar la narrativa del Surrealismo[116].

Sólo en tal lectura se empieza a entender que estas pocas páginas presentan la historia de un sujeto que se pierde en la modernidad y cuya búsqueda de identidad y autoafirmación por medio del encuentro con "ella" se frustra porque también "ella" no es sino un fenómeno de esta modernidad: "La vida casi mecánica de las ciudades modernas, me iba transformando"; así resume el narrador este proceso, y un poco más tarde agrega: "Era, en realidad, ella, pero era una mujer automática" (*ibíd.*, 67). Al principio de la historia, todavía existe cierta diferencia entre el yo y sus pensamientos y recuerdos, por un lado, y la percepción del contorno, por el otro, aunque esta noción de la propia particularidad se cifra básicamente en el pre-sentirse "[s]olo. Aislado. Incomprendido. [...] Como no hablo más que mi propio idioma, nadie podrá comunicarse conmigo" (*ibíd.*, 60). Pero pronto confluyen el yo y su contorno, su subjetividad y la 'realidad objetiva'. Ambos se fusionan en las mismas percepciones, en hábitos vitales que borran el límite entre lo exterior y lo interior: "El café llegó a ser mi otro yo. Todos los días, todas las noches [...], me refugiaba en el café./ Casi me iba acostumbrando a su vida inmoble" (*ibíd.*, 61). La influencia de la vida laboral moderna le hace asumir "ideas mecanográficas, [...] pensamientos aguzados uniformemente con *shapeners*...", su vida va "tomando un aspecto de piso encerado. Diariamente arrancaba a mi disciplina de calendario, la hoja numerada del fastidio del día" (*ibíd.*, 65); sus antiguos deseos y proyectos literarios –nunca especificados– se borran, se vuelve "mecánico" (*ibíd.*, 67), o sea, "reflector al revés que prolongaba las visiones exteriores hacia las concavidades desconocidas de mi sensibilidad" (*ibíd.*, 67).

La búsqueda y los encuentros con "ella" juegan un papel decisivo en este proceso. El primer encuentro casual con "ella" se convierte para el yo narrado en esperanza, una esperanza de algo nunca explicitado, pero connotado positivamente, relacionado con el sueño, la promesa de una vida plena y bella y, también, la posibilidad de que esta casualidad, este azar, se revelaría como su destino: "El azar, [...] nos acercaba [...]. Era inevitable y hasta indispensable que siguiésemos juntos" (*ibíd.*, 60). No obstante, el protagonista deja a esta "ella", llevándose su recuerdo. La casualidad le proporciona encuentros con otras "ellas", pero la esperanza de que esta vez significa-

---

[116] Sobre este aspecto, decisivo para *Nadja* (1928), de André Breton, *cfr*. Wetzel (1982).

ría su destino, su sentirse vivir, nunca se cumple. "Ella" se esfuma, se aleja, y la imagen siempre fragmentaria –cubista– de cada nueva "ella" se funde con el recuerdo de las otras "ellas". Resulta que estas "ellas" se han confundido con la modernidad. Llegan a ser "un APARTAMENT [sic] cualquiera [...], con servicio cold and hot y calefacción sentimental para las noches de invierno" (*ibíd.*, 67), una de las "mujeres actuales", de rasgos nada individuales.

La sucesiva indiferenciación de la imagen de "ella" se convierte así en epifenómeno de la enajenación del yo: su percepción de sí mismo y de sus deseos propios llegan a identificarse con las "visiones exteriores" proyectadas hacia el interior. Se borra la diferencia identificadora entre los individuos y su contorno, la modernidad. Y el único punto fijo para la autoafirmación como sujeto individual reside, precisamente, en asumir esta experiencia: el ideal de "ella" es una señorita etcétera, moderna precisamente por esto. Este proceso se manifiesta, asimismo, en el lenguaje, en el discurso del yo narrado/narrador. Como se acaba de ver, en la verbalización de las percepciones y reflexiones, así como de la imagen de "ella", se emplea cada vez más el vocabulario técnico y urbano "moderno", plagado de anglicismos –*porters*, *pullman*, *claxons*, *snobs*, *troley*, *fox-trots*, *cold and hot*, *hall*, *office-boys*[117]–, y de términos que remiten a los grandes inventos y descubrimientos de la época –fonógrafo, cine, "reflector de revés", "vida eléctrica", "pasos [...] cronométricos", "senos temblorosos de amperes", "contacto hertziano", "células", "celuloide", etc. Es decir, la paulatina disolución del individuo en la modernidad afecta a –y se realiza en– el lenguaje. Para su expresión, el sujeto no dispone sino de un lenguaje que por su mismo carácter borra lo que se quiere expresar: la distinción del yo frente a sus visiones exteriores, lo propio frente a lo Otro.

No obstante la enorme importancia del contorno, sus rasgos no pasan de ser tan fragmentarios como los de los protagonistas. La estructuración espacio-temporal de la historia, tal como va presentada, en vez de configurar el marco 'objetivo' de la subjetividad, forma parte de ella. Es así como hay muy pocos indicios temporales implícitos, gracias a la confluencia de la narración de percepciones actuales con la evocación de imaginaciones, recuerdos y reflexiones, ya del yo narrado, ya del yo narrador. La escasez de indicios explícitos es otro rasgo relevante en este contexto: las pocas menciones se refieren casi siempre a la duración nunca delimitada de estados

---

[117] El uso de la cursiva subraya este carácter "moderno", "internacional" del vocabulario para el lector enfocado.

interiores y/o costumbres vitales. Concuerda con ello la preponderancia del imperfecto, sólo pocas veces interrumpida por la exposición de un acontecimiento puntual, introducido por (in)determinaciones temporales como "un día" o "una vez" y referido en indefinido. De este modo, la noción (objetiva) del tiempo progresivo como eje que permite la distinción de acciones se disuelve en la impresión (subjetiva) de un tiempo inmovilizado, indeterminado e interminable en la cual se pierde la particularidad y fijación cronológica de los hechos concretos.

Los únicos datos temporales unívocos son, pues, las ya mencionadas referencias implícitas a la realidad extraliteraria fáctica del México contemporáneo, posrevolucionario, que se dan en la configuración del lugar. Sin embargo, los elementos que el yo percibe/presenta de éste y su ambiente remiten exclusivamente a la modernidad técnica, económica y social universal. Aparte de la ubicación explícita de las ciudades en México no hay ninguna referencia a particularidades que permitan identificarlos. Lo que se menciona de sus elementos y su ambiente es de carácter cotidiano y rutinario –masas que flanean por las calles, automóviles, el tranvía, el trabajo monótono en la oficina, actividades sindicalistas–, y no despierta en el yo ninguna emoción ni interés particular, sólo un cierto hastío y un general sentimiento de aislamiento y extrañeza: "Ya tenía mucho tiempo de vivir en la ciudad y no conocía nada de la ciudad" (*ibíd.*, 66). Pero siempre alguno de estos detalles forma parte de las visiones del yo. Así, el lugar, la ciudad, se convierte en cifra de una modernidad ubicua, ineludible e incalculable, frente a la cual no hay lugar para la subjetividad individual.

Como ya habrá quedado patente, el particular empleo de la situación narrativa cumple una función decisiva en la configuración y la presentación de esta subjetividad. El texto aprovecha la ambigüedad inherente a la narración autodiegética y juega con la expectativa de una diferencia unívoca entre yo narrado (intradiegético) y yo narrador (extradiegético)[118]. Al comienzo todavía resulta posible distinguir claramente entre las perspectivas de uno y otro, entre comentarios del narrador, enunciados desde su posición temporal y con base en conocimientos que el protagonista no podía tener en el momento actualizado como presente narrativo, por un lado ("Yo me sentía con esa profunda nostalgia que se va acumulando", las frases que

---

[118] Cabe advertir que esta diferencia no necesariamente implica una distancia ideológica entre las instancias: lo esencial es la diferencia de nivel, cifrada por lo general en el desfase temporal entre momento narrado y momento de la narración, *cfr.* Genette (1972 y 1983).

aluden a la larga duración de estados y hábitos), y la re-presentación de las visiones del protagonista en focalización interna. Pero muy pronto, debido al empleo creciente del discurso indirecto libre, a la identidad temática e ideológica entre las percepciones y los pensamientos del yo narrado y los comentarios del yo narrador y, también, al hecho de que empleen el mismo tipo de lenguaje, llegan a confluir las dos perspectivas. No obstante, la focalización del narrador no desaparece por completo, sino que está lo suficientemente presente como para recordar el hecho de que se trata de percepciones y recuerdos discursivizados posteriormente: persiste hasta el final el empleo del imperfecto y de algún que otro comentario que implica una reflexión posterior, sea porque alude a la larga duración temporal, sea porque caracteriza el tipo de acto mental a la vez que presenta su contenido ("Todas las noches, como en un sueño...", "Mis evocaciones [...] las repasaba sin pensar", *ibíd.*, 70). Es decir, en ningún momento se trata de un monólogo interior, sino siempre de la narración de pensamientos a través del (yo) narrador. Sin embargo, precisamente esta distinción entre lo narrado y la narración se borra, en cierto sentido, al final del texto que otra vez cabe recordar: "Había peregrinado mucho para encontrar la mujer que una tarde me despertó hacia un sueño. Y hasta ahora se me revelaba. Presentía sus miradas etc." (*ibíd.*, 70). Aquí, el presente de la narración parece confluir con el presente del narrador, que con el "hasta ahora" –en el sentido de 'a partir de ahora', uno de los dos únicos mexicanismos del texto[119]– seguido por el imperfecto marca su pertinencia a la diégesis. Así, el narrador extradiegético se vuelve intradiegético –a diferencia de la narración autobiográfica convencional, donde el proceso se suele dar a la inversa, saliendo el yo narrado de la diégesis para volverse narrador–. Con ello, se empieza a disolver el fundamento autentificador de la narración[120]. El yo, ahora en su doble acepción de narrador narrándose, no tiene otra base que el discurso. La subjetividad tan precaria presentada en la diégesis se vuelve así rasgo característico también de la narración: el yo narrador (ahora intradiegético) no tiene más autoridad con respecto a lo narrado que el yo narrado. Este cuestionamiento del fundamento 'trascendental' del discurso se refuerza aún más por el hecho de que las últimas frases no parecen sino realizar el repliegue del texto sobre sí mismo. No sólo remiten al comienzo de la historia, también

---

[119] El otro término, no en balde puesto entre comillas, es "papalote" (Vela 1990: 68).
[120] Sobre la función autentificadora del narrador extradiegético marcado como tal, función particularmente importante para el realismo decimonónico, véanse Mignolo (1980-81) y Paschen (1991).

aluden al término más llamativo del título: "etc.". La autorreferencialidad implícita de esta vuelta al comienzo coincide con los términos referidos a literatura y escritura que el yo narrador emplea para caracterizar la 'reduplicación' de sus pensamientos al entrar en la vida laboral moderna:

> Por la influencia del ambiente, tuve que agregar a los recortes literarios de mi vida, sellos oficiales, ideas mecanográficas, frases traslúcidas de papel carbón, imprecisiones de goma de borrar, pensamientos aguzados uniformemente con *shapeners* (*ibíd.*, 65),

como si ya hubiera podido leer a Walter Benjamin[121]. Es decir, en esta línea de interpretación, aunque bastante tenue, las últimas frases del discurso/texto se convierten en *mise en abyme* metatextual en la cual se apunta hacia el funcionamiento estético del texto[122]: "Compleja de simplicidad, clara de imprecisa, inviolable de tanta violabilidad".

Con todo, las observaciones del mismo Vela acerca de los rasgos distintivos de esta primera novela vanguardista no resultan equivocadas:

> fue la primera novela que [...] viola los conceptos de tiempo y de espacio y elimina a los personajes [...] es una novela donde el Yo es el determinante [...] es el principio de lo que puede ser un animal antediluviano y antidiluviano [...] es el Yo que crea todo: los conflictos, las realizaciones; la realidad que existe no existe sino a través del Yo" (Vela, en Bolaños 1976: 50).

Pero la posición contestataria de *La señorita etc.* frente a su contexto histórico y literario va mucho más lejos. Ante todo, es claramente una novela antirrealista. Ni a primera ni a segunda vista el conjunto referencial esbozado por ella corresponde a lo que el público lector dominante en aquel entonces consideraría "un modelo de mundo de lo ficcional verosímil"[123].

---

[121] Como bien se sabe, "Das Kunstwerk im Zeitalter seiner technischen Reproduzierbarkeit" se escribió en 1936.

[122] Me atengo aquí a la terminología de Dällenbach (1977), porque me parece la más practicable –y conocida–, a pesar de la crítica de Winter (1998), quien propone la terminología de Peirce para caracterizar los fenómenos de autorreferencialidad novelística (explícita).

[123] Me atengo aquí a la teoría y la tipología de los "modelos de mundo" elaboradas por Albaladejo (1992). Teniendo en cuenta la crítica de Pozuelo Yvancos (1993: 143 s.), uso este término para referirme al tipo del mundo ficcional que el lector enfocado debía/podía concretar en el acto de lectura, o sea, el tipo de "la construcción de mundo por el lector en el pacto de la ficción" (*ibíd.*, 150), construcción que depende del texto y sus intersecciones con las nociones de realidad, verosimilitud, etc., así como con las correspondientes convenciones de género (*cfr.* Reisz de Rivarola 1986).

Así, el carácter fragmentario e "inverosímil" del mundo narrado garantiza la autonomía de la ficción, como también y aún más lo hace la orientación autorreferencial del lenguaje. En particular el empleo de un discurso altamente metafórico, que a nivel denotativo dota al mundo narrado de "efectos de irrealidad" –señoritas que se convierten en *appartments*, etc.–, y que resiste el intento de reconstruir significados "intrínsecos", subraya la línea divisoria entre la ficción como resultado de la construcción verbal y la realidad extratextual.

No obstante, la novela de Vela no rehúsa la función apropiadora con respecto a lo que desde la perspectiva del texto resulta ser la realidad extratextual, el "external field of reference", según Harsaw (1984), construido en el proceso del texto y su lectura por los datos que remiten a un contexto empírico –México–, proyectando sobre éste imágenes cuya referencia externa es el saber cultural de/sobre la modernidad (universal). Histórica e intencionalmente esta conjunción anticipa un grado de modernización todavía no generalizado/entendido en el contexto de recepción enfocado. Y gracias a ella y su particular presentación narrativo-verbal, el texto modeliza y es él mismo –en el acto de (auto)lectura– una experiencia de modernidad mexicana cuya actualización significa una experiencia de alteridad y provocación frente a los modos vigentes de percibir e interpretar la(s) realidad(es) extratextuales aludidas. Un papel importante juegan en este contexto la marcada subjetividad y falta de autoridad del narrador y su narración. Ellas no sólo niegan la posibilidad de conocimiento y representación 'objetivos' de la realidad extraliteraria en la que confía el realismo. Al contrario de lo que sugiere el comentario de Vela, *La señorita etc.* no demuestra de manera unívoca que es el yo el que crea la realidad a través de sus percepciones –noción que coincide con teoremas básicos del empirocriticismo, corriente filosófica subjetivo-idealista y agnóstica de bastante influencia en el pensamiento "moderno"/ antipositivista de la época[124]–, sino que introduce fisuras fundamentales en esta concepción del sujeto, expresando la disolución de la unidad y la libertad del yo frente a sus percepciones del mundo y, por consiguiente, de sus posibilidades del pensar y actuar autónomos[125]. Y es esta desintegración, esta pérdida de identidad la que se señala como la experiencia intrínseca e

---

[124] Para más informaciones, véase Berlage (1994).

[125] Cabe mencionar que estas relativizaciones ya se hallan explicitadas en los trabajos de Ernst Mach, el representante principal de esta filosofía después de su fundador Avenarius, relativizaciones que se cristalizaron en la fórmula del "Yo insalvable" (*unrettbares Ich*), *cfr.* Berlage (1994).

insoslayable de la modernidad universal, proyectada sobre el México contemporáneo. El sujeto moderno no es el sujeto de la modernidad.

Así pues, el texto de Vela no reclama nada acríticamente la participación de México en la modernidad universal. Resulta significativo que sea precisamente la narrativa que introduce desde el principio no sólo una posición discordante y reflexiva frente a la modernolatría típica de las tempranas manifestaciones estridentistas y de otros movimientos vanguardistas: la insistencia nada jubilosa ni ingenua en la indivisibilidad del proceso de la modernidad, en el nexo indisoluble entre la modernidad técnico-social y la estética señala el comienzo de una conciencia crítica de las condiciones de la propia modernidad periférica. Y a la vez introduce una voz discordante en el panorama ideológico: se niega tanto al conservadurismo burgués como al optimismo revolucionario de izquierdas. Es así como esta primera novela vanguardista apunta hacia otro rasgo típico de la Vanguardia hispanoamericana y en particular de su narrativa: el de nadar por principio entre dos –o más– aguas.

2.2. *César Vallejo:* Escalas melografiadas *(1923)*

Desde su mismo título, todavía de ciertas connotaciones modernistas (Barrera 1988: 318), este libro de Vallejo rehúsa cualquier adscripción genérica. A primera vista una colección de cuentos –Verani (1996a: 60) habla de "estampas", recogidas en la primera parte del libro, y "relatos", agrupados en la segunda–, en la lectura se revela pronto que oscila continuamente no sólo entre la prosa poética y la narrativa, sino también entre la colección de cuentos y la novela. La misma división simétrica en dos partes, "Cuneiformes" y "Coro de vientos", de seis textos cada uno, así como las múltiples relaciones intertextuales entre los textos y la semejanza en la situación narrativa –un narrador entre auto y homodiegético–, apuntan hacia "un principio de composición de orden mayor", como expone el estudio de König (1994: 274)[126]. A ello se une "la virtual identidad" del narrador respectivo de los doce textos. Su identidad cobra consistencia sobre la base del "contexto virtual", que permite vincular "el o los mundos ficticios de *Escalas melografiadas* con el

---

[126] Asimismo. López Alfonso (1995: 101) llega a esta conclusión, si bien se basa ante todo en la unidad temática de las dos partes que según él forman cada una un "corpus unitario" (*ibid.*, 74, 78). Verani (1996a), en cambio, no lo entiende así, tampoco Merino (1996).

contexto histórico real que está en su origen y al cual, en última instancia, remiten" (*ibíd.*). Y si bien este contexto no se define sólo por su heterogeneidad[127] –o sea, la vigencia social simultánea de dos culturas/códigos de los cuales predomina el uno, el "código blanco", sobre el otro, "no blanco" (*cfr. ibíd.*)–, lo cierto es que a lo largo del libro la heterogeneidad conflictiva se perfila como el rasgo decisivo de el (los) mundo(s) narrado(s) y de sus sujetos. Desde esta perspectiva, "la obra en su conjunto connota, más que una conciencia ya definitiva, el proceso de 'descubrirse' como conciencia escindida y desgarrada con la realidad y consigo misma" (*ibíd.*, 274). Siguiendo esta línea, se trataría más bien de una novela –en cuanto narración de una serie de acontecimientos (de conciencia) que posean (cierta) unidad de acción, o sea, de concienciación– que de una colección de textos narrativos independientes entre sí. Visto el libro más de cerca, esta hipótesis resulta difícil de corroborarse tanto como de refutarse definitivamente. Y ello tiene que ver no sólo con las diferencias textuales entre las dos secciones, diferencias que por otra parte se mitigan por la ya mencionada "identidad virtual" del narrador y los contextos a los que remite, sino también con el potencial vanguardista en cierto sentido desigual de los textos de una y otra parte.

Es así como los textos agrupados en "Cuneiformes" destacan por la poeticidad innovadora del lenguaje, por su cercanía a las características expresivas de la poesía trílcica (König 1994, López Alfonso 1995, Verani 1996a). Llaman la atención las metáforas y comparaciones inusuales –"El segundo sonido es un botón; está siempre revelándose, siempre en anunciación" (Vallejo 1967: 17)–; rupturas isotópicas dentro de la frase, la tendencia a la fragmentación y brevedad hermética del discurso –el último texto consta de una sola frase: "Aquella barba al nivel de la tercera moldura de plomo" (*ibíd.*, 23)–; obvias rupturas con reglas gramaticales: "tropiezo la mirada con una araña casi aérea" (*ibíd.*, 11); neologismos, arcaísmos y una considerable atención a las equivalencias fónicas y recurrencias morfológico-sintácticas: "Deja que nos amemos a toda totalidad. Deja que nos abrasemos en todos los crisoles. Deja que nos lavemos en todas las tempestades [...]" (*ibíd.*, 15); la manipulación tipográfica y el empleo del blanco, en fin, la

---

[127] König (1994) habla de un contexto "mestizo", pero la explicación citada a continuación demuestra que con este término no se refiere a la idea de una síntesis conciliante, sino que lo emplea, al contrario, en la línea del concepto de heterogeneidad elaborado por Cornejo Polar (1994a, 1994b, entre otros). König (1994), como desde otra perspectiva Villanes (1988), retoma así para *Escalas...* la lectura en clave indigenista que Mariátegui propuso de la poesía de Vallejo.

explosión de la más evidente materialidad lingüística en desconfianza del automatismo referencial (*cfr*. López Alfonso 1995: 77).

A través de este discurso ya simultáneo, ya intercalado con respecto a la diégesis –aunque ya apenas se la puede llamar así–, un yo sin nombre expresa vivencias y estados emotivos en una cárcel, imposibles de ubicar en cuanto a su sucesión lógico-cronológica. Más que en relación sintagmática, los textos se suceden en relación paradigmática, a modo del montaje (*cfr. ibíd.*, 74). En ellos, el yo reflexiona sobre la justicia humana, a raíz de la muerte de una araña ("Muro noroeste"); sueña hacer el amor con su hermana y siente remordimientos impuestos por la religión a la vez que persiste en el deseo de amor y de "toda la mujer": madre, hermana, esposa ("Muro antártico"); evoca recuerdos de su infancia y juventud en la sierra andina ("Muro antártico", "Alféizar"); se siente fusilado –y desea esta muerte– al ser sometido al tinterillaje/tener que firmar ("Muro este")[128]; narra y revive la historia de holgazanería, alcoholismo y crímenes de uno de sus compañeros de celda ("Muro dobleancho"); por último percibe "Aquella barba al nivel de la tercera moldura de plomo" ("Muro occidental"), única frase de la que consta el capítulo. La casi identidad entre el presente del narrador autodiegético, de estricta focalización interna fija, y el presente de la narración borra el límite entre yo narrado (intradiegético) y yo narrador (extradiegético), hasta confundir las dos instancias en el monólogo interior ("Muro antártico", "Muro este" y "Muro occidental"), en el cual se suspende la narración.

De manera estructuralmente semejante a *La señorita etc.* se presentan así momentos de la vida interior de una conciencia subjetiva que se confunde con lo exterior (*cfr*. Mattalia 1988), hasta con la historia que le narra al protagonista su compañero de celda: "Durante su jerigonza, mi alma le ha seguido, paso a paso, en la maniobra prohibida. Hemos entrambos festinado días y noches de holgazanería [...] Yo he sufrido con él también los fugaces llamados a la dignidad" (Vallejo 1967: 19). Pero frente a la novela de Vela, aquí la realidad exterior no es un contexto urbano –salvo en la historia del compañero–, ni mucho menos un contexto moderno: destaca la ausencia de cualquier alusión a la "contemporaneidad explícita"[129]. El espacio se reduce

---

[128] Verani (1996a: 60) califica este texto de "narración lírica de un hombre que sobrevive un fusilamiento", dejando de lado las últimas frases del texto: "–Con esta son dos veces que firmo, señor escribano. ¿Es por duplicado?" (Vallejo 1967: 18).

[129] Ni el fusilamiento (alucinado) cae bajo esta categoría, pues en su narración no se emplean términos específicos a los últimos desarrollos técnicos –ametralladora, etc.–, de modo que sigue con la línea (aparentemente) 'a-histórica' de las otras evocaciones/vivencias interiores del Yo narrador.

a los pocos metros cuadrados de una celda carcelaria, por lo demás apenas descrita, y el ambiente rural-arcaico de los recuerdos de infancia, así como al escenario de una visión/imaginación cargada de alusiones a la Conquista/colonización, o sea, el choque entre las dos culturas que el yo re-vive casi corporalmente[130]:

> ¿Por qué con mi hermana? Creo que tengo fiebre. Sufro.
> Ahora oigo mi propia respiración que choca, sube y baja rasguñando la almohada. ¿Es mi respiración? Un aliento cartilaginoso de invisible moribundo parece mezclarse a mi aliento, descolgándose acaso de un sistema pulmonar de Soles y trasegándose luego sudoroso en las primeras porosidades de la tierra...
> ¿Y aquel anciano que de súbito deja de clamar? ¿Qué va a hacer? ¡Ah! Diríjese hacia un franciscano joven que se yergue, hinchadas las rodillas imperiales en el fondo de un crepúsculo, como a los pies de ruinoso altar mayor; va a él, y arranca con airado ademán el manteo de amplio corte cardenalicio que vestía el sacerdote... Vuelvo la cara. ¡Ah inmenso palpitante cono de sombra, en cuyo lejano vértice nebuloso resplandece, último lindero, una mujer desnuda en carne viva!... ("Muro antártico", *ibíd.*, 14-15).

Todo contacto entre el yo y la realidad se realiza en y a través del cuerpo –Mattalia (1988) recuerda el "somatismo" de *Trilce*–, como un proceso de compenetración violenta en el cual se pierde o ya se ha perdido la delimitación entre la subjetividad y las percepciones sensoriales, dando lugar a una constante superposición de experiencias físicas actuales, procesos imaginativos y *recuerdos*. En "Cuneiformes" no hay un espíritu separado de la carne, lugar del encuentro conflictivo entre la realidad circundante y los propios deseos. Violencia y goce, bienestar y sufrimiento se entremezclan y forman parte de las vivencias 'reales' lo mismo que de la imaginación, como de manera tal vez más impresionante sucede cuando el acto de tinterillada se le convierte para el yo en la percepción de bombas que estallan en su pecho y en otros tres sonidos de bombas que no obstante le resultan positivos, armoniosos y que hasta apagan la sed causada por el rebufo ("Muro este"). La disolución de la (convencional) unidad de conciencia, manifiesta

---

[130] Sobre este aspecto y las alusiones al contexto mestizo *cfr.*, otra vez, el estudio de König (1994). Villanes (1988) demuestra, asimismo, la presencia de algunas alusiones implícitas a registros indígenas, así en "Más allá de la vida y la muerte" a los espacios del *uku-pacha*, donde habitan los muertos no muertos, o en "Muro antártico" al romance del *sirvinacuy*. Para los lectores intencionados, a todas luces ubicados en los sectores medios (véase *infra*), tales alusiones eran sin duda apenas reconocibles como tales.

en la actualización simultánea de experiencias físico-espirituales heterogéneas, se revela así como consecuencia 'lógica' de la inmersión en un mundo regido por las tensiones irreconciliables entre presente y pasado, contexto rural y contexto urbano, cárcel y espacio libre, voluntad propia y presión de las circunstancias. Es un mundo esencialmente conflictivo que no puede asegurar ni la unidad ni el sentido del sujeto. En el plano del autor y lector implícitos, ese mundo ficcional, cuya configuración particular –y particularmente escueta– se logra sólo gracias a la fragmentariedad, heterogeneidad y orientación poética del discurso narrativo, se ofrece como cifra y expresión de una experiencia secular específicamente andina. Sólo así se explica la presencia llamativa de las poquísimas referencias explícitas a esta región –el compañero de celda canta un yaraví, el yo recuerda su niñez santiaguina– en un conjunto textual que rehuye cuidadosamente la construcción de un "internal field of reference" que se pudiera compaginar con los modelos de mundo entonces institucionalizados.

Mientras no cabe duda acerca de la íntima relación, en los planos de contenido, expresión y sentido, entre los seis textos de "Cuneiformes", sí parece problemático integrar los relatos de "Coro de vientos" en esta relación. Frente a los primeros, destaca el discurso mucho más convencionalmente narrativo –y largo–, así como menos metafórico y discontinuo de los segundos. De ahí que la crítica los haya calificado de cuentos fantásticos o macabros, en la línea de Poe (Couffon 1988: 39), o haya diferenciado entre la "prosa poética" de "Cuneiformes" y los "cuentos" de "Coro de vientos" (Barrera 1988). Asimismo, König (1994: 277) reconoce que estos relatos constituyen "mundos narrativos más desarrollados y también autónomos", presentados por estrategias "propiamente narrativas" y con una "mayor variedad en los ángulos de la experiencia histórica, más explícitamente 'moderna'". Efectivamente, las historias de "Coro de vientos" se desarrollan ya en Lima ("El unigénito", "Liberación", "Mirtho", "Cera"), ya en la región andina, y abundan en ambos casos no sólo datos geográficos referenciables –hasta a calles de Lima–, sino también alusiones más o menos explícitas –e irónicas– al carácter arcaico y subdesarrollado de los pueblos andinos: "Viejo pueblo de humildes agricultores, separado de los grandes focos civilizados del país por inmensas y casi inaccesibles cordilleras, vivía a menudo largos períodos de olvido y de absoluta incomunicación con las demás ciudades del Perú" ("Los caynas", Vallejo 1967: 54). A estas diferencias se agregan otras: frente a "Cuneiformes", en los textos de la segunda sección siempre hay un narrador extradiegético, que a veces incluso se refiere al acto de la escritura de su narración ("Más allá de la vida y la muerte"), siempre posterior a los sucesos y bastante unívoca en cuanto al desarrollo espacio-temporal de las tramas. Y mientras en "Cuneiformes" predomina claramente el discurso autodiegético –y apenas hay discurso directo de otros–, aquí se trata, con la excepción del primer cuento, o de historias de otros referidas por narradores intradiegéticos de los cuales el narrador extradiegético ha sido el narratario intradiegético ("Liberación", "Los caynas" y "Mirtho"), o de historias de otros de las que el narrador ha sido sólo testigo ("El unigénito" y "Cera"). Es decir, aunque se mantiene la figura de un narrador homodiegético en el sentido más amplio –o variado– del término, en rigor no se puede hablar de la *continuidad* de la situación narrativa, sino sólo de parecidos o, como se verá, de equivalencias. A primera vista tampoco hay mucha continuidad accional –o sea, de personajes, lugar y tiempo– ni temática entre las dos partes. Con la cotidianidad de los momentos narrados en la primera, todas vivencias íntimas del yo narrador, contrasta el carácter insólito y fantástico –reencuentro con la madre difunta, casos de extraña locura, una apuesta a vida y muerte–, de los sucesos presentados en los cuentos, sucesos que salvo dos excepciones no forman parte de la historia 'personal' del narrador, que se ubica ahora en un lugar y tiempo indeterminados, pero en todo caso fuera de la cárcel.

No obstante, es indudable la existencia de relaciones intratextuales entre las dos partes. Ellas se dan, primero, en la configuración del personaje del narrador extradiegético –que en ambas secciones demuestra, por lo demás, no pocas coincidencias con la biografía del autor real (*cfr*. König 1994, López Alfonso 1995)– y la persistencia del contexto (ficcional) peruano y heterogéneo. Además, destaca la continuación, si bien atenuada, de rasgos expresivos *trílcicos*[131]:

> Orate de candor, aposéntome bajo la uña índiga del firmamento y en las 9 uñas restantes de mis manos, sumo, envuelvo y arramblo los dígitos fundamentales, de 1 en fondo, hacia la más alta conciencia de las derechas.
> Orate de amor, con qué ardentía la amo.
> Yo la encontré al viento el velo lila, que iba diciendo a las tiernas lascas de sus sienes: "Hermanitas, no se atrasen, no se atrasen..." Alfaban sus senos, (Vallejo 1967: 61).

A segunda vista, las coincidencias van aún más lejos. También las historias narradas en "Coro de vientos" son, en el fondo, historias de escisiones de

---

[131] Merino (1996) alega una serie de coincidencias más o menos literales, pero se le escapa el fragmento citado a continuación, que no tiene paralelos directos, sino que parece seguir los mismos principios expresivos.

la conciencia. Son historias de irreparables pérdidas de la unidad del yo y de la seguridad de su percepción/vivencia del mundo, que: "como anómalo coro teatral, parecen volcarse sobre la amenazante evanescencia del yo mostrado en 'Cuneiformes'" (López Alfonso 1995: 78). Tratan del hijo que encuentra viva a su madre muerta para la que, a su vez, el encuentro es con su hijo muerto, dudas de la cual el narrador autodiegético no logra salir –ni el lector tampoco ("Más allá de la vida y la muerte")–; del joven que descubre que "mi amada es 2" ("Mirtho"), o sea, "una mujer o muchas mujeres, otra señorita etcétera" (López Alfonso 1995: 97), lo que deja un problema que ni el narrador intradiegético ni el extradiegético resuelven. Presentan el extraño caso, narrado por un personaje anónimo cuyo discurso es reproducido 'literalmente' –y sin introducción– por el narrador extradiegético, de los inquilinos de un pueblo serrano que se creen monos y que consideran loco al personaje narrador, hijo de uno de los habitantes, por creerse hombre. Y esta locura parece ser la 'verdadera', porque al final de su narración y para sorpresa de sus narratarios ese personaje es llevado otra vez al asilo ("Los caynas"). En cuanto a los otros temas relacionados con estas historias, igualmente son rastreables equivalencias con los contenidos de "Cuneiformes": recuerdos de la infancia y de la madre que subrayan la pérdida irrecuperable del mundo de la niñez ("Más allá de la vida y la muerte", "Los caynas"), el amor/deseo erótico en su dimensión existencial ("Mirtho", "El unigénito"), la cárcel ("Liberación"), el alcoholismo y el mundo de los marginados y pequeños criminales ("Cera"), la constante presencia del cuerpo y de la violencia. De este modo, "Coro de vientos" ahonda y subraya el orden paradigmático que ya se perfila en "Cuneiformes", ofreciéndose como conjunto a la vez diferente y equivalente.

El empleo de la instancia narradora configura otro factor importante en este juego. Mientras en "Cuneiformes" la estricta focalización interna sirve para presentar "desde dentro" la disolución del yo en cuanto conciencia (estable) de sí mismo frente a la realidad exterior, ahora funciona, en relación con los escuetos comentarios autoriales, para hacer hincapié en la escisión entre el yo y su discurso, o sea, en su falta de autenticidad –como *origo*– y autoridad respecto de la narración. Pues ella es, ante todo, la reproducción de los discursos narrativos de otros ("Liberación", "Los caynas", "Mirtho"), cuyo misterio y cuya 'verdad' (intraficcional) el narrador extradiegético no puede aclarar. Esa opacidad se da también cuando se trata de la narración de historias vividas o testimoniadas 'en directo', ya que aún en este caso el sentido escapa a la (propia) experiencia y sólo puede ser construido provisionalmente y *post hoc*:

> Ante aquel desafío, que nadie notaba, de ese revólver contra ese par de dados que pintarían el número que pluga a la invencible sombra del Destino, encarna-

da en la figura de Chale, cualquiera habría asegurado que yo estaba allí. Pero no. Yo no estaba allí (Vallejo 1967: 81).

Es así como el rechazo del realismo en *Escalas melografiadas* parece ir aún más lejos que en *La señorita etc*. Sobre todo en "Cuneiformes" los textos rehúsan realmente cualquier función de re-presentación y se oponen de manera estricta a toda tentativa de lectura lineal y de reconstrucción cronológica. En cambio, la puesta en escena de la escisión del yo, de lo fantástico y de la locura como algo normal, cotidiano y ubicuo en "Coro de vientos" apuntaría hacia un modo más convencional de cuestionar el realismo vigente, ya que traza mundos narrados terminantemente "distintos" de los que éste admitiría como verosímiles, a la vez que insiste, a través de datos geográficos, en la referenciabilidad de estos mundos al contexto extraficcional nacional. Por otro lado, el particular manejo de la instancia narradora en esta sección de cuentos introduce una nota bastante ambigua con respecto a la posible reivindicación de referenciabilidad de lo narrado. La opacidad del mundo es también, y ante todo, la opacidad del discurso narrativo –y de sus orígenes–. Otra vez, pues, el viraje de la representación hacia la expresión, de la supuesta transparencia referencial hacia la marcada presencia de la función poética –que ya guarda muy poca relación con la hipóstasis romántica del sujeto como *origo* del discurso– desemboca, en el plano de la intención de sentido, en una nueva relación entre el texto y la realidad extratextual. No es que ella no configure el contexto hacia el cual apunta el texto, sino que lo hace de un modo y en una medida muy distintos. Inextricablemente relacionada a la percepción subjetiva heterogénea, ni la reproducción basada en la observación fiel –postulado del realismo genético–, ni la imaginación orientada hacia una "verdad superior" comúnmente compartible resultan posibles. Lo que queda es la materialidad/ambigüedad del lenguaje y la precaria posición de quien lo utiliza. La cuestión del "principio de composición de orden mayor" subyacente a *Escalas melografiadas* parece, así, insoluble. Mejor dicho, es una cuestión que plantea el libro precisamente como cuestión abierta, como incitación a la reflexión sobre los criterios y las condiciones de cualquier unidad narrativa.

La intencionada posición vanguardista de *Escalas* se cifra, sin embargo, no sólo en su ambigüedad genérica y su rechazo del realismo, sino también en su concepción y presentación del sujeto y su autoconciencia en relación con la experiencia de la realidad (ficcional), por un lado, y el empleo del lenguaje y el concepto de literatura subyacente, por el otro. Con ello, *Escalas* toma una posición radicalmente distinta frente a las orientaciones estético-ideológicas de la narrativa peruana de la época a la vez que introduce, implícitamente, una propuesta "disidente" en el debate sobre la identidad peruana y el carácter y futuro camino de la literatura nacional.

Este debate literario-cultural se integra en el discurso de y sobre la modernización del Perú que, como cabe recordar, se amplió y agudizó en la década del 20, debido a las fuertes transformaciones socio-económicas, políticas y culturales del país bajo la dictadura progresista de Augusto B. Leguía (1919-1930)[132]. En el campo cultural, se dio un auténtico *boom* educativo, un crecimiento notable de las actividades editoriales y del público lector, también en las provincias[133]. Estas condiciones favorecían la ampliación y la diferenciación interna del discurso de/sobre la identidad y la modernización del Perú sostenido, básicamente, por las capas medias, el nuevo sujeto social. Y a la vez explican, en parte, la actitud ambivalente y hasta contradictoria inherente a este discurso, que vacilaba entre el deseo de modernidad –"ponerse al día con el mundo"– y la urgencia de construir una identidad y una tradición nacionales. Ambas vertientes, cifradas en las dicotomías sólo aparentemente excluyentes de cosmopolitismo vs. nacionalismo y Lima vs. Sierra, se reclamaban mutuamente, anverso y reverso de un proceso de modernización periférica (*cfr.* Elmore 1993: 37).

Dentro de este contexto, el debate sobre la literatura peruana acababa de experimentar un cambio importante gracias a la intervención de Luis Alberto Sánchez, *Nosotros: ensayos sobre una Literatura Nacional* (1920), y su rescate del aporte indígena para la formación de un "americanismo literario" que debía abandonar "figurines extranjeros y paraísos artificiales" y corresponder a la condición mestiza y, por tanto, incipiente del país (*cfr.* Rodríguez Rea 1985: 66-67). El desarrollo de este debate, prolongado entre otras por las intervenciones pronto muy conocidas de José Carlos Mariátegui y su polémica con Sánchez acerca del Indigenismo, había corrido parejas con la creciente diferenciación del campo literario peruano, centrado en la capital. Desde luego, todavía predominaban los llamados novecentistas y el Modernismo tardío, representado ante todo por José Santos Chocano y, también, por la narrativa de Ventura García Calderón, Clemente Palma y Angélica Palma, autora de novelas históricas sobre la colonia. Frente a ellos, Manuel González Prada, perteneciente a la generación anterior y defensor de un programa internacionalizador y modernizante distinto del Modernis-

---

[132] Para los aspectos históricos *cfr.*, aparte de Halperin Donghi (1994), el estudio de Bieber (1982).

[133] Más informaciones sobre estos aspectos del contexto histórico en Deustua/Reñique (1984).

mo –programa que incluía su proyecto indigenista "aculturador"–, seguía representando una opción subordinada que ahora empezaba a ser reconocida por los escritores jóvenes (*cfr.* Cornejo Polar 1989). Al mismo tiempo, se había iniciado el proceso lento, confuso y complejo del "abandono del modernismo" hacia un nuevo lenguaje (Cornejo Polar 1994b: 161-163), representado por Abraham Valdelomar –ante todo "El caballero Carmelo" (1913) y sus demás "cuentos criollos"–, la poesía de José María Eguren y, como bien se sabe, *Los Heraldos negros* (1919), de Vallejo. En la avanzada de este proceso se auto-ubicaban, a partir de 1916 y 1918 respectivamente, las iniciativas futuristas de Alberto Hidalgo y Alberto Guillén en Arequipa[134]. Las actividades de Hidalgo y Guillén, hitos importantes en la formación de la Vanguardia "cosmopolitista" en el Perú, también alcanzaron cierto eco en la escena literaria capitalina, donde a principios de los años 20 bien se sabía de la existencia de un "arte de vanguardia" en "todas las latitudes y todos los climas" (Mariátegui 1921, en *ibíd*. 1959: 57). En este contexto se explican también las actividades de otro grupo literario de provincia, el de "La Bohemia" de Trujillo. Allí se habían encontrado, entre otros, Antenor Orrego, José Eulogio Garrido, Haya de la Torre y, como bien se sabe, el propio César Vallejo. Pero en 1922 ya se hallaba otra vez en Lima, gozando de cierto renombre como poeta 'original' y preparando la publicación de *Trilce* y *Escalas*.

No obstante, el libro que a principios de los años 20 más atención despertó entre el público lector y la crítica oficial fueron los *Cuentos andinos* (1920), de Enrique López Albujar. Esta obra, que en cierta medida significa la oposición 'actualista' frente al "americanismo literario" historizante de Sánchez y que la crítica pronto valoró como el inicio de la literatura indigenista en el Perú, se ofrece como representación y, en ello, como denuncia de la situación del indio. Se halla, así, en la línea del Indigenismo de la novela *Raza de bronce* (1919) del boliviano Alcides Arguedas, "el paso definitivo de la novela indianista a la novela indigenista [...] en la cual el indio deja de ser un objeto exótico para ser entendido y descrito dentro de un contexto social, económico, político y culturalmente injusto y asfixiante" (Harmuth 1994: 184), y del pensamiento de González Prada. A la vez, estos cuentos quieren contribuir a una literatura nacional a la altura de los modelos establecidos de la literatura universal. Es así como los relatos siguen básicamente con la estética del realismo decimonónico y su figura del narrador

---

[134] Para el estudio de la poesía peruana de la época, véase el clásico y todavía imprescindible trabajo de Monguió (1954).

autorial, pero estilísticamente 'adelgazada' y a veces, en las descripciones de paisajes, ligeramente teñida de rasgos expresivos modernistas. Junto a la reivindicación de la estricta verosimilitud y alta referenciabilidad de los mundos narrados a una determinada realidad geográfica y social, los textos destacan por la presentación supuestamente objetiva y concisa de los personajes, sus historias casi siempre truculentas y su medio no menos sombrío. El discurso se centra en la presentación del aspecto exterior, visible, y la reproducción de los actos de habla de los personajes indios, cuyo lenguaje "simple" aparece plagado de faltas gramaticales. Sólo a veces reproduce, en discurso indirecto libre, los pensamientos de personajes indios, dando relieve a su "primitivismo", sus "aberraciones mentales", en fin, su pertinencia a una "categoría humana separada" (Rodríguez-Peralta 1984; también Castro-Urioste 1998).

Ahora bien, dentro de todo este contexto, ni *Trilce* ni *Escalas* tienen, como la crítica siempre ha subrayado con respecto al poemario y desde algunos años también viene reconociendo en cuanto a este libro, paralelos o antecedentes[135]. Es decir, la línea en la cual se inscribe *Escalas* es, precisamente, la de *Trilce*: la obra de Vallejo constituye su propio intertexto. Aunque coincida con las iniciativas de Hidalgo y Guillén en la intención rupturral general, se distingue tajantemente de su proyecto estético-ideológico. Pero ello no quiere decir que intente quedar fuera del contexto literario e histórico de su tiempo y lugar, sea en cuanto a los discursos establecidos, sea con respecto a la Vanguardia en cuanto tal. Al contrario, tanto la problematización del yo y su relación con la realidad (nacional), como el empleo del lenguaje, de las técnicas narrativas y los criterios de unidad, lo mismo discursiva y diegética que genérica, presentes en *Escalas* adquieren su sentido (vanguardista) peculiar sólo cuando se las enfoca en este contexto. Desde su perspectiva, significan una oposición radical frente a los esquemas hasta entonces existentes de modelizar literariamente el 'ser peruano' y su posibilidad de expresión. Esta propuesta contestataria va de la mano con la negación de la función representativa de la literatura y del lenguaje literario entonces vigentes. Como ha expuesto Cornejo Polar (1994b: 159), las distintas versiones del realismo –o sea, desde los "cuentos criollos" hasta los *Cuentos andinos*–, reivindicaban tal representatividad con respecto a la presunta realidad total del país, siguiendo en ello la vocación totalizadora y homogeneizante de las disidencias que caracterizan la política lingüística y

---

[135] Este reconocimiento de *Escalas* empieza recién con los trabajos de Neale-Silva (1987) y Mattalia (1988).

literaria institucionalizada años atrás por Ricardo Palma. Y también el Modernismo reclamaba la representatividad de su lenguaje y proyecto literario como el que "mejor podía representar a la nación o a su sector más ilustrado –que sin duda era, a la vez, el sector socialmente dominante. Era la prueba irrefutable de la condición culta de la nación" (*ibíd.*, 160). Cabe agregar que, en cierto sentido, hasta el proyecto futurista peruano continuaba esta línea, ya que la misma concepción de una literatura nacional en consonancia con la Vanguardia europea repetía el gesto de imaginarse a sí mismo como la que mejor podía representar a la nación, sólo que ahora restringida a su sector culturalmente más 'avanzado', sector todavía no dominante pero supuestamente en vías de convertirse en tal.

En cambio, la escisión de la conciencia puesta en escena en *Escalas* apunta en una dirección muy distinta: hacia la insoslayable heterogeneidad que no se representa, pues ello exigiría un punto de vista (narrativo) superior y unificador, sino que sólo se expresa desde dentro. La subjetivación y, al mismo tiempo, relativización de la instancia narradora, la discontinuidad de historia y discurso y el empleo de un lenguaje que no corresponde a ninguna norma 'culta' ya que borra constantemente los límites entre poesía (moderna) y narración, lengua literaria y lengua común, experimentación lingüística y acatamiento a reglas consagradas sin, por otra parte, asumir la imaginería y el vocabulario de la "contemporaneidad explícita" tan típica en los futuristas y estridentistas, son en este plano más que nada signos de "desrepresentación"[136], tanto de un sujeto (ficcional) definible y de un sentido unificador como de una poética que se puede adscribir a uno de los proyectos literario-culturales entonces discutidos en el país. *Escalas* no invita a la identificación, sino que impone una experiencia estética crítica de la *conditio* hispanoamericana contemporánea.

Es también en este sentido que adquiere su sentido particular la conjunción triple entre las referencias a la realidad extraliteraria 'arcaica' o apenas modernizada del Perú, por un lado, la introspección fragmentaria de las ambivalencias del sujeto y de su falta de poder frente a la opacidad del mundo y el discurso de los otros, por otro lado, y, *last but not least*, la escritura vanguardista. Sus rasgos –discontinuidad, fragmentación, heterogeneidad estilística y lingüística, cuestionamiento de la función del narrador en favor de la autonomía metafórico-poética y creadora del lenguaje– se proyectan, de este modo, como las marcas 'propias' de la actual vivencia hispa-

---

[136] Tomo este término de Ortega (1991), pero ampliándolo con base en las agudas observaciones de Cornejo Polar (1994b).

noamericana. Así, en el plano de la intención de sentido, *Escalas* no se propone ni una modelización "más interesad[a] en lo sociológico que en lo emocional" de individuos marginados (Rodríguez-Peralta 1984), ni la presentación de la experiencia omnipresente de la "orfandad metafísica" y la disolución del yo relacionadas con el reconocimiento de la "muerte de Dios" (López Alfonso 1995: 190 y 101, respectivamente), si bien no excluye esta última lectura un tanto descontextualizada. Lo que, en cambio, sí resulta rastreable es el proyecto de la apropiación literaria de la irremediable heterogeneidad y fragmentariedad de un sujeto, expresión de las condiciones históricas específicamente andinas/hispanoamericanas y en cuanto tal, hasta el momento negada por los discursos institucionalizados y su política lingüística y literaria homogeneizante. Sobre este trasfondo, se aclara también el sentido vanguardista específico de la ambivalencia genérica de *Escalas*. El juego 'empatado' entre disparidad/fragmentariedad y unidad (virtual) de las dos secciones y sus narradores y contextos respectivos cuestiona la unidad y organicidad intencionadas por la novela (tradicional), que se basa en la supuesta identidad lingüístico-ideológica de la voz narradora y su presunto poder de re-presentación (de la realidad y la nación). Este libro de Vallejo no es una novela, sino una reflexión (literaria) crítica sobre las condiciones y falacias de la novela. Y a la vez se acentúa, mediante la problematización del género cuento/colección de cuentos, la oposición frente a las dos obras narrativas canonizadas como representativas de la literatura nacional: *El caballero Carmelo* y los *Cuentos andinos*. Desde la perspectiva de *Escalas*, ambas obras fracasan en más de un sentido. La primera falla ante todo por su carácter criollista-armonizante y su discurso tan convencional y lleno de los comentarios del narrador "omnisciente". Y la segunda, la única obra del momento que se acerca a la heterogeneidad del Perú, fracasa por su reivindicación de poder representar/explicar 'lo otro' desde lo (supuestamente) 'propio'. Pues, según *Escalas*, el lugar de la relación conflictiva entre ambos es, a fin de cuentas, uno 'irrepresentable': la conciencia irrevocablemente escindida de un sujeto histórico, corpóreo, "hombre de dos aceras de realidad hasta por tres sienes de imposible" (Vallejo 1967: 68).

2.3. *Xavier Villaurrutia:* Dama de corazones
(1925-1926, publicada en 1928)

"Hace tiempo que estoy despierto. No atrevo ningún movimiento. Temo abrir los sentidos a una vida casi olvidada, casi nueva para mí", así empieza *Dama de corazones*, la única novela del mexicano Xavier Villaurrutia

(1903-1950), miembro de ese "grupo sin grupo" que, a partir de 1928, se iba a conocer como los Contemporáneos, pero que en cuanto grupo se perfiló ya varios años antes[137]. En forma de libro, la novela se publicó en 1928[138], pero Villaurrutia la escribió en 1925-1926[139], es decir, al mismo tiempo que estaba preparando su primer poemario, *Reflejos* (1926)[140]. Junto a Villaurrutia, también Gilberto Owen, Jaime Torres Bodet y Salvador Novo estaban trabajando en proyectos narrativos. Novo y Owen incluso ya tenían publicados, como ya se indicó, un relato y una breve novela: "¡Qué México! Novela en que no pasa nada" (1923) y *La llama fría* (1925), respectivamente. Frente a lo que iba a sostenerse en la crítica, el interés del grupo por la narrativa es, pues, anterior e independiente de *Margarita de niebla*, de Torres Bodet. De ahí que en 1927, en el tercer número de la revista *Ulises*, aparecieran juntos un fragmento de *Dama de corazones*, otro de *Margarita de niebla* y capítulos de *Return Ticket*, de Salvador Novo.

Sheridan (1985: 241 s.) atribuye ese "afán narrativo" de los futuros Contemporáneos al impacto ejercido por la lectura de la *Revista de Occidente*, concretamente, por los textos de los jóvenes narradores españoles que ahí se presentaban. En atención a la auto-visión y el proyecto del "grupo sin grupo", la orientación cosmopolita y decididamente moderna representa, empero, sólo una cara de la medalla. La otra sería responder así —en el sentido enfático, crítico, del término— al estado de la novela y la cultura en el México de mediados de los años 20.

En los años 1925-1926 el campo literario y cultural mexicano ofrecía una serie de cambios en comparación con la situación de 1922. La preocupación por lo nacional, impulsada entre otros factores por la influencia creciente de la industria norteamericana del petróleo y la rebelión de los cristeros, marcaba el discurso oficial, que se volvía cada vez más dogmático y requería el compromiso nacional y "proletario" de los intelectuales con la Revolución (*cfr.* Sheridan 1985: 181). El Muralismo, que se (auto)presentaba como el arte a la vez "a la altura del tiempo" y autóctono, anticipó la fusión entre Vanguardia socio-política y artística en un lenguaje pictórico por controvertido no menos presente[141]. Y hasta el Estridentismo había

---

[137] Para la historia de los Contemporáneos, *cfr.* Forster (1964) y, sobre todo, Sheridan (1985).

[138] Se publicó en las Ediciones de Ulises.

[139] Según la declaración al final del texto en la *editio princeps*, reproducida en todas las ediciones posteriores, *cfr.* Villaurrutia (1966: 596).

[140] De entre los estudios sobre la poesía de Villaurrutia cabe destacar el de Paz (1978).

[141] Sobre el Muralismo véase el artículo de Cardoza y Aragón (1974).

dado, con el poema extenso *Vrbe, super-poema bolchevique en 5 cantos* (1924), de Maples Arce, una obra que bien se podía entender en este sentido y que por eso fue ampliamente aplaudida por la crítica[142]. Otra opción seguía representando el nacionalismo "espiritual" o idealista-misticista de Vasconcelos, quien después de su pérdida de poder institucional empezó a gozar de mayor aprecio entre los jóvenes y cuyos libros *La raza cósmica* (1925) e *Indología* (1927) obtuvieron un eco considerable. El manifiesto-farsa-discurso *Magnavox* (1926), de Xavier Icaza, evidencia la urgencia de estas cuestiones al exponer, en un texto de claros ecos estridentistas, las cuatro opciones en pugna: la idealista-mística vasconceliana, la burguesa-conservadora, la de izquierdas y la autóctona-vanguardista de Diego Rivera, claramente preferida por el autor (*cfr.* Unruh 1994: 50-55).

Pero el creciente impacto del nacionalismo no impedía la dinámica de la modernización estética. A partir de 1924-1925, el "grupo sin grupo" –bautizado así en 1924 por el mismo Xavier Villaurrutia[143]–, estaba cada vez más presente como representante de *la* literatura "joven" de México. Su programa de entonces se caracterizaba como máxima síntesis de "las primeras realizaciones de un tiempo nuevo", basado en un "concepto claro del arte como algo sustantivo y transcendente" y en la asimilación de "las conquistas de nuestra lírica", ante todo de Tablada y López Velarde, depurada en una expresión propia y original (Villaurrutia 1924). En cuanto tal, el grupo gozaba de cierta aceptación, precisamente por su voluntad de una poesía "personal y mexicana a un tiempo" y "la seriedad y conciencia artística de su labor" (*ibíd.*). Por otra parte, ya habían empezado los ataques contra el grupo por su "literatura no viril" y su falta de mexicanidad, ataques entre cuyos voceros pronto iba a destacarse Maples Arce.

Pero el Estridentismo estaba perdiendo terreno[144]. Su traslado, en 1925, a Xalapa, donde se comprometió con el poder político y buscó relacionar institucionalmente Vanguardia estética y Vanguardia política –el intento más radical al respecto que se ha dado en Latinoamérica–, causó una considerable mengua de la posición que había logrado con la publicación de

---

[142] *Cfr.* los testimonios en Schneider (1970).

[143] En su conferencia sobre "La poesía de los jóvenes de México", dictada en mayo de 1924 y publicada poco después por la revista *Antena*, en aquel momento el principal órgano del grupo.

[144] Ello no quiere decir que dejó de existir. La (des)calificación del Estridentismo como movimiento "efímero" y de escasa repercusión que largo tiempo ha prevalecido en la crítica, simplemente no corresponde a los hechos, como lo ha demostrado Schneider (1970), *cfr.* también Meyer-Minnemann (1982) y Escalante (2002).

Vrbe[145]. A ello se sumaba un cierto agotamiento de la marca de novedad de su estética. El desarrollo de las Vanguardias internacionales –europeas e hispanoamericanas– estaba tomando otros rumbos y ya se evidenciaba también hacia fuera la "historización" que dentro de la Vanguardia experimentaron los primeros movimientos vanguardistas. Es así como en 1925 se divulgaron en México las primeras noticias sobre el Surrealismo francés (*cfr.* Schneider 1978a). Al mismo tiempo se discutía ampliamente sobre el concepto de la poesía pura (*cfr.* Schneider 1975), se leía y reseñaba la obra de Guillermo de Torre, *Literaturas europeas de Vanguardia* (1925) y, desde luego, *La deshumanización del arte* (1925)[146]. Circulaban hacía tiempo revistas vanguardistas de otros países hispanoamericanos como *Martín Fierro* o el *Repertorio Americano*[147]; en 1926 también empezó el intercambio con *Amauta* y el *Boletín Titikaka*, de Perú, dos vertientes muy distintas y mucho más conscientes que el Estridentismo en el intento de relacionar la Vanguardia estética con la política-social.

En fin, el panorama literario mexicano ofrecía un perfil ambiguo. La nueva novela de la Revolución, surgida de la polémica iniciada por los estridentistas en torno a la literatura mexicana revolucionaria en cuyo transcurso se redescubrieron *Los de abajo*[148] y se empezó a formar la noción del género "novela de la Revolución"[149], se adhería a la estética convencional del realismo genético. El éxito de *El águila y la serpiente*, de Martín Luis Guzmán, publicado ya en 1926 en las páginas de *El Universal*[150], la persistencia de la novela colonialista y, por otra parte, de novelas que reclamaban (re)presentar la Vanguardia mexicana, como las estridentistas de Arqueles Vela[151] y, en cierto modo, *La malhora* (1923), del mismo Azuela, parecían dejar poco espacio para más propuestas innovadoras. Y el proceso de la

---

[145] Las consecuencias del traslado del Estridentismo a Xalapa se estudian en Niemeyer (1999b).

[146] Piénsese en la crítica que Torres Bodet publicó sobre esta obra en la revista argentina *Nosotros* (1925); *cfr.* también Sheridan 1985: 247 s.

[147] Sobre esta revista de amplia divulgación en todo el continente que publicaba cada vez más textos de y sobre la Vanguardia, *cfr.* Videla (1983).

[148] Para la historia de esta polémica, *cfr.* Schneider (1975).

[149] Sobre la necesidad de distinguir, con Dessau (1972), entre la formación del concepto de género y el surgimiento del ciclo de la novela de la Revolución, *cfr.* García Gutiérrez (1997).

[150] En forma de libro se publicó, como bien se sabe, recién en 1928 y en Madrid.

[151] No hay que olvidar a este respecto que, entretanto, Vela había escrito otra novela estridentista: *El café de nadie*. Esta novela se leyó en la "Primera tarde del movimiento estridentista" en abril de 1924 (*cfr.* List Arzubide 1926), pero no se publicó hasta 1926.

Vanguardia no sólo se había acelerado y ampliado. En la medida en la cual se diversificaba, también desarrollaba un discurso de autorreflexión y autocrítica que posibilitaba y requería respuestas cada vez más diferenciadas acerca de la propia posición dentro de ese proceso y la función de la obra vanguardista con respecto al contexto dado. Y es tanto sobre este trasfondo como frente a las novelas estridentistas y el nuevo género de la novela de la Revolución que la novela de Villaurrutia se propone formular una posición propia: un primer ejemplo para el proceso de autocontextualización de la novela vanguardista hispanoamericana[152].

El breve texto de *Dama de corazones* consta de 17 párrafos en los que, como en *La señorita etc.*, un yo masculino narra/expresa distintos momentos de su vida. Por su fuerte unidad temática interior y sus escasas referencias anafóricas, estos párrafos también se podrían leer como prosas independientes. Pero la fragmentación no llega a los extremos de la novela de Vela. A lo largo del texto se establecen isotopías narrativas que permiten reconstruir bastante fácilmente la historia de este yo, un joven mexicano que estudia en Harvard: después de varios años de ausencia, ha vuelto a México y visita a su tía en cuya casa se encuentra además con sus dos primas, Aurora y Susana. Empieza a sentirse atraído por ambas e intenta captar las semejanzas y diferencias entre ellas, pero no puede/sabe decidirse y tampoco intenta llegar a una relación más íntima con una de ellas, aunque por lo menos Susana sí estaría dispuesta a ello. Es ésta la situación cuando de repente muere la tía. Julio se encarga del entierro y al día siguiente se va para siempre y sin haberse comprometido con ninguna de sus primas.

Pero esta historia tan escueta configura sólo el andamio exterior para la sucesión de los estados interiores del protagonista, sus percepciones y reflexiones, sueños y recuerdos. Y estos estados sólo en parte se motivan por los eventos exteriores. No menos tienen que ver con la auto-proyección en otros horizontes intelectuales, con deseos de viaje y, en general, la búsqueda de sí mismo. Así pues, el tema de la novela no es tanto el conflicto sentimental –un hombre entre dos mujeres–, sino más bien la introspección del protagonista-narrador. Y por lo menos ésta llega a cierto término, pues al final el protagonista-narrador asume su condición como algo positivo: "'Los débiles se quedan siempre. Es preciso saber huir'. ¿Dónde leí esta frase? [...] Por más esfuerzos que haga no podré recordarlo ahora [...] acaba de ser mía, sólo mía, porque ahora soy fuerte y sólo los cobardes se quedan" (Villaurru-

---

[152] Las otras novelas de los Contemporáneos se terminaron algo más tarde, *La llama fría* todavía no participa en este proceso.

tia 1966: 596). Y es a este respecto que el texto no resulta nada fácil, pues lo que pone en escena es precisamente esto: la imposibilidad de quedarse, de fijar(se) el sentido, la ambigüedad consustancial al individuo y al texto modernos.

Esa ambigüedad intencional se manifiesta de manera muy particular en la configuración del discurso autodiegético. A primera vista éste parece bastante "transparente". No obstante la cuidadosa elaboración y originalidad de las metáforas y comparaciones, destinadas casi siempre a visualizar o humanizar algo más abstracto o efímero, ellas no son difíciles: "En el agua del aire se desvanecen las ondas que hicieron, al caer, las palabras" (*ibíd.*, 578). Y al lado de tales comparaciones y metáforas abundan las frases y párrafos sin rupturas isotópicas o incoherencias sintácticas, frases de construcción breve y (supuestamente) sencilla que no parecen tener otra función que la denotativa-referencial. Tampoco se da ningún léxico llamativo, sea por sus connotaciones de "contemporaneidad", sea por su cercanía al lenguaje coloquial o, al contrario, su carácter "rebuscado". Pero en el transcurso de la lectura, esta enunciación tan "simple" se vuelve cada vez más difícil de decodificar como narración en el sentido convencional. Y ello no sólo se debe a la evanescente noción del paso del tiempo, suplantado por un presente permanente del cual, no obstante, se presentan sólo breves instantes que el narrador-protagonista además apenas relaciona entre sí –un procedimiento de vagos ecos bergsonianos–. Más aún se debe al hecho de que la combinación entre la focalización interna estricta y la narración casi siempre en presente, pasando algunas veces de la narración por lo general simultánea a la intercalada[153], borra la diferencia entre la voz del yo narrador y la del yo narrado. Mejor dicho, al principio parece que no habla sino éste: el discurso narrativo se presenta como monólogo interior del personaje, si bien desprovisto de aquella carga de ilogicidad y desorden sintáctico que en aquel entonces valía como rasgo esencial de este tipo de (re)producción del discurso del personaje, elaborado precisamente para ilusionar el acceso inmediato a su subconsciente. No obstante, la misma racionalidad del discurso y la frecuencia de frases que parecen cumplir la función de un discurso atributivo, enunciado las más de las veces igualmente en presente, introducen algo como una fisura, un desfase en este discurso supuestamente inmediato. Existen pasajes en los que resulta reconocible una voz algo distinta de la del yo narrado, si por éste se entiende el sujeto de las percepciones y reflexiones, una voz diferente a la de este sujeto no tanto por un lapso de tiempo

---

[153] Me atengo aquí a las ya clásicas definiciones de Genette (1972).

–ello se da sólo muy contadas veces[154]–, sino más bien por una diferencia de orientación, de perspectiva. Concretamente, se trata de la diferencia entre la voz que narra el acto mental y la voz que es *origo* de este acto: "Pienso no pensar en la situación desconocida en que me hallaré al levantarme" (Villaurrutia 1966: 571). Se ensaya una narración simultánea cuyo narrador se encuentra en otro nivel de reflexión respecto de la percepción 'originaria' (narrada). Así, la distinción entre el yo narrador y el yo narrado se transforma en diferencia entre el yo que piensa y el yo que se piensa, evidenciando a la vez la contigüidad y la fisura entre ambas instancias. Su discurso es de una sencillez engañosa: la transparencia se vuelve opaca en la medida en la cual se busca fijar la referencia de "yo".

Ahora bien, a través de la narración de ese yo desdoblado –y no reducible a la convencional distinción entre extra e intradiegético–, se revela un sujeto masculino que en poco se parece al héroe de una novela (mexicana) convencional. Amor, sexo, poder, ascenso social, anhelo mimético, rasgos supuestamente patológicos, ideales espirituales y sensibilidad refinada, fuerza o debilidad moral: nada de ello caracteriza al protagonista. No obstante, no se trata de una "decharacterization", de una presentación de personajes "as flat as playing cards" a los que subyace "the principle of plural identity" como con respecto a la presentación de las dos primas se ha sostenido en la crítica (Pérez Firmat 1982: 95), dejando de lado el hecho de que no son ellas sino Julio el personaje principal[155]. La ausencia de marcas convencionales del personaje principal y, al mismo tiempo, de los procedimientos típicos de la caracterización, tiene su contrapartida en la presencia de otros rasgos y técnicas al respecto. Pues lo que a través del discurso subjetivo se pone en escena es un yo sumamente complejo, un yo que apenas intenta describir/definir su propio carácter, sino que lo devela en su modo de pensar(se) y de expresarse. Más que en el estilo del lenguaje o en las "imágenes" (Vargas 1986), reside en este hecho la cercanía de la novela a la lírica. Y lo que así revela el yo narrado/narrador acerca de sí mismo es, en primer lugar, su particular enfoque de las cosas y personas y, al mismo tiempo, de sí mismo al percibirlas y pensar sobre ellas: su mirada fenomenológica.

---

[154] Frases como "Ya me ha pedido que le refiera mis aventuras y mis viajes. Cuando la dije que [...] no, se ha mostrado seria" (Villaurrutia 1966: 575) delatan la presencia de una voz narradora extradiegética en el sentido convencional.

[155] Bustos Fernández (1996) ya articula una crítica semejante con respecto al análisis que hace Pérez Firmat (1982) de *Margarita de niebla*, de Torres Bodet,

Desde luego, aquí no hay una puesta en escena de la fenomenología como *doxa* filosófica[156]. El texto no da el menor indicio al respecto y ello también hubiera contradicho tajantemente la negación de cualquier instrumentalización de la literatura que caracteriza el proyecto de los Contemporáneos y de la Vanguardia en general. Pero lo que se da en la novela de Villaurrutia es una cierta cercanía a presupuestos comunes a muchos de los distintos enfoques fenomenológicos vigentes en la época: la mirada del yo narrador/narrado no se dirige a las cosas "en sí", sino a las cosas tal como ellas se presentan en sus actos o vivencias de conciencia[157]. Como ya se ha mencionado más arriba, Julio no sólo observa su circunstancia material, sino también y al mismo tiempo los actos intencionales mediante los cuales la percibe y siente. Y más aún su introspección se centra en las vivencias psíquico-emotivas y los actos de reflexión, de pensarse a sí mismo, que siguen o acompañan la percepción: "La calle larga por la soledad que me obliga a no huir de mí mismo y a pensar en mi situación sin aplazarla para

---

[156] Además, dentro de la escena intelectual mexicana no especializada, la obra de Edmund Husserl todavía no se conocía directamente, pues las *Logische Untersuchungen* se tradujeron al castellano recién en 1929 (*Investigaciones* I, II, III y IV, cuatro tomos que publica la Editorial Revista de Occidente). Más familiares eran ya los enfoques filosóficos de Max Scheler y, más que nada, de José Ortega y Gasset, ambos profundamente influidos por la discusión con la fenomenología husserliana. En su primera versión de las *Logische Untersuchungen* (1901/02), ésta se difundió con bastante rapidez en la filosofía europea de la época. El desarrollo posterior que desemboca en un tipo de idealismo trascendental, manifiesto en las *Ideen I* (1913), suscitó en cambio respuestas muy críticas. Para la recepción de la filosofía de Husserl en la obra de Ortega y Gasset, véase Silver (1978), para la recepción de Ortega y Gasset en México, *cfr.* Gómez-Martínez (1987). En la *Revista de Occidente*, tan leída por los Contemporáneos, se prestaba mucha atención a la obra de Scheler, véase Lopez Campillo (1972). Métodos fenomenológicos se practicaban, asimismo, en otros ámbitos, sobre todo en los estudios psicológicos tan difundidos en la época y muy presentes en la *Revista de Occidente*, *cfr.* López Campillo (1972: 98-101).

[157] A primera vista podría pensarse aquí hasta en una vaga semejanza con lo que Husserl llama la orientación (*Einstellung*) fenomenológica o reflexiva en oposición a la orientación natural, cuyos actos o vivencias de conciencia se vuelven objeto de reflexión de aquélla. Pero cabe subrayar que la mirada de Julio –por su interés no en las "esencias puras" de la conciencia, sino justamente en los actos psíquicos correspondientes y la presencia concreta que los objetos y el Yo empírico tienen en ellos– poco tiene que ver con la fenomenología husserliana en tanto que ciencia eidética, sino se halla más bien en la línea de la fenomenología de los sentimientos y la antropología filosófica del propio Ortega y Gasset; piénsese en sus ensayos sobre tales temas publicados en la *Revista de Occidente* entre 1923 y 1928.

mañana, como siempre" (*ibíd.*, 592). Es un espectador del modo de obrar de su propia conciencia, una postura de observador que significa también la pérdida de la confianza ingenua en la cognoscibilidad prerreflexiva del propio yo. Tampoco éste escapa a la correlación inseparable entre *cogitatio* y *cogitatum*, o sea, entre el objeto y el acto de conciencia que recién lo constituye como tal. De ahí que tantas y tantas frases del texto contengan un *verbum cogitandi*: "No recuerdo más" (*ibíd.*, 571), "Advierto que estoy en pijama" (*ibíd.*, 572), "Ahora pienso que esta americana romántica" (*ibíd.*,), etc. Culmina esta actitud en la observación redoblada del propio sueño en la que Julio narrador observa a Julio soñador que a su vez observa el yo soñado: "Comprendo que he despertado para caer definitivamente en el sueño. Súbitamente viajo. [...] Estoy en la cubierta de un barco, en la noche. Me siento dichoso de observarme a poca distancia sin que yo mismo lo advierta, como tantas veces lo he deseado" (*ibíd.*, 583-584). Como implica la primera frase citada, en esta continua reflexión se suspende, además, la distinción acerca de la (presunta) realidad 'objetiva' de las cosas: algo parecido a la *epojé* o reducción fenomenológica. Dentro de la narración el sueño (*ibíd.*, 583-587), las imaginaciones a partir de las "cartas de los amigos lejanos" (*ibíd.*, 587 s.), la memoria/presencia de ficciones literarias y la observación de objetos y personas 'reales' tienen el mismo estatus óntico y la misma importancia no sólo en cuanto actos de conciencia, sino también en cuanto objetos de la reflexión que los acompaña:

> Vivo solo; sin embargo, los nombres de mis amigos lejanos saltan en mi memoria como los anuncios luminosos en el cielo de la ciudad.
> Escépticos. Irónicos. La fina trama de sus pensamientos, de sus palabras, de sus silencios, me cubre y me reprocha.
> [¡] Qué delicada isla la del egoísmo para mí, náufrago voluntario! [¿]Por qué no traer una mujer conmigo? ¿Por qué no intentar la realidad de una novela o de una película más[?] [...] Daríamos otro nombre a las cosas y a los seres. Yo sería como Adán y como Linneo, y al mismo tiempo el mejor poeta dadaísta (*ibíd.*, 588).

Con razón Perassi (1993: 796) ha caracterizado la actitud de Julio como "riflessione impietosa", como "lucidità" y "sostituzione di emozione (o *paideuma*) con ragione". Descubre en esa actitud, en tanto que se fundamenta en "il baluardo inamovibile dei moderni: l'impossibilità di comunicare, ovvero di amare", también la esencial provocación del género sentimental, "ara sacra del romanzo *decimonónico*" y, según ella, el blanco o contramodelo principal de las novelas de los Contemporáneos. Sin embargo, la relación que en el texto mismo se establece entre este yo narrador/narrado, el arte y la ficción, la modernidad y México apunta, teniendo en cuenta el contexto histórico-literario, hacia intenciones de sentido distintas. Primero, cabe subrayar que toda esa actitud fenomenológica –y sumamente crítica con respecto al fundamento empírico prerracional del yo– de Julio sirve, precisamente, para caracterizarlo como sujeto 'moderno', en oposición a los personajes mexicanos en su derredor. Tal como se presenta, la continua autorreflexión de Julio va de la mano con su familiaridad con la "altura del tiempo", marcada por sus referencias o alusiones a obras de arte, artistas y escritores de contemporáneos internacionales: un cuadro cubista de Picasso (Villaurrutia 1966: 584), Cocteau (*ibíd.*, 586), Apollinaire, Reverdy (*ibíd.*, 588), Giraudoux (*ibíd.*, 589), la "escultura avanzada" (*ibíd.*, 592) y varios de sus amigos del grupo sin grupo (*ibíd.*, 586-587). Además, se caracteriza como moderno por su experiencia y su orientación cosmopolita –conoce, aparte del arte internacional, también la modernidad social e intelectual estadounidense y se siente familiar en los lugares europeos evocados a partir de las cartas de sus amigos–, pero una vez, también por explícita autodefinición:

> Imagino que no puedes pensar en mí tan contemporáneo de Xavier Villaurrutia [...] con mis movimientos de cabeza que acompañan el jazz que la victrola dicta invariablemente [...] Piensa, Susana, que no puedo regresar un siglo entero para alcanzarte, que no puedo esperar otro siglo para que tú me alcances. Quiéreme así, frívolo, alegre, con mi concepto de la vida y del arte como un deporte distinguido y nada más (*ibíd.*, 582).

El contorno mexicano 'actual', presente sólo a través de rasgos fragmentarios poco específicos –la casa de la tía con jardín y campo de tenis, el claustro vecino, el bosque de Chapultepec, la calle de las agencias funerarias con su aspecto de "restoranes internacionales" (*ibíd.*, 592)–, le resulta por eso ajeno, incómodo, lugar, pues, de una vida "casi olvidada". Y también sus dos primas, para no hablar de su tía, y su modo de vivir sólo superficialmente modernizado –juegan al tenis, pero en lo restante se mantienen fieles a códigos y normas del pasado, sea el romántico como en caso de Susana, sea el burgués en el de Aurora (*cfr. ibíd.*, 593 s.)–, le resultan ajenas precisamente por su falta de empatía con la actitud 'moderna' ante la vida. La poca "virilidad" de Julio, su falta de pasión erótica y de impulso conquistador, su valoración del sueño y de la contemplación y su escepticismo frente a los valores y conceptos defendidos en su contorno, representa otra razón por la cual no intenta relacionarse con sus primas. No obstante, el encuentro con las primas –y a través de ello con México– no le ha dejado inafectado, a pesar suyo: "Dentro de mí empieza a nacer, hasta hoy, el pasado que no quise, que no pensé siquiera tener jamás. También yo tengo ahora algo que contar a los amigos con las mismas palabras que suenan a mentira" (*ibíd.*, 594). Tener pasado no es cosa de un hombre 'moderno¡, salvo que sea uno auto-elegido, inventado: "anécdota que tardaba más en inventar que en olvidar" (*ibíd.*).

Rasgo llamativo de toda esta (auto)inserción en la modernidad es su carácter lacónico. Apenas hay "deslumbramiento" ante los fenómenos exteriores de la modernidad, explícitamente presentes en relativamente pocos detalles e imágenes –el jazz, el deporte, el arte moderno, "daños eléctricos" (*ibíd.*, 594)–. Ella aparece como condición plenamente asumida e interiorizada, como cuestión de actitud y de horizonte intelectual. Y Julio es tan consciente de su actitud "contemporánea" que el encuentro con lo no-moderno apenas le plantea conflictos. Más bien despierta su curiosidad y ella se refiere más a sus propias reacciones que al entorno. El conflicto, si es que la tensión entre su deseo de encontrarse a sí mismo y los sueños de viajes y alejamiento de sí mismo puede llamarse así, se le plantea bajo la condición de la modernidad, no a causa de ella.

Especial importancia adquiere en este contexto la continua referencia a la literatura, manifiesta en las constantes comparaciones entre las vivencias actuales y determinadas novelas o "la novela", es decir, la ficción. No se trata, por lo general, de una metaficción explícita, sino de la interrelación entre imaginación y percepción intraficcionales que consiste en entender y proyectar la "vida" como si se tratara de una novela o como si ésta fuera, al menos, el horizonte desde el cual percibir y concebir aquella: "nuestros silencios preparan el ambiente para iniciar una de esas conversaciones cercanas, directas, que hacen el vértice de las novelas" (*ibíd.*, 593). A nivel extraficcional, tales referencias sirven más que nada como indicios, ahora sí metaficcionales, de intertextos/arquitextos que a lo largo de la narración ya se rechazan, ya se afirman: "¿Por qué mis ojos las diferencian al grado de hacer de ellas heroínas rivales de un novelista cualquiera?" (*ibíd.*, 576); "Espío con la misma atención [...] que los detectives asumen en las novelas de aventuras" (*ibíd.*, 585) o "los retratos de mujeres que conozco apenas, como cualquier personaje de Giraudoux" (*ibíd.*, 589). Es decir, se trata de una novela escrita no tanto a partir de "la vida" como en respuesta a "la literatura" que, de manera parecida al sueño, envuelve –ficcionaliza– la realidad. Las referencias a personas históricas –en particular al mismo autor de la novela, metalepsis continuada en la escena del sueño en la que Julio ve su propio entierro y escucha el discurso de su amigo Jaime [Torres Bodet]– resultan a primera vista contradictorias en este contexto. En la crítica, estas referencias se han interpretado como intento de dar una dimensión autobiográfica a la novela (Perassi 1993: 798). Pero teniendo en cuenta el cotexto de esas metalepsis, así como la extensión que las referencias a la literatura ficcional adquieren en la novela, las alusiones subrayan el poder de la ficción de apropiarse de la vida, de parangonarse con ella, de darse un 'trasfondo' humano sin dejar de ser ficción. No se debe olvidar que la novela de Villaurrutia empieza, precisamente, con una alusión a *La deshumanización del arte*: después de levantarse, Julio se acerca a la ventana y hace subir "el transparente de tela opaca [...]. La moldura de la ventana enmarca un trozo de jardín. Separo las vidrieras. Entra un aire tibio [...] el campo de tennis que desde este segundo piso parece un libro de lujo abandonado en un diván de terciopelo" (Villurrutia 1974: 571 s.). Es decir, aquí se mira el jardín 'en directo' y no, como lo había propuesto Ortega y Gasset (1987: 53), "a través del vidrio de una ventana". Según él, ver el jardín o ver el vidrio son dos operaciones incompatibles, del mismo modo que para el lector normal resultan incompatibles el "revolcarse apasionadamente en la realidad humana que en la obra está aludida" y el "acomodar su atención al vidrio y transparencia que es la obra de arte" (*ibíd.*, 54). La alusión a esta modelización orteguiana del arte moderno o arte puro cumple varias funciones en y para la novela de Villaurrutia. Al re-escribir el símil abriendo las ventanas y dando así acceso 'pleno' a la realidad humana que, no obstante, también comprende un "libro", se evidencia que la modernidad literaria no depende de la oposición 'referencia a la realidad extraliteraria' vs. 'autorreferencialidad/literariedad'. Así, el texto señala su oposición a esta modelización y, al mismo tiempo, el intento de redefinir a partir de éste el (propio) concepto de la ficción moderna. La novela de Villaurrutia no se proyecta como "deshumanizada", pero tampoco como "realista" en el sentido del realismo decimonónico "genético" al que se limita Ortega. A lo que, en cambio, parece apuntar, es a un tipo de ficción literaria que supera esta dicotomía. Intenta hacerlo por varias vías. El texto integra la imaginación, la literatura y la autorreflexión en el mundo narrado como elementos no menos 'reales' que los convencionalmente tenidos por tales. Lo que Julio ve a través de la ventana es, entre otras cosas, algo que le parece un libro. Ello presenta la *mise en abyme* tanto de la (auto)percepción del protagonista, marcada por el continuo recuerdo de libros/ficciones, como del texto en cuanto tal, en cuyo 'trasfondo' se borran los límites entre los hipotextos y las experiencias (supuestamente) autobiográficas, que no son sino experiencias de lectura. Semejante proceso de traslado y 'revalorización' se da con respecto al enfoque fenomenológico: lo que Ortega y Gasset (1987: 61) califica de mirada ajena al hombre en su vida diaria cuyo empleo el arte nuevo ha convertido en uno de sus rasgos deshumanizadores típicos, aquí se expone como característica intrínseca de un hombre, como su manera de ser/pensar más propia y 'normal'. Es decir, el texto propone la 're-humanización' del arte nuevo no por la vía de una mayor carga realista, social, autobiográfica, etc., sino justamente por medio de la reubicación de lo supuestamente deshumano –como la insistencia en la ficcionalidad y la autorreflexión– en la vida humana y viceversa. De ahí, finalmente, que presente este mundo a través de una narración que combina la intertextualidad con la posibilidad de referencia al mundo extraliterario, pero estableciendo esta referencia como acto intencional de conciencia y no como re-presentación del objeto empírico: hace falta que alguien abra la ventana.

En fin, *Dama de corazones* es más que un texto que en su momento señaló "una dirección nueva en la prosa de imaginación pero que hoy tiene sólo un valor histórico" (Paz 1978: 40-41). Es más que un "texto de goce", calificable como tal por desilusionar al lector "porque no ha pasado nada" y permitir una lectura poética (Vargas 1986: 42). Y es más también que un juego en común entre Villaurrutia, Owen y Torres Bodet sobre el modelo de la trama de una novela de Proust y destinado a reivindicar así la equivalencia con las novelas vanguardistas españolas (: 308 y 305). Mejor dicho: es todo ello y más. Con razón se ha llamado la atención sobre el carácter del protagonista/narrador y su parentesco con la modelización del hombre mexicano en la obra (posterior) de Samuel Ramos (Perassi 1993: 799); con razón se ha propuesto una lectura "ideológica" de este sujeto y el texto que lo expresa/modeliza como exploración del yo mexicano en oposición a las fórmulas de lo mexicano promulgadas por la novela de la Revolución (García Gutiérrez 1997). Pero la novela de la Revolución no es, como se ha visto, el único modelo negado. Y aún si lo fuera, no se trata sólo de una cuestión ideológica, o sea, de una propuesta disidente acerca de lo mexicano y de cómo (re)presentarlo, pues con ello sólo se seguiría el concepto de la función de la literatura vigente. Al mismo tiempo se trata de elaborar un nuevo tipo de ficción, capaz de responder a la problemática estética específicamente contemporánea. *Dama de corazones* hace entrever bastante bien la difícil encrucijada ante la cual se encontraron los movimientos de Vanguardia de "segunda generación": ¿cómo insertarse 'auténticamente' en la modernidad, si por un lado ya existían modelos al respecto y, por el otro, expectativas y críticas que podían hacer aparecer la negación de estos modelos como retroceso y/o como subordinación a las expectativas dominantes? ¿Cómo encontrar una posición propia que no sucumba ante la alternativa (supuestamente) exclusiva e ineludible entre el discurso nacionalista-realista-'humano' y el vanguardista, identificado con la "intranscendencia", la "deshumanización" y/o una modernolatría inauténtica y extranjerizante?

Dama de corazones intenta superar este dilema por varios caminos, destinados a deshacer los supuestos antagonismos. La historia se ubica en el México contemporáneo, pero la imagen que de éste se ofrece no tiene nada que ver ni con los tópicos folclóricos tan gratos al discurso nacionalista ni con la visión "actualista" de los estridentistas. Y en cuanto ficción, el texto practica una escritura avanzada, pero precisamente no vanguardista a ultranza. En *Dama de corazones*, la modernidad aparece ante todo como un fenómeno de conciencia, como un horizonte intelectual y artístico, como modo de sentir y pensar(se). De ahí que falten casi por completo las connotaciones de 'amenaza', 'malestar' y 'pérdida' que rodean la modernidad en las novelas de Vela, de ahí que se dé la copresencia apenas conflictiva entre un/el México no-moderno y un sujeto mexicano sumamente moderno. En el plano de la intención de sentido, el problema de la experiencia de la modernidad periférica se resuelve así por la individualización racionalista. La (verdadera) modernidad es cuestión de individuos y, aún más, de artistas; por consiguiente, el lugar intrínseco de ella no es sino el individuo (moderno) y sus manifestaciones, de modo que donde se encuentre éste, también se encuentra aquella. Apenas se puede imaginar un reto mayor para las corrientes novelísticas mexicanas entonces vigentes y, también, la novela estridentista. No obstante las diferencias de perspectiva e intención, todas ellas concuerdan en querer modelizar y fijar una imagen de México –del México colonial, revolucionario o marcadamente actual– para trazar a partir de ella el cómo y por qué del sujeto y de la posición del autor. En cambio, la novela de Villaurrutia –como las otras del "grupo sin grupo" – se niega a definir este contorno salvo como objeto de la percepción y reflexión. Es decir, se trata no sólo de oponerse "a la representatividad por metonimia" de la circunstancia histórica concreta (Sheridan 1985: 243), reivindicada por la novela de la Revolución y, a su modo, la novela estridentista, sino de oponerse en general a cualquier explicación causal del yo por esta circunstancia. Si "yo soy yo y mi circunstancia", como dijo Ortega y Gasset en las *Meditaciones del Quijote* (1914) tan leídas y apreciadas en el México intelectual de mediados de los años 20 (*cfr.* Gómez Martínez 1987), ello no significa que el yo dependa de la circunstancia, ni que ella sea una y la misma para todos.

La particular escritura de la novela participa en esta individualización. Sus innovaciones narrativas –que estriban más en la configuración de la situación narrativa y del narrador que en la poetización del lenguaje– se revelan como tales en primer lugar por su diferencia con respecto a los códigos vigentes en el contexto nacional y la posibilidad de vincularlas con estrategias narrativas modernas: con el tratamiento del tiempo subjetivo y la narración auto-pseudodiégetica en la obra de Proust, con las descripciones estilizadas de los personajes en las novelas de Giraudoux[158], con el monólogo interior y, también, con la situación narrativa autodiegética ambigua y la fragmentación del discurso ensayadas en *La señorita* etc. Pero estas marcas de modernidad no agotan la función del discurso. Mucho menos que la novela de Vela, la de Villaurrutia se deja entender como antirrealista: lo que ella propone es otro realismo, uno subjetivo-fenomenológico, pero realismo en fin. Y las referencias intertextuales a obras y técnicas narrativas europeas avanzadas no hacen del texto una "imitación talentosa" de modelos incuestionables. Alude a ellos para trazar el horizonte estético en el cual se quiere inscribir y subrayar, a la vez, sus marcas propias: la racionalidad y la concisión del discurso, el desdoblamiento irrevocable de su *origo* y la distancia crítica frente al lenguaje de la "contemporaneidad explícita" (Yurkievich 1984), típico de la novela estridentista. Dentro de todo este juego de referencia/diferencia se revela el objetivo intrínseco de la escritura de la novela: la expresión individual, como tal irreducible a modelos, una expresión que se auto-ubica en la modernidad pero que frente a algunos de sus desarrollos mantiene también una distancia crítica y que en ningún caso se deja seducir por lo más avanzado simplemente por serlo. Será éste el principal motivo para la ausencia de cualquier alusión al Surrealismo francés, ausencia llamativa si se tiene en cuenta que otros de los "últimos" desarrollos del discurso vanguardista –los que sintetiza Ortega y Gasset– sí están presentes en el texto y que el Surrealismo en aquel entonces ya era conocido como lo más "novedoso" también fuera de los círculos vanguardistas mexicanos (*cfr.* Schneider 1978a).

Con todo, la novela de Villaurrutia ejemplifica en cierto sentido lo que iba a caracterizar el programa de *Ulises*, concebido por la misma época: "no impostar los signos exteriores de la 'vanguardia' internacional" sino "prefe-

---

[158] La referencia a Giraudoux constituye un tópico en la crítica de la narrativa de los Contemporáneos. Un análisis textual que tenga en cuenta las diferencias entre los distintos planos de comunicación narrativa no va a corroborar esta tesis sino para aspectos singulares y secundarios, como a modo de ejemplo lo demuestra Bustos Fernández (1996) para el caso de Torres Bodet. Pues es cosa bien distinta si la descripción del personaje va a cargo de un narrador hetero y extradiegético y de focalización entre cero e interna variable que no narra todo lo que sabe ("paralipsis"), como ocurre la mayoría de las veces en las novelas del escritor francés, o si corresponde a la percepción e imaginación subjetiva y necesariamente incompleta de una instancia intradiegética, como sucede en el presente caso en el que, como ya se dijo, la percepción de los otros personajes sirve más para dar relieve al particular modo de percepción del narrador-protagonista que para caracterizar a los personajes "en sí".

rir la introspección sobre las alianzas a ultranza" (Sheridan 1985: 285) y comprometerse únicamente, pero ello sin reservas, con "la curiosidad y la crítica", como dijo Villaurrutia años después (*cfr.* Sheridan 1985: 283). Otra vez y en un sentido renovado y radicalizado: nadar entre dos aguas.

2.4. *Pablo Palacio:* Débora *(1927)*

¿Vanguardia en Quito? Desde una perspectiva anclada en los supuestos centros culturales de la época, se pod(r)ía entender que surgieran movimientos vanguardistas en Buenos Aires y en Santiago de Chile, en México y hasta en Lima, o sea, en las ciudades que participaban de manera más destacada en la modernización latinoamericana[159]. ¿Pero Quito? El "escamoteo de la vanguardia ecuatoriana" (Manzoni 1994: 18) prevaleciente hasta hace poco en la crítica de la literatura de ese país, se deberá también a esta perspectiva en último término 'metropocéntrica' como uno de los factores que intervinieron en el "rechazo [por la crítica] de una escritura que se le presenta como irreductible en tanto pone en crisis valores que el sistema literario considera esencial restituir" (*ibíd.*, 10).

Epifenómeno de ese escamoteo fue la marginación de la obra de Pablo Palacio (1906-1947), en la historiografía literaria ecuatoriana, lo mismo que en la intercontinental e internacional (*cfr.* Corral 1988 y Manzoni 1994). Para "asegurarse la absoluta irrepetibilidad de una escritura como la de Pablo Palacio" (Manzoni 1994: 10), además de desligar su narrativa del contexto histórico-literario nacional e hispanoamericano, se recurría a la biografía del autor, quien murió víctima de la parálisis sifilítica[160], y se hizo

---

[159] Cabe preguntar si rasgos típicos de una modernización periférica o dependiente no se dieron también en Europa –piénsese en los casos de España y el sur de Italia, indudablemente dos regiones que dentro del contexto europeo occidental se hallaron al margen, y ello desde hacía tiempo, por no decir siglos (en cuanto a España) de la modernización técnica, económica y social–. Y un pequeño pueblo en Baviera, Sajonia o en la costa del mar Báltico, ¿realmente se hallaba en un lugar cualitativamente menos periférico que Quito con respecto a la modernización que se vivía en Berlín o la zona entre el Rín y el Ruhr, dos centros de la llamada "segunda revolución industrial"? ¿Y el hiato entre modernización técnica y económica, por un lado, y la sociopolítica por el otro lado? El capítulo más siniestro de la historia moderna –¿de la historia?– ha tenido que ver también con esos desfases de la modernización dentro de Alemania; *cfr.* Klinger (1995).

[160] *Cfr.* Fernández (1991) y Rivas Iturralde (1991), citado según Manzoni (1994: 118 s.); la mayoría de los trabajos sobre Palacio sólo hablan de locura, callando su origen. Para la biografía de Palacio, véase Fernández (1991).

de su literatura un caso de patología mental[161], clasificación por lo demás no descomunal en cuanto a los vanguardistas –y antes, a los modernistas–.

El paulatino 'redescubrimiento' de la narrativa de Pablo Palacio desde finales de los años 70[162], manifiesta, no obstante y asimismo, las dificultades de escapar a "las trampas de la crítica" (Manzoni 1994: 24). Por lo general se sigue atribuyendo a Palacio el lugar de un 'precursor' y se aísla su obra del contexto ecuatoriano coetáneo, a expensas también de otros textos narrativos de la Vanguardia ecuatoriana, como la novela *En la ciudad he perdido una novela* (1930), de Humberto Salvador, casi completamente olvidada (*cfr*. cap. II, 2). Todo ello tiene que ver también con el hecho de que a pesar de los trabajos pioneros de Robles (1988 y 1989) y de los estudios de Fernández (1991 y 1993), el movimiento vanguardista nacional mismo sigue siendo poco estudiado. De ahí también que todavía persistan no pocas lagunas en cuanto al papel concreto de Palacio –del hombre y de su obra– en la formación y el desarrollo de la Vanguardia ecuatoriana.

Con todo, la situación económica, social y política del Ecuador a mediados de los años 20 no fue estructuralmente muy distinta de la de otros países en el continente. Las "contradicciones acumuladas por el desarrollo de un capitalismo a la vez contemporáneo y primitivo" (Cueva 1988: 629), estallaron en las manifestaciones de noviembre de 1922 –que terminaron en la "masacre de Guayaquil"–, en las luchas universitarias de 1924 y la Revolución Juliana de 1925. En 1926 se fundó el Partido Socialista, entre cuyos

---

[161] *Cfr*. al respecto Anderson Imbert (1985: 243), entre otros.

[162] *Cfr*. los estudios reunidos en *Recopilación de textos sobre Pablo Palacio* (1987) y los trabajos en este sentido citados en Fernández (1991) y Manzoni (1994). Una excepción lamentable y hasta enojosa en este panorama representa el libro de López (1993), dedicado al análisis de *Vida del ahorcado*. El libro destaca por su enfoque ingenuamente biografista, ignorante de los planteamientos y modelizaciones básicas de la crítica literaria en los últimos decenios –semiótica, narratología, intertextualidad, etc.–, lo mismo que de la Vanguardia: identifica al autor con el protagonista-narrador de la novela – "ne font qu'un" (*ibíd*., 121)– y busca trazar, entre otros, los "troubles de la personnalité" que se manifiestan en el texto, ya que por demasiado "délicat" no puede emprender la tarea de "établir un diagnostique complet de la nature et de la cause de la maladie mentale de Pablo Palacio" (*ibíd*., 104). Pero ni siquiera a este respecto el curioso trabajo de López resulta consecuente, pues desconoce –¿o calla?– la "causa" de los trastornos. Por lo demás, la lista de curiosidades se podría alargar sin problemas: López entiende, por ejemplo, el subtítulo "novela subjetiva" como denominación del "genre littéraire" fundado "sur un point de vue personnel que s'élabore, en général, à travers l'utilisation de monologues intérieurs" (*ibíd*., 121), siguiendo la definición de "subjectif" dada en un diccionario de la lengua francesa.

fundadores y primeros miembros destacan Pablo Palacio y Humberto Salvador, respectivamente. El nuevo régimen y sus proyectos de reformas antioligárquicas no iban a perdurar mucho. Acosada por diferencias internas y poco más tarde por las consecuencias de la crisis del 29 y la resistencia de los terratenientes y de la depuesta oligarquía bancaria, la Junta cayó en 1930, cediendo el paso para la subida al poder de Velasco Ibarra.

Un clima de crisis, por un lado, y de expectación de lo 'nuevo', por el otro, marcaba también la situación cultural ecuatoriana de la segunda mitad de los años 20. La cultura dominante se hallaba a medio camino entre la continuación del modelo oligárquico y el discurso de la burguesía en ciernes (*cfr.* Cuevas 1988: 637), hecho reinterpretado por las estructuras relativamente poco diferenciadas del campo literario. La novela de producción nacional ocupaba una posición subordinada. Aparte de *A la costa* (1904), de Luis A. Martínez, la primera novela ecuatoriana de orientación realista, y alguna que otra obra más –como *Para matar el gusano* (1912), de José Rafael Bustamante–, escaseaban las novelas ecuatorianas destinadas ante todo al público nacional y a marcar una determinada posición dentro del sistema literario del país[163]. Con cierta razón, pues, se ha dicho que el Ecuador de aquel entonces carecía de tradición novelística propia, sobre todo faltaba la tradición de una novela realista (burguesa)[164]. Se estaba pasando casi de un salto al realismo social: en 1927 se publicó *Plata de bronce*, de Fernando Chávez, la primera novela del Indigenismo ecuatoriano, iniciado en 1922 con el ensayo *El indio ecuatoriano*, de Pío Jaramillo Alvarado, y se celebraron las primeras reuniones del futuro grupo de Guayaquil, mientras José de la Cuadra ya en 1923 había publicado su primer cuento de denuncia y protesta sobre el mundo montuvio[165]. Por otra parte, circularon novelas europeas –desde Zola y France hasta Gide y Rolland, Tolstoi y Gorki–, norteamericanas e hispanoamericanas (*cfr.* Adoum 1984, Cueva 1988), de modo que sí existía no sólo una noción del género, sino también de sus manifestaciones internacionalmente establecidas para la época.

---

[163] Cabe recordar en este contexto que también hubo novelas ecuatorianas "a lo Vargas Vila": novelas escritas para un público hispanoamericano/español masivo y que trivializan los contenidos y la estética modernista, como *Voluptuosidad* (1907), de Miguel Ángel Corral, publicada en París por la editorial Garnier, *cfr.* Ille/Meyer-Minnemann/Niemeyer (1994: 99 s.). La segunda novela del escritor y diplomático, *Las cosechas* (1914, publicada en 1944), ya demuestra una orientación mundonovista.

[164] Sobre este hecho insisten Adoum (1984: 99), Cueva (1988: 632) y, últimamente, Rivas Iturralde (1991, citado según Manzoni 1994: 119 s.).

[165] Se trata del cuento "El desertor", publicado en el primer número de la revista *Germinal* (febrero de 1923), *cfr.* Robles (1988: 653).

Y no sólo ello. También se sabía desde un momento bastante temprano de la existencia de "lo más avanzado". Las primeras noticias acerca de las Vanguardias europeas se habían difundido ya en 1912-1913; a partir de 1918 surgió toda una serie de revistas que informaban sobre los últimos desarrollos literarios y otras "novedades" artístico-intelectuales (*cfr*. Robles 1988 y 1989). A principios de los años 20 existía en el Ecuador una noción bastante diferenciada de la Vanguardia europea e hispanoamericana, noción cuya simple presencia tenía que poner aún más de relieve la situación periférica de la propia literatura. De ahí que la nueva generación de artistas, escritores e intelectuales que se estaba formando en aquellos años, estuviera ante toda una serie de problemas y retos: por un lado el descontento general con el estancamiento cultural y literario del país y el imponente deseo de ponerse a la altura del proceso de la modernidad estética e histórica, por el otro la experiencia traumática de la masacre de Guayaquil, que desde su propia auto-visión (retrospectiva) les dio unidad generacional y/o grupal y les hizo enfrentar "de cara la realidad de un país en crisis" (Fernández 1993: 17). Además, la búsqueda de un nuevo lugar del escritor y de la literatura en una sociedad de estructuras y discursos entre anacrónicos y arcaicos, por una parte, incipientes, por otra, y revolucionarios, por la tercera, había de plantearles a estos jóvenes, en su mayoría provenientes de las emergentes capas medias, desde el principio y de manera particularmente intensa el problema de la relación entre vanguardia estética y vanguardia política.

Las actividades vanguardistas nacionales se iniciaron en 1921, gracias principalmente a Hugo Mayo. En los años inmediatamente siguientes se perfiló, a través de revistas destinadas a difundir y defender al "arte nuevo", como *Savia* (Guayaquil, 1925-1929), *Llamarada* (Quito, 1926-1929) y *Hélice* (Quito, 1926), la más conocida y "vanguardista" de ellas, todo un grupo (otra vez sin grupo) de jóvenes artistas e intelectuales "rebeldes". Entre ellos cabe nombrar a Hugo Mayo, Gonzalo Escudero, Jorge Reyes, Raúl Andrade, Alfredo Gangotena, Jorge Carrera Andrade y, desde luego, Pablo Palacio[166]. No fue casual que ya en el primer número de *Hélice* (del 9.5.1926) se diera a conocer "Un hombre muerto a puntapiés", el cuento que también dio título al primer libro de Palacio, publicado en enero de 1927. Inmediatamente, el texto se reconoció como obra de Vanguardia, como

---

[166] Para más informaciones sobre la Vanguardia ecuatoriana, véanse los ya citados estudios de Robles (1988 y 1989), así como los excelentes capítulos 1 y 2 del trabajo de Fernández (1991).

álgebra revolucionaria en el arte burgués de hacer cuentos: el álgebra ilógica y tremenda de construir valores ecuacionales entre 'un paraguas y una máquina de coser, encontrados en una mesa de disección', según el descubrimiento de Isidoro Ducasse, el Conde de Lautréamont (Escudero 1927, citado según Fernández 1991: 163 s.).

Con todo, a partir de 1926, Pablo Palacio se destacó como uno de los cofundadores de la Vanguardia ecuatoriana[167], y ello no sólo en el contexto nacional, sino también a nivel hispanoamericano, como lo demuestra la presentación de su libro de cuentos en la *revista de avance* (no. 3, abril de 1927, reproducido en Manzoni 1994: 33). Y fue también en esta revista vanguardista cubana donde apareció por primera vez su cuento "Novela guillotinada" (*revista de avance*, no. 11, 1927), un cuento humorístico-metaficcional que anticipa rasgos y orientaciones de *Débora*.

El texto de *Débora*, que al igual que los textos vanguardistas hasta ahora tratados es bastante breve[168], desconcierta al lector enfocado desde sus primeras líneas:

Teniente

has sido mi huésped durante años. Hoy te arrojo de mí para que seas la befa de los unos y la melancolía de los otros.
[...]
　Como eres hombre, pudiste ser capataz o betunero.
　¿Por qué existes? Más valiera que no hubieras sido. Nada traes, ni tienes, ni darás (Palacio 1964: 169).

Distorsionando el clásico comienzo de una novela realista, esta presentación del personaje llama la atención no sólo por el empleo de la segunda persona y la alusión a la dependencia del Teniente respecto del yo que aquí se pone en escena. También el tono entre humorístico e irónico, la marcada insistencia en la insignificancia de este "hombre", pronto revelado como "uno de esos pocos maniquíes de hombre hechos a base de papel y letras de molde" (*ibíd.*, 170), la incongruencia semántica entre las primeras frases –o "huésped" o "te arrojo de mí" se ha de entender en un sentido no-literal–, y, por último, la inusual ordenación tipográfica, dificultan la actualización de isoto-

---

[167] Sobre la 'prehistoria' de Palacio, *cfr.* Fernández (1991: 50-55).

[168] Abarca en la *princeps* exactamente 70 páginas, en la edición de las *Obras completas* (Palacio 1964) apenas 40 páginas.

pías constantes y de marcas típicas de un discurso convencionalmente narrativo. Pronto el lector se percata de que tampoco se trata de narrar una historia "a secas", sino de revelar y cuestionar al mismo tiempo las convenciones estéticas y epistemológicas así como las funciones que rigen la ficción "realista" y su presentación narrativa entonces vigentes. Desde el principio, el discurso se dobla sobre sí mismo: es a la vez ficción y metaficción, narración y reflexión autocrítica sobre esta narración, construcción y deconstrucción del mundo narrado y sus premisas, en fin, un discurso insalvablemente ambiguo.

Ya la determinación de la situación narrativa y la ubicación de las diferentes enunciaciones en los distintos planos comunicativos plantean serias dificultades. Es así como hasta el momento la crítica no ha llegado a ningún acuerdo al respecto: Corral (1979) califica al Teniente como "desdoblamiento del narrador-protagonista"; Rodríguez Castelo (1987), en cambio, insiste en que se trata de una historia en tercera persona; Rivas Iturralde (1991) habla del entrecruzamiento de "dos monólogos", el del Teniente y "el del autor" (*cfr.* Manzoni 1994: 129). Sólo Fernández (1991: 366) emprende un análisis pormenorizado, destacando la alternancia de voces y el perspectivismo puesto en escena por un autor-narrador que "utiliza tanto la primera persona como la segunda y la tercera" y "permite hablar a los personajes de vez en cuando", a veces de forma ordenada, a veces en monólogo interior y a veces en discurso indirecto libre.

Efectivamente, hay un narrador heterodiegético-autorial –que también se declara autor del texto–, y que narra la historia, si así puede llamarse, del Teniente. Aparte del comienzo y del final, el narrador trata al Teniente en tercera persona y refiere su discurso, a veces monólogo interior, o como discurso directo regido o como discurso indirecto libre. Intercalada en esa narración se halla el relato del "Teniente B" por boca de éste, pero "refaccionado por la literatura" (Palacio 1964: 186). Y ambas narraciones se interrumpen continuamente por los más o menos extensos comentarios del autor-narrador, que en total predominan claramente sobre la narración propiamente dicha: la narración de la historia del Teniente no funciona sino como mera cita dentro del discurso extradiegético. Este se dedica ya a subrayar determinados rasgos de la construcción y narración de la historia en cuestión y/o de la novela realista en general, ya a reflexionar y explicar aspectos del mundo narrado y/o temas relacionados a éste, más que nada fenómenos quiteños o estructuras psicológicas generales, pero a veces también se refieren al *hic et nunc* concretos del narrador-autor:

> Ésta prolongaba mi receptibilidad auditiva como un buen manjar prolonga su sabor agradable en los órganos del gusto. (Nótese bien que estas cosas nunca

> las dijo el Teniente B; son un revoco literario, las especias de la mala comida) (*ibíd.*, 187).

Respiró [el Teniente] a plenos pulmones y guardó las manos en los bolsillos del pantalón. Guardó las manos... esto tiene entonación de prestamista, pero fue así. Hay que ponerlo porque nos da el carácter hombre.
Una idea súbita: un militar no debe llevar las manos en los bolsillos. Sacó las manos de los bolsillos. (*ibíd.*, 185)

> Bien: los dos Tenientes hacían tiempo.
> Y como dentro de los accidentes de la vagancia puede presentarse cualquier rincón, apareció
>
> L a   R o n d a
>
> el barrio clásico de los gimoteos.
> Cuando se escribe "La Ronda" todos se imaginan una capa española (*ibíd.*, 190)

Los que van por estas calles se agazapan en sí mismos, en espera de la hora necesaria de la vergüenza. Yo tengo sobre mi mesa un búho negro, con ojos de cristal amarillo claro. Empecinados como burros cuelgan el belfo a la hierba del amor en espera del momento de la descarga del deseo (*ibíd.*, 197 s).

Pero como se acaba de ver, la repartición de los comentarios del narrador-autor en extradiegéticos e intradiegéticos no resulta siempre unívoca. A menudo se da cierta confluencia temática y gramatical entre ambos y hasta con el discurso del personaje: ¿a quién pertenece la "idea súbita", al narrador o al personaje? Y las digresiones sobre "los que van por esas calles", ¿son intradiegéticas? Las ya aludidas rupturas isotópicas entre los párrafos y a menudo dentro de ellos, las ambigüedades en el uso de los pronombres, del tiempo –tanto los comentarios extradiegéticos y metaficcionales como los intradiegéticos se hacen en presente–, pero también de los signos diacríticos –comentarios extradiegéticos se ponen a veces entre paréntesis, otras veces no– hacen otro tanto para acrecentar la confusión de los distintos planos comunicativos. Con razón, pues, se puede hablar del "entrecruzamiento", aunque no de monólogos, sino de tipos y niveles de discurso:

> [...], el Teniente, que era esencialmente familiar y casamentero, empezó a dar suspiros. Caramba, si hubiera allí una mujercita.
> Bueno, después de todo, en resumen, se ha hablado de la espera de la mujer. No tendrá nunca la mujer única, que conviene a nuestros intereses, que existe y que no sabemos dónde está.

La espera de la mujer

> Un bostezo. Tras el bostezo el sueño.
> Ahora se me viene una observación que es necesario grabarla:
> El cinematógrafo es el arte de los sordomudos.
> Hacía algún tiempo leía un libro, lleno de frases modelos: "La iniquidad siempre triunfa sobre la bondad y la inocencia". Pobre hombre. Cómo se ve que no ha ido al Teatro (*ibíd.*, 200 s.)

Como bien lo ilustra la última cita, la ambigüedad esencial del texto se debe también al carácter mismo de los comentarios metaficcionales. Ellos se caracterizan por el juego constante entre seriedad e ironía, entre precisión y divagación, explicitud y opacidad. La crítica de las normas y reivindicaciones de "la novela realista" y la burla de los rasgos pertinentes (ex)puestos a propósito en la narración de la historia del Teniente –con razón Fernández (1991: 308-317) habla de "parodia y señalamiento de la provisionalidad de los estilos literarios"–, contrastan con los comentarios auto-irónicos del narrador-autor que a menudo siguen inmediatamente a las argumentaciones 'serias'. Los bruscos cambios de tema y, en general, la abundancia de frases entre metafóricas y aforísticas –"El cinematógrafo es el arte de los sordomudos"–, que a menudo recuerdan las entonces ya famosas *greguerías*[169], pero también la relación nada unívoca entre los comentarios extradiegéticos y el qué y cómo de la diégesis y su narración, hacen otro tanto para evidenciar que aquí no se trata de exponer una teoría novelística e ilustrarla mediante un ejemplo –o contraejemplo– adecuado. Mejor dicho, el texto parece querer impedir precisamente que se le reduzca a un mensaje didáctico. *Débora* sí cuestiona –y en rigor deconstruye– la novela realista tal como se concebía y practicaba en la época, mas no emprende una redefinición más que fragmentaria, abierta y en última instancia ambigua del género.

Todo ello se manifiesta ya en el párrafo más explícito del texto en cuanto a la crítica de la novela realista:

> Ya llega el toque de muerte. La novela realista engaña lastimosamente. Abstrae los hechos y deja el campo lleno de vacíos; les da una continuidad imposible, porque lo verídico, lo que se calla, no interesaría a nadie.

---

[169] Cabe recordar que, en los años 20, Ramón Gómez de la Serna era uno de los escritores españoles contemporáneos más conocidos y apreciados entre los jóvenes artistas e intelectuales hispanoamericanos, debido a la divulgación de la *Revista de Occidente* y los comentarios que sobre él y su obra publicaron Valery Larbaud, Alfonso Reyes,

¿A quién le va a interesar el que las medias del Teniente están rotas, y que esto constituye una de sus más fuertes tragedias [...] ¿Cuál es el valor de conocer que la uña del dedo gordo del pie derecho del Teniente es torcida [...]

Sucede que se tomaron las realidades grandes, voluminosas; y se callaron las pequeñas realidades, por inútiles. Pero las realidades pequeñas son las que, acumulándose, constituyen una vida. [...] Lo vergonzoso está en que de esas mentiras dicen: te doy un compendio de la vida real, esto que escribo es la pura y neta verdad; y todos se lo creen. Lo único honrado sería decir: éstas son fantasías, más o menos doradas para que puedas tragártelas con comodidad; o sencillamente, no dorar la fantasía y dar entretenimiento a los John Rafles o Sherlock Holmes.

¡Embusteros! ¡Embusteros!

Pero no; no tiene importancia. Lo que quiero es dar transcendentalismo a la novela. Todo está bien, muy bien, muy bien. "El arte es el termómetro de la cultura de los pueblos". "¿Qué sería de nosotros sin él, único disipador de las penas, oasis de paz para las almas?"

"Dios es un ser perfectísimo, creador y soberano Señor del Cielo y de la Tierra" (Palacio 1964: 195 s.)

Son principalmente tres los puntos que aquí se alegan contra "la novela realista": la convencionalidad e inadecuación del concepto de realidad y del modelo de mundo subyacentes, el encubrimiento de la propia ficcionalidad y el didactismo hipócrita[170]. Pero no se trata sólo de eso. A través de la mención del "transcendentalismo" y las frases puestas entre comillas también se ridiculizan las funciones que en el discurso hegemónico se adscriben al arte y, por consiguiente, a la novela realista: representar a la totalidad del país –o sea, a su sector socialmente dominante–, y compensar las reivindicaciones de autorrealización del individuo así como sus deseos de sentido que ya no tienen lugar en las otras esferas de racionalidad y valores. La cita de la frase religiosa, equiparada sin más con las anteriores, sirve evidentemente a poner de relieve el parentesco que en una sociedad moderna –o en vía de modernidad– existe en cuanto a esas funciones entre arte y religión. Como ya lo ha insinuado Fernández (1991:305), tal crítica de la misión tradicionalmente adjudicada al arte se halla en la línea de *La deshumanización del arte* sobre la oposición entre la intranscendencia del arte nuevo y la trascendencia del

---

Guillermo de Torre y Waldo Frank, entre otros. En el Ecuador fue sobre todo Raúl Andrade de quien escribió y publicó en la revista *Hélice* textos en la línea de las greguerías.

[170] Cabe destacar la inversión en el empleo del termino "dorada": originalmente empleado para señalar la relación entre conseja y consejo –el símil de la píldora dorada tan frecuente en la literatura barroca–, aquí se emplea justamente al revés.

arte viejo. No obstante, el rechazo palaciano[171] de la novela realista no se halla en la línea de las modelizaciones orteguianas del "arte nuevo", sino que manifiesta el viraje hacia la crítica cultural, o sea, la crítica reflexiva, que en vez de los fenómenos y estructuras de la realidad social se centra en las estructuras del pensar y percibir, sentir y hablar. En alguna medida, Ortega y Gasset sí parece haber intuido que la Vanguardia estaba realizando un profundo cambio de mirada, que él entendía como aplicación de la fenomenología e "inversión inhumana". Pero la dimensión crítico-cultural apunta en otra dirección. Es así como el narrador-autor en *Débora* critica no tanto y simplemente la "falsedad" de la imagen de la realidad trazada por "la novela realista", sino más bien las categorías y convenciones del pensar y percibir que en función de determinados intereses sociales –burgueses– la subyacen. Critica, así, la utilidad, la abstracción, la continuidad, la causalidad, el desprecio de los menesteres corporales individuales y el desconocimiento de "la complicación de la vida" que resulta de la mezcla de éstos y de "los altos negocios" (Palacio 1964: 174), en fin, la racionalidad moderna que se proyecta en todos los ámbitos de la vida. Pero ello, precisamente, es el pecado original del realismo: "el orden está fuera de la realidad, visiblemente comprendido dentro de los límites del artificio" (*ibíd.*).

Con todo, no se aboga por la abolición de cualquier referencia/referenciabilidad de la novela a la realidad extratextual. Al contrario y aunque tácitamente, el postulado de la mimesis configura aquí un argumento central, sólo que como tal ya se presenta en una versión renovada, o sea, como mimesis consciente de las instancias intermediarias inevitables entre ficción y "realidad"[172]. A ello apunta no sólo el que el narrador-autor atribuye el engaño de "la novela realista" a intereses de poder literarios y sociales que no le permiten sino callar "lo verídico" y dar como verdadera la fantasía. No menos significativo resulta el hecho de que se evita cuidadosamente oponer a esa imagen falsa de la realidad otra más 'verídica'.

De ahí que a lo largo del texto la defensa de las "realidades pequeñas", de lo vulgar y cotidiano, de lo discontinuo y fragmentario, o sea, de la realidad empírica frente a la 'falseada' del discurso hegemónico, sea mucho más ambigua de lo que en atención a la crítica explícita de la novela realista se

---

[171] Casi sobra mencionar que aquí no se emprende la identificación entre el narrador, por más que éste se autodenomina "autor", y el autor implícito del texto; sólo se quiere abreviar formulaciones como "rechazo expresado en este *texto de Palacio*".

[172] Sobre este aspecto también insiste Fernández (1991), desgraciadamente sin ahondar en lo que ella significa en el plano del sentido.

hubiera podido esperar. Desde luego, ya en la primera página el narrador-autor había adjudicado al Teniente el "vacío de la vulgaridad" en oposición a la "tragedia de la genialidad" (*ibíd.*, 169). Y buena parte de lo poco que narra sobre este "maniquí" consiste justamente en acciones "vulgares", insignificantes e inconexas o, como ha resumido Fernández (1991: 221): "en la vida del Teniente no sucede nada importante capaz de cambiar el rumbo de su existencia vulgar". Su historia, de difícil delimitación temporal[173], consiste en su presencia inactiva en un caso de urgencia médica, del cual "Lo demás no importa. Claro que tampoco el hecho" (Palacio 1964: 176); su lectura de un papel hallado en la calle; su encuentro con el Teniente B, la comida en el Casino que también hubiera podido realizarse en otro lugar, sus paseos sin rumbo por distintos barrios de Quito, su "Tentativa de seducción" a la sobrina de la dueña de casa que no resulta en nada sino en la reclamación de una mesa y, por último, su "muerte repentina" que "da un corte vertical en la suave pendiente de los hechos" (*ibíd.*, 208). Y por si quedara alguna duda, el narrador-autor aprovecha cualquier ocasión para subrayar que también la vida interior de este personaje tiene este carácter vulgar e insignificante. Los recuerdos de infancia son inmediatamente calificados como "Toda esa vaciedad" (*ibíd.*, 173); sus sueños de tener una mujer, un caballo o un millón de sucres resultan intercambiables, infundidos por el cine u otros *mass-media*, y desembocan en la preocupación por amueblar su cuarto que revela, además, el gusto trivial de "ideal novelesco" (*ibíd.*, 183). Sus pensamientos, si llega a tenerlos, son indefinidos: "Pero, ¿por qué piensa estas cosas? Y claro que las piensa en otra forma, mucho más tonta y vacía" (*ibíd.*, 174). En fin, se trata de un "ridículo yo" (*ibíd.,* 208). Y como tal personaje ordinario, el Teniente es "como todos [...] el perpetuo imitador social que suspira porque suspiraron los otros: tiene una prima porque los otros la tuvieron. El medio le tiende la acechanza de la igualdad; se le manda rasurarse la barba y definir al Estado: conjunto social que..." (*ibíd.*, 174). Así, la realidad 'empírica' del medio social quiteño no es nada menos vulgar, como 'revela' el narrador-autor con respecto hasta de las cuestiones supuestamente más candentes: la modernización de la ciudad y su escena intelectual:

---

[173] Fernández (1991) y otros opinan que sólo abarca un día y una noche, y de hecho se centra en este lapso. Pero hay también una analepsis bastante extensa que se refiere a un suceso acaecido "un mes antes": su presencia "cobarde" en el ataque de la vecina (Palacio 1964: 175-177). Por éste y por otras alusiones analépticas así como por el episodio de la "Tentativa de seducción", del cual no se sabe si es imaginado/soñado o recordado, el tiempo de la acción se vuelve bastante indefinido y fragmentario.

> Ahora el barrio se muere; se viene encima "El Relleno" que modernizará la ciudad [...] Y reaccionando contra "El Relleno" se han alineado los gemebundos y los neo-gemebundos. Todos están un poco ridículos. Los gemebundos son los legítimamente heridos. Viejos, fieles a lo viejo. [...] Los neo-gemebundos son los revolucionarios, del lápiz o de la pluma. Han hecho malabares con las palabras o han torcido las líneas, pero sobre la base de los recuerdos. [...] Hacen cosas nuevas del motivo viejo [...] Francamente, no comprendo su emoción.
>
> [...]
>
> Habría que averiguar si el suburbio tiene una belleza intrínseca o si la serie ininterrumpida de exclamaciones románticas encaminó a nuestro espíritu a creer que la tiene (*ibíd.*, 190 s.).

Como ya lo indica la última frase citada, la revelación de "las pequeñas realidades" que se hallan detrás de las "realidades grandes" no carece de autocrítica. Así, hay que dudar de la seriedad de los comentarios metaficcionales que se centran en este aspecto y que constantemente exponen el carácter cómico-grotesco de los menesteres físicos cotidianos –para llamarlos así–, al mismo tiempo que se burlan de las convenciones literarias que ya impiden, ya exigen su presencia en la ficción[174]. Discurso diegético y comentario metaficcional se contradicen continuamente a este respecto. A veces, éste subraya el carácter inventado *ad hoc* y literariamente convencional precisamente de los detalles vulgares que en aquél podrían parecer más 'reales': "Abundancia naturalista: se hurgó las narices con el dedo meñique. Es un detalle; pero lo primero es la observación" (*ibíd.*, 185). Otras veces, en cambio, el comentario explicita lo vulgar y 'real' que según las convenciones el discurso narrativo debería callar (y de hecho no hace):

> Dado un boticario, verbigracia, se le hace vender drogas y presidir las reuniones cuchicheantes del pueblo; sólo esto. [...]

---

[174] Curiosamente Fernández (1991: 305) parece pasar por alto el tono auto-crítico y la ambigüedad que impregnan la presentación de lo vulgar en esta novela, y llega a la conclusión, poco convincente en atención a la ironía de los comentarios metaficcionales sobre la novela realista *y* sobre el propio proyecto, de que el "transcendentalismo" de *Débora* radica en su bucear en la cotidianidad y el sentimiento del vacío que ésta engendra, "uno de los problemas existenciales más importantes de la literatura contemporánea", con lo que, según ella, *Débora* se hallaría en la línea del *Ulyses*. Una lectura parecida ya había propuesto Adoum (1980). Prada Oropeza (1981) tematiza el "manipuleo burlón" en los comentarios metaficcionales, pero lo reduce a la intención de enfrentamiento al Naturalismo, "forma del realismo imperante por entonces en Latinoamérica"(!).

Este mismo boticario, al verse los dedos después de una satisfacción orgánica, alguna vez tiene el gesto de aquel a quien hizo traición la consistencia del papel usado; pero piensa, para su descargo, que pudieron verse en el mismo caso Napoleón Bonaparte y San Bartolomé.
Para evitar estas dolorosas claridades se festoneó la obra en la forma antedicha (ibíd., 175 s; el subrayado es mío).

No obstante la insistencia en la vulgaridad, sea como *conditio humana*, sea como rasgo típico y referenciable de Quito y/o del Teniente, no todo lo que se narra/comenta cae sin más bajo esta categoría[175]. Entre otros, es éste el caso del "deseo" del Teniente –que se cifra en la mujer y que a veces se presenta con cierta simpatía como expresión de su búsqueda de sentido y plenitud existencial (*cfr.* p. 173)–, así como de los recuerdos del Teniente B de "la caza de hombres" (*ibíd.*, 192) y de la miseria en los "Barrios bajos" de Quito, que provoca la alocución patética del narrador-autor:

Hijo de la habitación trajinada; hija de la agencia humana: tu madre te echará a la calle. [...]
De hambre te roerás tus propias carnes.
Algún día te acorralará la rabia y, no teniendo cosa más brutal que hacer, vomitarás sobre el mundo tus desechos. [...]
Después dirán: amor y bondad. ¿Qué amor? ¿Qué bondad? (*ibíd.*, 198.).

Con todo, la puesta en escena de las "realidades pequeñas" (supuestamente) auténticas no va por el camino convencional de la revalorización y del ennoblecimiento de lo cotidiano y vulgar. Tampoco desemboca en una 'rehumanización' del protagonista y/o del mundo narrado, por más que éste contenga datos referenciables, ni contribuye a un mayor efecto de realidad de los detalles que se presentan. Los rasgos y acciones atribuidos al protagonista son demasiado pocos y abiertamente ficcionales para "acumulándose constitui[r] una vida", y la realidad escapa a cualquier modelización coherente.

No se requieren más datos para ver en este tratamiento ambiguo de las "realidades pequeñas" supuestamente más "humanas" una refutación tácita de las modelizaciones correspondientes de Ortega y Gasset: no existe lo "humano" sino como convención, de ahí que el arte nuevo no consista en la

---

[175] Precisamente la ambivalencia y constante relativización crítica de esta categoría impide ver en esta novela una obra "carnavalesca" en el sentido bajtiniano, aunque la puesta en escena del cuerpo grotesco podría entenderse como rasgo pertinente al respecto.

"deformación" de la realidad, sino en el cuestionamiento de los conceptos vigentes acerca de ella. A este respecto resulta significativo que el narrador-autor no se excluya ni a sí mismo ni al narratario de las reflexiones crítico-irónicas acerca de la convencionalidad de los modos de pensar y percibir que destaca en su personaje: habla de "*nuestro* espíritu" encaminado a creer en "la belleza intrínseca" del suburbio, dice que "muchas veces *nos* emocio*namos* porque llega el caso de atender a la emoción adquirida en una página" (*ibíd.*, 185), o califica "el milagro del deseo" como "obligación en contra *nuestra* que *nos* perseguirá hasta ser satisfecha" (*ibíd.*, 198, los subrayados son míos). Parece que ha sido a raíz también de tales frases que la crítica ha visto en el Teniente el "desdoblamiento" del autor (*cfr.* arriba). Pero más que implicar semejante relación de complicidad, las indicaciones auto-irónicas acerca del yo-aquí-ahora del narrador-autor –"(Estoy bajo la acción de toxinas tricocefálicas)" (*ibíd.*, 171)–, y su contaminación por el pensamiento 'ajeno' llegan a destruir la credibilidad de esta instancia en todos los niveles y provocan el distanciamiento del lector enfocado con respecto al texto, ya que dificultan su empatía tanto con el personaje como con el narrador-autor. Es decir, éste no sólo se revela a sí mismo como parodista de cierto tipo de novela, sino también es revelado como parodia, *nolens volens* y no del todo consciente, de la presunta superioridad intelectual de semejante intención paródica. No hay salida del círculo de la crítica, ni para el narrador, ni para el narratario –y para los autores y lectores tampoco–.

En suma, *Débora* no intenta ofrecer una imagen más "verdadera" de la realidad, sino comunicar y hacer experimentar la necesidad de una mirada siempre crítica y reflexiva de las convenciones e intereses que condicionan la apropiación –cualquier apropiación– de ella. Y una vez desarrollada esta conciencia, ya no hay lugar seguro ante las consecuencias de tal cambio de perspectiva. Hasta lo que parece ser más "real" y propio del individuo empírico, como la vulgaridad de la vida cotidiana, el cuerpo y sus menesteres, no logra dar con lo verídico. *Débora* es la propuesta de una mimesis autocrítica[176], que afirma la obligación de la novela para con la realidad extraficcional a la vez que en todo momento está consciente de las condiciones y limitaciones que influyen en su (re)presentación de un mundo por principio

---

[176] Frente a propuestas como "realismo contra la realidad" (Adoum 1980), "realismo abierto" (Fernández 1991) o, en el otro polo, "metaliteratura" (Prada Oropeza 1981) y "literatura ensimismada" (Rivas Iturralde 1991), ese término intenta dar mejor cabida a la doble orientación del texto hacia la realidad y hacia sí mismo en cuanto reflexión crítica de/sobre esta orientación.

opaco y 'escondido' detrás de los discursos y hábitos de pensar como tales intranscendibles. De ahí la esencial ambigüedad del texto, que no rehúsa la referencia crítica a la realidad social quiteña pero que la relativiza constantemente al revelar no sólo su propia ficcionalidad sino también la influencia que en su producción ejercen factores no del todo controlables por "el autor". La búsqueda de "la realidad", por consiguiente, sólo puede ser indagación en las premisas de los modos de sentir y pensar y ficcionalizarla. Y una novela fiel a este propósito ha de hacer experimentar ficción y metaficción como cara y cruz de la misma moneda. Con ello se consume definitivamente lo que se podría llamar el doble *discursive turn* de la novela vanguardista hispanoamericana: la vuelta hacia la problematización de la dependencia de la construcción ficcional del discurso narrativo-literario así como de los sistemas discursivos vigentes –e internalizados– sobre la realidad, una vuelta crítico-cultural que se presenta como la función estética intrínsecamente moderna. Nada ya de "oasis de paz para las almas".

3. Poética de la novela vanguardista

3.1. *La novela vanguardista: estado de la cuestión*

Desde hace tiempo la crítica ha buscado determinar lo específico de la novela vanguardista, entendido en la mayoría de los casos como una serie más o menos cumulativa de características textuales[177]. Destacan los intentos de Osorio (1977-78), Pérez Firmat (1982), Burgos (1995), Achugar (1996) y Verani (1996a), todos ellos encaminados a elaborar una caracterización más global de la narrativa/novela vanguardista o a integrar sus manifestaciones y rasgos individuales en una visión comprensiva de las Vanguardias, sea en un plano nacional, como lo hacen Masiello (1986) y Sarlo (1988), sea a nivel intercontinental como lo emprende Unruh (1994). Por su concisión, cabe tener presente la primera de estas modelizaciones:

1. la desvinculación (a veces agresiva) con respecto a la línea dominante que establece la narrativa leída, aceptada y gustada por el *stablishment* [!] culto de esos años;
2. el suelto desenfado y a veces hasta la displicencia con que estas obras se situaban ante los 'valores consagrados';

---

[177] Una muestra prototípica, de los logros tanto como de los *desiderata*, ofrece la compilación de estudios sobre prosa de vanguardia en *Anales* (1997).

3. la deliberada desacralización que implicaban el lenguaje dominical y 'poético' que entonces definía lo 'literario';
4. la preferencia por personajes marginados del sistema;
5. el predominio de la narración personal y
6. la interiorización de la perspectiva narrativa (Osorio 1977-1978: 30).

La propuesta de Pérez Firmat (1982) –parecida al trabajo de Osorio– insiste, como se sabe, igualmente en "the vanguard novel´s hostility toward the canonic genre" (*ibíd.*, 31). Pero en lo demás va por otro camino, debido posiblemente también a la selección del corpus, que abarca sólo novelas españolas y las de los Contemporáneos. Cifra el carácter vanguardista a la vez en su "derivatedness" y en su "pneumatic aesthetics", como oposición frente a la sólida arquitectura de la novela establecida, así como en las marcas organizadas en torno al efecto neumático: falta de realismo, "resistance to form-content dissection", la puesta en escena de un "mundo cerrado", decaracterización, la "serious erosion, within the novel, of the narrator's claim to authority" (*ibíd.*, 101) y, por último, la autorreflexividad y presencia implícita o explícita de metaficcionalidad.

Resaltan a la vista los problemas de esta última modelización, cuya cercanía a la tesis orteguiana, por lo demás, no parece haber sido intencionada[178]. La mayor parte de los rasgos supuestamente distintivos de la novela vanguardista sintetizan fenómenos de contenido y expresión que indudablemente son rastreables en novelas vanguardistas concretas, pero que resultan difíciles de convertirse en marcas definitorias de una poética vanguardista (hispanoamericana), sea porque sólo abarcan un determinado número o tipo de textos, sea porque dejan de indicar con suficiente claridad la *differentia specifica* vanguardista. Las marcas propuestas por Osorio (1977-1978) adolecen, en parte, de limitaciones parecidas.

Será también por estas dificultades que en los estudios recientes se nota una cierta cautela ante la determinación de marcas vanguardistas generales. Fenómenos justamente destacados como "el esfuerzo por hacer ingresar su presente tiempo histórico, a través de imágenes y procedimientos cinematográficos, eléctricos y mecánicos" (Achugar 1996: 25), la búsqueda de nuevas técnicas narrativas en las distintas direcciones de la novela fílmica, paródica y lírica (Verani 1996a), o la introducción de elementos lúdicos y

---

[178] Es así como Pérez Firmat destaca continuamente la correspondencia entre rasgos textuales vanguardistas y postulados de *La deshumanización del arte* (p. ej. 1982: 70 s.), pero sin plantearse en qué medida estos últimos forman parte del círculo hermenéutico cuya presencia inevitable expone tan lúcidamente al principio de su trabajo.

contradictorios, la metaescritura, la problematización del papel de memoria-olvido o la escritura onírica (Burgos 1995), se entienden ya no como rasgos de *la* novela vanguardista, sino como características respectivas de sus diversas modalidades.

Pero desde una perspectiva que acentúa las diferencias frente a las coincidencias entre las novelas vanguardistas, se corre aún más el peligro de que sólo queden definiciones tan generales que ya no logren establecer las distinciones necesarias entre, por ejemplo, Vanguardia y Modernismo y Vanguardia y Posmodernidad. Bajo rótulos tales como ruptura con la tradición novelística, antirrealismo, "derivatedness", "resistance to form-content dissection" y, en general, un "pneumatic effect [which] protects and sanctions the vanguard's novel imperfectibility as a literary form" (Pérez Firmat 1982: 56 s.) se podría englobar buena parte de la novelística de nuestro siglo; la metaficcionalidad explícita no ha sido un descubrimiento de los vanguardistas –piénsese en *Niebla*, de Miguel de Unamuno, para citar sólo ejemplos del siglo XX–; novelas "líricas" igualmente se escribieron antes y fuera de la Vanguardia –*Alsino*, de Pedro Prado, por ejemplo, calificado en su momento como "poema novelado"[179]–; la preferencia por la narración personal y la interiorización de la perspectiva narrativa ha sido un rasgo de expresión típica de la novela modernista (*cfr.* Meyer-Minnemann 1991a) y en general de la llamada novela psicológica. Hasta la apropiación del imaginario y de procedimientos estéticos de la modernidad técnica no son necesariamente exclusivos de la novela vanguardista, baste pensar en novelas como *Los de abajo*, con su atención a la técnica de la guerra y su estructuración casi de "montaje" fílmico, en este caso *avant la lettre*, o en *XYZ, novela grotesca* (1934), del peruano Clemente Palma, que desarrolla una ciencia-ficción basada en la cinematografía y parece anticipar *La invención de Morel*.

Otra vez, pues, el camino heurísticamente más prometedor es intentar determinar los rasgos de la novela vanguardista en estrecha relación con las orientaciones del proyecto de las Vanguardias. Las elaboraciones más recientes tocan en este contexto, sobre todo, cuatro puntos o, mejor dicho, aspectos sistemáticos: la modernidad, la orientación hacia el contexto latinoamericano, la cuestión del sujeto y la configuración del discurso narrativo. De capital importancia resulta, desde luego, el énfasis en la apropiación, reivindicación y a la vez problematización de la modernidad hispanoamericana frente a/en relación con la universal como rasgo principal y específico de la novela vanguardista. Las agudas observaciones de González (1986),

---

[179] Así, Manuel Rojas en 1930, citado según Promis (1995: 237).

Sarlo (1988), Elmore (1993) y Burgos (1995) acerca de cómo en novelas vanguardistas singulares se ahonda en la relación crítica entre modernidad estética y modernización técnica y social (periféricas), apuntan ya en esta dirección. Unruh (1994: 25) insiste con más sistematicidad en la necesidad de tematizar "the problem of Latin America's culturally specific relationship to the currents of modernity embodied in the literary vanguards".

No menos relevante es la idea complementaria –apuntada antes por Bosi (1991)– de que, en el plano de las intenciones de sentido, la "New World orientation" resulta consustancial no sólo a una parte sino a toda la producción vanguardista (Unruh 1994: 25 s), independientemente de si ello se manifiesta en (convencionales) datos referenciables o no. Esto, así como la tesis de la "latinoamericanización" de estrategias estéticas vanguardistas, configuran pautas importantes para repensar y diferenciar la supuesta a-referencialidad de la novela vanguardista. No hay que olvidar que la cuestión por la apropiación literaria de realidad "no se aplica solamente a los distintos modos de representar una determinada realidad extraliteraria fáctica –en el sentido de cumplir o modificar los modelos de mundo vigentes–, sino también a la posibilidad de negar o traspasar estos sistemas de pensamiento vigentes" (Dill/Gründler/Meyer-Minnemann/Niemeyer 1994: 19).

La indagación en la problemática o, si se prefiere, la "crisis" del sujeto (hispanoamericano) se ofrece en los estudios más recientes como otra de las preocupaciones decisivas y típicas de la narrativa vanguardista. "La discontinuidad, como experiencia cuestionadora de la racionalidad burguesa, implica la nueva posición del sujeto" que así, como yo narrador, se vuelve amorfo y fragmentario (Achugar 1996: 24). La "serious erosion, within the novel, of the narrator's claim to authority" (Pérez Firmat 1982: 101), la puesta en escena desde un yo plural como "sujeto de la escritura" hasta "el triunfo del otro: el fracaso del yo" (Masiello 1986), pero también la construcción de un "urban-vagabond artistic persona" marcado por "an elusive interior consistency" y "often turned outward toward critical interaction with both literary tradition and a concrete world" (Unruh 1994: 27), todo ello se deja compaginar bajo esta perspectiva como las distintas caras de una misma orientación.

Con respecto al discurso narrativo, mejor dicho, su configuración específicamente vanguardista, cabe tener en cuenta otras reflexiones de Achugar (1996: 28): frente a los modernistas, que "*creen* en la Literatura y la Belleza", los vanguardistas "asumen el arte y la escritura como una "metaescritura" [...] con una actitud lúdica que erosiona, consciente o inconscientemente, los fundamentos del arte tal como les había sido legado por las poéticas anteriores". De manera tal vez más corrosiva se realiza esta intención en la llamada "desjerarquización cultural" (re)presentada –y precisamente no auto-comentada– por la escritura y los mundos ficcionales arltianos (Mattalia 1992a).

3.2. *La novela vanguardista: ¿género, escritura, poética?*

Ahora bien, para llegar a una visión comprensiva y a la vez específica resulta crucial un aspecto bastante descuidado en las modelizaciones citadas: ¿de qué tipo de objeto estamos hablando al decir *la* novela vanguardista hispanoamericana? Indudablemente, las novelas vanguardistas hispanoamericanas significaron en su momento una nueva práctica de la novela, y ello sobre la base de un determinado concepto del género establecido y, a la vez, una "visión" de su renovación vanguardista. ¿Pero es ello ya una razón suficiente (en el sentido kantiano) para otorgar a la novela vanguardista el *status* de un género propio, como lo ha hecho Pérez Firmat (1982: IX)? La mayoría de los trabajos posteriores, en todo caso, no sólo evita este término sino que parece rehuir en general la cuestión de la categoría histórico-sistemática[180]. Y de hecho, teniendo en cuenta la diversidad de los textos, ¿cuáles serían rasgos comunes susceptibles de sistematizarse en analogía a las definiciones clásicas del "género" como un "espacio configurado como un conjunto de reglas composicionales", en el que cada obra entra a partir de "ciertas temas tradicionales y de su correlación, en un momento dado, con determinados rasgos estructurales (prosa, verso, narración, etc.) y con un específico registro lingüístico"[181]? También una definición más abierta del género como convención comunicativa que, una vez aceptada, implica "des attentes du lecteur, des stratégies de l'auteur et des caractéristiques plus ou moins flues de l'œuvre"[182] se halla ante el mismo problema. Éste se agrava, además, por fenómenos que se dan en la 'génesis' de la novela vanguardista. Por lo gene-

---

[180] Así, por ejemplo, Achugar (1996), Verani (1996a) no tematizan la cuestión; Contreras (1996) y Corral (1996) prometen nuevas definiciones de la narrativa o de la novela de Vanguardia, pero reflexionan sólo sobre el concepto de vanguardia. Sólo Burgos (1995) hace una propuesta al respecto, definiendo la novela vanguardista como "escritura", para la discusión; *cfr.* más abajo.

[181] Así, Beristáin (1988, s. v. "género"). Para más reflexiones sobre el tema, remito a los estudios clásicos de Genette (1977; 1982) y Schaeffer (1989), entre otros.

[182] Molino (1993: 4). Concuerdan en tal tipo de definición de la función del género la gran mayoría de los trabajos teóricos sobre el tema, *cfr.* Eco (1976), Janik (1985), Genette (1982), Goodrich (1986), entre otros.

ral, los géneros históricos se forman en el modo de la hipertextualidad (*cfr*. Genette 1982; Suerbaum 1985; Schäffer 1989), o sea, en la interrelación diacrónica de un grupo de textos a través de referencias intertextuales a determinados hipotextos comunes, que así se convierten en manifestaciones privilegiadas del género una y otra vez referidas, como el *Lazarillo*, el *Guzmán* y el *Buscón* en el caso de la novela picaresca[183]. Además, en la formación de un nuevo género el o los muy primeros textos no suelen proponerse fundar "a new province of writing" (*ibíd*., 61), sino que se revelan como (primeros) representantes del género recién a través de sus hipertextos.

Como ya se acaba de ver, en el caso de la novela vanguardista, todo ello se da de manera bastante distinta. *La señorita etc.* sabe de su "novedad" con respecto a la noción y la práctica del género novela entonces vigentes, novedad que además fue inmediatamente reconocida. Producto del "novísimo alarde" la llamó Rafael Heliodoro Valle[184]. Algo semejante ocurrió con *Escalas melografiadas*, calificadas inmediatamente como "elevada y magnífica revolución estética" que "resulta incomprensible y odiosa" para el "transitorio predominio de gustos y escuelas"[185]. Segundo, ninguno de los textos que configuran el corpus desempeñó una función paradigmática con respecto a la fundación de este nuevo tipo de novela. Lo mismo vale con respecto a los ensayos teóricos contemporáneos[186]. Y mientras que para los primeros textos ello se puede explicar con la poligénesis de la novela vanguardista, para los siguientes sí se ha de contar con el hecho de que los novelistas vanguardistas se leyeron mutuamente[187], dentro de esa amplia red de intercambios y encuentros que desarrollaba la Vanguardia. Recién hacia finales de esa fase de formación y primera diferenciación de la novela vanguardista resultan rastreables referencias hipertextuales a la propia serie. Pero son más bien de tipo grupal que de tipo singular, o sea, se refieren a determinados subtipos y no a textos concretos. Su aparición –en algunos

---

[183] Para la formación y el desarrollo de este género, *cfr*. Meyer-Minnemann/Schlickers (en prensa).

[184] *La Falange*, 23.01.1923

[185] *Claridad* (Lima), no. 1, mayo de 1923, cit. según Espejo Asturrizaga (1965: 246).

[186] Si se acepta la modelización de la narrativa vanguardista española como "actualización" o "concreción" de *La deshumanización del arte* que presenta Albert (1996) –para una crítica, *cfr*. Niemeyer (1998a)–, ello marcaría una diferencia fundamental entre ésta y la narrativa vanguardista hispanoamericana, que desde sus inicios hasta el final rechaza adoptar "modelos" y menos aún el orteguiano.

[187] Testimonios de ello ofrecen las reseñas y los anuncios en las revistas vanguardistas; *cfr*. cap. III, 1.

casos bastante más temprana que en otros[188]– señala el comienzo de la intencionada autocontextualización de la narrativa vanguardista y, con ello, el paso hacia la segunda fase en su desarrollo histórico.

Parece, por consiguiente, que lo único que podría conferir cierta unidad "genérica" al grupo de novelas vanguardistas es la gran cantidad de las alusiones crítico-contestatarias a las normas y convenciones novelísticas vigentes en la época. A menudo, ya en el plano ficcional –por ejemplo en *Débora*–, y siempre en el plano extraficcional del autor y lector implícitos, las novelas insisten en su marcada no-correspondencia a lo que en ellas se llama "la novela realista" o simplemente "novela". Este hecho, cuya importancia aquí no se quiere negar en absoluto, ha motivado a la crítica a establecer la "incompatibility with the dominant novel-form and the struggle for precedence to which this incompatibility gave rise" (Pérez Firmat 1982: 7), la "derivatedness" o "dialectical dependence of previous fiction" (*ibíd.* 120) como rasgos distintivos de la novela vanguardista hispánica como "genre".

Pero en cuanto tal, la dependencia dialéctica de la literatura anterior es algo inherente a todos los géneros, ya que necesariamente todos se refieren de alguna manera al arquitexto dominante del momento[189]. Y ello vale aún más para todas las corrientes y estéticas y todos los estilos de la época que a lo largo de la historia moderna afirmaron su "novedad" en una "querelle des anciens et des modernes"[190]. Además, en el caso de la novela vanguardista –como antes en el de la novela modernista–, ese tipo de arquitextualidad se relaciona inseparablemente con otro no menos importante, pues con la referencia a rasgos de contenido y expresión y a veces hasta a textos concretos de la poesía y los manifiestos de Vanguardia. A la "derivatedness" ya

---

[188] En México esa segunda fase se inició antes que en las otras regiones. Es así como la narrativa de los Contemporáneos expresa, si bien de manera implícita, el distanciamiento frente a la novela vanguardista mexicana anterior, la novela del Estridentismo, como ya se ha podido ver en el cap. I, 2.3.

[189] Baste pensar otra vez en la novela picaresca que se formó en relación, entre otras, con las discusiones coetáneas en torno a la ficción (*cfr.* Ife 1985) y cuyos rasgos constitutivos –la vida del pícaro y la narración autodiegética– se perfilaron en respuesta, muchas veces además paródica, a los de la novela de caballerías, la novela pastoril, sentimental, etc. Otro caso, casi huelga mencionarlo, sería el del *Quijote*, que en su hoy tan celebrada función de texto paradigmático y fundacional para el género novela (moderna) ya aportaría la "derivatedness" como rasgo de ese género en cuanto tal.

[190] Así, la "derivatedness" también sería un rasgo típico de la novela modernista hispanoamericana, cuya modernidad debía resaltar, precisamente, de la conjunción entre su orientación hacia el Modernismo y su distanciamiento de la novelística (hispanoamericana) anterior, más que nada la novela naturalista (*cfr.* Meyer-Minnemann 1991a).

comentada se habría de sumar otra –si sólo de ello se tratara–. Por otra parte, si se especifica la "derivatedness" y se la cifra en la tendencia a parodiar[191], desechar y superar los límites y convenciones genéricos establecidos –como expresión genuina de la "actitud polémica y de radical ruptura con la tradición" de la Vanguardia (Osorio 1981: 241)– tampoco se llega a una definición genérica propia. Pues así se haría de la novela vanguardista un caso del género novelístico de la "anti-novela", dejando de lado los rasgos que no manifestaran esa orientación "anti" y/o reduciendo su función a la ruptura con la tradición. Además, no hay que olvidar la particular autoconcepción de las novelas: en cuanto novelas vanguardistas no pretendían establecer un nuevo (sub)género de novela, que se podría integrar sin más en la serie de los ya existentes dentro del marco de una tradición común. No, ellas pretendían la revolución y la renovación del género en cuanto tal, querían representar *la* novela hispanoamericana moderna.

Más prometedora parece, por consiguiente, la propuesta de Burgos (1995: 111), quien entiende la "prosa" vanguardista hispanoamericana en general –aunque trata sobre todo de novelas–, como "escritura". Concretamente, la define como una fase dentro de la escritura de la modernidad, conectada "dialécticamente a una etapa originadora de la modernidad en Hispanoamérica, el modernismo", y relacionada "como anuncio y antecedente (en el signo de una escritura del cambio) a los desarrollos posteriores de nuestras letras, incluyendo la fundación de su actual discurso literario". Pero no obstante el mayor énfasis en la historicidad y la envergadura del proyecto, el término escritura esclarece poco en cuanto al aspecto sistemático pendiente. Pues si el término debe guardar alguna precisión conceptual –relacionada con la noción de *écriture* elaborada por Barthes (1953, 1970)–, sí se puede afirmar que la novela vanguardista se caracteriza por su conciencia y su voluntad de la *écriture*, de la *signifiance* (abierta), o sea, por su búsqueda del texto *scriptible*, anterior a la estructuración por un sistema singular. Pero entonces ello no sería sino una determinación de su rasgo (supuestamente) decisivo y, a la vez, de su importancia emancipadora. El problema de la categoría histórico-sistemática del objeto/concepto "novela vanguardista (hispanoamericana)" queda en pie.

Términos como "corriente" y "movimiento", en cambio, parecen más pertinentes. Tal como estos conceptos se usan en la crítica, las más de las

---

[191] Piénsese, p. ej., en las parodias de la novela policíaca por Vela (*Un crimen provisional*) y Huidobro/Arp (*Tres inmensas novelas*), en las de la novela sentimental por Villaurrutia (*Dama de corazones*) y Macedonio (*Adriana Buenos Aires*).

veces sin dedicarles mucha reflexión[192], ambos remiten a un conjunto de intencionalidades (re)presentadas por una serie de obras y actitudes con rasgos específicos y ubicadas en un determinado período histórico[193]. Es decir, señalan hacia una estética y un pensamiento en común a la vez que hacia la historicidad de esa estética y visión del mundo, con la diferencia de que el término movimiento se suele reservar a aquellos casos en los que los proyectos y programas estético-literarios e ideológico-culturales se defienden con particular nitidez y vehemencia[194]. En este sentido, la Vanguardia indudablemente se ofrece como el "movimiento" por antonomasia. Y la novela de Vanguardia o vanguardista, como parte integrante de este movimiento, es la apropiación/realización de su proyecto para el género de la novela que, desde ahí, aportaba impulsos importantes para el desarrollo de las Vanguardias en cuanto tales.

En suma, el concepto que se ofrece para esquivar buena parte de los problemas descritos es el de "poética". El término novela vanguardista se entiende como nombre que remite a una poética de la novela –y al grupo de textos que la concretan–, caracterizada a su vez por la proyección de intencionalidades propias de la Vanguardia sobre la noción y la práctica del género novela vigentes en su momento y lugar. Cabe recordar que desde sus formulaciones clásicas el concepto de poética abarca no solamente la "ciencia" explícita en torno a lo que se suele llamar el código literario de una sociedad/cultura dada, sino que conlleva además –todavía u otra vez– la connotación de 'hacer': *poietike techné*. Es decir, la expresión implica la doble orientación hacia la teoría y la práctica literarias, a la vez que un fuerte "deseo" de integridad. En cuanto intento de englobar todos los aspectos y principios relevantes para la creación de una obra con un determinado carácter y efecto literarios[195], también abre la posibilidad para zonas de imprecisión, inconsecuencia y contradictoriedad que evidentemente existen, pero que apenas se dejan modelizar en base a conceptos como género, cuya definición se ciñe necesariamente a los rasgos distintivos con respecto a los géneros vecinos. Y ello, precisamente, permite no sólo enfocar con el vigor

---

[192] Así, siguen siendo válidas las observaciones de Guillén (1971, cit. según Guillén 1989: 200 s.).

[193] Para la definición, *cfr.* Meyer-Minnemann (1987a).

[194] Ésta es también la razón más poderosa por la cual, en el caso de las Vanguardias, el término "movimiento" resulta preferible al de "anti-discurso" propuesto por Wentzlaff-Eggebert (1991a), en varios otros aspectos muy pertinente; *cfr.* Niemeyer (1999b).

[195] Cabe recordar que esta orientación hacia el efecto (literario) ya es crucial en la *Poética* de Aristóteles.

necesario la doble orientación entre negación y creación de los rasgos propios de las novelas vanguardistas, así como de los cambios que respecto de esos rasgos se realizaron a lo largo del período. A la vez posibilita entender lo variado y hasta contradictorio de las marcas concretas de los textos que debían/podían producir un efecto vanguardista en el contexto enfocado, como algo consustancial y característico de esa poética en tanto que proyecto vanguardista.

3.3. Hacia una poética de la novela vanguardista hispanoamericana

El análisis de las cuatro novelas "ejemplares" ha puesto de relieve la vigencia de ciertos principios que, no obstante su concreción siempre individual, posibilitan el general carácter y los parecidos vanguardistas. Estos principios mejor pueden definirse como las "dominantes"[196], que funcionan en el espacio intermedio entre los fenómenos de contenido, expresión e intención de sentido individuales, por un lado, y la meta vanguardista general de los textos, por otro lado. En otras palabras, se trata de los principios y objetivos estético-ideológicos que orientan –¡no determinan!– la comunicación de determinadas intenciones de sentido individuales en y a través de rasgos de contenido y expresión específicos y su proyección sobre el contexto enfocado. Presentan el marco general para la configuración particular de la función comunicativa de los fenómenos y estructuras textuales concretos en atención a los códigos y discursos histórico-literarios y culturales vigentes en el ámbito hacia el cual se dirige el texto. Y es gracias a estas funciones que, en un metaplano, las dominantes se ofrecen como los rasgos decisivos de la poética de la novela vanguardista.

Antes de intentar sistematizar esas dominantes de la poética de la novela vanguardista hispanoamericana, tal como ella se formó en la interacción entre Vanguardia y novela durante los años 20, hay que recordar todavía –¡brevemente!– dos cosas. Primero, la reconstrucción de la poética se basa en los textos mismos, leídos en atención al contexto contemporáneo y, a la

---

[196] Cabe recordar la definición del término elaborada por Jakobson en 1935 (Jakobson 1979) como aquel componente de la obra artística que sirve de punto de orientación para los demás componentes y que así garantiza la integridad de la estructura de la obra. El arte de la vanguardia histórica, que desde distintas perspectivas y por varios caminos cuestiona la exigencia secular de la "integridad" de la obra de arte, demuestra, asimismo, un nuevo empleo de este principio de organización jerárquica; *cfr.* más abajo.

vez, una determinada modelización de la Vanguardia hispanoamericana. Las propuestas teóricas de la Vanguardia hispanoamericana para una conceptualización de "su" narrativa/novela, en cambio, no se toman en consideración como parte del corpus, y ello por razones teóricas lo mismo que históricas. Está claro que debido a la diferencia categórica entre autor implícito y autor real, esas reflexiones externas sobre la nueva poética no tienen otro estatus de adecuación con respecto a la reconstrucción de las intenciones poetológicas implícitas que un estudio crítico actual (*cfr.* Grimm 1977: 49-54, Selbmann 1994). Además, y ahora viene el argumento histórico, los ensayos sobre la novela de Torres Bodet y Macedonio Fernández, las reseñas de novelas vanguardistas de la pluma de Mariátegui y otros integrantes del movimiento, así como las declaraciones (paratextuales) de los autores son explicaciones y teorizaciones *post hoc* que se emprendieron en un momento cuando la novela vanguardista ya existía y que, por tanto, sólo podían tener parte en su desarrollo posterior, concretamente en lo que se ha llamado la autocontextualización de la novela vanguardista. Es decir, forman parte del contexto frente al cual la novela vanguardista formuló sus propuestas/respuestas y como tales se las habrá de tener en cuenta en su lugar (*cfr.* cap. II, 1). Algo semejante vale, como ya se ha visto, para *La deshumanización del arte*, con la diferencia de que las discusiones (ficcionales) en torno a esta modelización empezaron –y terminaron– antes.

Segundo, hay que tener muy presente que la novela vanguardista, en su intento de una renovación de la novela, no reniega de todo lo que desde un punto sistemático puede considerarse característico del género en oposición a los otros dos "grandes" géneros, la lírica y el teatro. Al contrario, hasta puede decirse que en y a través de sus rupturas e innovaciones llama la atención precisamente sobre aquellos factores que resultan imprescindibles para que un texto pueda referirse, aún como contraejemplo, a este género. Mejor dicho, ahonda en la diferencia entre convenciones genéricas de mediana y corta duración, por un lado, y los rasgos genéricos básicos de larga duración, por otro lado. Y no sólo ello. También reconoce, en un movimiento dialéctico que tiene que ver con la dinámica propia de la autonomización del campo literario y la historia del género dentro de la modernidad (hispanoamericana), ciertos desarrollos de la novela como horizonte detrás del cual ya no es dable retroceder. Otra vez vale la observación, sólo aparentemente paradójica, de que el rechazo violento puede resultar una afirmación –*ex negativo*– más fuerte que cualquier acatamiento templado. Es así como la novela vanguardista busca cuestionar y modificar las funciones tradicionales de narrador, narratario, discurso e historia. Pero al hacerlo sigue definiendo la novela por la ficción de un mundo presentado por una instancia narradora igualmente ficcional a una instancia receptora ficcional. Intenta liberar la novela de las funciones miméticas (realistas) y extraliterarias (burguesas modernas) establecidas en función de una conciencia crítica del papel del lenguaje y de los discursos literarios y culturales en la percepción y construcción del mundo o de la opacidad y 'otredad' de éste. Y con ello sigue afirmando no sólo la necesidad de alguna referenciabilidad de la obra novelística a la realidad extraliteraria, sino también la posibilidad de la ficción mimética de expresar una 'verdad' imposible de captarse en y por otros géneros y discursos. Actualiza de este modo la clásica distinción aristotélica entre discurso historiográfico y discurso mimético[197] a la luz de la epistemología moderna, una distinción que se extiende a la tarea del ámbito estético moderno de dar cabida a las preguntas por la unidad, la integridad y el sentido. Claro está que ello no significa necesariamente (ya) la referenciabilidad (realista) del mundo narrado, más bien se refiere a la proyectabilidad del texto y su construcción lingüístico-literaria sobre el contexto real. A este respecto la novela vanguardista radicaliza, pues, la interrelación entre la orientación hacia el contexto hispanoamericano y la función de apropiación literaria del tiempo que le toca vivir que ya habían iniciado el Naturalismo y el Modernismo. Al continuar esta línea, también hace suya, si bien en versión modernizada, la idea del progreso y la insistencia en el campo literario como esfera institucional autónoma y en la novela moderna como discurso literario propio. Sobre este trasfondo de continuidades con la tradición, la poética de la novela vanguardista se distingue, primero, por la interrelación de las dominantes siguientes.

- Cambio de la relación ficción: realidad extraficcional

La novela vanguardista busca liberar la ficción de su obligación mimética convencional para con "la realidad", o sea, con los sistemas discursivos y modelos de mundo hegemónicos. A la vez que reivindica un mayor poder de la obra de ficción respecto de la comprensión y el sentimiento de la realidad extraliteraria fáctica. Así, la configuración de los mundos narrados se sustrae a los criterios establecidos de verosimilitud, transparencia y referenciabilidad y apunta hacia modos marcadamente disidentes y modernos de cómo percibir, entender y (re)presentar "la realidad" (hispanoamericana). La comunicación de esa intención va por caminos distintos. Por un lado, se pre-

---

[197] Sobre este problema, que valdría otro libro, *cfr.* Gebauer/Wulf (1992) y Ricœur (1983-1985).

sentan mundos ficcionales que, precisamente en su incompatibilidad o "alteridad" crítica frente a las (re)presentaciones de realidad en la novelística y los discursos culturales vigentes, se proyectan sobre el contexto contemporáneo nacional, como expresión "auténtica" de su vivencia histórica actual/secular. Es éste el caso de los mundos contradictorios y fragmentarios, opacos y enajenado(re)s que como irremediablemente "modernos" se ofrecen en novelas de Vela y Arlt, de Diego Padró y Labrador Ruiz. Mas también vale para los mundos tan subjetivos y evanescentes, emanaciones del yo y su búsqueda (al final siempre frustrada) de una experiencia/memoria auténtica y una autoconciencia segura, que destacan en las novelas de los Contemporáneos, de Rosamel del Valle y Xavier Abril, para no hablar de casos intermedios como *La casa de cartón*. Y también van por este camino los mundos "heterogéneos", con fuerte presencia de lo arcaico-primitivo, mas por ello no menos indescifrables, discontinuos y conflictivos, que se sugieren en los textos de Vallejo y Neruda, Churata y Carpentier. Y por otro lado están los textos –desde *Débora* hasta novelas de Huidobro, Emar y Macedonio Fernández– que indagan explícitamente, por medio de la metaficción o estrategias afines como la parodia, en los procesos y condiciones de su construcción/imaginación como obras de ficción, en sus marcas de literariedad y su dependencia intertextual, rompiendo toda posibilidad de ilusión de realidad que en la otra vertiente a su modo sí existe. No obstante, ambas modalidades no se excluyen. A veces confluyen en un mismo texto (*cfr.* 1.4.). Y en todo caso concuerdan en su cuestionamiento, implícito o explícito, de la convencionalidad e inadecuación de las nociones "racionales" que rigen la estructura de los mundos supuestamente verosímiles, como los de tiempo, espacio, identidad, causalidad, coherencia, etc. Aún más: señalan ambos hacia el doble poder de la ficción de "crear" su propia realidad –aunque sea *ex negativo*, como en las novelas metaficcionales– y de dar precisamente así un acceso primario a la realidad fáctica. Éste consiste ya en hacer participar al lector en el proceso de la construcción ficcional y revelarle la analogía "real" entre ese proceso constructivo y la apropiación de la realidad (supuestamente) fáctica y, por consiguiente, la falacia de la ilusión realista; ya en obligarle, por la proyección de mundos tan disidentes en/sobre un contexto fáctico específico, a replantearse sus modos de concebir éste y, a la vez, de leer la ficción. El reconocimiento de la alteridad de éste implica distanciamiento hacia ambos polos. En este plano, la negación o problematización del concepto y la práctica convencionales de la mimesis se perfila como su redefinición: mimesis se vuelve *poiesis* y precisamente en cuanto experiencia estético-ficcional autónoma adquiere poder crítico e innovador respecto de la realidad cultural.

- El *discursive turn*[198]

La novela vanguardista revela, renueva y problematiza el discurso narrativo para hacer resaltar sus complejas funciones en la construcción del mundo ficcional y de la obra "literaria", así como en la constitución de las instancias supuestamente originarias del discurso y su apropiación de la realidad. De ahí que se introduzcan técnicas narrativas innovadoras, elaboradas para subjetivizar la narración, cuestionar los límites convencionales entre los planos comunicativos, romper la ilusión realista y superar el orden narrativo sintagmático-cronológico. Y de ahí, sobre todo, que se intente presentar la narración como estrategia discursiva y de estructuración textual que recién establece "el orden", la continuidad y la coherencia lógica y temporal que en la novelística establecida se supone dada en el plano de la realidad empírica. Por consiguiente, se recurre a procedimientos expresivos considerados típicos de otros géneros y artes –más que nada de la poesía y el cine modernos– para cambiar el orden sintagmático por la interrelación paradigmática y lograr, gracias a la función poética manifiesta en el empleo frecuente de metáforas, equivalencias fónicas, etc. y la superposición de imágenes, una opacidad y autorreferencialidad que impide la fácil lectura referencial. El discurso ficcional se destaca como susceptible de tomar cualquier forma, a la vez que resulta capaz de incorporar cualquier tipo de fragmentos discursivos "reales", como sucede desde *El café de nadie* hasta las novelas de Juan Emar. Así, no hay marcas discursivas unívocas de ficcionalidad, lo que implica que a este nivel tampoco existen marcas que garanticen la verdad de los discursos no-ficcionales. Con todo, la estructura del texto se vuelve irremediablemente heterogénea.

Por caminos parecidos, como el juego entre aplicación y ruptura del código lingüístico y literario, la exploración autorreferencial y la copresencia desjerarquizadora de diversos escrituras e imaginarios –como la literatura "alta" junto a la cultura de masas– se busca revelar la convencionalidad de las marcas de literariedad, "buen estilo" y "alta literatura/cultura".

Pero el *discursive turn* no se refiere sólo a todo ello. Aparte de la problematización del discurso narrativo y literario como códigos convencionales,

---

[198] La alusión al llamado *linguistic turn* que por la misma época se realiza en la filosofía es, desde luego, intencionada, y ello no sólo por el gusto del "juego de lenguaje", sino por indicar la confluencia entre este cambio de perspectiva/intención de sentido de la vanguardia y las nuevas direcciones epistemológicas de la filosofía de la época. A modo de introducción en este tema, *cfr.* Schnädelbach (1985).

la novela vanguardista se propone comunicar la conciencia crítica de la presencia y del poder de los sistemas discursivos –discurso en el sentido foucaultiano–, y en cierto sentido también ya de la estructuralidad de los signos lingüísticos. De ahí que indague en la condición del discurso como instancia mediadora ineludible a la vez que marcada por la intervención de los códigos que no logran dar/fijar el sentido individual auténtico: en todos los planos comunicativos de la obra, el discurso individual, en su doble faz de acto de lenguaje y de práctica discursiva entrecruzada por otros discursos, resulta un proceso de significación plural y un lugar precario para la (auto)construcción del sujeto, su búsqueda de sentido y su apropiación del mundo.

- Cuestionamiento del principio del sujeto

Asumiendo la llamada crisis del sujeto propia de la modernidad, la novela vanguardista se propone la indagación en el sujeto en base a una sospecha creciente de la inoperabilidad del "principio del sujeto"[199]. Casi huelga recordar que el establecimiento de este principio, a partir de Descartes, marca el umbral de la Época Moderna (*Neuzeit*), caracterizada por el cambio del paradigma ontológico al paradigma mentalista[200]. En el pensamiento romántico –el comienzo de la modernidad (universal) propiamente dicha–, este sujeto, que la Ilustración y el Idealismo habían determinado como "sujeto trascendental", se había vuelto sujeto "empírico", o sea, individuo[201]. Pero, el individuo no sirve como principio (Frank 1986). Su contingencia –debido a la temporalidad, la preexistencia de la lengua, la pluralidad hacia dentro y la inoperabilidad del cuerpo y los estados de alma como *fundamentum inconcussum*– relativiza su posición. El individuo es débil. Como respuesta a esta experiencia, se formó en el ámbito estético la concepción del artista (individuo) como genio (encarnación de lo general) y, en el otro polo, la idea de la naturaleza, de la colectividad u otro tipo de orden superior como representante simbólico de lo individual. Frente a estos intentos (vanos) de compensar la debilidad del individuo sin echar a perder sus

---

[199] Sobre esta crisis del sujeto en tanto que individuo véase el interesante estudio de Thies (1997).

[200] Para una síntesis esclarecedora de este "cambio de paradigma" filosófico, modelizado por Tugendhat (1975) y posteriormente seguido, entre otros, por Habermas (1988), *cfr.* Schnädelbach (1985) y Frank (1991).

[201] Sigo aquí y en lo siguiente, *grosso modo*, a Klinger, quien estudia su importancia fundamental en el desarrollo de la modernidad (1995: 126-189).

reivindicaciones de autonomía y autorrealización, que seguían impregnando los modelos de mundo del Regionalismo (realista), la Vanguardia (hispanoamericana) –y en particular la novela vanguardista– hace suya la tercera opción: afirma al individuo bajo la condición de su completa falta de fundamento sólido. Ello responde, indudablemente, a la experiencia histórica vivida de la problemática particular del individuo en el contexto de la modernización a la vez vertiginosa y dependiente. Pero también concuerda, como ya se ha visto, con el espíritu de las tendencias filosóficas más o menos contemporáneas que, desde muy diversos ángulos, se plantearon la redefinición de la relación sujeto-objeto, desde el empirocriticismo, la filosofía vital, la fenomenología y la "ontología fundamental" de *Sein und Zeit* hasta, pues, el *linguistic turn*. Por cierto, la novela vanguardista no sigue ninguna *doxa*, ni en éste, ni en otros aspectos; además, con excepción de la filosofía orteguiana y las noticias y ediciones de la *Revista de Occidente* –dedicadas ante todo a la filosofía alemana de Husserl a Heidegger–, la mayor parte de los textos correspondientes se leyeron en Hispanoamérica con bastante atraso y/o sólo en los círculos especializados. La preocupación crítica por el sujeto estaba a todas luces "en el aire".

Sobre este trasfondo se explica y adquiere su dimensión histórica la insistente problematización del yo, de su pérdida de identidad, su necesidad de (auto)afirmación, su relación precaria con "la realidad" y su función difícil como principio de sentido que se realiza en la novela vanguardista. Y hacia este horizonte de un cuestionamiento radical del principio del sujeto (empírico) apunta el hecho de que se la emprende en todos los planos comunicativos de la obra, o sea, no sólo en cuanto a los protagonistas, sino también, y aún más, respecto de las instancias de la narración y del autor y lector. A todos ellos se enfocan en cuanto a su condición precaria de *origo* de la producción/recepción de sentido y su autonomía difícil frente a los discursos culturales (vigentes). La puesta en escena del yo empírico como factor clave para la presencia de la realidad –ésta cobra importancia y hasta existencia en la medida en la que es percibida, experimentada, recordada, etc. por el individuo– tampoco deja de desembocar en frustraciones. Su relación con la realidad, aún cuando parece mera emanación del yo, resulta insatisfactoria, ya que no garantiza ni la identidad ni la estabilidad. De ahí la fuerte tendencia hacia técnicas narrativas como el juego de confluencia y disociación entre yo narrado y yo narrador, así como, en general, el cuestionamiento de la autoridad de la voz extradiegética: establecen la perspectiva subjetiva como única manera de presentar/narrar un "mundo" a la vez que revelan la "inseguridad" (epistémica y ontológica) y la "inautenticidad" de esta perspectiva. En el plano del autor y lector implícitos, ello tiene su correlato en la ambigüedad intencional del texto que se refiere, asimismo, a la posición del autor frente a su creación y frente al contexto histórico y literario. Tampoco allí el individuo sirve como principio ni como garante de un sentido único y original.

- Orientación american(ist)a

La novela vanguardista se orienta decididamente hacia el contexto nacional/hispanoamericano en función de proporcionar nuevos conceptos y modos de entender y experimentar la *conditio* (moderna) hispanoamericana. Ellos se apoyan en planteamientos literario-lingüísticos, epistémicos y culturales específicamente "modernos" y por ende resultan/debían resultar contestatarios a los discursos totalizadores y "representativos" hegemónicos de y sobre la literatura, el lenguaje, el carácter, la situación actual y el posible derrotero del continente. Hacia tal intención apunta ya la presencia de datos referenciables en la realidad hispanoamericana fáctica hasta en mundos narrados marcadamente ficcionales autónomos: los mundos narrados –o esbozados a través de un discurso metaficcional– remiten siempre a un espacio reconocible como una determinada región –urbana o rural– del continente. Muchas veces, por cierto, la lectura de estos datos resulta irremediablemente ambigua en cuanto a su posible función referencial, pues también pueden señalar otro modo de 'desrealizar' la realidad y extender el dominio de la ficción. No obstante, su presencia implica la construcción de un *external field of reference* en el acto de la recepción que, como referencia hispanoamericana a la vez construida y deconstruida, indudablemente está intencionada. La puesta en escena de elementos y estructuras propios de América Latina, como la heterogeneidad cultural –también respecto de los centros urbanos más desarrollados como Buenos Aires, piénsese en las novelas de Arlt–, y la experiencia viva de lo "primitivo", cifrado a su vez en la presencia de lo indígena, afroamericano o mestizo, de imaginarios arcaico-míticos y/o el impacto de una naturaleza originaria y abrumadora, pero también la tematización de los desfases de la modernización y de los lastres de la historia colonial, señalan bastante claramente esta preocupación "americanista". Mas *ex negativo* –figura tan grata a la Vanguardia– trasluce también en las novelas que en el plano del contenido parecen rehusar cualquier "especificidad" hispanoamericana y que proyectan tal visión sobre un referente concreto, como sucede de manera prototípica en *La señorita etc*. En el plano del autor y lector implícitos, manifiesta esta intención la enorme cantidad de referencias críticas a los códigos y modelos novelísticos y epistémico-culturales vigentes en el contexto de producción y recepción nacionales/hispanoamericanos. En este hecho concuerdan la llamada "Americanist vein" y la vertiente supuestamente "cosmopolita" de la novela vanguardista. El rechazo de la ficción mimética convencional se complementa así por la intención de la proyectabilidad y del efecto estético-crítico de la obra (ficcional) dentro del contexto nacional/hispanoamericano.

- Apropiación y re-modelización de la modernidad

La novela vanguardista se entiende como la apropiación, expresión y reivindicación de la modernidad estética (hispanoamericana) más avanzada en función de asumir/participar en el proceso histórico que la hace posible. En y por ello busca ahondar en las posibilidades crítico-constructivas de la modernidad estética para con la modernidad técnico-social (dependiente) y llegar así a una concepción y expresión propias y específicas de lo moderno en Hispanoamérica dentro del marco de la modernidad universal redefinida por el aporte hispanoamericano. Es por ello que realiza un movimiento continuo de ida y vuelta (dialéctica) entre: 1. la negación de códigos literario-novelísticos, discursos culturales y visiones del mundo vigentes en el propio contexto; 2. la creación, transculturación y/o discusión crítica de epistemas y procedimientos estéticos/narrativos considerados propios de la modernidad universal; así como 3. la tematización/elaboración de impulsos, estructuras y fenómenos ya sustancialmente contemporáneos (según los criterios de la modernidad occidental), ya específicamente 'vernaculares', o sea, no-occidentales y en su mayor parte reprimidos/excluidos por la cultura hegemónica. De ahí su gran atención, por un lado, a las experiencias de la pluralidad y la multiplicidad de la identidad social, presentadas como las experiencias básicas de la modernidad. Éstas se manifiestan en los impactos existenciales y culturales y también en los desfases y contradicciones internos de la modernización socioeconómica, técnica y urbanística en Hispanoamérica. Y, por otro lado, se explica, en este contexto, el interés por las vivencias de "alteridad", de heterogeneidad conflictiva, discontinuidad y simultaneidad de lo no-coetáneo consustanciales a las colisiones culturales de la historia del continente. Finalmente, apunta en esta misma dirección el hecho de que la estructura particular tanto de los mundos narrados explícitamente contemporáneos, como de los universos ficcionales marcados por la ausencia de la modernidad occidental o el choque entre sus atisbos y una "cultura interna", aparezca tan inextricablemente vinculada a su presentación por un discurso narrativo reconociblemente "vanguardista" y los nuevos planteamientos estéticos y epistémicos que respectivamente le sirven de base. Ello vale también para los textos en los que los mundos narrados, para llamarlos así, apenas parecen tener que ver con la modernidad, ya que se revelan abiertamente como ficticios. En todos estos casos, la configuración de la narración se ofrece como equivalente homólogo al carácter de las experiencias narradas –y lo mismo cuando se trata de la experiencia del proceso de construcción de la ficción–, a la vez que como experiencia (estética) autónoma de una modernidad que, por consiguiente, debe resultar ser cuestión de perspectiva y no de asunto. Esto no impide la confluencia de ambos, al contrario. Pero es el cómo de la apropiación el que también aquí condiciona/posibilita el qué –¡otra vez el *discursive turn*, o sea, el cambio de perspectiva típico de la Vanguardia!–, y es el cómo el factor decisivo para la modernidad intrínseca del texto. La "disidencia" fundamental de los mundos así narrados/evocados frente a las concepciones e imágenes vigentes de la modernidad o no-modernidad hispanoamericana remite, de este modo, no sólo hacia la intención cultural crítica de la novela vanguardista con respecto al ámbito nacional/intercontinental. Al mismo tiempo señala la necesidad de remodelar los conceptos y criterios europeos de la modernidad técnico-social y la estética. El "descubrimiento" de la última en vivencias aún mucho más heterogéneas que las europeas, pero decididamente no-modernas según los criterios de la modernidad burguesa occidental, corroe la jerarquía centro-periferia apoyada precisamente en la supuesta homología procesal de las dos modernidades.

- Autonomía novelística como estética de la resistencia: nuevas funciones del género novela

Con su particular concepción y realización como obra de ficción artística autónoma y específicamente 'moderna', la novela vanguardista intenta "hacer justicia a lo heterogéneo", para recordar una expresión feliz de la *Teoría estética* de Adorno (1970: 285), acuñada para caracterizar el arte moderno como arte de lo sublime y retomada en ese sentido en la estética de "le différend" de Lyotard (1983)[202]. Así, la novela vanguardista emprende la subversión del nexo establecido en la modernización entre la autonomía del arte y la afirmación del poder socio-cultural[203]. Es decir, trata de contestar el

---

[202] Sobre estas coincidencias, así como las diferencias entre ambas teorías, *cfr.* Welsch (1990).
[203] Dejo de lado aquí la cuestión de la medida en la cual es posible identificar esta experiencia estética de lo heterogéneo/sublime con el vislumbre de una "reconciliación" del sujeto con la naturaleza, como ha propuesto Adorno (1970); *cfr.* también nota 34.

dominio de la racionalidad burguesa moderna sobre el ámbito de lo estético, negándose a las exigencias concomitantes de la reconciliación de lo divergente e inconmensurable por medio de lo bello, de la obra 'perfecta'. De ahí su correlación siempre difícil entre las dominantes. La redefinición de la mimesis en base al cuestionamiento del realismo convencional y su ilusión, precisamente, de un 'orden', de una armonía supuestamente natural, tiene su correlato necesario en la elaboración de un discurso, una estructura y un yo de la obra fragmentarias y discontinuas; la insistencia en la autonomía de la creación y la recepción estéticas se vuelve la base para la proyectabilidad de todas estas experiencias estéticas disidentes como expresión de la modernidad/*conditio* (moderna) hispanoamericanas. La deconstrucción de la función intratextual unificadora de las marcas esenciales del género en su concepción decimonónica –como la preponderancia del plano de la diégesis, la transparencia y la orientación hermenéutica objetivadora del discurso, la relación semiótica bastante unívoca entre los distintos planos y la referenciabilidad mimética del mundo narrado– apunta en esta misma dirección de la heterogeneidad como principio de la obra. Y con todo ello, para recordar otra vez a Adorno, es la novela vanguardista en cuanto obra la que empieza a oponerse al mismo carácter de poder inherente al arte: no por la simple negación del poder, la mera liberación de lo múltiple, sino por la puesta en escena de la tensión entre la reivindicación de unidad estética (convencional) y la dinámica propia de los distintos elementos y procedimientos, en último término del discurso y sus posibilidades y limitaciones de sentido.

La intención de una renovación sustancial del género no podía manifestarse, en fin, de manera más cabal y vanguardista. No hay que olvidar que en Hispanoamérica en los años 20 y 30 la novela estaba particularmente expuesta –por diversos motivos debidos tanto a la situación del género como al auge del Regionalismo y del realismo (*cfr.* cap. I, 1.4)–, a cumplir con las funciones compensatorias del arte. Éstas consistían, cabe recordarlo, en proporcionar experiencias estéticas de armonía –¡lo bello!–, unidad y consenso imposibles de hacer en los otros ámbitos sociales, pero imprescindibles para asegurar la integración afirmativa del individuo en el proceso de la modernidad (dependiente). En particular, se trataba de crear un *foundational myth*, de re-presentar la (auto)visión y las reivindicaciones de los grupos sociales y discursos hegemónicos y, en fórmula irónica inmejorable, de ofrecer una "oasis de paz para las almas". Tales funciones extraliterarias, basadas sobre la exclusión de la voz del otro, desde luego no se siguieron del todo acríticamente, pero sí configuraron el horizonte generalmente aceptado. Y es sobre y frente a este trasfondo que la novela vanguardista se presenta como experiencia estético-comunicativa a la vez autónoma y "trascendente": la novela se vuelve un texto de estructura y sentido pluridimensionales y abiertos que así se proyecta, en el plano de la (auto)lectura, como experiencia estética *performativa*[204] de pluralidad, heterogeneidad y alteridad y, por consiguiente, de resistencia y efecto críticos frente a los discursos socio-culturales hegemónicos.

Una última aclaración necesaria en este contexto: sobre el trasfondo de las teorías estéticas de lo moderno/sublime de Adorno y Lyotard –cuyos asomos esporádicos en los análisis de las "novelas ejemplares" no habrán escapado al lector– resulta posible entender esta intención de alteridad de la novela vanguardista como consecuencia de su carácter nada 'reconciliador' en cuanto a las diferenciaciones y los 'desgarramientos' de la modernidad, entre ellos, precisamente, la separación institucional de arte y 'vida'. Es decir, la orientación *performativa* de la obra estética, que justamente en tanto que obra decididamente autónoma y enfáticamente moderna significa la crítica o "trascendencia" crítico-cultural de la modernidad, es sólo aparentemente contradictoria. Aún más, se revela como dimensión específica de la estética vanguardista (hispanoamericana), como dimensión donde la remodelización de la modernidad adquiere su cariz americanista a través de la nueva función doble de lo heterogéneo. Entendida como categoría cultural específicamente latinoamericana y, a la vez, como principio estético moderno, la heterogeneidad permite repensar la correlación entre lo uno y lo otro más allá de las asimetrías supuesta o realmente vigentes. En la novela de Vanguardia se perfila esa orientación por lo general con más vigor que en otros tipos de texto vanguardistas. Y ello se debe, ante todo, al hecho de que en la época, el 'rescate' de la autonomía y la elaboración de una(s) escritura(s) de lo heterogéneo conllevaba más potencial contestatario en el caso de la ficción/novela que, por ejemplo, en él de la poesía.

Desde una perspectiva atenta a la noción de la heterogeneidad elaborada por Cornejo Polar[205], la recurrencia a la teoría estética de Adorno –marcada

---

[204] En el sentido del término elaborado por Austin (1962) en su teoría de los "speech acts".

[205] Está claro que la referencia a la idea de la heterogeneidad conflictiva como rasgo específico de la(s) cultura(s) latinoamericana(s) en la línea de Cornejo Polar (1994a, 1994b, 1998) no debe proporcionar más o menos tácitamente un fundamento 'ontológico' al proyecto de la novela vanguardista –o una razón de ser 'natural'–, sino que, al igual que la recurrencia a la teoría estética de Adorno, sirve para entender mejor los modos de pensar la *conditio* moderna hispanoamericana que caracteriza las novelas vanguardistas en cuanto representantes altamente (auto)conscientes de un movimiento de crítica cultural.

profundamente, no hay que olvidarlo, por la experiencia activa de la música vanguardista/dodecafónica–, se ofrece para aclarar la intencionalidad histórica de los textos, ya que permite ceñirse al plano del objeto y su auto-visión. No significa, por ende, que "bajo mano" se vuelva aquí a una (meta)conceptualización de la Vanguardia como *anti-monde* frente a la modernidad, moderna en su forma y anti-moderna en su función, como durante años se han malentendido las reflexiones de Adorno, pasando por alto su problematización de la idea de la reconciliación[206]. Al contrario y como espero habrá quedado patente, es también a este respecto que la novela vanguardista hispanoamericana se entiende como parte integrante, además intencionalmente promotora, del proceso de la modernidad, cuyo horizonte sabe intranscendible en ambas direcciones.

Ahora bien, para la (re)construcción de la poética resultan igualmente decisivos fenómenos que en un metanivel son característicos de la interrelación y del qué y cómo de las dominantes. En primer lugar, cabe insistir en el hecho de que se trata de un conjunto de dominantes: en el texto individual su interrelación puede variar, pero el conjunto en cuanto tal no está a disposición. En otras palabras, un texto se (auto)caracteriza como novela vanguardista por concretar un conjunto de determinadas dominantes, y ello de modo lo suficientemente "visible" como para que se manifieste así la meta vanguardista general. Esto tiene su razón en que en cuanto a su función, tanto como en cuanto a su realización textual, las dominantes se condicionan, implican y diferencian mutuamente, a veces como las distintas caras del mismo poliedro, otras como pasos sucesivos de un mismo movimiento. En algunos casos, el vínculo resulta particularmente estrecho, así entre la renovación de la relación ficción-realidad, el *discursive turn* y la apropiación y reivindicación de modernidad. Pero también entre las dos últimas y la indagación en el rol del sujeto es rastreable tal relación íntima. Y desde luego se da entre la apropiación y reivindicación de modernidad y la orientación american(ist)a. En cambio, la revaloración de la novela como experiencia estética autónoma y a la vez *performativo*-crítica o contestataria subyace e impregna a todas ellas. Es decir, la novela vanguardista no se deja reducir a una dominante única ni a una jerarquía unívoca de dominantes: relativiza la supuesta integridad jerárquica del texto y de su sentido.

---

[206] Ésta ha sido la lectura errónea de Habermas (1978), en cierto sentido seguida también por Klinger (1995); para un análisis agudo de la problematización de la reconciliación como figura de pensamiento en la teoría estética de Adorno, *cfr.* otra vez Welsch (1990).

Claro está que dentro de la práctica semiótica de tradición occidental cualquier texto literario es susceptible de concreciones de sentido divergentes, debido a la estructura de la lengua misma, o sea, a la arbitrariedad y estructuralidad del signo (lingüístico)[207]. No obstante, frente a la novelística realista regionalista y/o social entonces vigente, que desde sus mismas premisas lingüístico-estéticas y epistemológicas no podía ver/admitir una concepción estructuralista del signo y que de todos modos procuraba delimitar y controlar la posibilidad de interpretaciones, la novela vanguardista integra la (nueva) conciencia de la polisemia y/o ambigüedad consustancial de los signos lingüísticos entre sus principios de la estructuración de la obra y su construcción de sentido.

En todo ello se perfila, asimismo, otra marca específicamente vanguardista común a las dominantes y su realización en y por los textos: su alto grado de autoconciencia semiótica-poetológica. Como ya se desprende de la modelización de cada una de las dominantes arriba esbozadas, en cuanto principios de construcción –y deconstrucción– de sentido, ellas implican siempre y de manera muy marcada la puesta en relación semiótico-interpretativa de todos los planos textuales y niveles comunicativos. Es decir, nunca se refieren sólo al qué y cómo de fenómenos aislados de contenido o de expresión, del mundo ficcional o de su narración, de la auto-ubicación frente al contexto literario-cultural o de la relación entre autor y lector implícitos, sino que remiten al mismo tiempo a la interrelación y la síntesis de los elementos y estructuras manifiestos en los distintos planos. Los textos estudiados demuestran, así, un empleo especialmente diferenciado y marcado de las posibilidades de articulación y desarticulación entre los planos de comunicación. Y este empleo rompe por lo general con los hábitos de lectura y los esquemas interpretativos convencionales, sea porque ahonda en la posibilidad de la equivalencia o correspondencia paradigmática entre *todos* los distintos planos, sea porque, al contrario, cierra el paso a la conclusión racionalista unívoca de lo particular y concreto hacia lo general y abstracto, y viceversa. La llamativa vinculación estrecha que se da, por ejemplo, en *La señorita etc.*, entre la experiencia narrada de la modernidad, la expresión/narración "moderna" de esta experiencia y la experiencia de modernidad estética que proporciona el texto, representa el primer caso de la puesta en escena sumamente consciente de los mecanismos de correlación. En cambio, *Débora* ejemplifica el segundo modo del empleo de los

---

[207] Una exposición sumamente esclarecedora y a la vez crítica en cuanto a la hipóstasis postestructuralista de este hecho ofrece Frank (1990: 121-195).

esquemas de significación al desarticular cualquier nexo no-contradictorio entre historia narrada, discurso extradiegético y posible posición de la obra respecto de la relación ficción-realidad y su práctica en la época. Casi sobra mencionar que ambas tendencias no se excluyen, sino que pueden darse, en torno a dominantes distintas, en un mismo texto.

Un tercer "meta-rasgo" de la poética de la novela vanguardista hispanoamericana es indudablemente su vinculación con el concepto de "ruptura". Tal como se acaba de sintetizar este conjunto de dominantes, la "ruptura" trasluce –y a menudo explícitamente– como elemento consustancial a todas ellas. Con ello se intenta corresponder al hecho de que, por una parte, la "ruptura" o posición crítico-contestataria no resulta posible determinar como dominante separada, ya que caracteriza a y resulta de cada una de las dominantes tanto como al conjunto. Es decir, desde la renovación de la relación entre ficción y realidad extraficcional hasta la redefinición de la función de la novela como experiencia estética autónoma y a la vez *performativo*-crítica, todas las dominantes significan más o menos obviamente una "ruptura" con el código novelístico y el sistema literario y cultural vigentes, verbigracia con aspectos fundamentales de ellos. Y por otra parte, en los textos no se dan fenómenos textuales cuya función se limitaría a marcar una posición contestataria. Algo semejante vale, por lo demás, para la apropiación y reivindicación de modernidad desde y para Latinoamérica. Mas a diferencia de la "ruptura", ella configura también una dominante propia, pues no sólo representa un principio formal –en el sentido filosófico– sino también un principio de contenido, que como tal se apoya en un concepto de (la) modernidad como determinada época, y no meramente en la oposición moderno vs. antiguo y nuevo vs. viejo.

Ahora bien, todo ello no significa que no haya elementos y estructuras de contenido y expresión cuyo rasgo más evidente consista en la "no-correspondencia" con las normas del código novelístico-literario, sino al contrario. Pero los textos ofrecen también otros rasgos que o no o sólo muy parcialmente resultan compatibles con el concepto de negación, ya que escapan al mecanismo de la re-valoración de los elementos de un sistema dado –elementos designados como positivos se vuelven negativos y viceversa–. Y es así como los textos buscan asegurar la tensión entre sistematicidad y heterogeneidad necesaria con respecto a su intención de una estética de la resistencia.

Trasluce en ello, además, otro aspecto característico de la realización de la "ruptura" en las novelas vanguardistas. Resulta que en ellas el realismo en sus distintas versiones entonces vigentes no sólo aparece como el objeto inmediato de la ruptura, sino como código de lectura y/o horizonte de expectativas doblemente inscrito en el proceso de significación de los textos mismos. Pues para poder intencionar el efecto iconoclasta-crítico, las novelas vanguardistas necesariamente han de suponer la vigencia del realismo y los conceptos de realidad, lenguaje y literatura subyacentes. Por cierto, las novelas analizadas hasta ahora demuestran un empleo muy variado de las referencias intertextuales al código novelístico vigente: desde la referencia implícita a través de algunas analogías estructurales y/o temáticas, sobre la mención *en passant* de "la novela" y toda una serie de distintos géneros y obras hasta la crítica directa de "la novela realista". Pero es una variedad gradual que, como también se verá en los capítulos siguientes, no afecta al hecho esencial de que las novelas cuentan con ser leídas en atención a este código: de otro modo no se podrían reconocer muchas de sus diferencias, y fallarían muchos de sus ataques.

Y por otro lado, desde el punto de vista de la intención de sentido global y nada unívoca de los textos, el código novelístico-literario vigente debía aparecer como horizonte superado en el momento en el cual la novela se percibe y entiende como experiencia estética propia. Es decir, la intención de "ruptura" y crítica respecto del código realista y del sistema socio-cultural que lo sustenta configura un principio muy fuerte, pero más bien como principio de partida, no de llegada. Configura una, pero no la única función de los rasgos textuales en cuestión. Es así como, por ejemplo, las *Escalas melografiadas* apuntan no sólo hacia la crítica, por cierto demoledora, de las reivindicaciones de la narrativa peruana de la época de poder representar el país y/o al individuo a través de modelizaciones y un lenguaje totalizantes. Son ellas mismas el intento, más allá de tal crítica, de explorar y dar expresión a la heterogeneidad hasta en cuanto a sus rasgos genéricos.

4. Vertientes

Ahora bien, dentro del marco de la poética vanguardista, ciertas novelas coinciden además en el peso y particular relieve que en ellas adquieren determinadas dominantes. Las distintas tipologías de la novela vanguardista que se han propuesto en la crítica –tales como novela fílmica, novela lírica, novela metaficcional, "americanist vein", etc.– apuntan precisamente a este hecho. Y varias de ellas resultan pertinentes siempre y cuando se tiene en consideración, primero, que esas distintas "versiones" o "vertientes" en la concreción de la nueva poética –como realización del conjunto de dominantes– no atañen sólo a fenómenos de contenido y/o expresión. Se refieren también a las intenciones de sentido concretas, tal como éstas se manifiestan en la conjunción entre el qué y cómo de los mundos ficcionales, por un lado, y las particularidades de su presentación narrativa, por otro. Y segundo, desde el punto de vista diacrónico las vertientes mismas, o sea, su perfil específico y su variedad interna, no apuntan sólo a diferencias individuales y regionales/nacionales, sino también a razones históricas. Concretamente, la formación de estas vertientes, su despliegue interno entre sincrónico y diacrónico y las formas cambiantes de su interrelación mutua manifiestan el devenir histórico de la novela vanguardista como proceso dialógico, de respuestas/propuestas, con el desarrollo literario-cultural y político-social en sus contextos, y consigo mismo. Testimonian sus intereses centrales y, también, los cambios y diferenciaciones que a este respecto se efectuaron a lo largo del tiempo.

Es así como en las novelas vanguardistas escritas entre 1922 y 1928 –los años de las primeras propuestas– se pueden distinguir cuatro vertientes. Éstas se definen como tales por la predominancia que en los textos adquieren respectivamente la apropiación y la re-modelización de la modernidad, la indagación en la problemática del sujeto (moderno), la renovación de la relación entre ficción y realidad o la orientación americanista. Como se verá en lo siguiente, las novelas en cuestión demuestran también los otros rasgos constitutivos de la nueva poética. No obstante, hay como unas preocupaciones centrales por estas dominantes, hecho que indudablemente tiene que ver con la auto-visión de la (novela de) Vanguardia en aquellos años y su reinterpretación de las cuestiones históricas y estéticas consideradas más candentes.

La primera de estas vertientes –primera por razones cronológicas y por ser la más frecuentemente realizada– es, pues, la de presentar, en un lenguaje y a través de técnicas narrativas "actualistas" y por tanto 'adecuadas'[208], la experiencia de la modernidad urbana/suburbana y su impacto sobre el individuo. Es decir, no se trata sólo de comunicar a través de las experiencias en el plano de la ficción una introspección, necesariamente fragmentaria y subjetiva, en la precaria (auto)constitución del sujeto bajo las condiciones de la modernidad y, por tanto, una visión de la realidad extraliteraria nacional contestataria frente a los discursos hegemónicos. También el texto mismo, en cuanto objeto de lectura, se convierte en una experiencia (estética) de esta modernidad, que ya por su mera presencia significa la existencia de alteridad dentro de un mundo no más reducible a las modelizaciones vigentes. Esta línea caracteriza, en versión individual y matizada por la conjunción con otras intenciones, las novelas *La señorita etc.*, *El café de nadie*

---

[208] Aludo aquí, como casi sobra mencionar, al primer manifiesto estridentista y su empleo del término "actualista"; *cfr.* cap. I, 2.1.

y *El Intransferible* del mismo Vela, *El juguete rabioso* de Roberto Arlt y, asimismo, *La casa de cartón*, de Martín Adán, y *El joven*, de Salvador Novo.

En un juego complejo de confluencia y diferencia frente a esta vertiente se perfila una segunda, representada por la mayor parte de la novelística de los Contemporáneos y en cierta medida también por la novela "sin ficción" de Novo, *Return ticket*, y el *Sebastián Guenard*, de Jorge Isaac de Diego Padró. En todas ellas la experiencia de la modernidad aparece no sólo aún más interiorizada, sino también internalizada: el enfoque se ha trasladado de la existencia del individuo expuesto a la modernidad hacia la interioridad y las "estratificaciones semióticas"[209] del individuo 'moderno'. La modernidad aparece no como contexto, sino como rasgo y actitud del Yo y de su expresión. Así, en este grupo de novelas la, por lo demás atenuada, puesta en escena de la "contemporaneidad explícita" –en el plano intraficcional lo mismo que en el de la escritura– ya no está connotada como 'novedad' sino, precisamente, como lo 'normal'. La precaria condición del Yo, sus dificultades de (auto)afirmación, de recuperación de la memoria y de re-presentación de la realidad (ficcional) aparecen como fenómenos dados, inherentes al hombre contemporáneo. De ahí, también, las particularidades del discurso narrativo de las novelas de Villaurrutia, Torres Bodet y Novo. En comparación con otros textos vanguardistas a primera vista parecen menos innovadoras y rupturales, pero con sutilidad remarcable ofrecen desde el principio y como principio un segundo nivel de lectura en el cual el texto se vuelve reflexión, no sobre la ficción, sino sobre la escritura. Esta dimensión autorreflexiva se halla muy presente también en *La casa de cartón*, que en este y otros aspectos configura algo como un puente entre ésta y la vertiente anterior.

Frente a estas dos, la tercera vertiente se distingue, en términos generales, por hacer de la orientación americanista la preocupación central ya en el plano del contenido, en tanto que éste se dedica a la indagación en la *conditio* del sujeto en el contexto hispanoamericano "interior", poco menos que arcaico y/o marcado por el conflicto reciente con la entrada de la modernidad (dependiente). Pero la exploración y asimismo la expresión de lo "primitivo" se realiza, como ya se ha explicado (*cfr.* 2.3.4.), en y desde la experiencia de la modernidad y es así como desemboca en la proyección/reivindicación de "the vanguard's dislocations, fragmentations and nonorganicity as peculiar to and definitive of Latin American lived experience" (Unruh 1994: 169). Tal orientación americanista, que demuestra puntos de

---

[209] Retomo aquí otra vez la feliz expresión de Perassi (1993).

contacto importantes con el Indigenismo y el Afroamericanismo, significa, por consiguiente, no sólo la refutación muy marcada del discurso hegemónico acerca de la identidad nacional/hispanoamericana, sino también, algo más tarde, de la construcción de lo primitivo en las Vanguardias europeas. Es decir, en el plano de la intención de sentido, estas novelas se ofrecen como experiencia de modernidad epistémico-estética y de crítica cultural no menos que las otras, sólo ahondan más visiblemente en la necesidad de redefinición de las nociones europeas de la modernidad. Aparte de *Escalas melografiadas* –*Fabla salvaje* (1923) sólo participa parcialmente en el programa vanguardista[210]–, proponen esta orientación durante la primera fase obras narrativas como *El habitante y su esperanza*, de Neruda, y *Panchito Chapopote*, de Xavier Icaza. Será a partir de 1929 cuando esta variante de la novela vanguardista adquiera aún mayor relieve.

Cabe insistir una vez más (*cfr.* cap. I, 1.2) en que la diferencia entre la vertiente americanista y las vertientes anteriormente trazadas no se puede reducir al antagonismo conocido de cosmopolitismo urbano vs. nacionalismo rural ni, mucho menos, al de la "talentosa imitación" frente a la "transculturación". La diferencia entre la vertiente americanista y las otras apunta, eso sí, hacia distintos modos en la apropiación y remodelización de modernidad y, también, hacia distintas concepciones de la especificidad del contexto nacional/hispanoamericano. Pero ello se mueve dentro del horizonte de la poética vanguardista. Las intenciones de modernidad (hispanoamericana) y de indagación (moderna) en la realidad hispanoamericana hay que entenderlas como lo que históricamente fueron para la Vanguardia: cara y cruz de la misma moneda, rasgos que se condicionaron y supusieron mutuamente y que, a fin de cuentas, señalaron hacia fines comunes.

Y es así, también, como se explica la cuarta vertiente en la realización de la nueva poética, presente desde sus principios: la que se centra en la problematización e innovación de la relación ficción-realidad. Redefinir esta relación fue el reto tal vez mayor que (se) planteó y, al mismo tiempo, contestó la novela vanguardista. Y resulta significativo que las cuatro novelas ya estudiadas exponen las posibilidades o los polos principales entre los cuales se podía mover esa empresa: entre la puesta en escena de mundos novelescos "disidentes", provocadoramente distintos de los que en aquel entonces se estaba dispuesto a aceptar como verosímiles y "representati-

---

[210] *Cfr.* Coyné (1968) y Rodríguez Peralta (1984); la ubicación de esta novela (breve) en la Vanguardia propuesta por López Alfonso (1995) se basa en un concepto inadecuadamente reducido y monolítico del Regionalismo.

vos", por un lado, y la revelación explícita, por medio de un discurso abiertamente metaficcional, de la ficcionalidad y la "no-representatividad" del mundo novelesco, por otro. Como ya lo indican estos casos, podría entenderse esta orientación metaficcional como sólo una de las manifestaciones de la autorreferencialidad general y muy marcada de las novelas vanguardistas y su problematización del papel del discurso/lenguaje en sus distintas funciones y dimensiones. A fin de cuentas, hacia la dimensión metaficcional apuntan también, aunque de manera mucho más sutil, los textos que a primera vista parecen ceñirse a la presentación de un mundo ficcional disidente. No obstante, se perfila como variante particular siempre y cuando la ficcionalidad del mundo narrado configure un tema –casi una obsesión– central ya dentro de la ficción y cuando presente así una modalidad de realizar la poética de la novela vanguardista discernible de las otras a la vez que parigual a ellas en sus intenciones.

4.1. La difícil modernidad

DESLINDES

Si hay algo como un imponente deseo y a la vez un "gran" tema de la novela vanguardista hispanoamericana en su primera fase, éste es, pues, la modernidad. Tenía muchas facetas. Por un lado, en vista de los cambios vertiginosos sobre todo en las grandes ciudades y sus suburbios, se sentía que "el futuro era hoy" (Sarlo 1988: 29). Mas por el otro lado, en la provincia y no sólo allí, se hacía la experiencia del "atraso" y hasta de la falta casi completa de modernización en comparación con la situación europea y norteamericana (urbana). Por un lado, así, la necesidad de una radical e inmediata "actualización histórica", y ello tanto para ponerse a "la misma hora urgente que regía en el centro universal del momento: otra vez París" (Rama 1982: 102), como para responder a lo que desde esta misma perspectiva se ofrecía como modernidad alcanzada –o al punto de alcanzar– en varios países latinoamericanos. No hay que olvidar que sucesos históricos como la Revolución Mexicana, pero también el desarrollo experimentado como enorme de ciudades como Buenos Aires, México y, en menor medida, Lima, La Habana, Guayaquil y otras (*cfr.* Romero 1976), bien podían probar cierta simultaneidad –en el caso de la Revolución Mexicana incluso antelación– con respecto a la modernización metropolitana. Y por otro lado la orientación decidida hacia las particularidades irreducibles de la experiencia hispanoamericana vivida o, como lo formuló Ángel Rama (1982: 102):

no en vano había transcurrido ese tiempo [desde la actualización histórica emprendida por el Modernismo], tanto para la conciencia progresiva de sí que venía elaborando América Latina, como para la exacerbación de la ruptura que resultaba postulada en el proceso cultural europeo, de tal modo que esta nueva revolución desarrollaría en tierras americanas una más lúcida captación de su idiosincrasia y su herencia peculiar junto a una cancelación, más cortante si cabe, de la tradición poética recibida.

Así, lo que estaba sobre el tapete era en el fondo el concepto de la modernidad misma. En atención al campo de tensión entre lo supuestamente universal y lo no menos supuestamente nacional se buscaban redefinir los conceptos de la modernidad acuñados por el discurso de la avanzada europea, lo mismo con respecto al ámbito técnico-social que al estético. Concretamente, se trataba de crear una apropiación/reivindicación literaria específicamente 'moderna' de esta nueva visión de la modernidad a la vez que de fundamentar/orientar tal apropiación hacia las necesidades y características histórico-culturales del contexto latinoamericano. No en balde, términos como "transculturación" (Ortiz 1940) y "antropofagia" (Oswald de Andrade 1928) no sólo se inventaron en esa época y en contacto con las Vanguardias, si no que, como en el caso de la *antropofagia* brasileña, fueron su ideario y expresión cabal. Y aunque en los movimientos vanguardistas hispanoamericanos no se llegara a la formulación explícita de tal estrategia de re-valoración –"transforma[r] al buen salvaje de Rousseau en un mal salvaje, devorador del europeo, capaz de asimilar al otro para dar vuelta a la tradicional relación colonizador/colonizado" (Schwartz 1991: 142)–, y aunque los casos de los manifiestos del Creacionismo y Ultraísmo incluso parecen ajenos a tal proyecto, rastros de ella se manifiestan en muchos de los textos programáticos, para no hablar de la poesía, la narrativa, etc. donde se realiza efectivamente. La innovación de los conceptos, las determinaciones de función y la práctica textual de la literatura que emprendió la Vanguardia latinoamericana se apoyaban en buena parte en una visión y una valoración distintas, a la vez 'modernas' y específicamente latinoamericanas de la modernidad. "'Todo es nuevo bajo el sol' si todo se mira con unas pupilas actuales y se expresa con un acento contemporáneo", proclamaron los *martinfierristas*, para recordar, acto seguido, su "álbum de retratos" de familia y afirmar la "fe en nuestra fonética, en nuestra visión, en nuestros modales, en nuestro oído, en nuestra *capacidad digestiva y de asimilación*" (en Schwartz 1991: 113 s.; el subrayado es mío). Bien se sabía, pues, que era la perspectiva, orientada hacia la revolución de las estructuras del percibir, pensar, sentir y hablar, la que constituía lo realmente nuevo, y bien se sabía que la perspectiva tenía que ver con el lugar –el hacia dónde es también y siempre cuestión del desde dónde–.

En la Vanguardia hispanoamericana, por consiguiente, la ideología o voluntad de "lo nuevo" –en el sentido de la valoración sumamente positiva de 'lo contemporáneo'[211] y del repudio del pasado (nacional)– nunca ha sido tan ingenua e incondicional como la crítica coetánea y buena parte de la posterior han aseverado. No sólo Borges, en *Fervor de Buenos Aires* (1923), y los ensayos posteriores de Vallejo y Mariátegui manifiestan "una conciencia del abuso y del agotamiento de la categoría de lo nuevo por la novedad misma" (Schwartz 1991: 44) y se dirigen contra lo que en la producción vanguardista podía o podría parecer imitación, dependencia cultural, "moda" y "dogma" (*ibíd.*, 45-46). Ya *La señorita etc.* demuestra una actitud ambigua frente a toda modernolatría fácil. Esta posición se debe, no obstante, a una perspectiva moderna, cosa que vale, asimismo, para los textos de Vallejo, Borges y Mariátegui. Y la novela de Vela es sólo un primer ejemplo de toda una serie de textos narrativos que, en un juego de *blindness and insight* frente a las propias condiciones, asumen (auto)críticamente la experiencia de la modernidad y sus consecuencias para el individuo y para el escritor y su público en América Latina.

Por lo general, la crítica ha estado atenta sobre todo a las características 'modernas' de la escritura de las novelas. Pero el concepto de (la) modernidad que se perfila en ellas, a través precisamente de la conjunción entre contenido y expresión, no resulta ser menos relevante[212]. Y a este respecto hay que tener en cuenta, otra vez, la dialéctica entre la modernidad estética y la burguesa[213]. Como se verá –y ya se perfila en el caso de *La señorita etc.*–, en muchas de las novelas vanguardistas la apropiación y reivindicación de modernidad se apoya en este mismo reconocimiento básico del nexo a la vez que de la diferencia entre ambas modernidades. Al articular la crítica de la modernidad burguesa a través de una escritura y unas técnicas narrativas "nuevas" y rupturales que recién permiten expresar la fragmentación, la disolución del yo, la desarticulación del tiempo, etc. como la experiencia individual específicamente moderna, se afirma no sólo el proceso de la

---

[211] Sobre la doble acepción de "moderno" como 'contemporáneo' y como 'nuevo', *cfr.* el artículo ya clásico de Gumbrecht (1978); para su diferenciación en el Modernismo hispanoamericano, el de Meyer-Minnemann (1987a).

[212] Importantes a este respecto los trabajos de González (1986), Elmore (1993), Burgos (1995) y Bustos (1996).

[213] Sobre ello insiste Burgos (1995: 133) en su análisis de *Proserpina rescatada* (1931), de Jaime Torres Bodet.

modernidad como el horizonte histórico de la modernidad estética. También se establece el vínculo entre ambas modernidades como línea detrás de la cual ya no se puede retroceder so pena del anacronismo y de la ignorancia. Y al reclamar así la posición avanzada y en cierto sentido paradigmática de la propia obra respecto del acaecer socio-cultural y literario contemporáneo, se reclama de igual forma el impacto activo del desarrollo estético para con el proceso de la modernidad. De ahí que no se trate simplemente de una "paradoja" que "estriba en que toma una radical distancia frente a la misma modernización que la hace posible", como ha expuesto Elmore (1993: 66) respecto de *La casa de cartón*, sino de la dialéctica de la modernidad estética que en su posición crítico-cultural revolucionaria frente a la modernización (dependiente) se sabe y quiere saber parte activa de la modernidad hispanoamericana.

Pues bien, dentro de este marco general, la serie de novelas centradas en "la difícil modernidad" —en cuanto dominante de sentido y concepto poetológico— demuestra no sólo una considerable variedad de temas y escrituras, sino también y a la par cierto desarrollo interno. Como ya se ha aludido, éste se puede describir como movimiento hacia una mayor "soltura" y libertad en la concreción de la dominante. Ello se manifiesta en el aumento de la ironía y del espíritu lúdico, en una creciente distancia frente a los modelos de la modernidad universal correlacionada con una orientación cada vez más directa hacia el contexto hispanoamericano, así como en una mayor libertad en el empleo de las técnicas narrativas y la elaboración de una escritura específicamente modernas. Se descubren, ante todo, nuevas posibilidades de ahondar en el papel del discurso, y de "transculturar" ciertos aspectos de los últimos programas de la Vanguardia europea, o sea, del Surrealismo, al propio proyecto. Esta apropiación, que en el fondo no significaba sino el refuerzo de tendencias ya existentes y que sirvió más de impulso para seguir que de modelo para comenzar —piénsense sólo en los rasgos surrealistas *avant la lettre* de *La señorita etc.* y de *Escalas melografiadas*— se inició hacia finales de esta primera fase y no sólo en esta vertiente. Pero es en ella donde adquiere por primera vez su perfil decididamente hispanoamericano y devorador de las nociones de modernidad europeas.

NOVELAS

La obra novelística de Arqueles Vela posterior a *La Señorita etc.* contiene *in nuce* todo este proceso. *El Café de Nadie*, la segunda novela de Vela, leída el 12 de abril de 1924 en la primera exposición estridentista y publicada en 1926[214], sigue la línea de *La señorita etc.* En diez breves capítulos, un narrador heterodiegético de focalización cero entreteje, para decirlo así, fragmentos de lo que en una novela convencional serían la situación y la trama: por un lado, el ambiente del café y el comportamiento de sus clientes y meseros, y por otro lado, la historia de Mabelina, que en compañía de un hombre entra en este mismo café y recuerda allí distintos momentos de su pasado, en particular de su vida amorosa.

La narración comparte con *La señorita etc.* la tendencia a la metaforización y la preferencia por un léxico marcadamente contemporáneo. Pero el tratamiento del tiempo es ahora decididamente acrónico y complica la lectura de manera considerable. Así, la distinción, al principio todavía posible, entre marco e historia, presente y pasado (*cfr.* González 1986: 54), se borra en la noción de un tiempo indefinido, apenas estructurable, al igual que los recuerdos mismos de la protagonista. Ella no logra distinguir ni a los hombres que pasaron por su vida, ni a sí misma:

> Germán List Arzubide, Marco-Aurelio Galindo, Carlos Noriega Hope [siguen casi 50 nombres de artistas e intelectuales mexicanos contemporáneos, vinculados los más al Estridentismo, pero también los nombres de M. A. Asturias y Gómez de la Serna] etc., etc., etc.
> Mabelina leía y releía esa gran lista [...] Recordando unos, olvidando otros, se esfumaban unos sobre otros, yuxtaponiéndose, formando un nombre impronunciable, indescifrable. [...] Deletreando las emociones que se quedaran en esa larga lista de comensales que habían asistido a la convivialidad de su vida, iba perdiendo la noción de ella misma (Vela 1990: 30).

Llamativo e innovador resulta también el ritmo narrativo. Frente al carácter casi estático e isocrónico del presente narrativo destaca la rapidez vertiginosa de los recuerdos de Mabelina, a su vez frenada por la reproducción frecuente de diálogos. Todo confluye de este modo en una narración que en vez de la sucesión lineal persigue evocar a la vez duración, disgregación y simultaneidad y la puesta en escena de una noción del tiempo subjetivo de cuño entre bergsoniano y cubista. Y ello se hace expresión no de una subjetividad determinada y determinable, sino de lo contrario: de la pérdida de identidad, cifrada en la irrecuperabilidad de una memoria estable de sí misma. A diferencia de *La señorita etc.*, esta pérdida no tiene que ver tanto

---

[214] Apareció en las Ediciones de la *Revista Horizonte* que los estridentistas publicaban en Xalapa. Por esa época, Vela ya se encontraba en Europa y estaba redactando su novela *El intransferible*.

con la dificultad de individuación frente a "la" realidad de las cosas y su percepción, sino mucho más con "esa mutabilidad" en que vive el hombre actual, "despilfarrado por la cotidianidad" (*ibíd.*, 24-25), consecuencia de las relaciones humanas veloces y consumistas (*cfr.* González 1986: 55). La protagonista se siente "falsificada" por los hombres, "después de ser todas las mujeres, ya no era nadie" (Vela 1990: 31). Como mujer, se ha convertido en fetiche, deseable por asemejarse a las imágenes de la publicidad y otros objetos modernos, por ser un aparato "que se puede llenar como a los acumuladores de cualquier fuerza y tensión" (*cfr. ibíd.* 25, 27, 29). El café, como lugar social, participa de los rasgos de los que lo habitan y visitan: lugar de anonimato donde nunca hay nadie, ambiente de ciudad derruida y abandonada donde se cualquier emoción se vuelve estática, en fin, una "atmósfera alquimista, de una irrealidad retrospectiva" (*ibíd.*, 13).

Al igual que en *La señorita etc.*, también aquí la modernidad se cifra, pues, en fenómenos y estructuras de la (supuesta) modernidad universal. La ciudad donde ocurre la acción no tiene nombre ni rasgos propios; su posible particularidad tampoco interesa ni al narrador ni a los personajes. Sin embargo, ya el título de esta breve novela, repetido como nombre propio en el mundo ficcional, y la larga lista de hombres que un día acompañaron a la protagonista, configuran datos referenciables que permiten al lector iniciado ubicar la acción en un espacio y tiempo muy concretos: un café en la antigua avenida Jalisco de la Ciudad de México, "unofficial headquarters" (Brushwood 1989: 16) de los estridentistas a partir de 1923 y hasta su traslado a Xalapa. Teniendo en cuenta además la primera presentación pública del texto, no se puede negar razón a la observación de Brushwood (*ibíd.*) de que la novela es "to a considerable extent, a narrative written for an 'in group', an interpretation of the significance of this place" para el grupo estridentista. No obstante, la función de estos datos va más lejos. En primer lugar, establecen la referencia al México contemporáneo, proyectando sobre la ciudad la imagen de una urbe moderna y haciendo hincapié, al mismo tiempo, en todo lo que no entra en esta imagen, a diferencia de lo que en atención a los códigos novelísticos y culturales vigentes el público de la época hubiera podido esperar. Pues no sólo faltan alusiones a señas mexicanas. La Revolución misma parece que nunca ha ocurrido: nada de referencias a transformaciones o reivindicaciones político-sociales, nada, tampoco, que exprese una perspectiva histórica, un enfoque del presente como resultado de un cambio histórico (*cfr.* también González 1986).

Y por otro lado, la incorporación a modo del montaje de datos 'reales' –a los que pertenece, asimismo, el "Menú" ofrecido en el café (Vela 1990: 28)– en un mundo narrado declaradamente 'irreal' subvierte la lectura ingenua de los nombres como referencias transparentes a entidades extralingüísticas. Se pueden entender estos datos como indicios de una voluntad en último término mimética, como llamada a leer la novela como representación metafórica de una realidad dada o, al contrario, como elementos que subrayan el poder de la ficción de desrealizar cuanto toca. Ambas posibilidades se hallan presentes y confieren al texto una dimensión autorreferencial y autocrítica consustancial a su visión y experiencia de la modernidad. Pues la "perspectiva nihilista y escéptica sobre el proceso de modernización" (González 1986: 61) y en particular sobre la despersonalización de las relaciones humanas abarca, asimismo, a representantes[215] de la misma concepción y reivindicación de Vanguardia estética que comunica el texto. Así, contenido y escritura de *El Café de Nadie* se completan para exponer en su condicionalidad mutua el vínculo complejo y nada 'reconfortante' entre la modernidad artística y la burguesa-capitalista.

La radicalidad con la cual se concreta este enfoque en un discurso narrativo en la punta de la avanzada por su tratamiento del tiempo[216], su metaforización amimética y su montaje de datos 'reales', hace del texto una novela que cifra su 'mensaje' en la experiencia estética ambigua y autónoma. Precisamente así se sustrae también a cualquier identificación con una de las opciones ideológicas entonces discutidas en México (*cfr*. cap. I, 2.1 y Brushwood 1989). En abril de 1924 ello representaba la posición vanguardista (estridentista) incontrovertida como tal. Pero en 1926, el Estridentismo tanto como el contexto literario e histórico mexicano ya habían cambiado bastante, debido a la creciente presión de lo político y la aparición de otras posiciones vanguardistas (*cfr*. cap. I, 2.3). *El Café de Nadie* ya apenas lograba despertar la atención sino por ejemplificar un episodio de lo que en México ya se empezaba a ver como historia pasada de la Vanguardia nacional[217].

En cambio, *El intransferible*, escrita entre 1925 y 1927, pero publicada recién en 1977, como "La novela inédita del estridentismo"[218], ya no alcan-

---

[215] Significativamente, faltan en la lista los nombres de Maples Arce y del propio autor.

[216] Un antecedente mexicano en la innovación de la estructuración temporal representa *La malhora* (1923), de Mariano Azuela; *cfr*. Leal (1989). Pero en este texto, así como en las otras dos novelas "experimentales" del autor, la innovación narrativa se halla en función de una intención bastante convencional, realista-didáctica; *cfr*. Martínez (1988) y más abajo, cap. II, 1.

[217] Sólo poco después del libro de Vela se publicó *El movimiento estridentista* (1926), de List Arzubide.

[218] Así reza el subtítulo de la primera y, hasta el momento desgraciadamente, única edición (México: Gama 1977). Aún hoy no consta en las bibliotecas europeas y mexicanas. Agradezco a Vicky Unruh una copia del texto.

zó su público enfocado siquiera en este sentido. Y tal vez tampoco se la hubiera visto así: contiene innovaciones y transformaciones que dificultan englobarla, así no más, en ese movimiento cuyo impacto, por otra parte, no niega en absoluto. Indudablemente, *El intransferible* parece la "más" novela de cuantas hasta ahora se han analizado. El texto, de considerable extensión (¡157 páginas!) y repartido en seis capítulos cuyos títulos reivindican cierta sucesión/coherencia cronológica –"La madrugada", "ante meridiem", "Mediodía", "La noche", "Five o'clock mitin", "La trasnoche"–, narra, por boca de una instancia heterodiegética-personal de focalización interna, una abultada serie de episodios de la vida de Androsio[219]. Todos ellos parecen acontecer porque sí, como en los sueños, gracias a continuos cambios repentinos de lugar, tiempo y personajes. Y a menudo resultan difíciles de actualizar, debido al discurso narrativo experimental que en medida aún mayor que en las novelas precedentes tiende a lo fragmentario, a la metaforización, la creación de neologismos, juegos de palabras e ideogramas y el desencadenamiento verbal en atención a las equivalencias fónicas: "Androsio la veía desaparecer en la ciénaga, abnegada, agobiada, atribulada; baldía, batida, batiborrada; caliginosa, célibe, connubial [...] Wässericht, Wasserstand, waterproof; xenapata, xibalbasa; xuxulim" (Vela 1977: 81 s.)[220]. No obstante, puede reconocerse cierta sucesión de acontecimientos y escenas. A la niñez en la provincia –con la iniciación erótica (*ibíd.*, 17-20) y el encuentro con la mitología y cultura indígenas a lo largo de extensas caminatas por el México rural–, siguen el viaje en tren y el contacto con la Revolución Mexicana (cap. II), encuentros con mujeres en la capital y una visita al Café de Nadie (cap. III), el paseo nocturno por la ciudad y por burdeles fantásticos (cap. IV), la participación en la sesión del sindicato de mujeres y su manifestación por el centro de México (cap. V) y finalmente (cap. VI) la caza en el campo y un viaje en paracaídas, el paseo por Berlín, la convivencia con una mujer que se vuelve un ídolo prehistórico y la aparición de seres feme-

---

[219] Cabe recordar que un personaje de este nombre ya aparece en *El Café de Nadie*. Mas tampoco será casual la semejanza con "Andrenio", nombre de uno de los dos protagonistas de *El Criticón* que simboliza al hombre instintivo, o común, distinto al crítico. El juego con la raíz griega amdq se halla también en "Androsio", personaje susceptible, además, de entenderse como dominado por "el apetito", de modo comparable a Andrenio. Sobre el nombre, que el texto mismo relaciona también con lo andrógino, ya llaman la atención los estudios de Vitale (1977) y Picón Garfield/Schulman (1984), los únicos que hasta el momento se han hecho sobre este texto.

[220] Para análisis más detallados, *cfr.* Vitale (1977) y Picón Garfield/Schulman (1984).

ninos alados en una modesta buhardilla que, como él mismo recuerda/imagina, le piden a Androsio "una palabra cualquiera" (*ibíd.*, 156). Mas él no la sabe encontrar/pronunciar y las mujeres aladas desaparecen. El texto termina con el siguiente párrafo:

> Al destruir esta novela, quiero dejar –imperecedero– el nombre de Pablo González Casanova –admirado amigo y gran camarada– a quien debo haber escrito los primeros indicios de El intransferible, en octubre de 1925, en México.
> Se planificó totalmente en Madrid, en el número 11 de la Calle de Alvarez de Castro –Barrio de Chamberi [*sic*]– durante los días del 18 de enero al 9 de febrero y del 15 al 24 de este mes, del año de 1927.

Otra vez, el mundo narrado en el cual se ubica esta "trama" va siendo configurado principalmente por las percepciones y vivencias del protagonista, y se caracteriza por la presencia irreconciliable de lo fragmentario e inconexo, por la falta de experiencias "auténticas" que logran dar a este yo la sensación de realidad, de unidad consigo mismo y de plenitud existencial. Pero ahora este mundo ya no es sólo el de la modernidad urbana, técnico-social, sino uno en el cual la realidad coexiste con lo arcaico-mítico y ancestral, reconocible inmediatamente como específicamente mexicano por la mitología maya y azteca[221] y la Chingada. Y no se trata de una simple yuxtaposición o de una nueva armonía, como tampoco la historia de Androsio se reduce al viaje simbólico de uno a otro entorno y menos aún al viaje de "la esfera ínfima de las tinieblas" a "una esfera empírea" donde termina con su "silencio, su posible muerte", la "reintegración al cosmos", como opinan Picón Garfield/Schulman (1984: 160 s.) en base a evidentes malentendidos textuales[222]. Así, en el ambiente rural se celebran "las pruebas atléticas interescolares" y los juegos olímpicos cuyos mejores corredores forman una carrera de relevos "para aportar el pescado fresco y la correspondencia urgente al emperador Moctezuma" (Vela 1977: 41); la Revolución Mexica-

---

[221] Patente ya en la narración, por boca del padre de Androsio, acerca de la diosa Xtoh "muchacha de la lluvia" que se confunde con Ixtah "la muchacha más tentadora de las tribus" (¿Ishtar?) y donde se mencionan los *nemontemi* o cinco últimos días (aciagos) del año azteca, *cfr.* Vela (1977: 28).

[222] Así, parecen no haberse dado cuenta de que este último episodio es narrado por el protagonista (plano de comunicación 4) que recuerda/imagina también sus pensamientos y los discursos de las mujeres aladas (pc 5); *cfr.* Vela (1977: 151-156). Sólo muy de vez en cuando el narrador (pc 3) toma la palabra (*cfr.* p. 155), y el final de la secuencia corresponde al discurso de Androsio. Por lo tanto, es errónea la opinión de Vitale (1977) que habla de una fusión entre autor, narrador y protagonista.

na es cosa de un batallón de mujeres cuya mariscala se presenta como la Chingada mientras dicta mensajes telegráficos (*ibíd.*, 52-58); en la ciudad, llena de tráfico y demás fenómenos modernos, Androsio experimenta la infinidad de la noche (*ibíd.*,100); sus amantes allí, se convierten en paisaje natural para descomponerse después (*ibíd.*, 78-82) o se vuelven, luego de un largo sueño de invierno, un cuerpo sin extremidades, mujer de las antiguas fábulas, "una concepción primitiva de la forma [...] más bien einsteniana [*sic*] y no de Euclides" (*ibíd.*, 141). A este respecto, México y Berlín no demuestran ninguna diferencia. En ambos casos, así como antes en el de los entornos arcaicos, las descripciones están teñidas de la misma ironía y de la misma intención paródica respecto de fenómenos y preocupaciones "típicamente" modernos.

Así, junto a la diferenciación y heterogeneización de la idea/visión de la modernidad urbana por la mezcla con lo arcaico-mítico y lo natural, la ironización de sus "logros" –y la negación de la (supuesta) jerarquía entre la modernidad europea y la mexicana/latinoamericana–, esta novela ahonda en la tensión entre la evidente falta de realismo y verosimilitud (convencionales) del mundo narrado y su ubicación más o menos exacta en contextos espacio-temporales específicos. Numerosas referencias a calles y lugares de México y Berlín, indicaciones de fechas y sucesos históricos –en la buhardilla Androsio encuentra un calendario del año 1927 donde aparecen tachados los mismos días que más tarde se indican como los de la redacción definitiva de la novela (*ibíd.*, 148)– alternan con fenómenos entre surrealistas y absurdo-grotescos. La mujer desnuda tendida sobre la vía férrea para despistar a las tropas revolucionarias se convierte en paisaje mexicano:

> Inmediatamente, de sus axilas, de su pubis, una vellosidad umbrosa se fue extendiendo por todo su cuerpo hasta confundirse con sus cabellos; extensa como una llanura más allá de los confines de la perspectiva, se hizo luego inconmensurable [...] Hasta su espesura la luz solar llegaba apenas; así, en sus axilas, en el pubis, la selva era un bosquejo dorado y húmedo; pluviosos a intermitencias y después, en caudales, dos arroyos seguían las sinuosidades de sus contornos [...] Así, permanecía en la atmósfera húmeda y caliginosa a un tiempo mismo; únicamente sus senos estaban siempre cubiertos de nieve, en la parte más alta de las montañas, sobre el valle azul (*ibíd.*, 50-51).

Y abriendo el paracaídas, Androsio comienza a ascender (*ibíd.*, 119); los relojes no indican ninguna hora (121); la Venus con Sombrero, de Cranach, sale de la reproducción (*ibíd.*, 149 s.), para citar sólo algunos ejemplos más. Para el protagonista, al igual que para el narrador, muy escueto en comentarios, todo ello es de la misma manera "real". No obstante, Androsio siente una creciente sospecha de perder la realidad y de vivir representando algún otro (*ibíd.*, 89). Perdido en las sensaciones, ni siquiera el contacto físico/sexual –y a diferencia de la mayor parte de las novelas vanguardistas *El intransferible* ostenta un erotismo desbordante (*cfr. ibíd.*, 33, 69–70, 99, 112, etc.)– le proporciona una conciencia segura de sí mismo: "En realidad, no puedo precisar nada... –¿he sido yo mismo, en efecto y en causa, quien ha experimentado la sensación de otro o de mí mismo?", se pregunta al final y deduce: "No tengo nada y menos necesidad de lo demás... actuando en la realización y no en la realidad, es decir, en lo percibido o perceptible o en la percepción" (*ibíd.*, 151-152).

Sin embargo, la cuestión por la realidad, mejor dicho, por la relación para con la realidad que quiere/puede establecer este mundo narrado, se plantea en todo su vigor recién gracias a la particular configuración del discurso narrativo. Éste demuestra una autoconciencia crítica que raya en problematizaciones metaficcionales y manifiesta de manera muy marcada, aunque implícita, el *discursive turn*. Así, no sólo mezcla frases convencionalmente narrativas con pasajes descriptivos poético-experimentales, sino que se halla también continuamente interrumpido por fragmentos textuales que hacen uso de estrategias discursivas (supuestamente) no-ficcionales: las ya aludidas estadísticas y calculaciones, así como mensajes militares, letanías religiosas, noticias de periódico, estatutos sindicales, anuncios publicitarios, comentarios filológicos, etc. A veces se trata de una evidente parodia de los discursos supuestamente científicos y verídicos, como en el caso de la explicación de "Chingada":

CHIN:	aventura, donde desaparece todo...
IM:	seno amamantador, símbolo de la creación (i, eliminada por eufonía; m, convertida en n, por la ley del menos esfuerzo)
GAG:	fuego, símbolo destructor, purificador, actividad (g, eliminada por eufonía)
HADA:	mujer mitológica, importada por los invasores de nuestro territorio, al advenimiento de otras razas
CHINIMGAGHADA:	su nombre primitivo; CHINNGAADA, después, en su primera transformación: eliminación de una i y de la h, muda, sin valor fonético, luego:
CHINGADA:	al ser absorbidas la n y la a, enfáticas, en la intimidad del nombre... (*ibíd.*, 55)

Otras veces parece tratarse de montajes, de algo como *objets trouvés*, como cuando se reproducen incluso gráficamente letreros de tren y carteles de anuncios (*ibíd.*, 45, 64, 68). Pero en la mayoría de los casos la función hipertextual concreta queda ambigua. Ante todo llaman la atención sobre lo que ya a primera vista re-presentan: trozos de discursos ajenos, materiales ya dados cuya ostentación subraya la heterogeneidad no sólo del mundo narrado, sino de la obra en cuanto tal.

En el plano de la intención de sentido el límite (convencional) entre ficción y realidad se vuelve así doblemente cuestionable. Si estos materiales y, sobre todo, estos tipos de discurso no-ficcionales se dejan ficcionalizar tan fácilmente, ¿qué es lo que garantiza su verdad y su reivindicación de poder concomitante en el ámbito extraficcional? Y si, como lo esboza el mundo narrado, la realidad es inexperimentable e incognoscible fuera de la percepción subjetiva, ¿qué es lo que establece la diferencia entre ficción y realidad, salvo –tal vez– el declarado carácter novelístico del texto? La ya citada explicación del autor (¿real?) sobre las circunstancias, fechas y lugares de producción y la inminente –¿o ya realizada?– "destrucción" de la novela bien se puede leer como otro fragmento de un discurso no-ficcional montado/ficcionalizado en el mismo texto.

Otro de los factores que intervienen en el movimiento de expansión y diferenciación en torno a la dominante de la apropiación y redefinición de la modernidad desde América Latina y su fusión con otras dominantes que adquieren no menos relieve –la cuestión de la relación entre ficción y realidad, el *discursive turn* y una orientación americanista palpable ya en el plano del contenido– es la cercanía al Surrealismo. Indudablemente hay paralelos con el programa de este movimiento, que en México se empezó a recepcionar y discutir en 1925 y que Arqueles Vela podía conocer más directamente durante su estancia en Europa a partir de ese año. En particular, *El intransferible* parece guardar cierta relación intertextual con *Le paysan de Paris* (1926), de Louis Aragon[223]. También Androsio es un *flâneur* por ambientes urbanos, en búsqueda de experiencias auténticas y en oposición al orden racional burgués; también en esta novela mexicana las descripciones adquieren un valor propio, independiente de la trama, y destacan por su heterogeneidad discursiva, entre la exactitud "fáctica" y la metaforización poética; también aquí se insertan *documents*, se remite a un contexto fáctico específico, se rechaza construir (implícitamente) una ficción coherente y se profesa una visión en cierto sentido mágica de la realidad. No obstante, descuellan diferencias importantes, desde la situación narrativa heterodiegética, la pre-

---

[223] Para las reflexiones siguientes ha sido de especial importancia el estudio de Bürger (1996) sobre este texto de Aragon.

sencia de lo no-urbano, la intención irónico-paródica y la mayor autoconciencia crítica respecto del empleo del discurso hasta el énfasis en la ficcionalidad o voluntad de novela así como la falta de una *mythologie moderne*. Frente a la demonización de la técnica emprendida por Aragon –intento de rescatar la magia subyacente al actuar humano (*cfr.* Bürger 1996: 112-118)–, la novela de Vela opta por la ironización y la deconstrucción, o sea, una crítica a fin de cuentas racional que, además, se centra no tanto en fenómenos como en nociones y modos de pensar y percibir. No hay que olvidar que *El intransferible* presenta la opacidad, la heterogeneidad e intangibilidad del mundo moderno y arcaico y sus consecuencias problemáticas para el sujeto y su búsqueda de identidad como la *conditio moderna* "intrínseca" a la vez que la proyecta intra y extraficcionalmente sobre el contexto histórico mexicano. Otra vez la intención de una mimesis renovada, autocrítica, interrelacionada con la búsqueda de un efecto iconoclasta específico. La negación concomitante de un origen único, hasta en el lenguaje –Androsio no sabe pronunciar la requerida palabra cualquiera, única, porque "las palabras habían perdido el sentido o no significaban las mismas cosas en sus labios" (*ibíd.*, 156)– hace otro tanto para subrayar la oposición frente a las construcciones homogeneizantes de la identidad del México moderno (*cfr.* cap. I, 2.3). Teniendo en cuenta el programa inicial del Estridentismo y las novelas anteriores del mismo Vela, ¿cuáles serían ahora los aspectos (supuestamente) surrealistas que no se podrían explicar por el ahondamiento de fenómenos y tendencias presentes en el movimiento mexicano?

En otras palabras, esta novela tan largamente inédita del Estridentismo inicia un juego muy sutil entre la afirmación de lo propio y la apropiación/transculturación de lo europeo, de modo que la obra resulta parigual a ello en cuanto al avance estético a la vez que inconfundiblemente original. A esta misma intención obedecen también las citas en alemán de *Die unauffindbare Handschrift* ("El manuscrito inencontrable") que forman los epígrafes a los capítulos[224]. El conocimiento del Surrealismo sirvió aquí, a todas luces, de estímulo para indagar en determinados aspectos y procedimientos inherentes a la novela estridentista, mas también para volver con más ahínco sobre lo que desde la perspectiva latinoamericana se podía entender como *desiderata* o también como ingenuidades del último movimiento vanguardista europeo. La insistencia en la copresencia 'fáctica' de lo

---

[224] Según se desprende de los fragmentos citados en los epígrafes, se trata de un texto de indudable carácter vanguardista. Hasta el momento no se han podido obtener más informaciones sobre él.

moderno y lo mítico en la realidad cultural hispanoamericana, frente a la búsqueda europea un tanto esforzada de 'la arena bajo el empedrado'[225] de las ciudades modernas y su nostalgia de lo primitivo, será sólo un aspecto de este diálogo, de especial importancia para la vertiente americanista; otros puntos serán el énfasis en la heterogeneidad frente a la creación de nuevas mitologías –y unidades– así como, en general, una mayor atención a las posibilidades de renovación del género novela[226]. Y en ello la novela de Vela hasta anticipa las posiciones de los Contemporáneos[227]. También a este respecto, pues, se habrá de dar razón a Ida Vitale (1977: 45): "*El intransferible* –título no demasiado claro–, de haber sido publicado en la época en que fue escrito tal cual hoy la leemos, habría podido tener influencia en el desarrollo de la novela mexicana". En todo caso, pertenece a los textos literarios vanguardistas que más directamente emprenden la re-formulación de las nociones establecidas –incluso en la Vanguardia– de la modernidad.

Bastante distinto parece, a primera vista, el caso de *El juguete rabioso*, de Roberto Arlt (1900-1942), publicada en 1926, pero comenzada bastante antes[228]. Su apropiación y reivindicación vanguardista de la modernidad se tardaba bastante en reconocer, y ello tenía que ver, a todas luces, con que sus efectos iconoclastas son más sutiles y se proponen deconstruir ciertas normas, nociones y estructuras de la cultura y literatura (argentinas) de su tiempo que buena parte de la crítica posterior seguía afirmando[229]. Además, desde una concepción de la Vanguardia cifrada en el antimimetismo y la disolución obvia de las categorías narrativas tradicionales, a primera vista "to include Arlt as an avant-garde writer may be considered an aberration"[230].

---

[225] "Unter dem Pflaster, da liegt der Strand/ Komm', nimm'auch du einen Stein aus dem Sand", rezaba uno de los eslóganes del '68 alemán, surrealista sin saberlo(?).

[226] Cabe indicar que, desde luego, había excepciones –Huidobro– que emprendieron la crítica del Surrealismo desde otros ángulos; *cfr.* cap. II, 1.

[227] Piénsese en la reseña de *Nadja* que publicó Torres Bodet en 1928; *cfr.* cap. II, 1.

[228] La redacción se inició, según el propio Arlt, ya en 1919, y se terminó en la primera mitad de 1925; *cfr.* Gnutzmann (1992) y Borré (1996). Adelantos se publicaron, a todas luces, gracias a la intervención de Ricardo Güiraldes, en *Proa* (no. 8, 1925); en octubre de 1925, Arlt presentó la novela en el "Primer Concurso Literario" de la Editorial Latina, donde obtuvo la recomendación del jurado presidido por Evar Méndez Calzada. Su publicación se efectuó en la misma editorial un año después.

[229] Sobre este aspecto, véase también Schäffauer (1998: 247-49).

[230] Así Verani (1996d: 134). Para una bibliografía reciente sobre la obra arltiana, consúltese Borré (1996). Entre los primeros trabajos que analizan la obra de Arlt en el contexto de la Vanguardia argentina destacan los de Romano (1981) y Masiello (1986).

En comparación con otras novelas, en *El juguete rabioso* se insiste relativamente poco en los aspectos más 'visibles' del progreso urbano. Los tranvías, el cine, el automóvil, los transatlánticos, la luz eléctrica, la construcción en alto, etc. están ahí, se usan, pero no llaman la atención. Algo semejante vale para los rasgos modernos estructurales de la ciudad de Buenos Aires y su sociedad (intraficcionales), como la vigencia del capitalismo más sórdido, la masificación, la vivencia de la diferenciación y el aislamiento sociales, la presencia de la cultura de masas, de los saberes populares y la tecnología (*cfr*. Sarlo 1988). Aparecen como hechos vividos 'naturalmente' por el protagonista-narrador y su entorno –es decir, lo que falta es precisamente su denotación o connotación como 'nuevos'–. Esa falta de caracterización y valoración según categorías históricas destaca, asimismo, respecto del rasgo típico y sobresaliente de la sociedad contemporánea porteña: la *mezcolanza*. El espacio social predominante es, como siempre se ha subrayado en la crítica, el de la "petite bourgeoisie portègne issue de l'immigration" (Villacèque 1995: 43), continuamente amenazada por el desclasamiento y de límites borrosos frente al *lumpen*. Todo ello desemboca en una visión de la ciudad misma no como la "urbe-urbe del Plata, ni la Buenos Aires que se nos fue, de los barrios calmos coloniales, sino una especie de animal sudoroso que se adhiere a la piel de los protagonistas" (Mattalia 1992a: 515). Dentro de este contorno se desarrolla la historia de Silvio Astier[231], narrada por él mismo en visión por detrás, una historia de fracaso y humillación con final abierto, subrayado por una narración autodiegética que de ninguna manera deja entrever el posterior destino del protagonista-narrador[232].

La "búsqueda del propio ser en un entorno hostil" (Gnutzmann 1992: 45), la "producción del yo" y del ser social mediante "los dispositivos de la imaginación" que contribuyen al éxito individual en la subversión del discurso oficial (Masiello 1986: 215), la "construction of a specifically vanguardist artist who has a contentious relationship both to artistic tradition and a concrete Buenos Aires world" (Unruh 1994: 85): así algunas interpretaciones recientes de la temática clave de la novela. Ellas implican, en cada caso, la predominancia de uno de los distintos hipotextos genéricos a los

---

[231] No será necesario un resumen de la trama de esta novela tan conocida y, además, ahora muy bien editada, por Gnutzman (1992).

[232] Después de la traición de su amigo, Silvio parece haber abandonado la ciudad y en algún momento se ha puesto a escribir sus "memorias" (Arlt 1992a: 90), pero no se llega a saber más del tiempo transcurrido desde entonces ni del presente del narrador ni si éste se considera artista, tampoco si todavía comparte la actitud que le hizo delatar a su amigo como *ultima ratio* para distinguirse ante sí mismo.

que remite el texto: la novela picaresca y la confesión dostoievskiana, la novela de aprendizaje, el *Künstlerroman*[233]. Pero también hay otros dos tipos de novela reelaborados en *El juguete rabioso*: la novela del inmigrante y, en relación con ella, la novela del advenedizo. Silvio Astier es hijo de inmigrantes y su deseo de ascenso social funciona como motor principal de la trama[234]. Curiosamente, la crítica no ha prestado atención al potencial subversivo que la novela de Arlt desarrolla precisamente sobre el trasfondo de estos hipotextos genéricos, o sea, a través de la deconstrucción, para llamarlo así, de su modelización de la realidad argentina y los intereses socio-culturales que así articulan más o menos oblicuamente.

Durante los últimos decenios del siglo XIX, ambos tipos de novela habían surgido en el Cono Sur y sobre todo en el Río de la Plata en el contexto de la entonces nueva concepción realista-naturalista de la novela como estudio social, dedicándose al fenómeno del cambio social, considerado uno de los problemas más urgentes de la sociedad latinoamericana (*cfr*. Ille/Meyer-Minnemann/Niemeyer 1994: 97-99). Y si bien novelas de esta temática, desde Cambaceres y Grandmontagne hasta Gerchunoff, suelen afirmar la ideología del progreso y defender el "hacer la América", también restringen el ascenso social en atención a una perspectiva moral y cultural-lingüística y a veces cientista que expresa los intereses socio-económicos de la clase media criolla de la época, piénsese sólo en *En la sangre*, de Eugenio Cambaceres (*cfr*. Meyer-Minnemann 1975). Callando justamente los fundamentos socioeconómicos del cambio social, su enfoque del problema de la inmigración significa casi siempre una reelaboración de la famosa fórmula de "civilización y barbarie"[235]: ahora el criollo (burgués) aparece como el verdaderamente civilizado, mientras el inmigrante es el bárbaro, sea por falta de educación, sea por herencia racial. Buen fundamento para que en el ideario del nacionalismo argentino del Centenario, muy influido por el *Ariel* (1900) de José Rodó, se cifrara el recelo ante la masa inmigratoria en la supuesta diferencia entre la 'tradicional' espiritualidad criolla y el materialismo de los recién llegados, fomentado y aprovechado, no obstante, por la oligarquía nacional (*cfr*. Olea Franco 1993).

---

[233] En atención a la falta de información textual al respecto –el narrador se presenta sólo como autor de las memorias presentes, no como escritor o artista profesional– cabe dudar acerca de si la novela realmente se refiere a este hipotexto genérico.

[234] Para un análisis de la condición inmigratoria de Silvio, véase Leland (1986).

[235] Sobre esta concepción de Sarmiento, tan influyente hasta las primeras décadas de nuestro siglo, *cfr*. Ramos (1988) y Schäffauer (1998).

En los primeros años 20, cuando Arlt estaba escribiendo su novela, los problemas de definición de la 'Argentinidad' y su base en una lengua y cultura comunes bien podían parecer aún agravados. Argentina había entrado de lleno en la modernización industrial y la inmigración masiva de primera y segunda generación no sólo estaba aún más presente sino que ya había causado buena parte de las transformaciones sociales temidas cuarenta años atrás. En todo este contexto se aumentó la heterogeneidad socio-cultural, desembocando en el enfrentamiento de dos culturas ubicadas en los sectores sociales en pugna. Pues la "cultura espontánea" de las nuevas clases criollo-inmigratorias, que estaba impregnada de la ideología del ascenso socioeconómico y cuyas manifestaciones originales fueron el cocoliche y el lunfardo, el tango y el sainete (Romero 1982: 83), se estaba extendiendo en medida insospechada, aprovechando y mezclándose con los nuevos artes y medios de comunicación: el cine, la radio, el disco, las revistas ilustradas de masas, etc. Y mientras las clases en ascenso siempre se habían orientado también en valores de la cultura 'legítima' –muchas veces declasados o banales desde el punto de vista de ésta[236]–, ahora las clases cultas, o sea, sus sectores más liberales, se apropiaron a su vez de algunas de las expresiones culturales populares, de modo que las jerarquías y los mecanismos de legitimación establecidos en el campo literario-cultural se hallaban al principio de un proceso de transformación, reforzado por la formación de la Vanguardia argentina[237] y de su (supuesto) antagonista, la literatura "revolucionaria" defendida por Boedo. Con todo, el panorama literario estaba convulsionado:

> Conflictos sociales extienden su fantasma sobre los debates culturales y estéticos. La cuestión de la lengua (quiénes hablan y escriben un castellano 'aceptable'); de las traducciones (quiénes están autorizados y por cuáles motivos a traducir); del cosmopolitismo (cuál es el internacionalismo legítimo y cuál una perversión de tendencias que falsamente se reivindican universales); del criollismo (cuáles formas responden a la nueva estética y cuáles a las desviaciones pintoresquistas o folklóricas); de la política (qué posición del arte frente a las grandes transformaciones, cuál es la función del intelectual, qué significa la responsabilidad pública de los escritores) (Sarlo 1988: 27-28).

No obstante, la a veces enardecida discusión sobre estas cuestiones no significaba en absoluto que las categorías y valores subyacentes ya carecie-

---

[236] Para el funcionamiento general de tales distinciones, *cfr*. la obra clásica de Bourdieu (1979); sería sumamente interesante un análisis correspondiente de la diferenciación de gustos alcanzada en el Buenos Aires de la época y manifiesta por ejemplo en las distintas revistas de la época y su selección y valoración de los productos culturales.

ran de vigencia. La distinción entre un cosmopolitismo legítimo –él de la elite criolla letrada– y un cosmopolitismo "babélico" –el de la masa inmigratoria– (Sarlo 1997) se relacionaba no sólo con la cuestión de la oralidad criolla, (re)construida para probar la pre-existencia de una argentinidad garantizada, en último término, por el linaje (*ibíd.*), sino también con el problema de las jerarquías literarias y culturales. Así, la conocida polémica entre Boedo y Florida[238] revela, por encima de las diferencias estéticas e ideológicas, una política del lenguaje y de la cultura nacionales de rasgos bastante parecidos. Unos y otros buscaron establecer la autoridad del escritor y su control y poder en cuanto a la cultura nacional (Masiello 1986; Sarlo 1988), cuya modernización o renovación en atención a los ideales respectivos se postulaba como la única válida. De ahí que en último término uno y otro grupo preveían un lugar sólo marginal para la "voz del otro". Resultaban compatibles, si bien con modificaciones, con la posición de la burguesía criolla que a su vez promocionaba "l'intégration des nouveaux arrivants, non par conviction généreuse, tant s'en faut, mais plutôt comme seul moyen de les contrôler et de parer à la menace de débordements populaires" (Villacèque 1995: 42). Y fue precisamente la pequeña burguesía de origen inmigratorio la que en continuación de sus aspiraciones socioeconómicas abrazaba la idea de la integración y, con ello, la creencia necesaria en una Argentina y una 'argentinidad' de estructuras estables[239], aceptando casi inconscientemente las limitaciones, represiones y desvalorizaciones que la cultura 'legítima' imponía a su práctica cultural que, no obstante, sólo llegaba a *mid-cult*.

En todo este contexto, la primera novela de Arlt invierte los esquemas de la novela del inmigrante/advenedizo apuntando precisamente a la falacia del ideal de integración cultural, basado sobre la exclusión de la "voz del otro". Así, el texto relaciona en el plano intraficcional un sinfín de datos que remiten al Buenos Aires de la época –rasgo típico de la novela del inmigrante/advenedizo y no, precisamente, de la novela de aprendizaje, ni del *Künstler-*

---

[237] Para la extensa bibliografía sobre la Vanguardia argentina, *cfr.* Forster/Jackson (1990) y Wentzlaff-Eggebert (1991a); para el presente trabajo han sido de importancia especial los estudios de Masiello (1986), Romano (1984), Sarlo (1982 y 1988), Schäffauer (1998), así como los trabajos reunidos en Montaldo (1989).

[238] Para la bibliografía extensa sobre esta polémica, *cfr.* Wentzlaff-Eggebert (1991a) y, más reciente, Schäffauer (1998).

[239] Sobre esta paradoja de que los que pretenden el ascenso social y con ello promueven el cambio afirman, al mismo tiempo, las estructuras sociales dadas –pues no quieren cambiarlas, sino ocupar un lugar respetado dentro de ellas–; *cfr.* Romero (1976).

roman–, con la copresencia de los más diversos lenguajes, discursos, modelos y valores. Pero esas diferencias no se reducen a una oposición más o menos dicotómica y claramente valorizada entre cultura, lenguaje y moral 'argentinas', por un lado, y su falta, por otro, como sucede en la novela del inmigrante/advenedizo. Al contrario, aquí configuran una mezcla heterogénea y caótica en la que se desvanecen los criterios de lo bueno y lo malo, lo argentino y lo otro, lo alto y lo trivial y, no menos importante, de lo tradicional y lo actual. Desde el punto de vista de las jerarquías literarias vigentes, interiorizadas también por la cultura *mid-cult* (*cfr*. Mattalia 1992a: 513), el conjunto de lecturas del protagonista-narrador –folletines, textos de divulgación científica actual, 'alta' literatura europea del siglo pasado, todo en traducciones, ninguna obra nacional[240]– tenía que resultar de dudoso valor estético tanto como nacional. No obstante, en el mundo narrado representan *la* experiencia cultural argentina contemporánea. Lo mismo vale para la mezcla entre "cosmopolitismo babélico" y lunfardo, argentinismos, casticismos, en fin, entre los lenguajes hablados porteños y el español de las traducciones[241]. Esta mezcla configura *la* experiencia vivida del idioma nacional. De ahí también la "desjerarquización cultural" (Mattalia 1992a) y la heterogeneidad irreconciliable de los modelos y discursos que el protagonista adopta más o menos conscientemente en su intento de construirse una identidad y un lugar social respetado. Rocambole y Baudelaire, Edison y Napoleón, Nietzsche y Judas Iscariote, los clichés del tango[242] y los conocimientos técnicos adquiridos en libros de divulgación popular no son sino reflejo y respuesta al ambiente pequeño-burgués que le rodea, marcado por la trivialización y descontextualización de ciertos elementos de la cultura 'legítima' y la presencia de géneros y saberes de escasa o ninguna legitimación pública (*cfr*. Sarlo 1988; Villacèque 1995).

En cambio, lo 'criollo', tal como lo definía el discurso oficial de la época, aparece como una función vacía, manifiesta sólo en las humillaciones que el protagonista ha de sufrir por parte de los representantes e instituciones de la

---

[240] Aparte de *Las montañas del oro*, de Lugones, estimado sin embargo sólo por la ganancia que promete el libro (*cfr*. Arlt 1992a: 116), no se menciona ninguna obra de la literatura argentina.

[241] Para más detalles, véanse los análisis detallados de Gnutzmann (1992) y Ulla (1990).

[242] La adaptación de este género por el protagonista-narrador, semiconsciente en relación con la imagen de la amada y de la expresión de los sentimientos por ella, así como su utilización por el autor implícito está cuidadosamente analizada en Villacèque (1995).

burguesía criolla: escuela, policía, ejército, el ingeniero Vitri, pero también los que asisten "a las fiestas de la ciudad, las fiestas en los parajes arbolados con antorchas de sol en los jardines florecidos" (Arlt 1992a: 153) y que nunca van a ver en él más que un pobre cualquiera. Es así como también la cultura criolla 'legítima' se revela como incógnita para quienes no nacieron dentro de ella, como sistema opaco cuyos contenidos y reglas no se aprenden "desde fuera" y que se percibe sobre todo como instrumento de exclusión. Y Silvio queda fuera: la percepción de sí mismo se caracteriza por la conciencia creciente de su diferencia insalvable respecto del contexto sociocultural en el cual podría satisfacer su "anhelo de distinción" (Arlt 1992a: 173). Sólo dispone de residuos estereotipados del sistema dominante, entre ellos la llamada moral burguesa-cristiana, que la pequeña burguesía (intraficcional) aprueba hacia fuera e infringe en la vida cotidiana (*cfr.* Leland 1986: 111). Significativamente, lo que al final le permite al protagonista desarrollar cierta identidad, aunque fragmentaria y precaria, es precisamente la transmutación abierta de esta moral, en la línea de Nietzsche y las *Fleurs du Mal*[243], que él toma "en serio", mientras que en la cultura burguesa media y alta (extraficcionales) se leerían en actitud de recepción estética. Con ello da una orientación y cierta 'grandeza' filosófico-estética antiburguesa a su traición, que a fin de cuentas no es sino la hipóstasis de un fenómeno vivido como ubicuo y normal[244].

La heterogeneidad y desjerarquización lingüística-cultural configuran, pues, lo que con Villacèque (1995) bien puede llamarse el ideosema[245] principal del texto y su modelización de la realidad fáctica. Indudablemente, la creación de un mundo narrado altamente referencial, así como la recurren-

---

[243] Curiosamente, Unruh (1994) no presta atención a la orientación nietzscheana del protagonista, tan fuerte en el último episodio narrado, pero anunciada ya en el segundo, cuando Silvio empieza a adorar a la vida: "Sí Vida... vos sos linda, Vida... ¿sabés?" (Arlt 1992a: 160). Bien puede verse en la afirmación de la fuerza vital –ciega, brutal y sin miramientos– la actitud que da cierta unidad a los continuos cambios o autotransformaciones del protagonista, aparte de que explicaría, como muy bien ha visto Schäffauer (1998: 262) la rebelión contra la moral burguesa y la voluntad de poder que significa la traición del amigo. La orientación final hacia Judas Iscariote y la aceptación de la culpa como marca individual recuerda, por otra parte, a la concepción del artista como ser "señalado", portador del signo de Caín, más allá del bien y del mal y, desde luego, de cualquier código burgués que ofrece *Demian* (1919), de Hermann Hesse, retomando buena parte de la ideología y del imaginario finiseculares.

[244] Como argumenta Leland (1986), esa traición no ofrece, pues, los rasgos del *acte gratuit* que otros críticos le han adjudicado.

[245] Para más detalles, *cfr.* Villacèque (1995), que emplea este concepto tal como ha sido elaborado por Cros (1971) con respecto a la novela picaresca.

cia a esquemas típicos de un género argentino 'tradicional', y tradicionalmente entendido como re-presentación de la realidad social, deben hacer aparecer este rasgo como la marca 'verdadera' del Buenos Aires contemporáneo. Se establece así una relación insoluble entre la heterogeneidad y la modernidad (porteñas) que tiene su punto de entrecruzamiento en el yo, en el sujeto que reconoce su identidad siempre precaria y practica una actitud pluralista ante la cultura como consecuencia de la 'diglosia' vivida, cuyas distinciones quedan incomprendidas e incomprensibles. La cercanía entre esta concepción del sujeto porteño moderno y las modelizaciones del individuo desde la perspectiva de la (supuesta) modernidad estética universal resaltan a la vista. Pero no menos evidente resulta la *differentia specifica* respecto del *mainstream* vanguardista de la época: la actitud de crítica social "inmediata"[246]. La novela deja traslucir una noción casi materialista de la relación entre individuo y contexto socioeconómico, pensar y ser, sujeto y objeto: el mundo exterior está dado y condiciona, con sus estructuras económicas, sociales e ideológicas, al individuo y su conciencia[247]. Ese énfasis en la existencia "objetiva" del contexto y su influencia sobre el individuo (hispanoamericano) podría parecer bastante "ingenua"[248] y apenas compatible con la tendencia a superar la escisión entre sujeto y objeto a través de la redefinición de las experiencias de la conciencia –en la línea de posiciones empírico-criticistas, vitalistas o también fenomenológicas[249]– que por lo

---

[246] Cabe recordar aquí que la Vanguardia estética no rehúsa la crítica social, pero que, por lo general, la practica como consecuencia implícita de la crítica cultural –resultado de la revolución de la conciencia será también el cambio de las condiciones sociales, *cfr.* Klinger (1995)–. No obstante, en América Latina también se dieron vínculos más diferenciados entre crítica social y crítica cultural vanguardista, como lo demuestran, con matizaciones distintas, los casos de Mariátegui, Vallejo y Arlt.

[247] Por cierto, el término materialismo remite y debe remitir a la filosofía marxista, que no sólo representa una filosofía política, sino también una posición epistemológica que junto con la del positivismo, ya en la retaguardia, representaba en ese momento en el panorama hispanoamericano el único polo epistemológico opuesto a las corrientes idealistas, vitalistas, fenomenológicas, etc. Como bien se sabe, ni el pragmatismo ni las primeras obras de la filosofía analítica (inglesa) y del neo-positivismo (vienés) entonces en formación se recibieron en aquel entonces en el ámbito de habla española. Casi sobrará mencionar que *El juguete rabioso* dista mucho de compartir posiciones marxistas en el sentido político y/o del materialismo histórico y dialéctico.

[248] Recuérdense a este respecto las ubicaciones citadas de la novela de Masiello (1986) y Corral (1992).

[249] El trasfondo filosófico de las modelizaciones vanguardistas, en particular del sujeto y su relación con el mundo, merecería un trabajo aparte. Después de lo expuesto en cap. I, 3.3, *cfr.* cap. I, 4.2 y II, 2.

general predomina en la Vanguardia, sobre todo en movimientos como el Creacionismo y el Ultraísmo o en los Contemporáneos. Pero, como ya se ha podido ver, en la novela de Arlt las cosas no son tan unívocas. Hay toda una serie de factores que subrayan la heterogeneidad, la contingencia y la condición finalmente opaca de la realidad (intraficcional) y, en el otro polo, la importancia del horizonte imaginario no menos heterogéneo. En el plano de la intención de sentido, la novela de Arlt esboza un modelo del mundo y del sujeto muy compatible con el que comunican las novelas de Vela o Palacio y, a su modo, *Escalas melografiadas*.

Pero, lo que en relación con todo ello hace de *El juguete rabioso* una novela vanguardista en el sentido propio del término, es lo que Ricardo Piglia (1980: 167) ha llamado la "escritura perversa" de Arlt, su "estética del mal" (Schäffauer 1998: 262). Para deconstruir y, en último término, superar los discursos que de uno u otro modo reivindican el monopolio de la argentinidad moderna −y de su literatura− no bastaba presentar un mundo (ficcional) disidente. Al mismo tiempo se había de presentar de tal modo que ni la narración propiamente dicha, ni la escritura unificaran y homogeneizaran los contenidos desde una perspectiva superior que se dejara identificar, a su vez, con uno de los discursos y estéticas entonces vigentes. De ahí que la "desjerarquización cultural" aparezca, asimismo, como rasgo destacado de la escritura de la novela, patente ya en la particular configuración del narrador, cuyo lenguaje no corresponde a la norma de la unidad lingüístico-estilística sino que expone, pero en forma moderada, la misma "mezcla" que el discurso de los personajes (*cfr.* Gnutzmann 1992, Ulla 1990, Schäffauer 1998) y no se identifica por completo ni con el universo diegético, ni con una perspectiva superior. Destaca, por un lado, la fuerte presencia del discurso directo y del discurso indirecto libre, a costa del *récit des événements*. Y por otro lado, llama la atención la predominancia de la focalización interna y la general coincidencia del punto de vista ideológico del protagonista con el del narrador, bastante escueto en comentarios, sobre todo respecto de la propia narración, pero no obstante lo suficientemente presente como para no hacer olvidar la diferencia categorial entre yo narrado y yo narrador. Así, algunos pasajes resultan imposibles de atribuir unívocamente a una de las dos instancias, sea por el empleo del presente:

> Y el Rengo se ríe con una risa que le tuerce los labios descubriéndole los dientes.
> Algunas veces en la noche. – Piedad, quién tendrá piedad de nosotros.
> *Sobre esta tierra quién tendrá piedad de nosotros. Míseros, no tenemos un dios ante quien postrarnos y toda nuestra pobre vida llora* (Arlt 1992a: 219; el subrayado es mío),

sea por el del discurso indirecto libre:

> Un gran cansancio se apoderaba de mí rápidamente, y me dejé caer en la silla. —¿Por qué? Dios lo sabe. Aunque pasen mil años no podré olvidarme de la cara del Rengo. ¿Qué será de él? [...] El podrá venir a escupirme en la cara y yo no le diré nada.
> Una tristeza enorme pasó por mi vida. *Más tarde recordaría siempre ese instante* (Arlt 1992a: 237; el subrayado es mío).

Esa particular configuración de la voz narradora asegura la ambivalencia de esta instancia, a la vez que adquiere un segundo sentido en cuanto expresión de la deconstrucción y desjerarquización de convenciones y modelos novelísticos, en primer lugar de la ficción autobiográfica, en particular de la novela picaresca, pero también de la novela de aprendizaje. Así, el juego de identificación y diferencia entre el yo-narrado y el yo-narrador se opone a la creencia en la identidad personal como resultado de la historia propia y en la narración autobiográfica como el acto indicado para cerciorarse de cómo uno ha llegado a ser quién es. Silvio-narrador explícitamente escribe sus "memorias", pero no domina su historia. Lo que falta es la conciencia histórica respecto de la propia vida, posible cuando (supuestamente) se ha llegado a "buen puerto", a algún puerto, por lo menos[250]. El final marcadamente abierto de esta autobiografía fingida es más que indicio de la continuabilidad consustancial a cualquier ficción autobiográfica y en particular a la picaresca[251]. Apunta hacia la imposibilidad de un lugar desde el cual abarcar y presentar 'el curso de la vida en un discurso'.

Así y no obstante las coincidencias[252], *El juguete rabioso* no es una "picaresca porteña" (Martínez Cutiño/Carricaburo 1979), sino una novela que reelabora y relativiza este hipotexto genérico junto con otros para crear "une littérature de la transgression avec de scories du passé, des bribes de

---

[250] Son sugerentes en este contexto las reflexiones de Penzkofer (1996) sobre la reelaboración de la picaresca en los cuentos de Juan Rulfo.

[251] "Cómo puede estar acabado [...] si aún no está acabada mi vida", dice Ginés de Pasamonte (*Quijote* I, 22) al respecto.

[252] Cabe recordar que el propio Silvio se siente en un momento como de "traza de pícaro" (Arlt 1992a: 151). Sobre las relaciones con la picaresca, *cfr*. Gnutzmann (1992), que sólo las enfoca en cuanto al contenido, y Villacèque (1995), que las ubica en la estructura profunda de los ideosemas y que entiende la oposición entre yo narrado y yo narrador como reelaboración del conflicto entre "je réprimé" y "je répressif" típico de gran parte de la picaresca. Pero, como se acaba de ver, esto no agota el análisis de la subversión arltiana del rasgo genérico de la autobiografía fingida.

discours disqualifiés" (Villacèque 1995: 44 s.). A primera vista, esta mezcla desjerarquizadora de distintos discursos y estilos[253], tan en contra de lo que en la época se entendía por 'literario', esta lengua "perversa, marginal, no es otra cosa que la transposición verbal, estilística, de los temas de sus novelas" (Piglia 1980: 168). Sería así un elemento más en función del supuesto realismo de *El juguete rabioso*. Pero, desde el punto de vista poetológico, esta íntima correspondencia entre el mundo narrado y la particular escritura significa más y algo bien distinto. Por cierto, la novela de Arlt insiste en una serie de rasgos convencionales de la novela, como la obligación mimética, la presencia de una trama y la referenciabilidad del mundo narrado a la realidad fáctica. Pero a la vez ofrece una imagen marcadamente disidente de esa realidad y revela el papel fundamental del discurso narrativo, que se vuelve intransparente y ambiguo por su llamativa heterogeneidad lingüístico-estilística y, también, por la falta de dominio del narrador respecto de lo que tendría que ser "su" historia. De este modo, el discurso no sólo asegura el 'desorden' y la opacidad de la realidad (narrada), sino también apunta hacia los intereses de poder que subyacen a todo discurso que intente establecer la univocidad, la unidad y la jerarquía, el orden, en fin. Y esa subversión del realismo desde dentro –gracias a su "mezcolanza" y sus referencias intertextuales, la configuración del discurso no remite sino a la misma realidad extraliteraria a la que apunta el mundo narrado– se relaciona, en el plano del autor implícito, con una reivindicación de modernidad que en cierto sentido invierte el esquema de las novelas vanguardistas de un Arqueles Vela, un Xavier Villaurrutia o, como se verá, un Martín Adán. En vez de la "contemporaneidad explícita", del imaginario típico de la modernidad universal que en otras novelas vanguardistas –y poemarios, como los *20 poemas para ser leídos en el tranvía* (1922), de Oliverio Girondo– se proyecta sobre el Buenos Aires de la época, aquí se cifra la modernidad en rasgos de la sociedad porteña coetánea que no obstante su pertinencia a la contemporaneidad se hallaban marginados por el discurso oficial lo mismo que por el vanguardista nacional. Así, lo que hace *El juguete rabioso* es identificar lo 'moderno' con lo contemporáneo socio-cultural nacional, concretamente, con las tensiones y contradicciones que surgen de la coexistencia de distintos sistemas socioculturales y que son típicas de la situación de la pequeña burguesía de origen inmigratorio. Y no confiere la visión y la crítica de esa modernidad burguesa a una estética que, desde la perspectiva de la alta cultura inherente

---

[253] Para más detalles de esta mezcla de referencias intertextuales, *cfr.* Villacèque (1995) y Schäffauer (1998: 258 s.), quien presta más atención al plano "estilístico".

hasta a *Martín Fierro*, se legitimaba por su (supuesta) posición superior (contestataria) respecto de la situación nacional; sino a una práctica discursiva que, casi explícitamente, se presenta como parte y expresión consustancial de la modernidad porteña esbozada, por marginada no menos moderna ni menos argentina. La falta de rasgos escriturales entonces reconocidos como más modernos en atención al desarrollo estético universal tanto como los programas de la Vanguardia argentina –reducción de la anécdota, antimimetismo, metaficción, metaforización, etc.– refuerzan este procedimiento. A la vez que subraya la intención de inscribirse en la tradición literaria argentina –la novela del advenedizo frente a la ausencia de intertextos (franceses) 'modernos'– desde sus márgenes, presentadas como parte integrante de ella misma. Arlt no juega con la dialéctica entre modernidad burguesa y modernidad estética y entre universalismo y criollismo, sino que aprovecha las contradicciones internas de la cultura y literatura nacionales del momento. Otra vez, pues, una subversión desde dentro, opositora tanto al discurso literario oficial, como al *martinfierrista* y al de la literatura de Boedo. Es ello lo que hace de esta novela aparentemente convencional el texto narrativo más intrínsecamente vanguardista de la literatura argentina del momento.

PARÉNTESIS: EL HUMOR Y LA MODERNIDAD

Frente a la seriedad que caracteriza la modelización y la crítica de la modernidad urbana/social (hispanoamericana) en las primeras novelas de Vela y Arlt, destaca el tratamiento humorístico-irónico-lúdico del tema en *El intransferible* y más aún, en *La casa de cartón*, del peruano Martín Adán, y en *El joven*, del mexicano Salvador Novo. En el "considerar el arte como juego, y nada más" así como en la tendencia a "una esencial ironía" ya había visto Ortega y Gasset (1987: 57) dos de las características del "arte nuevo"[254].

Pero el fenómeno que en la crítica actual se denomina ya "humor", ya "ironía" y/o carácter lúdico[255] y que se vincula sobre todo con la tendencia a

---

[254] Reflexiones importantes sobre el componente lúdico-humorístico de la estética de la narrativa vanguardista ofrecen Achugar (1996), Verani (1996a) y Burgos (1995); sobre el "humorismo" de Macedonio, quien, como cabe recordar, estaba elaborando ya en los años 20 su ensayo "Para una teoría de la Humorística" (1944), *cfr.* la bibliografía en Fernández (1993: 575-591) y más adelante el cap. II, 3.

[255] Desgraciadamente, la crítica suele emplear estos términos sin precisar sus significados, de modo que muchas veces queda abierto por qué un mismo texto unas veces se considera humorístico y otras veces irónico.

la burla, la parodia y la metaficción, tiene más de una cara. Por un lado, se trata del "humor como una de las manifestaciones de la desacralización de lo literario" y, además, "una nueva manera de concebir la obra de arte sin que esto signifique que en Hispanoamérica se llegue a la revolución dadaísta" (Achugar 1996: 31 s.). Y por otro lado se manifiesta como amplia gama de deconstrucciones entre burlescas y satíricas de los valores y esquemas socio-culturales (burgueses) consagrados, como modalidades diferentes de expresar *more comico* la crítica y el rechazo del *establishment*, liberándose así de explicitar la propia posición opositora. Es decir, en las novelas vanguardistas, humor e ironía resultan compatibles entre sí en un doble sentido: como negación a "tomar en serio" las normas literarias y sociales en cuestión, y como estrategias de "ambiguamiento" de la expresión y del pensamiento. Se emplean como estrategias para desconcertar al lector "medio" de la época, frustrando sus expectativas de univocidad y seriedad, pero despertando también cierta simpatía, sea por medio de la comicidad, sea a través de una ironía que no deja de referirse al texto mismo, como tan bien ya lo ilustra el ejemplo de *Débora*.

Por lo general, pues, el humor y la ironía vanguardistas son cuestión del discurso. Sus lugares típicos son los comentarios del narrador, sobre todo los metaficcionales, pero también las descripciones intradiegéticas. En cambio, en esta primera fase de la novela vanguardista hay relativamente poca comicidad situacional, debido tal vez a la generalmente escasa presencia de acciones y de aspectos físicos. Con cierta excepción de los textos de Pablo Palacio, ese tipo de comicidad se dará recién en la narrativa posterior, en particular en las obras de Juan Emar y José Isaac de Diego Padró, donde adquiere los rasgos de una auténtica carnavalización del cuerpo. Lo que sí se observa ya en los textos de los años 20 es la puesta en escena de lo absurdo con visos cómicos, gracias al marcado anacronismo o la yuxtaposición de lo imposible o lo "elevado" y lo más cotidiano, como sucede en *El intransferible* y, también, en *Panchito Chapopote*. No obstante, lo absurdo cómico suele destacar más en el plano del discurso, como actitud lúdica frente al lenguaje en la línea del procedimiento que Macedonio Fernández ha definido como "humorismo conceptual": una comicidad que radica en el enunciado verbal, "en la expectativa defraudada y en un aserto, primando definitivamente, de un imposible intelectivo" (Fernández 1974: 287), o sea, en "la invención de un absurdo, que es una ingeniosidad, y en segundo término el hacer creer, que es voluntad de juego" (*ibíd.*, 299).

De ese u otro modo –el de la auto-ironía, de la parodia, de la ingeniosa y cómica ruptura de la ilusión ficcional–, los textos captan al lector enfocado hasta que quede "atrapado" en el juego del arte, del lenguaje artístico, y sus posibilidades de plurivocidad, de invención de absurdos y de distancia frente a la racionalidad cotidiana. Todo ello apunta hacia la aguda autoconciencia semiótico-poétológica de la novela vanguardista. Pues tal como humor e ironía se realizan en los textos, sirven para problematizar –mejor dicho, para hacer resultar placenteramente problemático– el paso interpretativo usual de los planos de contenido y expresión al plano de la intención de sentido. Otra vez es el papel del narrador el que funciona como punto de partida: ¿en qué medida y hasta qué punto su discurso puede "tomarse en serio?" En la medida en la que el narrador y su discurso se auto-ironizan y/o se vuelven cómicos no sólo respecto de las cosas, sino también en cuanto a cómo hablan de ellas, también se esfuman los indicios de un sentido figurativo homogéneo "detrás" del sentido literal heterogéneo. Se abren posibilidades ilimitadas de significación, que bien pueden volver a afirmar el sentido literal primario. La diferencia entre decir (una cosa) y significar (otra cosa), condición de posibilidad de cualquier ironía, así resulta ser ironizada ella misma. ¿Pero qué pensar entonces de un texto que a todas luces se contenta con burlarse de lo que dice y de cómo lo dice –y con ello de toda una serie de normas y tradiciones literario-culturales–, y ello sin el menor asomo de aquel patetismo típico de la ironía romántica[256], sino más bien lacónicamente, como juego deliberado sin la menor "trascendencia"? La posición del autor implícito no sólo resulta así de una ambigüedad irreducible. También adquiere una nota de "frivolidad" que la convierte –o por lo menos la podía convertir– en auténtica provocación de la literatura "seria", mejor dicho, de los que en el campo literario de la época defendían tales misiones serias para la "alta" literatura.

Ahora bien, como se acaba de ver en los análisis precedentes, humor e ironía se hallan lejos de configurar las únicas técnicas de ambigüedad y de rechazo de normas literarias y socio-culturales. Tampoco representan las más "intrínsecamente" vanguardistas. Pero sí son típicas de la Vanguardia estética y ya en su momento se consideraban como tales[257]. Primero, manifiestan de

---

[256] Cabe recordar que la ironía romántica apuntaba, finalmente, hacia la superioridad del espíritu creador que se eleva por encima de su propia creación así como hacia el reconocimiento de la diferencia insalvable entre ideal y realidad. Es decir, por lo general se trata de una ironía sin humor –con la excepción, claro está, del insuperable Heinrich Heine y, en menor medida, de Bécquer–, y eso no le podía interesar a la Vanguardia (latinoamericana), con la excepción, otra vez, de figuras como Huidobro, quien no siempre supo evitar tal patetismo.

[257] Últimamente se ha empezado a revalorar más ampliamente el humor como rasgo de las Vanguardias (internacionales); *cfr.*, entre otros, Lohse/Scherer (2004).

manera más visible ese espíritu revolucionario juguetón y juvenil que desde el principio –piénsese sólo en el Estridentismo o en el humorismo de *Martín Fierro*– se perfila como uno de los elementos específicos de los movimientos vanguardistas frente a la oposición izquierdista, por lo general exenta de humor y, más aún, de auto-ironía, pero también frente a la literatura establecida, tan convencida de su nobles y serias tareas. Segundo, humor e ironía se enjuiciaban ellas mismas como actitudes típicamente modernas, en íntima consonancia con los tiempos actuales. El enorme éxito de Buster Keaton y, sobre todo, de Charlie Chaplin había convertido a los cómicos en los iconos de los *modern times*. Y no será casual que, con excepción de Vicente Huidobro, la Vanguardia (hispanoamericana) mostrara más simpatías por Chaplin que por un Douglas Fairbanks Jr. De ahí que tampoco pueda parecer accesorio que ese espíritu humorístico-irónico se manifieste fuertemente en relación con el tema de la modernidad y su modelización/apropiación por medio de una escritura específicamente 'moderna'. Aparte de posibilitar un ahondamiento particular en la dialéctica entre modernidad burguesa y modernidad estética, permitía también expresar 'modernamente' la reserva frente a cualquier modernolatría, la ajena y la propia.

MÁS NOVELAS

Indudablemente, en todo este contexto *La casa de cartón*, del peruano Martín Adán (Rafael de la Fuente Benavides, 1908–1985), puede considerarse una de las novelas más representativas de ese espíritu humorístico-lúdico, desprejuiciado y escéptico que la Vanguardia hispanoamericana supo desarrollar con sistematicidad, por primera vez en el continente[258]. Escrita, según testimonio de Estuardo Núñez (en Adán 1961: 7), a partir de 1924 y terminada en 1927, los primeros capítulos de la novela se publicaron en *Amauta* (10 de diciembre de 1927), mientras en edición completa salió de la imprenta a finales de 1928[259], acompañada de un "Prólogo" de Luis Alberto Sánchez y de un "Colofón" de José Carlos Mariátegui.

---

[258] Recuérdese el *dictum* de Cortázar acerca de la (supuesta) falta de naturalidad y humor en los escritores latinoamericanos como una de las pruebas del subdesarrollo, convenientemente citado en este contexto por Verani (1992: 1081), quien hace hincapié en que desde este punto de vista el humor de la narrativa de Vanguardia, de Martín Adán y otros, "anuncia una nueva edad de la literatura hispanoamericana" (*ibíd.*). Sobre el humorismo de *La casa de cartón*, *cfr.* también Verani (1996a; 1998).

[259] Lima: Talleres de Impresiones y Encuadernación Perú.

Es decir, *La casa de cartón* se insertaba ya desde su lugar de publicación y sus paratextos en uno de los contextos vanguardistas entonces más activos y conocidos de todo el continente. Por cierto, en cuanto a la situación política, poco se había cambiado desde la publicación de *Trilce* y *Escalas melografiadas*. Pero en otros aspectos se estaban realizando modificaciones considerables. La urbanización de Lima, el crecimiento de la clase media y la bonanza de la alta burguesía, el *boom* de la educación y del consumo cultural se hallaban en su apogeo; todo parecía afirmar el éxito de la ideología del progreso, del "crecer y modernizar" que propugnaban las clases dominantes de la "Patria Nueva" y que cifraban en la flamante modernidad (exterior) de Lima. En lo cultural, la amplia gama de actividades entre intelectuales y políticas que Mariátegui estaba desplegando a partir de su vuelta al país en 1923, significaban un aporte modernizador y concienciador apenas sobrevalorable. Culminaban, como bien se sabe, en la serie de artículos "Perunicemos al Perú" (*Mundial*, 1925-1928) y la fundación y dirección de la revista *Amauta* (1926-1930). A partir de 1926 se dio una auténtica ola de publicaciones vanguardistas en distintos puntos del país. En agosto de 1926, el Grupo Orkopata sacó a la luz el *Boletín Titikaka* (1926-1930), dirigido por Alejandro y Arturo Peralta (Gamaliel Churata)[260], y el propio Alejandro Peralta dio a conocer su poemario vanguardista-indigenista *Ande* (1926); en Lima se empezó la edición de *Poliedro* (1926), de *Amauta* y de *trampolín, revista supra-cosmopolita*, dirigida por Serafín Delmar y Magda Portal[261]. Al año siguiente se publicaron los *5 metros de poemas*, de Carlos Oquendo de Amat, uno de los poemarios vanguardistas hispanoamericanos más significativos de toda la época; las revistas *La Puna* (Puno, 1927) y *Vanguardia* (Cusco, 1927), así como las *Radiogramas del Pacífico*, de Serafín Delmar, para citar sólo algunos ejemplos[262].

Dentro del contexto intercontinental, la Vanguardia peruana entre 1926 y 1930 ofrece un perfil particular. Como bien se sabe, *Amauta* –o sea, su director– intentaba relacionar expresamente vanguardia política, Indigenismo y avanzada estética para fomentar así una "modernidad de raíz andina"[263]. En respuesta a preocupaciones parecidas, *trampolín*, que se había

---

[260] Más información en los estudios pioneros de Wise (1984) y Unruh (1984) y en los más recientes y mucho más detallados de Vich (2000) y Zevallos Aguilar (2002).

[261] Sobre esta revista, *trampolín – hangar – rascacielos – timonel*, *cfr.* el facsímil en *Hueso Húmero* 7 (1980).

[262] Para más información sobre la literatura peruana del momento, *cfr.* Núñez (1965), Monguió (1954), Unruh (1984) y los artículos correspondientes de González Vigil (1991).

[263] Así, Cornejo Polar (1994b: 187). De entre los anteriores estudios del programa de *Amauta* caben destacar el de Osorio (1988b) y las monografías de Hovestadt (1987) y

presentado como órgano ante todo de la Vanguardia artística, se volvió una revista de "arte y doctrina" (el subtítulo de *timonel*, último número de 1928), siguiendo, empero, con un lenguaje vanguardista para los textos políticos (*cfr*. Schwartz 1991: 180–182). Indigenismo, compromiso político de izquierdas y estética de Vanguardia se fusionaron también íntimamente en el *Boletín Titikaka* y los textos de sus colaboradores, que no obstante su ubicación "ex-céntrica" en el altiplano estaban en contacto con casi todos los movimientos vanguardistas latinoamericanos de la época (cfr. Wise 1984, Vich 2000).

Desde París, sin embargo, parece que la Vanguardia peruana apenas se distinguía de tantos otros *ismos* americanos y europeos. Ésa es, por lo menos, la opinión de César Vallejo, cuyos ataques polémicos contra la modernolatría superficial y el "llenarnos la boca con palabras flamantes" en vez de asimilar la vida moderna por el espíritu y la sensibilidad[264], así como contra el "plagio grosero" que según él practicaba la "actual generación de América"[265] provocaron, desde luego, más de una reacción entre sus colegas peruanos (*cfr*. Kishimoto 1993: 14-16). Mas también ayudaron a que ellos definieran más explícitamente su intencionada posición en –y frente a– la historia nacional y universal. Desde luego, la Vanguardia nunca logró la atención que entre el público burgués suscitó la publicación, primero en *Amauta*, de *Tempestad en los Andes* (1927-1928), el ensayo indigenista apasionado y combativo de Luis E. Valcárcel[266]. El libro se difundió masivamente y se convirtió en una verdadera Biblia de los indigenistas, mientras que al autor le valió la acusación de traición a la patria y el encarcelamiento. Además, dio pie a la polémica en torno al Indigenismo entre Mariátegui y Sánchez (*cfr*. Aquízolo 1976; Rea 1985), que habían colaborado ambos en la presentación del libro de Valcárcel. Con *El pueblo sin Dios* (1928), de César Falcón, se presentó casi al mismo tiempo –y con bastante éxito– la primera novela indigenista peruana, que contribuyó no poco a la predominancia del realismo social. Pero aun así, por el breve lapso de unos cuatro años, la Vanguardia representaba cierto poder dentro del campo literario peruano, y ello precisamente por la interrelación entre Vanguardia estética y el compromiso entre izquierdista e indigenista para con la reali-

---

Wise (1987); más informaciones bibliográficas sobre nuevos aportes en el *Anuario mariateguiano*.

[264] "Poesía nueva", *Favorables París Poema* 1 (julio de 1926, p. 14).

[265] "Contra el secreto profesional", *Variedades* 1001 (7 de mayo de 1927).

[266] Sobre este ensayo y su impacto ideológico en los países andinos, véanse Tamayo Herrera (1980) y, otra vez, Cornejo Polar (1994b).

dad nacional contemporánea, como tal vez más claramente lo comprueba la reacción literaria "en contra": no en balde *Matalaché* (1928), la novela histórica de Enrique López Albújar, se subtitula "Novela de retaguardia" (*cfr.* cap. II, 1).

Dentro de todo este contexto, *La casa de cartón* bien podría parecer pertenecer a los textos que Vallejo tenía en mente al iniciar su polémica en torno a la 'verdadera' modernidad[267]. Ya desde las primeras páginas, esta novela, dedicada a José María Eguren, se ocupa del tema. Y a la vez ostenta un lenguaje y unas técnicas narrativas inmediatamente reconocibles como vanguardistas, así como una serie de referencias al arte y la literatura 'modernos', desde Proust y *A Portrait of the Artist as a Young Man* (1916), de James Joyce, sobre Giraudoux y Morand hasta el Ultraísmo y Neruda. Así, la novela comienza con un monólogo interior[268], que da cuenta de los percepciones y pensamientos de un adolescente dialogando consigo mismo en el camino al colegio:

> Ya ha principiado el invierno en Barranco; raro invierno, lelo y frágil, que parece que va a hendirse en el cielo y dejar asomar una punta de verano. [...] Ahora hay que ir al colegio con frío en las manos. El desayuno es una bola caliente en el estómago, y una dureza de silla de comedor en las posaderas, y unas ganas solemnes de no ir al colegio en todo el cuerpo. [...] Y ahora silbas tú con el tranvía, muchacho de ojos cerrados. Tú no comprendes cómo se puede ir al colegio tan de mañana (Adán 1961: 21).

Este monólogo, impregnado ya de cierta (auto)ironía cómica –¿qué otra cosa sugieren expresiones como "invierno lelo", "posaderas" o "ganas solemnes de no ir al colegio"?–, da paso a una narración simultánea autodiegética, fragmentaria y asociativa, de las impresiones y reflexiones de un yo anónimo, sin más señas de identidad convencionales que el de ser un

---

[267] Claro que en aquel momento, 1926-1927, Vallejo no podía conocer el texto de la novela de Adán. Tampoco posteriormente la menciona, aunque sí es de suponer que por lo menos leyó los capítulos que se editaron en *Amauta*.

[268] Es decir, se trata de un discurso de un personaje reproducido en forma del discurso directo libre y sin intervención de la instancia narradora, lo que Genette (1972) llama "discours immédiat". Cabe recordar esta definición para evitar la todavía usual equiparación entre "monólogo interior" y "stream of consciouness", que es una de sus variantes históricas. El monólogo interior en *La casa de cartón* se halla mucho más en la línea de Dujardin y Schnitzler que en la de Joyce, es decir, guarda por lo general cierto orden sintáctico y ortográfico y hasta semántico a la vez que marca la 'inmediatez' por frases incompletas, exclamaciones y elipsis, *cfr.* Rojas (1980-1981).

joven estudiante de colegio[269]. La narración en presente configura el *basso continuo* o línea dominante de los 37 fragmentos de los que consta la novela[270]. Mas se interrumpe una y otra vez por la evocación en pasado de recuerdos propios, historias de otros, ya 'reales', ya imaginadas, reflexiones sobre el proceso imaginativo así como por la inserción de los "poemas underwood" que el narrador dice haber trascrito de un manuscrito heredado de su amigo Ramón, fallecido no se llega a saber ni cuándo ni cómo. Una trama propiamente dicha resulta imposible de reconstruir[271], primero porque apenas se presentan acciones susceptibles de encadenarse en un orden lógico-cronológico, segundo porque el narrador evita, cuidadosamente, establecer algún nexo entre los episodios –las indicaciones temporales son escuetas y sumamente vagas–, y tercero porque todo lo que al principio todavía podría parecer narración o descripción con función referencial se desvanece pronto en metáforas continuadas y continuamente reformuladas a partir del significado denotativo, en imágenes verbales absurdo-humorísticas que siguen su propia lógica, oscilando entre el principio de la equivalencia incluso fónica, la aleatoria y la invención cómica:

> En esta tarde, el mundo es una papa en un costal. El costal es un cielo blanco, polvoso, pequeño, como los costalitos que se utilizan para guardar harina. El mundo está prieto, chico, terroso, como acabado de cosechar en no sé qué infinitud agrícola. Me he salido al campo a ver nubes y alfalfares. Pero he salido casi a la noche, y ya no podré oler los olores de la tarde, táctiles, que se huelen con la piel. El cielo, afiliado al vanguardismo, hace de su blancura pulverulenta, nubes redondas de todos los colores que unas veces parecen pelotas alemanas, y otras, verdaderas nubes de Norah Borges. Y ahora tengo que oler colores. Y el camino por el que voy se hace un cuadrivio. Y los cuatro caminejos que ha parido el camino chillan como recién nacidos: quieren que se les meza, y el viento, que, al venir la noche, se vuelve un mozo cabaretero, no quiere mecer caminos: el aire se viste pantalones de Oxford, y no hay manera de convencerle de que no es un hombre (Adán 1961: 52 s.).

---

[269] Las indicaciones de la edad del narrador son contradictorias, pues a veces dice tener 14, otras 15 y una vez 16 años, sin que ello esté de acuerdo con alguna cronología de los sucesos narrados.

[270] Verani (1992), quien se basa en la edición de 1958, habla de 39 fragmentos. En la de 1961 son 37, en consonancia con la *princeps*.

[271] Lauer (1983: 32 s.) da un "índice" de los temas esenciales de los fragmentos según el orden del discurso, sumario que no hace sino subrayar la falta de argumento o, en otras palabras, de la pluralidad de órdenes de esa "prosa calidoscópica" (*ibíd.*, 31).

La situación narrativa participa en este juego. Aparte de que, desde el punto de vista del contenido, varios de los personajes masculinos evocados –y en particular Ramón, el amigo fallecido, pero también Manuel, el joven que hace un viaje (¿imaginario?) a París– bien pueden considerarse los desdoblamientos del narrador, su *alter ego*[272], también hay esa oscilación continua, típica de las primeras novelas vanguardistas hispanoamericanas, entre la voz extradiegética que a veces hasta se refiere explícitamente al propio texto ("Ramón dejó los versos que van arriba", *ibíd.*, 75) y la intradiegética de este mismo yo. El caso de la narración autodiegética simultánea, el único en el cual teóricamente ambas instancias pueden confluir en una sola[273], se presta ya de por sí a ahondar en la ambivalencia y la reversibilidad inherentes a la relación entre yo narrado y yo narrador, o sea, entre historia y discurso. A ello se agrega la posible heterología de la voz narradora autodiegética ficcional, debida a la no-correferenciabilidad de narrador y autor (implícito), que en el discurso autodiegético ficcional no tiene otra voz a través de la cual puede manifestarse (*cfr.* Meyer-Minnemann/Schlickers en prensa). En *La casa de cartón* no es éste el problema, sino otra vez la escisión irrecuperable entre yo narrado y yo narrador una vez que el yo ha tomado la palabra y, aún más, la escritura. Por su particular hechura 'opaca', el discurso se sobrepone a la diégesis y pone "en evidencia ese desplazamiento raigal que descentra al yo y hace imposible situarlo más allá de los límites del lenguaje"[274]. No obstante, a través de la interrelación particularmente estrecha y compleja entre narración simultánea y narración posterior, focalización interna y focalización cero, monólogo interior y referencia al acto de narrar/inventar se insiste también en la imposibilidad de una separación unívoca y tajante entre ambas voces, pues ellas se relacionan en la referencia a la noción de un sujeto por esquivo no carente de una base común, indivisible, condición de posibilidad para la percepción de la diferencia que subvierte la unidad del yo. Para decirlo así, no sólo se trata de la puesta en esce-

---

[272] Sobre este aspecto insisten Loyaza (1974), Kinsella (1981), Lauer (1983), Verani (1992) y, por último, Elmore (1993).

[273] Recuérdense las observaciones de Bachtin (1989), Genette (1972) y Schlickers (1997) acerca de la inevitable diferencia cronotópica entre yo narrado y yo narrador que se abre en cualquier narración, por más breve que sea la diferencia temporal.

[274] Elmore (1993: 59) se refiere aquí al empleo de la segunda persona en el monólogo interior que abre el relato, pasando por alto, evidentemente, el que esas auto-apelaciones en segunda persona desde Dujardin configuran un rasgo estilístico típico del monólogo interior que hay que distinguir de la narración en segunda persona, *cfr.* Meyer-Minnemann (1984).

na del "Je est un autre", como opina Elmore (*ibíd.*), sino de exponer que a la vez es yo y un otro, y que así será, por más que quisiera ser simplemente otro. "Yo seré Ramón un mes, dos meses, todo el tiempo que tú puedas amar a Ramón. Pero no: Ramón ha muerto, y Ramón nunca tuvo la cara triste, y sobre todo, tú ya has catado a Ramón" (Adán 1961: 83); se refleja esta situación en el plano de la historia, o sea, de las preocupaciones del yo vivido narrándose.

Así, la novela es mucho más que "the narrator's memories of a summer vacation as he recounts the erotic adventures of a certain Ramón" (Kinsella 1981: 32 s.). Por cierto, las primeras experiencias de amor y sexualidad constituyen uno de los núcleos temáticos centrales, pero no sólo en relación con Ramón, sino también y ante todo como mezcla de memoria y deseo sempiterno del yo narrado/narrador (*cfr.* también Elmore 1993: 60), cosa bastante insólita para la novela vanguardista del momento, donde con la excepción de Arlt y Vela, este tema apenas aparece. Y junto a éste hay otros temas no menos importantes: la vida en Barranco, entonces balneario de moda en las cercanías de Lima (*cfr.* Ortega 1986); Lima y Europa que devienen cifras equívocas y finalmente espurias de la modernidad; el campo y la naturaleza, de deslindes inseguros frente a 'lo urbano'; el recuerdo de Ramón como intento fracasado de suplantar la pérdida/ausencia por la memoria; las lecturas; la búsqueda de la propia identidad y, *last but not least*, de los procesos de la imaginación y de la propia expresión. Es decir, estaría todo para una novela de aprendizaje, concretamente, una novela de la formación artística. No en balde el narrador recuerda "ese pobre Stephen Dedalus, – un cuatro-ojos muy interesante que mojaba la cama" (Adán 1961: 61). Pero con cierta excepción de las evocaciones de Ramón, todo, hasta la iniciación erótica, se presenta con una actitud distanciada e irónica poco consonante con ese modelo genérico. Y menos aún lo hace la continua referencia a la oposición 'moderno/urbano vs. anticuado/periférico/rural' que funciona como criterio y medida para enfocar las cosas y, en ello, como ideosema cuya validez y operabilidad convencionales se cuestionan hasta que se disuelven en una escritura de una modernidad propia.

Concretamente, lo que las percepciones, reflexiones e imaginaciones del protagonista/narrador deshacen es la equiparación tan grata a la época entre modernidad y cosmopolitismo. Y ello desde dos ángulos: primero, mostrando la falta de modernidad y hasta la ridiculez de lo que en la época se consideraban representantes y manifestaciones del cosmopolitismo, o sea, de la presencia de lo europeo actual en el contexto nacional; segundo, subrayando el poco efecto que la presencia de y orientación hacia lo europeo ha causado y está causando en Barranco y hasta en Lima. Así, los "supuestos emisarios de las metrópolis" (Elmore 1993: 73), cuya estancia en Barranco en otra novela daría un aire cosmopolita al balneario –un inglés que se dedica a la pesca, Miss Anni Doll, el alemán Herr Oswald Tessler y un tal Mister Kakison, británico–, aparecen como tipos pedestres o chocarreros. Son personajes cómicos, aferrados a lo suyo e incapaces de comprender lo que tienen delante:

> Y Herr Oswald Teller hablaba al carretero de las mañanas de Hannover, de la luna llena, de la industrialización de América, de la batalla del Marne... y las erres le salían del estómago, y las miradas le fluían del cerebro, y los recuerdos le patinaban en la nieve azulina [...] El negro Joaquín mascaba su jeta (Adán 1961: 46).

> Recordemos a Miss Anni Doll, turista y fotógrafa, resorte vestido de jersey que saltaba de la caja de sorpresa del balneario peruano. Se apretaba un botón, y Miss Anni Doll arrojaba afuera el cuerpo y las gafas amarillas. El juguete era una atracción municipal, no se podía comprar, era de todos [...] Ella vivía de una renta que venía de lejos, fabulosamente de lejos, como en una lata de té; ella hablaba un latín que quebraba su dentadura de loza limpia como un cristal, en mil añicos; ella no comprendía las campanadas de San Francisco, porque dio en oírlas en hebreo, y San Francisco no sabía lenguas muertas, sino sólo hacer pompas de jabón para alegrar a Dios (*ibíd*, 33).

Objeto de caricatura son, asimismo, los elementos del imaginario de la modernidad burguesa que sugieren estos turistas, cuando no resultan un anacronismo viviente, como Herr Oswald Teller, wagneriano y lector asiduo de "Garten und Laube" (i. e. *Die Gartenlaube*). Esa actitud "libre de cualquier complejo de inferioridad" (Elmore 1993: 73) la demuestra el protagonista-narrador también frente a las 'urbes', tanto Lima, "con su olor de sol y guano y sus placeres solitarios" (Adán 1961: 39), "la sucia Lima, caballista, comercial, deportiva, nacionalista, tan seria..." (*ibíd*, 64), como París. No obstante su "olor de asfalto y su rumor de usina y sus placeres públicos" (*ibíd*., 39), se parece tanto a Barranco y a Lima que Manuel –amigo 'real' o imaginado– se aburre y no sabe adónde ir o volver. Barranco no ha ganado con la urbanización más que la municipalización y burocratización del "mundo del corral" –"Esta ciudad positivamente no es una aldea. Los asnos respetan devotamente la acera"" (*ibíd*., 94)–, idea que se combina con el aire provinciano-clerical y tranquilo que trasluce en general de las descripciones satíricas de los habitantes y calles de Barranco (*cfr*. Verani 1992). No obstante, la urbanización es un proceso irrefrenable que ya ha ocupado el campo, de modo que en cuanto tal ya no existe sino como futura extensión de la ciudad (Adán 1961: 79, *cfr.* también Elmore 1993). Y no sólo esto. También la naturaleza se vuelve parte de la civilización, o sea, es percibida y presentada a través de imágenes que identifican lo uno con lo otro en combinaciones sorprendentes y a menudo rayando en lo cómico: el viento con pantalones (*cfr. supra*), "una tarde remota que, como en el chascarrillo, era un gran huevo frito" (*ibíd.*, 26), "un jacarandá que se parece a una inglesa con gafas" (*ibíd.*, 30), un "cielo obeso en cura de mar" (*ibíd.*, 48). La 'clave' de este modo de percepción/metaforización se da en los "poemas underwood", que en más de un sentido son una *mise en abyme* de la novela y su poética: "Nací en una ciudad, y no sé ver el campo./ Me he ahorrado el pecado de desear que fuera mío" (*ibíd.*, 70; *cfr.* Elmore 1993: 77). Lo único que queda fuera es el mar, tal vez por su íntima relación con el erotismo. Ello no impide, por otra parte, que imágenes correspondientes estén teñidas de humor, al igual que la frecuente animación y/o 'naturalización' de fenómenos urbanos "acentúa la naturaleza subjetiva del relato y un trastocamiento de lo real que surge con una inflexión crítica e irónica" (Verani 1992: 1081).

Ahora bien, toda esa ironización y deconstrucción de lo (supuestamente) 'moderno' adquiere su plena dimensión en el juego –complejo y ambiguo– con los guiños auto-irónicos del narrador acerca de sí mismo, de la modernidad de su discurso y la presencia de los intertextos obligatorios a este respecto. Alusiones burlonas a Girardoux [!], Nietzsche, Morand, Cendrars, Radiguet, Proust, Spengler, Pirandello, Joyce, Freud, etc., mas también a las lecturas de la burguesía provinciana –desde el calendario cristiano sobre Verne y Paul de Kock hasta D'Annunzio y Azorín– se integran en el proceso de imaginación y escritura "Ahora se nos mete el invierno –un invierno extracalendarial, ortodoxamente bergsoniano: películas en veinte capítulos" (Adán 1961: 64). Y, asimismo, se insertan referencias a la Vanguardia hispanoamericana:

> Y una nube de color de café con leche, ¿qué será? Es posible que no sea nada. O quizá sea ella un verso de Neruda. O quizá una costa de signo, patria de Amara, sueño de Eguren. O si prefieres, simplemente una nube de color de café con leche –para algo tenemos dieciséis años y el bozo crecido (*ibíd.*, 66).

Tales comentarios se pueden leer como *mises en abyme* del proceso de imaginación/producción textual tanto como de su reivindicación de modernidad. La actitud lúdica-irreverente y despreocupada frente a cualquier 'ortodoxia' de lo moderno demuestra a la vez familiaridad y poder de distanciamiento frente a lo más avanzado. Mejor dicho, mientras que en *El intransferible* el humor y la ironía se refieren ante todo al plano del contenido, aquí se usan también como herramientas eficaces para la apropiación y elaboración de un discurso narrativo y una escritura cuya modernidad reside, entre otras cosas, en el juego con la propia condición periférica y/o la posible no-correspondencia a una modernidad ya definida por otros. Frente a ella, el texto (re)presenta una poética de la ficción/imaginación para la cual la cuestión moderno vs. no-moderno es un criterio plenamente aceptado, mas ni a ciegas, ni a costa de otros. Concretamente, la autorreflexión lúdica en torno a la medida y las razones de la propia modernidad o posible no-modernidad –en atención a los últimos desarrollos europeos y latinoamericanos– aparece como seña de la voluntad y la autoconciencia de una Vanguardia estética hispanoamericana que en absoluto se deja reducir a algún tipo de modernolatría. La indudable modernidad de sus rasgos de contenido y expresión –y a este respecto la novela de Adán no dejaba nada que desear– no configura un fin en sí, sino que se entiende en función de un proyecto más amplio, posibilitado, eso sí, y como lo implica el texto mismo, por el proceso de modernidad y la intención de dar una respuesta/propuesta a éste. Con todo ello, *La casa de cartón* deshace de manera sutil pero efectiva la categorización de Vallejo (1926, en Schwartz 1991: 446):

> La poesía nueva a base de palabras o metáforas nuevas, se distingue por su pedantería de novedad y, en consecuencia, por su complicación y barroquismo. La poesía nueva a base de sensibilidad nueva es, al contrario, simple y humana y a primera vista se la tomaría por antigua o no atrae la atención sobre si es o no moderna.

Y se perfila a fin de cuentas como exponente no típico, pero muy bien compatible con el proyecto de la(s) Vanguardia(s) peruana(s) del momento. Es decir, realiza su línea complementaria, la "totalmente artística, totalmente literaria" (Adán 1961: 19). Su intencionado potencial crítico-cultural, en torno a las nociones vigentes de la doble modernidad hispanoamericana, de la problemática del yo y del papel del discurso/lenguaje, por eso no fue menor.

La *nonchalance* y el enfoque distanciado, histórico y a menudo sarcástico con los que la breve novela *El joven*[275], del mexicano Salvador Novo, temati-

---

[275] Publicado en *La Novela Mexicana*, t. 1, no. 2, agosto de 1928, cuyo director literario fue el mismo Novo. Una segunda edición se realizó en 1933 (México: Imprenta Mundial); una tercera como apéndice al libro de Novo *Nueva grandeza mexicana* (1946), precedido por la nota "Ensayo previo sobre la ciudad escrito en 1928". Curiosamente, Borsò-Bargarello (1988) parece conocer sólo la edición de 1933.

za la modernidad, apunta a primera vista en una dirección parecida. Aparte de corresponder a constantes de la obra de Novo en aquel entonces[276], señalan hacia un cambio en la concepción y expresión de la modernidad que se explica en buena medida por las condiciones cambiadas del contexto histórico y literario correspondiente: el México de 1928. Por cierto, esta novela es la reelaboración de un texto brevísimo que bajo el título de "¡Qué México! Novela en que no pasa nada" ya había aparecido en 1923 en la sección "Kodak" de la revista *La Falange*[277]. Y en cuanto tal manifiesta la inquebrantable vigencia de la cuestión. No obstante, en la versión de 1928 adquiere un perfil distinto.

La novela presenta, a través de un narrador heterodiegético de focalización cero, algunos percepciones y recuerdos de un joven estudiante que después de una larga enfermedad sale por primera vez a la calle y deambula por "su ciudad" (Novo 1928: 2). Y mientras esa ciudad pronto resulta ser la capital de México (*cfr. ibíd.*, 6), del protagonista no se llegan a saber ni el nombre ni detalles personales, sólo una cierta tendencia a saltar de una observación o reflexión a la siguiente, de los carteles de publicidad a los helados, de estos a los dentistas, etc.:

> Leía con avidez cuanto encontraba. ¡Su ciudad! ¡Su ciudad! Estrechábala contra su corazón. Sonreía a sus cúpulas y prestaba atención a todo.
> Man Spricht Deutsch, Florsheim, Empuje usted, Menú: sopa moscovita [...] [¿] Tiene usted callos? Tome Tanlac. Sin duda, a pasos lentos, pero su ciudad se clasificaba. Para cada actividad señalada, remedios o gentes especiales. Ya los helados ya no son solamente de limón, de chocolate, de fresa o de "amantecado" como solían. [...] ¡Y de Maple!...
> Los últimos, capricho del destino y deber del joven de la fuente soda, saben a life-savers. Los life-savers tienen el sabor que deja una extracción de muelas. Los dentistas (*ibíd.*, 2-3).

El carácter escueto de la trama y la *decharacterization* del personaje tienen su contrapartida en el discurso del narrador, que después de presentar al protagonista y reproducir sus pensamientos al salir a la calle en discurso indirecto libre, parece perderlo de vista y centrarse en sus propias reflexiones, interrumpidas sólo por breves pasajes en pasado que narran otra vez los recuerdos del joven sobre el campo (*ibíd.*, 9-10) y sus pensamientos al volver a casa (*ibíd.*, 20). En cuanto tal, la división en narración y comentario no tendría nada llamativo si no fuera por la confusión entre los planos intra y extradiegéticos. Los comentarios del narrador se refieren a su propio yo-aquí-

---

[276] Piénsese, p. ej., en el cinismo de sus *Ensayos* (1925), *cfr.* Sheridan (1985).

ahora y se parecen, también por sus repetidas apelaciones a distintos narratarios (p. ej. Novo 1928: 14, 17), a las digresiones extradiegéticas convencionales de un narrador heterodiegético-autorial típico. No obstante, en atención a los contenidos resulta que estos comentarios y observaciones se refieren justamente a los mismos fenómenos que se acaban de presentar en el plano intradiegético, de modo que el aquí y ahora del narrador aparece como idéntico al cronotopos de la diégesis: la Ciudad de México a finales de los años 20. Pero lo que así se borra otra vez no sólo la diferencia entre extra e intradiegético, sino además entre extra e intraficcional. Las 'digresiones' del narrador se refieren a fenómenos de la vida cotidiana e intelectual mexicana: los avisos en los periódicos, los chóferes y el aumento de los automóviles, los boticarios, las discusiones entre los estudiantes de sociología, medicina y leyes, las editoriales y la literatura mexicanas, el cine mexicano en oposición al californiano, el estancamiento de la cultura mexicana, los libros "amazing" en Estados Unidos, los cafés y bares, helados y sodas. Son temas típicos de los apuntes rápidos y las breves crónicas, orientadas en el género del artículo de costumbres, que abundaban en los periódicos de la época. El propio Novo había reunido tales textos en su libro *Ensayos* (1925) e iba a publicar crónicas también en años posteriores[278]. Y no sólo eso. El sinfín de datos que remiten al México coetáneo –nombres de calles y bares, escuelas, periódicos, políticos, editoriales, escritores como Tablada, Luis G. Urbina, José Gorostiza, José Vasconcelos, Federico de Onís y G. B. Shaw, etc.–, así como el particular estilo llano y lacónico y el empleo de la primera persona sólo en plural, para referirse a 'nosotros los mexicanos', hacen aparecer estos pasajes como notas periodísticas, o sea, no-ficcionales y no-literarios en la acepción de la época. No hay nada de la llamada poetización del lenguaje que quiere detectar Vargas (1986: 43); nada tampoco de otras técnicas para impedir o por lo menos estorbar la lectura lineal y denotativa-referencial:

> Los que van a ser ingenieros no tienen tiempo para obrar. Están encantados porque Comte y Tolsá (no Tólsa, ¿verdad, marqués de San Francisco?) los colocaron en el primer lugar de las ciencias y de la ciudad.

---

[277] Este primer esbozo ocupa sólo cuatro páginas (*cfr. La Falange*, septiembre de 1923, pp. 346-349), frente a las 20 páginas que tiene la versión de 1928. Borsò-Borgarello (1988) no menciona la primera versión del texto de 1923.

[278] Novo empezó a trabajar como ensayista y periodista en los primeros años 20, con regularidad a partir de principios de los 30. Libros como *Jalisco-Michoacán* (1933), *Continente vacío* (1935), *En defensa de lo usado* (1938) y *Nueva Grandez Mexicana* (1946) ofrecen ese mismo tipo de instantáneas.

Hay todavía algunas escuelas recientes como Agricultura, como la E.I.M.E., como la Gabriela Mistral, que aún no forman un tipo claro y distinto; con el tiempo, sus árboles darán su fruto cierto. No tardan las cocineras tituladas y se podrá entonces emprender la "antología de los platillos".
¿No la querría editar la casa "Cultura"? (Novo 1928: 14).

Significativamente, son esos apuntes entre humorísticos e irónicos sobre la cultura mexicana los que se aumentaron considerablemente en la versión de 1928. Así, a diferencia de la primera versión, *El joven* se presenta desde su título y lugar de publicación como novela, pero se revela en la lectura como una mezcla de relato, ensayo y nota periodística que recobra su coherencia no en cuanto narración, sino por el tema y su enfoque crítico-burlón: "Hay dos grandes muestras de la fuerza que crea dividiendo en nuestra moderna sociedad. El aviso oportuno, en lo moral, y la casta de los chóferes, en lo material" (*ibíd.*, 4).

La visión que el narrador –si todavía se le puede llamar así– comunica de este modo de la actualidad mexicana, tiene varias facetas. Por un lado se trata del cambio entre el México prerrevolucionario y la situación posrevolucionaria, "Con la revolución, por fin, hubo tantos autos –ya rápidos y yanquis–, como generales" (*ibíd.*, 6), por otro lado, del abismo que separa la vida mexicana contemporánea de la 'verdadera' modernidad, "Nosotros descubrimos el presente, tan exterior a nuestra vida, tan casualmente como ellos [los norteamericanos] la Historia. Por eso nuestra cultura se detiene en 1900 y es, sobre todo, francesa" (*ibíd.*, 17). Esa ubicación de la supuesta modernidad de México adquiere su carácter malicioso gracias al juego con la perspectiva histórica –presente vs. pasado nacionales, contemporaneidad nacional vs. modernidad universal– y su interrelación con distinciones como superficie vs. profundidad, mercado/consumo vs. cultura y, *last but not least*, banal vs. relevante. Todo ello sirve para arrojar una luz nada favorable sobre la tan aclamada relevancia de la Revolución: en rigor, ésta no ha cambiado sino aspectos superficiales, y sus 'logros' consisten en banalidades, básicamente la creciente adaptación de la cultura cotidiana norteamericana y sus productos. Autos, chóferes, *policemen*, productos estadounidenses, cine, discos y un léxico lleno de los correspondientes anglicismos –que también el narrador usa a menudo– marcan la vida mexicana cotidiana, mientras que los jóvenes siguen discutiendo sobre literatura europea e hispanoamericana finisecular y se atienen, además hipócritamente, a un nacionalismo anacrónico:

¡Por mi raza hablará el espíritu! [...] La doctrina Monroe, vos lo sabéis, fue un "lapsus linguae". Debió formular: América para los Norteamericanos. ¡Pero no lo consentiremos, compañeros! No volveremos al Cine Olimpia. No aprenderemos inglés. Ese pueblo, esa raza de cow-boys y bathing-girls, desaparecerá; nos alientan Vargas Vila y el Himno Nacional (*ibíd.*, 12).

En México, así se insinúa, la tan proclamada modernidad es un mero barniz superficial, que no afecta a 'la cultura', y la Revolución ha sido una anécdota pintoresca que se presta para chistes sobre la cantidad de generales, nada más. La diferencia entre México y la modernidad resalta, para el narrador, ante todo de la comparación con Estados Unidos. Siente admiración por la cultura propia que los Estados Unidos lograron sobre la base de su dependencia original (*cfr. ibíd.*, 18). Y en la ya comentada configuración del discurso también puede verse cierta reverencia/referencia al estilo conversacional de la New Poetry, que el propio Novo admiraba mucho (*cfr.* Borsò-Borgarello 1988: 173 s.). No obstante, *El joven* no expone a la modernidad estadounidense como un modelo a seguir, ni siquiera en lo que podría ejemplificar de "mestizaje". Primero, la ironía del narrador no cesa ante la cultura norteamericana, por más –mejor dicho, precisamente porque– la conoce tan bien: "Y las películas americanas, esas sí standard por quien sabe que reglamento, hicieron triunfar a la virtud por encima de todo, en un beso final. La tragedia es la más alta manifestación del arte" (*ibíd.*, 17). Y segundo, *El joven* no quiere propagar ningún "modelo", ni de modernización ni de identidad mexicana. A este respecto la historia del joven a todas luces debe comportar un ejemplo individual y ambiguo frente a las observaciones generalizantes del narrador, a la vez que por su evidente ficcionalidad relativiza la carga conceptual unívoca que se adjudicaría a un texto no-ficcional[279].

Así y con todo, desde el punto de vista narratológico, la "novelita" de Novo resulta poco llamativa. Mas tampoco era esa, a todas luces, la intención de su autor, sino la búsqueda de una modalidad para poder expresar de modo disidente y humorístico la oposición frente al ambiente cultural estancado e infundir el escepticismo fundamental frente a las "nuevas mitologías" que se estaban gestando y/o promulgando en el México de la época: el nacionalismo cultural y el recuerdo de la Revolución, cuyo conjuro oficial

---

[279] De ahí también que parece poco adecuada la lectura alegórica y unívoca de la historia del joven como la historia del Estado mexicano que después de la Revolución (la enfermedad) busca su identidad que propone Borsò-Borgarello (1988), pasando por alto el hecho de que uno de los puntos de ataque de la Vanguardia, también en México, fue precisamente la alegoría en tanto que estrategia de lectura ideológica y no propiamente estética.

concordaba bien poco con la política económica y social del momento. En este contexto, *El joven* convierte la ficción en estrategia para revelar y ridiculizar el engaño, la autocomplacencia y los intereses de los nacionalistas y los revolucionarios oficiales, mas también de los burgueses nostálgicos y, ya *post festum*, de los modernólatras estridentistas, como todavía se las solía enjuiciar. La ficción posibilita evitar comunicar una (o)posición que a no ser ficcionalizada hubiera resultado sólo poco menos que doctrinaria. La ironía y la risa despliegan su poder de subversión gracias a la exploración de las posibilidades de ambigüedad –codificación doble– de la ficción. En 1928 la modernidad hispanoamericana seguía siendo difícil, pero por eso no debía dejar de enfocarse con una actitud moderna: crítica, abierta, lacónica –hoy se diría *cool*–, y ello también y precisamente consigo misma.

4.2. Otras vertientes

> Ese vals tiene que ser viejo. En cuanto logro aprender de memoria la letra de una canción, comprendo que ha pasado de moda. Igual en esto a ese rival mío, el poeta Gilberto. Atento siempre a la poesía francesa, comienza a ensayar un ismo cualquiera cuando en París ha sido aceptado hasta por el *Mercure de France*, y no habla ya nadie de él. Va a necesitar que le envíen por cable los nuevos poemas. Me satisface saber, así, que se arruinará sin remedio (Owen 1979: 192).

Esta cita de "Examen de pausas" (1928), fragmento de una novela perdida de Gilberto Owen, expone el problema de la modernidad en/para América Latina. Y es sobre todo en este sentido del juego entre la conciencia de la modernidad periférica y la "busca de nuestra expresión" (Henríquez Ureña 1928) que la cuestión de la (doble) modernidad hispanoamericana impregna, asimismo, las novelas vanguardistas publicadas hasta 1928 que no se dedican expresamente al tema. Como ya se dijo, son relativamente pocas las novelas que en esta primera fase emprenden la renovación radical del género centrándose en el plano del contenido en otras de las dominantes específicas de la poética de la novela vanguardista. Pero sería erróneo suponer que en aquellos años estas otras dominantes –cifradas por de pronto en los temas del sujeto (moderno), la relación ficción/arte-realidad y lo (supuestamente) autóctono– jugaran un papel menos importante para el proyecto vanguardista. Por cierto, podría atribuirse el ahondamiento en ellas a preferencias individuales o, aún más, a particularidades regionales, concretamente, a las condiciones específicas de la situación en México –la mayoría de las novelas a analizar ahora son mexicanas–. Y cabe subrayar otra vez que México se hallaba, en más de un sentido, en la avanzada a la vez que en un "camino especial" respecto del desarrollo histórico y literario latinoamericano. Ello se manifiesta de manera destacada en la historia de sus Vanguardias, desde el Estridentismo, pasando por el Muralismo, hasta los Contemporáneos y el Grupo de Taller, y de las enardecidas polémicas que entablaron con el *establishment* y entre sí, así como en la creciente presión de lo político, que en México empezó antes y con signos distintos que en otros países (la cuestión arte revolucionario vs. arte de la Revolución marcó a los movimientos mexicanos casi desde el principio[280]). No es de sorprender, pues, que se dieran allí casi simultáneamente novelas tan distintas como *Margarita de niebla* y *Panchito Chapopote*.

Pero también en otras latitudes se produjeron novelas vanguardistas que persiguen líneas parecidas. Y si a ello se agregan no sólo las novelas comenzadas en aquellos años –las americanistas de Churata y Carpentier, la metaficcional de Macedonio Fernández–, sino también la narrativa breve publicada o empezada entonces –*La tienda de muñecos* (1927) de Julio Garmendia, *Fulano de tal* (1925) de Felisberto Hernández, *Tachas* (1928) de Efrén Hernández, *El derecho de matar* (1926) de Serafín Delmar y Magda Portal, los textos de Macedonio Fernández reunidos en *Papeles de Recienvenido* (1929) y *Leyendas de Guatemala* de Miguel Ángel Asturias–, el panorama resulta muy distinto. Mejor dicho, las otras vertientes de la novela vanguardista en absoluto representan propuestas minoritarias frente a un *mainstream*, tampoco son sólo un fenómeno típico de la Vanguardia mexicana. Bajo la "superficie" de las novelas publicadas[281], se desplegaba la auténtica variedad de la narrativa vanguardista y se estaban preparando diferenciaciones y transposiciones de las dominantes que iban a cundir en la fase siguiente o aún más tarde.

---

[280] Para las polémicas entre los movimientos vanguardistas mexicanos, *cfr*. cap. I, 2.3 y más adelante, cap. II, 1. Más detalles en Schneider (1975); una síntesis esclarecedora en Meyer-Minnemann (1987b).

[281] La publicación, cabe recordar, era muchas veces un asunto difícil y regido por casualidades, piénsese sólo en los casos de Arlt, Macedonio Fernández, Gamaliel Cuarta, etc. Fueron muy raros los movimientos que disponían, como los estridentistas en Xalapa o los Contemporáneos, de apoyo financiero estatal o semi-oficial. En Xalapa fue el gobierno del general Jara el que financió la revista *Horizonte* y las Ediciones Horizonte; las revistas de los Contemporáneos fueron subvencionadas primero por la Secretaría de Educación Pública (*Ulises*), después por Bernardo Gastélum, de la Secretaría de Salubridad y, bajo la presidencia de Portes Gil, por Genaro Estrada, subsecretario de Relaciones Exteriores.

CAPÍTULO I

EL YO MODERNO HACIA DENTRO

Desde una perspectiva no muy atenta al contexto histórico-literario (nacional) del momento –y en comparación con novelas como las de Vela, Palacio o Adán– resulta difícil detectar el potencial vanguardista de una novela como *Margarita de niebla*[282], la primera novela de Jaime Torres Bodet (1902-1974), el entonces ya más conocido e influyente miembro del "grupo sin grupo" y todavía sin nombre[283]. Al contrario, la novela parece bastante convencional: presenta la historia "sentimental" de Carlos, un joven profesor y escritor, que se enamora de una colegiala de ascendencia alemana, Margarita, y finalmente decide casarse con ella. Pero después de casados, al punto de salir con ella y sus padres hacia Europa, reconoce que "nuestras razas se repugnan" (Torres Bodet 1985: 91) y prescinde de consumar la noche de bodas. Mejor se hubiera casado con la amiga mexicana de su novia, no obstante, se propone "regresar a Margarita", cosa que ella empieza a hacerle difícil... (*ibíd.*, 97). La narración autodiegética intercalada, mayoritariamente en presente (histórico), recuerda el género del diario íntimo –llevado a intervalos irregulares[284]– y resulta poco complicada. Destaca por el esmero en el tratamiento de la duración, cambiando entre *rallentandi* y elipsis (*cfr.* Forster 1976) y por lo que ya la crítica coetánea solía llamar el estilo poético. Éste se manifiesta en la proliferación de símiles y metáforas originales –pero nada rupturales–, en la riqueza del vocabulario –sólo moderadamente contemporáneo– y la flexibilidad sintáctica. Todo lo contrario del estilo llano, casi de reportaje y muy dado a los mexicanismos (en el discurso de los personajes), que predominaba en la incipiente novela de la Revolución, se trata de un discurso que continuamente –¡mas nunca explícitamente!: el narrador en ningún momento alude a su acto de narrar o comenta su narración– llama la atención sobre su propia literariedad y que dedica mucha más atención a la descripción y el análisis psicológico que a la trama propiamente dicha. Una y otra vez el narrador-protagonista reflexiona sobre su visión y la memoria de Margarita, mejor dicho su intento de

---

[282] México: Cvltvra, 1927. La novela salió en octubre, pero en el tercer número de *Ulises* (agosto de 1927) ya se publicó un anticipo.

[283] Sobre la trayectoria de la vida y obra de Torres Bodet, *cfr.* Karsen (1971), Miller (1976) y Sheridan (1985).

[284] Los 12 capítulos no llevan fechas, pero a menudo empiezan con una indicación temporal típica de un diario "Desde hace mes y medio, veo a Margarita" (*ibíd.*, 43), "–Hasta mañana–, me dijo ayer Margarita" (*ibíd.*, 50), y se centran, por lo general, en el análisis psicológico a partir de acontecimientos ocurridos durante el día.

lograr una imagen estable de su personalidad –que le queda inaccesible– y en general sobre su manera de percibir, imaginar y recordar la realidad:

> En un esfuerzo de imaginación, dilato la distancia que me aleja de ellas, deseoso de agregar a la mirada con que me sonríen la ojera del tiempo, porque no sé gozar de ningún placer que no se me ofrezca en el cultivo de la memoria. La realidad de lo que puedo inmediatamente oler, tocar, sentir, me desagrada como un compromiso. Y porque estoy seguro de que sólo cuando llegue a mi casa y compare sus risas con el silencio de mi alcoba, advertiré la dicha del paseo incompleto, lo apresuro, ante la espectación de las amigas, que no pueden explicarse esta veleidad de literato (Torres Bodet 1985: 56).

En atención a esta y varias otras *mises en abyme* metatextuales, una parte de la crítica académica ha cifrado los rasgos vanguardistas del texto precisamente en su posible dimensión metaficcional (Perassi 1993, Nagel 1991, entre otros). Indudablemente, la novela de Torres Bodet ofrece una serie de reflexiones y descripciones intraficcionales que se pueden leer como reflejo de la elaboración artística del texto y/o de la relación entre literatura/arte y realidad. Entre ellas destaca la escena en la que Carlos, al afeitarse, se ve en el espejo junto al paisaje visible por la ventana abierta y nota los cambios que en estas dos imágenes realiza el tiempo sin que el espejo guarde rastro del estado anterior: desde el rostro del adolescente "hasta el de hoy, ¡cuántos rostros ajenos he llevado sobre el mío, oculto!", desde el paisaje impresionista al amanecer hasta "el esqueleto y la temperatura del cubismo", con un "sol oblicuo y psicológico", árboles al estilo de Picasso y un semblante de Carlos que tiene semejanza con *El Americano* de Grigoriew (Torres Bodet 1985: 64-65). Con razón, Unruh (1994: 71-72) ha visto en esta escena un primer paso en el diálogo de Torres Bodet con las ideas de *La deshumanización del arte*. A la vez hace hincapié en las diferencias que la escena ofrece frente a la imagen orteguiana, ante todo un mayor énfasis en "art's estranging activity", así como un cambio en la dirección de la mirada del artista, que "rather than favoring the frames over the landscape, focuses on the interaction between the framing process and ist raw material, that is, between art and life, as well as on the position and activity of the human subject who constructs the interaction". Pero esa remodelización implícita de la definición orteguiana del "arte nuevo", que no obstante su mayor atención para el contenido humano y la posición del artista recuerda a la de *Dama de corazones* (*cfr.* cap. I, 2.3), no hace de *Margarita de niebla* una novela metaficcional en el sentido propio del término. No en balde se recurre aquí a una imagen clásica de las concepciones miméticas realistas: el espejo (texto) que refleja (mas no produce) el fragmento de realidad y sus cambios perceptibles

CAPÍTULO I

para el yo. Si se la toma en serio, esa exposición implícita de la propia poética reivindica, precisamente, una lectura atenta tanto a los contenidos como a los modos de su presentación artística particular. La verosimilitud completa de su mundo narrado, sus datos referenciables[285], la elección de un narrador personal 'convencional' –que desde luego tampoco sabe de los epígrafes tematizados por Perassi (1993, *cfr. supra*)[286]– y la preferencia por el discurso indirecto libre subrayan que el efecto de realidad es intencionado[287].

Pero, ¿en qué reside, pues, lo (intencionadamente) vanguardista de esta "filigrana sentenciosa, equilibrada, *snob* y altamente intelectual que se recubre con la pátina acaramelada y encantadora de nuestro cine sentimental de los años cuarenta" (Sheridan 1985: 309)? Evidentemente reside en la modelización de su tema central –la subjetividad de un joven escritor mexicano de la época– y en la soltura, el *snobismo* estético-narrativo, con que lo hace. Menos insistentemente –y más legible para el público de la época– que *Dama de corazones*, la novela de Torres Bodet ahonda en la condición de un intelectual moderno, en su autorreflexividad y su escepticismo, en su búsqueda no del tiempo perdido sino de una imagen y una memoria estables del otro y de sí mismo que nunca ha poseído y que su actitud (auto)crítica y racional nunca le van a proporcionar.

El continuo preguntarse y observarse a sí mismo en la apropiación de la realidad y la formación y afirmación de los propios deseos funciona como motor intrínseco de la trama. La imposibilidad de fijar una imagen coherente de Margarita no es muestra de alguna intención de *decharacterization* de personajes, como opina Pérez Firmat (1982), sino cifra de la imposibilidad de encontrar un punto fijo siempre y cuando se emprenda la apropiación de la realidad a sabiendas de su carácter de (re)construcción subjetiva, inextricablemente vinculada a la escisión entre sujeto y objeto. Y se prolonga hacia dentro en el momento en el cual el propio yo se vuelve objeto de la reflexión.

---

[285] Se nombran México, Cuernavaca y Veracruz, así como lugares típicos de estas ciudades.

[286] Cabe recordar que los epígrafes, al igual que los títulos de los capítulos, etc., son *per definitionem* extraficcionales.

[287] Desde luego, verosimilitud (del mundo narrado) y metaficción (como parte del discurso del narrador) no se excluyen, pero resulta obvio que esta última significa siempre la ruptura de la ilusión, del efecto de realidad y, por consiguiente, del predominio de una u otra intención, a diferencia de lo que sucede en el caso de la metatextualidad y el de la autorreflexividad, términos que no hay que confundir (*cfr. infra*). En el texto presente, donde simplemente no se dan comentarios metaficcionales, prevalece la intención de crear la ilusión de realidad en conjunción con la de una recepción intrínsecamente estética.

A diferencia de *Dama de corazones*, donde el enfoque fenomenológico por lo menos afirma la posibilidad del sujeto de cerciorarse del "yo soy yo y mi circunstancia auto-elegida", aquí la autorreflexión incondicional e intelectualmente sincera no subraya sino la opacidad del mundo y desemboca en el reconocimiento del desarraigo y la falta de seguridad subjetiva en la interacción con la realidad. Carlos, muy familiarizado con la filosofía y el arte "deshumanizados" (*cfr.* Torres Bodet 1985: 39), se caracteriza por vivir y aceptar todo ello a plena conciencia. Así, se casa con Margarita, símbolo de su búsqueda introspectiva por una imagen estable de la realidad, porque: "Por desgracia, como nuestros espíritus se buscan pero no se satisfacen, estoy convencido de que el único sufrimiento superior al de vivir con ella sería el de no tenerla nunca a mi lado" (Torres Bodet 1985: 76). Y decide volver a ella porque el matrimonio con Paloma, de su propia "raza", no hubiera sido sino "la absoluta subordinación de ambos a la dulzura equívoca de la costumbre" (*ibíd.*, 95). El dilema del intelectual moderno es éste: ha de pagar su reflexión crítica sin compromisos con la falta de seguridad, arraigo y felicidad vital o ha de renunciar a esta su propia condición de intelectual: "Pero ¿cómo reprocharle [a Otto] una incultura que envidio? ¡Siquiera ella, siquiera ella lo deja en libertad de querer!" (*ibíd.*, 76). Y ni siquiera tiene la recompensa de ver aceptada esa actitud como la propiamente actual frente a la modernolatría de Otto, el aviador alemán que ha participado en la guerra y que desde la perspectiva contemporánea bien puede encarnar al hombre 'moderno':

> [...] Además (y a pesar de sus trajes, que acaban de salir siempre de un almanaque de 1905), Otto es más moderno que yo. Es uno de esos individuos que creyeron todavía en la importancia del radio y la telegrafía inalámbrica. Nosotros, que nacimos después, no creíamos ya en nada.."
> La mirada de Paloma [...] señala la dirección de mi error. –"Carlos, no trate de convencerme de lo que no cree. Usted no toma en serio lo que ha dicho de su vejez y de la juventud de Otto. Lo que le desagrada es el interés que demuestra por Margarita (y a mí también)" (*ibíd.*, 73-74).

Sin embargo, la sensación de desarraigo no es sólo consecuencia de esta actitud autocrítica. También tiene que ver con la condición mexicana:

> Existen por tanto dos géneros de cultura. [...] Preferiría figurar, como Margarita, dentro del grupo de los seres que emanan de un cultivo elaborado de la tradición. Pero todo me hace creer, al contrario, que mi cultura –como la de Paloma– está fabricándose en mí. [...] A cada conflicto, ella [Margarita] consultará en sí misma, el archivo de una raza. Yo deberé inventar mis soluciones (*ibíd.*, 90-91).

Es así como en el plano de la intención de sentido la figura de Carlos-narrador se ofrece no sólo como ejemplo para un aspecto fundamental de la llamada crisis del sujeto: la imposibilidad de lograr la conciencia de sí mismo –origen desde el cual el mundo resulta comprensible– a través del conocimiento de sí mismo, o sea, la re-flexión, el único camino posible al intelectual moderno[288]. También representa la intencionada posición de los Contemporáneos frente al ambiente intelectual mexicano del momento. El texto en su conjunto manifiesta aún más provocadoramente su visión del escritor como heterodoxo social pero ortodoxo intelectual, como "exiliado interior" en palabras de Octavio Paz (1978: 95, *cfr.* también García Gutiérrez 1997). De ahí que la narración y reflexión en torno a este yo desarraigado se correlacione con la falta completa de contenidos que remitieran al México específicamente posrevolucionario. En el mundo narrado no hay el menor rastro de los cambios revolucionarios, ni la menor alusión a inquietudes sociales o políticas. Y las referencias a la "raza", que a primera vista sí parecen apuntar hacia nociones nacionalistas, a segunda vista se revelan como referencias 'vacías'. Aluden a una raza no sólo en proceso de construcción, sino de invención individual *ad hoc*, o sea, a todo lo contrario de lo que se suele entender bajo ese término. La soltura en la elaboración de un discurso narrativo a la altura de la modernidad ya entonces considerada clásica –el tratamiento de la duración temporal en la línea de Proust, la perfección del discurso indirecto libre–, la preocupación constante por la literariedad de la expresión –que en sus metáforas efectivamente hace recordar a Giraudoux[289]–, así como, por otra parte, el distanciamiento frente a las modelizaciones orteguianas (europeas) del arte nuevo: todo ello traza la dirección a la vez moderna y solitaria de ese exilio interior y hace de la novela un exponente prototípico del programa de *Ulises*, fundado poco antes, en mayo de 1927[290]. Con razón ha destacado García Gutiérrez (1997: 21):

---

[288] Acerca de la diferencia entre lo que Sartre ha llamado *conscience de soi et connaissance de soi*, *cfr.* Frank (1991).

[289] Nagel (1991), que enfoca la narrativa de los Contemporáneos y de Eduardo Mallea como "adoption and transformation" de las "aesthetic techniques" (?) de Giraudoux –"metafiction, decharacterization and pneumatic imagery" (*ibíd.*, 133)–, desde luego tampoco ve en *Margarita de niebla* sino un hipertexto de *Simon le pathétique* y *Siegfried et le Limousin*, basándose para ello en elementos textuales que no existen –las cartas de Paloma a Carlos (*ibíd.*,123)–, que se sacan del contexto, como las alusiones a la cultura alemana, o que simplemente no parecen haberse entendido, como las reflexiones de Carlos al salir de México que precisamente no oponen alguna historia de México a la de la cultura alemana, etc.

[290] Sobre el proyecto, carácter, desarrollo y la recepción de esta importante revista, *cfr.* Sheridan (1985) y, a modo de síntesis, Forster (1964).

El viaje narrativo de *Ulises* se convirtió así también en recogimiento y reflexión, vindicación de la atopía para buscar la verdadera realidad individual o nacional, en lo interno eterno y no lo circunstancial exterior. En un momento de exaltación histórica y socialización del arte, los Contemporáneos se recluyeron en sus alcobas respectivas –"le voyage autour de la chambre"– para descubrir lo que de mexicano había en su propio interior, lo mexicano que surgía del cultivo individual de la literatura.

Mejor dicho, novelas como *Margarita de niebla* y *Dama de corazones* hicieron ver que lo que de mexicano había era precisamente esto: cuestión individual, tal vez proyecto mas nunca fundamento de la identidad del individuo moderno. La campaña de insultos que se desató contra los Contemporáneos y su (supuesta) falta de mexicanidad (*cfr.* también cap. II, 1) demuestra el poder iconoclasta de esa re-flexión sobre el sujeto mexicano y su falta de un punto de referencia sustancial. Por el otro lado, el éxito de *Margarita...*, que pronto apareció en una segunda edición[291], demuestra el acierto de una estrategia de renovación vanguardista de la novela que aparentemente deja intactos rasgos genéricos básicos según las concepciones imperantes –la mimesis realista y la coherencia del discurso narrativo– para problematizar desde dentro, a través de la *mise en abyme* encarnada en las reflexiones de Carlos, los conceptos vigentes de subjetividad, identidad y "mexicanidad".

Que de ellos se trataba se trasluce también en *Return Ticket*[292], el libro del viaje a Hawai que Salvador Novo emprendió como delegado mexicano a la Primera Conferencia Panpacífica sobre Educación, Rehabilitación y Recreo (abril de 1927)[293]. El texto, impreso como un objeto vanguardista –envuelto en una maleta de viaje, con sellos y demás adminículos–, destaca por su vacilación genérica entre diario de viaje, libro de memorias y reportaje documental (*cfr.* Verani 1996a: 55). Sólo queda claro que no se trata de una novela –no se presentaba como tal ni en su momento ni después (*cfr.* Novo 1964: 8-9)–, sino de una narración de contenido declaradamente autobiográfico. El discurso llama la atención por su carácter altamente literario

---

[291] Sobre este dato llama la atención Sheridan (1985: 305). La amplia difusión de la novela en los círculos internacionales de la Vanguardia –una parte de las reseñas en la bibliografía de Pérez Firmat (1982)– se explicaría también por la trayectoria profesional del joven Torres Bodet, en la cual ya había conseguido no sólo cierto poder, sino también numerosos contactos.

[292] México: Cvltura. Un anticipo se publicó, como ya se dijo, en el tercer número de *Ulises* (agosto de 1927).

[293] Informaciones sobre las circunstancias históricas en Sheridan (1985).

CAPÍTULO I

y por centrarse mucho más en la exploración del yo, de sus memorias, preocupaciones, idiosincrasias y deseos, incluso eróticos, que en la presentación de las impresiones, experiencias e informaciones de viaje. La reflexión sobre lo mexicano, concretamente los recuerdos de niñez, abre el libro y vuelve una y otra vez a lo largo de sus páginas, sea como (auto)ironía al describirse a sí mismo y a los representantes de las otras nacionalidades, sea como comentario no menos irónico sobre la actualidad de México. La situación mexicana le preocupa a Novo mucho más que el encuentro con la cultura y la naturaleza hawaianas, en las que además descubre una serie de parentescos con México. Con todo, este libro de Novo no es tanto una "novela sin ficción" (Verani 1996a: 55) –el texto no se preocupa en absoluto por el problema de la ficción, tampoco ofrece rasgos llamativos desde el punto de vista narratológico–, sino otro ejemplo para la envergadura cultural y vital del proyecto de los Contemporáneos y su "ir para volver a lo mexicano" (García Gutiérrez 1997: 21). El título, *Return Ticket*, ya lo hace entrever, en ese doble juego entre su significado literal y el hecho de que es una expresión inglesa, a la vez que apunta hacia el sujeto que emprende ese viaje... en torno a sí mismo.

Indudablemente, con excepción de la obra de Gilberto Owen, la novelística de los Contemporáneos representa una de las modalidades más ambiguas en la concreción de la poética vanguardista. Dista de alcanzar la radicalidad que al mismo tiempo, o incluso antes, descuella en los textos de Martín Adán, Arqueles Vela y, a su modo, de Roberto Arlt y Pablo Neruda. No obstante, dentro de su contexto, esas novelas mexicanas significaron una de las realizaciones más efectivas de la renovación de la novela en atención al proyecto crítico-cultural de la Vanguardia, cosa que se desprende, asimismo, de su recepción coetánea (*cfr.* 2.1.2.). Ello se debía precisamente a su reestructuración de los conceptos y vínculos establecidos acerca del sujeto, la nacionalidad y la modernidad. Y no menos tenía que ver con la concomitante redefinición del escritor/intelectual como exiliado interior que se efectuaba dentro del marco de una escritura novelística moderna no a ultranza pero, eso sí, destacadamente universalista. Todo esto equivalía a una negación frente a las reivindicaciones y presiones de la política cultural del "maximato" que superaba en mucho la oposición de los estridentistas, estéticamente bastante más audaces. Otra vez, pues, la variedad y hasta desigualdad innovadora de las manifestaciones vanguardistas se perfila como consecuencia necesaria de su orientación hacia contextos nacionales específicos.

Desde esta perspectiva cabe volver ahora sobre el cuestionamiento del principio del sujeto como rasgo consustancial a la narrativa de la Vanguardia. En general, la apropiación y remodelización de la modernidad implica el planteamiento de esta cuestión. Textos como *Dama de corazones*, *Margarita de niebla* y, a su modo, *La casa de cartón* subrayan este nexo histórico desde el otro polo: el problema del sujeto surge en y desde la modernidad interior de este mismo sujeto. En el plano de la intención de sentido más general, una y otra imagen convergen, a la vez, en la afirmación de la subjetividad como condición ineludible de toda apropiación de la realidad, y en la relativización del sujeto. No obstante, la puesta en escena de esta problemática varía considerablemente. Las diferencias se explican, más que nada, por los distintos caminos elegidos para la exploración de las estratificaciones semióticas del yo moderno: o a través de la autorreflexión racional crítica o por medio de la expresión/liberación del subconsciente. Por consiguiente, las técnicas narrativas empleadas en este contexto se pueden distinguir y correlacionar según su mayor o menor grado de crear la ilusión de racionalidad/irracionalidad. Así, la concreción de la noción del tiempo subjetivo va desde el aligeramiento de una cronología estricta y el ahondamiento en el aspecto de la duración (Torres Bodet, Arlt) hasta la acronología y/o la circularidad (Vela, Adán, Neruda). Semejante diferencia se observa en la presentación del discurso del personaje, en particular con respecto a las marcas de transición entre las distintas instancias de enunciación, importantes sobre todo para lograr la fusión (irracional) o, al contrario, la diferenciación (racional) entre yo narrado y yo narrador, así como para la configuración del monólogo interior. Éste se acerca al *stream of consciousness* sólo en muy pocas novelas/textos narrativos –por ejemplo, en la primera parte de *Escalas melografiadas*–, mientras que en el grueso de los textos predominan modalidades más 'racionales' y 'filtradas' (o narrativizadas) de la introspección en procesos anímicos. Destaca en este contexto la preferencia por el discurso indirecto libre. La poetización/metaforización del lenguaje va igualmente en direcciones casi opuestas: tiende hacia la desrealización, el hermetismo y la liberación de la auto-dinámica asociativa o guarda cierta lógica y comprensibilidad, en favor de funciones comunicativo-representativas y estéticas a primera vista más convencionales. Es decir, en este último caso se trata de un discurso narrativo que no obstante su marcada literariedad y modernidad privilegia la lectura sintagmático-lineal sobre la paradigmática. Por último, hasta la presencia de ironía –y más aún de auto-ironía– ha de enfocarse en este contexto, como señal de distanciamiento que implica un alto grado de reflexión y, por consiguiente, de racionalidad.

Ahora bien, una novela como *La casa de cartón* demuestra la compatibilidad de ambos caminos y de los distintos conceptos del sujeto subyacentes en cuanto al fin común. Y apunta a la vez más visiblemente al hecho de que en ambos casos la presentación/problematización de subjetividad se halla íntimamente vinculada a otros aspectos que, para decirlo así, tocan el centro de la racionalidad, del logocentrismo. Pues la *différance* impuesta por el acto de narrar se percibe en todas las novelas vanguardistas hasta ahora mencionadas, aun en aquellas en las que, como en *El habitante y su esperanza*, durante largos pasajes predomina la ilusión del acceso 'directo' al subsconsciente y de una inmediata *présence à soi*[294]. Pero las súbitas referencias a la propia narración y al narratario, en medio precisamente de un discurso más y más onírico, revelan la intervención del narrador autodiegético, o mejor dicho, lo ilusorio de la inmediatez de la expresión subjetiva. La vinculación entre el cuestionamiento del principio del sujeto con el *discursive turn*, implícitamente presente ya en la *Verfremdung* del lenguaje, evidencia que en ninguno de los textos se trata sólo de una presentación de la subjetividad en función de un nuevo realismo psicológico, sino siempre y sobre todo de la re-flexión y problematización del concepto del sujeto y de la función de el/su discurso en la búsqueda del origen, de la identidad y de la integridad.

La experiencia hispanoamericana vernacular

Frente al postulado de la autoctonización de la novela hispanoamericana que imperaba en la época y que caracteriza el *mainstream* de su producción novelística, la novela vanguardista desarrollaba varios caminos para intentar cambiar la (auto)visión del continente. Uno, frecuentemente elegido, consiste en oponer a la imagen de la propia "otredad" y especificidad en comparación con el mundo occidental moderno —verbigracia la idea que de

---

[294] Para una explicación de esta noción propia de la filosofía moderna clásica (desde Descartes, Kant y Hegel hasta Husserl y Sartre) –el término procede, otra vez, de Sartre–, así como su crítica por parte de los pensadores postestructuralistas, *cfr.* Frank (1991: 50-78). Cabe subrayar, para evitar posibles confusiones, que al demostrar que y cómo en las novelas vanguardistas hispanoamericanas se problematiza esta noción, no pretendo en absoluto hacer de ellos exponentes *avant la lettre* de teorías deconstructivistas, por más que ello comprobaría que también esa orientación filosófica, que tanto se esforzó por reivindicar novedad y carácter de avanzada, no fue sino otro vuelo de la lechuza de Atenea, emprendido, como se sabe, al atardecer. Pero sí quiero indicar que la reflexión crítica sobre la idea del sujeto y el reconocimiento de la precariedad del principio del sujeto forma parte esencial del discurso de la modernidad estética, radicalizado, mas también diferenciado y "despatetizado" por la novela vanguardista gracias, sobre todo, a su nueva/mayor conciencia del papel del lenguaje y de los discursos socio-culturales, del código literario y, concretamente, del narrador. La terminología deconstructivista ayuda a describir estos hechos.

él se tenía–, la visión de la modernidad de América Latina. Es decir, se ofrecen, en el plano del contenido, fenómenos, estructuras y sobre todo experiencias que corresponden a lo que valía como esencia de la modernidad (universal), desde la influencia de la técnica, la expansión del capitalismo, la urbanización y la masificación, pasando por la sensación de la aceleración del tiempo y la auto-dinámica irrefrenable del progreso hasta el anonimato, la enajenación y el desarraigo del individuo (piénsese sólo en las novelas de Arlt y Vela). Precisamente contra esas experiencias, en algunos aspectos tal vez más presentidos que "reales", la novela regionalista intentaba modelizar imágenes de la identidad nacional que proporcionaran un lugar seguro para la autodeterminación del individuo, su integración en la sociedad y su relación con la naturaleza americana. Ésta se aclamaba por su grandeza, poder e impacto 'incomparables', en todo caso muy superiores a lo que se conoce en Europa. Sobre todo este último punto, que ya en *A la agricultura de la zona tórrida* (1826) de Andrés Bello había constituido uno de los rasgos definitorios de la auto-visión positiva del continente, se estaba convirtiendo ahora en algo como el eje de la búsqueda de la identidad y del destino americanos.

Cabe recordar que en tal búsqueda la literatura latinoamericana no estaba sola, sino que participaba en un discurso típico de la época de entreguerras. La 'vuelta a la naturaleza' y una cultura supuestamente auténtica, como expresión y respuesta a la crítica de la civilización (urbana) occidental, estaba cundiendo en Europa en obras como *Untergang des Abendlandes* (1918), de Oswald Spengler, presente en el discurso intelectual hispánico a partir de mediados de los 20 gracias a la *Revista de Occidente* y los escritos del mismo Ortega y Gasset. Pero también se manifestaba en el gusto exotista tan *chic* en París y Berlín –la *mode nègre*, etc.–, así como en toda una serie de novelas regionalistas, como las de Jean Giono y Marcel Aymé. Y la perspectiva spengleriana/exotista europea afirmaba la imagen de América Latina como continente dominado por una naturaleza desbordante[295], dando a este supuesto rasgo una valoración positiva. Puede que ello reforzara la modificación de la célebre confrontación sarmientiana entre civilización y barbarie que en aquellos años se estaba llevando a cabo[296]. La crítica ha des-

---

[295] La imagen de América Latina desde/para Europa ya ha motivado una serie de importantes estudios. De particular importancia para la época aquí enfocada son los trabajos de Meyer-Minnemann (1997) y Klengel (1994).

[296] No hay que olvidar que la llamada de Sarmiento a civilizar la naturaleza americana bárbara subraya no sólo la importancia de la naturaleza, sino que también comunica una no pequeña fascinación por ella, justamente por su carácter (todavía) indomado.

tacado siempre que ese esquema subyace a la novela regionalista (*cfr*. p. ej. Gründler 1994). Pero lo hace con una notable ambivalencia y hasta inversión de significados y valoraciones. Así, la naturaleza resulta ser el fundamento, para bien y para mal, de la identidad del hombre que vive en ella. Aun en las literaturas de las regiones donde la presencia/persistencia de culturas indígenas requería modelizaciones distintas, atentas a la problemática de "forjar nación" a partir de etnias/culturas heterogéneas –exigencia que se planteaba también en la Argentina de la "mezcolanza"–, la relación íntima entre hombre y naturaleza juega un papel fundacional para la construcción de identidad. La diferencia consiste en que se lo presenta como uno de los rasgos rescatables precisamente de las comunidades "primitivas".

De ahí que otro de los caminos que estaba haciendo la novela vanguardista para proporcionar nuevos modos de entender y percibir el continente estribara en la subversión del Regionalismo desde dentro. *El habitante y su esperanza. Novela*[297], la única de Pablo Neruda, representa un ejemplo muy sutil y logrado al respecto. La narración, otra vez autodiegética y ante todo en presente, ofrece una trama bastante escueta y fragmentaria. El narrador-protagonista anónimo tiene una relación amorosa con Irene, roba caballos con su amigo Florencio Rivas y cae preso. Escribe a un amigo para saber de Irene y la reencuentra. Una noche viene Rivas a despedirse porque ha matado a Irene, su mujer. El narrador-protagonista vela a la muerta, vive el otoño, vaga por otros pueblos, tiene otros amores y se le aparece Irene. Finalmente intenta vengarse de Rivas. Mas en el momento decisivo –que también podría ser soñado: "y yo mismo, en la solitaria vivienda, en que yo tampoco estaba, yo también me puse a soñar" (Neruda 1926: 75)[298]– se interpone el sueño del antiguo compañero. Termina el relato con la estancia del narrador-protagonista en una casa frente al mar. Allí duda de lo pasado –"¿Qué es esto? ¿dónde estuve?" (*ibíd.*, 75)– y sufre soledad y tristeza: "Es hora, porque la soledad comienza a poblarse de monstruos; la noche titila en una punta con colores caídos, desiertos, y el alba saca llorando los ojos del agua" (*ibíd.*, 75-76)[299]. Toda esta historia de "un protagonista que va perdiendo paulatinamente la esperanza de alcanzar el cumplimiento de todos sus anhelos"

---

[297] Santiago: Nascimento, 1926.

[298] Sobre las discrepancias en la crítica acerca de si la venganza se lleva a cabo o no, *cfr*. Guerra-Cunningham (1977: 477).

[299] Reconstrucciones de la historia más detalladas, pero también más interpretativas, ofrecen Loyola (1980) y Guerra-Cunningham (1977; 1987). Poco convincente resulta la reconstrucción de Jofré/Nómez (1992: 56) como "lucha entre dos bandidos por una mujer", cuyo narrador y personaje central sería "Florencio Silva" [!].

(Guerra-Cunningham 1977: 471), de "una profunda necesidad de integración y [...] las frustradas tentativas por hacerla posible" (Loyola 1980: 203), se ubica en un escenario rural a cuya evocación el narrador dedica casi más atención que a los acontecimientos. Por los detalles del entorno –la abrumadora presencia del mar, la desembocadura de un río, cerros, pequeños pueblos, indios, cambio de estaciones, mucha lluvia en otoño e invierno– y el tipo de topónimos (ficticios) –Cantalao, Roble Huacho, Limaiquén–, se remite claramente al sur de Chile[300].

Pero –"Ahora bien, mi casa es la última de Cantalao, y está frente al mar estrepitoso, encajonada contra los cerros" (Neruda 1926: 13), comienza el texto–, ¿qué es lo que hace de este texto una novela de Vanguardia? ¿Y qué, en particular, marca su ruptura con el Mundonovismo/Criollismo con el cual su mundo narrado a primera vista parece tan compatible? Varios factores juegan un papel decisivo en este contexto. En primer lugar, como ya lo había observado Hernán Loyola (1980: 200)[301], destaca la "superación de los vestigios del naturalismo", patente en la "representación del paisaje natural y social del sur de Chile, que tiende a un inventario poético y no a un descriptivismo con pretensiones de objetividad cognoscitiva o de simbolismo telúrico". La gran poeticidad del lenguaje, manifiesta en la creciente frecuencia de metáforas originales y de dislocaciones sintácticas, así como la técnica narrativa, sumamente innovadora en cuanto a la reproducción del discurso de los personajes y el tratamiento del tiempo, "contribuyen a una atmósfera general de enrarecimiento y de hermetismo [...], adecuada a la representación de niveles insólitos de una realidad rural que por entonces sólo era figurada en clave pintoresquista o naturalista" (*ibíd.*, 200-201). Es así como a lo largo de los 15 capítulos aumenta la mezcla discontinua entre el discurso narrativo –que por más que emplee el presente y se vuelva fragmentario no es un "monólogo" (interior inmediato)[302]–, y los pensamientos

---

[300] Para las posibles referencias "reales" a la provincia de la infancia de Neruda y a su estadía en Ancud, en compañía de Rubén Azócar, donde se escribió la presente novela, *cfr.* Loyola (1980).

[301] Por otro camino, Guerra-Cunningham (1977; 1987) llega a conclusiones parecidas, pero dejando de lado la cuestión de la oposición/subversión del criollismo, aspecto central del texto de Neruda.

[302] Así opina Guerra-Cunningham (1977, 1987), haciendo caso omiso tanto de los muchos pasajes en pasado como de las referencias al propio discurso y las interpelaciones al narratario extradiegético. Loyola (1980: 202) habla de "narración indirecta [...] (perspectiva de un narrador-protagonista)", lo cual desde la narratología actual equivale a una doble *contradictio in adjecto*, pero destaca con razón los momentos de "diálogo interior" (i. e. pasajes en DDL) y las interpelaciones a un narratario.

y enunciados del protagonista. Estos se presentan en discurso indirecto o en discurso directo libre, uno de los primeros ejemplos de este tipo del discurso del personaje en la literatura hispanoamericana:

> El doce de marzo, estando yo durmiendo, golpea en mi puerta Florencio Rivas. Yo conozco, yo conozco algo de lo que quieres hablarme, Florencio, pero espérate, somos viejos amigos. Se sienta junto a la lámpara, frente a mí (Neruda 1926: 33);
> ¿Cómo librarme de aquella mujer? Le dije cariñosamente buenos días, negándome su aliento, había creído hundir su miseria, su abandono en aquel caserío abandonado, no era más que un montón de recuerdos dolorosos. ¿Has venido a afirmarme tu última luz? En el tiempo mojado esperé su palabra (*ibíd.*, 47).

A ello se agregan comentarios y reflexiones del narrador y sorpresivas interpelaciones al narratario extradiegético en medio de un discurso que se hace más y más interiorizado y asociativo:

> Voy a decir con sinceridad mi caso; lo he explicado sin claridad porque yo mismo no lo comprendo (*ibíd.*, 65)
> Es extraño, ayer cuando subía la escala a obscuras, crujió muchas veces, y recibí de repente la sensación de olor del mar. Tendré cuidado. La distancia del mar es opresora [...] Ay de mí, ay del hombre que puede quedarse solo con sus fantasmas (*ibíd.*, 68)
> Os debo contar mi aventura, a vosotros los que por completo conocéis el secreto de las noches y os alimentáis de ese misterio, a vosotros los desinteresados vigilantes que tenéis los ojos abiertos en la puerta de los túneles, allí donde una luz roja parpadea el peligro, y gusanos de luz verde cruzan su vientre, a vosotros los que conocéis el destino de la vigilia y que en el mar, en el desierto, en el destierro, veis nacer y crecer las grandes mariposas de alas de trapo que brotan del sueño incompartible, a vosotros los pescadores, poetas, panaderos, guardianes de faro, y a los que demasiado celoso por guardar una inquietud, conocen el riesgo de haber estado una sola vez siquiera frente a lo indescifrable (*ibíd.*, 69-70).

Esta fusión de voces y niveles comunicativos ayuda a la impresión de inmediatez y "lirismo" que la crítica con razón ha destacado en la novela de Neruda. No obstante, se trata de voces diferentes y reconocibles como tales. Y el que su diferenciación se marque de manera tan clara por el cambio hacia la perspectiva autorial en un texto tan "lírico" –en apariencia casi inconscientemente auto-expresivo– apunta en el plano del sentido otra vez hacia la imposibilidad de la *présence à soi* cuando el yo ha tomado la palabra para contar de sí mismo. El desgarramiento del yo, que (ya) no se comprende a sí mismo, tiene un correlato en las metáforas e imágenes. Ellas no sólo se construyen, en particular a partir del capítulo VIII[303], a modo de la asociación libre, sino que también acentúan, a partir de ese momento del encuentro con la amada muerta, la desintegración entre el yo y la naturaleza circundante. Ésta se vuelve una vivencia de muerte, esterilidad, violencia y opresión (*cfr.* también Guerra-Cunningham 1977, 1987), un contorno nada consolador sino inquietante y hostil: "Porque la tarde es un capullo frío de donde como negras flores emergen sombras, pasan carruajes triturando el amarillo de las hojas, amarillo lívido de caídas muertas arrastradas quebradizas lencerías" (Neruda 1926: 42)[304]. El tratamiento del tiempo, mejor dicho, su estancamiento tanto en el plano de la diégesis, donde todos los días se le aparecen iguales al protagonista (*cfr. ibíd.*, 59), como en el de la narración, que a partir del capítulo IX se hace bastante a-cronológica –los capítulos XII y XIII parecen referir vivencias en Cantalao, anteriores al vagabundeo del protagonista por otros pueblos (*cfr.* Loyola 1980: 201)–, subraya esa impresión de desintegración y de fin interminable: "Bueno, esto debe tener algún fin. O tal vez, este es el fin" (Neruda 1926: 64).

Con todo, *El habitante y su esperanza* –título que anticipa *Residencia en la tierra*, cuyos primeros poemas Neruda empezó a escribir por la misma época[305], a la vez que insiste, frente a la obra posterior, en la problemática del sujeto–, marca su oposición frente al Regionalismo vigente en más de un aspecto. Cabe recordar que el campo cultural y literario chileno estaba ya muy diferenciado. Debido al auge económico –gracias al salitre y al cobre–, a la formación de nuevos estratos sociales –burguesía media y proletariado– y a la política liberal, el país vivía desde hacía decenios un considerable proceso de modernización. Se desencadenó así, como acaba de exponer

---

[303] Sobre la posibilidad de distinguir dos partes en esa novela, diferenciadas por la pérdida del orden en la segunda, *cfr.* Guerra-Cunningham (1977: 471-472). Ya el crítico Alone había llamado la atención sobre este hecho; *cfr.* cap. II, 1.

[304] Cabe subrayar en este contexto que en cuanto a los significados de 'desintegración', 'esterilidad', 'desolación' y 'muerte' indudablemente hay paralelos intencionados entre la evocación de la naturaleza y la del estado interior del protagonista-narrador. No obstante, debido a la insistencia textual en la 'distancia' entre el entorno y el yo –que ante todo se presenta como 'observador' y/o oprimido por la presencia de la naturaleza que en cuanto tal le resulta ajena e indescifrable–, en esta novela la imagen de la naturaleza ya no corresponde al modelo modernista del paisaje anímico (A = B), como sugiere Guerra-Cunningham (1977), sino más bien al (nuevo) esquema de la metáfora vanguardista, que da mucho mayor independencia al plano denotativo-objetivo 'real' (A = A).

[305] Para los detalles, *cfr.* la excelente edición de *Residencia en la tierra* por Hernán Loyola (1987).

Bernardo Subercaseaux (1998), un movimiento cultural moderno dentro del cual se iba ampliando la autoconciencia del país. Y, al mismo tiempo, se instauraba una "sensibilidad receptiva e interesada por lo que estaba ocurriendo de nuevo en el arte europeo" (*ibíd*, 20). Con las obras narrativas de Mariano Latorre –como los *Cuentos de Maule* (1912) y *Zurzulita* (1920)– se disponía de un modelo bastante temprano para lo que allí pronto se llamaba Criollismo. Y a la vez se tenía desde el principio, en el temido crítico Alone (Hernán Díaz Arrieta) y el algo más joven Raúl Silva Castro, una crítica adversa al Criollismo que denunciaba su cercanía al Naturalismo, su exceso de descripciones y su fascinación excesiva por la realidad nacional, en particular la raza y la tierra (*cfr*. Muños González/Oelker Link 1993, s. v. "El Criollismo en Chile"). Así, el dominio del Criollismo "no era absoluto y que ya, en el seno mismo de su vigencia histórica, se incubaban los gérmenes de la reacción" (Promis 1995: 125). Empezó a formarse el tipo de intelectual rebelde –cosmopolita, nacional popular o izquierdista– frente al *mainstream* burgués. De ahí que las primeras manifestaciones de la Vanguardia chilena se dieran tan temprano –*Non serviam* (1914) y *Pasando y pasando* (1914), de Vicente Huidobro–, de ahí también la variedad de tentativas vanguardistas o innovadoras a partir de 1920, desde *Agú* (1920) hasta las "Notas de arte" (1923-1925), que Juan Emar publicó en *La Nación*, desde obras como *Metamorfosis* (1920) de Jacques Edwards (Joaquín Edwards Bello) y *Los gemidos* (1922) de Pablo de Rokha hasta la breve candidatura de Huidobro para la presidencia (*cfr*. Lizama 1999). Con la aparición del Imaginismo –*El último pirata* (1925), de Salvador Reyes, sigue valiendo como el primer exponente–, que en 1928 iba a cundir en la famosa polémica entre criollistas e imaginistas, el campo literario se diferenció aún más. El Imaginismo se opuso al Criollismo y a su realismo genético no sólo desde una perspectiva anclada en el realismo formal y orientada en la "verdad" del arte y de la fantasía, el universalismo y la diversión, sino también como protesta ante "las restricciones de una ideología literaria, signada por el prosaísmo y lo convencional"[306]. Lo que así estaba en debate era todo un haz de cuestiones. De modo comparable a lo que sucedió por la misma época en otros puntos del continente, mas con mayor variedad de propuestas, tocaban desde la problemática de la identidad nacional y una literatura capaz de expresar/sintetizarla hasta las preguntas por la vinculación social, el futuro desarrollo y, en general, la función de la literatura frente y/o dentro de la modernidad.

---

[306] *Cfr*. Muñoz González/Oelker Link (1993, s. v. "El Imaginismo en Chile"), así como Vergara (1994: 36-38).

Sobre este trasfondo resulta evidente que la novela de Neruda marca una distancia radical frente a todas las propuestas en boga a la vez que apunta hacia el centro de los debates por la supuesta "chilenidad" y la modernidad de la literatura/narrativa nacional. Ofrece contenidos que se veían como típicamente criollistas pero rompe con la escritura realista-naturalista institucionalizada al respecto y el modelo de mundo subyacente, o sea, el positivismo y el racionalismo (burgués) (*cfr.* Guerra-Cunningham 1987). Y se opone en ello tajantemente a la finalidad cognoscitivo-didáctica del Criollismo y su búsqueda de establecer un mito fundacional de la identidad basado en la relación original simbiótica entre el hombre y la naturaleza chilena. *El habitante y su esperanza* desarrolla el cuestionamiento de la intención criollista y de su expresión narrativo-literaria supuestamente "natural" y específicamente nacional por dos caminos. No sólo expone la imposibilidad de integración con el medio y su incapacidad de suplantar la contingencia del sujeto, sino que también demuestra la posibilidad de una (re)presentación distinta, decididamente moderna de ese entorno. Y ello corre parejo con la negación de planteamientos imaginistas. Frente a esa tendencia, centrada en la narración de aventuras, ya el prólogo declara: "No me interesa relatar cosa alguna" (Neruda 1926: 7)[307]. La novela, de hecho, minimiza la trama, negándose a la diversión "elevada" y la elaboración de un estilo claro y elegante intencionadas por el Imaginismo. Aún más importante es que la concepción del sujeto que trasluce del texto no incurre en el culto de la libertad del individuo (frente a la realidad vivida) que profesó el Imaginismo en oposición a las nociones positivistas del Criollismo. En *El habitante y su esperanza* no se trata de rechazar la importancia del entorno natural chileno, sino de redefinirla en relación con la indagación en el sujeto, presentado éste no como tipo ni como individuo extraño y aventurero, sino justamente tal como reza el título: como habitante. La concentración en sus inquietudes existenciales –el amor, la muerte, la esperanza, la soledad, el estancamiento y la enajenación–, que en la época, por cierto, ni se concebían como rasgos típicos chilenos ni se presentan aquí como tales pero que sí se vinculan con la experiencia de/en un entorno chileno, deconstruye el supuesto nexo causal entre el medio y el no menos supuesto carácter nacional/regional tanto como sus reversos, el universalismo imaginista y el de la Vanguardia 'europeizante' de contemporaneidad explícita.

Con todo, la posición de la novela de Neruda dentro de la Vanguardia chilena e internacional del momento resulta bastante compleja. Indudable-

---

[307] Sobre el prólogo, importante también para el análisis de la concepción nerudiana del artista, *cfr.* Loyola (1980).

mente participa en su proyecto innovador y crítico-cultural, mejor dicho, con respecto a la novela hasta se ubica en la avanzada de la avanzada. Su configuración del plano de la expresión, que recién posibilita el qué y cómo del mundo narrado, fue innovador e iconoclasta para el contexto chileno[308]. Y ello no sólo en cuanto a lo que en la época se llamaba el estilo –las metáforas, la sintaxis–, sino también con respecto a técnicas intrínsecamente narrativas –el tratamiento del tiempo, la puesta en escena de las distintas voces, la fragmentariedad y creciente asociatividad del discurso– y, en general, a la vinculación íntima entre expresión y contenido. En la configuración del discurso bien se pueden reconocer ciertos ecos del *Ulyses* y, también, de *Los cuadernos de Malte Laurids Brigge*, de R. M. Rilke[309]. Pero ante todo destaca en ambos planos la cercanía a determinados postulados y procedimientos del Surrealismo, como la importancia del amor, del sueño y del inconsciente, la presencia de lo sobrenatural, las metáforas, la subjetivización del tiempo y el valor propio de las descripciones[310]. No obstante, también descuellan las diferencias. La novela de Neruda no reniega de la organicidad de la obra de arte, tampoco de la ficción; no ensaya la técnica de la sintaxis complicada que Breton había introducido para la prosa, al contrario, sobre todo en los primeros capítulos, domina el estilo coloquial. Y las imágenes distan de ser continuamente surrealistas. Mas de particular importancia es la re-definición de la búsqueda de la experiencia auténtica, de lo maravilloso y de la liberación del *désir* que en los textos surrealistas franceses se ponen en escena como actitud y respuesta crítica frente a la experiencia de la modernidad, o sea, el orden racionalista-utilitario burgués cifrado en la civilización urbana y el mundo de la técnica[311]. Este rechazo les hizo elabo-

---

[308] Y también lo hubiera sido para el contexto europeo, si en éste se la hubiera leído a tiempo.

[309] Neruda entonces acabó de traducir un fragmento de esta obra, *cfr*. Loyola (1980: 199); a Joyce lo leía en 1925, según trasluce de *Confieso que he vivido* (Neruda 1994: 101).

[310] La crítica coetánea chilena no tematizó este fenómeno, posiblemente porque las primeras noticias chilenas sobre el Surrealismo francés fueron bastante escuetas, mientras que en años posteriores Chile fue uno de los países latinoamericanos donde más atención se prestó a este movimiento; *cfr*. también cap. II, 1.1. En cambio, es muy probable que Neruda, al igual que muchos otros vanguardistas hispanoamericanos, estuviera al tanto de los últimos desarrollos vanguardistas internacionales a través de esa amplia red de contactos e intercambios que caracteriza los movimientos de Vanguardia. Otra vez cabe recordar en este contexto a Huidobro como uno de los 'intermediarios' más destacados.

[311] Remito a este respecto otra vez a las agudas reflexiones de Bürger (1996).

rar su imagen descentralizada y maravillosa de los lugares "periféricos" de París (*cfr*. Klengel 1994: 27 s.), a la vez que promovió su interés y hasta veneración por las culturas 'primitivas', no-occidentales, tan en boga en la escena intelectual y artística de aquellos años. *El habitante y su esperanza* disocia la actitud y la estética surrealistas del entorno en el que según su auto-visión del momento tienen su origen y referencia históricamente necesarios. Fusiona una visión del mundo y una escritura surrealizantes –esta última, sin embargo, mucho más 'narrativa' que la que se practicaba en el movimiento francés–, con un mundo rural arcaico o intrahistórico, en todo caso completamente exento de elementos específicamente 'modernos' y hasta burgueses[312]. Pero, a la vez, ese mundo no cumple las expectativas de un *lieu priviligié*, de una experiencia mítica de totalidad que durante largos años caracterizaba el discurso utópico de los surrealistas sobre América Latina, muy en consonancia con la tradición de la búsqueda del 'paraíso perdido' (*cfr*. Rössner 1988a: 130-154; Klengel 1994: 53-73). La estructura profunda del entorno chileno y su habitante ostentan rasgos de una modernidad (burguesa) y una surrealidad 'esenciales' que precisamente no desembocan en la superación de la primera por la segunda, o sea, en un *mythe nouveau*, sino en la persistencia irreconciliable de ambos y la pérdida de la esperanza. La búsqueda de lo auténtico y la presencia de lo maravilloso y de la magia (no de los objetos modernos, sino de la naturaleza) se hallan juntas a la opacidad, la fragmentariedad, la angustia existencial y la desintegración. Bien se podría ver en todo ello una "transculturación" del Surrealismo, que en la nueva versión universalizada y, a la vez, relativizada se ofrecería como la expresión 'esencial' de la experiencia hispanoamericana vernacular. De todos modos, se deshace así la supuesta oposición entre chilenidad y modernidad (la estética y la burguesa) que el Criollismo había establecido como rasgo positivo y que la Vanguardia cosmopolita iba a afirmar *ex negativo* y para negativo. Y al mismo tiempo se insinúa una crítica muy temprana de la mirada surrealista europea que en América Latina sólo supo ver "lo otro"[313]. La experiencia chilena/hispanoamericana es una experiencia intrín-

---

[312] Cabe recordar que en el texto de Neruda no aparece ninguna de las imágenes y expresiones típicas de la contemporaneidad explícita –técnica, ciencia, cine, etc.–; las pocas alusiones a la sociedad –calabozo, tienda, mujeres casadas, indios– podrían remitir a casi cualquier época.

[313] Sobre este tema, *cfr*. el importante estudio de Klengel (1994). De la decepción que sufrieron algunos surrealistas europeos al encontrarse frente al hecho de que su lugar ideal no era ajeno a la civilización da un testimonio muy claro el caso de Antonin Artaud, quien regresó muy desilusionado de su viaje a México y sólo encontró algo de lo busca-

secamente moderna. Y su expresión moderna es, por consiguiente, una expresión genuinamente americana. Aunque todavía no se habían enemistado, empieza a perfilarse ya aquí el distanciamiento entre Neruda y Huidobro, representante máximo de la tendencia cosmopolitista-actualista de la Vanguardia, un distanciamiento profundo, si bien no único –piénsese en la Vanguardia nacional popular de Pablo de Rokha a partir de *Suramérica* (1927)–. *El habitante y su esperanza* fue, con todo, un paso decisivo en el desarrollo de la perspectiva vanguardista sobre América Latina y una novela capaz de expresarla, tal vez precisamente porque a su autor "no [...] interesa relatar cosa alguna".

De muy distinta perspectiva e intención resulta *Panchito Chapopote. Retablo tropical o relación de un extraordinario sucedido de la heroica Veracruz*[314], que el mexicano Xavier Icaza (1892-1969) escribió en Xalapa en 1926, cuando el Estridentismo estaba convirtiendo a esta ciudad en "Estridentópolis". Hasta el momento, Icaza no había formado parte del movimiento –había escrito una novela psicológica y novelas cortas realista-costumbristas[315]–, pero ahora a todas luces estaba impactado por su proyecto de una "revolución completa", estética, política y social. Es así como publicó *Magnavox 1926. Discurso mexicano*[316], un manifiesto que fusiona narración, "farsa" –en el sentido valle-inclanesco–, polémica, pintura –dos ilustraciones de Alva de la Canal–, elementos populares, imaginería técnica moderna y agitación política en un texto que destaca por su "performative interaction of the visual with the verbal" (Unruh 1994: 53). Así, *Magnavox 1926* llama al compromiso con "the autochthonous-nationalist perspective on Mexico's future", encarnada por la figura de Diego Rivera, y rechaza el nacionalismo mesiánico de Vasconcelos lo mismo que el comunismo y el neocolonialismo al modo argentino (*cfr. ibíd.*). *Panchito Chapopote* sigue esta línea, pero como obra decididamente estética y ficcional. Otra vez, el texto combina narración y escritura dramática –con evidentes rasgos del esperpento– meta-

---

do en su estancia en la sierra Tarahumara (*cfr.* Klengel 1994: 61-64) –bonito ejemplo de un exotismo que, frente al de Breton, por lo menos fue capaz de admitir la percepción de "lo mismo"–. Frente al intento de rescatar hasta el discurso surrealista ortodoxo para una hermenéutica cultural que emprende Klengel hay que objetar que los enunciados de Breton sobre México nunca perdieron su carácter totalizante.

[314] México: Cvltvra, 1928.
[315] Un breve análisis en Brushwood (1982); sobre la biografía de Icaza y, en particular, las cartas intercambiadas entre Icaza y Genaro Estrada, muy interesantes respecto de la vida literaria mexicana de los años 20, *cfr.* Zaitzeff (1990).
[316] Xalapa: Talleres Gráficos del Gobierno de Veracruz, 1926.

fórica estridentista, elementos populares y la sátira de discursos oficiales con una serie de maderas congeniales de Alva de la Canal. La obra representa, de este modo, uno de los ejemplos más destacados de la interacción entre las artes típica de las Vanguardias. Más que novela, *Panchito*... parece haberse orientado en el *Teatro mexicano del murciélago*, que el estridentista Luis Kin Taniya (Quintanilla) había montado en 1924 después de haber conocido el *Chauve Souris* en París, y que Icaza admiraba por su "técnica rápida y sintética" (Icaza 1934: 44, *cfr*. Brushwood 1982). A través de ese discurso narrativo-teatral-folclórico se presenta, en una gran analepsis, la historia de Panchito Chapopote, de la Huasteca. Este pobre tonto vende su terreno al representante de una compañía petrolera yanqui –con ayuda de compatriotas corruptos que se benefician del negocio–, que después se lo reparte con un representante inglés, mientras Panchito, triste porque su amada le desdeña, empieza a desparramar su dinero. Años más tarde alguien se "cree héroe representativo" (Icaza 1961: 53) y estalla la revolución:

>EL CAUDILLO IMPROVISADO
>(desde el techo del tren)
>–¡Conciudadanos! El pueblo mexicano. Los tiranos. El voto. La conculcación del voto. Los tiranos. El pueblo. El sufragio, La imposición. Voy a salvar al pueblo. El pueblo me llama. Me sacrifico por la patria. El voto, los tiranos...
>
>LO QUE PARECE PUEBLO
>–¡Otro toro! ¡otro toro! Queremos otro disco, ¡algo nuevo! Ese ya está rayado...
>
>EL GENERAL DE DIVISIÓN
>(frunciendo el ceño)
>–¡Viva el jefe de la Revolución! ¡viva quien va a salvar al pueblo!
>
>LA COMPARSA
>–¡Viva! ¡viva! ¡viva!
>[...]
>
>Llega un retén.
>–¡Prohibidos los grupos de más de una persona!
>–¡Ha estallado la revolución! Es orden del día...
>–¡No raspen... viva la juerga! ¡que nos dejen rumbiar!
>–¡La Revolución es la Revolución! (*ibíd*., 60-61).

La amada se casa con Panchito por conveniencia, el Autor le comunica a Panchito que ya no sirve y debe morir, éste no quiere, pero el pueblo convertido en coro relator narra que muere por una bala perdida. Dados los intereses petroleros, el gobierno logra la intervención de los EE.UU. y gana contra los revolucionarios. Hay felicitaciones por la radio de Washington y Wall Street y todo vuelve al estado de antes. Una canción popular cierra la acción.

De acuerdo con la predominancia del diálogo, los pasajes narrativos tienen las más de las veces el carácter de acotaciones entre dramáticas y fílmicas –rápidos cambios de lugar, de la vista total al *close up*, etc.–, repartidas en párrafos breves con frases extremamente cortas de función claramente denotativo-referencial y algún que otro comentario autorial:

> Se redacta el contrato de partición. Los ingenieros y los abogados lo formulan. Los jefes, entre tanto [!], se pasean cavilosos.
> Ya terminado, se va a firmar.
> Lo leen los jefes. Es una transacción. Es, en realidad, la lucha que comienza. Requieren la pluma para firmar. Expectación .
>
> Al rubricarlo, el inglés se transforma en John Bull, en Uncle Sam, el yanqui. [...]
>
> Se oyen marchas guerreras.
> En el cielo, entre gruesos nubarrones, la escuadra blanca. Rayos, nubes espesas. Se enfila la de la Reina de los Mares (Icaza 1961: 45-47).

Las escenas así presentadas tienden a menudo hacia lo absurdo-grotesco, muy patente también en el diálogo entre el loro y la cotorra acerca del negocio (*ibíd.*, 38-41), y a veces hacia lo fantástico. En una fiesta se dispara a la luna, esta desaparece: "–¡Panchito ha apagado a la luna! –¡Viva Panchito Chapopote! Un poeta borracho desde Francia: **–Hé bonsoir la Lune!**" (*ibíd.*, 25). Indudablemente ese "retablo tropical" debe mucho a los esperpentos de Valle-Inclán[317]. En la ironización de discursos y usos léxicos oficiales, en cambio, se ha de ver un procedimiento también típicamente estridentista, filiación aún más patente en la fuerte presencia de la tecnología del momento que hasta aparece con voz propia: la radio.

La intención satírica, del México rural aburguesado y corrupto de la época de Porfirio Díaz y del imperialismo económico y cultural yanqui

---

[317] *Luces de Bohemia* apareció en 1920, en libro se publicó en 1924. Alfonso Reyes, quien admiraba la obra dramática de Valle-Inclán, fue buen amigo de Xavier Icaza quien se encontró con él en París en 1925. Por entonces, Icaza tenía todavía "gustos anticuados", según el juicio de Reyes, *cfr.* Zaitzeff (1990: 175).

–aceptado por interés–, tanto como de la Revolución Mexicana, de su *pathos* falso, su caudillismo, su supuesto fundamento popular y su ineficacia histórica, tiene su correlato en la fuerte presencia del elemento popular, los corridos, canciones, rumbas, etc., que se insertan en el texto. A todas luces deben representar al México 'verdadero', a la vez que introducen una nota carnavalesca, de comentario crítico-burlón frente a lo que se acaba de narrar/presenciar, preparando así el plano metaficcional en el que finalmente aparece el autor como *dramatis persona*. Su intervención súbita, secundada por el pueblo-coro, recuerda la técnica ensayada en *Niebla* (1914), de Miguel de Unamuno[318]. Pero en *Panchito...* se ha despojado de todo bagaje metafísico y reducido a sus elementos centrales: ruptura de la ilusión no sólo a los ojos del narratario –como sucede en *Débora*–, sino también y en primer lugar para los personajes mismos. La discusión entre el Autor y Panchito no abandona en ningún momento el nivel cómico –"¡Ese c... autor me hizo mal de ojo!", dice Panchito al expirar (*ibíd.*, 71)–, extendido acto seguido al texto mismo, cuando una voz anónima pregona: "–¡Por un quinto la trágica y dolorosa muerte de Panchito Chapopote! ¡El corrido de esa muerte desgraciada por un quinto!" (*ibíd.*).

El concepto de una novela vanguardista que se manifiesta en *Panchito Chapopote* no se deja reducir, pues, al hecho de que persigue la sugestión y la simplicidad, echando "al cesto de las cosas inútiles la complicada utilería realista" y buscando su inspiración en el pueblo, en sus "canciones, su música, sus danzas [...] sus artes menores" y, en el caso mexicano, en el retablo, las "telas chillonas" y "juguetes estilizados, sugestivos", como opinó Icaza algunos años más tarde (Icaza 1934: 38). No, a ello se agrega aquí, aparte de la mezcla de géneros y la vuelta explícita sobre el propio texto y su carácter ficcional, el compromiso político directo con cuestiones nacionales contemporáneas, concretamente con la nacionalización del petróleo, que el gobernador del estado de Veracruz, el general Jara, defendía frente al gobierno de Calles. En 1927 esta disputa causó la caída del primero y, con ello, el final de las actividades estridentistas en Xalapa. Gracias a todos estos rasgos entre estridentistas y esperpénticos, el texto se opone no sólo al discurso nacionalista oficial, sino también a una concepción del arte nacional contemporáneo que –tal como lo reivindicaba el Muralismo– identifique lo

---

[318] La primera edición de esta novela o *nivola* todavía no contiene el "Prólogo" del personaje Víctor, el "Post-Prólogo" de M. d. U., el autor amigo de éste, y la "Historia de Niebla", de Unamuno, que complican la estructura de la obra a partir de su segunda edición en 1935.

popular con lo estéticamente unívoco, en función de la propaganda (del mito oficial) de la Revolución. Tal vez por eso no se llevó a cabo el proyecto inicial de que Diego Rivera ilustrara el texto[319]. La radicalidad con la cual Icaza emprende la interrelación heterodoxa entre la Vanguardia y la avanzada política, impulsada por la experiencia en/de Estridentópolis, fue excepcional para su momento, y no se iba a repetir.

FICCIÓN, REALIDAD, METAFICCIÓN

"La novela realista engaña lastimosamente", hizo decir Pablo Palacio al narrador de *Débora* (*cfr.* 1.2.4.). Sólo pocos años más tarde, Macedonio Fernández expuso en una conferencia por Radio Cultura: "En suma, una novela es un relato que interesa sin propósito de que se crea en él, para que mantenga el lector distraído, y opere sobre él la técnica literaria intentando confundirlo en su sólido sentimiento de certeza de realidad, de ser" (Fernández [1930] 1974a: 258). Los dos textos dan sólo una pequeña muestra de la amplia gama de posibilidades metaficcionales que la novela vanguardista exploró en su intento de cuestionar y renovar explícitamente la relación mimética convencional entre ficción y realidad, como consecuencia lógica a la vez que manifestación "en clave" del proyecto de las Vanguardias de reestructurar las relaciones entre el arte y los otros ámbitos del actuar social. Sin embargo, desde la perspectiva vanguardista –y en ello reside una diferencia importante frente a la posmodernista–, la metaficcionalidad significaba a todas luces sólo un camino, y además no exento de peligros, para indagar en la relación entre ficción y realidad. Por un lado, la llamada/reflexión sobre la propia dimensión ficcional marcaba de manera inequívoca el rechazo del realismo dominante. Y a la vez se ofrecía para señalar la reivindicación de modernidad estética, pues el éxito mundial de los *Sei personaggi in cerca d'autore* (1921) de Luigi Pirandello lo había convertido muy pronto en un rasgo considerado típico de la literatura moderna (europea)[320]. La

---

[319] Informaciones sobre este proyecto en Zaitzeff (1990). Cabe recordar que las relaciones entre los estridentistas y Diego Rivera fueron por lo general amistosas, marcadas por el respeto mutuo ante los programas y actividades respectivos. No obstante, a diferencia de Rivera y del Muralismo, los estridentistas ni siquiera durante su colaboración con el general Jara hicieron de sus textos literarios instrumentos de propaganda política, manteniendo así una separación bastante estricta entre la obra de arte y la práctica (política) personal; *cfr.* Niemeyer (1999b).

[320] Piénsese en los comentarios de Mariátegui, "La realidad y la ficción" (1926; en Mariátegui 1959: 22-25) o las reseñas ya citadas de *Débora*, *cfr.* cap. I, 2.4.

novela *Les Faux-monnayeurs* (1925), de André Gide, iba a corroborar esa impresión. Pero por el otro lado, la metaficcionalidad (marcada) tenía toda una tradición novelística –además en buena parte hispánica– a sus espaldas, desde el *Quijote*[321] y las novelas inglesas del siglo XVIII, hasta obras como *El amigo Manso* (1882), del entonces menospreciado Benito Pérez Galdós, y *Niebla*, de Miguel de Unamuno, figura muy respetada por muchos vanguardistas hispanoamericanos, aunque más por su actitud personal abierta, sincera y 'políticamente correcta' que por su obra[322]. Así, se trataba de elaborar técnicas de metaficcionalidad capaces de expresar intenciones específicamente vanguardistas. Y al mismo tiempo se había de evitar que la ruptura de la ilusión (mimético-realista) –marca más obvia de la metaficción y como tal muy fácil de poner en escena– se convirtiera en mera fórmula, en un gesto convencional. De ahí que se explique, posiblemente, esa oscilación entre cautela y radicalidad, o sea, entre economía de presencia y medios, por un lado, y diferenciación y profundización de los planteamientos, por otro lado, con la cual las novelas vanguardistas obraron en este terreno.

Dentro del discurso posmodernista e impulsado por la *New Fiction* estadounidense[323], la discusión en torno al concepto de la metaficción y sus manifestaciones literarias se ha vuelto ya casi inabarcable. No estará demás, por lo tanto, recordar los puntos esenciales. Primero, el objeto de los comentarios, reflexiones y demás procedimientos metaficcionales es, precisamente, el mismo carácter ficcional del texto. Esta afirmación, que suena trivial, resulta importante tenerla en cuenta para poder distinguir metaficcionalidad de metatextualidad y autorreflexividad, cosa que la crítica desgraciadamente no siempre suele hacer[324]. Como ya se ha dicho en otro lugar (cap. I, 3.4), la autorreflexividad en este contexto debe reservarse al plano lingüístico-estilístico de la enunciación para designar la tendencia hacia el mensaje como tal, o sea, la función poética[325]. Y la metatextualidad hay que enten-

---

[321] Sobre los rasgos y las reflexiones metaficcionales enormemente complejas y sugestivas –e inagotables– de las dos partes del *Quijote* (1605/1615), existe ya una amplísima bibliografía, al igual que sobre la apropiación de la poética del *Quijote* en la novela inglesa del siglo XVIII –Sterne, Fielding–, escala importantísima en el desarrollo de la metaficcionalidad moderna. Para el caso del *Quijote* baste aquí recordar los conocidos estudios de Riley (1962), El Saffar (1975) y Gilman (1989).

[322] *Cfr.* entre otros testimonios los de Alberto Rojas Jiménez (1994).

[323] Un resumen de la historia del término y su empleo en la crítica ofrece Ahlers (1993).

[324] *Cfr.* por ejemplo el trabajo de Ahlers (1993: 52).

[325] Para una interpretación crítica y la diferenciación necesaria entre la función poética tal como la ha definido Jakobson (1960) y la función estética, *cfr*. Reisz de Rivarola (1986), así como Niemeyer (1992).

derla en el sentido de que un texto literario contenga por lo menos un enunciado cuyo objeto es el texto mismo o uno de sus aspectos, definición que concuerda en gran parte con la de la *mise en abyme métatextuelle* elaborada por Dällenbach (1977). Ambos fenómenos no se refieren necesariamente al *status* ficcional del texto en cuestión[326], que al fin y al cabo configura sólo uno de sus aspectos. Por consiguiente, tanto la autorreflexividad como la metatextualidad se pueden dar y de hecho se han dado en numerosos textos no-ficcionales, como ensayos, autobiografías, etc., para no volver sobre el intrincado problema de la ficcionalidad o no-ficcionalidad de la lírica. De todo ello se deduce que la metaficcionalidad es un tipo de metatextualidad, pero no a la inversa, y que se halla en otro plano textual. Segundo, la metaficcionalidad es un nivel de significación construido intencionalmente por el texto mismo, es decir, por su autor implícito, a través de elementos y procedimientos pertinentes, reconocibles como tales por el lector implícito. Es decir, utiliza otros procedimientos que la autorreflexividad. Vale hacer toda esta precisión porque de otro modo se corre el peligro de adjudicar a cualquier texto ficcional un plano metaficcional, según la perspicacia del lector de descubrir analogías (secretas) entre, por ejemplo, la trama y el acto de escribir/leer una ficción[327]. Y tercero, la metaficcionalidad se desarrolla dentro de la ficción y como parte de ella. Ello implica que hay que tomar en consideración los distintos planos comunicativos donde se dan los enunciados metaficcionales y las consecuencias que estos tienen para la jerarquía de los planos y, ante todo, para la revelación de la no-correferenciabilidad entre autor (real/implícito) y narrador y de la concomitante codificación doble del texto como "verdaderamente ficcional" y "ficcionalmente verdadero" (Mignolo 1984).

Aquí entra con todo vigor el problema de la definición de la ficción. Predomina en gran parte de la crítica un concepto de la ficción basado en el criterio de la verdad: ficción es un tipo de comunicación literaria cuya convención básica consiste en la suspensión del criterio de verdad, de modo que las proposiciones del texto ficcional no se enjuician según su verdad/no-verdad con respecto al contexto extraliterario fáctico, o sea, los modelos del mundo vigentes en el contexto del lector real (*cfr*. Schmidt 1980, Iser 1976, Ahlers 1993, entre otros). En esta línea se hallan, asimismo, la modelización más

---

[326] Ello no significa negar la orientación metaficcional del concepto y la práctica de la *mise en abyme* tal como ha sido introducido por André Gide. Se encontrarán numerosos ejemplos para el empleo de la *mise en abyme* en Dällenbach (1977) y Winter (1998).

[327] Así lo hace Hutcheon (1984). Para la crítica, *cfr*. Ahlers (1993).

diferenciada de Harshaw (1984) con su distinción entre el *internal field of reference*, construido por el texto mismo, y los *external frames of reference*, así como la propuesta de Iser (1991), quien retoma la filosofía del *Als-Ob*, de Hans Vaihinger (1911). De acuerdo a ella, la realidad presentada en el texto ficcional es un mundo "puesto entre paréntesis, para señalar que el mundo representado no es un mundo dado, sino sólo debe entenderse como si [*als ob*] fuera dado". Este paréntesis –el concepto entronca con la *epoché* de Husserl– significa "que ahora se han de suspender todas las actitudes 'naturales' hacia este mundo representado" (Iser 1991: 37). Pero, como con razón ha expuesto Martínez Bonati ([1978] 1992: 66):

> La regla fundamental de la institución novelística no es el aceptar una imagen ficticia del mundo, sino, previo a eso, el aceptar un hablar ficticio. Nótese bien: no un hablar fingido y no pleno del autor, sino un hablar pleno y auténtico, pero ficticio, de *otro*, de una fuente de lenguaje (lo que Bühler llamó 'origo' del discurso) que no es el autor, y que, pues es fuente propia de un hablar ficticio, es también ficticia o meramente imaginaria.

Las reflexiones de Mignolo (1984), ya varias veces citadas, subrayan este mismo hecho fundamental, que es preciso tener bien claro a la hora de estudiar los procedimientos metaficcionales y su (intencionada) función estético-comunicativa y no incurrir siempre de nuevo en la trampa de confundir una y otra instancia[328]. Pues hay una diferencia esencial entre un narrador que declara el carácter ficticio del mundo narrado, exceptuándose de ese desengaño intraficcional, y un narrador que él mismo u otra instancia –¿extradiegética? ¿o incluso extraficcional?, cuestión no menos relevante– revela el estatus imaginario de su acto de lenguaje y de quienes participan en él y que todos forman parte del mundo ficcional. En las novelas vanguardistas va a ser esto último el punto culminante de las preocupaciones metaficcionales.

En las novelas vanguardistas metaficcionales escritas y publicadas durante los años 20 se manifiesta ya una amplia gama de técnicas y objetivos en torno a la indagación teórico-crítica en la ficción a través y dentro de la ficción. Es así como en *Novela como nube*, escrita en 1926[329] por Gilber-

---

[328] Las tipologías de los modos y procedimientos de la metaficción –propuestas por Waugh (1984), Hutcheon (1984) y otros– adolecen por lo general de una notoria imprecisión respecto de las bases narratológicas y, en otro plano, de unidad de criterios. Tampoco el trabajo de Ahlers (1993), en otros aspectos muy útil, presta la debida atención a las cuestiones narratológicas.

[329] La novela se publicó en México: Ediciones de Ulises, 1928. La fecha de 1926 se indica al final del texto; *cfr.* Owen (1979: 186).

to Owen (1905-1952), otro miembro de los Contemporáneos, el plano metaficcional adquiere mucho mayor complejidad y relieve que en *Panchito Chapopote*. No obstante, utiliza un procedimiento parecido: la intervención súbita del narrador que recién en este momento, por lo demás bastante tardío, se revela como el autor de la novela presente y expone el carácter ficticio de lo narrado, para luego retomar la narración de la trama. A diferencia de Pablo Palacio, Macedonio Fernández o también Max Jiménez y Humberto Salvador, Owen se atiene a un esquema que consiste en integrar la reflexión metaficcional explícita en la narración de una historia que precisamente por ser ficción y en cuanto tal se sigue narrando. En su centro de interés no se hallan tanto las condiciones (epistemológicas y socio-discursivas) de la ficción y su relación para con la realidad fáctica, sino más bien las posibilidades de la invención/imaginación y su presentación narrativa.

Está claro que ambos aspectos se complementan y que concuerdan en su intención de provocar un cambio radical del hábito de lectura. Pero también a este último respecto los autores mencionados optan no sólo por caminos, sino también por objetivos diferentes. En las novelas de Owen e Icaza la introducción del plano metaficcional equivale a una auténtica ruptura de la ilusión. Ésta se produce como una forma de desengaño del narratario/lector, como re-velación de la trampa en la que ha caído al aceptar sin más el pacto novelístico convencional y creer estar recepcionando una narración "(ficcionalmente) verdadera", olvidando durante la lectura su carácter "verdaderamente ficcional". Indudablemente, este des-cubrimiento repentino de la ficción tiene algo de 'anti-truco' narrativo que no sólo manifiesta una actitud lúdica e irreverente frente al código realista entonces vigente, sino también una intención didáctica: hacer re-flexionar al lector sobre la lectura que acaba de realizar, sacarle de su actitud de recepción ingenua y, también, de sus expectativas de verdad. En cambio, *Unos fantoches...*, de Max Jiménez, al igual que *Débora*, desde su comienzo no ofrece al lector el pacto novelístico convencional, sino algo como un contrato metanovelístico. Gracias a éste, "el estado de conciencia real de saber que estamos leyendo una ficción" predomina de tal modo que "la postura imaginaria de la credulidad ilimitada" (Martínez Bonati 1992: 158), la otra parte del pacto novelístico convencional, no se da sino como objeto de reflexión entre crítica y lúdica. "Arte de trabajo a la vista", podría llamarse con Macedonio Fernández ese tipo de novela/narrativa metaficcional que en vez del des-engaño persigue el no-engaño, o sea, que intenta desligar de antemano el vínculo entre ficción e ilusión, para indagar en las leyes propias de la invención (literaria) y lograr la participación consciente y activa del lector en el proceso creativo. Mas también así se pueden producir no pequeñas "sorpresas" para el lector.

Ahora bien, para entender tanto la envergadura crítico-cultural de estas novelas como su intención innovadora respecto del género, se hace necesaria una mirada más detallada. La novela de Owen, que ostenta una estructura perfectamente simétrica –dos partes de 13 breves capítulos cada una– en rigor ya ofrece ciertos indicios metaficcionales y, no menos importante, humorístico-irónicos, en el plano paratextual. Tanto el título como los epígrafes de las dos partes –"Ixión en la tierra", "Ixión en el Olimpo", y de varios capítulos –"1, sumario de novela", "18, unas palabras del autor"– despiertan la expectativa de que las cuestiones teóricas en torno a la novela van a jugar un papel importante, a expensas del *suspense* y la orientación regionalista-realista de la trama. No obstante, durante toda la primera parte y largos pasajes de la segunda, estas expectativas quedan defraudadas, mejor dicho, el texto las hace olvidar. Por cierto, el discurso del narrador heterodiegético de focalización cero no resulta nada fácil. Es altamente fragmentario y abunda en metáforas inusuales, así como en alusiones a la literatura, la filosofía y el arte desde Platón y Góngora, pasando por Hugo y Wölfflin hasta Apollinaire, Joyce, Picasso y Chaplin. Apenas contiene discursos directos de los personajes, sino que tiende a borrar la distinción entre narración, comentario y discurso indirecto libre del protagonista. Y, además, está todo impregnado de una ironía entre cínica y sumamente divertida[330]:

> Sus hermosas corbatas, culpables de sus horribles compañías. Le han dado un gusto por las flores hasta en los poemas: rosas, claveles, palabras que avergüenza ya pronunciar, narcisos sobre todo. Ernesto marcha inclinado sobre los espejos del calzado, sucesivos. Se ve pequeñito. Su tío tiene razón: siempre será sólo un niño. [...]
> Pequeña teoría y elogio de la inercia; datos estadísticos de los crímenes que evita. Un acróbata que caía, sin fin, desde aquel trapecio. Se quería asir del aire [...] Tantas Desdémonas en lechos de posada, tantas Ofelias en los estanques nocturnos.
> Una se ahogó en su ojo derecho. Tendrá que usar un monóculo humo de Londres para ocultarla. Ladrar del viento policía, investigando asesinatos líricos. A la luna la mató Picasso en la calle Lepic, una noche del mes de ... ¿de qué año? (Owen 1979: 146).

Con razón se ha destacado no sólo el carácter 'poético' de ese discurso, sino también la predominancia del discurso del narrador sobre la narración de

---

[330] Sheridan (1985: 309) es el único en llamar la atención sobre este hecho fundamental.

la trama (*cfr*. Rivera-Rodas 1986), complicada por una larga analepsis (cap. V a VIII) de difícil ubicación temporal. Pero una vez adentrado en la lectura, se empieza a poder reconstruir la siguiente historia[331]: Ernesto, un joven poeta y pintor algo esnob, vive una vida de inercia y amoríos. Visita el café, mientras su amada Ofelia le espera en vano, recuerda sus amores con Eva en una ciudad costanera y ve a una mujer que se le parece a Elena, otra ex-amante. La sigue sin éxito. Un día, en un cine, la encuentra y entabla conversación con ella. Viven juntos la aventura del film, mas a la salida, su marido le pega un tiro a Ernesto. La segunda parte comienza con el despertar del convaleciente en la casa de la familia en Pachuca, donde cuidan de él Elena, su ex-novia y desde años atrás mujer de su tío Enrique, así como Rosa Amalia, hermana menor de Elena. Ernesto quiere reconquistar a Elena y vive un conflicto no muy serio de conciencia. En este momento se entromete "el autor": "Me anticipo al más justo reproche, para decir que he querido así mi historia, vestida de arlequín, hecha toda de pedacitos de prosa de color y clase diferentes" (Owen 1979: 170). Con no poca ironía explica su concepto del personaje, llama la atención sobre la trama prestada de la mitología e insinúa posibilidades de efecto de realidad de su libro. Los dos capítulos siguientes los dedica explícitamente a la presentación de Pachuca, que termina, sin embargo, con indicar que "ahora caigo en la pedantería de esta página que acabo de escribir [...] Estoy a punto de reconocer que todo lo escrito hasta aquí puede ser pasado por alto" (*ibíd.*, 174). La perspectiva autorial, manifiesta en referencias al *hic et nunc* del narrador, se mantiene hasta el final. Luego de las reflexiones del protagonista en torno a las dos mujeres y la reproducción de la "elegía en espiral" que éste escribió al enterarse de la boda de Elena con su tío, se narra que, en un pasillo oscuro, Ernesto cita a Elena para la medianoche en el cuarto de estudio. Allí espera, pero la que entra finalmente es Rosa Amalia. Ernesto entiende que para no herirle a ella ni comprometer a Elena se habrá de casar con la primera: "Su rueda de Ixión será el matrimonio" (*ibíd.*, 185). "De las cosas sabemos alguno o algunos de sus aspectos, los más falsos casi siempre. Las mujeres, sobre todo, nunca se nos entregan, nunca nos dan más que una nube con su figura..." (*ibíd.*, 186), termina el narrador-autor.

Evidentemente, la transformación satírica del mito de Ixión[332], que frente a las versiones clásicas centradas en la penitencia cruel enfatiza el engaño

---

[331] Una reconstrucción más interpretativa y sintetizadora ofrece Rivera-Rodas (1986: 116).

[332] Ixión, rey tesálico, da muerte a su padre en ley, pero Zeus le purifica y acoge en el Olimpo. Ixión pretende a Hera y Zeus envía una nube en forma de Hera con la cual

y des-engaño, sirve de plano de articulación entre ficción y metaficción. Pues sobre este trasfondo trasluce la analogía estructural entre la trama y el proceso de lectura. Ernesto, cegado por sus deseos, se equivoca con respecto a la figura de la amada vislumbrada en el pasillo oscuro y reconoce su error demasiado tarde. Y el lector, aferrado a sus expectativas convencionales e ingenuas, se ha equivocado en cuanto al carácter de la novela, creyendo leer una historia 'verdadera' y original cuando en realidad se trata de una construcción ficcional hecha de "pedacitos" ya dados y organizados según un mito conocido. Tarde, ¿demasiado tarde?, ha de reconocer el engaño y el significado del título de esta "novela como nube"[333]. Y mientras en el plano de la trama resulta obvio que ningún personaje cumple el rol de "Júpiter vengativo" (*ibíd.*, 186), en el del lector (implícito) sí existe esa instancia responsable para el engaño y el des-engaño/castigo: el autor.

Pero la novela de Owen –y vale la pena recordar que se trata de su segunda novela, después de *La llama fría* (1925), una evocación delicada y absolutamente realista de vivencias sentimental-eróticas con una soltera provinciana– persigue con todo ello no sólo un efecto lúdico-crítico en la línea ya arriba esbozada. También se trata de mostrar en teoría y práctica la autonomía de la ficción y sus posibilidades de "goce"[334] y sentido intrínsecos. La materia de la ficción es precisamente el reino de los mitos, o sea, de la literatura y del arte universales. No en balde el texto está plagado de alusiones intertextuales e intermediales, faltando precisamente lo que podría causar la ilusión de realidad en cuanto al "fantoche" de Ernesto: una psicología y una voz propias (*ibíd.*, 171). Lo que importa son la manera de narrar y "el hilo

---

Ixión engendra al primer centauro. En castigo de su delito, Ixión es desterrado al Tártaro donde se le impone el suplicio de la rueda que eternamente da vueltas. En Píndaro y Virgilio, Ixión aparece ante todo como un gran penitente; *cfr. Der Neue Pauly*, s. v. "Ixion".

[333] Nada mejor para comprobar que en el caso de *Novela como nube* la isotopía + [aire] no se ha de referir ni en primer ni en segundo lugar a una "estética pneumática", a la decaracterización y, a través de ello, a la influencia de Giraudoux, como opina Nagel (1991), siguiendo reflexiones más generales y diferenciadas de Pérez Firmat (1982), sino que tiene que ver con el despliegue, por cierto muy sutil, de la analogía entre el mito/diegésis y el proceso de lectura impuesto por la novela misma y su juego entre encubrimiento y descubrimiento de la ficción. La identificación entre el narrador y Owen así como simples pero fatales errores de lectura –el texto de Owen (1979: 171) dice: "Ya he notado, caballeros, que mi personaje sólo tiene ojos y memoria", Nagel (1991: 126) transcribe "Ya he rotado" (*sic*) y traduce con "I have already broken (with tradition), gentlemen, in that my character only has eyes"– no facilitan aceptar su interpretación.

[334] "Goce" en el sentido barthiano, convenientemente recordado con respecto a esta y otras novelas de los Contemporáneos por Vargas (1986).

de atención de los numerables lectores" (*ibíd*., 170), mientras que el efecto de realidad es algo extrínseco, que no depende de la obra de arte sino de la coincidencia casual entre lectura y vivencia. Es así como las muy irónicas "palabras del autor" apelan al lector a no irse tan pronto del libro que sólo pretende dibujar un fantoche, ya que:

> A mí me ha sucedido esta cosa extraordinaria:
> He estado, de noche, repasando un álbum de dibujos. Por el aire corría el tren de Cuernavaca, en esa perspectiva absurda que se enseña –a mi no me cuenten, que se enseña– en las escuelas de pintura al aire libre. Y cuando lo miraba más y más intensamente, llegó hasta mi cuarto, aguda y larga, la sirena de un tren verdadero. A mí me sucedió esta cosa extraordinaria (*ibíd*., 171).

Tampoco, pues, es ello lo que debe interesar. Al contrario, tal como insinúa el hecho de que ese autor sigue narrando, se trata del juego de la ficción e imaginación (verbal) y, como parte de ello, del ser espectador de la propia lectura, del goce de leer una ficción y saber, al mismo tiempo, que se está leyendo una ficción construida sobre otras ficciones.

Con todo, *Novela como nube* expresa, más radicalmente que las novelas de Torres Bodet y aun que la de Villaurrutia, el programa intelectual de *Ulises*. Las pocas referencias a México –entre ellas un breve comentario burlón sobre el concepto del mestizaje (vasconceliano) y las ideas de Antonio Caso–, se disuelven en la universalidad de una trama que más que nada parece perseguir la transformación entre lúdica y satírica de un mito occidental antiguo. Subrayan esta reivindicación de universalidad las muchas referencias a escritores y artistas europeos y norteamericanos más o menos contemporáneos. Aparte de Caso, de los mexicanos sólo se menciona al propio Owen, que aparece como autor de la novela inconclusa *El impertinente* en la elegía de Ernesto. Por otra parte, lo universal, en el sentido de lo clásico y sublime, tampoco configura aquí el valor que como punto de orientación de toda/la literatura nacional había preconizado Vasconcelos durante la época formativa de los Contemporáneos y que volvió a afirmar en *Indología* (1926) y otras publicaciones del momento (*cfr*. Fell 1994). Al contrario, en el plano del contenido el mito de Ixión no aparece sino como historia absolutamente banal y cotidiana. Es la universalidad de lo ridículo. Por consiguiente, el que el autor (implícito) lo reelabore en esta función también significa una refutación por implícita no menos tajante del concepto mesiánico del escritor que Vasconcelos seguía defendiendo frente a la exigencia del "pensamiento revolucionario" que a partir de la polémica de 1924/1925 en torno a *Los de abajo* se estaba institucionalizando (*cfr*. Díaz Arciniega 1990).

De manera inequívoca, Owen insiste de este modo en la posición 'solitaria' del escritor/intelectual moderno como exiliado interior[335]. Y cabe subrayar "moderno", pues es éste, junto con la orientación crítica-cultural general, el valor que sí afirma y busca realizar el texto. A través de esta modernidad, presente en primer lugar como modernidad de las técnicas narrativas, se emprende la re-definición de la universalidad: estriba en la estética, concretamente, en la actitud a la vez desprejuiciada y autocrítica con la cual el texto se apropia de los desarrollos artístico-literarios y culturales modernos. Así, se correlacionan el procedimiento metaficcional y las metáforas de cariz ultraísta –"Un mozo tira la luna llena sobre la mesa. El hastío empieza a derramar sobre el techo la leche embotellada en el cigarro" (Owen 1979; 147)–, con la transformación satírica de un mito clásico y la elaboración de una escritura fílmica. Ésta llega a su apogeo en el capítulo 12, "film de ocasión", donde los personajes viven el mundo de la película, pero se manifiesta también antes y después, en los cambios rápidos de lugar, la sucesión de escenas inconexas, la enorme importancia de las impresiones/imágenes visuales y la alternancia entre *close up* y semitotal, así como en la alusión a estrellas de cine, que ocupan el mismo rango que autores y pintores. Y si cada una de estas técnicas ya por sí sola podía y debía servir de señal de modernidad y de actitud ruptural frente a la novelística hispánica y mexicana del momento –el mismo Owen había llamado la atención sobre el carácter altamente innovador de la escritura entre poética y fílmica fragmentaria en *Pájaro Pinto* (1927), del español Antonio Espina[336]–, aún más lo hace el conjunto. Y no es que en ello 'imitara' algún modelo (europeo) específico, sino que ofrece en este plano algo parecido a lo que ya había expuesto el narrador-autor: una estética hecha de pedacitos de color y clase diferentes, debidos sólo a la dinámica del proceso imaginativo y su juego entre espontaneidad y trabajo artístico consciente y unidos por la atención del lector. A causa de la historia particular de México, el potencial vanguardista de esta propuesta incluso iba aumentando. En 1926 todavía podía contar con ciertas simpatías fuera del "grupo sin grupo" y hasta parecía compaginable con intentos más convencionales de la renovación de la novela mexicana por medio de la parodia, como hizo *Pero Galín* (1926), el toque

---

[335] Puede verse ello también en relación con la posición de Owen "un poco al margen" del grupo; *cfr*. Sheridan (1985: 240 s.).

[336] Reseña publicada en *Ulises* I, 1 (mayo de 1927), también en Owen (1929: 218-220). Sobre la obra de Espina y su relación con las Vanguardias, véase el trabajo detallado de Weber (1999).

de muerte a la novela colonialista de Genaro Estrada. Mas en 1928, cuando por fin se publicó *Novela como nube*, se veía expuesto a los mismos furibundos ataques nacionalistas e izquierdistas que suscitó la recién fundada revista *Contemporáneos*.

Unos fantoches...[337], del costarricense Max Jiménez [Huete] (1900-1947), opta, como ya se dijo, por un camino y unos objetivos metaficcionales diferentes. Unas palabras introductorias del narrador-autor sobre lo inventado de su "caso" abren el relato. En estilo bastante convencional, éste presenta una serie de breves párrafos sobre los personajes respectivos, la historia de él, ella, el amante (de ella), el público (del caso), una mujer (querida del amante) y el autor. Después de la exposición esquemática del carácter y el estatus social de los personajes, se esboza el conflicto: hay una relación entre ella y el amante, el público murmura, el autor se defiende del reproche de que "este relato es sobrado común" (Jiménez 1928: 18), el marido, un comediógrafo, se siente fantoche en el espectáculo que en torno a su figura se imagina el público, la mujer siente celos del amante, el autor defiende la brevedad de su relato impuesta por la vida moderna y su exigencia de variedad. La historia termina con que el público se ha acostumbrado al caso. El autor, después de insistir en la novedad de su relato, declara:

> Hay un momento psicológico en que necesitamos concluir un relato y seguir persiguiendo cantidad, va muy en contra de su beneficio, así dejo al Escritor, a Ella, al Amante, a la Mujer, hundirse en la nebulosa de la vida, que ella los lleve a donde mejor les parezca ya que de la existencia y sus caprichos no somos más que unos pobres fantoches (*ibíd.*, 33).

Pero, a la vuelta de la página viene una segunda parte. El autor, ya a bordo de un barco con rumbo a París, se queja de que "el público hizo del autor uno de tantos fantoches de este relato" (*ibíd.*, 37), cita juicios de lectores y críticos sobre la primera parte, discute con lectores, cuenta que el público aplica su caso a varios casos reales y vuelve sobre el tema de que los hombres no son sino fantoches en la vida. Los sucesos que siguen son bien pocos: el escritor establece paz entre su mujer y el amante, el amante y su querida igualmente se ponen de acuerdo en mantener el *status quo*, el autor reflexiona sobre el arca de Noé y sus vivencias a bordo y llega a París, el público empieza a tolerar el caso, el autor –"¿Por qué decaer explicando

---

[337] San José, Costa Rica: Ediciones de El Convivio, 1928. Para información sobre el autor, *cfr.* Baciu (1980).

un fin forzoso?" (*ibíd.*, 49)–, termina el relato que vivirá siempre ya que siempre habrá fantoches "tirados por los hilos esos de lo desconocido, siempre operando con la media conciencia que nos arrastra por la vida con una venda ante los ojos, que nos impide ver cómo se hilan las cosas, y lo poco que somos al lado del destino" (*ibíd.*, 50).

Evidentemente, la introducción del plano metaficcional y el esquematismo de la narración sólo en parte comunican una preocupación por las condiciones, los rasgos y las posibilidades de la ficción comparable con la que despunta en las novelas de Owen y Palacio. La técnica, por cierto, no está exenta de cierta ingeniosidad: desde el principio la trama se va construyendo a los ojos del lector –los personajes no llegan a saber de su estatus ficcional– y se ensaya, en la segunda parte, una metalepsis que parece anticipar un procedimiento típico de Macedonio Fernández, a saber, la integración de la recepción por parte del lector 'real' en el plano del narrador. Pero todo ello, al igual que los comentarios del narrador, sirve ante todo para exponer el carácter de fantoches que los hombres tienen en la vida fuera de la ficción, exposición que, además, tiene bastante de sátira social anti-burguesa. Más que la orientación crítico-cultural de la Vanguardia, predomina aquí una mirada entre algo unamuniana y satírica que usa el pacto metaficcional para fines que poco tienen que ver con la ficción. El estatus de los personajes en la ficción se ofrece como parábola de la *conditio humana*. Y lo que para lo uno es el autor, en la otra es el destino, tesis nada nueva ni provocadora que hasta en el estilo recuerda a la oratoria convencional al respecto (*cfr.* arriba) y cuya ingenuidad bien intencionada sólo se mitiga por los atisbos de humor que a veces destellan en los comentarios metaficcionales del narrador-autor.

No obstante, en el panorama de la novelística costarricense, este texto de Jiménez tenía que resultar completamente insólito, comparable sólo con la empresa llevada a cabo por el *Repertorio Americano* (1919-1957), fundado y dirigido por Joaquín García Monge. Esta revista, en la cual Jiménez colaboraba a menudo, no sólo trataba de superar el ambiente provinciano del país, dominado en lo literario por un realismo costumbrista estilizado más o menos crítico –Dobles Segreda, Carmen Lyra– y el Modernismo tardío, sino que, a partir de 1924, también se dedicaba, entre otras cosas, a difundir la literatura vanguardista de y para todos los países hispanoamericanos. Y dentro de este contexto, *Unos fantoches...* más que por sus procedimientos metaficcionales en cuanto tales sigue llamando la atención por la voluntad de lo nuevo y cosmopolita que ellos manifiestan y también por testimoniar cierto éxito de la labor de García Monge –a quien la novela va dedicada– en un contexto histórico y cultural que parecía muy poco propicio a tales iniciativas.

En suma, con la aparición de las novelas metaficcionales, hacia finales de los años 20, la novela vanguardista parece haber elaborado por fin la modalidad de emprender más directa y visiblemente la renovación del género, por lo menos en cuanto cuestionamiento/superación del contrato mimético realista. No obstante, las novelas en cuestión demuestran una hechura y un alcance vanguardista de la metaficcionalidad muy variados, para no decir desiguales. En *Débora* y *Novela como nube* sirve para una profunda renovación de la práctica novelística entonces vigente gracias, precisamente, al redescubrimiento de la autonomía y autoconciencia de la ficción y la propuesta de un nuevo pacto novelístico basado en la auto-reflexión crítica del texto tanto como del lector. *Unos fantoches...*, en cambio, no logra desprenderse de la obligación mimética convencional para con la realidad y la creencia básica en la posibilidad y la función re-presentativa inmediata de la ficción y del lenguaje. Así, en la novela de Palacio y, en grado algo menor, en la de Owen, los procedimientos metaficcionales pretenden la crítica de los modos y conceptos según los cuales se percibe y entiende la ficción, apuntando en ello hacia la convencionalidad y los intereses que marcan las nociones vigentes acerca de la función de la literatura y los modelos de realidad subyacentes. Frente a ellas, en la novela de Jiménez sirven para ayudar a comunicar de modo novedoso una tesis de crítica social sobre el mundo fáctico que en el fondo no hace sino afirmar las premisas epistemológicas y lingüísticas del realismo (decimonónico). Pero esa línea divisoria entre Vanguardia propiamente dicha y textos innovadores o experimentales que no asumen el proyecto vanguardista en su radicalidad puede resultar a veces bastante irrisoria. En su contexto específico también los últimos significaron un aporte iconoclasta –y emancipador en cuanto a la situación "provinciana" de la literatura nacional– comparable al que se proponían los primeros.

No obstante, la diferencia entre crítica social y crítica cultural iba a ser una de las cuestiones que marcaron el desarrollo posterior de la novela vanguardista. Por un lado, se tendió a borrar esa diferencia en las apropiaciones de técnicas narrativas vanguardistas en función, justamente, de un mayor realismo (crítico) y/o un mayor compromiso social; por otro lado se la afirmó en los intentos de dar un perfil más nítido a las propuestas narrativas vanguardistas frente a las nuevas manifestaciones del Regionalismo y del realismo social, no todas tan reacias a procedimientos narrativos 'modernos' como la crítica suele suponer. Ambas tendencias respondieron al proceso histórico de los años 30, en particular a la conciencia creciente de sectores sociales cada vez más amplios de vivir en un momento histórico a la vez problemático y decisivo.

Capítulo II

La novela vanguardista hispanoamericana: diferenciación, diseminación, radicalización (1929-1940)

1. La novela vanguardista en el contexto

1.1. *Panorama histórico-cultural*

La crisis económica de 1929 –el "viernes negro" de la Bolsa de Wall Street– sacudió inmediatamente a casi todos los países latinoamericanos. Aceleró los procesos conflictivos socio-económicos, políticos e ideológicos que se venían gestando a partir de la Primera Guerra Mundial y marcó, con sus consecuencias desastrosas para la economía dependiente de América Latina, el fin del optimismo de la época de entreguerras a la vez que puso al descubierto la problemática del orden neo-colonial. La incipiente democratización se frenó y entre 1930 y 1933 se derribó la mayoría de las constelaciones políticas que se habían establecido en la anterior época de prosperidad, dando lugar en muchos casos a dictaduras que, como formas de gobierno, se mantuvieron, año más, año menos, hasta los 40.

Huelga decir que los regímenes dictatoriales no eran capaces de superar las tensiones socio-económicas y políticas ocasionadas por la crisis ni, mucho menos, de desarrollar respuestas válidas frente a la desorientación ideológica causada por la experiencia de la quiebra innegable de todo el orden mundial (capitalista), dentro del cual los países latinoamericanos durante tanto tiempo habían buscado su lugar. El liberalismo económico perdió su función de consenso director, y ganaron en atractivo modelos divergentes, desde el socialismo hasta el fascismo. Cuando a comienzos de la Segunda Guerra Mundial, por fin, casi todos los países latinoamericanos habían logrado superar la catástrofe económica, persistieron así las controversias ideológico-políticas en respuesta al conflicto político global, lo mismo que a las múltiples tensiones sociales y económicas nacionales que urgentemente reclamaban soluciones viables y políticamente estables.

A todo este respecto, representa una excepción llamativa el desarrollo político en México. La guerra cristera (1926-1929) y la campaña presidencial de José Vasconcelos en 1929 manifestaron la desilusión general frente a la Revolución, que la política del "Maximato" en absoluto podía mitigar. Lázaro Cárdenas (1934-1940) intentó cumplir, finalmente, con las promesas revolucionarias, reemprendiendo la reforma agraria y nacionalizando el petróleo. También promovió la movilización social de las clases medias y bajas, lo que ayudó a lograr a la larga una estabilidad del orden político inalcanzada en los demás países hispanoamericanos, pero que falló sensiblemente respecto de la unificación ideológica en pro de la Revolución y del "socialismo mexicano"[1].

Los efectos culturales de los cambios socio-económicos y político-ideológicos residían, más que nada, en la creciente politización del campo literario y artístico, mejor dicho, en la importancia crecida de la cuestión de lo político, fenómeno que de manera parecida se dio en Europa y los EE.UU.[2], para no hablar de la situación en la URSS, que se convirtió en objeto de interés cada vez más fuerte por parte de los intelectuales latinoamericanos. La urgencia de la dimensión política se manifestó no sólo en el surgimiento y pronto auge de las tendencias –el realismo socialista, en buena medida también el Indigenismo– que se comprometieron directamente con determinadas posiciones políticas y que, después, buscaron introducir una nueva heteronomía en el ámbito de lo estético. También influyó en el desarrollo interno de las corrientes que intentaban mantener la autonomía, pero que dentro de ella reforzaron ahora la fusión de estética y ética en función de los (supuestos) valores humanistas eternos y universales.

La trahison des clercs (1927), del ensayista-filósofo francés Julien Benda, dio el fundamento teórico a esta posición, defendida ya desde antes por las dos revistas europeas que más prestigio tenían entre la intelectualidad hispanoamericana: la *Nouvelle Revue Française* y la *Revista de Occidente*, o sea, el proyecto de renovación cultural de Ortega y Gasset. Fueron ellos también los modelos principales para la revista argentina *Sur*, fundada en 1931 por Victoria Ocampo y un grupo de escritores provenientes en gran parte de las filas del antiguo Martinfierrismo. De modo muy nítido iba a representar en América Latina la convicción de que el escritor, la elite intelectual, no debería 'bajar' a la esfera de las pasiones políticas, sino comprometerse con la misión de conservar la inteligencia y la cultura, el reino de lo 'bueno' en oposición al ámbito de las masas que sólo perseguían intereses

---

[1] Como ya se habrá notado, he seguido aquí, en lo básico, la modelización de la época realizada por Halperin Donghi (1988).

[2] Para un análisis de la situación en Francia, véase el excelente estudio de Jurt (1995).

materiales[3]. Pero tampoco esta prestigiosa revista se podía sustraer al ambiente reinante. Es así como a mediados de los años 30 su faceta moral, presente desde los comienzos, se hizo cada vez más obvia (*cfr.* también King 1989: 112).

El Regionalismo, que ya en años anteriores había dado muestras de poder integrar preocupaciones políticas y/o de denuncia social más o menos de izquierdas –piénsese en *La vorágine*–, no perdió por ello vigor, pero participó en los procesos de diferenciación y reformulación de la función de la literatura que caracterizan la década de los 30. Ya la misma "vuelta hacia lo autóctono" adquirió nuevas orientaciones y funciones en la medida en la cual ahondaba en la problemática del orden neo-colonial puesta al descubierto por la crisis económica (e ideológica) mundial. Además, el Regionalismo se entendía como continuación de una tradición entretanto ya propia. Y su prestigio iba en aumento, gracias ante todo a obras como *Doña Bárbara* (1929), celebrada inmediatamente por críticos de las más diversas tendencias ideológicas, pero también debido a la evidente falta de una avanzada literaria europea, después de los *ismos* vanguardistas, que no consistiera, precisamente, en la vuelta hacia la estética realista. En general, las novelas regionalistas escritas durante los años 30 demuestran una conciencia creciente de los factores socio-económicos y sus repercusiones en el individuo, a la vez que buscan una mayor perfección y modernidad literarias dentro de las exigencias realistas. Es precisamente en este doble sentido "humano" y estético en el que también pretenden relacionar lo regional/hispanoamericano y lo universal: ahondando en lo uno se llegará a lo otro, rezaba una de las divisas comúnmente repetidas.

La urgencia y el prestigio de toda esta cuestión de la definición de la identidad nacional –con proyección y trasfondo universales– se manifiesta también en el auge y el éxito público de los ensayos sobre el tema. Y fueron ahora los jóvenes los que pronto casi monopolizaron este discurso antes dominado por intelectuales como Ricardo Rojas y José Vasconcelos[4]. Actualizaron la búsqueda de la identidad sobre la base de las teorías políticas y

---

[3] Así Benda en el tercer capítulo de su famoso ensayo. *La rebelión de las masas* (1930), de Ortega y Gasset, ahonda igualmente en esta definición de la cultura/elite. Sobre el proyecto de *Sur*, tan cercano a esos ideologemas –que los de *Sur* desde luego entendían como libres de cualquier influencia ideológica–, *cfr.* el excelente estudio de King (1989, aquí en particular pp. 62-72).

[4] Sobre la historia del ensayo en Latinoamérica, *cfr.* Fernández (1990) y Caballero (2002), para una reinterpretación desde la perspectiva femenina, la recopilación de estudios editada por Meyer (1995).

sociológicas de izquierdas o de la filosofía europea contemporánea, en particular la fenomenología, la llamada metafísica de la razón vital –que es, al mismo tiempo, razón histórica–, y la ontología fundamental. Es decir, Ortega y Gasset y los filósofos alemanes –Oswald Spengler, Max Scheler, Martin Heidegger, ante todo– que se divulgaron en el ámbito hispánico gracias a la *Revista de Occidente*, configuraban puntos de referencia casi obligatorios para aquellos pensadores jóvenes que no se sentían atraídos por la filosofía marxista. El *dictum* de Ortega y Gasset (1976: 30) de que "yo soy yo y mi circunstancia, y si no la salvo a ella no me salvo yo", ayudó, junto con la perspectiva neospengleriana sobre América, a deshacer "el monopolio sobre lo universal que los europeos se habían adjudicado" (Gómez Martínez 1987: 210). Además, su "Carta a un joven argentino que estudia filosofía" (1925), severa crítica de lo que él llamaba la falta de rigor mental y la imprecisión del pensamiento latinoamericano, los rasgos en los que veía la causa principal para la dependencia intelectual, fomentó la autocrítica e influyó no poco en la formación de una (nueva) conciencia de la identidad latinoamericana (*cfr.* Ramos 1943; Zea 1983).

En la Argentina, Borges ya había iniciado un nuevo tipo de ensayo sobre cuestiones de la identidad nacional, en particular la llamada "expresión criolla", tema que descuella ya en *Inquisiciones* (1925) y que predomina en *El tamaño de mi esperanza* (1926) y *El idioma de los argentinos* (1928), galardonado con el Premio Municipal de Buenos Aires. El criollismo borgeano, nuevo por el rechazo de la perspectiva nostálgica tan usual en aquel entonces así como por el intento de trascender lo local y alcanzar vigencia universal[5], le valió al autor el interés de los críticos, sobre todo de los más jóvenes. Pero fue *El hombre que está sólo y espera* (1931), de Raúl Scalabrini Ortiz, la obra que inmediatamente se convirtió en auténtica "biblia porteña" ("Autores y libros", *El Mundo*, 18.1.1932). Esta indagación en las características del hombre de Buenos Aires se proponía no sólo superar el enfoque positivista-liberal de los ensayistas del Centenario, sino también rescatar la cultura popular urbana desde la perspectiva típica de la "general leftist, populist attitude of writers of the period" (Foster 1986: 25; *cfr.* Romano/El Seminario 1990: 65-95). El aplauso de la crítica fue unánime y la obra recibió el Premio Municipal de Buenos Aires. De semejante aprecio gozaron algo más tarde *Radiografía de la pampa* (1933), de Ezequiel Martínez Estrada, e *Historia de una pasión argentina* (1937), de Eduardo Mallea, aclama-

---

[5] Sobre el criollismo de Borges, cuestión últimamente muy debatida, *cfr.* el excelente estudio de Olea Franco (1993).

do desde las páginas de *Sur*, que frente a la visión telúrica-fatalista de Martínez Estrada defendía la espiritual-optimista de Mallea, que mejor se avenía con las reflexiones de Ortega y Gasset y de Waldo Frank, tan apreciados en el círculo de Victoria Ocampo[6].

En México, el estudio de Samuel Ramos, *El perfil del hombre y la cultura en México* (1934), muy influido por las ideas orteguianas, dio inicio a la "filosofía de lo mexicano", que a partir de 1938, con el apoyo y estímulo del filósofo español "transterrado" José Gaos[7], se convirtió durante muchos años en la corriente más destacada y ya definitivamente propia del pensamiento mexicano. En otras partes, en cambio, predominaba la orientación político-sociológica de izquierdas, si bien no necesariamente marxista, en la nueva reflexión sobre la identidad nacional y/o hispanoamericana, como en el libro *Vida y pasión de la cultura en América* (1935), de Luis Alberto Sánchez, a la sazón exiliado político en Chile, o en *El montuvio ecuatoriano* (1937), de José de la Cuadra, para no olvidar, desde luego, a José Carlos Mariátegui y su interpretación de la realidad peruana desde la perspectiva del socialismo científico. Con excepción de este último, así como de Ramos, quien había mantenido el contacto con los Contemporáneos aun en los momentos más difíciles –la polémica contra *Examen* (*cfr.* cap. II, 1.3)–, de Jorge Mañach, codirector de la *revista de avance* y autor de la *Indagación del choteo* (1928), y Mallea, ninguno de los autores mencionados estaba vinculado a la Vanguardia.

En fin, por poco adecuado que parezca en atención a sus connotaciones polémicas y la importancia exagerada que de esta manera se atribuye a Ortega y Gasset, el término "rehumanización" no deja de sintetizar las exigencias que se les plantearon a los escritores latinoamericanos del momento. La vuelta a los "valores humanistas" y a la "transcendencia humana", configuraba en cierto sentido el consenso común del campo literario de los años 30. Fue el puente que relacionaba las corrientes de literatura comprometida con la(s) otra(s) que defendían la autonomía del arte frente a las intromisiones de la política. Éstas insistían en que el valor de una obra se definiera por la calidad estética y el "planteo permanente de cuestiones veraces", como decía Eduardo Mallea (1954), uno de los representantes entonces más reconocidos de esta última concepción (*cfr.* también Shaw 1968: xviiis.). Es decir, estas tendencias rechazaban cualquier ortodoxia doctrinaria e instrumentalización del arte, pero sí reconocían la "responsabilidad" del intelec-

---

[6] Otra vez hay que remitir al estudio de King (1989).
[7] Una breve síntesis de la vida y obra de Gaos en Niemeyer (1992).

tual y del artista para con la "verdad", el progreso de la humanidad y la libertad. Con ello se reafirmaba en América Latina al igual que en muchos países europeos[8], como respuesta a la situación histórica, el vínculo entre estética y ética sobre el trasfondo de una renovada creencia en los ideales liberales de la modernidad burguesa.

Sobre la historia de las Vanguardias

Las Vanguardias, que no poco habían contribuido al despliegue de la dinámica del campo literario y artístico, se vieron igualmente ante la necesidad de ajustar su posición en todo este panorama. Durante el segundo lustro de los años 20, el discurso cultural hegemónico había empezado a enfocar con cierta satisfacción la existencia de los movimientos e iniciativas vanguardistas como prueba irrefutable de la posibilidad de modernidad, liberalidad y creatividad de la literatura nacional. Ello no significa, desde luego, que se aceptaran y/o entendieran las propuestas vanguardistas, pero sí que se admitía el fenómeno como parte integrante de la literatura contemporánea. Es así como hasta en los grandes diarios –como *La Nación*, *La Prensa* y *El Mundo* de Buenos Aires, *La Nación* y *El Mercurio* de Santiago de Chile–, en revistas y en las historias de la literatura nacionales –Alone (1931), González Peña (1928)– se mencionan y/o presentan textos, revistas y actividades de la Vanguardia nacional, en contadas ocasiones también de la latinoamericana[9], con cierto respeto. En *La Nación* (Buenos Aires.) se hizo publicidad durante toda la segunda mitad de 1928 de *No toda es vigilia la de los ojos abiertos*, de Macedonio Fernández, "el original filósofo porteño"[10], y se celebraron *Los siete locos*, de Roberto Arlt, como obra con la cual el autor "se coloca en destacada posición de vanguardia en la joven literatura argentina" (*La Nación*, 8.12.1929). Y en 1931, cuando la Vanguardia ya parecía historia, los antiguos vanguardistas también figuraron en la

---

[8] Para el caso de Francia, *cfr*. Jurt (1995: 269-275).

[9] En la prensa argentina se prestaba poca atención a lo que sucedió en los otros países hispanoamericanos; se estaba interesado mucho más en Francia y España, de donde se recibieron con regularidad contribuciones de destacados escritores e intelectuales lo mismo de la mal llamada generación del 98 –Azorín, Pérez de Ayala, Ramiro de Maeztu, etc.– que de las promociones más jóvenes –Benjamín Jarnés, que a partir de 1929 tenía una sección regular, "Letras españolas", en *La Nación*–; *cfr*. Zuleta (1990/1991).

[10] *Cfr*., p. ej., los números correspondientes a septiembre de 1928 del suplemento semanal "Letras – Artes" de *La Nación*.

sección de noticias de sociedad, no sin mencionar su pertenencia a "las tendencias vanguardistas de nuestro país" y los "grupos fundadores de Proa, Martín Fierro, Revista Oral y Pulso" ("Comida en honor de la poetisa Norah Lange", *El Mundo*, 8.1.1931). En Chile, para poner otro ejemplo, se publicó en *El Mercurio* durante julio de 1929 toda una serie de artículos de Daniel de la Vega sobre "La Vanguardia Literaria", intento de balance general no exento de prejuicios y malentendidos, pero impregnado del deseo de hacer justicia al fenómeno. Mientras tanto, Ricardo A. Latcham notó con satisfacción que la Vanguardia chilena seguía produciendo a pesar de los ataques, y que en el extranjero había un creciente interés por ella. Las "actitudes estridentistas" son "signo de vida rica", insiste, a la vez que establece paralelos entre Rilke, Joyce, Soupault y Girard en Europa y Neruda, Mallea, Güiraldes, Borges y Rosamel del Valle en América Latina (*Atenea* 56, agosto de 1929, pp. 105-107). La muerte de Mariátegui en abril de 1930 fue comentada inmediatamente en la prensa de casi todos los países. Pero fue éste el último suceso que logró despertar la atención de un público amplio por la Vanguardia latinoamericana. A partir de entonces y no obstante algunos casos aislados –la polémica en torno a la revista mexicana *Examen* (1932), una que otra reseña de las novelas de Vicente Huidobro y Juan Emar–, se vio otra vez reducida al ámbito de las revistas especializadas y pronto dejó de existir como movimiento cultural.

La dinámica interna del desarrollo de las Vanguardias hispanoamericanas puede explicar hasta cierto punto este breve período de atención más general, así como su final repentino a principios de los 30. La llamada polémica del meridiano intelectual de 1927 ofrece un episodio clave al respecto, porque no sólo demuestra el vigor intercontinental de la Vanguardia hispanoamericana, sino que también anuncia la futura importancia del llamado polo revolucionario (político) y su influencia en "la relación entre internacionalismo y nacionalismo que en algunas zonas todavía puede pensarse dialécticamente, pero que pocos años después escindirá de un modo casi absoluto el campo intelectual"[11]. Efectivamente, ese momento se dio a partir de 1929/1930, momento en que se vivieron los grandes cambios históricos y culturales que parecían reclamar otro tipo de literatura[12]. Entretanto, en la mayoría de los países también la Vanguardia misma estaba demasiado dife-

---

[11] Así, Manzoni (1996: 130). Sobre esta polémica, véanse, además, los estudios de Londero (1989) y García Gutiérrez (1996).

[12] Por lo general, se suele atribuir el final del ciclo vanguardista a la importancia y presión creciente de lo ideológico; *cfr.* Schwartz (1991: 31-35), entre otros. Pero como se verá en lo siguiente, habrían influido también razones internas.

renciada para reunirse bajo la bandera de viejos o nuevos *ismos* e intentar despertar el interés general por actividades grupales, como manifiestos, *happenings*, etc. Un cierto agotamiento –y no sólo a los ojos del público (burgués)– de la 'novedad' y del efecto ruptural obvio de sus propuestas estéticas originales exigía a los vanguardistas replantearse sus posibilidades de provocación y/o renunciar a la carrera detrás de lo más nuevo, que algunos también deberán haber reconocido como peligrosamente cercano al mecanismo de consumo capitalista. A ello se agregaba, indudablemente, una nueva/mayor conciencia política cuya formación tenía que ver con muchas razones, entre ellas –y no precisamente en último lugar– el impacto de los viajes a la URSS. El viraje de más de un vanguardista hacia principios estéticos distintos, aunque en la práctica no del todo desligados de la experiencia anterior–los casos de Vallejo y, a partir de 1931, de Neruda serán los más conocidos[13]– se ofrece así sólo como la punta del iceberg de una diversificación, diseminación y disolución del proyecto de las Vanguardias que hacía más y más difícil encontrar un consenso común sobre su futuro derrotero. Las importantes revistas vanguardistas que durante años habían servido de plataforma intercontinental y que por su relativa longevidad y su elaboración esmerada habían despertado interés también fuera de los círculos 'iniciados' –*Amauta* y el *Boletín Titikaka* (Perú), *Contemporáneos* (México), *revista de avance* (Cuba), *La Pluma* (Uruguay), *Élite* (Venezuela)[14]– cesaron de publicarse entre 1930 y 1932, para no hablar de *Martín Fierro*, disuelto ya en 1927. El exilio, a veces incluso auto-elegido, de varios vanguardistas en Europa –piénsese en los casos de Carpentier, Asturias, Uslar Pietri, Vallejo, Huidobro–, los ataques de Vallejo contra los desarrollos vanguardistas más recientes[15], los reclamos de autores más jóvenes de encarnar ahora ellos la 'verdadera' avanzada –como sucedió a finales de los 20 en la Argentina con "los novísimos", encabezados por Alberto Pinetta y Arturo Cambours Ocampo[16], y en Chile en 1928 con el Runrunismo (*cfr*.

---

[13] El problema de los "renegados" –mejor dicho, de la medida y el alcance de su renegación, indudablemente menores de lo que los autores en sus declaraciones quisieron hacer creer– valdría un capítulo aparte que también debería prestar la debida atención al "caso Borges" (*cfr*. Olea Franco 1993).

[14] Los datos exactos sobre fechas de publicación y directorio de las revistas de vanguardia se pueden encontrar en las excelentes bibliografías de Wentzlaff-Eggebert (1991a), Forster/Jackson (1990) y Pöppel (1999).

[15] Piénsese en particular en su célebre "Autopsia del Superrealismo", *Amauta* 30, abril-mayo de 1930, pp. 44-47.

[16] *Cfr*. el artículo del mismo "¿Existe una novísima generación literaria argentina?" en *La Literatura Argentina* 26, octubre de 1930, p. 48; Alberto Pinetta, "La promesa de

Vergara 1994: 53-74)–, todo ello bien podía verse como señal de que la Vanguardia ya se hallaba en la retaguardia. La recepción del Surrealismo francés, que se inició en 1925[17], después de 1928 empezó a hacerse palpable en varios textos literarios publicados, como *País blanco y negro* (1929) del chileno Rosamel del Valle, poemas y prosa narrativa del peruano Xavier Abril, de Torres Bodet y de Owen, y *Espantapájaros* (1932), de Oliverio Girondo. Pero sólo en la Argentina cundió en la fundación de una revista surrealista, muy efímera y apenas percibida hasta dentro de la Vanguardia. *Qué*, dirigido por Elías Piterbarg, salió en dos números, uno en 1928, otro en 1930. Recién la *Primera exposición latinoamericana del surrealismo*, celebrada en Lima en 1935 y preparada por los escritores peruanos Emilio Adolfo Westphalen y César Moro, reveló a los ojos del público la existencia de algo como una corriente surrealista hispanoamericana. Con la fundación del grupo y la revista chilenos *Mandrágora* (1938-1943)[18], la visita de Breton a México en 1938 y la *Gran exposición internacional del surrealismo* en México en 1940, dirigida por César Moro y Wolfgang Paalen[19], la presencia del Surrealismo cobró más relieve. A la larga fue precisamente en América Latina donde, después de 1945, logró su recepción (poética) más productiva, piénsese sólo en Octavio Paz y Gonzalo Rojas. Mas en 1930 no parecía poder infundir nuevos alientos a los movimientos de Vanguardia. El Segundo Manifiesto, así como la nueva revista del movimiento francés, *Le Surréalisme au service de la Révolution* (1930-1933), indicaron un viraje ideológico que, por poco ortodoxo que resultara al PCF y a la VAPP[20] y por poco que durara, bien podía entenderse

---

la nueva generación literaria", *Síntesis* 29, octubre de 1929, pp. 207-218; así como la antología editada por Cambours Ocampo, *La novísima poesía argentina. Colección* (Buenos Aires: Ediciones de la Revista Letras, 1931) y Cambours Ocampo (1963). Las revistas *Letras*, dirigida por Cambours Ocampo, y *Megáfono* fueron los órganos de esos "novísimos".

[17] Para la recepción del Surrealismo en México, *cfr.* Schneider (1978a) y Meyer-Minnemann (1987); para el caso argentino, Sola (1967); para el peruano, *Avatares* (1992) y en particular Silva Santisteban (1992).

[18] Sobre este único movimiento surrealista latinoamericano propiamente dicho, *cfr.* Meyer-Minnemann/Vergara (1990).

[19] Sobre la estancia de varios surrealistas europeos –Péret, Leonora Carrington, Wolfgang Paalen, Remedios Varo y otros– en México a partir de 1940/41, *cfr.* a modo de síntesis los capítulos correspondientes en Hielscher (1992).

[20] La VAPP, Asociación Pan-rusa de los escritores proletarios, defendió un concepto bastante estrecho de la literatura proletaria que fue superado por el concepto más amplio del realismo socialista.

como señal de que ahora hasta el Surrealismo, voz disidente y ya bastante marginada en el ambiente politizado, claudicara con lo que la mayoría intelectual consideraba las exigencias del momento histórico[21].

Con todo, a principios de los 30 se cerró en casi toda América Latina el ciclo de los *movimientos* de Vanguardia. En la Argentina y en Chile se redujo a iniciativas individuales aisladas, como la ya mencionada publicación de *Espantapájaros* (1932) de Oliverio Girondo, los libros de Omar Viñole (*cfr.* Reichardt 1991), y los de Huidobro, entre ellos, por cierto, *Altazor* (Madrid, 1931) y *Temblor de cielo* (1931). Por otra parte, Huidobro, comunista desde los años 20, empezó a comprometerse públicamente con esta doctrina (*cfr.* De Costa 1979) y colaboró en revistas políticas como *Multitud* (1934), fundada por de Rokha. Su novela *La próxima. Historia que pasó en poco tiempo más* (1934) deja traslucir simpatías por el comunismo. En México, el Agorismo y el Bloque de Obreros Intelectuales proclamaron la fusión entre arte comprensible y revolución social y reivindicaban así la posición de verdadera avanzada[22]. En el Perú, donde la Vanguardia había tenido uno de sus focos de mayor irradiación, estaba completamente disuelta; únicamente en Puerto Rico, Cuba, Nicaragua y el Ecuador continuaron actividades vanguardistas hasta mediados de los 30, aunque, como bien se sabe, con el Grupo de Guayaquil se formó en el país andino ya en 1930 una fuerte corriente de literatura comprometida que muy pronto se hizo con el predominio y obtuvo gran eco intercontinental. Cuando en 1934 se celebró el Primer Congreso de Escritores Soviéticos en Moscú, donde se decretó la doctrina del realismo socialista, y en 1935 el Primer Congreso para la Defensa de la Cultura en París, que logró reunir escritores de muy diverso credo estético bajo la bandera del antifascismo y que cimentó la ruptura definitiva entre Surrealismo y Partido Comunista, desde la perspectiva latinoamericana (izquierdista) estos sucesos confirmaron un desarrollo universal en el cual la literatura del continente ocupaba un lugar destacado.

El comienzo de la Guerra Civil en España y, como no debería olvidarse, los éxitos iniciales de la revolución social promovida por los anarquistas –"Tierra y libertad"–, aceleraron todo este proceso. El 17 de julio de 1936 fue el fanal que reclamó decidirse, no sólo en pro o en contra de la Repúbli-

---

[21] Sobre las circunstancias concretas para el Segundo Manifiesto y la nueva revista, así como las reacciones de los comunistas franceses y soviéticos y la llamada *affaire Aragon, cfr.* Polizzotti (1996: 492-543).

[22] Para los programas de ambos grupos, así como la posición del joven Octavio Paz, *cfr.* Meyer-Minnemann (1988).

ca Española y de lo que su lucha significaba en el plano político internacional, sino también en cuanto a la posición estética que en y frente a este momento histórico decisivo se había de tomar. El joven Octavio Paz estuvo entre los primeros en asumir lo que muchos entendían como la responsabilidad histórica de los intelectuales y artistas: casi inmediatamente se puso a escribir el poema "¡No pasarán!", en el cual se fusionan voluntad artística y compromiso político y que fue impreso como regalo para la representación de la República Española en México[23]. Otros escritores hispanoamericanos –Neruda, Vallejo, Raúl González Tuñón, Rosamel del Valle– iban a publicar libros de orientación parecida, *España en el corazón* (1937), *España, aparta de mí este cáliz* (1939), *La muerte en Madrid* (1939) y "La mano encendida" (en *Poesía*, 1939), respectivamente. Consumaron con ellos la vuelta hacia la literatura comprometida que ya se venía gestando en varios de sus textos anteriores, en *El tungsteno* (1931), de Vallejo, la revista *Caballo verde para la poesía* (1935), de Neruda, y el manifiesto *Total* (versión de 1936), de Huidobro[24], para citar sólo algunos ejemplos. Estas publicaciones y demás actividades, entre las que no debe olvidarse lo que Neruda hizo para los refugiados españoles en Francia, ilustran de manera ejemplar el enorme impacto no sólo ideológico y estético, sino verdaderamente existencial que la Guerra Civil española ejerció sobre gran parte de los escritores en Latinoamérica, al igual que en los EE.UU. y en las regiones europeas (todavía) libres. Las últimas palabras de Vallejo antes de morir se refieren a España.

Y será ésta también una de las razones por las cuales los escritores sucumbieron en cierta medida a la misma cuestión trágica que en 1937 se les planteaba a tantos hombres y mujeres españoles: o seguir con la revolución (y la guerra, desde luego) o centrar todas las fuerzas (e ideas) en la lucha armada bajo las condiciones y la disciplina férreas –fatales, como muy pronto se iba a experimentar– del comunismo estalinista, única potencia internacional que prometió ayudar a ganar la guerra. El Segundo Congreso Internacional de Escritores Antifascistas de 1937, celebrado en Valencia, que

---

[23] Un análisis detallado de la estética de ese poema en la extensa monografía sobre Octavio Paz que prepara Meyer-Minnemann.

[24] Para una discusión del significado creacionista-político de este manifiesto, *cfr.* Hopfe (1996: 62-67). Cabe agregar que los pasajes políticos del manifiesto, introducidos precisamente en 1936, demuestran el impacto enorme que la Guerra Civil española ejerció sobre los intelectuales, y más aún sobre aquellos que ya años atrás se habían decidido por la izquierda. Huidobro pertenecía al Partido Comunista ya a partir de los años 20 y trabajó como corresponsal de guerra para la República Española.

contaba con la participación de varias delegaciones latinoamericanas –a diferencia del Congreso de París al cual habían asistido sólo muy pocos escritores del continente–, ya hizo ver este problema con bastante claridad[25]. La izquierda anti-estalinista o simplemente heterodoxa, como los surrealistas, estaba excluida desde el principio, y de los otros se requería cerrar filas, como lo testimonia el intento previo de Tristan Tzara, Carpentier, Vallejo y otros de establecer la paz, en favor del "triunfo material y moral sobre el fascismo", entre Neruda y Huidobro, que en 1935 se habían enemistado por razones literarias[26]. Si a partir de 1936 se habló de "Vanguardia", el término se refería, otra vez y otra vez únicamente, a la vanguardia política.

Sin embargo, durante toda la década de los 30 persistió el proyecto de una novela vanguardista. Por cierto, la mayor parte se escribió, si bien no siempre se publicó, entre 1929 y 1931, como las novelas de Arlt y Torres Bodet, Rosamel del Valle, Alejo Carpentier, Humberto Salvador, Enrique Bernardo Núñez, Xavier Abril y varios otros. Pero llama la atención que en comparación con los años anteriores fueran precisamente estos años tan fructíferos en cuanto a la producción de novelas, mientras que en la poesía y los manifiestos se nota un declive considerable. Y además hay novelas que se empezaron y/o terminaron más tarde, a veces bastante más tarde, y entre éstas se hallan textos tan importantes como *El laberinto de sí mismo* (1933), *Cresival* (1936) y *Anteo* (1940), de Enrique Labrador Ruiz, *Vida del ahorcado* (1932) de Pablo Palacio, *En Babia* (1930/1940) de José Isaac de Diego Padró, *Sátiro o el poder de las palabras* (1939) de Vicente Huidobro y, desde luego, las novelas de Juan Emar y Macedonio Fernández.

Otra vez habrá más de una razón para ese fenómeno. Entre ellas, hay que admitir que el proceso de innovación/revolución de la novela tenía un ritmo algo más lento, debido tanto a factores y rasgos propios de la misma serie de novelas vanguardistas como a los retos particulares del género en cuanto tal. Así, mientras que en 1931 se publicó *Altazor* y se terminó la redacción de *Residencia en la tierra 1925-1931* (1933), las dos obras que junto con *Trilce* ahondaron más radicalmente –y cada una de modo insuperable– en las posibilidades de la poesía vanguardista, la novela de Vanguardia estaba todavía lejos de haber producido obras que pudieran cifrar la amplitud de su proyecto. Varias de sus empresas estaban apenas iniciadas, desde el cambio de la

---

[25] Schneider (1978a) y Aznar Soler (1978) informan detalladamente sobre el Congreso.
[26] Sobre esta enemistad, *cfr*. Costa (1979), quien también reproduce la carta citada. Un breve pero esclarecedor informe sobre las polémicas entre de Rokha, Neruda y Huidobro durante los años 30 ofrece Rodríguez (1994).

relación entre ficción y realidad, sobre la innovación de la orientación americanista hasta el *discursive turn* y la indagación en la problemática del sujeto. De ahí que fueran precisamente estas dominantes las que iban a perfilarse más nítidamente en los textos de la década. Y a ello se agregó, como ya se dijo, la extensión de sus intenciones y planteamientos a campos que en atención a los cambios históricos suscitaron un interés renovado, como la historia (latinoamericana). La recepción de *Nadja* (1928), de André Breton, tuvo un efecto catalizador en una dirección parecida. Aunque este texto en absoluto fue intencionado como novela, casi siempre sí se lo leyó así en Hispanoamérica, lo mismo que en Francia. En más de una caso este texto de Breton parece haber tenido un impacto considerable sobre la novela/narrativa vanguardista hispanoamericana: aparece como intertexto de novelas de Rosamel del Valle, Xavier Abril y hasta de Torres Bodet, quien en 1929 lo había rechazado rotundamente (*cfr. infra*). Fue la obra narrativa vanguardista europea –pues por mucho que el *Ulysses* es y se consideraba un texto altamente moderno, nunca se lo tomó por representante de un movimiento vanguardista– que más atención despertó en la Vanguardia hispanoamericana. Su acogida intercontinental configura un epifenómeno de la transculturación (crítica) del Surrealismo que se estaba gestando en la época y que, en el campo de la novela, entroncaba en tendencias presentes ya desde antes, piénsense sólo en *Escalas melografiadas*, *El intransferible* y *El habitante y su esperanza*.

Por el otro lado, en la novelística hispanoamericana convencional de los 30 se puede observar no sólo ese proceso entre politización y "rehumanización" ya descrito, sino también un acercamiento paulatino a técnicas narrativas innovadoras introducidas primero por la Vanguardia. Así, el límite entre novela vanguardista y novela innovadora empezó a hacerse aún más borroso. Desde el punto de vista de la Vanguardia este fenómeno podía enjuiciarse como prueba de que sus intentos de renovar el género no habían pasado del todo desapercibidos. Mas también podía tomarse como motivo para afilar aún más las marcas vanguardistas inconfundibles, intransferibles a proyectos a fin de cuentas afirmativos con respecto a la literatura y la cultura hegemónicas. En este sentido, pues, la novela de Vanguardia se hallaba recién a la mitad del camino. Mejor dicho, la situación contra la cual había surgido sí que estaba cambiando, pero no en la dirección que ella se había propuesto. La teorización en torno a una/la novela "nueva" –desde el ensayo de Ortega y Gasset hasta la teoría de Macedonio Fernández y la historia de Luis Alberto Sánchez–, así como su recepción por parte de la crítica fuera y dentro de la Vanguardia a todas luces confirmaba una y otra vez la impresión de que todavía quedaba mucho por hacer.

1.2. *La novela vanguardista entre teoría y crítica*

La reflexión teórica vanguardista en torno a la novela se inició en Hispanoamérica en 1928, con el ensayo "Reflexiones sobre la novela", que Torres Bodet incluyó en *Contemporáneos. Notas de crítica* (1928), así como con la conferencia radial de Macedonio Fernández sobre "Para una teoría de la novela", emitida igualmente en 1928. Por cierto, una parte de la discusión teórica sobre la novela "nueva" se esconde en reseñas y artículos publicados algo antes. Tal es el caso de las reseñas de novelas que los Contemporáneos publicaron en *Ulises* –*Contemporáneos* se fundó poco después del libro de ensayo del mismo nombre–, y en las críticas de novelas vanguardistas esparcidas en revistas de la Vanguardia o de la pluma de quienes de alguna manera estaban ligados a ella. De especial importancia son en este contexto los artículos de Mariátegui sobre el tema, como "La realidad y la ficción" (1926), "El Freudismo en la literatura contemporánea" (1926) y, en menor medida, el "Colofón" a *La casa de cartón*, artículos cuyas ideas centrales se hallan recogidas en las reflexiones sobre la literatura peruana contemporánea y futura de los *7 ensayos...* (1928). No obstante, por lo general la novela de Vanguardia recién en 1928 se convirtió en objeto de reflexión de los mismos vanguardistas hispanoamericanos, interés avivado, como ya se dijo, por la publicación de *Nadja*, que motivó entre otras las reseñas importantes de Torres Bodet y Mariátegui (*cfr. infra*).

Curiosamente, tan pronto como había surgido también cesó ese intento de definir el perfil de la novela nueva, al menos en cuanto a los escritos publicados en la época . "Para una teoría del arte", de Macedonio, quedó inédita hasta mucho más tarde, lo mismo sucedió con las cartas de Xavier Villaurrutia y Pablo Palacio en las que se expresaron sobre su concepción de la novela[27]. Y el texto programático que Labrador Ruiz antepuso a su segunda "novela gaseiforme" (*Cresival*, 1936), otro de los intentos de definir la novela "nueva", salió en mal año para la literatura vanguardista y ya no logró despertar atención.

Así, después de 1928 la discusión quedó básicamente en manos de autores que, por más favorablemente que valoraran a las producciones de la Van-

---

[27] La carta de Villaurrutia en respuesta a la reseña de Jorge Mañach sobre la novelística de los Contemporáneos en *1928, revista de avance* se halla en Villaurrutia (1966), la de Palacio a Carlos Manuel Espinosa (Palacio 1964: 74-79) en la que expone su concepción del realismo frente a los reproches que le hizo Joaquín Gallegos Lara (en 1933) se publicó en 1947.

guardia, no formaron parte de ella. *Mapa de América* (1930), de Benjamín Carrión, reúne ensayos sobre Teresa de la Parra, Torres Bodet, Pablo Palacio y Lascano Tegui; el libro de Luis Alberto Sánchez *América, novela sin novelistas* (1933), es en rigor una historia de la novela hispanoamericana bajo el criterio de su apropiación –o justamente falta de apropiación– de la realidad del continente. Y mientras que Mariátegui enfocaba la Vanguardia literaria desde la perspectiva del pensador político socialista, por cierto excepcionalmente abierta y diferenciada[28], Carrión y Sánchez aplicaron los esquemas estético-ideológicos propios de críticos e historiadores literarios modernos del momento. Es decir, estaban más interesados en la explicación y el juicio históricamente válidos y la presentación de la variedad de la novelística contemporánea, que en la defensa de una concepción determinada, por más que en el caso del último se note cierta influencia de sus convicciones políticas (apristas). A diferencia de Torres Bodet, Macedonio y Labrador Ruiz, que sin reservas hablaron *pro domo*, ello les permitía a los críticos una mirada más comprehensiva y una mayor moderación para con aquello que desde el punto de vista de los códigos establecidos resultaba iconoclasta, al menos innovador. Los novelistas, a su vez, perfilaron con mayor nitidez, intención polémica y reivindicación de novedad (y capital simbólico) lo que ellos estimaban como las tareas de la novela nueva. Es esta diferencia de perspectiva e intención la que hay que tener en cuenta al analizar la visión contemporánea de la novela vanguardista "desde fuera".

Ahora bien, ¿qué es lo que según estos últimos caracteriza/debe caracterizar la novela vanguardista? Para Torres Bodet definir los rasgos de la novela actual significa, para decirlo así, una lucha hacia dos frentes: por un lado frente a la concepción convencional de la novela, por otro lado frente a las modelizaciones de Ortega y Gasset (y a través de éste, del concepto de decadencia de Spengler). Entretanto éstas se hallaban ampliamente difundidas en toda América Latina y el mismo Torres Bodet ya las había criticado duramente, ante todo por su equiparación de avance estético y deshumanización ("La deshumanización del arte", *Valoraciones* (La Plata) 9, marzo de 1926; *cfr*. también Sheridan 1985: 247-250). De ahí que insista tanto en que no es el género de la novela en cuanto tal el que haya entrado en decadencia, sino sólo una de sus modalidades, la novela naturalista (Torres Bodet 1928: 10), porque no es una "forma literaria pura". Es decir, se trata de renovar el género sobre el trasfondo de una tradición que vale continuar, tradición

---

[28] Sobre el pensamiento de Mariátegui, véanse los estudios esclarecedores de Melis (1999).

representada por las obras de Dostoiewsky y Stendhal[29] y, en la época, por los ejemplos de Proust, Joyce y Gide. Las obras de Giraudoux, Jarnés, Pérez de Ayala, Paul Morand, Gómez de la Serna y algunos otros aparecen como exponentes de diversos caminos de la novela contemporánea, no como sus modelos (*cfr. ibíd.*, 16-21)[30]. Desprenderse de la noción del tiempo (cronológico) para penetrar en los fondos más sutiles de la conciencia, relacionando la psicología –uno de los recursos del *suprarrealismo*– con la síntesis y armonía de la emoción que no se descubren en la ciencia y que son exclusivamente el rédito de la belleza, dará con novelas que interesan y no divierten (*ibíd.*, 10-11). Para ello, la novela nueva no ha de inventar hombres, sino estudiarlos a fondo, cosa posibilitada por el cambio del narrador heterodiegético al autodiegético cuya mayor calidad reside en la "escrupulosa fidelidad para con la memoria" (*ibíd.*, 14). De ahí también la importancia del estilo y el desprecio por el "asunto" (*ibíd.*, 9), así como la insistencia en la oposición entre crítica-cultural y un tanto elitista frente al consumo fácil y "esa hambre de imaginación sin esfuerzos que caracteriza a los hombres cuando integran un público" (*ibíd.*, 10), mejor satisfecha por el cine que por la novela naturalista que también intenta hacerlo. Mas lo propiamente vanguardista de esta concepción de la novela no reside en el uno u otro de sus rasgos explícitos, sino en el eclecticismo provocador del conjunto, en la auto-seguridad con la cual éste se coloca en la cima de la modernidad estética universal –y en lo que excluye sin decirlo–. La fusión entre el "contenido humano", el enfoque y técnicas narrativas de avanzada, la insistencia en la autonomía estética y en la posibilidad de que así la novela contemporánea sea una posibilidad de conocimiento *sui generis* se correlaciona con la ausencia llamativa de cualquier función directa de la novela para con el contexto histórico social y, menos aún, con la identidad nacional. Con ello, Torres Bodet emprende decididamente un camino propio entre la oposición frente a las nociones y expectativas dominantes en el contexto nacional y el rechazo de las modelizaciones europeas entonces más prestigiosas del arte/novela nuevas, tomando como punto de partida precisamente no las

---

[29] Pérez Firmat (1982: 5-7) exagera las vacilaciones de Torres Bodet ante la determinación de la diferencia entre la "novela de ayer" y la contemporánea, pues el reconocimiento de la validez de ciertas líneas de la tradición, muy propio del proyecto de los Contemporáneos, no significa ni necesariamente ni en este caso particular una mengua del intento de renovación.

[30] Esa mención de Jarnés como uno entre otros puede entenderse como respuesta finamente polémica frente a la crítica española que veía en Torres Bodet un discípulo del primero; *cfr.* también Pérez Firmat (1982: 17).

(supuestas) particularidades latinoamericanas, sino la auto-dinámica del género de la novela en cuanto tal.

Semejante perspectiva se perfila también en su crítica algo posterior de *Nadja*[31]. Los argumentos principales en contra de esta "novela" son, primero, su equivocación entre vida y arte, mejor dicho, su incapacidad para con las dificultades y posibilidades intrínsecas del arte:

> Liberación, regreso a la naturaleza, fe en la espontaneidad de la vida, todas estas tendencias se cruzan como hilos conductores [...] en el juego de palabras cruzadas que la obra de Breton representa para la psicología. Pero estos valores –de indiscutible aptitud moral– no son siempre, en arte, argumentos significativos. Entre la libertad que se posee y la que se conquista, hay una diferencia [...] y es ella [última] precisamente la que no encuentro aún bien organizada ni en el cuadro general del suprarrealismo ni en la novela insinuante y movediza de André Breton (en *Contemporáneos* 2, pp. 197 s.).

Segundo, Torres Bodet critica la inconsecuencia con la cual Breton realiza las premisas surrealistas y su falta de capacidad auténticamente innovadora. Así, frente a la exigencia de un "verdadero realismo" que "consiste en mostrar las cosas sorprendentes que la costumbre impide ver" resulta falsa y romántica la afición al color local –Torres Bodet se refiere a las fotos, etc. incluidas en la obra– cuya puesta en escena no parece sino la sustitución de una costumbre de imaginación por otra de los sentidos (*ibíd.*, 197). Y la abolición de la causalidad no desemboca sino "en la sujeción a una ley de invariable coincidencia" y la "monotonía de lo extraordinario" (*ibíd.*, 198 s.)[32].

Por paradójico que parezca, las reflexiones a primera vista bastante convencionales de Torres Bodet, coinciden en varios puntos con "Para una teoría de la novela" y "Para una teoría del arte" de Macedonio Fernández, indudablemente la "teoría" de la "novela futura" o "novela-belarte" más radicalmente innovadora que en la época se dio en Latinoamérica[33]. Rasgo decisivo de la novela-belarte es que persigue suscitar –no enunciar– un estado de ánimo: "el mareo de la personalidad en el lector" (Fernández 1974a:

---

[31] La reseña se publicó en *Contemporáneos* 2 (octubre de 1928), pp. 194-199.

[32] Posteriormente, en su poesía y su narrativa, Torres Bodet iba a acercarse más al Surrealismo; *cfr.* Meyer-Minnemann 1987.

[33] Entre los diversos análisis de la teoría estética de Macedonio caben destacar los de Borinsky de Riesler (1972), Jitrik (1973), Flammersfeld (1976; 1993) y Schiminovich (1986). La siguiente interpretación/síntesis se atiene a lo que ya he expuesto en otra ocasión; *cfr.* Niemeyer (1994).

258). Para lograr este objetivo, ha de distanciarse de las convenciones genéricas establecidas, antes que nada de "todo realismo o arte de copia" (*ibíd.*, 246). Y ello no sólo se refiere a la reivindicación de una correspondencia entre ficción y realidad, sino también a los principios de congruencia y verosimilitud, inexistentes en la vida (*ibíd.*, 236). En general, ha de renunciar a toda ilusión de realidad:

> Realismo es para mí todo el arte que no es pura técnica, lo mismo el Quijote que un poema de Poe, salvo sus metáforas, o Madame Bovary, o Werther; Proust o Pirandello. El Arte está sólo en la técnica de suscitación de estados que no están en la vida, ni en el lector ni en el autor, sin esa técnica (*ibíd.*, 241).

Agrado sensorial, instrucción e información, comunicación de los sentimientos del autor o de los personajes y "asunto", o sea, atención al argumento, son los otros rasgos convencionales que la novela-belarte ha de rechazar. Lo que queda es una obra literaria "pura", autónoma, que se limita a los efectos obtenibles mediante la escrituralidad –como tal exenta de agrado sensorial– y que se presenta como obra de "arte de trabajo a la vista [...] hecho con recursos ostensibles" (*ibíd.*, 242). Una obra, pues, de pura técnica literaria que consiste en un particular tratamiento de los personajes: el de pasarlos "súbitamente a la Vida" (*ibíd.*, 256 s.). A través de esta técnica, que según Macedonio fue empleada primero por Cervantes, en los pasajes en los que Don Quijote se queja de la falsa historia que de él publicó Avellaneda, la novela-belarte quiere hacer dudar al lector por un momento si no será él un personaje sin realidad, metido en una novela (*ibíd.*, 258). Y de este modo lograría el "mareo" del lector, el trastorno de su "certidumbre de existencia y de personalidad" (*ibíd.*, 248), de sus nociones de la realidad y del yo.

Como la crítica suele subrayar, en esta teoría estética la orientación filosófica y el ímpetu vanguardista forman una unidad apenas disoluble (*cfr.* Flammersfeld 1976; 1993). De particular importancia resulta el que la novela-belarte deba superar la distinción supuestamente artificial entre filosofía y arte: su fin artístico es al mismo tiempo un fin filosófico: "La prosa no tiene otro fin artístico que el metafísico obtenido" (*ibíd.*, 249). Mucho se ha discutido, entretanto, sobre las ideas del "primer filósofo porteño", cuyo libro de ensayos *No toda es vigilia la de los ojos abiertos* se publicó, justamente, en 1928. "Idealismo absoluto" solía él mismo ubicar su filosofía, "irracionalismo crítico" (Flammersfeld 1976: 20) sería tal vez un término más adecuado. En todo caso, la idea de la novela propuesta por Macedonio se ofrece como la otra cara de su concepto de la "plenitud del ser en todos sus estados", basado a su vez en el filosofema de que el mundo, la realidad, no es sino una serie de estados de conciencia (*cfr*. Fernández 1967: 87; 180). De ahí la equivalencia entre vigilia y sueño, de ahí la función de la novelabelarte de hacer experimentar al lector a través del mareo de personalidad una visión pura en la que se restablece la unidad perdida de la percepción total del ser, la "todo-posibilidad".

Así pues, también Macedonio insiste en la autonomía del arte y la ficción, aunque en medida mucho más radical; de manera semejante inscribe su propuesta en la literatura/novelística universal, pasando por alto el desarrollo y la situación del género en América Latina; subraya las posibilidades exclusivas a la ficción artística (vanguardista) de provocar un cambio de conciencia rompiendo con los hábitos de lectura y percepción y, en general, la comodidad de la costumbre; por último –y a diferencia de Torres Bodet–, hace de la cuestión del realismo (decimonónico) y del supuesto carácter mimético de la ficción el principal campo de batalla.

Eso último es también una de las preocupaciones centrales del cubano Enrique Labrador Ruiz. Su larga "Nota" introductoria a la novela *Cresival* (Labrador Ruiz 1936: 7-15) demuestra muy a las claras que las dominantes comunes de la teoría vanguardista de la novela "nueva" aun años más tarde no habían perdido su intencionado carácter ruptural. En verano de 1936 la defensa polémica de la novela vanguardista a primera vista podía parecer un gesto anacrónico y/o epigonal tanto respecto del desarrollo de la Vanguardia cubana y latinoamericana como en atención a la hora histórica. Mirando más de cerca se vislumbra, sin embargo, que varios de los tópicos de esa teoría vanguardista aun frente al contexto histórico y literario cambiado no habían perdido su sentido crítico-cultural histórico. Significativamente, también Labrador Ruiz prescinde de ubicar su teoría y práctica de la nueva (propia) novela en una tradición de Vanguardia. Pero tampoco intenta inscribirla en el marco del desarrollo universal del género, del cual únicamente menciona a Proust. En vez de ello la presenta como creación *ex nihilo*, fundada en el rechazo radical de los códigos novelísticos vigentes en su entorno. Así, lo que en Macedonio se había presentado como intención autoconsciente de un manejo propio irreverente de las tradiciones centrales, desde el *Quijote* hasta Pirandello, en la "Nota" del cubano se articula otra vez como el gesto primario de la Vanguardia, cortando cualquier posibilidad de comparación y reconciliación con lo existente.

Uno de los ejes de la teoría novelística de Labrador Ruiz, que tanto en ello como por el tono humorístico-irónico recuerda a la de Macedonio, es el papel primordial del lector, o sea, la idea de la lectura como acto creativo. Así, postula que "mi lector resulta, en último extremo, tan autor de la obra como yo". La "novela gaseiforme, esqueleto de novela, elíptica de asunto" (*ibíd.*, 8) o "novela que ofrece en sus vacíos la media novela de todo el mundo" (*ibíd.*, 10), va a

> permitir que se piense un poco, no darlo todo hecho; en cierto modo una fórmula primaria de deslastrar el espíritu, de aligerarlo, de conducirlo hábilmente hacia una zona de reposo que importa sobremanera conservar intacta a los fines de una terapéutica que rebasa toda fisiología (*ibíd.*, 11).

Otra vez destaca el rechazo del realismo (convencional), "en prosa pantuflera", que hace uso de temas agotados y un "andamiaje demasiado suntuoso" (*ibíd.*, 8) para producir el "artificio de lo normal" y causar la ilusión de ser "la novela de la vida" (*ibíd.*, 11-12) y que así somete al lector bajo la tutela absoluta del autor. Esta oposición se correlaciona con otra negación no menos fundamental: la nueva ficción "no aspira a una gran verdad, ni a media gran verdad, ni siquiera a una partícula de una gran verdad en último caso" (*ibíd.*, 9). En especial no quiere ponerse al servicio de "un vernaculismo somático" (*ibíd.*, 13), del entusiasmo por lo rural o urbano nacional. También por ello, o sea, para evitar corresponder a alguna función extraliteraria didáctica respecto de la realidad, se han de minimizar hasta el esqueleto la trama, los personajes, escenarios, detalles con efecto de realidad, etc. La novela/ficción (nueva) es obra de arte, sin destino aparente, no quiere llenar ningún vacío, reparar ninguna injusticia, defender ninguna causa. "Al triunfo del colectivismo opongo una suelta individualidad, ni edificante, ni demoledora, más bien contradictoria" (*ibíd.*, 14), reza una de las divisas correspondientes. Ellas dejan entrever muy bien que ya no se trata sólo de reivindicar la autonomía de la ficción en cuanto avance en lo intrínseco del arte, como lo había concebido Macedonio, sino que ahora, asimismo, ha de defenderse al arte de su creciente funcionalización extraestética y en particular de las reivindicaciones cada vez más fuertes del Regionalismo y del realismo social.

Por otra parte, la novela gaseiforme/vanguardista no está desligada de "la vida". Pero esta relación se establece no por la verosimilitud convencional del mundo narrado, completamente falsa, sino en que "debe la literatura producirse en exacto como la vida es: llena de altibajos, de contradicciones, de violencias, de ternuras, de ridiculeces sumas o de magníficos sacrificios que no se sabe por qué se hicieron" (*ibíd.*, 13). Podría verse aquí cierto eco del Creacionismo, en tanto que viraje de la relación entre arte y vida/naturaleza hacia el proceso de creación, y hasta del Surrealismo, ya que se insiste en lo no-racional e ilógico de la realidad. Pero Labrador Ruiz no reniega principalmente de la obligación mimética de la novela respecto de la realidad 'fáctica' –al contrario de lo que hizo Macedonio–, sino que opta por un nuevo modo de entenderla, vinculándola a la "febril diversidad" de la vida moderna a la que mejor expresa la "visión fílmica, panóptica, vivaz" (*ibíd*., 11) con su brevedad y su carácter elíptico. No deja de ser significativo que hacia el final (provisional) de la trayectoria pública de la novela vanguardista se asume también teóricamente el carácter modélico del cine, que entretanto se había convertido en el arte director de la época contemporánea –aunque no reconocido como tal por la cultura 'alta'–, y que precisamente en esa orientación fílmica de la escritura se cifre la modernidad de la novela, en un gesto que parece repetir los postulados estridentistas y su correlación entre vida moderna y arte vanguardista.

La relación entre ficción y realidad es también la preocupación central de Mariátegui y Sánchez, pero vinculada de manera indisoluble a la cuestión de la orientación americanista. Es decir, para ellos el problema del realismo es, ante todo, el problema de una apropiación literaria adecuada de la realidad americana. Configura la meta en cierta medida casi metafísica de sus concepciones de la literatura americana. Y no obstante las diferencias, en ambos escritores esta fe en una (futura) literatura propia del continente –para la cual apenas aducen ejemplos– se halla vinculada a sus convicciones políticas, desde siempre dedicadas a la superación del orden neo-colonial y al desarrollo de una identidad política, social y cultural moderna y emancipada de América Latina, como base necesaria para la revolución anhelada tanto por el socialista Mariátegui como por el aprista Sánchez (*cfr.* p. ej., Sánchez 1933: 118). Es así como ambos concuerdan en el rechazo del realismo de tradición decimonónica: "El realismo nos alejaba en la literatura de la realidad", había dicho Mariátegui ya en 1926 (Mariátegui 1959: 23); "El realismo, en sí, como espejo, no significa gran cosa" expone Sánchez (1933: 78). Y a la vez coinciden en el reconocimiento concomitante de la novela vanguardista, de la Vanguardia en general, cuyo rasgo distintivo ven precisamente en la elaboración de nuevos y mejores modos de apropiación de la realidad americana. Sánchez destaca en este sentido la novela "lírica" o "imaginativa" de los Contemporáneos y de Martín Adán (*cfr. ibíd.*, 140, 174-176, 180 s.), aunque critica a los primeros por su universalismo exagerado. Y Mariátegui celebra el Surrealismo, no sin advertir sobre los peligros de los "ocultismos que florecen en las lagunas del decadentismo contemporáneo" ("Nadja, de André Breton [1930]", en Mariátegui 1959: 182), pero que se hallan contrarrestados por la "magnífica rebelión" de la literatura de Breton, dedicada a la "re-creación de la realidad":

> Restaurar en la literatura los fueros de la fantasía, no puede servir, si para algo sirve, sino para restablecer los derechos o los valores de la realidad. Los

escritores menos sospechosos de compromisos con el viejo realismo, más intransigentes en el servicio de la fantasía, no se alejan de la fórmula de Massimo Bontempelli: "realismo mágico". No aparece, en ninguna teoría del novecentismo beligerante y creativa la intención de jubilar el término realismo, sino de distinguir su acepción actual de su acepción caduca, mediante un prefijo o un adjetivo. Neorrealismo, infrarrealismo, suprarrealismo, "realismo mágico". (*ibíd.*, 179).

Algo de ello también trasluce en su defensa del incipiente Indigenismo, que según el pensador peruano en lo literario obra –y debe obrar– con las técnicas y renovaciones de la Vanguardia. De este modo, el Indigenismo se articulará "con los demás elementos nuevos de esta hora", dado que igualmente requiere de la europeización como *conditio sine qua non* para la rebelión contra el espíritu colonial. El Indigenismo es "necesario también *literariamente* como revolución y como emancipación"[34].

Así, ambos críticos realizan un viraje de la *mimesis* a la *poiesis* que en mucho resulta compatible con el que destaca en la novela vanguardista como fundamento de su poética. Concretamente, subrayan el poder y el valor de lo "poético" de proporcionar conocimientos de la realidad profunda, de los abismos del alma humana lo mismo que de la complejidad de la realidad americana. La revaloración de la imaginación y la fantasía significa la liberación de dogmas y prejuicios, en particular del prejuicio de lo verosímil en favor de la conquista de nuevos horizontes (Mariátegui 1959: 24, Sánchez 1933: 181). La cuestión de la universalidad es en este contexto ya el horizonte vislumbrado –el caso de Sánchez–, ya el medio para llegar a lo propio: "Por los caminos universales, ecuménicos, que tanto se nos reprochan, nos vamos acercando cada vez más a nosotros mismos", reza la famosa frase final de los *7 ensayos*[35].

Frente a estos dos intentos globalizadores y teóricamente bien fundados de proyectar el proceso (futuro) de la novela/literatura americana y la función que dentro de éste le cabe a la novela vanguardista, las observaciones de Benjamín Carrión (1930) carecen de rigor teórico. Pero precisamente esa falta de un *telos* y de criterios de valoración correspondientes le permiten una mirada más atenta también a la variedad de la producción vanguardista. Así,

---

[34] "Nativismo e Indigenismo en la literatura americana", *La Pluma* (Montevideo) 1, agosto de 1927, citado según Schwartz 1991: 595-599; en versión ligeramente modificada en los *7 ensayos*; *cfr.* Mariátegui (1979: 217). El subrayado en la frase arriba citada es mío.

[35] Sobre la teoría estética de Mariátegui, véanse, además, los trabajos de Melis (1999) y Schmidt-Welle (1996).

puede apreciar en la obra de Pablo Palacio rasgos muy distintos que los que elogia en la de Torres Bodet. En el primero celebra su trabajo en "descrédito de la realidad", su humor, su psicologismo y su empleo de la metaficción, en el segundo la introspección, el lirismo y la orientación universalista, hacia la mejor tradición francesa y no, justamente, hacia los últimos autores de moda. Ambas series concuerdan en manifestar calidad estética y modernidad (universal). No obstante, la mayor justicia para con las diferencias impide trazar un perfil más nítido de la(s) novela(s) vanguardistas hispanoamericanas, que aparecen casi en una línea con las otras novelas tratadas en *Mapa de América*: la obra de Teresa de la Parra y el "caso" de Lascano Tegui. En suma, en esta colección de ensayos trasluce una no pequeña perplejidad, para llamarlo así, ante la variedad de los textos de la Vanguardia y la dificultad de distinguir lo propiamente vanguardista sobre el trasfondo de una literatura/novelística contemporánea cada vez más diferenciada. Y ello fue también la actitud general de la crítica literaria establecida de la época, si no se contentaba con el rechazo contundente o el silencio.

La crítica oficial(ista), la que dominaba desde las páginas literarias de los grandes diarios burgueses y las revistas literarias o culturales destinadas a ese mismo público (culto), había acompañado a la novela vanguardista desde el principio, piénsese en la presentación de *La señorita etc.* (*cfr.* cap. II, 2.1). Aunque sólo raras veces prestaba la debida atención y a varios textos incluso ni siquiera reconoció como vanguardistas, por lo general no perdía la ocasión de señalar nuevas producciones y de destacar algunos de sus aspectos a su modo de ver más rupturales. Algo semejante vale también para los diarios y revistas vinculadas a la izquierda y los breves comentarios a obras literarias en las publicaciones periódicas de consumo masivo. No obstante las diferencias, resulta rastreable un trasfondo de conceptos, convenciones y exigencias comunes, lo que se debe en último término al hecho de que unos y otros críticos se solían referir a un mismo canon de obras y tradiciones, europeas y/o nacionales, que servían de modelo para las posibilidades del género novela. Por lo menos es éste el caso de Argentina y Chile, dos países que por el peso cultural que tenía el primero –si había algo como un meridiano intelectual, éste pasaba por Buenos Aires– y la excepcional diversificación de la producción novelística del segundo, se ofrecen aquí para una mirada algo más detallada sobre la recepción de la novela vanguardista, un tema todavía apenas estudiado[36].

---

[36] Con excepción del trabajo de Vergara (1994), que por primera vez emprende el análisis de la recepción (nacional) de la vanguardia (nacional) en cuanto movimiento, el

En la Argentina de los últimos años 20 hasta mediados de los 30, la crítica literaria establecida –*La Nación*, *La Prensa*, revistas como *Nosotros*– solía leer y enjuiciar novelas según un complejo haz de criterios, que en parte se hallaban en una relación muy estrecha con el discurso político-cultural oficial, pero que raras veces compartían la creciente fascinación de éste por el fascismo (italiano)[37]. Como ya sucedía en los años anteriores (*cfr*. cap. I, 1.4), la exigencia de que la finalidad suprema de la novela fuera la modelización literaria de la identidad nacional jugaba, desde luego, un papel importantísimo, sobre todo a partir de que con *Don Segundo Sombra* hubiera obtenido un modelo ampliamente aplaudido en todo el continente. A ella se agregaban la cuestión del realismo contemporáneo –una 'buena' novela contemporánea debía producir el efecto de realidad, mas sin caer en las bajezas del Naturalismo–, así como criterios narratológicos y, más aún, estilístico-lingüísticos que se basaban en la reivindicación de organicidad y armonía de la novela como obra de arte y su representatividad en cuanto al idioma nacional. Contenidos 'humanos' e 'interesantes', un mensaje en cierto sentido 'trascendente' y positivo, originalidad y, con todo, una posición equilibrada entre regionalismo y universalismo –las "grandes" novelas europeas, desde Balzac y Dostoievski hasta Romain Rolland y Baroja, seguían funcionando como modelos de calidad artística– eran otros de los rasgos que una buena novela argentina había de ostentar. Revistas más jóvenes, pero en el fondo poco hostiles al *establishment* intelectual, como *Valoraciones* (La Plata, 1923-1928), *Síntesis* (1927-1930), *La Literatura Argentina* (1928-1932), *La Vida Literaria* (1929-1930) y *Megáfono* (1929-1931), no profesaron criterios muy distintos, sólo que los manejaron de manera más abierta e intelectual. Una nota distinta introdujeron *Claridad* (1927-1941) y críticos de izquierda como Ramón Doll, que junto a la preocupación por la

---

de Fernández (1991), que estudia no sólo la obra y el contexto sino también la recepción de Palacio, abordada también en Manzoni (1994), y los estudios que tratan de las polémicas en torno a los Contemporáneos, la recepción contemporánea de la poesía, la prosa o el teatro vanguardistas sigue siendo un campo apenas explorado. Es un fenómeno que sorprende ya que en atención al interés de parte de la crítica académica actual en celebrar hasta el más mínimo efecto iconoclasta –debe decir heterogéneo, carnavalesco, dialogizante, etc.– del último texto vanguardoide, se supondría que también tuviera gran interés en estudiar si y cómo estos efectos se recepcionaron por parte de quienes debían ser las 'víctimas' de tales provocaciones, para no hablar de la importancia de los documentos de recepción para la (re)construcción de las nociones de la literatura, novela, poesía, etc. vigentes o por lo menos aceptados (por ciertos sectores) en el campo literario de la época.

[37] Sobre la prensa argentina de la época y su posición y actuación en el campo cultural, *cfr*. el excelente estudio de Carlos Mangone (1989).

identidad nacional defendieron la importancia de criterios sociológicos así como del mensaje político. En cambio, diarios y revistas típicamente pequeño-burgueses, como *El Mundo* (fundado en 1928) –un auténtico diario de masas que acogió en su redacción a muchos escritores, entre ellos a Roberto Arlt–, *Mundo Argentino* y *El Hogar*, cuando publicaron secciones de tipo "Autores y libros", lo hicieron según los patrones convencionales[38].

Las fronteras entre las distintas posiciones no fueron del todo impermeables. *La Nación* publicó un cuento de Arlt, Eduardo Mallea, que había mantenido relaciones estrechas con los martinfierristas y cuyos *Cuentos para una inglesa desesperada* (1926) se valoraron como ejemplo de prosa vanguardista al estilo de Benajmín Jarnés, a partir de 1931 fue editor literario de *La Nación*. En atención a todo este panorama, ya no puede causar grandes sorpresas que desde distintos ángulos se formularan reparos muy parecidos a determinadas obras de Vanguardia. Las fórmulas orteguianas de la "deshumanización", la "intranscendencia" y la falta de contenidos "humanos" del arte nuevo a cuya apropiación solía reducirse la recepción del ensayo del filósofo español por parte de los críticos, traslucen como fondo ideológico en varias de esas reseñas peyorativas, pero estaban lejos de configurar los únicos criterios. Así, las dos obras filosófico-narrativo-humorísticos de Macedonio Fernández, *No toda es vigilia la de los ojos abiertos* (1928) y *Papeles de Recienvenido* (1929), se acompañaron de bastante publicidad, pero se reseñaron muy poco, y tanto en *Síntesis* (17, octubre de 1928, pp. 224-227) como en *Claridad* (170, 10.11.1928) se entiende la primera como ensayo de filosofía y se le reprocha su falta de originalidad y novedad, lo gastado de sus ataques a Kant y Schopenhauer, las propias inconsecuencias y, desde la páginas de *Claridad*, su lenguaje lleno de "pecados contra la lengua".

Las novelas de Arlt corrían muy distinta suerte. Primero y siguiendo los documentos aportados por Borré (1996)[39], hay que insistir en que no pasa-

---

[38] Las dos revistas ilustradas, fundadas ya en 1910 y 1904, respectivamente, así como el diario pertenecieron al *trust* periodístico de Haynes.

[39] El estudio de Borré (1996) ofrece la bibliografía casi completa de lo que en su momento se escribió sobre Arlt y, además, varias cartas de éste así como su bio-bibliografía y una bibliografía comentada de la crítica posterior. Desgraciadamente, Borré prescinde de enfocar el material histórico desde una perspectiva crítica, para no hablar de la teoría de la recepción, y lo agrupa de forma poco sistemática y plagada de omisiones de datos y errores de imprenta, lo que muchas veces dificulta localizar los artículos, notas, etc. mencionados. Sin embargo, para los estudiosos de Arlt resulta un libro enormemente útil.

ron tan desapercibidas y/o mal tratadas como el propio autor y la crítica posterior han hecho creer. Por cierto que *El juguete rabioso* no despertó mucha atención, pues 1926 fue el año de Güiraldes y de la burla sobre *Zogoibi*, la novela truculenta con la cual Larreta después de 22 años (!) volvió a presentarse como narrador. Pero en 1929, cuando se publicaron *Los siete locos*, Arlt estaba en la boca de todos, y no para mal. La novela obtuvo el Tercer Premio Municipal para el año corriente, se hicieron tres ediciones hasta 1931, y destacados críticos –Ramón Doll, Córdova Iturburu, Alonso Aita– dedicaron conferencias y ensayos a la obra del autor. *Los lanzallamas* (1931) y *El amor brujo* (1932) ya interesaron mucho menos, pero siguieron polarizando las opiniones. El "escribir mal", tópico también de la crítica posterior, no fue el único reproche ni, por otra parte, impedía el reconocimiento de la "fuerza" creadora del autor. La crítica adversa, la que censuraba su "realismo de pésimo gusto", su atención exagerada para con lo sexual y lo sucio, su falta de idealidad y de un mensaje positivo, sus errores de lenguaje y caídas de estilo así como su éxito entre el público masivo, configuraba la minoría[40]. Mucho más frecuentes eran las voces que, no obstante los muchos aspectos a su modo de ver endebles y/o extraños, terminaron en celebrar su obra extraordinaria. Una y otra vez destacan su capacidad de introspección y de dar vida a sus personajes (*La Nación*, 8.12. 1929 y 13.8.1930; *La Prensa*, 9.2.1930), de crear "un ambiente de pesadilla", lleno de elementos fantásticos que cobran aspecto de realidad, sus facultades de creación e imaginación, la novedad del tema, la "naturalidad" con la cual aparece lo sexual y lo sucio, el interés y la empatía que suscita la narración y, por fin, el "desinterés" moral e ideológico de sus textos, en particular de *Los siete locos*. "Su ardiente realidad humana sobrepasa los límites comunes de la profesión de literato: él se siente despojado de deberes y cuidados", expone Ulises Petit de Murat (*Síntesis* 41, octubre 1930, p. 162 s.), y declara "fuera de la literatura su obra" para agregar que "sólo permanece en literatura lo que no es literario". Críticos entusiastas de Arlt, como Honorio Barbieri (*La Literatura Argentina* 15, noviembre de 1929) y Ramón Doll (en *Claridad*, 11.1.1930) en rigor no alegan otras razones para calificar *Los siete locos* de "la mejor novela que se ha escrito en este país en los últimos años" (*ibíd.*). Los reparos, por otro lado, se centran en lo fragmentario y caótico de los mundos narrados, la heterogeneidad del texto, el desequilibrio estilístico y, en suma, su carácter poco novelístico: "es apenas un exor-

---

[40] *Cfr.* p. ej. la crítica de Alonso Lisardo en *Megáfono* 9 (diciembre de 1931, pp. 125-129), la de Aita (1931) y la de Lázaro Liacho (1934).

dio de novela" (*Síntesis* 41, octubre de 1930, p. 163). En los años siguientes, esa línea iba a acentuarse aún más. Frente a las calidades "innegables" de su realismo y su introspección, se da ahora más peso a las "desviaciones" del novelista –su integración de teorías anarquistas, planos de fábrica, etc.– y el carácter fragmentario de *Los lanzallamas*: "novela no lo es en el sentido cabal del término" (*El Mundo*, 25.1.32). Y también ya se manifiesta la creciente importancia de la cuestión del mensaje. Por no someter la novela a alguna moraleja, celebra Juan P. Vignale *El amor brujo*: "Todo ello acontece entre nosotros", expone, pero el cómo reconstruir una sociedad que se derrumba no es el problema del novelista (*El Mundo*, 8.8.1932). Córdova Iturburu (*La Nación*, 13.8.1930), en cambio, había detectado que "una gran esperanza se levanta desde la miseria e infamia de sus vidas [de los personajes], y esa esperanza los salvará, como nos salvará a nosotros nuestra voluntad de belleza". Lázaro Liacho (1934), por su parte, que no encuentra nada bueno en *El amor brujo*, sino sólo vulgaridades, pornografía, falta de realidad, tacto, selección, fundamento arquitectónico y respeto por los cánones y la dignidad humana, postula que,

> pero existe, para quien comprende la época, la necesidad de complicarse la vida, en salvaguardia de principios vulnerados. Arlt, que nace de guerrillas fronterizas, está en razón inversa al desarrollo histórico. Pertenece a la secta de los discípulos reaccionarios. El entorpece, desviando la lucha de clases, y busca conciliar los antagonismos (*ibíd.*, 127).

Casi sobrará recordar que uno de los escritores que nunca, pero realmente nunca, aparecieron en las páginas de *Sur* fue, precisamente, Roberto Arlt. Con todo, la recepción de la obra de Arlt bien puede servir de ejemplo para la dificultad de la crítica burguesa-convencional y aún más de la proletaria para 'entender' el "'cross' a la mandíbula" en el cual el propio Arlt (1993: 8) cifró el objetivo de sus novelas. En uno y otro caso los críticos reducen los rasgos de sus textos a los esquemas conocidos. Todo lo que no cabe en ellos o se revaloriza como originalidad o se desprecia como imperfección y vulgaridad. Pues el problema no era la modelización disidente de la realidad argentina en cuanto tal, sino el que la escritura misma se vuelve exponente y experiencia de esa realidad, cuestionando en ello las nociones de literatura, novela y lenguaje nacional tanto como la supuesta necesidad de un mensaje trascendente, sea artístico, sea social. No obstante, el considerable intento de gran parte de la crítica de diferenciar y de encontrar fórmulas para lo que en ningún otro caso, creo, hubiera admitido como propuesta literaria válida, demuestra que en algo Arlt tiene que haber perforado la "impermeabilidad hipopotámica del honorable público". Pero después de *El amor brujo* ya no hubo otro intento novelístico al respecto. Y la Vanguardia argentina, "guerrilla fronteriza", quedó al cuidado de un hombre que ya casi frisaba los sesenta y a quien no le interesaba publicar. El que sus obras iban a representar uno de los intentos más radicales de una renovación de la novela que hasta hoy en día se han dado en la literatura universal, al parecer ni siquiera se lo podía imaginar su amigo Borges.

En Chile la recepción de las novelas vanguardistas fue bastante distinta, en todo caso más abierta. La crítica literaria establecida –*La Nación, El Mercurio, El Diario Ilustrado*, revistas como *Hoy* y *Zig-Zag*– tanto como la de los jóvenes –en *Letras, Gong*– mostraba gran interés no sólo por la literatura vanguardista chilena, sino en general por la literatura hispanoamericana contemporánea. Varios factores habrán influido en este hecho. Primero, en Chile la Vanguardia desde sus muy tempranos comienzos había consistido mucho más en iniciativas individuales que en actividades grupales o movimientos representados por varios autores con un mismo credo artístico. Segundo, por individuales que fueran, tanto el Creacionismo de Huidobro como, más tarde, la obra (poética) de Pablo Neruda tenían una enorme irradiación en el continente, también por el prestigio que alcanzaron en España y Francia. En los años 30, Neruda ya ejercía como *el* poeta latinoamericano de su generación, y apenas nadie le disputaba a Huidobro su papel histórico de haber renovado la poesía hispanoamericana en una medida comparable sólo a lo que, decenios antes, había hecho Darío (Eduardo Barrios, "Cagliostro", *Las Últimas Noticias*, 11.7.1934). Tercero, la producción novelística vanguardista chilena fue mayor y más duradera. Todo ello requería una mirada no sólo más diferenciada, sino también más internacional. Y para ambas exigencias un grupo de críticos chilenos estaba muy bien preparado. No obstante su posición 'oficialista', Alone (Hernán Díaz Arrieta), Ricardo Latcham y, el más joven, Raúl Silva Castro estaban muy atentos a los últimos desarrollos literarios nacionales e internacionales. Sobre todo Alone, algo como el pope de la crítica literaria chilena, temido por sus juicios cáusticos –tenía algo de Clarín–, informaba y comentaba durante años desde las páginas del diario burgués-liberal *La Nación* todo tipo de actualidades literarias[41]. Presentó a su público las *Literaturas Europeas de Vanguardia*

---

[41] La posición de Alone se refleja también en la polémica que con él entabla Juan Emar a través de los comentarios en su novela *Miltín 1934*; *cfr*. cap. II, 3.1. El juicio negativo sobre el crítico que formula Osorio (1994: 44), si bien pertinente en cuanto al caso concreto, resulta exagerado respecto de las críticas de los años 20 y 30.

(1925), de Guillermo de Torre, ya a pocas semanas de haber aparecido (*La Nación*, 19.7.1925). Aunque se burla a sus anchas de "los literatos europeos de vanguardia", confiesa sentir cierta satisfacción al ver que "Huidobro aparece y reaparece, como una obsesión y su sombra cruza todo un capítulo de la historia literaria europea". En particular destaca que

> gentes que ni siquiera saben dónde está situado nuestro país, se han sentido impresionadas con sus cabriolas de imágenes y de él hablan revistas en caracteres desconocidos, en medio de cuyas páginas misteriosas, su efigie por Picasso y su nombre bien legible, nos parecen un islote chileno perdido y hallado en tierras extranjeras (*ibíd*.).

Algo de este orgullo impregnaba casi toda la crítica sobre la Vanguardia chilena. Ello posibilitó una actitud bastante soberana frente a la literatura y la teoría literaria europeas, como lo demuestra la reseña, otra vez de la pluma de Alone, de *La deshumanización del arte* (*La Nación*, 21. 3.1926). Sin querer negar el enorme interés que tiene el texto como "primer ensayo razonable de una teoría sobre lo que parece esencialmente rebelde a la teoretización y al razonamiento", critica la visión reducida del realismo así como cierta ingenuidad en el manejo "del cansancio de lo antiguo" que Ortega cree descubrir como determinante de todas las revoluciones artísticas, el "empaque alemán y el polvillo del magister". El largo artículo del chileno contrasta así de manera notable con las reverencias ilimitadas que la prensa burguesa argentina solía hacer ante el "maestro español". Todo ello no quiere decir que en Chile la cuestión de la identidad nacional y la orientación hacia modelos europeos no jugaran un papel importante en la concepción del género novela/novela chilena. Mas se manejaban de manera menos apasionada y sobre el trasfondo de una noción menos rígida de las convenciones genéricas 'imprescindibles', hecho que indudablemente también tenía que ver con la variedad de la novelística chilena de los últimos decenios.

Así, las reseñas de *El habitante y su esperanza* no dejan lugar a dudas de que se trata de un libro de Vanguardia. No obstante, son no sólo de tenor muy positivo, sino también reconocen que la particular textura y estructura de la obra corresponde a la intención de su autor y no a sus imperfecciones o su desbordante (e inconsciente) genio. Latcham la califica de "novela personal y sugestiva, pretexto para desencadenar imágenes y deseos de renovación", ya que de novela tiene sólo el título. Anota la influencia de Joyce y echa de menos el dominio de la "arquitectura", que sí poseen los "novelistas renovados", como el mismo Joyce, Morand y Pitigrilli ("Al margen de los libros nuevos", *El Diario Ilustrado*, 3.10.1926). Más tarde la llama "esfuerzo serio hacia la deshumanización del arte en Chile", un "acierto de expresión nueva, de fuerza imaginativa y de finura cerebral" ("El año literario de 1926", *El Diario Ilustrado* 2.1.1927). Alone volvió repetidas veces sobre el libro. Primero ("Crónica Literaria", *La Nación*, 26.9.1926) celebra la belleza, frescura, sencillez y la inigualable capacidad de introspección en la naturaleza que demuestra la primera parte del relato, "fiesta divina", y lamenta el caos y la proscripción de la anécdota, en fin, la influencia de la deshumanización que se produce en la segunda. En base a las mismas observaciones, se pregunta algo después si este libro, que tanto tiene de la "'técnica' salvaje y del jazz y de protesta contra el orden, la medida armónica y, en suma, la tradición clásica" encierra realmente "una alegría para siempre" –"a thing of beauty is a joy forever", dijo John Keats (*Endymion* I)–, lo que hasta parece inclinado a admitir. En 1928 el juicio es aún más positivo. Después de celebrar otra vez la poeticidad y levedad y de subrayar que el argumento no tiene nada de deshumanizado ni de modernizante a pesar de cierta influencia de Ortega y Gasset, explica: "Neruda llega como innovador, coge inspiraciones de vanguardia, no llenaría su misión si no pareciera extraño y hasta disonante de la lógica tradicional". Le considera, junto a Huidobro y De Rokha, como uno de los "tres signos superiores, totalmente diversos de la imagen que tienen y aún que tenemos de nuestro país, en vez de descifrarlo, parecen proponer un enigma..." ("Tres prosistas chilenos contemporáneos", *Zig-Zag*, 28.4.1928). La consagración definitiva poco iba a hacerse esperar (*cfr.* Alone 1931) y anticipó la posición que Neruda se conquistó con *Residencia en la tierra* (1933). La segunda edición de *El habitante y su esperanza*, en 1935, fue consecuencia de todo esto –y completamente insólita en el panorama de la novela vanguardista hispanoamericana–.

País blanco y negro (1929), de Rosamel del Valle, corrió distinta suerte. Alone, entre burlas y veras, opina que en este libro del joven poeta de Vanguardia "no se entiende nada", pero que quienes sólo leen "por el gusto de leer" van a quedar presos de "las imágenes mágicas", que a la vuelta de página ya no se recuerdan ("Crónica Literaria", *La Nación*, 30.6.1929). De novela, pues, Alone halla apenas nada, sólo un pasaje que parece contar una historia bastante lógica de amor y que rompe el "encantamiento" del libro, felizmente sólo por poco tiempo. Los "congéneres"[42] de Del Valle –Jakobo Danke, Ángel Cruchaga, Humberto Díaz Casanueva–, enfocan la obra desde

---

[42] Tomo el término de Norah Lange (1968), que con él encabezó a veces sus brindis en los famosos banquetes vanguardistas porteños.

ángulos distintos y lejos de cualquier ironía. Así, Cruchaga llama la atención sobre lo vanguardista y anti-burgués de este libro tan lleno de misterio y sólo para lectores iniciados (*Letras* 12, julio de 1929). La misma admiración de lo nuevo y del carácter surrealista –expresión del subconsciente y del misterio– comunican Danke (*Gong* 3, noviembre de 1929) y el crítico anónimo de *Letras* (*Letras* 13, septiembre de 1929), quien también insiste en la ruptura de *País blanco y negro* con la "novela al uso" y sus conceptos del héroe y del destino: ahora el héroe es el autor, y ya no hay ningún destino. Díaz Casanueva (*Letras* 14, octubre-noviembre de 1929) publica la crítica más atenta a las cuestiones de la renovación novelística y la modernidad literaria del texto. En palabras entusiastas expone que el libro parece relato, pero que desaparecen en él el argumento y la "clásica mecánica del relato", así como el tiempo y el espacio fijos. Las descripciones de "una mujer" y ciertas calles conocidas son descripciones de emociones, y el libro se parece a un cuadro cubista o trozos de cine, un libro independiente de la lógica y con una fuerza emotiva del lenguaje asociativo que Rosamel del Valle tiene en común con "nuestro gran Pablo Neruda" y lo distingue del sensualismo de Huidobro. La calidad de la imagen fantástica pero humanizada, y la existencia de un orden secreto en que se revela la conciencia poética del autor son para Díaz Casanueva otros de los rasgos que hacen de este texto uno que haría "honor a cualquier literatura del mundo" y que, por tanto, "nos sitúa en lo justo del arte actual, que por fin aparece adquiriendo sus severas líneas". Por cierto, tanto *Gong* como *Letras* fueron revistas si no netamente vanguardistas, sí muy favorables a la Vanguardia que bajo las señas de Neruda y Huidobro en 1928/29 se estaba estableciendo en Chile, en oposición también a la estética lúdica más irreverente del Runrunismo. No obstante, en particular *Letras* gozaba de difusión nada desdeñable y es de suponer que los repetidos elogios de *País blanco y negro* no dejaran de tener cierto efecto hasta sobre el lector un tanto escéptico.

En medida mucho mayor este efecto tiene que haberse producido en el caso de Huidobro. Dada su posición en el campo literario –fundador ya indiscutido de la Vanguardia hispanoamericana con algo de *enfant terrible* casi oficial–, reseñas de sus obras narrativas se publicaron también y ante todo en los "grandes" diarios y revistas, aunque no tantas como se hubiera supuesto, ni necesariamente del todo positivas. Pero el tono general dejaba traslucir (casi) siempre el reconocimiento de los méritos del poeta. Y en las críticas benévolas el elogio de la originalidad, innovación, fuerza de invención e imaginación, así como del humor y del deleite proporcionado por la lectura son casi lugares comunes. A ello se agregan los deliciosos anacronismos y lo sugestivo de las escenas e imágenes así como el "sabor" hispánico de *Mío Cid. Hazaña*[43]; la visualidad cinemática, la fantasía y lo mágico de *Cagliostro. Novela-film*[44]. De *La Próxima. Historia que pasó en poco tiempo más*, se destacan el contenido humano, el valor profético, el lirismo y la fantasía creadora, la universalidad y el que "corresponde a la personalidad de Vicente Huidobro, gran poeta, y, como tal, apasionado por los problemas capitales del mundo en la hora presente"[45]. En torno a *Papá o el diario de Alicia Mir* incluso se entabló una pequeña polémica literaria entre dos críticos sobre quién había sabido profundizar mejor en la complejidad psicológica de este libro "tan profundamente amargo, tan sabio, tan firme en el pintar y en el decir y tan sobrio y abundante a la vez"[46]. Los reparos son pocos: exceso de novedad, de los anacronismos voluntarios y de imprecisión genérica en *Mío Cid* (Meza Fuentes, *Atenea* 66, agosto de 1930, pp. 120-125); la concepción del protagonista de Papá como "máquina de hacer frases, un oráculo a lo Victor Hugo", lo que hace que la "novelita" pierde interés (Ariel, "Una novela de Vicente Huidobro: Papá", *La Nación*, 17.6.1934). De más peso fueron indudablemente las trabas que puso Alone en su reseña de *Cagliostro* (*La Nación*, 22.7.1934). Opina que la fábula no sorprende ni atrae, que la obra abunda en galicismos, que se repiten las burlas al lector y al autor ya conocidas de *Mío Cid*, que el "procedimiento muestra demasiado la armazón y se destruye" y que, por fin, faltan la emoción sincera y la fantasía. En suma, la crítica de estas cuatro novelas se atiene a criterios novelísticos completamente convencionales –la configuración de la trama, la concepción del protagonista, el estilo y la importancia del tema– y llega así a juicios sumamente positivos. Y aun los negativos no se basan en un posible carácter ruptural, sino en supuestas imperfecciones, ante todo en cuanto a la novedad y el interés reivindicados por las novelas mismas. La única excepción la configuran las *Tres inmensas novelas* que Huidobro escribió en cola-

---

[43] *Cfr.* la reseña de la revista *Cervantes* (La Habana) que se reproduce en *Letras* 25, octubre de 1930, p. 25; Alone, "Crónica literaria", *La Nación*, 23.7.1931; la reseña anónimo en *Hoy* I, 26, 13.5.1932, así como la de Alejo Carpentier, "El Cid Campeador de Vicente Huidobro", *Social* 10, octubre de 1930 (también en Carpentier 1979: 66-70).
[44] *Cfr.* Eduardo Barrios en *Las Últimas Noticias*, 11.7.1934; la reseña anónima en *Zig-Zag*, 20.7.1934; la igualmente anónima de *Hoy*, 4.12.1931.
[45] Así se dice en *Hoy*, 22.12.1933; *cfr.* también Norberto Pinilla en *El Liberal*, 21.1.1934.
[46] Carlos Tannenberg, *Zig-Zag*, 6.7. 1934; esta reseña corresponde a la del Dr. Ramón Clares, *Zig-Zag*, 29.6. 1934, quien da su réplica en *Zig-Zag*, 13.7.1934; *cfr.*, además, la reseña de Eduardo Anguita en *La Opinión*, 23.8.1934; según estas reseñas, *Papá* es la novela más comentada y elogiada de Huidobro.

boración con Hans Arp y que, si es que se comentaron, sí causaron cierta perplejidad por su humor, su ludismo, su carácter entre (auto)paródico y satírico y, para decirlo así, lo *light* de la escritura e intención. Alone (*La Nación*, 30.6.1935) las compara con dibujos animados, en particular "Los tres chanchitos". Con *Sátiro, o el poder de las palabras* (1939) todo volvió al cauce de elogios de antes –sólo Alone no formó parte del coro[47]–, aún más marcados por la reverencia ante toda la obra huidobriana, a la que se califica de trascendente y de llena de ternura y aspereza humanas, "una de las novelas cumbres de nuestra literatura americana" ("Bibliotecario", *La Nación*, 20.4. 1939; *cfr.* también *Hoy*, 11.5.1939, así como la crítica de Armando Bazán en *La Hora*, 3.11.1940).

La poca "provocación" que las novelas de Huidobro a todas luces significaban (ya) a los ojos de la crítica contemporánea resalta aún más de la comparación con la recepción de las tres novelas que Juan Emar publicó en 1935, mejor dicho, de la escasa recepción que obtuvieron estos textos[48]. "Esperé ataques risueños, ataques iracundos, ataques despectivos y, también, defensas de varios matices [...] Pero nada de esto ha ocurrido", expresó su asombro Eduardo Barrios ("Dos libros más de Juan Emar", *Las Últimas Noticias*, 28.8.1935), amigo íntimo y concuñado de Emar y casi el único en hablar –y positivamente– sobre sus libros. Los comentarios polémicos sobre varios de los críticos establecidos, entre ellos Alone, que se hallan en *Miltín 1934*, la primera novela de Emar, fueron sin duda una de las razones por las cuales la crítica oficialista, por lo general atenta y no del todo hostil al arte nuevo, "castigaba" a Emar con el silencio. Pero otra razón no menos fuerte habría sido lo "desconcertante" de este libro ("El mundo de la excentricidad y de la sátira", *Hoy*, 12.7.1935), el hecho de que "los pensamientos que se nos revelan son tan diferentes de la marcha real del mundo que el autor, más que hermético y solo,

---

[47] Su larga reseña "Vicente Huidobro y su libro. La novela Sátiro" empero se publicó en una revista de poca difusión en comparación con publicaciones periódicas como *La Nación* o *Hoy*, la *Revista Nacional de Cultura* 7 (mayo de 1939), pp. 43-47. Alone se centra en destacar el alejamiento del protagonista de la realidad como razón de su sentimiento de vacío, cosa que sucede también en el poeta cuando juega con la vida igual que con las imágenes, y enfoca la novela como testimonio patético de la biografía de Huidobro.

[48] Canseco Jerez (1989) ofrece la cronología de la recepción de Emar a través de la crítica literaria periodística hasta 1980 y también refiere los contenidos centrales de algunos de los documentos de recepción tratados a continuación, pero expresamente sin comentarlas. En Canseco Jérez (1994) no se toca el tema ni respecto de la obra de Emar, ni en cuanto a la de Huidobro, aunque esto precisamente insinúa el título.

parece somnámbulo, mejor noctámbulo" (Bulnes Calvo[49]). Asimismo, las otras dos novelas se descalificaron, en esta línea, como libros "exóticos", completamente extraños ("Dos libros de Juan Emar: Un año y Ayer", *Hoy*, 23.8.1935). Aparte de Barrios, sólo el poeta surrealista peruano César Miró [Quesada] salió en defensa de Emar. Ambos intentaron hacer justicia a las novelas expresando su asombro y su admiración ante la novedad y el carácter ruptural de los textos. Aportan "una actitud espiritual nueva, una postura nueva ante las cosas y un nuevo procedimiento literario", dijo Barrios ("Dos libros más de Juan Emar"), y explica que "mientras el arte literario de imaginación ha seguido siempre la técnica del ensueño, este de Juan Emar sigue la del sueño", lo que, finalmente, es "una novedad de forma que permite novedades de contenido". Y Miró ("Miltín, antinovela y sátira social", *El Mercurio*, 1.9.1935), más radical, celebra *Miltín 1934* como "novela y antinovela", como "la negación de la novela como género consagrado dentro de lineamientos establecidos" y saluda en Emar a quien en "nuestras letras americanas acaso se constituye más tarde en uno de sus más auténticos valores". Pero, al parecer, nadie leyó las reseñas. Las novelas de Emar cayeron por decenios en el más completo olvido (*cfr.* también Brodsky 1995.: 26-28). Con ello y la escasa resonancia de *Tres inmensas novelas*, también en Chile, donde la novela vanguardista se había realizado con una riqueza y continuidad de producción extraordinarias, este proyecto parecía definitivamente una cosa del pasado.

Dentro del complejo panorama de la recepción coetánea de las novelas vanguardistas, que aquí sólo se ha podido estudiar en algunos fragmentos y a modo de ejemplo, cabe destacar todavía un caso más. Éste ilustra como pocos la problemática de las normas literarias vigentes y su cambio alrededor de 1930 que había de afrontar la novela vanguardista, y ello aún dentro de la Vanguardia. Me refiero al caso de Pablo Palacio. Como demuestra el estudio cuidadoso de Fernández (1991: 161-175), sus cuentos, así como *Débora* (1927), obtuvieron una recepción muy favorable en los círculos culturales de avanzada de Ecuador y aun en un plano internacional[50]. Se subrayaba su modernidad y su carácter provocador y se solía buscarles filiación europea moderna, ante todo con los *Chants de Maldoror*, a la vez que se insistía en su carácter de "libro soñado" (Jorge Reyes, "Pablo Palacio o la

---

[49] Una reseña de *Miltín 1934* de la pluma de este crítico se halla en la Sección de Referencias sobre Autores Chilenos de la Biblioteca Nacional en Santiago, desgraciadamente sin indicaciones de lugar y fecha.

[50] Reseñas de *Débora* se publicaron en la revista chilena *Reflector* (*cfr.* Fernández 1991: 167) y en la *revista de avance* I, 4, 30.4.1927 (*cfr.* Manzoni 1994: 33 s.).

Condenación del Arrabal", Savia 37, enero de 1928) y su hondura psicológica. El ya varias veces citado ensayo elogioso de Benjamín Carrión (1930) sigue esta línea. Pero aunque califica las obras como "la literatura más atrevida –de contenido artístico y temático– que se ha hecho en el Ecuador" (Carrión 1930: 70), pasa por alto su proyecto socio-cultural revolucionario. Reprocha a Palacio su excesivo tratamiento de lo vulgar, contrario a la mesura con la cual se habría de captar la realidad integral, y relaciona buena parte de las particularidades de temas y escritura con la autobiografía del autor. La calificación de Palacio como humorista la afirma Carrión también en un ensayo posterior que ofrece como una primera lista intercontinental de prosistas entre renovadores y vanguardistas: Xavier Abril, Enrique Dammert Elguera, Fernando González, Martín Adán, Oliverio Girondo, Ángel F. Rojas, Miguel Ángel Asturias, Edwards Bello, Jenaro Prieto y Arévalo Martínez (Benjamín Carrión, "Biografía de un hombre que no vale nada", *Élan* 3, 1932; *cfr*. también Fernández 1991: 175).

Vida del Ahorcado. Novela subjetiva (1932) apareció en un clima ya muy cambiado. Así, Luis Alberto Sánchez hizo de su elogio de la novela de Palacio –que estima por el realismo "sin programa previo" que retoma rasgos de Poe lo mismo que de Zola y de Joyce y que se sitúa en un ambiente genuinamente americano– a la vez un rechazo contundente del realismo social, para él nada más que feísmo (*Hontanar* 10, diciembre 1932). Joaquín Gallegos Lara, dirigente comunista y máximo representante del realismo social(ista), desde las páginas del diario *El Telégrafo* (11.12.1932, también en Manzoni 1994: 49-51), lanzó largos ataques contra los que pretenden "negar el realismo social" y lo encuentran "grosero" porque "descubre" lo que "los izquierdistas" quieren ocultar, así como contra el "concepto mezquino, clownesco y desorientado de la vida, propia en general de las clases medias" que demuestra Palacio en "la inofensiva novela recién publicada". En esta última línea se hallan varias otras críticas negativas por parte de miembros o simpatizantes del partido (*cfr*. Fernández 1991: 182). Entre los miembros del grupo *Élan* –concretamente José Alfredo Llerena y Atanasio Vitri–, se elogiaron el humorismo 'trascendente' y la huella de Proust y Freud en este "modelo de novela contemporánea" (Vitri, en *Élan* 7, enero 1933, p. 54) o su novedad genérica, su subjetivismo, su presentar la "llana cosmografía del hombre tal como es la vida interior: desbaratada, anárquica" y su lirismo atenazado por la burla y la inteligencia. No obstante, se aconsejó a Palacio "que sujete su literatura a una causa doctrinaria", la de los trabajadores (Llerena en *Élan* 7, enero 1933, p. 51).

Así pues, la crítica vanguardista, como era de esperar y ya ha quedado patente, solía celebrar las novelas de su misma promoción, siempre y cuando tuviera ocasión para ello. Pero esta no se ofrecía con regularidad: las primeras revistas fueron por lo general demasiado efímeras y reducidas en espacio para incluir reseñas, y gran parte de las novelas vanguardistas se publicaron, por lo demás, cuando las revistas ya no existían. Y anteriormente la novela vanguardista había de compartir el interés no sólo con otros géneros, sino también con otros tipos y corrientes de la novela, en particular el Regionalismo y el Indigenismo, así como con las producciones europeas. Consabido es el caso de *Martín Fierro*, que dedicó largos elogios a *Don Segundo Sombra* y se burló a sus anchas de *Zogoibi*, pero que ni siquiera anunció la publicación de *El juguete rabioso*, aunque había anticipado fragmentos de esta novela en sus propias páginas. En *revista de avance*, para citar otro ejemplo, se publicaron junto a alguna que otra reseña no siempre muy positiva de novelas vanguardistas hispanoamericanas –Jorge Mañach acusó a los Contemporáneos por sus "escritos llenos de molicie [ideológica]", lo que se parecía bastante a los ataques que en México se les lanzó por su "literatura no viril" (*cfr.* Sheridan 1981: 243)– bastantes comentarios elogiosos de las nuevas novelas regionalistas. Las únicas que se ocuparon de novelas vanguardistas con cierta sistematicidad fueron *revista de avance*, *Ulises* y *Contemporáneos*[51]. Las críticas de las últimas se centran, cómo no, en las obras del mismo grupo sin grupo y, en segundo lugar, en novelas españolas vanguardistas, cuyo presunto magisterio sobre las mexicanas ya se había rechazado rotundamente en *Ulises* ("Margarita de niebla y Benjamín Jarnés", *Ulises* 5, diciembre de 1927). En *revista de avance* se cubre un panorama más amplio –fue ella la que presentó y promovió las primeras obras de Palacio–, si bien con cierta preferencia por las novelas de los Contemporáneos. Y mientras que en la primera las reseñas oscilan entre el reconocimiento general de su carácter vanguardista y ciertos recelos ante su (supuesta) falta de conciencia política y/o americana[52], en las otras priman en el fondo puntos de vista muy parecidos a los que Torres Bodet expuso en sus "Reflexiones sobre la novela". Pero por lo general ni unos ni otros escapan a la orientación entre impresionista y asociativa-polémica que caracteriza a la crítica literaria vanguardista (Pérez Firmat 1982: 40-41; *cfr.* también Wentzlaff-Eggebert 1999). La concreción personal fragmentaria de la obra y las asociaciones y alusiones

---

[51] Basta una ojeada a los índices de estas revistas para cerciorarse de este hecho. Una síntesis esclarecedora de lo que en ellas y en España se publicó en torno a novelas vanguardistas mexicanas y españolas en Pérez Firmat (1982: 7-23).

[52] *Cfr.* las reseñas de *Margarita de niebla* por Juan Marinello (*revista de avance* 1, de 1927); de *Dama de corazones* por Jorge Mañach (*revista de avance* 26, 1928), de *La educación sentimental* por L. N. C. (*revista de avance* 46, 15.5.1930).

tanto literarias como generalmente estéticas, muchas veces sólo inteligibles a los miembros del mismo grupo, predominan sobre el intento de informar y sistematizar, a menudo sólo patente en la clasificación de la novela en cuestión como vanguardista o, simplemente, nueva.

1.3. *La novela hispanoamericana entre modernización y tradicionalidad o cómo la novela vanguardista infiltró las filas enemigas*

Desde sus comienzos la novela vanguardista hispanoamericana significaba un fuerte reto para la novelística establecida en la época, o sea, para los autores que seguían los códigos vigentes. Y este reto tenía que ver no tanto con los rasgos concretos de la novela vanguardista, sino ante todo con la modernidad que reivindicaba. Mientras que para las Vanguardias se trataba de participar críticamente en la modernidad misma –apropiándose de su auto-dinámica e intentando cambiar el papel entre subsidiario y compensatorio del arte para con las cuestiones marginadas por la racionalidad moderna–, para la literatura establecida el problema radicaba en la modernización dentro del marco de los conceptos realistas tradicionales de la literatura y su función.

Ello vale no sólo para la novela regionalista y su diferenciación a lo largo de los años 20 y 30, para el desarrollo de la novela psicológica y de otros tipos de novela ya existentes, como la novela de aventuras, la novela histórica y la novela sentimental 'alta'. También resulta cierto para las corrientes que se estaban formando en esa época y que durante los años 30 y principios de los 40 vivieron su gran apogeo, como el Indigenismo y el realismo social. Cuestión aparte configuran tanto la literatura proletaria, por proceder a la inversa, sometiendo una estética realista muy conservadora a un nuevo concepto de la función instrumental de la literatura (*cfr*. Dill 1994), así como, en el otro extremo, la narrativa fantástica. Ésta ya tenía toda una tradición hispanoamericana a sus espaldas (*cfr*. König 1984), pero a partir de fines de los 20 –y gracias al encuentro con la narrativa vanguardista– adquirió un perfil completamente nuevo, como lo evidencian los relatos de Felisberto Hernández (*cfr*. Verani 1996c: 51-76) y, casi sobra mencionarlo, de Jorge Luis Borges. No obstante las diferencias, todas esas corrientes también se consideraban 'modernas', en el sentido de 'contemporáneas', y no sólo lo cifraban en los contenidos, intenciones y modelos de mundo, sino también en las cuestiones narratológicas y estilísticas, o sea, en la escritura.

Haber despertado una nueva, en todo caso, una mayor conciencia para la importancia de estos últimos aspectos, fue indudablemente uno de los efectos más directos de la novela de Vanguardia y del interés por los últimos avances estéticos europeos que ella estaba fomentando. Y es ya por ello que el proceso de la novela en Hispanoamérica durante los años 20 y 30 no se deja entender sin tener presente la irradiación de la novela vanguardista. Ésta servía ya de polo antagónico frente al cual se había de elaborar/re-afirmar la propia posición, ya de impulso para emprender a su vez la modernización de la estética heredada –o para reforzar este empeño–, ya antes presente, piénsense sólo en los llamados "antecedentes" de la narrativa vanguardista. Así, la novela vanguardista se mostró capaz de provocar el sistema y dejar su huella no sólo en la continuidad –o perseverancia– de su propio proyecto, sino en el proceso general de la novela en aquel entonces.

Uno de los primeros, si no el primero, en responder a este reto fue Mariano Azuela, quien entre 1923 y 1926 escribió tres novelas –*La Malhora* (1923), *El desquite* (1925) y *La luciérnaga* (1932, escrita en 1926)– bajo el impacto de los últimos desarrollos estéticos europeos y, más aún, de la atención que su apropiación por autores nacionales causó en México[53]. En ellas se combinan una concepción naturalista del mundo y de la novela así como una intención de sentido claramente nacional –no la búsqueda de la mexicanidad, sino la denuncia de los males sociales y el comentario amargo sobre los resultados de la Revolución Mexicana– con el empleo de técnicas narrativas muy avanzadas. En los tres casos el mundo narrado "exhibit[s] Azuela´s persistent preoccupation with surroundings and social themes: the slums of Mexico City, the sordid life of the modern metropolis; violence, prostitution, alcoholism and degeneracy" (Martínez 1988: 93); en cambio, la estructura narrativa demuestra un considerable esfuerzo para dar mayor relieve a la subjetividad de la percepción de la realidad (ficcional). En función de ella se emplean técnicas de introspección, como el monólogo interior, hasta con visos del *stream of consciousness*, la fragmentación de la narración y un tratamiento del tiempo entre vago y acronológico. En *La Malhora* la estructura temporal resulta casi circular gracias a grandes analepsis; en *La luciérnaga* se da la alternancia de los hilos de acción que debe causar la impresión de simultaneidad. La integración de diversos puntos de vista gracias a la amplia representación del discurso de los personajes y/o la focalización interna múltiple del narrador ayudan a otorgar a la narración un carácter indudablemente experimental y moderno que demuestra la influencia de los *ismos* europeos y, desde luego, del Estridentismo mexicano. De particular impor-

---

[53] Testimonio explícito de ello se halla en las declaraciones de Azuela (1958-1960/III: 1100-1121).

tancia en este contexto son los rasgos 'fílmicos' que presentan algunas escenas a través del cambio rápido entre la descripción totalizadora y la detallada al modo del *close up* (*cfr*. Duffey 1996)[54]. Por el otro lado, en las tres novelas el narrador sigue cumpliendo sus funciones tradicionales de no sólo narrar y describir, sino también de comentar, explicar y valorar lo narrado:

> Pero a medida que más se aprieta el caserío, más mezquina y más odiosa le aparece la ciudad. ¡Cieneguilla de mi corazón! ¡Mis campos, mis árboles, mi río, mis cerros, mi tierra que comienza más allá de donde nace el sol y no se acaba más allá de donde el sol se mete... mi alma!...
> La obra infinita de Dios, inextinguible en la memoria del provinciano que no prevaricó. Sentimiento que acaban de ensombrecer los horizontes confinados donde rebulle la vida al compás de una mísera pasión absorbente: el dinero. Ahí donde toda idea desinteresada y noble fracasará en espantosa confusión de lenguas. En su tristeza enorme e inacabable, los timbres de los tranvías lloran, las ruedas de los carros gimen y el mismo rumor argentino de los chiquillos que juegan en las vecindades, tirita (Azuela 1932: 202 s.).

Tal mezcla entre el empleo del discurso directo libre y el comentario moralizador del narrador, portavoz indudable del autor implícito, testimonia que aquí no se trata de ensayar una novela vanguardista, sino de incorporar algunas de sus técnicas en una novela de función y concepción tradicionales. Mejor dicho, la modernidad de ciertos rasgos expresivos no sirve sino para poner de relieve la 'actualidad' de la novela realista que se entiende como estudio social (Martínez 1988: 86). El caso de esas "tres novelas experimentales" (Leal 1989: 865) resulta prototípico para el tipo y la función de la modernización que en la época se plantearan el realismo social y el Regionalismo. Novelas como *Cariátide* (1932), del mexicano Rubén Salazar Mallén[55], *Cara de Cristo* (1931), del argentino Miranda Clix, *¡Estafen!* (1931) y *Caterva* (1937), de Juan Filloy, y *Lanchas en la bahía* (1932), de Manuel Rojas, para citar los ejemplos más importantes, persiguen orientaciones parecidas.

Es así como en la última novela mencionada, que sigue el modelo de la novela de aprendizaje, se combinan el nuevo realismo social –el protagonis-

---

[54] Sobre las muy variadas posibilidades de la llamada escritura fílmica falta todavía una estudio sistemático. Asimismo, se carece de una historia de la apropiación temática y escritural del cine en la literatura hispanoamericana tal como la ofrece Albersmeier (2001) para la literatura española. Un análisis de ejemplos en la narrativa mexicana ofrece Duffey (1996); para más detalles, *cfr*. Niemeyer (2002).

[55] Para el escándalo en torno a esta novela, véase más abajo.

ta-narrador es un joven proletario que cuenta sus primeras experiencias iniciáticas del trabajo, del amor, de la cárcel y la solidaridad obrera– con igualmente novedosas modalidades narrativas. Destacan las entonces nuevas técnicas de introspección –predominio casi absoluto de la focalización interna, empleo del monólogo interior que algunas veces se acerca al *stream of consciousness*–, una cierta fragmentación y 'disminución' de la narración a favor de la presentación escénica y del diálogo y, por último, un empleo del lenguaje muy cuidadoso, caracterizado por la sencillez y brevedad sintácticas así como la frecuencia de imágenes poéticas originales de gran plasticidad y expresividad. Todo ello demuestra "la asunción de las nuevas posibilidades [narrativas] que corren parejas con aquel proceso de interiorización" que según Goic (1992: 153 s.) ubica la novela de Rojas "dentro del proceso generalizado de interiorización que experimenta la literatura contemporánea". La "apropiación de la lengua poética que irrumpía, hacia 1932, con la fuerza intensificada de una nueva vigencia literaria" obedece con sus rasgos imaginistas, creacionistas y expresionistas "tanto a las estructuras del nuevo nivel de realidad escogido como a la perspectiva interior que ordena y erige el relato" (*ibíd.*, 154). La opinión de Goic acerca de la nueva vigencia del lenguaje poético resulta difícil de comprobarse en el *mainstream* de la narrativa chilena después de 1932, pronto dominada por obras de compromiso social. Y el hablar de la "correspondencia" entre la novela de Rojas y "las tendencias poéticas de vanguardia" parece bastante exagerado teniendo en cuenta las novelas de Neruda, Del Valle y Huidobro.

La interiorización del mundo narrado y su presentación narrativa, que se puede observar en buena parte de la novelística hispanoamericana de los 30, el aumento de la preocupación por el lenguaje y el esfuerzo por hacer vislumbrar una visión más amplia de la realidad social nacional, más atenta a las visiones, angustias y deseos del hombre inmerso en las circunstancias históricas y geográficas concretas, se halla en función de un 'mayor' realismo. Éste afirma la obligación mimética tradicional de la ficción y se para justamente ante los problemas de la re-presentación y del sujeto, del discurso y de la noción de literariedad planteados por la Vanguardia. De manera más significativa que en la década anterior se revela en ello la diferencia categorial entre crítica social y crítica cultural. Evidentemente, novelas como las citadas de Azuela, Salazar Mallén, Rojas y otras, entre ellas también varias más regionalistas que sociales, basan sus reivindicaciones de representatividad y actualidad en su puesta en escena de modelos de mundo modernizados en atención sobre todo a los conocimientos de la psicología y las teorías políticas y socio-históricas de izquierdas. Mas por ello su visión del mundo no abandona la creencia en la cognoscibilidad de la realidad ni, tampoco, en la existencia de verdades generales y la posibilidad de modelizaciones homogeneizantes y totalizadoras. En cuanto a la presentación narrativa, sucede algo semejante. Frente al *discursive turn* de las novelas vanguardistas, aquí se trata de modernizar el lenguaje y la estructura narrativa en función de mayor verosimilitud, efecto de realidad e inmediatez de la narración. Es así como la liberación del aparato retórico convencional, sea en dirección hacia una mayor presencia y originalidad de las imágenes, sea en busca de una mayor sencillez e inmediatez, así como el empleo de las técnicas supuestamente más naturales de introspección y la concomitante reducción del espacio ocupado por el discurso del narrador, nunca llegan a problematizar ni la autoridad de éste ni, mucho menos, la ficcionalidad y literariedad de lo narrado y de la narración. E igualmente dejan intacto el límite estilístico entre la voz del narrador y la de los personajes. El "escribir mal" fue descubrimiento y opción genuina de la Vanguardia. Y aun dentro de ella fue siempre una de sus propuestas más radicales.

La inquebrantada vigencia de esa cuestión la ilustra el escándalo de *Cariátide*[56]. La novela narra las actividades de un grupo de comunistas en la Ciudad de México y entremezcla una escritura fragmentarizada y un tanto poemática, como se decía en la época, con "a type of social realism that freely borrows from the stream-of-consciousness genre" (Mullen 1981: 61). Con todo, "a fairly clear break with both the esthetic and ideological attitudes which seem to characterize the *contemporáneos* generation" (*ibíd.*, 60). Y lo que ocasionó los ataques fue el empleo, en el discurso de los personajes, de algunas palabrotas, lo que se veía como "incalificable desacato a los más rudimentarios principios de decoro" ("Editorial", *Excelsior* 19.10.1932; también en *Examen* 3, 20.11.1932). A ello pronto se agregaron los reproches del PCM por la imagen negativa del partido, así como las ya consabidas injurias a los Contemporáneos –colaboradores de la revista– por su "afeminamiento en las letras" y su falta de nacionalismo. Los argumentos en defensa de la revista y la publicación de los adelantos de la novela exponen, desde luego, la libertad de expresión, pero también el realismo del lenguaje, impuesto por el objeto tratado: "El autor respeta a sus personajes la miseria de su lenguaje, igual que sus otras miserias, y no les da, como Garcilaso a los poéticos pastores de sus églogas, ni un lenguaje culto ni refinadas maneras", dijo Jorge Cuesta ("La Política de la Moral", *Examen* 3, 20.11.1932), y en su línea se expresaron desde Enrique González Martínez y Julio Torri

---

[56] Fragmentos de la parte de la novela no publicada en *Examen* se reproducen en Sicilia (1980).

hasta Xavier Icaza, los primeros no sin reservas ante la cuestión de si tanto realismo era estéticamente deseable. Sólo uno –Fernández MacGregror– hace hincapié, siguiendo a Ortega y Gasset y su crítica de los surrealistas, en que el uso de ciertas expresiones en *Cariátide* no es sino cuestión de retórica, por sacada de las letrinas no menos retórica que la de otros que escribieron "jazmines, cisnes y faunesas" ("La consignación de Examen. Opiniones", *Examen* 3, 20.11.1932). El fallo del juez afirmó la autonomía del empleo ficcional del lenguaje frente a los imperativos de la moral pública y privada (*cfr.* Sicilia 1980: 146). Mas la cuestión del discurso y de la convencionalidad de cualquier código lingüístico-literario siguió siendo algo como la mancha ciega del realismo social y de las corrientes coetáneas que compartían sus premisas básicas.

Ello resulta rastreable aún en el caso más interesante y ambiguo en cuanto a la apropiación de planteamientos y técnicas vanguardistas en una obra que persigue un proyecto distinto. La novela *¡Estafen!* (1931), la primera del argentino Juan Filloy, juez en Río Cuarto desde 1921 hasta 1967, salió en edición de autor, como casi todas las que escribió después (*cfr.* Gasparini 1994). No obstante, recibió una reseña en *Nosotros* (M. Llinás Vilanova, "¡Estafen!, novela de Juan Filloy", *Nosotros* XXVII, 284, enero de 1933), en la que esta historia de la última etapa carcelaria de la vida de un estafador *gentleman* se califica de "sencillamente deliciosa". A la vez se elogia a Filloy como "el más elegante de nuestros escritores", capaz de sacrificar lo humano a lo elegante. Y al terminar la lectura, concluye el crítico, se tiene la impresión de que el autor ha escamoteado el tiempo en ella invertido, cosa "común a toda literatura surrealista bajo cuya bandera milita Juan Filloy". Por cierto, la novela supone un desafío fuerte frente al contexto social en el que surge, pues invierte las nociones de delito y ley, mostrando la legitimidad moral del estafador –Robin Hood del siglo XX– en oposición a una sociedad regida por el dinero y las concomitantes injusticias. La 'verdadera' estafa es la "civilización occidental": "su fin es perpetuar la ignominia de la exclusividad del robo para el sector que impuso su norma al estafar la libertad" (Filloy 1968: 95). Y al mismo tiempo se establece un juego sutil con la diferencia entre realidad e ilusión –la ilusión fabricada por el estafador tiene todos los visos de realidad para los demás y en cuanto estafa no es sino la corrección de la estafa/ilusión social, en fin, un procedimiento que recuerda la famosa definición del esperpento. En el extenso monólogo soñado por el protagonista se cifra esta diferencia en el símil de la distinción entre yo-autor y yo-protagonista:

> Desde hoy en adelante me he de imponer, mal que le pese, al yo-protagonista. Estafaré al autor que hay en mí viviendo la vida al margen de toda literatura.

Lo estafaré por gusto y vocación, falsificando mi ilusión para desbaratarle su fantasía. Y para demostrarle, también, que nada puede su estilo de palabras frente al estilo de mis hechos.
Se trata de una insurgencia superrealista. Mi norma consiste en contradecir, en vulnerar lo que parece más firme y valioso... A menos que mi propia versatilidad no defraude al designio (*ibíd.*, 98).

La narración de sueños –que, como se acaba de ver, resultan disquisiciones perfectamente lógicas y lúcidas–, monólogos interiores, diálogos sin *verba dicendi* sobre problemas filosóficos y sociales, la reproducción del extenso "CONATO DE ELEGÍA PARA LOS MUERTOS CIVILES DE USHUAIA" escrito por el Agitador, las muchísimas referencias intertextuales a la literatura y la filosofía occidentales, un lenguaje culto que no rehuye palabras 'crudas' y, finalmente, los ahora famosos palíndromes[57]– todo ello da a la novela un indudable sello experimental, moderno y, en más de un sentido, heterodoxo con respecto a la novelística dominante.

No obstante, *¡Estafen!* ostenta diferencias decisivas frente a la novela vanguardista. Primero, tanto el mundo narrado, respetuoso de las nociones de tiempo, espacio, causalidad y carácter humano vigentes, como su presentación cronológica y detallada por boca de un narrador heterodiegético-autorial indican la intención mimética realista de la novela. Las reflexiones metaficcionales del estafador –que significativamente no se retoman en el plano del narrador– apuntan a este mismo concepto de la ficción: comunicar la verdad con el engaño (ficción). Y ello se explica por la intención de crítica social que impregna el texto y que en más de una ocasión aparece explicitada ya por el narrador (*cfr.*, p. ej, Filloy 1968: 136 s.), ya por el protagonista (p. ej., el "Intermezzo. Sólo de sueño" ya citado). Ambos aparecen como portavoces del autor implícito y su denuncia de la práctica de la justicia y del sistema carcelario actuales, cuya re-presentación más de una vez adquiere rasgos profundamente satíricos. Semejante intención descuella también en *Caterva* (1937), una "historia de siete linyeras que han llegado a los últimos escalones de la vida moral y que eventualmente se juntan bajo el puente de Río Cuarto" (Filloy, en Ambort 1992: 72) y que en su fuga ante las autoridades –la represión uriburista– descubren un complot nazi para la invasión de la Argentina. Son estos vagabundos marginados, pues, los que encarnan los valores democráticos frente a la corrupción y los verdaderos

---

[57] La colección de unos 6.000 palíndromes, de los que Filloy se considera con razón *recordman* mundial, todavía no se ha publicado. Una pequeña selección se halla en la novela mencionada.

delitos de los representantes del poder político-económico y social. En todo ello se vislumbra claramente, y ésa es la diferencia realmente decisiva frente a los planteamientos vanguardistas, que en estas novelas de Filloy no se realiza el viraje de la crítica social a la crítica cultural, sino que se mantiene firme la perspectiva denunciadora de la realidad 'en cuanto tal'. No son las nociones de ley, justicia y marginalidad las que se critican, sino su práctica social que, en absoluto, corresponde a los valores proclamados por el discurso oficial. La autoridad del narrador, la existencia de 'verdad' y la posibilidad de una percepción y la re-presentación lingüística acertadas del mundo fáctico quedan así no sólo incuestionadas, sino que se re-afirman hasta a través del empleo del lenguaje inusualmente libre de eufemismos, o sea, más 'cercano' a la realidad. No en balde Filloy siempre se ha considerado más cerca de Boedo que de Florida (en Ambort 1992: 59).

Procesos de modernización de la práctica narrativa y de los mundos narrados dentro de los conceptos establecidos de la novela se dieron también en los otros tipos o subgéneros novelísticos de la época. La llamada novela psicológica ya desde sus mismos rasgos era particularmente propicia para apropiarse de técnicas de interiorización de la narración, ensayar la subjetivización del mundo narrado y ahondar en la problemática del yo. Y no es raro que también buscara dar con deseos y preocupaciones, modos de memoria e imaginación y perfiles de identidad que resultaran disidentes en su tiempo y lugar. Desde *El hermano asno* (1922), de Eduardo Barrios, hasta *Ifigenia. Diario de una señorita que escribió porque se fastidiaba* (1924) y *Memorias de Mamá Blanca* (1929), de Teresa de la Parra, desde *Voz de vida* (1927), de Norah Lange, *Tú, la imposible* (1931), del costarricense José Marín Cañas, y *La rueca de aire* (1930), del mexicano José Martínez Sotomayor, hasta *4 años a bordo de mí mismo. Diario de los 5 sentidos* (1930-1932, publicada en 1934), del colombiano Eduardo Zalamea Borda, *Op Oloop* (1934), de Juan Filloy, y *La última niebla* (1935) y *La amortajada* (1938), de María Luisa Bombal, hay toda una serie de novelas hispanoamericanas de los años 20 y 30 que persiguen esta dirección, en mayor o menor cercanía a las estrategias y temas de la novela de Vanguardia y de la entonces moderna novela europea. Pero ninguno de los textos mencionados participa en el proyecto de las Vanguardias.

No cabe duda de que las novelas de las mujeres citadas[58] resultaran provocadoras en su esfuerzo por expresar una identidad femenina y problemati-

---

[58] El otro caso es el de la mexicana Antonieta Rivas Mercado, importante figura de la vida cultural del país entre 1927 y 1931, año en que se suicidó en Notre Dame. Estaba

zar el papel y la situación de la mujer en la sociedad de la época. Así, el feminismo de *Ifigenia*, que, sin embargo, dista mucho de ser radical (*cfr.* Mattalia 1992a: 28-35; Boixó 1988), no dejó de suscitar críticas que "han atacado el diario de María Eugenia Alonso, llamándolo volteriano, pérfido y peligrosísimo en manos de las señoritas contemporáneas" (De la Parra 1982: 473). La novela en cartas de Lange –historia de la pasión de una mujer casada por otro hombre, igualmente casado– recibió los duros reproches de Ramón Doll por "presentar una mujer vulgar atenaceada por el frenesí de la carne, y que manifiesta sus deseos en un decir que más bien expresa refinamiento intelectual, poesía conceptuosa". Y también en las novelas de Bombal, que en su momento ya no recibieron sino elogios (*cfr. infra*), se perfila una crítica muy sutil, si bien moderada, de la posición marginada y la falta de realidad que caracterizan la realidad femenina en la sociedad patriarcal (*cfr.* Hopfe 1994)[59]. Desde otro ángulo, también *La rueca de aire*, de José Martínez Sotomayor, plantea este problema, presentando las ansias de la vida y las frustraciones de una joven que vive bajo la tutela paterna en una provincia mexicana[60]. No obstante su posición ideológica crítica, ninguna de

---

vinculada de varias maneras al Teatro de Ulises, y participó en la vida política al costear en gran parte la campaña electoral de José Vasconcelos en 1929, con quien tenía una relación amorosa de conocimiento público. Rivas Mercado dejó una novela inconclusa, *El que huía*, cuyos primero cuatro capítulos, en relación con el plan expuesto en su diario y sus cartas, dejan entrever el proyecto de una novela disidente en cuanto a las nociones establecidas de género sexual así como indagadora en el debate entre arte y acción, pero que en cuanto a la estética y la escritura se orienta "más hacia un realismo convencional", como expone Unruh (1998: 76).

[59] Masiello (1985) destaca con razón el cuestionamiento de la figura del *pater familias* y de la ideología patriarcal en las novelas de Bombal, de la Parra y en *Personas en la sala* (1950), de Norah Lange. Pero hablar de estos textos como ejemplos de "la novela feminista de vanguardia" no resulta muy convincente, como se verá en lo siguiente. En el caso de *Personas en la sala*, por más innovadora y 'solitaria' que resultara en el contexto argentino del momento, ya la fecha de composición de la novela dificulta incluirla en la Vanguardia histórica. Pues la novela no fue iniciada durante los años de la presencia de las Vanguardias (históricas) como sucedió con las novelas de Macedonio Fernández, Juan Emar y Gamaliel Churata, sino hacia finales de los 40. Además, y es el argumento de más peso, este texto de Lange responde crítica y conscientemente a los desarrollos literarios y las circunstancias históricas de aquel entonces; *cfr.* Marter (1998).

[60] Desde el punto de vista de la narratología feminista parecerá equivocado incluir a la novela del mexicano en la serie de las obras de mujeres mencionadas, como también se me podrá reprochar no prestar la debida atención a la pregunta por la "feminist poetics of narrative" (Lanser 1992) que se manifiesta –podría manifestarse– en los textos mencionados. Pero en atención a los objetivos del presente trabajo, el análisis y la re-cons-

estas novelas se propone una renovación/revolución en el sentido vanguardista. Ello no significa que los textos no ofrezcan rasgos innovadores. En *Voz de la vida* son la cercanía al poema, manifiesta en la "confesión de un solo destino" –por la vocación poética de la autora–, la "primacía de la pasión" y "la fina sensación y descripción del paisaje", como dijo en su momento Jorge Luis Borges (en *Síntesis* 10, marzo de 1928); en *Ifigenia* y *Las memorias de Mamá Blanca* es la "búsqueda de una 'naturalidad' de la expresión" (Mattalia 1992a: 27). Mas esa búsqueda no se basa en el *discursive turn* de la Vanguardia, sino al contrario en la creencia inquebrantable en el poder re-presentativo del lenguaje[61]. En *Las memorias de Mamá Blanca* esta creencia se vincula, además, con una ideología conservadora que desemboca en la construcción de un estado ideal premoderno, una utopía retrógrada por imposible no menos acariciada, lo que impregna la obra de una "íntima tristeza reaccionaria" (Osorio 1988a: 249)[62]. La novela de Martínez Sotomayor –muy celebrada en su momento por los Contemporáneos por su prosa sutil, "florecimiento tardío" de la novela a lo Giraudoux y Jarnés que ya ha dado con las obras de Torres Bodet, Owen y Villaurrutia (José Gorostiza, "Morfología de La rueca de aire", *Contemporáneos* 7, junio de 1930)–, se sirve, a diferencia de las mencionadas novelas de mujeres, de la narración heterodiegética. Adopta una focalización consecuentemente interna, con muchísimos pasajes en discurso indirecto libre, y sigue el curso asociativo y fragmentario de la corriente de conciencia de la joven protagonista, con la concomitante riqueza en imágenes originales y plásticas. No obstante,

---

trucción del devenir histórico de la novela vanguardista, es ésta una pregunta que requiere un estudio aparte y que no excluye en absoluto enfocar las novelas de mujeres también desde otras perspectivas y en relación con otras series de textos. Lo que en todo caso ya se ofrece como hipótesis de trabajo es que la experiencia de Vanguardia sirvió de impulso, entre otros, para que en los años siguientes la narrativa de mujeres se desarrollara tal como lo hizo, mientras en la formación de la novela vanguardista prácticamente no tuvo ningún papel.

[61] Siento tener que discrepar aquí de las opiniones de Mattalia (1992a: 27), quien ve en esta búsqueda el intento de liquidar la separación arte/vida propio de las Vanguardias históricas. En cuanto al problema del lenguaje, o sea, lo que a este respecto distingue la estética realista de la vanguardista caben recordar, una vez más, las esclarecedoras reflexiones de Cornejo Polar (1994b), ya ampliamente tratadas en cap. I, 1.4.

[62] Sobre estos aspectos de la novela, *cfr*., aparte del mencionado estudio de Osorio, también los esclarecedores trabajos de González Boixó (1988) y Lasarte Valcárcel (1994). Para una ubicación de *Las Memorias*... en el contexto de la novela venezolana de la época y su apropiación de la doble modernidad (burguesa y estética), véase también Niemeyer (2000).

parece que el texto no tiene confianza en sí mismo: el conflicto central entre ansia de vivir y sumisión a la sociedad provinciana y patriarcal se explicita a través de un diálogo imaginado por la protagonista entre el ángel y el demonio, desdoblamientos de su personalidad (Martínez Sotomayor 1987: 80 s.). Al final toda la narración anterior se revela como la representación de las imaginaciones medio soñadas de una enferma con fiebre (*cfr. ibíd.*, 90).

Más complicado, como se dijo, es el caso de *La última niebla*, que por su exploración del mundo onírico se ha reclamado como una de las primeras novelas surrealistas en Hispanoamérica (Langowski 1982), y que hoy en día se suele considerar una novela feminista[63]. Indudablemente, en esta historia de una mujer de la clase media chilena y su búsqueda finalmente frustrada de autoafirmación y plenitud existencial a través del adulterio soñado/imaginado, despuntan elementos surrealizantes: la presencia del *désir*, la importancia de lo onírico, la imposibilidad de distinguir entre realidad e imaginación (intraficcionales). Es así como la protagonista-narradora no llega a aclarar si el amante fue un fantasma o un hombre real. Y la narración autodiegética, a modo de un diario sin fechas que registra las percepciones y reflexiones (*cfr.* Bastos 1985), echa mano de las (entonces ya no tan) nuevas técnicas de interiorización –la constante focalización interna, el monólogo interior[64]– y de procedimientos de carácter cinematográfico, como los cortes entre las breves escenas y, en general, la preferencia por la presentación escénica (en presente) y la escasez de descripciones (*cfr.* Hopfe 1994: 237). Pero al igual que en los otros textos aquí discutidos, estas técnicas se utilizan clara y únicamente en función de la intención del realismo psicológico. Éste domina tanto la narración como el mundo narrado y la concepción del sujeto femenino según el estereotipo de la mujer como ser emotivo. La cercanía nada irónica a los moldes de la literatura trivial no puede ser pasada por alto (*cfr.* Oyarzún 1987: 168)[65]. Nada de las problematizaciones del discurso o de la relación

---

[63] Para la, entretanto, muy amplia bibliografía sobre la obra de Bombal, *cfr.* Hopfe (1994).

[64] Langowski (1982: 20-21), en un curioso malentendido que no se hubiera creído posible en los tiempos de la narratología, entiende el monólogo interior como "forma de automatismo controlado" derivado de la escritura automática de los surrealistas franceses.

[65] Es ésta una diferencia esencial, por lo demás, entre las novelas de Bombal y las de Lange posteriores a *Voz de la vida*: el juego irónico con los estereotipos y en particular el imaginario de la novela por y para mujeres. Mientras en la primera la cercanía a este tipo de literatura parece no del todo intencionada, en la segunda forma parte de una estrategia consciente, destinada precisamente a la deconstrucción de los tópicos de lo femenino y de la escritura 'típicamente' femenina.

entre ficción y realidad que en este plano caracteriza las novelas vanguardistas, nada, tampoco, del cuestionamiento del principio del sujeto y del dominio sobre su discurso. Al contrario, se afirma este principio al dar la voz a un yo al que se suele imponer el silencio y que, una vez que habla, no resulta ser muy diferente de lo que en atención a la novela por y para mujeres se hubiera esperado. Como ya ha resumido Hopfe (1994: 230):

> A pesar de todas las innovaciones que contienen, tanto *La última niebla* como sus segunda novela, *La amortajada*, no pueden ser consideradas novelas vanguardistas. Sin embargo, tampoco es de suponer que esta narrativa se hubiera podido realizar sin la experiencia con el Vanguardismo literario del Cono Sur del que participó Ma. Luisa Bombal en Santiago y Buenos Aires.

Un juicio semejante se ha emitido sobre *4 años a bordo de mí mismo*, la única novela del periodista colombiano Eduardo Zalamea Borda, otra vez un "diario", además con trasfondo autobiográfico, que primero se publicó con el subtítulo de "Memorias de Uchí Siechi Kuhmare"[66] en el diario *La Tarde*, de Bogotá (10 de mayo a 15 de junio de 1930). Este *Diario de los 5 sentidos*, como reza el subtítulo de la edición en libro de 1934, da cuenta del viaje del joven protagonista-narrador desde Bogotá a la Guajira, donde pasa una larga temporada en las salinas de Bahiahonda, hasta que regresa a Puerto Colombia. Y tal como lo hacen esperar el asunto y el título, se fusionan en este texto la orientación regionalista con la exploración del mundo interior del protagonista-narrador. Concretamente, como con gran acierto ha visto Jaramillo-Zuluaga (1994: 97-105), se trata de dar expresión inminente a la sensorialidad:

> si el humor, la visión urbana del mundo, el monólogo interior y la representación de diversos lenguajes en la novela, le merecen a Zalamea Borda un lugar destacado en la historia de la novela colombiana, su contribución más importante radica, sin embargo, en su deseo de decir la sensorialidad. Todos sus recursos verbales no tienen otra razón de ser (*ibíd.*, 97).

Así, la novela no sólo ostenta un marcado erotismo y una desbordante presencia de elementos sensoriales en el plano del contenido. También el lenguaje participa de esta preocupación, buscando –a veces explícitamente– la palabra cuyo sonido y/o poder connotativo equivale a las sensaciones.

---

[66] Es el nombre que Zalamea Borda había recibido de una indígena y que corresponde al de un pájaro guajiro que silba, como explica Jaramillo-Zuluaga (1994: 104).

Detrás de ello se halla, en medida mucho más consciente y radical que en el caso de De la Parra, la idea de la identidad de la palabras y las cosas:

> Por todo mi cuerpo corre un calorcillo jugosos que aumenta mi saliva y la endulza. ¿Cómo se llamará [la india]? Será el suyo un nombre sonoro como el ruido de la bocina de un automóvil vertiginoso en una noche de placer? O será uno de aquellos nombres dulces, mimosos –como Thérèse, que es casi una respiración?– En todo caso, su nombre no puede ser duro y seco como el de Meme. Meme, 2 martillazos sonoros y monótonos... (Zalamea Borda s. f.:60).

Y ello, como ha advertido Jaramillo-Zuluaga (1994: 100), decae más de una vez en la alegoría. Esto separa la novela tajantemente de los planteamientos vanguardistas, cuya búsqueda de la palabra originaria, si es que la emprenden, va por otro camino, marcado precisamente por la conciencia de la diferencia. Y al igual que la apropiación de la narración 'interiorizada', también este particular empleo poético del lenguaje se halla en función del realismo 'subjetivo'. Es decir, intenta corresponder a la experiencia de un joven colombiano que ya no viaja ni a Europa ni *autour de la chambre*, sino a las zonas 'interiores' (léase marginales) del propio país. Aparte de ello, la fascinación por las asociaciones (no connotaciones) de los nombres y su consiguiente pertinencia 'íntima' a los lugares y personas que designan, recuerda de manera muy obvia a procedimientos ensayados por Marcel Proust, concretamente la larga evocación/reflexión sobre los nombres en *Du côté de chez Swann*, una relación intertextual que pocas veces se evidencia tan claramente en la novelística hispanoamericana de la época como en este caso[67]. Cierto sello proustiano se halla, asimismo, en el proceso de memoria expuesto en este diario de los 5 sentidos: la recuperación de las vivencias del yo narrado por parte del yo narrador se inicia una y otra vez con las sensaciones, o sea, el recuerdo que suscitan. Pero a diferencia de la llamada memoria involuntaria proustiana, tan rica en interferencias de lecturas y otros conocimientos culturales, en la novela de Zalamea Borda la sensorialidad y su(s) memoria(s) resultan mucho más 'bárbaras': más corpóreas y

---

[67] La cuestión de la recepción de *A la recherche du temps perdu* en la novela hispanoamericana merecería un estudio aparte. Cabe insistir en que a diferencia de las novelas de los Contemporáneos aquí no se trata de semejanzas temáticas (secundarias, pues el hallarse entre dos mujeres no es sino un tema periférico de la *Recherche*), ni de un interés por rasgos que a pesar del relieve que les dio no eran exclusivos de Proust –el tratamiento del tiempo, la relación entre los planos comunicativos–, sino de una adaptación/transculturación de procedimientos inconfundiblemente proustianos.

destabuizadas, menos reflejadas y mucho más 'modernas' en tanto que influenciadas por la "visión urbana del mundo", también del mundo rural.

Con todo, la novela de Zalamea Borda ofrece una respuesta consciente a las innovaciones vanguardistas y, en particular, una transculturación de las posibilidades de la narrativa proustiana. Representa el intento de modernizar sobre este trasfondo la novela colombiana y de reconciliar la "visión urbana del mundo", así como la subjetividad y la nueva sensibilidad verbal, con el modelo de *La vorágine*[68]. Y a la vez testimonia, en relación con las otras novelas ya tratadas, el que los logros de la narrativa de Vanguardia se veían ante todo en la modelización y re-presentación narrativa de la subjetividad y la concomitante liberación del lenguaje de las convenciones retóricas y morales. Así, *4 años a bordo de mí mismo* se rechazó por "su intensa y constante voluptuosidad que culmina en insinuaciones vergonzosas y en frases de repugnante crudeza" (Tomás Galvis, en Jaramillo-Zuluaga 1994: 105). *Op Oloop*, la novela de un maniático de la estadística que lleva fichas sobre sus coitos y que invita a sus amigos a un banquete para celebrar su coito número mil, pero que se suicida porque no aguanta la experiencia no metódica del amor, sólo pudo aparecer en edición privada, ya que la edición pública hubiera sido confiscada por pornográfica y cruda (Filloy en Ambort 1992: 67). *La última niebla* se celebró justamente porque en ella la destacada preocupación erótica, comparable a *Lady Chatterly*, "no es pura pornografía" sino que se halla "sublimad[a] por la delicadeza artística" (Ricardo Latcham, *La Opinión*, 23.3.1935). Algo semejante cabe destacar en *Canción de negros* (escrita en 1932, publicada en 1934) y *La balandrá "Isabel" llegó esta tarde* (1934), del venezolano Guillermo Meneses. Con su nuevo tipo de protagonista –el marginado social urbano/el afrovenezolano– y el interés en la interioridad de éste, con sus técnicas de narración subjetivadora y atenta hacia lo fluido y caótico de la realidad (ficcional) y su sexualidad más abierta, las dos novelas se "distancia[n] de manera significativa [...] de su tradición narrativa inmediata" (Lasarte Valcárcel 1994: 83).

Todas estas novelas evidencian la apropiación/infiltración de la Vanguardia –y de su interés por las innovaciones narrativas y temáticas europeas de la época– en textos que, por seguir proyectos no-vanguardistas, no dejan de mani-

---

[68] Las relaciones inter/hipertextuales entre la novela de Zalamea Borda y la de Rivera todavía no se han analizado, como en general, aparte del estudio de Jaramillo-Zuluaga (1994), la primera todavía no ha obtenido la atención que merece. Pero ya la elección del tema del viaje a una región semi-bárbara, la elección de un narrador autodiegético y la fuerte presencia del tema naturaleza-Eros tendría que ser motivo suficiente para emprender el análisis de la relación entre ambas novelas, o sea, suponer en la una, una re-escritura de los planteamientos de la otra.

festar innovaciones narrativas e ideológicas considerables. Frente a ellas hay otras que en su momento o posteriormente se ubicaron en las cercanías de la Vanguardia –como *Tú, la imposible. Memorias de un hombre triste* (1931), del costarricense José Marín Cañas, y *XYZ. Novela grotesca* (1934), del peruano Clemente Palma–, pero que resultan menos pertinentes. Si es que en algo se orientan a las Vanguardias, lo hacen en cuanto a sólo unos pocos de sus aspectos y además tomándolos en lo accesorio o, con permiso, lo superficial. Es así como integran algunos temas y rasgos estilísticos en textos que en comparación con los de un Azuela, Filloy, Zalamea Borda o una Bombal ya ni siquiera demuestran la perspectiva disidente o crítica en el enfoque de la realidad social, para no hablar de la crítica cultural y la renovación del género y sus funciones lo mismo literarias que extraestéticas. *Tú, la imposible...*, una historia de amor fracasado entre un joven pobre y una chica rica, se hace eco de cierto cosmopolitismo y ostenta algunas insignias típicas de la modernidad, desde el automóvil hasta el cine y la máquina Underwood. Pero ni ello ni la narración autodiegética un tanto fragmentaria y a veces comentada en notas al pie de página por el editor ficticio quitan al texto su carácter de novela sentimental convencional ligeramente adaptada a las circunstancias contemporáneas.

XYZ. Novela grotesca, del peruano Clemente Palma, en rigor, no hace cosa muy diferente al fusionar, a través de una narración homodiegética por completo funcional con respecto a la presentación de la trama, rasgos de la narrativa fantástica con la ciencia ficción basada en las posibilidades de los avances tecnológicos coetáneos, concretamente el cine (*cfr.* Burgos 1995: 154-158). Una lectura contextualizada hace entrever claramente que el texto poco tiene que ver con la Vanguardia propiamente dicha o con el relato neofantástico, lo que desde luego no significa que, a su modo, no se inscriba en la modernidad. Pero es una modernidad cifrada no en la ruptura/revolución estética e ideológica, sino en la apropiación bastante acrítica del imaginario y de los nuevos mitos de Hollywood. Las aventuras narradas en esta novela ostentan muchos de los ingredientes del film fantástico estadounidense tan popular en los primeros años 30, como *Frankenstein* (1931), de James Whale: el científico entre fáustico y loco, la intromisión en la creación de la vida, el amigo que testimonia la acción, cierta intriga amorosa, el desastre final como castigo de las pretensiones demiúrgicas, etc. De escritura fílmica, como la ensaya *Cagliostro*, de Huidobro, no hay nada, tampoco del plano metaficcional que quiere descubrir Burgos (1995: 155)[69]. Por cierto,

---

[69] El prólogo al que se refiere Burgos (1995: 155) no pertenece al narrador, sino al autor, cosa reconocible no sólo por el título y la ubicación convencional, sino también

el narrador y el protagonista/narrador intradiegético tematizan el estatus 'creado' de los androides, pero justamente no en cuanto personajes de ficción ni mucho menos de la ficción que se está leyendo[70].

Con todo, esta novela sobre el mito de Pygmalion 'a lo moderno' demuestra ante todo puntos de contacto con la ola de novelas que en el plano del contenido y con fines más bien de entretenimiento elevado desarrollan los tópicos de lo moderno que ya habían adquirido carta de naturaleza en el imaginario de la cultura de masas, gracias sobre todo a su tratamiento cinematográfico. Cabe recordar en este contexto no sólo novelas sobre el mismo mundo del cine, como *Vidas de celuloide. La novela de Hollywood* (1934), de la peruana Rosa Arciniegas –una novela melodramática sobre el fracaso en el amor de dos estrellas, condenadas por su profesión y ambiente a la vida inauténtica–, o *Don Quijote en Hollywood* (1936), del cubano Luis Felipe Rodríguez, que en cierta medida continúan la 'novela de crítica del ambiente cinematográfico' iniciada por *Cinelandia* (1923), de Ramón Gómez de la Serna (Albersmeier 2001). También merecen destacarse las novelas del chileno Juan Marín que expresan la fascinación de la época por la aviación y, por otro lado, los 'lugares oscuros' como el espionaje, el psicoanálisis, fenómenos ocultistas, crímenes horrendos y, otra vez, la ciencia ficción –*Margarita, el aviador y el médico* (1933), *Un avión volaba* (1935), *La muerte de Julián Aranda* (1933), *El secreto del Dr. Baloux* (1936) y otras–. Bien se puede ver en tales novelas la 'trivialización' de temas que originalmente habían formado parte de la apropiación de la modernidad emprendida por la novela vanguardista y las Vanguardias en general. Mas al mismo tiempo se las habrá de enfocar en el contexto de la cada vez creciente influencia del cine. Y aún cuando se lo menospreciaba por su carácter de industria cultural de masas, ya no se podía pasar por alto que el cine se estuviera convirtiendo en el gran proveedor de imágenes y mitos a/de lo moderno, que no dejaban de afectar la llamada cultura alta. Sus sectores más progresistas, para no

---

por las alusiones autobiográficas al exilio (*cfr.* Palma 1934: 7-10). Se trata, así pues, de un típico paratexto extraficcional.

[70] Parece que Burgos (1995: 155 s.) confunde aquí los planos de lo ficcionalmente verdadero (planos del narrador y de los personajes) con el de lo verdaderamente ficcional (plano del autor implícito) –que la novela mantiene bien separados– y entiende lo que ocurre en el primero como alegoría de lo que debe ocurrir en el segundo. Es algo parecido a lo que hace Hutcheon (1984) al clasificar de metaficcionales la novela erótica, la policíaca y la fantástica; *cfr.* cap. I, 4.2. Pero creo que nadie atribuiría a *Frankenstein* un intencionado plano metaficcional aunque también en esa película se discute ampliamente sobre la creación del hombre artificial/monstruo.

hablar de la Vanguardia, a menudo se hallaban fascinados por ese arte y, no en último lugar, sus productos triviales, piénsese sólo en el conocido caso de Borges y las críticas de películas que durante los años 30 publicó en *Sur*[71]. Frente a este desafío, la narrativa, la literatura en general, había de redefinir sus estrategias si quería competir en el mercado de lo simbólico.

Ahora bien, el número y la variedad nada desdeñables de novelas hispanoamericanas que asumen, en cierto grado, innovaciones introducidas/ difundidas por la novela vanguardista no debería hacer olvidar que el grueso de la producción novelística entre finales de los 20 y durante la década de los 30 siguió por otras sendas. Otra vez, pues, cabe recordar la predominancia del Regionalismo y el impacto intercontinental de sus "tres novelas ejemplares", al decir de Juan Marinello (1937). A los ojos de la mayor parte de críticos y público ellas demostraron que únicamente la estética realista (de herencia decimonónica) era capaz de cumplir con la exigencia de la "novela americana". Es así como Luis Alberto Sánchez (1933) propuso la 'vitalización' del realismo mediante el enfrentamiento consciente de la actualidad (social y espiritual) y la liberación de la imaginación como camino para llegar a la novela auténticamente americana, cuyos primeros ejemplos veía, precisamente, en obras como *Don Segundo Sombra*, *La vorágine*, *Doña Bárbara*, *Juan Criollo*, de Carlos Loveira, y *Los de abajo*. El estudio que Alfonso Reyes publicó bajo el título de "Un paso de América" en el número inicial de *Sur* (*Sur* 1, 1931) exige más novelas regionales según los modelos de *Don Segundo Sombra*, *La vorágine* y *Los de abajo*; el ya citado libro de Marinello defiende la misma línea. De semejante tenor son innumerables reseñas publicadas en los grandes diarios y revistas de la época. La reivindicación de la novela americana regía gran parte del discurso de y sobre la novela. Y hay que tener en cuenta que, asimismo, la novela de la Revolución Mexicana y la novela indigenista querían ser y también se leyeron como exponentes de esta exigencia. En el caso de la literatura indigenista del Ecuador –así en *Huasipungo* (1934), de Jorge Icaza– ya muy tempranamente se ha reconocido su (intencionado) papel en la formación de la identidad cultural y de una literatura nacional capaz de expresarla (*cfr.* Cueva 1978; Harmuth 1994). Mas esta intención se perfila también en la narrativa indi-

---

[71] Cabe recordar que Borges publicó críticas de cine también en otras revistas y en diarios argentinos de la época. Pero el hecho de que *Sur* recogiera artículos al respecto demuestra que, por lo menos en la Argentina, el film ya en aquel entonces se estaba ganando una posición de arte 'respetado' en la llamada cultura alta. El prestigio de Borges habrá tenido una no pequeña parte en este proceso.

genista mexicana –*El indio* (1935), de Gregorio López y Fuentes, *El resplandor* (1937), de Mauricio Magdaleno–, que relaciona la indagación en los efectos de la Revolución con el protagonismo del indio y la denuncia de su situación social y que así se hace eco del programa de la literatura nacional de contribuir al "forjar patria", aun cuando exprese una actitud escéptica frente a los posibles logros de la política cardenista a este respecto (*cfr.* Leal Fernández 1996).

Como muy bien ilustran estos ejemplos, en gran parte de la novela/narrativa hispanoamericana de los 30 se compenetran la intención de apropiación de la realidad regional/americana con la estética y el modelo de mundo del realismo social, basado en una visión siempre crítica de la sociedad –a menudo de izquierdas–, así como en un positivismo nada crítico. Esta modernización de los planteamientos regionalistas –menos frecuente fue el acercamiento hacia el realismo psicológico y si se lo emprendía, casi siempre se lo subordinaba a lo social–, significaba, por un lado, una distancia considerable frente a la tendencia descriptiva vigente hasta entonces. Y, por otro lado, la fusión en distintos grados y modalidades entre Regionalismo y realismo social articula una oposición muy tajante frente a la narrativa vanguardista, mejor dicho, frente al cosmopolitismo y el hermetismo, la falta de realidad (social) y la intranscendencia del "mensaje" que se le solían atribuir. Pues es justamente el reverso de tales características lo que reivindican las novelas regionalista-realistas. Y lo hacen sobre el trasfondo de los ataques anti-vanguardistas entretanto consabidos, que a principios de los 30 lanzaron los defensores de la literatura proletaria. Ya antes, Enrique López Albújar había presentado con *Matalache. Novela retaguardista* (1928) una obra que desde su mismo título se ubica en el polo opuesto a la Vanguardia. Efectivamente, esta novela sobre la historia de amor fatal entre una joven criolla y el mulato esclavo Matalaché comunica, con su vuelta hacia el pasado nacional, su crítica de la falsa jerarquía de las razas, su celebración –si bien ambigua (*cfr.* Cornejo Polar 1977)– del amor, su narración lineal y 'simple' a cargo de un narrador omnisciente esforzado en subrayar la verosimilitud de lo narrado, la concepción de la novela como explicación totalizadora de la realidad nacional y la *conditio humana*. A cualquier vanguardista semejante empresa tenía que resultar no sólo fuera de tiempo, sino también insoportable por su reivindicación de autoridad desde las filas del discurso literario e ideológico dominante. Para la Vanguardia, la denuncia (burguesa-liberal) tan bien intencionada de la discriminación racial y los prejuicios sociales, así como el '(re)descubrimiento' de la problemática de la población negra y mulata podían hacer poco para sacar a esta novela de la "retaguardia", de la que ella tampoco quería ser sacada.

CAPÍTULO II 287

Posiciones distanciadas frente a la novela vanguardista, aunque menos tajantemente y a favor de visiones del mundo y una noción de la novela bastante más abiertas y pluridimensionales, se manifiestan, asimismo, en las novelas regionalista-realistas más inusuales de la época: *Don Goyo* (1933), de Demetrio Aguilera Malta, y *Los Sangurimas* (1934), de su compatriota José de la Cuadra, quien ya en la novela inconclusa *Los monos locos* (escrita en 1931 y publicada en 1951), había ensayado apartarse de los esquemas regionalistas convencionales. En *Don Goyo* y *Los Sangurimas* se evidencia la nueva orientación social y hasta política del Regionalismo. Ambos textos demuestran un interés considerable en el modo de percepción de la realidad y la visión del mundo vigentes en la región tematizada, muy diferentes de los esquemas racionalistas al uso. La compenetración, para bien y para mal, entre hombre y naturaleza se afirma no sólo como elemento principal de la identidad y parte de la visión mítico-mágica de los personajes, sino que se vuelve principio poético: la trama y la segmentación de la narración de *Los Sangurimas* siguen la estructura del matapalo, símbolo de la estirpe montuvia (*cfr.* también Günsche 1995). Podría discutirse si se han de ver en esta novela, pero también en la otra, dos precursores del realismo mágico (*cfr.* Robles 1979, Fama 1977). Indudablemente, en su modernización de la vuelta hacia lo autóctono las dos novelas responden tanto a la nueva conciencia de lo social como al impacto de la novela de Vanguardia, aunque no con respecto de sus rasgos y planteamientos concretos, sino en cuanto a la liberalización de las convenciones narrativas y lingüístico-estilísticas y la superación del modelo de mundo positivista, elaborando visiones del mundo que dan más relieve a lo irracional y lo mítico. Pero ello está en función de la concepción de la novela como mimesis realista. Las novelas demuestran una fe inquebrantable en la función y adecuación referencial del lenguaje, a la vez que en el principio del sujeto.

Postulados o creencias semejantes impregnan, asimismo, la corriente que de manera más clara y unívoca se hallaba, y en cierto sentido hasta se formaba, en oposición a la Vanguardia: la literatura proletaria, o sea, el realismo socialista, pronto sinónimos lo uno de lo otro. Sus coincidencias con el realismo social son numerosas, pero no menos obvia es la diferencia fundamental. Cabe recordar a este respecto la definición de sus principios que, a partir de 1932 –la primera definición del realismo socialista en la *Literaturnaya gaseta*– y más aún después de 1934 –el congreso de Moscú donde Zhdánov lo proclamó como doctrina–, se divulgó en toda Latinoamérica en palabras más o menos idénticas:

> El realismo socialista es la descripción verídica e históricamente concreta de la realidad en su desarrollo revolucionario; descripción capaz de entusiasmar al

lector y de educarlo en el espíritu de la lucha y de la edificación del socialismo (Ponce [1935] 1975: 341).

Ya tres años antes, el mexicano Lorenzo Turrent Rozas, en el libro de cuentos de varios autores que editó bajo el título de *Hacia una literatura proletaria* (1932), había expuesto que esta nueva tendencia literaria "tiene un estilo sencillo, exento de piruetas literarias, accesible a todos. Su preocupación medular es el examen de la vida actual, su enjuiciamiento desde un punto de vista marxista" (*ibíd.*, XVIII, cit. según Negrín 1998: 154). En sus notas ya se perfila con toda claridad que en Latinoamérica esa nueva tendencia se planteó, al igual que en la URSS, en rechazo directo de la literatura de Vanguardia.

En la Argentina la promulgación de la literatura proletaria en el sentido propio del término ya se había iniciado hacia finales de los años 20, aprovechando el terreno preparado por el grupo de Boedo y utilizando como plataforma principal las revistas *Claridad* y *Conducta* (*cfr.* Dill 1994). Aníbal Ponce –*El realismo socialista* (1935) y *Notas sobre el realismo socialista* (1935)– y Elías Castelnuovo –*El Arte y la Revolución Social* (1930)– fueron los principales teóricos. Este último fue, asimismo, uno de los más asiduos cultivadores de la nueva tendencia –por ejemplo en *Larvas* (1931)– que, como bien se sabe, intenta describir la realidad proletaria y/o de los "bajos fondos", centrándose en las injusticias socio-económicas y orientándose en lo estético hacia los modelos del realismo decimonónico francés y ruso, o sea, Gorki, Andreyev y otros. En Chile, la discusión en torno al realismo socialista tomó cuerpo algo más tarde, pero cundió en la producción literaria muy amplia de la llamada Generación de 1938. Entre sus miembros destacan autores como Nicomedes Guzmán, con *Los hombres obscuros* (1938), una de las típicas novelas de aprendizaje y concienciación proletaria. Carlos Sepúlveda Leyton presentó con la trilogía *Hijuna* (1934), *La fábrica* (1935) y *Camarada* (1938) otra historia de formación de un proletario, narrada, empero, de manera bastante más ambigua y fragmentaria y con más atención para la percepción y la memoria subjetivas (*cfr.* Guerra-Cunningham 1987). La ya mencionada novela de Juan Marín, *Paralelo 56° Sur*, aunque está lejos de seguir la doctrina del realismo socialista, sí ha de verse en su contexto, ya que coincide con las obras mencionadas en la intención de testimonio y denuncia social o, como lo formuló Alone ("Crónica literaria", *La Nación*, 21.6.1936), el "doctrinarismo demagógico revolucionario". El enorme auge de la literatura proletaria se explica tanto por las circunstancias políticas internas –el gobierno del Frente Popular– y externas, como por el prestigio de los autores –Neruda, De Rokha, finalmente también Huidobro–

que protagonizaron la vuelta hacia el arte comprometido, dándole un sello original y en todo caso menos monolítico que en otros países. Y es así como la narrativa de la generación de 1938 no deja de tener en cuenta la cuestión de la "chilenidad" y/o de la historia nacional (social), y en más de una ocasión se aparta del monologismo y del "estilo sencillo, exento de piruetas literarias" que por lo general fue el credo del realismo socialista (*cfr*. también Guerra-Cunningham 1987: 121-128). La reacción no se dejaba esperar. Había críticas bastante denigrantes de "aquella fraseología de lastimoso vanguardismo" (Rubén Azocar, "Los libros", *Aurora de Chile* 14, 17.10.1939), cuyos asomos se detectaron hasta en obras dedicadas "al pueblo" como *Los hombres obscuros*.

En otros países, la oposición de la literatura proletaria a la Vanguardia estética se manifestaba de manera más tajante que en Chile. Una vez más cabe recordar que, en el Ecuador, Joaquín Gallegos Lara atacó a Pablo Palacio porque con su novela *Vida del ahorcado* demostraba que "no ha podido olvidar su mentalidad de clase, que tiene un concepto mezquino, clownesco y desorientado de la vida, propio en general de las clases medias" ("Hechos, ideas, palabras: La Vida del ahorcado", *El Telégrafo* (Guayaquil), 11.12.1933; cit. según Manzoni 1994: 51). Pero fue en México donde la polémica contra los vanguardistas –los Contemporáneos– se tornó totalmente intransigente (*cfr*. Meyer-Minnemann 1988). Con la ya mencionada iniciativa de Xalapa (*cfr*. Negrín 1998), la renovada importancia del Muralismo, la aparición del Agorismo y de novelas como *La ciudad roja* (1932), de José Mancisidor, el Bloque de Obreros Intelectuales y, a mediados de los 30, la Liga de Escritores y Artistas Revolucionarios, la literatura proletaria ocupaba una posición decisiva dentro del campo literario. La distinción entre "literatura de la Revolución y literatura revolucionaria" que había propuesto Ortiz de Montellano en *Contemporáneos* (23, abril-junio de 1930) se negaba desde la posición de quienes optaron por la "socialización del arte" (Dessau 1972: 111) y su función propagandística, así como la concomitante práctica de un estilo deliberadamente sencillo como medio para alcanzar a las clases marginadas. La encuesta de *El Universal Ilustrado* sobre el tema "¿Existe una crisis en nuestra literatura de vanguardia?" fue un momento culminante de estas discusiones recurrentes que habían empezado con los ataques de 1925 contra el "afeminamiento" –y el cosmopolitismo y el "artepurismo"– de los Contemporáeneos y que, como bien se sabe, tampoco cesaron con la disolución del grupo en 1931/1932.

Donde la definición del arte y en particular de la narrativa en la línea marxista como "reflejo" auténtico de la realidad, concretamente de las condiciones sociales y de la "esencia humana" enajenada a los individuos por la división del trabajo[72], ejerció su impacto literario tal vez más profundo y a la vez más 'americanizado', fue en gran parte de la novelística del Grupo de Guayaquil y la obra posterior de antiguos vanguardistas como Humberto Salvador –*Camaradas* (1933), *Trabajadores* (1935)– y, en el Perú. Novelas como *Tungsteno* (1931), de César Vallejo, y *Un ángulo perdido* (1935), de Mario Polar, igualmente la historia de la concienciación de un intelectual que finalmente reconoce su misión como 'aliado natural de la clase obrera' y se pone al servicio de sus luchas revolucionarias, manifiestan la 'conversión' a los postulados de la socialización del arte. La novela de Vallejo representa el caso más significativo. Intenta seguir fielmente la estética y la finalidad ideológica de la literatura proletaria[73] y propone un modelo para su adaptación al Perú a través de la integración de la problemática indigenista, el anti-imperialismo y una mayor atención para la conciencia de los personajes y la relación entre ideología y clase (*cfr.* López Alfonso 1995: 144-162; Dottori 1995; Franco 1984). Pero a la vez testimonia la urgencia y el vigor enormes que la politización de la literatura tenía en aquellos momentos: es obra de quien hasta poco antes de escribirla había rechazado rotundamente cualquier intromisión de un "catecismo político" en el arte, por más que ya se estaba acercando al marxismo (*cfr.* López Alfonso 1995: 155-157). E indudablemente no debía tener menos efecto propagandístico el que la reafirmación sin reservas de la estética realista (decimonónica) fuera obra de un autor que como ninguno la había dejado atrás, cuestionando hasta los límites de la expresión la posibilidad referencial del lenguaje tanto como la creencia en la cognoscibilidad objetiva de la realidad y en la autoridad del hablante con respecto al propio discurso. El paso definitivo de la Vanguardia estética a la política indudablemente tenía que ver con los dos viajes a Rusia que Vallejo había emprendido en 1928 y 1929 y sobre los que publicó en España el libro *Rusia en 1931* (1931), de considerable éxito comercial (*cfr.* López Alfonso 1995: 147)[74]. Pero su renegación de la Vanguardia estética –¿o cómo si no se podía entender el que apenas un año después de haber publica-

---

[72] La teoría literaria marxista y sus transformaciones a lo largo de la historia desde luego valdrían un análisis y unas reflexiones más detalladas. Una síntesis ofrecen Dill/Gründler/Meyer-Minnemann/Niemeyer (1994).

[73] Importa destacar que es éste el término empleado por Vallejo en su ensayo "Literatura proletaria", que debió formar parte de su "libro de pensamientos" *El arte y la revolución* (1973), empezado en 1929. En las circunstancias del momento, para Vallejo, literatura proletaria equivale a literatura bolchevique; *cfr. ibíd* y también Fuentes (1988).

[74] Cabe recordar que Vallejo emprendió un tercer viaje a la URSS en octubre de 1931, o sea, después de la publicación del libro mencionado.

do en Madrid la segunda edición de *Trilce* con prefacios de José Bergamín y Gerardo Diego, nada sospechosos de inclinaciones marxistas, lanzara esta novela en la serie "La Novela Proletaria" de la editorial madrileña Cenit?– ejemplificaba a la vez la política de la Tercera Internacional y su condena férrea del "formalismo". *Tungsteno* se integra así de manera clarísima en la corriente literaria que en los países europeos y (casi) lo mismo en los latinoamericanos reivindicaba su posición dentro del campo literario no en base a su (supuesta) calidad estética, sino en atención a factores extraliterarios, o sea, la autoridad del Partido. Aún más, la novela repite el "appel au profane" (Péru 1991: 48), con el cual tantos escritores europeos de izquierda se subordinaban a la disciplina política[75]. El éxito 'proletario' de la novela[76] y, aún más, el desarrollo histórico en los años siguientes bien parecían dar la razón a la decisión de Vallejo, ejemplo temprano y radical para una toma de partido que después de 1936, a más tardar, se consideraba cuestión vital.

A partir de mediados de los años 30 –y durante los 40– la novela hispanoamericana ofrecía, en fin, un panorama otra vez bastante uniforme. La preponderancia de lo político y social, en relación con la orientación decidida hacia el contexto americano y la (re)afirmación del postulado de la mimesis realista por lo general sólo levemente modificada/modernizada, se había vuelto el *mainstream* literario. Excepciones sí las había: el existencialismo *sui generis* de *La bahía del silencio* (1940) y *Todo verdor perecerá* (1941), de Eduardo Mallea; la narrativa neo-fantástica de José Bianco, de Adolfo Bioy Casares y, sobre todo, de Felisberto Hernández; los cuentos de Efrén Hernández, para recordar sólo textos aparecidos en el cambio de la década. Pero por lo general no despertaron mucha atención, aun cuando se los publicó o reseñó en las páginas de *Sur*.

Y así tampoco puede sorprender que las obras que, cada una a su modo, marcaron el comienzo de una nueva época de la literatura –época para la cual la Vanguardia ya no era ni protagonista ni antagonista de la modernidad

---

[75] López Alfonso (1995: 144-147) enfoca la novela de Vallejo sólo en el contexto literario español –*Tungsteno* se escribió en España–, olvidando tanto la constante orientación americanista de Vallejo como su extraordinaria familiaridad con el contexto francés, en el cual había vivido hasta poco antes. Está claro que los escritores fascistas perseguían la misma estrategia con respecto a la relación entre literatura y política.

[76] Partes de la novela se reprodujeron, en versión francesa, no en *Le Monde*, como afirma López Alfonso (1995: 147), sino en la revista izquierdista *Monde*, que fue dirigida por Henri Barbusse y que sostenía una polémica muy hostil con los surrealistas franceses en torno al 'monopolio' de la literatura revolucionaria (*cfr*. Jurt 1995: 259-262). En 1932, *Tungsteno* se tradujo al ruso.

estética y social, sino parte de su tradición, o sea, definitivamente Vanguardia histórica–, pasaron casi desapercibidas: me refiero, claro está, a *El pozo* (1939), de Juan Carlos Onetti, y a los cuentos "Pierre Menard, autor del Quijote" (en *Sur* 56, mayo de 1939) y "Tlön, Uqbar, Orbis Tertius" (en *Sur* 68, mayo de 1940), de Jorge Luis Borges. Evidentemente, no son textos vanguardistas. Pero despliegan una estética y una visión del mundo que remontan en parte a la experiencia de/con las Vanguardias, en particular sus experimentos narrativos y sus rupturas o deconstrucciones estético-ideológicas ensayadas entre finales de los años 20 y mediados de los 30. Y no es que se apropien de algunos de sus rasgos en función de la modernización de escritura y/o contenidos, como lo hacen las novelas de Azuela, Zalamea Borda o María Luisa Bombal. Al contrario, las ficciones de Onetti y Borges remiten a la Vanguardia como parte de una historia literaria de la que se saben a la vez deudores y libres. Para estos textos (y sus autores implícitos) ya no se trata de perfilar su modernidad –y en general su toma de posición literaria– en relación con el proyecto vanguardista, sea por semejanza, sea por oposición. En rigor, ya la misma cuestión de la modernidad no les preocupa mucho. Mas esta soltura, este enfoque distinto y distanciado de lo que hasta pocos años antes había despertado tantas polémicas se debe entre otros factores también a la labor de las Vanguardias y a los cambios que habían provocado. Con ello no quiero decir en absoluto que las obras mencionadas de Borges y Onetti configuren algo como la culminación final de la narrativa vanguardista –los desarrollos históricos puede que tengan su propia lógica retrospectiva, mas nunca un *telos*–, sino subrayar que ni la una ni las otras se crearon *ex nihilo*[77].

Así, lo que marcan textos como "Pierre Menard…" y *El pozo* es el final definitivo, aunque al principio poco entendido, de la vigencia de la narrativa

---

[77] Últimamente se ha prestado más atención a esta cuestión, *cfr.* el estudio de Verani (1996c: 77-116) sobre Onetti, así como los de Olea Franco (1993) y Dapía (1993) sobre Borges. Representan refutaciones por implícitas no menos fundadas y convincentes de la crítica neo-ingenua/-inmanentista posmoderna que suele rodear a los dos escritores y en particular al argentino del halo de la extemporalidad, como si sus obras fueran resultado de un misterioso salto cuántico que las haya catapultado sin más en el no-centro de nuestra 'asentídica' posmodernidad. Es así como todavía falta, por ejemplo, un análisis algo detallado de las relaciones intertextuales que los textos de Borges establecen con la obra de Macedonio Fernández, tema que en atención a las repetidas declaraciones del primero sobre el magisterio (exclusivamente) "oral" del segundo –y a las estrategias geniales que tenía para esconder libros 'reales' en las estanterías de bibliotecas ficticias– ya tendría que haber inspirado más de un estudio.

vanguardista en el campo literario, su paso de la actualidad a la historia. Ya muchas veces se había declarado muerta a la Vanguardia, en el Uruguay incluso ya en 1928 (D'Arle, "El literario 1928", *La Pluma* 10, febrero 1928; cfr. Videla de Rivero 1982). Pero esto no había impedido que precisamente en la década siguiente elaborara algunas de sus propuestas narrativas más importantes y radicales y que las otras tendencias coetáneas en alguna medida tuvieran que definir o perfilarse frente a ella(s). Y en algunos casos excepcionales siguió viva incluso durante los años 40. Mas entonces fue una opción individual ya fuera del tiempo que no sólo vivió el predominio de corrientes originalmente rivales, sino también la aparición de una narrativa que en el mejor sentido hegeliano 'recogió' la Vanguardia (y sus rivales) en una estética nueva.

2. Continuar, diferenciar...

Alrededor de 1928/1929 la novela vanguardista hispanoamericana había establecido un perfil inconfundible. Se había manifestado en y a través de un grupo ya bastante numeroso y variado de novelas que la crítica por lo general no había vacilado en calificar de vanguardistas. En atención a este comienzo de una tradición propia, que en cuanto tal también significaba un reto para la reivindicación de avanzada, y frente a los procesos históricos y literarios que se estaban presenciando a partir de 1929, la novela vanguardista emprendió caminos distintos. En algunos casos se siguió bastante fielmente a modalidades ya existentes –el ejemplo de Torres Bodet–, en otros se buscó la radicalización y ampliación de propuestas iniciales, como en la obra de Arlt y las novelas americanistas. Un tercer camino iba hacia la apropiación de temas, escrituras y visiones del mundo 'nuevos' en relación con las novelas vanguardistas ya existentes. Así se emprende la apropiación del tema de la historia, que también abarca la proyección hacia el futuro, como en *La próxima*, de Vicente Huidobro, y *La galera de Tiberio*, de Enrique Bernardo Núñez. Las reelaboraciones o transculturaciones del Surrealismo francés configuran este contexto un caso aparte, ya que la novedad de sus intertextos europeos se relativiza por la existencia de tradiciones propias incipientes. Y una cuarta posibilidad consistía, por fin, en el intento de fusionar las variadas vetas temáticas y experiencias expresivas vanguardistas en algo como una novela 'total', intención rastreable en obras como *Vida del ahorcado* (1932), de Pablo Palacio, y las novelas de Juan Emar, así como, a su modo, en *En Babia* (1930/1940), de José Isaac de Diego Padró, y, cómo no, en la "novela melliza" de Macedonio Fernández.

En correlación con esta diferenciación resultan rastreables ciertos procesos que atañen a todas las vertientes, subrayando su comunidad vanguardista: el perfeccionamiento y afilamiento de las innovaciones narrativas y estilísticas/lingüísticas, sobre todo con respecto a la problematización de la voz narradora y la ambigüedad y dialogicidad del discurso; el ensanchamiento del papel de la intertextualidad como principio de creación/composición; la creciente atención para lo social, ante todo para la condición socio-discursiva de la 'realidad' y los mecanismos de poder que la impregnan; el énfasis cada vez mayor en la fragmentariedad y heterogeneidad del mundo y la precariedad del sujeto; y *last but not least* la recepción/transculturación del Surrealismo. En cambio, la discusión literaria de las modelizaciones orteguianas, que en la fase anterior había sido elemento e intención de más de un texto, apenas se continúa. Y las teorías vanguardistas (hispanoamericanas) en torno a la/una nueva novela sólo resultan relevantes para la obra de los mismos autores. A la postre parecen formulaciones del proyecto que de hecho estaban persiguiendo con sus novelas –sólo que éstas lo desarrollan con una radicalidad apenas previsible según las explicaciones teóricas–.

Dentro del contexto de finales de los años 20 hasta finales de los 30, todo ello tenía su razón de ser en tanto que no sólo significaba la continuación del proyecto inicial, sino también su acomodación a las circunstancias cambiadas. El hecho de que otras corrientes se modernizaran recurriendo a técnicas narrativas y elementos temáticos originalmente introducidos por novelas vanguardistas, obligaba a la novela vanguardista a afilar sus rasgos distintivos y a elaborar posibilidades más radicales para poder seguir produciendo el efecto iconoclasta que tanto anhelaba y que dependía en buena parte de la 'novedad' de procedimientos y temas. Mas por otro lado no estaba ajena –ni desde su mismo ideal de actualidad podía estarlo– a lo que el transcurso de la historia en el continente y en el mundo en general parecía reclamar del arte. Así, tanto el nuevo tratamiento 'visible' de lo social y lo histórico como la re-concentración en la problematización del sujeto y en la condición intertextual del texto, para mencionar sólo algunos ejemplos, configuran respuestas muy precisas frente al contexto histórico y literario lo mismo que a la propia tradición incipiente.

Ahora bien, no obstante la amplitud de todo este proceso de continuación y diferenciación, la mayor parte de las propuestas al respecto se dio dentro, o a partir, de las vertientes que ya en la fase anterior habían acaparado tanta atención, o sea, las que se centran en la apropiación de la modernidad, la problemática del yo moderno y la tematización de las condiciones y posibilidades de la ficción. A ellas corresponde el grueso de la producción y son ellas las que, en versiones diferenciadas/radicalizadas, más tiempo persisten, pues lo hacen hasta los años 40. Significativamente, la metaficción –como expresión más obvia del objetivo de instaurar una nueva relación entre ficción y realidad y de cuestionar los rasgos novelísticos convencionales– toma en este contexto un desarrollo particular. Como tema central y 'fin en sí' aparece ya sólo muy contadas veces y muy al principio de la década. En rigor, sólo las *Tres inmensas novelas* (escritas en 1931), de Vicente Huidobro y Hans Arp, y *En la ciudad he perdido una novela* (1930), de Humberto Salvador, están dominados por el espíritu lúdico-parodístico que ya había despuntado en *Débora*. Pero la metaficción empieza a fundirse más íntimamente con otros planteamientos, de modo que ahora ya no hay tema ni preocupación que se le 'escapen', como más llamativamente lo prueban *El Pez de Oro* y *Vida del ahorcado*. Y por otra parte, se ahonda en los problemas de la ficción hasta convertirlos en unos planteamientos filosófico-estéticos globales y existenciales cuya exploración ronda constantemente los límites de lo narrable, cosa que sucede en las obras de Juan Emar y Macedonio Fernández, ambas a su modo tan insólitas y a la vez tan consecuentes en su elaboración del proyecto novelístico vanguardista que requieren un tratamiento aparte como sus propuestas más radicales y más ricas en posibilidades para una novela futura.

Así pues, la relación estética y epistemológica entre ficción y realidad sigue jugando un papel importantísimo. Se ahonda en la problematización del concepto de verosimilitud y de la exigencia de representatividad, disuelta ahora aún más en la marcada subjetividad, el carácter fragmentado, lo imaginario, onírico y/o declaradamente ficcional del mundo narrado y la plurivocidad y ambigüedad de su presentación narrativa. De este modo se establece un juego aún más perturbador con la persistencia de las reivindicaciones de referenciabilidad a un/el contexto hispanoamericano. Con poquísimas excepciones, la presencia de tales datos incluso se aumenta, pero despojada de toda reivindicación de representatividad totalizadora. Los datos aparecen como índices de un cronotopos que adquiere su importancia en el plano de la intención de sentido como contexto de la producción y recepción del texto y de sus planteamientos crítico-culturales respecto de una realidad que se sabe demasiado compleja, heterogénea y 'mediatizada' por la perspectiva de uno mismo y los discursos de los otros para no ser captada ni en su totalidad ni 'objetivamente'.

La problematización de los rasgos definitorios básicos del género novela adquirió vigor también en textos que desde los polos 'opuestos' cuestionan con más radicalidad que nunca la validez de los límites genéricos tradicionales y que significativamente se escribieron en gran parte por estos años alrededor de 1930. *Temblor de cielo* (1931), de Vicente Huidobro, y *Espantapájaros* (1932), de Oliverio Girondo, exploran la diferencia entre poesía y prosa, lírica y narrativa desde/frente a la tradición del poema en prosa y de la figura del poeta: la del *poeta vates* en el primer caso (*cfr*. De Costa 1989), la de la identidad del yo lírico en el segundo (*cfr*. Corral 1990). Llegan así a una práctica del lenguaje poético (en el sentido jakobsoniano de la función poética) librada de toda equivalencia convencionalizada[78]. Otras obras de la misma época, aunque publicadas mucho más tarde, como *Pequeña Sinfonía del Nuevo Mundo* (1929-1932), de Luis Cardoza y Aragón, y *Suramérica* (1927) y *Escritura de Raimundo Contreras* (1929), de Pablo de Rokha[79], proponen cuestionamientos afines de la validez de las nociones de género vigentes. Mas lo hacen desde paradigmas distintos: la música en el caso primero[80], la escritura automática en el segundo y el canto épico en el de *Escritura*[81]. Pero aun así indagan en aspectos que –como la (posible) diferencia 'esencial', por encima de los convencionalismos, entre lenguaje poético y lenguaje de la prosa o entre yo lírico y yo narrador– resultan cruciales para buena parte de las novelas vanguardistas del momento.

Bastante distinto parece a primera vista el planteamiento de las novelas vanguardistas que se centran en la temática latinoamericana, sea como indagación en el presente, sea como apropiación y re-escritura de la historia del continente. Con excepción de *El Pez de Oro*, de Gamaliel Churata, resultan más convencionales desde el punto de vista narratológico y poetológico. En casos como el de *Las lanzas coloradas* o, también, de *Ecue-Yamba-O* inclu-

---

[78] Desgraciadamente, el estudio de Fernández (1994), que no toma en cuenta ni la obra de Girondo, ni las de De Rokha y Cardoza y Aragón, parte de una definición demasiado vaga del poema en prosa para poder describir en términos precisos lo que se plantean estos textos, y me refiero no al sentido, sino a la perspectiva/concepción poetológica, para cuya precisión la lectura de Jakobson y de los que siguieron su enfoque hubiera sido de gran valor heurístico. Sobre la particular preocupación de *Espantapájaros* por el lenguaje poético –no en balde el texto que se halla justo a la mitad de los 24 que componen el libro es un poema en verso–, *cfr*. otra vez Corral (1994).

[79] La obra de Cardoza y Aragón, guatemalteco que pasó largas temporadas en Europa y en México, se publicó por completo recién en 1948, habiendo salido previamente unos fragmentos en la revista mexicana *Examen* 3 (1932); *Escritura de Raimundo Contreras* se imprimió en 1929, pero debido a problemas económicos la edición quedó sin distribuirse durante 15 años.

[80] Unruh (1994: 162) destaca con razón que este texto "is symphonic in scope, but chains of surrealistic imagery orchestrate the multiple voices and perspectives". El mismo Cardoza y Aragón (1986: 370) lo llama un "hai-kai prolongado, un poema río en prosa" y subraya la influencia de la música de Bach (*ibíd*., 353) a la vez que insiste sobre su carácter autobiográfico (*ibíd*., 254, 817).

[81] Sobre los dos textos de De Rokha, *cfr*. los estudios de Jofré/Nómez (1992) y Gnutzmann (1997).

so se podría dudar de su pertenencia 'completa' a la Vanguardia. Ello vale a su modo, asimismo, para *La próxima*, de Vicente Huidobro, la única novela 'histórica' en este contexto que no tiene que ver con una temática latinoamerican(ist)a. Por otra parte, todos estos textos ostentan rasgos inconfundiblemente vanguardistas. Aquí se anuncia el dilema inherente a la fusión entre su tema y la intención de ofrecer mediante la novela y sólo posible en ella una nueva visión de esa realidad dada, por un lado, y el proyecto vanguardista de una renovación radical de la novela por el otro. Pues mientras lo uno implica una orientación mimética tanto como cierta reivindicación de totalidad, lo otro significa el cuestionamiento de tales objetivos tanto como de sus premisas estético-ideológicas y de sus medios expresivos. No será casual que precisamente dentro de la *americanist vein* se produjeran textos como *Pequeña Sinfonía del Nuevo Mundo* –un discurso a tres voces que evocan/presentan distintas vivencias de América, desde Nueva York hasta la Mesoamérica precolonial– y *Escritura de Raimundo Contreras*, que a la vez es un canto al *huaso* chileno que "reconquista su propia naturaleza nacional en su encuentro con el mundo" y la creación de un personaje mítico dentro de un mundo "superreal" en quien confluyen lo popular y lo culto (Jofré/Nómez 1992: 72). Ambas obras se niegan radicalmente a cualquier adscripción genérica, evitando así el problema/peligro de la cercanía a la novela regionalista. Y tampoco será mero azar que después de 1933, o sea, ya muy pronto, se abandonase la vertiente americanista y/o histórica de la novela vanguardista, como si a este respecto ya se hubiera llegado al término de las posibilidades históricas. Desde luego, también influyeron en este desarrollo las circunstancias vitales y profesionales de los autores. Pero no deja de llamar la atención que Arturo Uslar Pietri, Alejo Carpentier y Miguel Ángel Asturias, después de haber intentado la fusión entre americanismo y novela/narrativa vanguardista, recién en la segunda mitad de los años 40 se pusieran a escribir sus segundas novelas, que Enrique Bernardo Núñez nunca volviera a cultivar el género sino que, al igual que Carpentier, buscaba ocultar su obra más experimental, y que tampoco ningún otro vanguardista –ni de los de la "primera hora", ni de la promoción (surrealista) más joven en el Perú o en Chile– emprendiera una obra en esta línea.

Por otra parte y como muy bien se sabe, el concepto y la práctica del "real maravilloso" (Carpentier 1949), del "realismo mágico" (Uslar Pietri 1948)[82] iba a surgir justamente en este grupo de autores que entre 1930 y

---

[82] Para una síntesis de la acuñación del término y su aplicación/transculturación a la literatura/novela latinoamericana, historia entretanto ya muy bien analizada, remito a

1933 habían ensayado novelas/narrativa americanistas vanguardistas. Todavía se suele atribuir la génesis del realismo mágico, ante todo, a la común experiencia parisina de los tres, a su contacto con el Surrealismo francés y su crítica (posterior) de este *ismo* desde/en función de la perspectiva latinoamericana (*cfr*. Rössner 1988b, Garscha 1991, Miliani 1993, entre otros). Aunque la importancia de la experiencia europea es innegable[83], tal reconstrucción tiende a dejar de lado que en este proceso de la gestación del nuevo concepto de la literatura/narrativa y, no menos, de la identidad latinoamericanas intervino primero la experiencia vanguardista en Hispanoamérica y su proyecto de una renovación radical –y americanista– de la novela[84]. No hay que olvidar que Uslar Pietri y Carpentier habían sido activistas de la Vanguardia en sus países y que sus primeros textos narrativos –*Barrabás y otros relatos* (1928), de Uslar Pietri– o los esbozos de sus novelas primerizas –en los casos de Carpentier y Asturias– remontan a aquella época. Y, lo que tal vez resulta aún más importante, su posición crítica frente a los postulados del Surrealismo francés –que conocieron antes de llegar a París[85]– y el dis-

---

Miliani (1993), quien también hace hincapié en que la reflexión de Uslar Pietri en torno a lo mítico-mágico remonta, por lo menos, hacia 1935. Cabe recordar que entre los primeros en utilizar el término "realismo mágico" en relación con la literatura (surrealista) se halla Mariátegui.

[83] A este respecto no se debería olvidar que su experiencia francesa fue también y en no pequeña medida una experiencia latinoamericana/hispánica, pues con excepción de Carpentier –y antes Huidobro– los escritores latinoamericanos entonces residentes en París solían tener más contacto entre ellos y los españoles que con los escritores e intelectuales franceses. Además, parece que en el caso de Asturias y Uslar Pietri –y varios otros– tampoco fue muy grande el interés por la literatura y el arte actuales del país anfitrión, como lo demuestran los artículos periodísticos que allí escribieron (*cfr*., p. ej., Minguet 1991). La relativa escasez de sus contribuciones en revistas literarias francesas y/o la poca atención que en la escena literaria parisina se les concedía testimonia su posición un tanto al margen, periférica en el mismo centro. La recepción entusiasta de *Leyendas de Guatemala*, de Asturias, representa una excepción insólita en este contexto, como también lo es el éxito anterior de *Ifigenia* y *La memorias...*, de Teresa de la Parra. En uno y otro caso fue Francis de Miomandre el promotor decisivo.

[84] Típico a este respecto es el trabajo de Rössner (1988b), quien incluso atribuye al Surrealismo el papel esencial en el "relleno de la fórmula vacía de la 'identidad latinoamericana' con el contenido de 'pensamiento distinto, i.e. no-racional de los indios y negros'" (*ibíd*., 36). Asimismo, Armbruster (1997), quien por lo menos presta atención a la influencia de los estudios y enfoques etnográficos de Fernando Ortiz sobre el joven Carpentier, ni siquiera menciona la existencia de la Vanguardia cubana.

[85] Si bien la recepción del Surrealismo en América Latina sólo está bien documentada para el caso de México y medianamente para los de Chile y Perú (*cfr*. cap. II, 1.1), no hay que olvidar a este respecto la difusión intercontinental de revistas como *Amauta*,

curso de éste sobre América tenía ya una tradición latinoamericana a sus espaldas, desde Neruda y Arqueles Vela hasta Torres Bodet y su burla despiadada sobre la mecánica del azar. También por ello se explica que una postura crítica-ambivalente frente al Surrealismo se anticipe, como se verá, en las primeras obras de Carpentier y Asturias, para no hablar de las de Uslar Pietri y Núñez, quienes nunca tuvieron contacto ni sentían mucha simpatía con el grupo de Breton. Así pues, cuando se les reclama como antecedentes –en el caso de Núñez incluso como primer exponente (*cfr*., p. ej., Miliani 1993)– del realismo mágico, cosa que en los últimos años se ha vuelto frecuente, también se testimonia, muchas veces sin tenerlo muy claro, el impacto y la herencia viva de las Vanguardias hispanoamericanas.

2.1. *"América, adentro, más adentro"*

El éxito inmediato de las *Leyendas de Guatemala* (1930), de Miguel Ángel Asturias, fue impactante. Apenas un año después de su edición en Madrid ya estaban traducidas al francés y en 1932 obtuvieron el premio Sylla-Monseguir, además de una carta entusiasta de Paul Valéry que iba a servir de prólogo a las ediciones siguientes. Todo ello abrió paso a una visión europea de la literatura latinoamericana coetánea que no percibía en ella sino lo que correspondía a la moda exotista de entreguerras, moda compartida y radicalizada por los surrealistas[86]. Frente al sector izquierdista, que privilegiaba el realismo socialista y su enfoque 'universalmente válido' de las luchas de clase igualmente tenidas por universales –lo que explica el éxito de *Tungsteno*–, las *Leyendas*... bien podían servir de ejemplo para lo 'esencialmente' latinoamericano, identificado con un mundo completamente 'otro', premoderno e intocado por los conflictos sociales del capitalismo.

Efectivamente, la mencionada obra de Asturias ofrece varios rasgos que parecen corroborar esta impresión y reivindicar, por primera vez en la narrativa hispanoamericana[87], "direct connections to America's non-Western substance [...] as a source for creative power and a new vernacular art"

Contemporáneos, etc., de modo que aún cuando las revistas nacionales no informaran sobre este *ismo*, los círculos vanguardistas sí estaban al tanto.
[86] Sobre este aspecto, *cfr*. Rössner (1988b). Klengel (1994), en su estudio sobre el discurso de/sobre América de los surrealistas desgraciadamente ni siquiera menciona a Asturias.
[87] *Escalas melografiadas* apenas se conocía fuera del Perú. Aparte de ello, el texto de Vallejo no sugiere las "direct connections" tematizadas por Unruh, *cfr*. cap. I, 2.2.

(Unruh 1994: 141). Pero, como Unruh (*ibíd.*) con razón no se cansa en subrayar, "these organicist links and authenticity claims become more complex as one examines carefully". La presentación de una realidad mágico-mítica (o sea, de tal visión de ella), de un tiempo cíclico y de un origen extático ritual del lenguaje no es ni tan ingenua ni tan unívoca como a menudo se ha creído. No en balde a las leyendas preceden dos textos introductorios ("Guatemala", "Ahora que me acuerdo", *cfr.* Asturias 1977) que a modo de *mises en abyme* hacen hincapié en la falta de inmediatez y/o presencia plena que caracteriza la narración. En el primero el narrador-autor relata cómo pasa al reino de los sueños donde, convertido en "Cuco de los sueños", puede empezar a tejer sus historias; en el segundo presencia en su vuelta onírica a los orígenes –y ahora como "Cuero de oro"– las danzas y los himnos mayas. Pero en ambos casos ha de volver al presente 'real' y racional; los himnos que escucha no son sino fragmentos (recombinados) del Popol Vuh[88], las "leyendas" se las cuenta un viejo matrimonio guatemalteco urbano. Indudablemente, este marco provoca el distanciamiento frente a la (re)presentación mítica, declaradamente onírica de las siguientes leyendas populares e impide, a diferencia de *Hombres de maíz*, la confrontación directa del lector con la visión mítica del mundo (Rössner 1988 b: 31). Pero, este distanciamiento no hay por qué interpretarlo como fomento de la actitud de consumo del lector europeo (*ibíd.*). También puede leerse como manifestación de una hibridez y 'mediación' intencionadas. El respeto ante la 'otredad' –a la cual no se puede pasar así sin más, sino que depende de la dialéctica entre quedarse y alejarse de lo propio[89]–, así como la conciencia de la heterogeneidad y del carácter 'mediato' de lo (supuestamente) original y primerizo, que se revela como indirecto ya que pendiente de otros textos/narradores, son los rasgos que marcan la pertinencia de las *Leyendas...* al proyecto de las Vanguardias en el continente y su búsqueda desde el principio compleja y autocrítica –moderna– del origen y la esencia lingüístico-literarias hispanoamericanos (*cfr.* también Unruh 1994: 208 s.).

Preocupaciones muy semejantes impregnan, asimismo, las novelas mencionadas de Carpentier y Churata, con la diferencia nada accesoria de que se

---

[88] Estas alusiones intertextuales no están marcadas, pero para el lector implícito –y para el primer 'publico' de las *Leyendas*, o sea, los artistas e intelectuales latinoamericanos residentes en París y sin duda conocedores de la traducción española –en base a la traducción francesa de Georges Reynaud (1923–) del *Popol Vuh* que Asturias y el mexicano González de Mendoza habían publicado en París en 1927– son/eran fáciles de reconocer.

[89] Sobre este problema, *cfr.* también el estudio de Meyer-Minnemann (1997) sobre la visión de América Latina en distintos novelistas alemanes.

combinan con la voluntad evidente de una renovación total de la novela en cuanto género. *Ecue-Yamba-O. Historia afrocubana* (1933)[90], comenzada en 1927 en La Habana y terminada en París en 1931, adonde Carpentier había llegado en 1928[91], cuenta por boca de un narrador heterodiegético la historia del negro Menegildo Cué, desde la infancia en un ingenio de azúcar pasando por su encarcelamiento en La Habana hasta la muerte violenta en una guerra de pandillas. Y en ello intenta, como ya lo indica el título, "mostrar el carácter extra-occidental de la cultura afrocubana y transformarlo en base de un nuevo arte y de una nueva escritura" (Armbruster 1997: 177). De ahí que el texto, fragmentado en una serie de breves capítulos o 'instantáneas', oscile entre el discurso etnográfico afrocubanista, iniciado por Fernando Ortiz en los primeros años del siglo XX bajo el impacto de la criminologística de Cesare Lombroso, por un lado, una escritura y una voluntad claramente vanguardistas, por el otro y, *last but not least*, la intención de crítica social y política. El capítulo primero, "Paisaje (a)", ya anuncia esa mezcla heterogénea de lenguajes y enfoques:

> Anguloso, sencillo de líneas como figura de teorema, el bloque del Central San Lucio se alzaba [...] El viejo Usebio Cué había visto crecer el hongo de acero, palastro y concreto sobre las ruinas del trapiche antiguo, asistiendo año tras año, con una suerte de espanto admirativo, a las conquistas de espacio realizadas por la fábrica (Carpentier 1989: 15).
> Las máquinas del Central –locomotora sin rieles– despiertan progresivamente [...] Cifras, grados, presiones, Cifras, grados. Grados. Un alud de cristales húmedos muere en sacos cubiertos de letras azules. Centrífuga, noventa y seis grados. "Por cada cien arrobas pagamos...." Sube el azúcar. Sube el promedio quincenal. Subirá más. "Hay guerra allá en Uropa". Grados, presiones. El Kaise. Yofré. A corte y tiro en la colonia, amputaciones y tiros que nos cubrirán de oro (*ibíd.*, 20 s.).

Y a la vez hace traslucir el choque violento entre lo local –el mundo rural afrocubano– y las "pulsiones externas", o sea, la modernización/industrialización a causa del imperialismo económico y cultural estadounidense (*cfr.*

---

[90] Con este título se publicó en Madrid en la Editorial España.
[91] Como se sabe, Carpentier inició la redacción de la novela en la cárcel de La Habana, en la cual estaba preso a causa de haber firmado la "Declaración del Grupo Minorista" (publicada en la revista *Social*, 6.5.1927). En 1928 logró salir de Cuba con la ayuda del surrealista Robert Desnos, quien a la sazón y en compañía de otros escritores, entre ellos Asturias, se encontraba en Cuba como participante del congreso de periodistas de Prensa Latina.

ibíd., 18 s.). Esta superposición de un tiempo a otro no-tiempo acaba por separar completamente el mundo negro del mundo blanco y se revela a lo largo de la novela como un proceso fatal que significa la marginación de los afrocubanos y la pérdida de la identidad cubana:

> ¡Hasta la rústica *alegría de coco* y los *caballitos de queque* retrocedían ante la invasión de los ludiones de chicle! ¡La campiña criolla producía ya imágenes de frutas extranjeras, madurando en anuncios de refrescos! ¡El *orange-crush* se hacía instrumento del imperialismo, como el recuerdo de Roosevelt o el avión de Lindbergh...! Sólo los negros, Menegildo, Longina, Salomé y su prole conservaban celosamente un carácter y una tradición antillana. ¡El bongó, antídoto de Wall Street! ¡El Espíritu Santo, venerado por los Cué, no admitía salchichas yanquis dentro de sus panecillos votivos...! ¡Nada de *hot-dogs* con los santos de Mayeya! (*ibíd.*, 121).

Así, la mezcla híbrida y a veces conflictiva entre el discurso etnográfico-realista y una escritura orientada hacia las innovaciones lingüísticas vanguardistas, está lejos de indicar "inmadurez" artística (Armbruster 1997: 177), por más que el propio Carpentier posteriormente la (des)calificara de este modo[92]. Mucho más se ofrece como expresión específica de la experiencia de Vanguardia y su mirada 'nueva' hacia el contexto propio. Y más que criticar la falta de fusión o, por otra parte, atribuir al discurso etnográfico una capacidad de compenetración con "lo otro" que evidentemente no tiene[93], se habrá de ver cómo los distintos discursos y enfoques se relativizan y a la vez reclaman mutuamente, haciendo resaltar el carácter 'distinto' y 'ajeno' de la cultura afrocubana, y las limitaciones de la visión blanca de captar lo no-blanco. Claro que el paradigma etnológico es casi omnipresente. Se manifiesta en los muchos capítulos y pasajes dedicados a describir y explicar las prácticas culturales y creencias religiosas afrocubanas, en la reproducción de canciones rituales, de poemas y del habla afrocubanos y también en la estructuración de la trama. Ésta expone (a primera vista) la relación entre brujería y criminalidad investigada por Ortiz a la vez que ejemplifica el destino social 'típico' de la población negra que, desposeída de sus tierras, se marcha a la ciudad y allí forma cofradías criminales (*cfr.*

---

[92] Así en el prólogo que antepuso a la segunda edición (autorizada) de *Ecue-Yamba-O* en 1975; *cfr.* Carpentier (1989: 7-12).
[93] Es ésta la lectura que intenta Catzaras (1991), quien, por otra parte, busca destacar, en base al concepto de la heterogeneidad desarrollado por Cornejo Polar, cómo la novela enfatiza el problema de la otredad (afrocubana) y su presentación narrativa.

Catzaras 1991; Armbruster 1997). El glosario (principalmente de expresiones ñáñigas) y las fotografías de objetos rituales insertadas en la *editio princeps* hacen otro tanto para subrayar el carácter documental de la obra y la veracidad y objetividad de sus descripciones, basadas en la distancia del observador (narrador) frente a sus objetos. Mas intercalados con tales capítulos, y a veces de un párrafo a otro, se hallan capítulos y pasajes como los arriba citados, marcados por imágenes entre cubistas, surrealistas y (neo)barrocas y una escritura casi a-lógica. Estos párrafos se hallan destinados a evocar paisajes y ambientes, sonidos y ritmos, fragmentos de memoria colectiva negra y la yuxtaposición violenta del mundo blanco y del mundo negro. Una y otra vez la focalización cero del narrador se desliza hacia una focalización interna (múltiple), que presenta los extraordinarios sucesos sin más explicaciones y/o distanciamientos racionalistas:

> Bajo sus vendas, los ojos de los iniciados se dilataron. Los invadía un extraño malestar. Algo raro acontecía detrás de ellos, en un rincón del santuario... RRRRrrrruuuu... RRRRrrrruuuu... RRRRrrrruuuu... Algo como croar de sapo, lima que raspa cascos de mulo, siseo de culebra, queja de cuero torcido. Intermitente, neto, pero inexplicable, el ruido persistía. Partía de una caja colocada al fondo del cuarto, cubierta por un trozo de vagua, y atada con bejucos. ¿Tambor, reptil, cosa mala, queja...? ¡El Ecue...! Menegildo sentía la carne de gallina subirse a sus espaldas, como manta movida por mano invisible. ¿No le había advertido el negro Antonio que aquello sí era grande? ¡El Ecue...! Ya debían estar cercanos, los postes que hablan, cráneos trepadores, vísceras que andan, hechiceros con cuernos, llamadores de lluvia y pieles agoreras, que habían asistido, allá en Guinea, al nacimiento del primer aparato condensador del Ecue (Carpentier 1989: 162).

Otras veces, el narrador parece perderse en sus propias asociaciones surreales, surgidas del discurso, y en el sonido –la magia– de las palabras: "En el regazo de las Once Mil Vírgenes se bañaban los corzas, mientras el macho mordisqueaba semillas [...] ¡Madremar, madrenácar, madreámbar, madrecoral! Madreazul" (*ibíd.*, 152), para volver acto seguido a descripciones casi sociológicas de los bajos fondos habaneros (*ibíd.*, 153 s.).

A ese juego de relativización mutua entre el enfoque etnológico-sociocrítico y una visión narrativa basada en la subjetividad y (re)creatividad del narrador contribuye también la fragmentación de la narración en breves capítulos. A veces, como ya lo indican los títulos[94], su orden y textura

---

[94] Por ejemplo: "Espíritu Santo – Paisaje (c) – Fiesta (a) – Fiesta (b) – Lirismos" (Carpentier 1989: 215 s.).

corresponde más al principio del montaje (fílmico) de imágenes (casi) simultáneas que a una sucesión cronológica. Y otras veces establecen dentro del orden cronológico, que *grosso modo* se mantiene, un juego otra vez muy fílmico con el ritmo narrativo, cambiando entre la presentación escénica, la síntesis y la elipsis[95]. La voluntad de innovación novelística queda así bien clara y se cifra ante todo en el rechazo de una perspectiva narrativa y una estructura temporal y discursiva unívocas con respecto al mundo narrado, cuya esencia y totalidad escapa tanto a la descripción científica como a la evocación empática, y que justamente así se respeta en su alteridad. Re-presentación etnográfica, interiorización narrativa, crítica social y política y modernidad estética se combinan así en un texto a la vez híbrido y experimental que, así pues, tiene mucho de un *collage* surrealista, no sólo en sus pasajes vanguardistas (Armbruster 1997: 179), sino también en cuanto conjunto.

Con todo, *Ecue-Yamba-O* se inscribe claramente en el proyecto de la novela vanguardista hispanoamericana desde la perspectiva de la Vanguardia cubana: "hondo cubanismo y universal comprensión" (*revista de avance* 5, 15.5.1927). Así, plantea el problema de la apropiación de la realidad cubana básicamente en dos aspectos. Por un lado, hace entrever la dificultad de encontrar categorías adecuadas para la percepción, definición y valoración de lo afrocubano y su papel en la identidad y el futuro nacionales. En oposición al discurso oficial de la época, que promulgaba la educación y 'civilización' –asimilación– de este sector de la población en pro de la modernización (burguesa) nacional, respecto de la cual se lo tenía por un fuerte lastre[96], Carpentier asume la perspectiva negrista insistiendo en el valor propio de la cultura afrocubana así como su pertinencia insoslayable a la historia y la identidad cubanas (*cfr.* también Catzaras 1991). Significativamente, y en ello Carpentier otra vez se hallaba en línea con Nicolás Gui-

---

[95] Un buen ejemplo lo representa la sucesión de los capítulos 18 a 20: narración brevísima del enamoramiento de Menegildo que durante varios días busca la cercanía de la mujer –"Una mañana [...] Otro día [...] Una noche [...] Aquella tarde" (Carpentier 1989: 81 s.)–, presentación escénica de un "embó", o sea, sortilegio de brujería (*ibíd*, 83-89), síntesis de muchos días de malestar y narración de "aquella tarde" del primer encuentro y de "dos días después", cuando finalmente se cumple el conjuro (*ibíd.*, 90-93).

[96] Es ésta la perspectiva etnológica, fuertemente influida por la criminología, del primer Fernando Ortiz, superada en su famoso *Contrapunteo cubano del tabaco y el azúcar* (1940); *cfr.* también Bremer (1993). No obstante, hay que reconocer el papel del joven Ortiz como iniciador de los estudios afrocubanos, que recién posibilitaron la vuelta sobre este tema por parte de la generación siguiente; *cfr.* también Catzaras (1991).

llén, quien por los mismos años publicó sus *Motivos de son* (1930) y *Sóngoro Cosongo* (1931), ello no implicaba ni el rechazo de la modernidad en cuanto tal –y mucho menos de la estética–, ni por otra parte una mengua de la crítica socio-política y sobre todo antiimperialista, que desde la fundación del Grupo Minorista había destacado en la Vanguardia cubana[97]. Es decir, la perspectiva negrista no equivale a una versión cubana/caribeña del exotismo (evasionista) europeo –*Ecue-Yamba-O* a veces se ha malentendido en este sentido–, ni tampoco a una 'desviación' de la Vanguardia cubana hacia "lo viejo enterrado" y el criollismo ya pasado[98], sino que apunta hacia el reconocimiento de la presencia de la alteridad en el mismo seno de la cultura cubana, alteridad que reclama la redefinición de los conceptos establecidos de la identidad no menos que un reajuste del proceso de la modernización socio-económica.

Y por otro lado, la novela de Carpentier insiste en el problema de la representación novelística/literaria del mundo afrocubano, una cuestión no menos ardua. La textura híbrida de la novela la deja casi abierta –la Vanguardia planteó preguntas en vez de ofrecer respuestas–, limitándose a indicar algunas líneas básicas. En primer lugar, *Ecue-Yamba-O* afirma que la apropiación literaria-narrativa de lo extra-occidental de la cultura latinoamericana es también tarea y posibilidad de una literatura 'blanca', siempre y cuando sea consciente de la relatividad de la propia perspectiva. No son pocos los críticos (posteriores) que han reprochado a Carpentier el predominio supuestamente absoluto de la visión blanca con respecto al mundo narrado, patente, según ellos, en la falta de una voz negra "libre" (así Armbruster 1997) y/o en el lenguaje culto y cosmopolita del narrador (*cfr.* Catzaras 1991). Pero en ello se pasa por alto la inversión de esa perspectiva blanca en un momento central de la trama –el descubrimiento de la ciudad por Mene-

---

[97] Sobre este aspecto, que en los estudios a menudo no recibe la debida atención, *cfr.* Cairo (1978) y Manzoni (1993), así como, a modo de síntesis, Garscha (1991).

[98] Así Rogmann (1991:536 s.). La crítica a la orientación afrocubana como algo sólo aparentemente nuevo –ya que los temas, o sea, la 'realidad' tratada ya existía desde hacía tiempo–, que formula Rogmann con la intención de mostrar que en Cuba no hubo una Vanguardia propiamente dicha, olvida que no se puede escupir dos veces al mismo río. En el transcurso de la historia algo como repetición o vuelta en el sentido estricto de la palabra no existe, al menos si se sigue a *Pierre Menard, autor del Quijote...* Además, en el caso de Cuba la apropiación de lo afrocubano tal como lo emprendieron autores como Guillén y Carpentier significaba algo 'nuevo' en relación con la literatura anterior, y ello no sólo porque el tema había carecido de 'dignidad' literaria, sino más que nada porque se intentaba enfocar los temas desde una perspectiva nueva, rasgo decisivo de las Vanguardias.

gildo que reposiciona a uno de los "non-Western beings, traditional objects of discovery, in the discerning role of discoverer" (Unruh 1994: 155)–, y el problema general de cómo presentar la alteridad en cuanto tal a través de una perspectiva narrativa que se expone como 'distinta' en vez de incurrir en la falacia realista convencional de la ilusión de inmediatez y omnisciencia con respecto al mundo narrado. A este respecto, la narración y el narrador de *Ecue-Yamba-O* no esconden su pertenencia a un contexto distinto, no-afrocubano. Tampoco callan su inscripción en el horizonte de la modernidad estética universal en cuanto condición de posibilidad para ese su acercamiento al problema (literario y epistemológico) expuesto.

Semejante concepción insiste en la obligación mimética de la ficción, pero a la vez le da una orientación y un fundamento muy distintos a los que dominaban la novela regionalista, tan apreciada por muchos colaboradores de la misma *revista de avance*[99]. Con *Juan Criollo* (1927) el escritor Carlos Loveira acababa de agregar a esta serie el esperado ejemplo cubano, precedido por *La conjura de la ciénaga* (1924), de Luis Felipe Rodríguez, dos obras que desde distintos ángulos "pretenden una metaforización de la Cuba neocolonizada [...] una interpretación 'totalizadora' de la realidad" (Rodríguez Coronel 1990: 902) bajo el paradigma sólo levemente modernizado del realismo decimonónico. La autocrítica (implícita) a la novela de Carpentier en su búsqueda de una estética capaz de dar relieve a la concomitante heterogeneidad de la cultura/identidad cubana –y no armonizarla en uno u otro sentido hegemónico (blanco), por socio-crítico que sea–, marca aquí si no una ruptura polémica, sí una reivindicación evidente de innovación y superación de los esquemas establecidos.

Pero junto con esa toma de posición frente al contexto cubano también se anuncia la discusión crítica de Carpentier con el Surrealismo francés (*cfr.*

---

[99] Importa recordar a este respecto que la novela colectiva *Fantoches* (1993, publicada por primera vez en 1926 en la revista *Social*), el único 'experimento' narrativo del Grupo Minorista, consiste en una mezcla entre la parodia de diversos géneros más o menos triviales y una novela en clave, en la cual aparecen los mismos integrantes del grupo así como otras figuras de la escena intelectual cubana del momento. Y entre los doce autores también se hallan Carlos Loveira y Alfonso Hernández Catá, lo que prueba no sólo los buenos contactos personales entre la Vanguardia cubana y el *establishment*, sino también la relativamente poca 'radicalidad' de la Vanguardia cubana en cuanto a la narrativa, que algo más tarde trasluce, asimismo, en las reseñas publicadas en la *revista de avance*. En 1927 se proyectó otra novela colectiva con el título de "Once soluciones a un triángulo amoroso" –y al parecer otra vez en plan de diversión o "choteo"–, pero de ella sólo se publicaron cinco capítulos, uno de ellos a cargo de Loveira.

Garscha 1991: 515) y su ignorancia casi absoluta de la realidad geográfica, étnica, socio-política y cultural del continente que contrastaba con su entusiasmo exotista-utópico por América Latina[100]. Por otra parte, es indudable la fascinación de Carpentier por ciertos postulados y tendencias surrealistas: la noción del *merveilleux*; el interés etnológico por las culturas "primitivas", que no obstante su vinculación con el exotismo también podía encaminarse hacia una hermenéutica cultural seria[101]; la descripción (de la realidad) desligada de su tradicional funcionalidad realista; y la no-organicidad (discursiva y genérica) del texto que el Surrealismo llevaba hasta límites insospechados. A la vez, la novela de Carpentier insiste en los aspectos socio-políticos, notoriamente desatendidos en este contexto por el Surrealismo, en la co-presencia de modernidad (burguesa) y pensamiento "primitivo" y en el sincretismo de este último. Frente a la perspectiva surrealista europea del momento, desde la cual América Latina (todavía) no aparecía sino como lugar de la alteridad, *Ecue-Yamba-O* significaba otro hito importante en la subversión de las nociones de lo uno y lo otro, Europa y Latinoamérica, centro y periferia, modernidad y... modernidad.

Al tiempo que Carpentier daba los últimos retoques a su historia afrocubana, Asturias y Uslar Pietri estaban haciendo lo mismo con *El Señor Presidente* y *Las lanzas coloradas*. Las sesiones en las que los tres se contaron historias que más tarde entraron en los textos definitivos y se leyeron, comentaron y releyeron pasajes de sus novelas, posteriormente se convirtieron en legendaria hora de parto del realismo mágico. Una y otra vez se recordaron estos momentos con cierto sello de nostalgia de los días y noches locos de París y con un deseo muy patente de marcar la línea divisoria entre su propia empresa y el proyecto surrealista[102]. Desde una perspectiva histórica, esa línea resulta algo más zigzagueante que lo que se presentaba después. Cabe recordar que Carpentier con "Histoire de lunes" (1933) escribió un relato que sin más ni menos se inscribe en la estética surrealista, relacionándola con un tema de lo "real maravilloso" afrocubano (Rössner 1988b). En cambio, en *Las lanzas coloradas* no se da apenas nada que pudiera relacionarse con el

---

[100] Ello se perfila en las respuestas de escritores franceses (ex)surrealistas a la pregunta por el "Conocimiento de América Latina" que el mismo Carpentier publicó en la revista *Imán* (único número, abril de 1931) junto a un adelanto de *Ecue-Yamba-O* –algunas de las escenas de santería–; *cfr.* Klengel (1994: 45-49).

[101] Piénsense en las obras de Michel Leiris y Pierre Mabille; *cfr.* también Klengel (1994).

[102] *Cfr.* los testimonios de Carpentier (1979: 530), Asturias (1972: 134 s.) y Uslar Pietri (en Miliani 1993: 27-31).

Surrealismo o que anunciara el realismo mágico. Sólo *El Señor Presidente* (1946), cuya redacción estuvo básicamente terminada en 1933[103], parece corresponder al esquema establecido de la formación del realismo mágico[104]. En este texto las innovaciones vanguardistas se hallan transformadas en una concepción y práctica de la novela que tiene ya muy lejanas relaciones con el Surrealismo (Minguet 1991: 410). Y bien puede considerarse como una "superación" de la Vanguardia en dirección hacia una literatura "con un sentido universal de lo americano a la puerta de todos, vibrante de propios y eternos sonidos entre las múltiples manifestaciones del arte actual", que el propio Asturias (1988: 454) había exigido en su reseña de *Las lanzas coloradas*, ubicando esta obra en un mismo plano de modernidad tanto con las novelas regionalistas de Güiraldes, Azuela, Gallegos y Rivera como con el arte contemporáneo de Picasso, Arp y Varèse. Con razón la crítica suele destacar en *El Señor Presidente* la puesta en escena de un tiempo y una estructura cíclicos, la configuración mítica del Presidente, la creación de un ambiente de violencia y degradación –en oposición (¿realmente inconsciente?) a la América pintoresca que tanto gustaba a los europeos, como más tarde explicó el guatemalteco (1972: 134 s.)–, el empleo abundante (y técnicamente perfecto) de la focalización interna múltiple a través de largos pasajes de *stream of consciousness* en discurso indirecto o directo libre (por ejemplo el capítulo XXI) y, desde luego, la poeticidad y sonoridad del lenguaje, liberado de cualquier retoricismo. Tal como estos rasgos aparecen elaborados en el conjunto del texto, manifiestan la influencia de la Vanguardia y sus experimentos narrativos, pero a la vez su apropiación funcional en atención al proyecto de una mimesis totalizadora y otra vez segura de sí misma en la exploración y re-presentación de la realidad americana.

Pero lo que a principios de los 30 al joven Asturias en París –donde con excepción de algunos viajes residió de 1924 a 1933– resultaba a todas luces una tarea teóricamente ya resuelta, no lo era para un escritor que pasó toda su vida en el ámbito andino entre el Perú y Bolivia, y quien en carne propia experimentaba la heterogeneidad conflictiva de las culturas de esta región y el hallarse ellas y él en la periferia de la periferia[105]. Gamaliel Churata (Arturo Peralta Miranda, Arequipa 1897-Lima 1969) fundó en 1924 el Grupo

---

[103] Para este punto, años atrás muy discutido, véase la edición crítica (Asturias 1978), que reproduce el manuscrito de 1933 y donde se estudian las variantes.

[104] Así también Minguet (1978, 1991).

[105] Churata murió pobre y olvidado y su obra pertenece todavía a las menos conocidas y estudiadas de la Vanguardia y/o del Indigenismo, a pesar de que desde hace años se la suele mencionar en los trabajos sobre la literatura andina de la época. Los análisis

Orkopata y fue codirector, junto con su hermano Alejandro Peralta, del *Boletín Titikaka* (Puno, 1926-1930), revista de este mismo grupo que vale como el representante intrínseco de la Vanguardia indigenista[106]. El *Boletín Titikaka* colaboraba con la revista *Amauta*, de la cual se distinguía por un compromiso mucho más radical con las tradiciones indígenas –que Mariátegui entendía como fuente para la peruanización del Perú, mientras Churata y sus colaboradores "saw the indigenous tradition itself as a resource for a revolution in aesthetic forms" (Unruh 1984: 352)–, así como por una dedicación mayor a temas literarios. Además, mantenía relaciones de intercambio con las otras revistas vanguardistas latinoamericanas más destacadas (*cfr*. Wise 1984). Informaba sobre el desarrollo de la Vanguardia internacional y promulgaba la estética vanguardista como camino para la búsqueda y expresión de la cultura andina auténtica[107]. En este contexto empezó a escribir Churata en 1927 su *El Pez de Oro. Retablos de Layhkakuy*, uno de los textos más radicales e insólitos de toda la Vanguardia latinoamericana. Una primera versión de la obra se debía publicar en 1930, pero el proyecto fue impedido por la represión de las fuerzas populares que siguió al golpe de Sánchez Cerro –un grupo de soldados invadió la imprenta y quemó los ejemplares del libro que acababan de confeccionarse–, y Churata se vio obligado a buscar exilio en Bolivia, donde durante los años 30 seguía trabajando y ampliando el texto. Finalmente se editó allí en 1957[108], con un prólogo escrito en los años 50.

---

excelentes de Unruh (1984) y Huamán (1994) hasta el momento tampoco han podido cambiar la situación: en los estudios comprehensivos sobre la narrativa vanguardista de Pérez Firmat (1982), Burgos (1995), Achugar (1996) y Verani (1996a) ni siquiera se menciona su obra. La reciente monografía de Bosshard (2002), que estudia el ideario indigenista, la reelaboración de mitos andinos y la recepción del Surrealismo en *El Pez de Oro*, significa otro hito importante en el 'rescate' de Churata, sobre todo en cuanto pensador y escritor 'metaindigenista'.

[106] Sobre esta revista, que en los últimos años empieza a obtener la atención que merece, *cfr*. Wise (1984) y Vich (2000) y también el importante trabajo de Zevallos Aguilar (2002), dedicado al análisis de la posición de la revista frente al llamado "problema indígena" y, en particular, su representación de la otredad. Al igual que la monografía de Bosshard (2002), se publicó cuando el trabajo presente ya estaba prácticamente terminado, de modo que ya sólo les pude dedicar una nota a pie de página.

[107] Para las primeras actividades y publicaciones de Churata, a veces en colaboración con su hermano Alejandro Peralta, *cfr*. Pantigoso (1999) y Vich (2000).

[108] La Paz: Canata-Cochabamba. Hay una segunda edición, Lima-Puno: Cordepuno 1987, con un prólogo de Luis E. Valcárcel y un epílogo de José Luis Ayala, edición desgraciadamente poco cuidadosa (*cfr*. también Huamán 1994: 27).

Ya desde las primeras páginas, ese texto de más de 500 páginas resulta desconcertante: una mezcla continua de castellano, aymara y quechua ("kheswa"), plebeyismos de la región y neologismos sólo en parte explicados en el glosario final, una hibridación del castellano que afecta también a las construcciones sintácticas y morfológicas: imprecisión vocálica, indefinición acentual, consonantismo, inestabilidad de género y número, laxitud en la concordancia sintáctica, omisión del artículo y una considerable proclividad al calco sintáctico en las construcciones nominales y verbales (*cfr.* Huamán 1994: 42). Lejos de manifestar "descuido" o imperfección, el conjunto de esos fenómenos apunta hacia un lenguaje nuevo, "indo-hispano", "híbrido" y marcadamente oral, que se va gestando a continuación entre consciente y ya internalizada del proceso histórico de apropiación del castellano por las generaciones de hijos de hablantes de quechua o aymara (*cfr.* Churata 1957: 9-45). Y a lo largo del texto se presenta como expresión intrínseca y dinámica de un individuo/colectivo imposible de captar según las categorías 'logocéntricas' establecidas, mas tampoco según las nociones del pensamiento mítico:

> CXLIII. Con primor, por cierto lutécico, escribe el eslavo Waidlé: "El pensamiento mítico [léasele el sentimiento del mito], es identificable en que concilia el conocimiento con la creación". En tanto todo conocimiento es nacimiento, sí. Es lo que nos sale parteado en llagas; desgarrón que nos abre las carnes, y con sus pies y su cuenta a wakchar se echa por el mundo. Es Coca kosa en que trajinaremos forasteros en nosotros mismos; nos mirará a los ojos tan El, tan ágriamente Nosotros, que irá haciendo forasteros en el lloro, de ésos que en las calles se nos abrazan, y por eso abrazo del hombre.
> Trajinamos en mundo mudo. Y el pegadizo dolorido era El, en Puma, Sacharuna, Thumos, y sólo así sustancia de la olla pogre; cocinados, por dentro y por fuera, ojo, oreja, riñón, lengua, sonkho; cocinados ratón, piojo, la Imilla, La María, la Lalita, la Margacha, la hermosa mama Pitita... [...]
> Me libren Aukis, y Mekhalas me libren, decir que este "mito" tenga algo con célica mitológica, si es del Lago de Arriba; multitud del Naya; Universo en Ego; hambre de hombres; el hambre que se nos aguagua en los chullpares; hambres de ver al fin paridos a los muertos.... Es lo mío que ya no está en mí; si bien sólo en El está Todo; el que en la sangre trabuca y deja palpitando las púrpuras de su beso (Churata 1957: 128).

La búsqueda de un idioma americano –el punto de partida declarado es el lenguaje híbrido de Huamán Poma (Churata 1957: 26)– en absoluto se limita al nivel lingüístico. Abarca todo el ámbito de la cultura y su expresión/realización en el lenguaje. El texto está plagado de referencias intertextuales más o menos marcadas al pensamiento, la teología, la literatura y el arte occidentales, desde Platón y Aristóteles pasando por Tomás de Aquino hasta Nietzsche, Bergson, Spengler y Einstein, desde Dante y Cervantes pasando por Campoamor [!] hasta Güiraldes, Gallegos y Ciro Alegría (*cfr. ibíd.*, 23)[109], *The Times* y *Pravda*, a la vez que de constantes alusiones a la mitología, la cosmovisión y la cultura cotidiana andinas[110]. Citas en latín, italiano y de textos españoles se hallan junto a numerosas reproducciones de cantos andinos –*harawíes*, *hayllíes* y *eirayes*–; a la teogonía de Khori-Challwa (*ibíd.*, 129-135) sigue la narración del 'descubrimiento' de Colón desde la perspectiva bastante irónica de la Pachamama (*ibíd.*, 143-163); discusiones científicas con médicos occidentales se contrarrestan por encuentros con maestros curadores aymara. Motivos y textos de la literatura europea aparecen transculturados e integrados en la narración de adentramientos en el mundo real-mítico andino: el descenso al reino de los muertos recuerda la *Divina comedia* –"A transponer iba el camino del Dante en el ribazo que separa dos mundos" (*ibíd.*, 294)–, el largo coloquio de perros que en un español bastante castizo se cuentan sus vidas y de los cuales uno se revela al final como Khori-Puma ("Thumos", *ibíd.*, 369-411) re-elabora la famosa novela ejemplar cervantina, y otra vez remite a la segunda parte del *Quijote*, concretamente al retablo de maese Pedro (*ibíd.*, 123).

Esa 'hibridación'[111] de lo occidental/español por lo andino –¡y al revés!– se produce, asimismo, en otros aspectos de los planos de contenido y expresión. El texto se halla partido en 11 capítulos de muy desigual extensión, escritura y temática. Frente a breves pasajes bastante coherentemente narrativos se hallan otros que se acercan al monólogo interior a-lógico y expresan el adentramiento del yo en el pensamiento mítico andino, comunican las reflexiones desde políticas hasta metatextuales del narrador, se dirigen a distintos narratarios intra y extradiegéticos, o evocan paisajes, fenómenos naturales, figuras míticas, etc. Gran parte del texto ocupa la reproducción a

---

[109] La mención de *El mundo es ancho y ajeno* (1941), de Ciro Alegría, demuestra que el capítulo 1, "Homilia del Khori-Challwa" fue escrito/repasado después de esta fecha.

[110] Cabe recordar que la cultura andina precolombina no era nada monolítica, sino un conjunto en el cual lo incaico configuraba el paradigma políticamente dominante, pero nada exclusivo de creencias y prácticas culturales no-incaicas.

[111] Por más que el término goza actualmente de prestigio como metáfora para fenómenos culturales contemporáneos –acuñado como tal por el ya clásico estudio de García Canclini (1989)–, importa subrayar que Churata lo emplea con un significado teórico considerable ya en los años 40.

menudo no comentada de una cantidad apenas abarcable de voces intradiegéticas en discurso directo. Se trata de voces ya divinas ya humanas, muchas veces anónimas, pero que pertenecen todas al universo andino:

> Una gota. Otra después. Y van cuatro, cinco. Cuántas ya... No muchas; todavía se las puede contar.
> Antes que bermellón y oropeles se ahoguen y revienten chaskus de la nube; si ya una gota, dos, cincuenta, luego, presagian lluvia [...] por la cuesta, cojitranca, se arrastre la noche aymara sobre kheswas piernas; sin heraldos y Laykhas que profeticen el milagro, estallan oropel y bermellones y se vuelcan cataratas de oro.
> –¡Ña phara hamunki!...
> Atruenan los mugidos del viento; hay en la espuma atoros bermellón; la Ururi suelta chaskosas viboritas de fuego; escoriaciones del llachu lentejuelan revoltijos de oro en ala de la ola (*ibíd.*, 415).

Estas voces hablan entre ellas, asumen la función de narradores, conversan con el narrador-protagonista-testigo, tematizando su propósito de autor y el deber del poeta:

> –Hoy a hablaros voy– inicia solemnemente su retruécano –de algo que me ha sumido en extraña turbación. Está acá uno que se propone violar el misterio del Chullpa-tullu [esqueleto vivo, K.N.]; y anota observaciones de lo que por verdad estima de nuestras vidas [...]
> [...] algo **suigeneris** sostiene nuestro mestizo –y que os haga conocimiento que mestizo es conviene–; a saber: que el Inka no sólo mandaba en la superficie de su imperio, si se arrogó facultad de legislar y mantener autoridades en los predios de la sombra. ¡Canarios!... Visto así el problema del Chullpa-tullu cobra singularidad sin paralelo [...]
> [...] El mismo Salomón se ufana de ser el más loco de los hombres. No hay que extremar en el juicio de la obra artística el mayor o menor grado de locura que manifieste; que todos los poetas son locos, o no poetas, a estar al gusto de Plotino. Lo que debe exigírseles es que la obra de arte sea de arte; nó chismorrea de comadronas, nó dismenorrea.
> –¡Guá!.. ¿Dismenorea, maestro?
> –No otra cosa lo que del poeta sale sin la debida digestión.
> –Maestro: conocí a vuestra mestiza celebridad. [...] De no pocas de sus crucificaciones fui testigo; y puedo atestiguar del parto de algunas de aquéllas. Particularmente de EL PEZ DE ORO, de que solía decirle: "Que nó de oros tu pez; que de lloros..." [...]
> –Algo así me zumba. Dó comienza el imitador acaba el artista, enseñara un genial hermafrodita: el divino Oscar [...]

–Que no debe ser poca [originalidad, K.N.] la suya, maestro, lo veo, si, según planteáis, la muerte de su niño le ha traído a hacer de su necesidad la necesidad de la vida. Los muertos somos; mas por él estamos en si no será ficción tal estado. Acórreme un dicho de Kant: "el que debe es porque puede". Perdió a su pequeñuelo; sin él no se pasa; y por satisfacer su necesidad, nos crea. Querer es ya poder. Diré como vos, me zumba que debe poseer imaginación no poco fértil. Phuá... Fertilidad de psicópata (*ibíd.*, 296-298).

Y otras veces el discurso del narrador(¿protagonista?) parece moverse debido/perdido en la magia auto-poética de la escritura, fusión entre *Altazor* y la expresividad violenta del lenguaje de Asturias en atención a la posición irónica frente a la ciencia occidental, pero también a la capacidad 'antropofágica'(estética) andina-universal del texto:

Signífero, lucífero. Renacuajo; cascajo y cuajo de la sabiduría, hidalguía de la gallofería: ¿cómo pagarte? ¿Bastarte há que de poder otorgarte el lauro pauro del alejandrita Erarístrato, retrato de tu trato, ¡oh, tú, retrato de su estrato!, barreno por Reno, escarabajo por cuajo de oro en choro?
Esencia y lumbre de la ciencia; que alumbre tu eminencia de la omnisciencia el sendero, como el pelliz peludo del barbudo la lumbre del barbero
[...]
¡Ya no altibajos, Renacuajos: ahora a mirar con arte por la vida; y no a la vida por el arte! (*ibíd.*, 363).

La constante superación de los límites genéricos y discursivos convencionales, por cierto, no facilita la lectura, como por lo general ya el español 'andinizado' y la fragmentación del texto en apartados que no parecen mantener entre sí ningún orden cronológico-lógico ni temático dan a la obra un carácter hermético y casi ilegible. Numerosos anacronismos deliberados, que de modo comparable a *El intransferible* de Arqueles Vela (*cfr.* cap. I, 4.1) ironizan la inmersión en el universo mítico a la vez que lo 'acercan' a la actualidad, hacen otro tanto para impedir cualquier univocidad. No obstante, como ya se ha insinuado, puede reconocerse la presencia de una voz narradora homodiegética que da cuenta de una trama a caballo entre vivencias 'reales' y míticas/maravillosas: la búsqueda de un escritor mestizo de su pasado ancestral, su origen y su identidad (*cfr.* también Unruh 1984). Esa búsqueda, motivada tanto por la pérdida de su hijo y mujer como por sus dudas acerca de su tarea como escritor, le hace emprender una verdadera odisea a la vez 'real' e imaginaria a través de la "heterogeneidad conflictiva de las culturas andinas" (Cornejo Polar 1994b), y se plasma tanto en los sucesos recordados/narrados como en el proceso de la escritura, más de una vez tematizado a lo largo de las 533 páginas.

Así, entendiendo el primer capítulo ("Homilia") como introducción (intraficcional) en buena parte metatextual por boca del narrador ya mayor, los restantes capítulos pueden leerse como narración/evocación/reflexión de ese viaje cuyo *telos* parece cifrado en el Pez de Oro, o sea, el mito del Khori-Challwa. A la narración básicamente oral de este mito por una voz no identificable, una narración que obviamente significa la iniciación en el mundo andino ("El Pez de Oro"), sigue un capítulo que oscila entre el ensayo y la charla/carta privada y en el que el narrador expone y comenta, a veces con bastante (auto)ironía, distintas creencias/prácticas culturales andinas, entre ellas la antropofagia ("Paralipómeno Orko-Pata"). La ya mencionada re-creación/re-escritura del descubrimiento desde la perspectiva de la Pachamama ("Pachamama"), el diálogo entre un maestro y sus discípulos en torno al problema del mestizaje ("Españoladas"), la destrucción de los hombres de piedra por Wirakocha y el diálogo entre el narrador-protagonista, "el hombre nuevo" y la voz de El Antiguo ("Pueblos de piedra") y los diálogos entre el narrador-protagonista y un *laykha* así como con un médico ("Mama Kuka") anteceden al ingreso del narrador-protagonista en el reino de los *chullpa-tullu* ("Puro andar"). Es el episodio central que significa el acceso al mundo mítico-real andino a la vez que la discusión despiadada del proyecto literario de *El Pez de Oro*[112]. La devolución de vida al hijo muerto en el retroceso al tiempo de Khori Puma y Khori Challwa, así como el encuentro de ambos con los "sapos nengros", ánimas bienhechoras en oposición a la charlatanería del Dr. Renacuajo, "el latinajo" ("Los sapos nengros"), parecen ubicarse en este mismo plano mítico. La conversión del protagonista en perro que narra a otros dos perros la historia de Thumos[113], su perro que presenció la vida y muerte del hijo ("Thumos") y, en el capítulo siguiente, las instrucciones del Khori Puna y la Khori Challwa en torno a la vida, la sociedad y el 'buen gobierno', así como la guerra a muerte entre ellos y su antagonista, el Wawaku ("Morir de América"), dan término a esta odisea. Finaliza con la casi-identificación entre Khori Challwa, que a duras penas acaba de sobrevivir a la lucha con "el barbudo", y el narrador-protagonista en su llamamiento a la vida/vivencia auténtica de América: "He aquí el áureo mensaje de EL PEZ DE ORO: –¡América, adentro, más adentro; hasta la célula!... ("El Pez de Oro", *ibíd.*, 533).

A través de estos episodios y monólogos-diálogos se narra un adentramiento en el universo andino. Frente a los modelos de mundo occidentales

---

[112] Para la reconstrucción de la trama es imprescindible el estudio de Unruh (1984).
[113] Es el término aristotélico para el ánima animal; *cfr.* Churata (1957: 376).

expone tanto la equivalencia óntica entre sueño y vigilia, percepción e imaginación, cuerpo y espíritu, *mythos* y logos como la presencia continua y 'natural' de lo maravilloso y de la unidad superior de los contrarios. Lo que prima, en todo caso, es la figura de un narrador-protagonista que se siente y quiere saber parte de este universo, que lo quiere entender y expresar desde dentro, mas que al mismo tiempo sabe demasiado bien de sus diferencias categoriales frente al mundo blanco para lograr la compenetración entre el yo y su contexto. La diferencia es una diferencia consciente o, mejor dicho, una diferencia concientemente asumida, que así también permite proyectarse en la dirección opuesta. El narrador-protagonista está familiarizado con el mundo blanco, racionalista-burgués, sin embargo, lo experimenta y presenta más y más como mundo ajeno. Fundamentales a este respecto son el cambio entre narración autodiegética y heterodiegética (por ejemplo en "Españoladas"), así como entre narración extradiegética e intradiegética –del mismo narrador-protagonista (por ejemplo en "Thumos") o de otros personajes–, el uso amplio del monólogo interior que a menudo no se sabe si pertenece al yo narrado o al yo narrador, y la fragmentación del texto en el plano del contenido no menos que en el del discurso. En conjunto estos rasgos dicursivos hacen entrever la posibilidad de una unidad a la vez que la exponen como imposible de re-presentar por un texto-búsqueda[114].

Con todo ello, la obra de Churata se distingue tajantemente de toda la literatura indigenista tan en auge en la época de su composición. Concretamen-

---

[114] Es ella también la razón principal por la que resulta algo problemática la interpretación de Bosshard (2002: 111-129), quien ve en *El Pez de Oro* la concreción de una "estética monista" en la línea de *El monismo estético* (1916/1918) de José Vasconcelos y su concepto de la "sinfonía" como obra en la cual se superan los dualismos, pero modificados por rasgos que, según Bosshard, acercan la textura del libro de Churata a la noción del rizoma (Deleuze/Guattari 1972). Frente a la posible caracterización de *El Pez de Oro* como obra que se acerca a la estética de la posmodernidad cabe insistir, otra vez, en la idea de la heterogeneidad como totalidad conflictiva (Cornejo Polar 1994b) y su transformación en una estética de la resistencia. El análisis de la obra de Churata –para el cual Bosshard ofrece pautas importantes– demuestra que precisamente no se trata de superar los dualismos ni por la reconciliación sinfónica vasconceliana ni por la *synthèse disjonctive* placenteramente anárquica del rizoma, sino de hacer experimentar lo íntimamente conflictivo de la copresencia de culturas no sólo distintas sino también asimétricas en cuanto al poder, una experiencia que deja vislumbrar su "otro" –la utopía del *tinkuy* y la compenetración intercultural 'libre'–, a la vez que la imposibilidad de su realización bajo las circunstancias dadas. Para ello resulta de importancia cabal tener en cuenta el papel y la trayectoria del narrador-protagonista, o sea, leer *El Pez de Oro* como novela, aspecto descuidado tanto por Bosshard (2002) como antes por Huamán (1994).

te, se opone a las pretensiones de una representación acertada y totalizadora del mundo indígena desde una perspectiva racionalista entre etnológica y sociológica "blanca", rasgo característico de la literatura indigenista desde Alcides Arguedas, López Albújar y Valcárcel hasta Icaza y Ciro Alegría[115]. Y resulta significativo que esta oposición se cifre también y ante todo en una innovación del discurso y la estructura narrativas en la línea del proyecto vanguardista y su escepticismo/rechazo de la mimesis realista convencional, su *discursive turn* y su intento de anticipar en el texto mismo un cambio de la relación entre ficción (novelística) y realidad. *El Pez de Oro* no re-presenta al mundo andino: es la experiencia del adentramiento en este mundo.

Indudablemente, las posibilidades del género novela se han llevado aquí a límites insospechadas de renovación vanguardista y heterogeneidad andina. Y una de las lecturas que así ofrece el texto es precisamente no como novela (género occidental), sino como "retablo" –retablos de 'caminos de brujo' reza el subtítulo–, una estructura (sincrética) que expresa el pensamiento social y religioso andino y que ya se manifiesta en los dibujos de los cronistas Pérez Bocanegra y Juan Santacruz Pachacuti. Entendiendo la obra como tal retablo, los capítulos que siguen a "homilía" –que sirve de introducción– guardan una organización vertical dual alrededor de un eje, configurado por los dos capítulos "El Pez de Oro", y remiten a los símbolos dados por Pachacuti, como ha demostrado Huamán (1994: 54):

El Pez de Oro (cap. II) = Viracocha
Españoladas (cap. III) = Sol   Pachamama (cap. IV) = Luna
Pueblos de Piedra (cap. V) = Abuelo   Mama Kuka (cap. VI) = Abuela
Puro Andar (cap. VII) = Tierra   Los Sapos Nengros (cap. VIII) = Laguna
Thumos (cap. IX) = Hombre   Morir de América (cap. X) = Mujer
El Pez de Oro (cap. XI) = Colcapata

Esa jerarquía vertical que subvierte la noción occidental de la linealidad de tiempo, lectura e historia y que destaca al Pez de Oro como elemento rector (*ibíd.*, 58 s.), significa un primer nivel de lo que Huamán (*ibíd.*, 63) llama "verosimilitud cultural". Ésta se halla presente no sólo en las muchas

---

[115] Una cierta excepción representa, en lo que se refiere a los contenidos, el llamado neo-indianismo de *El nuevo indio* (1930) de J. Uriel García, defensor de una modernización y transculturación de las culturas indígenas. Churata parece acercarse a las posiciones neo-indianistas (idealistas) sin excluir, por otra parte, ni las socialistas de Mariátegui ni las tradicionalistas de Valcárcel; *cfr.* Vich (2000).

referencias a creencias andinas, sino también en la mezcla de géneros y en la lengua híbrida. Y esta mezcla corresponde al modelo del *tinkuy*, una forma de la literatura sincrética indígena del Perú que consiste en la "plasmación armónica de contrarios, objetivización de la existencia de un sujeto social negado y subordinado, pero vivo y actuante" (*ibíd.*, 105). Así, en lo que tiene de parodia de la cultura española/occidental y de los discursos sociales hegemónicos (en torno al 'descubrimiento', la ciencia, etc., piénsese en el capítulo "Españoladas"), *El Pez de Oro* recoge rasgos del *pukllay* o carnaval andino, patente, asimismo, en "la apropiación del prestigio de la lengua y escritura dominante, su reelaboración en una escritura oral y un idioma híbrido" (*ibíd.*, 89). En otros pasajes y niveles, en cambio, la obra realiza un discurso mítico, una práctica mágica-ritual y una afirmación religiosa paradigmática. El conjunto se inscribe así en un proceso de sincretismo escritural y literario a la vez que participa de la polifuncionalidad estética-pragmática-ritual de la práctica cultural andina. Por consiguiente, concluye Huamán (1994: 109 s.), la obra de Churata, texto límite surgido del conflicto entre lo español y lo quechua, desempeña "una escritura oral deconstructiva del logocentrismo occidental que busca expresar en un idioma híbrido [...] una síntesis o utopía social, [...] muestra no de una literatura indigenista o surrealista sino indígena".

Indudablemente, el lúcido estudio de Huamán (1994) explora aspectos centrales de la estructura, la escritura y la intención de sentido de *El Pez de Oro*, antes apenas entrevistos[116]. No obstante, su equiparación de cultura indígena y subversión del logocentrismo/dominación occidental tiende a generalizar fenómenos y procesos que están lejos de conformar la totalidad conflictiva de las culturas andinas[117], por más que configuren rasgos esenciales de ella. Tampoco llegan a acaparar todo el potencial de sentido de esta novela-*tinkuy*. Pues ver en ella únicamente una obra "indígena" significa, primero, dejar de lado su discusión nada constantemente paródica con el pensamiento, la litera-

---

[116] Hasta hace poco, la crítica sobre esta obra solía consistir en la repetición de algunos tópicos, vinculados a los términos de Indigenismo, Surrealismo, prosa poética, barroco, etc.; *cfr.* el cuadro sinóptico en Huaman (1994: 29). Hacía falta un análisis de *El Pez de Oro* dentro del contexto de la cultura indígena, sólo someramente tratado en el trabajo de Unruh (1984), que Huamán curiosamente parece desconocer. Sin embargo, resulta cuestionable la fusión entre perspectiva andina y deconstructivismo, que aquí se tiende a identificar de tal modo que la primera resulte algo como la manifestación intrínseca del segundo y éste como rasgo esencial y distintivo de aquella.

[117] Otra vez hay que recordar los estudios de Cornejo Polar (1994b), quien desgraciadamente nunca emprendió un análisis detallado de la obra de Churata.

tura y el arte occidentales y su intento de elaborar las nociones del poeta/autor y del texto mismo en atención a la cultura andina tanto como a la tradición española/europea y, más aún, su revolución vanguardista. Y, segundo, implica adjudicar a la obra una univocidad y unidad de sentido que ella no tiene y que tampoco se avendría con su autodeclarado carácter de búsqueda del idioma americano y de "América, más adentro". La intención de apropiación de la modernidad social y estética –y de la relación vanguardista entre ellas– está bien patente en el texto, en las referencias a la técnica, la ciencia y otros fenómenos 'típicamente' modernos y en pasajes de evidente carácter creacionista o surrealista (*cfr. supra*). Pero aún más se manifiesta en la heterogeneidad general del texto. Ésta revela no sólo la copresencia (conflictiva) de distintas perspectivas, sino la conciencia muy clara del hecho de que –por lo menos por el momento– no hay modo de asumir la una sin pensar a la vez en su diferencia respecto de la otra. Las repetidas reflexiones metatextuales y metaficcionales del narrador –y a este respecto el coloquio de los *chullpa-tullus* en torno al libro que el autor (real) está escribiendo y la posibilidad de que, por tanto, ellos mismos sean entes ficticios, configura una metalepsis que dejaría poco que desear a Macedonio Fernández y su exigencia de la novela-belarte– insisten en este aspecto, haciendo hincapié en la imposibilidad de una perspectiva/escritura única, unificadora e inmediata en relación con la realidad: el *discursive turn* como camino de explorar la condición heterogénea.

Así pues, con razón Unruh (1984) ha subrayado el vínculo estrecho entre *El Pez de Oro* y el proyecto vanguardista-indigenista del *Boletín Titikaka*. En esta revista, Churata más de una vez había teorizado sobre la Vanguardia (hispanoamericana), defendiéndola también de los ataques de Vallejo a la (presunta) falta de modernidad auténtica de los jóvenes vanguardistas americanos/peruanos. La creación de "a personally and culturally authentic sense of Peruvian and American identity, an expression of individual and collective wholeness" (*ibíd.*, 341), es así un objetivo profundamente marcado por la Vanguardia andina. Pero resulta ser intrínsecamente vanguardista a partir del momento en el cual la integración armónica en el universo andino empieza a vislumbrarse como anhelo y utopía necesariamente inalcanzables. *El Pez de Oro* evita cualquier "reconciliación". Re-elabora, pero también relativiza las formas literarias indígenas –cuya revaloración fue parte central de la Vanguardia en Puno–, y a la vez 'devora' y deconstruye la literatura dominante. En particular se distancia de la novela, que con su función genérica tradicional de establecer coherencia y unidad lineal-racionales le sirve de contrafolio para la elaboración de otros principios de entender y expresar la realidad americana y para convertir la resistencia frente a la dominación en auténtica experiencia estética americana.

La hibridez y heterogeneidad en tanto marcas intencionales de contenido y expresión configuran en cierto sentido el rasgo más característico de la vertiente americanista de la Vanguardia hispanoamericana. Y ello no sólo se debe a los planteamientos/dominantes de la Vanguardia en general –"hacer justicia a lo heterogéneo"–, por más que ello haya sido un impulso inicial, sino también tiene que ver con el problema específico de la modelización y representación de lo americano. A este respecto resulta significativo que todos los textos tratados hasta ahora no reivindican poder re-presentar así sin más "lo otro" americano, sino que una y otra vez estorban la ilusión, por momentos presente, del acceso inmediato a una visión del mundo no-occidental. A lo largo del proceso de lectura intencionada, sus mismas escritura y perspectiva narrativas se vuelven expresión de la conciencia de la heterogeneidad y del papel intermediario inevitable del observador y del discurso y la vinculación de ambos a determinados sistemas de pensamiento y de poder. La identificación completa con "lo otro" está presente como anhelo esencial, mas todavía insatisfecho y tal vez imposible de cumplirse jamás.

Es gracias a ello que las novelas evitan caer en la simple oposición frente al *orientalism* occidental (Said 1979). Su intento "to rescue Otherness from its false, Western representations" (Levinson 1997: 172), por más que en el fondo "ontologizes alterity and cultural difference" (*ibíd.*), no deja de plantear al mismo tiempo el problema de la representación, de toda representación. Es decir, aunque para ellas no se trate del "detaching Otherness from truth" (*ibíd.*)[118] –por lo general, la Vanguardia histórica no estaba interesada en cuestiones ontológicas, sino en planteamientos epistemológicos (crítico-culturales) y estéticos–, la mirada autocrítica de los textos implica necesariamente la duda en torno a la "verdad" de cualquier (re-)presentación de lo otro/americano. Y si bien puede que ello no signifique sino repetir "the discourse of truth itself: the discourse that trains us to se reproduction or mimesis not as real but as imitation, as false" (*ibíd.*, 176), en su momento significaba a la vez un reto muy fuerte del Regionalismo dominante y un impulso poderoso para la búsqueda de una expresión nueva y más 'auténtica' de la experiencia latinoamericana. El que esa búsqueda sólo muy raras veces fuera a cundir en una obra comparable a *El Pez de Oro* en cuanto al compromiso radical y auto-reflexionado con el proyecto de una

---

[118] Es lo que desde una perspectiva pos-colonialista empieza a proponerse como nuevo paradigma de los estudios latinoamericanistas; *cfr.* el esclarecedor estudio ya citado de Levinson (1997), que en su argumentación se refiere a la problematización de la noción de "lo otro" en *Los pasos perdidos*, de Alejo Carpentier.

lengua, una estética y una cosmovisión ni española ni vernacular sino americana en el sentido enfático de la palabra y con todo lo que ello signifique también de hibridez, heterogeneidad y reivindicación socio-cultural de la otredad, es ya parte de otra historia. Pero el hecho de que se dio, en *Los ríos profundos* (1958) y, ante todo, en *El zorro de arriba y el zorro de abajo* (1970), de José María Arguedas, establece otro de los muchos puntos de encuentro –o líneas de continuación 'subterránea'– entre las Vanguardias y la literatura posterior.

2.2. ¿Una nueva novela histórica?

"Novela histórica vanguardista" a primera vista podría parecer una *contradictio in adjecto*. En su primera fase, la orientación de las Vanguardias hacia la doble modernidad (hispanoamericana), la socio-económica y la estética, hizo poco menos que imposible el tratamiento del pasado. Éste sólo podía estar presente como el antagonista (necesario pero callado) de las rupturas que se proponían. Por cierto, en los manifiestos y las actividades culturales vanguardistas la proclama de la absoluta novedad se veía mitigada en más de un caso por el 'rescate' de ciertas líneas históricas, piénsese en el Criollismo de *Martín Fierro* (!) y su referencia al "álbum de familia", pero también en los Contemporáneos y su redescubrimiento de Sor Juana, los primeros ensayos de Borges y, al otro lado del mar, la celebración de Góngora por la llamada Generación del 27. Pero ese reconocimiento de tradiciones (nacionales), además muy selectas/parciales y a menudo entendidas como 'disidentes', estaba lejos de implicar una vuelta hacia la historia y la tradición en los textos literarios. Mucho más que a un reconocimiento del pasado en cuanto tal o del propio condicionamiento histórico ineludible, correspondía al deseo de fabricarse una tradición propia y auto-elegida, si es que se dedicaba algún pensamiento 'positivo' al pasado.

Con ello, la Vanguardia marcaba, además, otra de sus muchas disidencias frente a la literatura dominante, en la que el tema de la historia nacional/latinoamericana ya en los años 20 gozaba de un interés reavivado. Junto a la novela colonialista en México y el Perú, se dio toda una serie de obras que con miras más o menos directas hacia la actualidad tematizaban épocas no tan remotas, como *Juan Criollo* (1927), de Carlos Loveira; *La Marquesa de Yolombó* (1926/1928), de Tomás Carrasquilla; *Las memorias de Mamá Blanca* (1929), de Teresa de la Parra; *Matalaché* (1929), de Enrique López Albújar; *Chamijo* (1930) de Roberto J. Payró y *El romance de un gaucho* (1930/1933), de Benito Lynch, para mencionar sólo las novelas más conocidas. En todas ellas la intención de apropiación y re-creación de un tiempo pasado se vincula de alguna manera con la tradición de las llamadas *foundational fictions* del siglo XIX[119], en tanto que procuran imágenes de la historia con evidente función entre explicativa y mitopoética con respecto a la construcción de la identidad nacional. A veces ello se cifra en la puesta en escena de una *conditio humana*/hispanoamericana intrahistórica, relacionada, sin embargo, con la denuncia de ciertos lastres históricos, como en *Matalaché* y, de manera más socio-crítica, en *Juan Criollo*. Otras veces se emprendió la idealización de una época en función de reivindicar cierta herencia histórica nacional que para (presunta) desventaja del desarrollo coetáneo estaba poco apreciada, propósito evidente en *La memorias de Mamá Blanca*. Raras veces se trataba sólo de seguir una tendencia de evasión, nostálgica, aunque algo de eso impregnaba no pocas de las novelas históricas, desde la novela colonialista hasta las de Teresa de la Parra y Benito Lynch.

De la novela histórica modernista –que transponía los temas 'modernos' del *fin-de-siècle* al pasado, ubicando el conflicto entre realidad y *antimonde* en épocas de decadencia, preferentemente de la antigüedad (cfr. Meyer-Minnemann 1991a)– ya apenas quedaba huella. Sólo las novelas colonialistas mexicanas y peruanas, que expresaban una vuelta hacia la común herencia hispánica y que intentaban recrear el pasado también en el arcaísmo del lenguaje, reanudaban en estos aspectos el modelo de *La gloria de Don Ramiro* (1908), de Enrique Larreta, una novela todavía muy apreciada en los años 20. Pero aun así, en el centro de interés de todas esas novelas estaba la recreación "fidedigna" de épocas de la historia nacional y, con ello, la presentación "convincente" de imágenes del pasado que contribuyeran al proyecto de la identidad nacional y que no obstante su orientación liberal o conservadora resultaran coherentes con la visión vigente de la historia nacional.

En cambio y como ya se ha dicho, en la novela/narrativa vanguardista faltan al principio, por lo general, tanto el tema de la historia como también la perspectiva histórica si por ella se entiende la conciencia de la condición histórica de la existencia humana, y no sólo la experiencia básica de que el hombre en cuanto tal está expuesto al suceso[120]. Por cierto, hay algunas

---

[119] El concepto ha sido elaborado por Sommer (1991), para una oportuna ampliación y diferenciación, *cfr*. Garramuño (1996), quien entre otras cosas insiste en la necesidad de desvincular el discurso fundacional del género de las novelas de amor.

[120] Es lo que Foucault (1966) ha llamado la "forma desnuda de la historicidad humana" que sale a luz, según él, a partir del siglo XIX. Como experiencia de la contingencia del proceso histórico se la considera una de las marcas distintivas de la época de la modernidad universal; *cfr*. Habermas (1985).

excepciones significativas. En *Escalas melografiadas*, de Vallejo, el recuerdo de la Conquista forma parte de la memoria e identidad del sujeto (andino) y se vuelve así cifra de su inmersión en la historia. Esta visión llega a su apogeo en *El Pez de Oro* y su re-escritura de la historia del descubrimiento, suceso que en cuanto a sus consecuencias aparece como historia andina "viva". Y "¡Qué México!..."/*El joven*, de Salvador Novo, subvierte con evidente intención satírica el discurso oficialista en torno al (supuesto) cambio histórico causado por la Revolución. Pero la mayor parte de las novelas de los años 20 y también de los 30 profesa una perspectiva bastante a-histórica, indudablemente también en respuesta al creciente impacto del discurso izquierdista, tan profundamente marcado por la filosofía marxista de la historia. Cabe recordar que en la narrativa, sobre todo la del realismo social, este impacto se manifestaba en la reforzada insistencia en la condición histórico-social del sujeto, así como en la recurrencia a explicaciones historiográficas y la apelación a la "verdad" y el *telos* de la historia como 'historia de las luchas de clase'. El enfoque poco histórico del Surrealismo, en particular de los textos de Breton que a partir de finales de los 20 se recibieron en América Latina, bien podía entenderse como afirmación –por si hiciera falta– para continuar con la ausencia de lo histórico en los mundos narrados vanguardistas. De manera muy compleja y lúcida ese haz de respuestas a procesos e impulsos nacionales/hispanoamericanos e internacionales iba a perfilarse en *Miltín 1934*, de Juan Emar, donde el discurso (convencional) sobre la historia sucumbe ante sus propias reivindicaciones, citadas y a la vez deconstruidas en una obra que, entre otros muchos aspectos, también ofrece un diálogo crítico-simpatizante con el Surrealismo. Y en el otro polo se ubican las novelas de Arlt, que sugieren la falta de una perspectiva histórica –o sea, la no-posesión de imágenes (consagradas) de una historia colectiva de la cual uno se sabe parte/heredero– como un rasgo distintivo del individuo/inmigrante (desarraigado y desclasado) en la urbe moderna, el Buenos Aires de la época.

Así pues, las novelas históricas vanguardistas representaron en su momento una doble novedad: frente a la tradición de la novela histórica y frente al enfoque típico o *mainstream* de la misma Vanguardia. Y en cierto sentido no parece casual que el primero en acometer la tarea fuera precisamente Vicente Huidobro (1893-1948)[121], como tampoco lo sería que al tratar temas históricos él no se acercara a la historia nacional, sino a la univer-

---

[121] Prescindo de aducir aquí más datos bio-bibliográficos sobre este autor tan conocido, para más información sigue siendo de gran utilidad el estudio de De Costa (1984).

sal. En rigor, ya la primera novela de las cinco que escribió –y que recién en los últimos años parecen alcanzar el interés de la crítica que merecen[122]–, *Cagliostro*, tiene visos de cierta reformulación vanguardista del (sub)género de la novela histórica, mezclándolo con otros géneros, tradicionales o recién inventados por el mismo texto. Esta "novela-film"[123] fue empezada en 1921, pero la versión definitiva apareció recién en 1934[124]. Desde una definición global de la novela histórica como la propone Menton (1993: 33), *Cagliostro* pertenecería de lleno a este género: se dedica a narrar una acción ocurrida en un pasado no vivido por el autor[125]. Por boca de un narrador heterodiegético se presentan unos episodios (ficticios) de la vida del médico y ocultista Cagliostro, ocurridos durante su estancia en el París prerrevolucionario. Inspirándose en la fama popular y en algunos de los textos sobre esta figura misteriosa[126], una parte de la novela se centra en re-crear la actuación del protagonista y el ambiente aristocrático de la época, y ello con bastante 'fidelidad' para con los conocimientos comunes (no-científicos) sobre la misma. No obstante, ya desde las primeras páginas hay dos líneas que constantemente entrecruzan la lectura como novela histórica: la integración del elemento fantástico –las facultades sobrenaturales de Cagliostro–, y la escritura y estructura fílmica, tematizada ya en el "Prefacio" (Huidobro 1993: 23, 26).

De hecho, el texto comienza: "Suponga el lector que no ha comprado este libro en una librería, sino que ha comprado un billete para entrar al cinematógrafo" (*ibíd.*, 29), para después citar el título tal como aparecería al comienzo de un film y dar el convencional subtítulo explicativo del argu-

---

[122] La primera monografía extensa sobre la obra novelística del autor chileno es la de Pérez López (1998), que ofrece también una bibliografía muy completa.

[123] Es la expresión utilizada por Vicente Huidobro en el "Prefacio" (Huidobro 1993: 26).

[124] *Cagliostro*. Santiago de Chile: Zig Zag. Sobre la historia del texto, que pasó por distintas versiones y hasta por una traducción al inglés, *cfr.* Pérez López (1998: 63).

[125] Para un concepto mucho más elaborado tanto de *la* novela histórica como de sus versiones posmodernas véase el extenso trabajo de Nünning (1995), que propone una tipología enormemente detallada de la novela histórica contemporánea en lengua inglesa. La definición básica de Menton (1993: 33) tiene la ventaja de poder servir de folio sin predeterminar nada acerca de las funciones y los procedimientos de la novela histórica vanguardista.

[126] En el prefacio se citan sin aducir la fuente unas declaraciones del propio Cagliostro que parecen tomadas de las (apócrifas) *Mémoires pour servir à l'histoire du comte de Cagliostro* (1785), además del artículo en el diccionario Larousse. Para otros textos que pueden haber servido a Huidobro, *cfr.* Pérez López (1998: 111 s.).

mento. Y en lo que sigue, como ya queda dicho en el "Prefacio", no sólo se trata de una "escritura fílmica"[127], sino también de un tema y una trama muy al gusto del cine de la época: una historia fantástica ubicada en un pasado histórico que da suficiente motivo para un decorado y unos vestidos suntuosos en torno a un protagonista masculino de mirada magnética y poderes extraordinarios. La ambientación 'historizante' de la acción, tanto como la belleza de la heroína Lorenza –mujer y *medium* de Cagliostro quien la ama sin que ella le corresponda sino en estado hipnótico– y otros ingredientes convencionales, se hallan ironizadas por el narrador-autor: "un gran salón de estilo (del estilo que más le guste al lector, a condición de que sea anterior a Luis XVI)" (*ibíd.*, 86 s.), dice éste sobre uno de los decorados; Cagliostro aparece en una noche de tormenta muy a propósito (*ibíd.*, 31); y con "Lector, piensa en la mujer más hermosa que has visto en tu vida y aplica a Lorenza su hermosura. Así me evitarás y te evitarás una larga descripción" (*ibíd.*, 46) se presenta a la heroína. Sin embargo, Cagliostro, su misterio, sus hechos maravillosos y la larga narración de su iniciación a la magia en Egipto nunca son objeto de tales comentarios metaficcionales, como tampoco lo es el carácter realmente melodramático de la historia. Cagliostro al final se ve injustamente acusado de magia negra y aprovechamiento personal por otro mago más poderoso –el Gran Rosacruz–, quien le exige salir de París. Al mismo tiempo se suicida su mujer por no poder aguantar más vivir a su lado, suceso que causa su profunda desesperación: "Y ahora comprende, y ahora ve claro. Preparó todo para su triunfo; como el general en la batalla, no quiso olvidar ningún detalle; sólo olvidó el amor. El amor [...], la única palanca que puede cambiar los mundos" (*ibíd.*, 129). Con el elixir para resucitar a los muertos, su fiel sirviente y el cadáver de la esposa escapa en una carroza, al fondo del camino (visible) cae una nube y el "gran mago se pierde a los ojos del mundo, detrás de esa nube misteriosa" (*ibíd.*, 134).

La crítica actual ha visto en Cagliostro, en tanto que representa el cuestionamiento de las limitaciones espacio-temporales, una elaboración de "la constante utópica" que caracterizaría toda la obra de Huidobro (Pérez López 1998: 65), a la vez que la encarnación del "aventurero" en la línea del ensalzamiento del héroe por Thomas Carlyle y del superhombre nietzscheano, un aventurero dotado además de rasgos autobiográficos del propio Huidobro

---

[127] Sobre los aspectos problemáticos de este término, que sólo se puede emplear como metáfora, véase el trabajo de Von Tschiltschke (1999); para un esbozo de los comienzos de la apropiación del cine en la literatura hispanoamericana y un análisis más detenido de esta novela, Niemeyer (2002).

(Pérez López 1998: 84-87)[128]. Sin embargo, en atención tanto a los posibles intertextos fílmicos como al desarrollo de la trama y su presentación, hay que pensar mucho más en la figura del "científico loco", de anhelos entre fáusticos y demiúrgicos, que entretanto ya se había impuesto como ingrediente típico del film fantástico de la época al estilo de *El gabinete del Dr. Caligari* (1920) (De Costa 1981;1993; Verdevoye 1994).

Pero la escritura fílmica, aspecto en el cual se suele centrar la crítica actual, no sólo sirve para rodear al protagonista y sus acciones del halo de misterio, sino que se convierte hasta cierto punto en objetivo mismo. Así, la atención a lo visual se halla presente tanto en los rápidos cambios de escena que a veces también introducen un efecto de simultaneidad en la narración lógico-cronológica de la historia, como en la descripción del engrandecimiento o empequeñecimiento de los personajes según se acercan o alejan de los ojos del narrador/espectador, en escenas de *close up* y *fade out* –el final ya citado–, y la marcada preferencia por la narración en presente[129]. En otros aspectos del discurso se hace sensible la orientación hacia el cine mudo: la relativa escasez de diálogos; frases sueltas en cursivas que indican lugar o tiempo y que bien podrían servir de subtítulos; la presentación frecuente y con insistencia metafórica de los ojos y miradas de los personajes, elemento convencional primordial del cine mudo para caracterizar a los personajes y codificar sus sentimientos (*cfr.* De Costa 1981; 1993). Los procedimientos 'fílmicos' a menudo llaman la atención precisamente sobre lo que el autor-narrador dice querer hacer olvidar: el texto. Frases como "Toda esta página que acabamos de escribir está atravesada por un camino lleno de fango, de charcas de agua y de leyendas" (Huidobro 1993: 31) exponen el carácter verbal de la ilusión visual, o sea, el poder creativo del lenguaje, y de una narración que lo sabe aprovechar.

Con todo, el objetivo 'intrínseco' de esa novela-film y en particular de su llamativa, mas nunca hermética, configuración del discurso reside básicamente en su evidente modernidad y su carácter experimental con respecto a las posibilidades de la novela de contestar al reto que significaba para ella el "séptimo arte" en su mismo terreno estético-temático. La apropiación de las

---

[128] En la misma línea argumenta Gallardo (1968). Interpretaciones de las novelas en clave autobiográfica son bastante frecuentes. Cabe recordar que *Cagliostro* es junto con *Papá o El diario de Alicia Mir* la novela menos estudiada de Huidobro.

[129] Cabe subrayar que aquí se trata de rasgos escriturales cuyo carácter "fílmico" resulta intencionadamente reconocible por las referencias explícitas al cine que despuntan en la novela desde el título hasta el final. Es decir, en cuanto tales estos rasgos no necesariamente remiten al cine; *cfr.* también Von Tschiltschke (1999).

nuevas técnicas cinematográficas se realiza sin la menor intención crítica[130]. Ellas se utilizan afirmando la novedad del cine y para poder reivindicar así la modernidad de la propia obra según los criterios de un público burgués 'moderno'. Este público, el mismo que se cortaba el pelo a la *garçonne*, jugaba al *tennis*, llevaba una *kodak* en sus excursiones de domingo y frecuentaba las lujosas salas de cine los sábados por la tarde, en su sentirse protagonista de la modernización económica y sociocultural, no podía sino verse afirmado por una novela que con tan amable guiño humorístico se hacía cómplice de sus gustos y expectativas con respecto a lo que valía ya como cifra de la modernidad cultural, pero que todavía tenía que luchar por la aceptación de su *status* como arte equivalente a la literatura y el teatro (*cfr.* Schlickers 1997: 18). *Cagliostro* emprende así una estrategia doble: dignificación literaria del cine y sus estrategias visuales y estructurales, concomitante modernización de la escritura narrativa 'al alcance de todos', por otra parte. Su mezcla de novela histórica, narrativa fantástica –en la línea de Rolmberg y Lugones (*cfr.* Verdevoye 1994: 113)– y escritura fílmica no cuestiona las convenciones genéricas ni mucho menos las (supuestas) diferencias de función estética, sino que desemboca en una interesante pero bastante inofensiva innovación del género novela y sus posibilidades de entretenimiento 'elevado'. *Romance goes to Hollywood*: ello no tenía por qué provocar a nadie, sino como demostración de que también la Vanguardia hispanoamericana –¡uno de sus máximos y más conocidos representantes!– era capaz de asumir con miras hacia el éxito internacional y cierta actitud irónica las reglas del mercado de la nueva cultura masiva[131]. Ello significaba

---

[130] Sé que tal interpretación no va a agradar a los que se afanan por atribuir a esta obra un carácter de Vanguardia 'auténtico' en cuanto cuestionamiento de géneros, fusión de cine y literatura y ahondamiento en una realidad más allá de lo cotidiano. Leyendo la novela sobre el doble trasfondo de la posición del cine en aquella época –en los grandes diarios de la época la sección de espectáculos con reseñas de películas, informaciones sobre las *stars*, etc. ocupaba ya mucho más espacio que la información literaria– y de lo que por lo general las novelas vanguardistas hispanoamericanas del momento solían ofrecer en cuanto a efecto iconoclasta, la voluntad vanguardista de esta novela no se expresa sino en el plano pragmático.

[131] No en balde el guión recibió un premio en Nueva York y se publicó una versión inglesa de la novela, por lo general comentada favorablemente; *cfr.* los testimonios aducidos en López Pérez (1998). Desde el punto de vista de los criterios (un tanto esquizofrénicos) vigentes en el campo literario, donde el éxito económico siempre y cuando sea intencionado (casi) siempre significa una mengua de capital simbólico, la obra de Huidobro ni a los ojos de los novelistas y críticos dominantes ni mucho menos a los de los vanguardistas, *per definitionem* reacios a admitir la literatura como mercado, podía con-

una considerable 'desacralización' de lo nuevo y, para decirlo así, la versión *light* de los experimentos intergenéricos e intermediales de la Vanguardia[132]. Y puede que en este cuestionamiento de los criterios elitistas de la modernidad estética se manifieste, por fin, cierta intención crítico-cultural típicamente vanguardista – dirigida también contra la misma Vanguardia.

Mío Cid Campeador. Hazaña (1929), la primera novela publicada de Huidobro, en todo caso se atiene mucho más al género de la novela histórica y representa mucho más de lo que, entretanto, se podía esperar de un acercamiento vanguardista al tema. También esta novela se debió a un proyecto cinematográfico –con Douglas Fairbanks como Cid (*cfr.* "Carta a Mr. Douglas Fairbanks", Huidobro 1995)– en la línea de la historia de un héroe/genio histórico ensayada en *Cagliostro*. Pero el texto, desde el principio pensado como "novela épica" (Huidobro 1995: 9), ya hace un uso más moderado de técnicas fílmicas y se centra en algo posible sólo en la literatura: la construcción a los ojos del lector –"arte a la vista" diría Macedonio Fernández– de un mito, mejor dicho, la revelación de cómo a través del uso de determinados discursos/estilos y de un imaginario arquetípico se crea un mito lleno de lo "extraordinario" y "poético". Así, la *Hazaña* combina la narración enaltecedora de la vida del Cid por boca de un narrador heterodiegético con la reflexión y el juego metaficcionales de este mismo narrador-autor en torno a su propia escritura, la imagen legendaria del Cid y su relación con "España" y, *last but not least*, la participación del lector. Ya desde el primer capítulo se entremezclan en el discurso de estilo elevado, hímnico-hiperbólico y de cuidadosa elaboración de equivalencias y metáforas llamativas "caídas" de tono en un lenguaje prosaico, humorístico, con abundantes términos coloquiales, extranjerizantes, anacrónicos: "Caen del cielo hojas, hojas que son bendiciones de todos los árboles de España, que son misivas de alegría, cartas de felicitación. Nació Rodrigo y todo se convierte en recién nacido, todo sigue el ritmo vital del cuerpo rosadote y gordinflón" (*ibíd.*, 24 s.); crece como si le hubieran "puesto salitre bajo las plantas, el maravilloso nitrato de Chile en las raíces" (*ibíd.*, 27), y algo más tarde "Rodrigo se para un momento. Deja que la Historia lo retrate, allí, frente a sus hombres, en el día en que va a dar comienzo a sus hazañas. Un kodak. Un momento" (*ibíd.*,88; *cfr.* también Castellvi de Moor 1988). Los

---

tar con gran aceptación. Será muy probablemente también por ello que los colegas vanguardistas de Huidobro casi nunca se expresaron sobre sus novelas.

[132] En cierto sentido, podría trazarse un paralelo entre esa novela de Huidobro y las obras de Jean Cocteau, vehementemente rechazadas por el Surrealismo con base en argumentos que también podrían aducirse contra *Cagliostro*.

graciosos anacronismos se dan, asimismo, en el plano del contenido, donde pronto adquieren función metaficcional: Rodrigo inventa la corrida de toros, escribe cartas llenas de las fórmulas de cortesía del siglo XX, Alvar Fáñez y Martín Antolínez llevan cuidadosa cuenta de las sumas ganadas –"Es el Rockfeller [!] de su época", comenta el narrador (*ibíd.*, 358)–, y desde muy joven Rodrigo piensa en el *Cantar*, el *Romancero*, Guillén de Castro, Corneille "y en mí [el narrador]" (*ibíd.*, 30). Actúa porque así lo reclaman el *Romancero* y el *Cantar* y porque España está atenta a sus proezas. Ese plano metaficcional ya se anuncia en la nota introductoria, en la que el autor (ficticio) reclama pertenecer a la descendencia del Cid y anuncia ciertos "compromisos entre la historia y la leyenda" y rectificaciones de esta última con base en conocimientos personales: "eso de la afrenta de Corpes es falso [...] Si fuera cierto lo sabríamos en la familia y ya veríais como yo habría hecho añicos en estas páginas a ese par de infames" (*ibíd.*, 9). En el texto el narrador-autor cambia detalles "porque así lo exige la novela" (*ibíd.*, 28). Una y otra vez insiste en la compenetración (metaléptica) bi-direccional entre escritura y sucesos narrados: ya una lágrima de Jimena o la sangre chorreando de Tizona impregnan la página, ya no puede describir una batalla porque García Ordóñez con sus tropas "nos ha defraudado [...] Me deja con la pluma en la mano" (*ibíd.*, 368), ya convierte su pluma en lanza y atraviesa diez moros (*ibíd.*, 354). En suma, la *Hazaña* muy pronto no deja lugar a dudas de que "no se propone crear la ilusión de realidad, sino por el contrario, hacer concreta y visible la realidad del arte y la realidad poética del Cid" (Castellvi de Moor 1988: 30), intención en la que se cifra también la modernidad de la novela, manifiesta en este "desescribir lo escrito para inventar otro discurso, otro orden poético" (*ibíd.*). Se parece, pues, bastante a una metaficción historiográfica[133] que emprende la re-escritura de la leyenda del Cid, sólo que en ello no pretende 'rescatar' alguna verdad callada por los textos ya existentes, sino mostrar la capacidad mitopoética que tienen. Y la novela de Huidobro se hace así una posición particular en la larga serie de elaboraciones literarias de la materia del

---

[133] Es uno de los términos elaborados por Nünning (1995) para clasificar aquellas novelas (posmodernas) que no pretenden ofrecer una versión implícitamente contestataria de la historia, sino indagar en los problemas de la historiografía como el discurso que recién establece la visión de la historia. Como bien se ve en la novela de Huidobro, en cuanto tal, el *discursive turn* de la novela histórica dista de ser un logro posmoderno. No obstante, es cierto que recién en los años 60 y 70 se ha convertido en uno de los rasgos sobresalientes y más reconocidos de la llamada "nueva novela histórica" (Menton 1993).

Cid[134], pues si en ella hay un héroe 'verdadero', éste no es el Cid en cuanto figura histórica, sino su leyenda, ante todo el *Cantar* y el *Romancero*. Tanto la crítica coetánea como la posterior[135] han buscado encontrar el 'orden' y el sentido de esa mezcla entre admiración desmesurada por la figura legendaria del Cid y el espíritu burlón que destaca en los comentarios del narrador. Ella ironiza el concepto de "novela épica" o "novela de un poeta" que el autor, a su vez tampoco muy fidedigno[136], había expuesto en la nota introductoria, cifrándola en "la exaltación que produce en el poeta una vida superior" ya que es la que más se presta para "cumular poesía" (Huidobro 1995: 9). ¿Por qué una novela creacionista, una metaficción tan consciente del poder creativo y mitopoético de la obra de arte verbal, precisamente sobre el Cid? ¿Homenaje a España (Castellvi de Moor 1988), intento de fusionar tradición poética con renovación narrativa (Pellicer 1997)? Primero, cabe recordar que Huidobro escribió la *Hazaña* cuando la figura del Cid y el *Cantar* gozaban de un vivo interés, y ello no sólo desde un punto de vista puramente histórico y/o filológico, sino también en cuanto modelos de identidad e integración nacionales en medio del conflicto entre 'las dos Españas'. Las innumerables referencias en la novela a la relación íntima entre el Cid y España –su verdadera novia– apuntan hacia este contexto específicamente contemporáneo[137]. Pocos años antes a la publicación de la *Hazaña* dos figuras importantes de la intelectualidad hispánica habían presentado sus 'modernizaciones' del *Cantar*: Alfonso Reyes su prosificación en 1919, Pedro Salinas su versión poética en 1926. La lectura de los clásicos hispánicos por los vanguardistas "poeta profesores" del 27, pero también por los Contemporáneos –que siempre tenían buenos contactos con Reyes,

---

[134] Esa serie se analiza en Rodiek (1995), quien también dedica un capítulo a la novela de Huidobro, pero más bien desde el enfoque de la llamada historia de temas y motivos y del estudio de las fuentes (hipotextos). Para una crítica del trabajo de Rodiek, *cfr*. Pellicer (1997), que demuestra que el tratamiento de los hipotextos en esa novela de Huidobro está lejos de ser tan constantemente paródica como supone Rodiek.

[135] Interpretaciones ofrecen Gallardo (1968), Williams (1979), Rojas Piña (1982), Picard (1986), Maury (1993), Pérez López (1998).

[136] Evidentemente el que habla en esta nota es un autor ficticio, pero aun si hablara el autor real, su opinión no tendría más autoridad respecto del sentido del texto ficcional que la de otro lector (privilegiado). Además, dadas las muchas marcas de ironía en esta nota –piénsese en lo que se dice sobre la afrenta de Corpes–, parece que tampoco las declaraciones sobre "la novela de un poeta" se deberían tomar demasiado en serio.

[137] La preocupación nacional del Cid del *Cantar* fue defendida ante todo por don Ramón Menéndez Pidal, en contra de lo que comunica el texto, como ha comprobado la crítica actual; *cfr*. Montaner (1993: 505-507).

el intelectual que más veneraban– hizo otro tanto para crear un ambiente de hispanismo –mejor dicho, de redescubrimiento de ciertas tradiciones hispánicas/españolas– en una parte de la Vanguardia. A Huidobro el fenómeno le habría interesado por los textos que se releyeron. Mas, tan poco nacionalista como fue durante toda su vida y su obra, en algo también le habría molestado. La polémica del meridiano, en la que personalmente no participó, puede que fuera otro incentivo para que, en 1928, emprendiera, como lo dijo Viviana Gelado (1992), la apropiación de una tradición céntrica/hispánica a la que podía sentirse vinculado y de la cual a la vez podía distanciarse por medio de la carnavalización a partir del estereotipo y la parodia. Pero esa "operación cultural" (*ibíd.*) es sólo una cara del texto de un vanguardista chileno universal sobre el héroe nacional español, de quien ese chileno (autor ficcional) además tiene el humor de declararse descendiente directo. La otra cara, más intrínsecamente vanguardista y, también, típica de la nueva novela histórica es que esta *Hazaña* demuestra cómo se crean mitos nacionales que son, pues, precisamente esto: obra de un discurso ficcional altamente sugestivo que en función de fines propios y ajenos –España– se apropia de elementos reales –la figura histórica del Cid– para convertirlos en algo distinto, "legendario, un monumento que corre a través de los campos de la poesía, a través de la atmósfera de la imaginación [...] Este es el fin del Cid Campeador, el verdadero fin de Mío Cid Rodrigo Díaz de Vivar. Es mentira que su cuerpo reposa en Burgos" (*ibíd.*, 429). *Hazaña* pues no designa un nuevo tipo de novela de aventuras, sino la novela de la aventura de la narración, del lenguaje creativo y sus posibilidades de apropiación y subversión culturales. Entre estos polos de la fiesta de la creación pura y cierta advertencia ante los peligros de la instrumentalización (política, nacionalista, etc.) de los poderes mitopoéticos se ubican las complejas intenciones de este texto que en el transcurso de la obra de Huidobro presenta algo así como el *missing link* entre *Cagliostro* y *La próxima*.

No obstante, hay también diferencias fundamentales. En *Mío Cid* la perspectiva histórica no resulta nada inusual para el género de la novela histórica. Enfoca, si bien de manera ambigua, el pasado en su importancia para el presente –la 'trascendencia' del Cid para la posterior leyenda y para España–, y el mundo narrado ejemplifica a cada paso la idea de que la historia es hecha por los 'grandes hombres'. Aparte de ello, no resulta rastreable ninguna filosofía de la historia. En *La próxima. Historia que pasó en poco tiempo más*, escrita en 1930 y publicada en 1934[138], en una editorial conocida por

---

[138] Santiago de Chile: Editorial Documentos.

sus libros político-izquierdistas (*cfr*. Triviños 1994: 85), todo eso se invierte casi completamente. La acción se ubica en el futuro inmediato y se presentan sucesos explícitamente debidos al transcurso de la historia en la época moderna, o sea, el enfoque del presente como pasado. El tema es justamente uno de carácter filosófico-histórico –¿qué se debe/puede aprender de la historia y cuál ha de ser el proyecto más prometedor para el futuro?–, y la historia aparece como proceso que se sustrae a la influencia del hombre/individuo, por "grande" que sea. En cierto sentido, la novela no trata sino de la confrontación de dos tipos de utopía y dos filosofías de la historia: la concepción spengleriana del carácter cíclico de las civilizaciones y su diagnóstico del fracaso de la civilización occidental (*cfr*. también Triviños 1994) frente a la concepción marxista. Y se oponen así la fuga de una elite, que en algún lugar remoto pretende crear una sociedad sobre los cimientos de la civilización occidental y para guardar lo mejor de ella, por un lado, y la revolución proletaria y su organización completamente nueva de la sociedad, por otro.

Todo ello se plasma en la narración heterodiegética de la historia de Alfredo Roc, "un visionario realista y *pioneer* idealista" (Huidobro 1964: 1075), quien ante el presentimiento de una inminente segunda guerra mundial que va a significar el exterminio de Europa acaba de fundar una colonia en Angola. A esta colonia, basada en la cooperación y la distribución equitativa del trabajo y del beneficio y en la que piensa sobrevivir con su familia y amigos, está llevando todos los mejores inventos del hombre. De viaje en Europa para organizar asuntos de la colonia, les sobreviene a él y a sus acompañantes la temida catástrofe. Se cercioran personalmente de la destrucción de París –todos los habitantes muertos por bombas de gas– y de Bruselas –todos enloquecidos por otro gas– y vuelven a Angola donde les llega la noticia de la destrucción del resto de Europa, así como de la guerra en ambas Américas y Japón. Únicamente una parte de la URSS se ha salvado, y entre otras por boca de Silverio Roc, hijo del *pioneer*, llama a los proletarios: "Murió el capitalismo. Murió como Sansón aplastando bajo sus escombros toda la tierra, amigos y enemigos. Murió la burguesía esclavizadora. Proletarios, los pocos que quedáis por el mundo, uníos para empezar la reconstrucción del mundo" (*ibíd.*, 1137). Contra la voluntad de Alejandro Roc, pero por votación de la mayoría, en la colonia se encierran las máquinas, por temor a su potencial destructivo, en un museo que finalmente es incendiado por los "tontos fanáticos, de un fanatismo nuevo, que creen que todo lo malo es culpa del maquinismo" (*ibíd.*, 1159). "–Rusia, Rusia, mi hijo tenía la razón", exclama Roc ante la destrucción de su proyecto utópico y "el esfuerzo de miles de generaciones". "Rusia, la única esperanza", termina el texto (*ibíd.*, 1164), escenificando "de forma ostentosa el triunfo de Silverio Roc (salvación por la revolución) sobre Alfredo Roc (salvación por la fuga)", como ha observado Triviños (1994: 94). No obstante, ese descubrimiento de la superioridad ética del ensayo revolucionario de transformación del mundo no significa "el final, el *non plus ultra* del viaje plasmado en *La próxima*, sino tan sólo un inicio" (*ibíd.*). A lo largo de la novela también el comunismo se somete a la discusión crítica, por su intransigencia con los logros de la historia (cap. VI) y su falta de respeto ante la individualidad, o sea, por su disolución del destino personal en el destino total (Huidobro 1964: 1140). El comunismo con sus reivindicaciones totalitarias aparece así como una solución provisional, capaz tal vez de impedir que "el período de las grandes transformaciones en el mundo civilizado", de las revoluciones y guerras y "crisis económicas [que] se repiten cada vez más agudas", como caracteriza el narrador-autor su presente en el "Exordio" (*ibíd.*, 1075), termine en la "catástrofe total". Pero hasta el momento en el cual termina la novela no ha hecho nada para 'salvar' al mundo, sólo propaganda, y tampoco se ofrece como *telos* de la historia, que en rigor para el mundo narrado en *La próxima* ya ha dejado de existir.

Esa novela de Huidobro no es, pues, una novela de propaganda, si bien tiene mucho de una novela de tesis. La presentación narrativa ayuda a dar relieve al conflicto entre las dos utopías/ideologías, dando a la historia de Alfredo Roc, héroe trágico pero héroe al fin y al cabo, la función de servir de ejemplo para una toma de conciencia histórica frente al presente. Y a la vez las particularidades 'modernas' de esa narración son lo suficientemente llamativas y novelísticas como para garantizar una experiencia altamente estética y una cierta ambigüedad del 'mensaje'. Así, el largo monólogo interior del protagonista durante su deambular por las calles parisinas sembradas de muertos, entremezcla percepciones actuales con recuerdos y reflexiones, angustia con nostalgia, nombres de personas y lugares referenciables con metáforas creacionistas, frases de anuncios con largas enumeraciones de carácter poético, y se convierte en un fragmento textual casi independiente. Resulta una evocación de la magia de París y una plegaria profana por los amigos artistas muertos, una ridiculización de todo nacionalismo y una indagación en la perplejidad ante la auto-dinámica de la historia:

> El Sena. Sigue corriendo, inocente, no sabe lo que ha pasado. Corre, corre de puente en puente. No sabe que han asesinado a su París. Una péniche viene como sonámbula a la deriva. La Concorde. El viento. El viento de la mañana es bueno para la salud. Aquí me salió al encuentro [...] Vous avez du feu pendant six mois avec la Salamandre, se méfier de contrefaçons. Calles, calles. Una ciudad muerta tiene más calles que una ciudad viva (*ibíd.*, 1112).

[...] calles hambrientas, flacas, pálidas, calles rozagantes, calles olientes a vino que se alejan tambaleándose, calles desocupadas que callejean todo el día mirando con la boca abierta, calles vagabundas, calles que se acuestan temprano y roncan como un bendito [...] Era un ser vivo. París. Sin duda alguna era un ser vivo [...] París era todo, todo a la vez [...] París, única ciudad en donde aún vivía la aventura, en donde uno podía encontrarse un fantasma que le pidiera fuego para su cigarrillo antes que sonaran las doce campanadas (*ibíd.*, 1113)

Brancusi, Lichitz, Laurens, Apollinaire, con la cabeza pesada de poemas, entraba a la boutique y hablaba, hablaba, discutía, discutía. L'Ami Félix. Le Pére Sagot. Max Jacob, André Salomon, Maurice Raynal. La guerra, la Gran Guerra. Pronto será la pequeña guerra. Amigos, buenos amigos. ¿En dónde estarán ahora? [...] Pobre Picasso [...] Picasso es el primer pintor que es más que un pintor, como mi amigo Vicente Huidobro es el primer poeta que es algo más que un poeta (*ibíd.*, 1115).

Recuerdo en una fiesta nacional, tendría yo quince años, unos señores gritando desaforados: "Viva España, viva España". Yo me planté delante y grité a mi vez: "Viva España hasta cierto punto" [...] si yo no amo a un compatriota mío, evidentemente no soy un antipatriota; si no amo a dos, a tres, a diez, a veinte, a cien compatriotas míos, tampoco soy un antipatriota; si no amo a mil, a un millón de compatriotas míos, aún no soy un antipatriota; desearía saber a partir de qué número se es antipatriota [...] La civilización europea va a desaparecer [...] Acaso es necesaria la muerte de toda la sociedad actual, acaso... (*ibíd.*, 1118).

Otros procedimientos que contribuyen a marcar la literariedad y ficcionalidad del texto y a 'aligerar' el contenido ideológico son los muchos diálogos entre voces anónimas que discuten sobre el proyecto angoleño, el estado del mundo occidental y las consecuencias a sacar de la catástrofe; el sueño apocalíptico (cap. XVI) que también anuncia el incendio final y que es referido por una voz autodiegética de identidad insegura[139]; y *last but not least*, los comentarios metatextuales y auto-irónicos del narrador-autor a modo de los que ya despuntan en *Cagliostro* y *Mío Cid*: "(¡Ah mi querido Roc, cómo despedazarías estas páginas si las leyeras! [...] Desde aquí oigo tu voz: "Maldito autor [...]")" (*ibíd.*, 1091); "(Aquí se ruega al lector recordar todos los sueños más idílicos [...] me evitará muchas descripciones inútiles)" (*ibíd.*, 1151), etc. Al igual que el monólogo interior, más cerca de un poema en prosa que del *stream-of-consciousness* joyceano –que Huidobro mismo consideraba un gran *bluff*[140]–, también estos rasgos sirven como

---

[139] Sobre este problema llama también la atención Pérez López (1998: 115).

[140] Así sus declaraciones en la entrevista "Vicente Huidobro habla para Síntesis", *Síntesis* 2 (abril de 1933).

señas de una modernidad narrativa indudable, nada 'imitativa' respecto de los modelos (europeos) ya establecidos. No obstante, sobre el trasfondo de las innovaciones que por esos años la novela vanguardista hispanoamericana ya había ensayado o estaba ensayando, tanto respecto del *discursive turn* como en cuanto a la subversión de los modelos de mundo vigentes, también esta novela de Huidobro presenta un caso de vanguardismo novelístico e ideológico bastante moderado, cosa que la crítica huidobriana suele olvidar destacando su carácter creacionista (Kasen 1986) y/o de "nueva novela" (Triviños 1994). Pero las innovaciones –sobre el monólogo interior y los diálogos anónimos ya insiste el autor Huidobro (¿real?) de la carta-prólogo (*cfr*. Huidobro 1964: 1073 s.)– nunca llegan a obstaculizar la actualización de la trama ni la comunicación de la intención de sentido global: el llamamiento a la "cordura de los hombres" (*ibíd*., 1075), a la racionalidad frente a todo tipo de fanatismo y a la cooperación en la transformación del mundo, que ha de superar la estructura capitalista, los nacionalismos y el populismo si quiere seguir teniendo historia.

Pero no hay que confundir esta advertencia con "el convencimiento rotundo de que sólo el comunismo ofrece un nuevo camino para el hombre de cualquier latitud y condición, tal y como [Huidobro] venía explicando larga y detalladamente a través de la prensa", como opina Pérez López (1998: 181), que también establece un paralelo estructural entre *La próxima* y *Tungsteno* (1931), de César Vallejo. Al contrario, la novela de Huidobro evita, tanto por la literariedad y modernidad de su presentación narrativa como por la ambigüedad ideológica concomitante en torno al *telos* de la historia, la posibilidad de dejar subsumirse bajo el paradigma de la literatura proletaria. Ante todo pertenece al género de la novela histórica en su versión de la ficción del futuro presentado como consecuencia del pasado y del presente (*cfr*. Cowart 1989), versión que años más tarde iba a ensayar George Orwell con *1984* (1949) y que alrededor de 1900 ya habían hecho popular H. G. Wells con *The Time Machine* (1895) y Anatole France con *L'île des pingouins* (1907). Con esas obras comparte el carácter de anti-utopía[141], con la diferencia de que no sólo ahonda críticamente en las posibilidades históricas de la época, sino también empieza a cuestionar la validez de los *grands récits* de la modernidad, la capitalista tanto como la comunista, exponiendo

---

[141] Sobre el tema de la utopía, así como su presencia en la literatura hispanoamericana ya hay una amplia bibliografía, para una síntesis, *cfr*. Pérez López (1998: 45-72), que desgraciadamente prescinde de relacionar las novelas de Huidobro sino con aspectos muy parciales –superficiales– de las cuestiones planteadas por las utopías de la modernidad.

el peligro y hasta la verosimilitud de la destrucción del futuro hacia el cual proyectarlas. Ahí reside el potencial vanguardista: en pensar lo impensable y cuestionar la creencia en el avance infinito que caracteriza a la modernidad y al proyecto de las Vanguardias. Indudablemente es la novela vanguardista hispanoamericana que más directamente responde a la crisis de 1929. Y la novela que elabora esa experiencia universal precisamente en su sentido universal, reclamando el derecho de la periferia de no sólo participar de algún modo en la modernidad del centro sino también el de cuestionar a éste sobre sus propias premisas y perspectivas.

Las lanzas coloradas (1931)[142], la primera novela de Arturo Uslar Pietri (1906-1979)[143], resulta, a primera vista, bastante más convencional. Con su tematización de una época clave de la historia nacional, el carácter verosímil del mundo narrado y la correspondencia general entre los sucesos históricos ficcionales y los fácticos (*cfr.* Gewecke 1992; Miliani 1993), y su escritura que, no obstante su carácter marcadamente artístico y moderno, no renuncia del efecto de realidad, se parece atener bastante fielmente a las marcas genéricas y las reivindicaciones (nacionales) típicas de la novela histórica dominante en la época. No hace falta ya resumir la trama de esta novela tan conocida en torno a unos cuantos personajes que sucumben todos en la Guerra de Independencia, concretamente en la Guerra a Muerte de 1813 a 1814[144]. Pero sí cabe destacar que ninguno de los personajes aparece como héroe narrativo, y que el único que se acercaría a tal, Presentación Campos, sería precisamente el anti-héroe histórico: el mulato y partidario de los realistas (*cfr.* Miliani 1993: 85-87). El transcurso de la historia no está influido por ninguno de ellos, y esto no porque la historia tenga su propia lógica a seguir –como sucede en *La próxima,* donde la catástrofe aparece como consecuencia casi inevitable del capitalismo y la modernidad burguesa–, sino porque no tiene lógica. Demuestra el mismo irracionalismo y la misma contingencia que caracterizan a los personajes y sus motivos para participar en uno u otro bando: Fernando Fonta está fascinado ante la retórica de los insurgentes (cap. IV), como poco antes lo estaba ante la mística (cap. III), pero finalmente va a la guerra para vengarse de Presentación Campos; Presentación Campos siente un impulso ciego de ascenso social y de ejercer poder que le hace afiliarse al primer grupo que encuentra en su camino. Esa "descalifica-

---

[142] Madrid: Editorial Zevs.
[143] Para más información biográfica sobre el conocido escritor venezolano, *cfr.* Miliani (1993).
[144] Para un resumen, *cfr.* Gewecke (1992).

ción narrativa de los proyectos individuales y socio-políticos de ambos personajes" (Lasarte 1992: 26) se combina con la ausencia significativa de factores de índole económica, política, social o cultural y la de(con)strucción a lo largo de la trama de las dualidades cifradas en los dos personajes –pensamiento vs. acción, debilidad vs. fuerza, amo vs. esclavo, realistas vs. insurgentes y, a través de ellas, Colonia vs. Independencia y tradición vs. renovación (*cfr.* también *ibíd.*)–. Tampoco los personajes históricos –Simón Bolívar y José Tomás Boves– figuran en el mundo narrado sino como siluetas, vistas desde lejos y presentes como objetos de miedo y mitificación populares mucho más que como representantes de algún orden político-ideológico o moral (*cfr.* también Miliani 1993: 85-92).

Todo ello no expresa una interpretación y valoración deficitaria del proceso histórico concreto, como se le ha reprochado a Uslar Pietri (Gewecke 1992: 177-179), sino que comunica una visión de la historia como un caos indiferenciado, como algo absurdo y grotesco. En palabras de Javier Lasarte (1992: 29): "Es la imagen de la historia que escapa al hombre, a su comprensión, a la acción efectiva. El cambio histórico es fuerza irracional, vorágine, incendio que acaece, arrasa e iguala a todo en la locura y la muerte". Bien se puede ver aquí cierto impacto de las lecturas de Spengler, presente ya en escritos anteriores del mismo Uslar Pietri[145], pero reducido ahora a una actitud francamente escéptica y pesimista frente al desarrollo histórico. Indudablemente, ella responde también a los sucesos nacionales –la dura represión gomecista y en particular la masacre de estudiantes en abril de 1928 que deshizo para muchos años la esperanza de un cambio político– y las internacionales de la crisis de 1929. En todo caso, se modifica aquí el modelo spengleriano de modo que también y precisamente la 'joven' América Latina –tópico clave del discurso contemporáneo de/sobre la identidad latinoamericana– se ofrezca como ejemplo al respecto, una muestra muy clara de que esta novela escrita en París y publicada en Madrid se dirigía, no obstante, ante todo a un público hispanoamericano/venezolano.

La configuración del discurso narrativo subraya esta visión a-histórica y antiheróica de la historia. A la vez, le confiere el sello de modernidad y ahonda en su efecto ruptural frente al discurso oficialista sobre la Guerra de Independencia y, en particular, el culto a Bolívar en el cual se complacía, para fines de legitimación política, el régimen gomecista. De este modo, la larga analepsis (cap. II hasta el final del cap. VI) que se abre después del

---

[145] Así en su conocido artículo "La vanguardia, fenómeno cultural", publicado en el diario *El Universal* (Caracas) a finales de 1927, reproducido en Osorio (1985: 241-244).

comienzo y que abarca toda la historia de la familia y de la juventud de Fernando Fonta, así como la primera fase de la lucha por la independencia, no cumple ninguna función explicativa respecto del presente narrativo, como se habría de esperar de semejante incursión en el pasado del mundo ficcional, sino que acentúa el carácter cíclico e irracional del proceso histórico, desde siempre dominado por el azar y la violencia tanto en lo privado como no menos en lo público[146]. La marcada escritura fílmica –la génesis del texto tiene que ver con el proyecto de una película sobre Bolívar[147]–, subraya estos significados. No sólo descuella la enorme atención para lo visual y la repartición de luz y sombra, sino también las muchas descripciones que se centran en detalles metonímicos de los personajes y acciones y que así sugieren el *close-up* –"Volvían de nuevo a correr las manos sobre el teclado. Por la escalera que del piso alto desembocaba junto a la puerta del patio, apareció una silueta" (Uslar Pietri 1993: 126)– o que 'imitan' el girar de la cámara en las presentaciones de los lugares (*cfr. ibíd.*, 281)[148]. Todo ello tiende a des-individualizar y desintegrar la imagen de los personajes y ambientes en una serie de impresiones fragmentadas que subrayan el autodinamismo y la independización de la acción/violencia frente al sujeto humano. Recién así se revela que sí hay un protagonista: la guerra. Tanto la escritura fílmica como, por otra parte, la cuidadosa elaboración poético-paradigmática del lenguaje, patente por ejemplo en la llamativa repetición/variación de una misma frase que así se convierte en algo así como un leitmotiv[149], se hace más palpable en las escenas de batalla:

> Boves invadía con siete mil lanceros [...]
> Boves invadía [...]

---

[146] Significativo al respecto es la insistencia en el azar 'genético' (*cfr.* Uslar Pietri 1993: 135 s.), en la ya comentada fascinación indiscriminada de Fernando Fonta ante el discurso religioso y el político insurgente, así como en la contingencia del terremoto del 26 de marzo de 1812.

[147] Esta película, propuesta por Rafael Rivero Oramas, artista vanguardista y uno de los pioneros del cine venezolano, nunca se realizó y Uslar Pietri tampoco parece que escribiera algún esbozo o guión para ella, pero sí fue el motivo para que pensara en narrar sobre la época y empezara a documentarse; *cfr.* Miliani (1993: 68 s.).

[148] Importa destacar que en esta novela, a diferencia de *Cagliostro*, no hay ninguna referencia explícita al cine. Sin embargo, ya la mera cantidad de rasgos escriturales que a los ojos del lector de la época, seguramente todavía más sensible para tales fenómenos, remiten a técnicas fílmicas puede tomarse como señal del carácter intencionadamente intermedial de éstos.

[149] Sobre este y otros rasgos que atribuye a una "concepción sinfónica del arte de novelar" de Uslar Pietri, *cfr.* otra vez el excelente estudio de Miliani (1993: 80-85).

> Boves invadía con siete mil lanceros [...]
> Siete mil caballos cerreros en avalancha sobre los campos (Uslar Pietri 1993: 242 s.)
> Boves invadía con siete mil jinetes (*ibíd.*, 246)
> ¡Siete mil caballos en avalancha sobre los campos! (*ibíd*, 251)
> ¡Boves invadía! [...]
> –¡Ahí están! ¡Ahí vienen!
> De la hondonada plena de árboles comenzaban a desbordarse como hormigas, como animales perseguidos, como agua incontenible, jinetes innumerables en tropel. [...]
> Se veían venir inminentes, compactos como atajo espantado, arrasadores como creciente. ¡Siete mil caballos en avalancha sobre los campos! (*ibíd.*, 263).

Y más adelante:

> Los ojos ya no ven venir seres humanos, sino brazos con lanzas rojas, y los otros no ven tampoco venir hombres sino brazos con lanzas, brazos rojos con lanzas rojas.
> No han visto de los caballos sino las dos orejas erizadas que flotan sobre las patas nerviosas, las dos orejas erizadas como la lanza.
> Por instantes se pierde la conciencia de las cosas, de la forma, del color, y entonces ya los ojos encarnizados sólo ven terribles ojos duros y fríos cristalizados de furia, pálidas miradas mortales en el vuelo de las lanzas, entre el relampagueo de las lanzas, bajo el árbol frondoso de las lanzas. Ojos de vidrio de los muertos, ojos de aceite de los caballos, ojos punzantes del hombre que viene (*ibíd.*, 290).

La escena final –Presentación Campos, agonizante, intenta asirse con una mano de la reja de la ventana para levantarse y ver a través de ella a Bolívar, cuya llegada es anunciada por el vocerío del pueblo en la calle; pero justo antes "suavemente dejó resbalar la mano de la reja, y fue a desplomarse sobre la tierra húmeda, la carne pesada de muerte" (*ibíd.*, 302)– significa el apogeo de esa fusión entre escritura fílmica y elaboración poética.

Gracias tanto a estos procedimientos –que en el tratamiento de las escenas de lucha y en el final hacen pensar en *All quiet on the Western Front* (1930), de Lewis Milestone[150]–, como a otras técnicas tales como el uso de la "conseja popular" (*cfr*. Miliani 1993: 87), o sea, la introducción de voces narrativas populares –el famoso comienzo de la novela–, los diálogos anónimos y el

---

[150] La película, adaptación de la famosa novela de Erich Maria Remarque, se estrenó en abril de 1930 y obtuvo inmediatamente un gran éxito internacional; *cfr*. Beller (1991).

empleo del monólogo interior de cuño joyceano[151] –el delirio final de Presentación Campos–, la novela adquiere una indudable modernidad narrativa. Pero ésta no llega a sobreponerse de modo que impida seguir la trama o cuestione la ya mencionada verosimilitud del mundo narrado, que por más que resulte contrario a la imagen oficialista de la Guerra de Independencia no se aparta mucho de la llamada realidad histórica fáctica[152]. Y con ello *Las lanzas coloradas* se ofrece como exponente casi prototípico de la Vanguardia venezolana, a la que en su producción literaria siempre se ha atribuido un carácter más de innovación que de ruptura y un cierto retraso en comparación con los movimientos en otros puntos del continente (*cfr*. Osorio 1985; Lasarte 1996, entre otros). El mismo Uslar Pietri había publicado en 1928 *Barrabás y otros relatos*, un libro de empeño renovador sin ser propiamente vanguardista (*cfr*. Osorio 1979), mientras que el mucho más audaz tomo de cuentos *La tienda de muñecos* (1927), de Julio Garmendia, casi no tuvo ninguna difusión en el país (*cfr*. Mora 1992). La aparición de *válvula*, en enero de 1928, significó la culminación de las actividades literarias vanguardistas (*cfr*. Osorio 1985: 168-173) con un manifiesto altamente polémico –redactado por Arturo Uslar Pietri– que retomaba rasgos ultraístas y que apenas dejaba entrever la íntima fusión entre la Vanguardia y la política que ya en el mes siguiente iba a realizarse en las manifestaciones estudiantiles y populares contra la dictadura de Juan Vicente Gómez. Varios de los autores vinculados o favorables a la Vanguardia –Antonio Arraiz, Andrés Eloy Blanco, Guillermo Meneses y Miguel Otero Silva– iban a ser encarcelados, a veces durante años, mientras otros, que no habían participado en la contienda, tuvieron la suerte de poder salir del país en misiones diplomáticas: Uslar Pietri en 1929 hacia París, Enrique Bernardo Núñez ya en 1928 hacia Colombia, Cuba y Panamá.

Además, entretanto se había publicado, con *Doña Bárbara* (1929), una novela que por sí misma y por el enorme éxito intercontinental e internacio-

---

[151] En *Las lanzas coloradas* se trata del monólogo interior en discurso indirecto libre, según el modelo de *The Portrait of the Artist as a Young Man* (1916), traducido al español en 1926 por nada menos que Dámaso Alonso. El monólogo final de Presentación Campos es sólo el ejemplo más logrado, que, además, también incluye algunas frases en discurso directo libre. Esto, así como la destacada posición de este monólogo, sí hacen pensar en el *Ulysses*, que el propio Uslar Pietri declara no haber leído cuando redactaba su novela, ya que fue antes de la traducción del *Ulysses* al francés; *cfr*. Miliani (1993: 95). Sin embargo, esta traducción se publicó en 1929.

[152] Hay una excepción significativa: en la novela, Boves sale herido en la batalla de La Victoria (12.2.1814), aunque, de hecho, no participó en ella y salió herido en la batalla de La Puerta (15.6.1814).

nal hizo prevalecer la dirección decididamente no-vanguardista, realista-regionalista como paradigma y norte de la novelística venezolana contemporánea[153]. Hasta un tomo de apariencia innovadora como *Canícula/Giros de mi hélice* (1930), de Carlos Eduardo Frías y Nelson Himiob, no realizaba en su interior sino la vuelta al Criollismo, modernizado por cierta preocupación social y una mayor libertad y 'actualidad' de vocabulario y sintaxis. Se reafirmaba, pues, la concepción de que la narrativa/novela ha de comprometerse con la situación nacional desde un punto de vista reformista, concepción que se cimienta en la fe en el progreso y la concomitante función afirmativa-correlativa de la novela/literatura para con la modernización burguesa.

Frente a este contexto, la novela de Uslar Pietri toma una posición muy distinta, lo que explicaría también su éxito inmediato en el extranjero frente a la recepción un tanto fría en su propio país[154]. En ella la negación del cambio histórico en el plano del contenido corre pareja con la afirmación de la posibilidad y necesidad del progreso por medio del cambio en el plano de la expresión y la estética. Está orientada claramente hacia la avanzada y la concomitante ruptura con el Criollismo, en particular el modelo galleguiano. Así, no sólo se niega a ofrecer algo que afirme la dicotomía civilización vs. barbarie, sino también rehúsa cumplir los otros rasgos típicos, defraudando las expectativas despertadas por el mismo tema y referente histórico-geográfico de la novela[155]. El paisaje venezolano apenas aparece –hecho que despunta particularmente en vista de la gran atención que en *Las lan-*

---

[153] Sobre el peso del modelo de Gallegos, concretamente de *Doña Bárbara* –las novelas siguientes recibieron menos atención–, *cfr.* el estudio de Araujo ([1972] 1988). La publicación de *Las memorias de Mamá Blanca*, en el mismo mes que *Doña Bárbara*, en cambio, despertó poca atención dentro de Venezuela y en particular entre los escritores jóvenes, posiblemente también a causa de la impopularidad política de la autora, que poco después de los sucesos de 1928 se había declarado públicamente a favor de la política y también la conducta de Gómez frente a la protesta estudiantil; *cfr.* González Boixó (1988: 228 s.).

[154] Al año siguiente, ya apareció una segunda edición en Santiago de Chile y se publicaron las traducciones al alemán y francés. Pero la primera edición venezolana es de 1946. De *Doña Bárbara*, en cambio, ya en 1930 salió una edición en la Editorial Élite (Caracas), habiéndose vendido las cinco ediciones hechas en Madrid durante el año de 1929.

[155] Será por este tema americano y por su tratamiento 'realista' por lo que, no obstante las muchas señales en contra, se ha leído la novela a veces en clave criollista. La oposición de *Las lanzas...* al modelo galleguiano ya ha sido destacado en el clásico estudio de Araujo ([1972] 1988).

zas... se presta a lo visual–; y no hay nada de escenas costumbristas, tipos regionales, venezolanismos, etc. Los conflictos de los personajes, si es que los hay, no lo son con su medio. Y el narrador, tan fundamental para la comunicación del mensaje regionalista-reformista, aparece sumamente reducido en sus funciones: no explica ni reflexiona, comenta o exhorta, sólo presenta y evoca, a menudo como quien es mero eco de voces anónimas y ambientes/estados de ánimo generales, como de manera más impactante lo demuestra la narración de la invasión de Boves. La novela de Uslar Pietri no renuncia a la orientación americanista, pero sí a la función extraliteraria didáctica al respecto.

En fin, el juego con el cambio histórico, que se reivindica en lo estético y se niega en el plano del mundo narrado[156], pone de relieve la inversión necesaria entre la modernidad burguesa (latinoamericana) –dado el 'engaño' de su discurso del progreso, que tomaba como punto de referencia precisamente la propia historia a partir de la época de Independencia– y la autodinámica de la modernidad estética[157]. *Las lanzas coloradas* rechaza suplantar en el ámbito de ésta las cuestiones y *desiderata* causadas por aquella: la historia vivida hasta ahora no explica nada, ni es un modelo para nada, y una novela histórica (vanguardista) sólo puede asumir y elaborar este sin sentido, y convertirlo en dimensión crítica-cultural de la experiencia estética nueva.

Enrique Bernardo Núñez (1895-1964) sólo participó muy de lejos en actividades vanguardistas, con algunas colaboraciones nada llamativas para los primeros números de *Élite*. Periodista y secretario de Manuel Díaz Rodríguez en 1925, en 1918 había publicado la novela posmodernista *Sol interior* y en 1922, la novela histórica *Después de Ayacucho*, una obra que

---

[156] Cabe recordar que *Las lanzas coloradas* no es la primera novela latinoamericana que niega el cambio histórico, sino que la antecede, a este respecto, la novela de Azuela, *Los de abajo*. Pero, como bien se sabe, la obra del escritor mexicano está lejos de reivindicar modernidad estética en el sentido vanguardista –que en este caso además hubiera sido *avant la lettre*–, aun en la forma moderada en la cual lo hace la novela de Uslar Pietri. En otros aspectos, por ejemplo las escenas de batalla, sin embargo es dable reconocer en *Los de abajo* uno de los intertextos (lejanos) de *Las lanzas coloradas*. Agradezco a Dieter Reichardt las discusiones sobre el tema.

[157] Aquí se perfila también otra vez una de las diferencias entre la Vanguardia y el Modernismo en la noción y la práctico de "lo moderno". Mientras el segundo en su primera fase ni siquiera había desistido de la más acerba crítica de la modernidad con tal de que resultara moderna y anticipara así un estado de cosas todavía inalcanzado o incompleto en el ámbito propio (Meyer-Minnemann 1987), en la segunda pronto se vislumbra una relación más compleja y contradictoria entre modernidad social y modernidad estética.

mediante la parodia y la ironía ya se distanciaba de los códigos narrativos vigentes en su momento (*cfr*. Lasarte 1992: 97-106)[158]. Pero es su novela *Cubagua* (1931), escrita en Cuba y Panamá entre 1929 y 1930 y publicada en París[159], la que vale actualmente, y con razón, como "el texto que lleva a su máxima expresión las posibilidades de la Vanguardia narrativa en Venezuela" (Lasarte 1992: 97), como la obra fundacional de "la novela estéticamente contemporánea" (Carrera 1994: 451, *cfr*. también Márquez Rodríguez 1985: 149-159), de "la tradición moderna" (Bohórquez Rincón 1990: 110). Y, de hecho, *Cubagua* presenta más de un rasgo significativo al respecto, cosa que la declaración posterior del propio Núñez acerca de esta novela apenas deja entrever, aunque destaca la oposición al Regionalismo y, en particular, el modelo de Gallegos:

> También *Cubagua* fue un intento de liberación [...] un libro sin pretensiones, donde los reformistas no tuviesen puesto señalado, como lo tenían en la mayor parte de las novelas venezolanas escritas hasta entonces, o no hubiese pesados monólogos de sociología barata, o discursos de reformistas (Núñez [1959] 1987: 169).

A través de una instancia narradora heterodiegética la novela presenta a un grupo de personajes residentes en la isla de Margarita. Cuenta la historia de la excursión de algunos de ellos a Cubagua, antiguamente Nueva Cádiz, ciudad en ruinas que pertenece a las primeras fundaciones de los españoles en el para ellos Nuevo Mundo, porque uno, Leiziaga, debe inspeccionar la zona con respecto a posibles yacimientos de petróleo. La primera noche allí, en casa del leproso Pedro Cálice, Leiziaga es transplantado al tiempo de la colonia, transformado en el conde de Lampugnano, y vive allí cierto tiempo. Vuelve al presente y presencia una escena con Nila, mujer enigmática de origen indígena y educación europea, que tiene fascinado a todo el grupo. Sigue un capítulo dedicado a la cita de viejas noticias acerca del dios (tamanaco) Vocchi, el hermano del dios Amalivaca y junto con éste el progenitor de los nuevos hombres después del diluvio. Otra vez de noche, Leiziaga es guiado por Fray Dionisio a un encuentro con Vocchi en un sótano que guarda un auténtico dorado y donde también aparecen Nila y otros personajes del presente. Al día siguiente Leiziaga se cerciora de que no ha sido un sueño y llega otro hombre a Cuba-

---

[158] Osorio (1985: 135 s.) la considera un antecedente de la Vanguardia, opinión contra la cual se pueden aducir los argumentos ya expuestos en otro lugar (*cfr*. cap. I, 3).
[159] En la editorial Le Livre Libre. En 1935 se preparó una segunda edición por la Editorial Élite, en Caracas.

gua, en relación con un negocio ilegal de perlas en el cual se hallan entrometidos casi todos los hombres presentes. Finalmente, Leiziaga regresa a La Asunción y no resiste la tentación de referir a un erudito lo que ha vivido en Cubagua, quien desde luego no le cree. Poco más tarde es encarcelado por el asunto de las perlas, pero gracias a la intervención de un conocido obtiene la libertad, y en la noche siguiente se embarca en una goleta que le va a llevar otra vez a Cubagua, pronto a la vista. "Ya no son voces que se alzan del mar: murmullos, clamores vagos, estremecedores, palpitantes, infinitos. Todo estaba como hace cuatrocientos años" (Núñez 1987: 63), termina la novela.

El discurso de *Cubagua* es de una indudable modernidad estética. Ésta se perfila en la elaboración altamente poético-metafórica del lenguaje (Bravo 1994, Carrera 1994), en su "plurilingüismo", su "entrecruzamiento de formas orales, ficcionales e históricas o documentales" (Bohórquez Rincón 1990: 66). Pero también despunta en el carácter fragmentado de la narración, con sus frases a menudo entrecortadas que siguen un orden más bien asociativo que lineal, sus cambios abruptos entre pasado y presente verbales y, por otro lado, sus descripciones que de ninguna manera sirven para crear una ilusión de realidad (convencional) y que así adquieren un valor propio casi surrealista.

Sin embargo, lo que más llama la atención es el tratamiento del tiempo narrado, concretamente la superposición de pasado y presente –narratológicamente hablando se trata de un cambio del plano de la acción y del plano temporal–, así como el juego con la identidad/no-identidad de los personajes que aparecen en uno y otro tiempo. El narrador heterodiegético profesa una focalización cero y en absoluto prescinde de comentarios explicativos respecto del lugar, su historia y los personajes (*cfr.*, p. ej., Núñez 1987: 5-18). Algunas veces incluso remite a su yo-aquí-ahora: "A menudo procedemos contra nuestros propios deseos. Leiziaga no resistió al de referir su aventura" (*ibíd.*, 58). Pero no hace ni el menor comentario acerca de esta "aventura" misma: el transplante de un tiempo a otro sucede porque sí, al igual que el descenso al reino de Vocchi y los demás sucesos maravillosos referidos todos por este mismo narrador. Y así *Cubagua* efectivamente parece anticipar la puesta en escena de lo "real maravilloso" en relación, además, con el postulado de Carpentier de que "el hombre es el mismo en diferentes épocas" (*cfr.* también Bravo 1994: 102).

Así, en la novela de Núñez, tampoco son tan diferentes: en ambos tiempos se trata de la explotación de la riqueza –primero las perlas, después el petróleo– y del choque violento entre la cultura indígena y los emisarios del mundo occidental. Y mientras que Leiziaga cambia de identidad en su paso de una a otra época y en un principio se sabe diferente del conde de Lampugnano, la existencia de otros personajes –Fray Dionisio, Nila y Pedro Cálice– sí parece remontar a los tiempos de la primera colonia (*cfr*. Núñez 1987: 30-31) o incluso a un tiempo aún más remoto[160]. Su vida se desarrolla en ambas dimensiones, llevando al presente histórico el sello del mito y la leyenda. Así, Nila resulta Erocomay, figura de la mitología tamanaca (*cfr*. *ibíd*., 42; 49) y también hija del cacique tamanaco Rimarima. Después de una vida intemporal en la selva en compañía de Fray Dionisio viaja a Europa y Norteamérica, para "poseer la fuerza del enemigo, conocer el misterio de la máquina" (*ibíd*., 42), donde:

> El blanco comenzaba a tejer en torno de ella su espesa red de artificios. Al menos la suponían incauta, fácil; pero de pronto aparecía la hija de Rimarima y de las tierras que no desatan su secreto. Camino del Orinoco salieron entomólogos, mineros, arqueólogos, aventureros, geógrafos. Muchos no volvían. Algunos compraban flechas e ídolos y publicaban a su regreso noticias sobre los tamanacos o los maroas que nunca vieron. Así alinearon centenares de objetos en las vitrinas de los museos (*ibíd*., 42).

Es decir, en *Cubagua* lo mítico-mágico, propio de la cultura indígena, se expande a todos los ámbitos del mundo narrado. Y en cierto sentido hasta logra infiltrar la civilización blanca, en tanto que no deja de irritarla haciéndola sentir la presencia del "secreto", de lo "otro". En la isla misma se empieza así a desmoronar la oposición entre mito y racionalidad, si bien no entre explotadores y explotados (*cfr*. también Bohórquez Rincón 1990: 48-51). Lo ejemplifica el desarrollo de Leiziaga, quien después de su vivencia como Lampugnano recién empieza a vislumbrar su condición de extranjero/conquistador en medio de un ambiente mágico:

> Y en la realidad se siente un extraño. Camina sin ver las cosas que pasan a su alrededor. Sin embargo, las luciérnagas vuelan en torno de los cardones y su vuelo es una caricia ardiente y lánguida. De entre ellos salen mujeres desnudas. En sus cuerpos brillan ajorcas, arrancadas de oro. Sus curvas son como frutas. Tienen la sonrisa de las conchas que en las profundidades se bañan de un humor rojo (*ibíd*., 44),

y que finalmente empiece a aceptar otra visión del mundo, del tiempo y de sí mismo:

---

[160] Sobre la interpretación de estos personajes y su relación con la mitología, *cfr*. Miliani (1978) y en particular Bohórquez Rincón (1990: 48 s.).

Ahora el doctor Mendoza acababa de recordarle el alma de la raza. Piedras húmedas, talladas a cincel, vestigios de razas fuertes. Malavé. En el fondo de su ser se asomaba aquel rostro humilde traspasándole con sus ojos herméticos. Nila. Cubagua. Movido del mismo impulso que le hacía pensar todo en confusión, a un tiempo, se puso a trazar con la hebilla de su faja en la pátina de los muros aquel nombre: Erocomay. Y abajo la fecha: 1925.

El sol hostiga. Los valles, los cardones, las palmeras se cubren de un vapor cálido. Sobre la ciudad pasan las horas de bochorno lentas, agobiadoras. Ahí sentado frente a él, hay un hombre pálido que sonríe plácidamente. ¿Lampugnano? ¿Es Lampugnano? Y era él mismo. La barba del intruso es rubia y la suya negra.

–Te ruego te apartes de mí. Somos uno mismo, realmente no tengo necesidad de verte (*ibíd.*, 62).

Con todo, la puesta en escena de un universo mítico-mágico, la noción de un tiempo cíclico y, también, la crítica sociopolítica se funden en una novela de un marcado perfil vanguardista. *Cubagua* no es sólo la novela sobre una concepción mítica y anticolonialista de la historia latinoamericana, sino que es ella misma su expresión, su equivalente narrativo en tanto que cuestiona también, en el plano de la narración, el pensamiento racionalista y la idea lineal de la historia, rompiendo con las concomitantes exigencias de una perspectiva y un tratamiento del tiempo verosímiles. Otra vez pues, la estética vanguardista se reivindica como la estética intrínsecamente latinoamericana. Por cierto, en cuanto a la estructuración temporal, otras novelas vanguardistas escritas por los mismos años resultan tal vez más innovadoras y complejas. Es así como en *Los siete locos* y *El autómata*, en *El Café de Nadie* y *La casa de cartón*, la cronología se disuelve en un tiempo difuso, fragmentado en momentos de un presente perpetuo sin continuidad 'natural' con el pasado, debido tanto a la falta de referencias temporales y el rechazo de una concatenación lógico-causal de la trama como a veces a permutaciones temporales propiamente dichas. Pero en las novelas mencionadas esa distorsión/disolución del tiempo se deja relacionar con la presentación narrativa de la idea del tiempo subjetivo, cifrado en la vivencia del presente y la recuperación siempre precaria del pasado a través de la memoria. En cambio, en *Cubagua* se trata de revelar algo como una correspondencia objetiva entre el presente y el pasado, una visión cíclica del tiempo y de la historia que convierte el presente en mera extensión o proyección del pasado: todo estaba como hace cuatrocientos años (*cfr.* también Bohórquez Rincón 1990: 60 s.). En ello se manifiesta cierta orientación común entre esta novela, *Las lanzas coloradas* y, también, *La próxima*: todas cuestionan no sólo la noción lineal de una historia y un tiempo sucesivos, sino también la categoría del progreso histórico tal como está defendida por el discurso de la modernidad (burguesa). Es justamente ello lo que las caracteriza como novelas históricas, y novelas históricas nuevas. Y en cuanto vuelta al mito, *Cubagua* ofrece también un paralelo considerable con *El Pez de Oro*, si bien éste procede con mucho mayor radicalidad en el compromiso con el pensamiento mítico vernacular y la tarea de recuperarlo desde el presente americano marcado irremisiblemente por la heterogeneidad cultural. Pero aun en su forma más moderada, la novela de Núñez significaba un reto fundamental para la novelística venezolana (e hispanoamericana), *mainstream* del momento: presentaba por primera vez la posibilidad de una visión narrativa a la vez americana y moderna, mítica y crítica de la historia del continente.

En *La galera de Tiberio. Crónica del Canal de Panamá*, escrita en 1931/1932 y publicada en Bruselas en 1938[161], la orientación americanista tan patente ya en *Cubagua* llega a un predominio casi absoluto y confiere a este texto un fuerte carácter de novela de tesis. "*La galera de Tiberio*, por los temas que maneja, está saturada de teorizaciones", ha observado Larrazábal (1987: XXXIII), destacando su "realismo inmediato, crítico, señalativo, denunciativo e interpretativo de las realidades que en ella el novelista presenta" (*ibíd.*, XXXII) y calificando la novela como "la profundización de una interpretación histórica en base a hechos y sucesos que comprometieron una parte de la realidad de América" (*ibíd.*, XXXVII).

La novela trata de unos jóvenes exiliados venezolanos y de su vida en el mundillo grotesco de diplomáticos, aventureros, exiliados latinoamericanos y prostitutas residentes en Panamá durante el año 1930 en medio de un ambiente perturbado por las noticias y consecuencias de la crisis económica. Narrada por Xavier Silvela, un joven integrante de este grupo que había legado el manuscrito al editor (ficticio) "E.B.N." antes de marcharse al Orinoco y del cual el editor después no ha vuelto a saber nada ("El editor al lector", Núñez 1987: 69), la trama se inicia con la aparición de un buque fantasma en el Canal, así como con la historia de este buque, llamado la galera de Tiberio, y de un anillo maravilloso, historia que le es contada al narrador por un joven marinero. En el hotel, un erudito alemán, Herr Camphausen, le lee al narrador un capítulo de su historia que "se desenvuelve en la presente centuria y en las venideras" (*ibíd.*, 80):

---

[161] Se publicó en la editorial Desclés de Breuwer. La edición manejada en lo siguiente (Núñez 1987) sigue la edición de la novela publicada en 1967 (Caracas: Universidad Central de Venezuela), que acoge las correcciones manuscritas del propio Núñez, correcciones estilísticas que no cambian la trama ni afectan los rasgos principales de su presentación narrativa; *cfr.* también Núñez (1978).

Era, al parecer, un profeta de la historia cuya profecías se basaban en el pasado. Pensaba seguramente que todo debía ocurrir como ocurrió antes o que la historia debía repetirse con nombres distintos [...] el hecho fundamental del siglo XX fue el de las nuevas ideas económicas arrollando las viejas culturas, las cuales fueron suplantadas por una técnica colosal, mecánica, surgida de aquellas mismas y en la cual el hombre para salvarse libró uno de los combates más dramáticos con su destino. Todavía a mediados de la centuria, algunos gobiernos continuaban existiendo según las fórmulas del siglo XIX, como meros organismos recaudadores de impuestos y encargados de ocultar a las masas el verdadero estado del mundo, más por explotarlas que por temor a ellas. En Sur América, por ejemplo, apenas se les permitía nombrar ministros plenipotenciarios, declarar los días de fiesta y de duelo y hasta llevar a cabo una revolución para reemplazar unos burócratas con otros (*ibíd.*, 81).

En ese futuro, dominado por los EE.UU., la galera aparece como símbolo del imperialismo, pero también este orden sucumbe en el desquiciamiento final, al igual que el Canal, "orgullo del siglo XX" (*ibíd.*, 87); nadie leía ya y "el hombre y la tierra recobraron su juventud" (*ibíd.*). Después, la narración de Silvela se centra en las peripecias de Pedro Revilla, quien había participado en la huelga estudiantil de 1928 y se muestra escéptico frente a los proyectos revolucionarios superficiales e ingenuos de los exiliados. Trabaja en la tienda de antigüedades de Alicia Ayres, misteriosa aventurera norteamericana, y se mantiene al margen tanto de Bergamota, escritor que reivindica encabezar la oposición contra el dictador venezolano Chía, de repente destituido por otro militar. Tampoco se compromete con la invasión del territorio de Venezuela preparada por otros compatriotas revolucionarios. La invasión fracasa pronto y su líder no se ha mostrado menos cruel con el pueblo que cualquier dictador (*cfr. ibíd.*, 128). Casi por casualidad, Revilla participa en una huelga de inquilinos, llamando a la unidad de los americanos. En la cárcel es visitado por Silvela a quien lee su relato autodiegético fantástico-apocalíptico sobre la situación en Venezuela –"Había un divorcio, un abismo inmenso, entre la realidad y los intelectuales de Caracas que temían la verdad y le ponían maquillaje y afeites ridículos para ocultarla" (*ibíd.*, 135)– y su futuro: "La vida se oculta y renace como el día" (*ibíd.*, 137). Ambos presencian/escuchan la historia de Cirene, parábola de una nación que vive y se define por el culto a su historia –"El criterio cirenés era inmutable. Corrían los otros pueblos hacia el porvenir, ocurrían en el mundo las mayores transformaciones sin que Cirene se diese por aludida" (*ibíd.*, 138)–, y que por ello finalmente desaparece. Poco después Revilla es expulsado de Panamá y junto con Ernestina, ex-bailarina de cabaré, y el niño abandonado que acogieron tiempo atrás, se va a la costa de Paria:

Así la tierra verde, atalayada de serranías, se ofreció desierta. Revilla la palpó con sus manos y sintió en ella la vida y el porvenir de su raza. Aquella soledad era al mismo tiempo el libro en que iba a escribir la historia de su pensamiento y de su acción y aquel libro tardaría siglos en quedar concluido (*ibíd.*, 142).

Con todo, *La galera...* ya tiene poco de una novela vanguardista. Frente a la fuerte insistencia en la autonomía de la ficción y en su capacidad de crear imágenes y experiencias (estéticas) imposibles fuera de ella que caracteriza a *Cubagua*, aquí la trama y su presentación narrativa sirven claramente a funciones extraliterarias, a una explicación y un mensaje bastante unívocos respecto de la realidad fáctica. Así, los iniciales elementos entre fantásticos y grotescos pronto se dejan de lado para dar lugar al relato 'verosímil' de una concienciación político-histórica en cuyo transcurso también se supera la concepción cíclica y pesimista original de la historia por la esperanza –igualmente no exenta de cierto cariz vitalista-irracionalista– en el porvenir (de la raza) y el cambio. En comparación con *La próxima*, con la cual muestra ciertos paralelos en cuanto al tema y el enfoque históricos anti-utópicos, aquí el peso y la univocidad de la tesis se ven aún menos mitigados y/o "ambigüados" por la configuración del discurso. Las narraciones intradiegéticas, que al principio otorgan cierta polifonía también ideológica al discurso, llegan a convertirse en exposiciones de la solución favorecida por el narrador, cuya simpatía y admiración ante Revilla no se relativiza tampoco por la inseguridad acerca de su propio destino posterior. La 'verosimilitud' del tratamiento del tiempo narrado –los desplazamientos al futuro son ficciones intradiegéticas declaradas como tales en un mundo narrado regido por la noción de un tiempo lineal y único dentro del cual la aparición del buque fantasma es el símbolo para la continuidad cronológica entre pasado, presente y futuro–, así como la transparencia del lenguaje son otros de los factores que manifiestan el viraje hacia una concepción más bien convencional de la novela. Esto no quiere negar la amplitud de la "crítica de las estructuras de un poder imperialista, neocolonial" expresada en *La galera...* (Bohórquez Rincón 1990: 91). Tampoco quiere disputar la novedad que significa plantear esta crítica y "la necesidad de un proyecto político, de poder, fundado en un mayor grado de libertad, de imaginación, de justicia social" (*ibíd.*, 93) a través de un texto que no deja de reivindicar su carácter de novela y su distancia frente al realismo regionalista-social en boga y, más aún, a la literatura proletaria, las dos corrientes que se (auto)entendían como las únicas capaces de comunicar un mensaje político válido. Pero sí hay que hacer hincapié en que en esta novela de Núñez todo ello ya no expresa una "búsqueda renovadora de un nuevo lenguaje para la novela" (*ibíd.*, 92) en la línea de la poética vanguardista, sino la modificación y moderación de sus planteamientos e innovaciones en función de una novela otra vez orientada hacia el estudio y la crítica sociales o, en este caso, histórico-políticos.

2.3. *De nuevo: el yo y la modernidad*

El cuestionamiento del principio del sujeto, la apropiación de la modernidad y la problematización de la ficción son las dominantes que más atención seguían despertando en el desarrollo de la novela vanguardista durante su segunda fase. A partir de ellas se dieron algunas de las diferenciaciones, radicalizaciones y sintetizaciones más llamativas, pero también novelas que atenúan la poética vanguardista. Representan el retorno hacia una escritura y convenciones genéricas más tradicionales, realistas y asequibles al público, como consecuencia de una orientación crítica otra vez predominantemente social o del deseo de comunicar contenidos ya inmediatamente reconocibles como humanos y 'trascendentales'. Así, en paralelo a novelas como *La próxima...* y *La galera...*, se dieron obras como *Papá o El diario de Alicia Mir* (1934), de Vicente Huidobro y las últimas novelas de Torres Bodet, *Estrella de día* (1933), *Primero de enero* (1935) y *Sombras* (1937). *Lota de loco* (1932), de Salvador Novo, la *Biografía del joven que no vale nada* (1931), del peruano Enrique Dammert Elguera, y *El domador de pulgas* (1936), de Max Jiménez, manifiestan un proceso afín. Las novelas de Huidobro y Torres Bodet (*cfr.* también Forster 1976) se orientan claramente hacia el realismo psicológico y disminuyen hasta el mínimo el experimentalismo de técnicas narrativas y de estilo. En el caso de Huidobro esto desemboca en una novela poco menos que insulsa, como dice Verdevoye (1994: 112 s.), lo que explicaría tal vez su éxito en la crítica coetánea (*cfr.* cap. II, 1.2). *Lota de loco*, fragmento de una novela que Novo nunca concluyó, a todas luces debía tratar de la situación –y frustración– de la mujer de clase pequeño-burguesa urbana, acercándose al realismo social con cierta dosis de psicologismo y centrándose en la llamada cuestión sexual, tan discutida en la época. Y las novelas de Dammert Elguera –que contiene un prólogo no sólo titulado "desglosable" sino de hecho perforado– y de Jiménez son sátiras sociales, mezcladas ya con préstamos del género fantástico en el caso de la última, y con la escritura fragmentada y metafórica en el de la primera.

Sin embargo, ni por estos ejemplos ni por los de *La próxima...* y *La galera...* uno debería dejarse engañar: no es que ahora la cuestión del realismo y de la mimesis finalmente llegara a constituir el límite preciso entre la novela vanguardista y la no-vanguardista. Como se verá en lo siguiente, tampoco en la segunda fase se trataba de rechazar la mimesis por completo, sino de continuar el viraje hacia su práctica autocrítica y a la vez poética, en el sentido de la creación de una ficción autónoma que precisamente como tal abre un acceso primario a 'la realidad'. Por cierto, un número considerable de las novelas vanguardistas escritas a partir de 1928/1929 son no-realistas, algunas hasta antirrealistas. Mas también están las de Torres Bodet y Arlt, o las de Churata y Carpentier, que persiguen lo que se puede llamar verosimilitud cultural, también reivindicada por *Cubagua*. Y la referencia a un contexto americano 'fáctico' es rastreable igualmente en muchas de las novelas no-realistas, desde las de Palacio y Humberto Salvador hasta las de Emar y Macedonio. La cuestión de la relación entre ficción y realidad seguía siendo uno de los grandes retos planteados por la novela vanguardista, y ello bajo muy distintas perspectivas.

Todo esto se plasma hasta en *La educación sentimental* (1929) y *Proserpina rescatada* (1931), de Torres Bodet, el único de los Contemporáneos que realmente persistió en el cultivo del género. Ambas novelas siguen la línea iniciada con *Margarita de niebla*. Otra vez se trata de narraciones autodiegéticas, centradas en la introspección del protagonista-narrador y su búsqueda de identidad y conciencia de sí mismo a través del proceso de memoria. En *La educación sentimental* esto se relaciona con la reflexión metatextual –referencias intertextuales marcadas y no marcadas, comentarios autorreferenciales–, en *Proserpina rescatada* con el tema de la doble modernidad (*cfr.* Burgos 1995, Bustos 1996). El contexto mexicano, en cambio, juega un papel secundario con respecto a la trama y el tema. Recién adquiere importancia en tanto contexto de la intención de sentido estética y crítico-cultural de las novelas.

En *La educación sentimental* ya el título resulta programático a todo este respecto: introducida por un comentario del editor ficticio, un hombre ya mayor narra la historia de su fascinación por un compañero de colegio rodeado de cierto halo de misterio, debido tanto a su superioridad intelectual como a su origen (social) ignoto. Influido primero por las lecturas y los paradigmas estético-ideológicos divergentes que le transmitieron sus padres –Clasicismo (francés) vs. Modernismo (hispánico)–, el protagonista sucumbe a la atracción intelectual-espiritual del compañero, que encarna la "prosa [...] diáfana, sobria, angulosamente cerebral", la "forma modesta, clara, esencialmente distinta a la elegancia barroca en que, por gongorismo espontáneo de temperamento, [yo] hubiese querido envolver los objetos que reproducía" (Torres Bodet 1985: 120-121), en fin, lo "atrevido, casi moderno", la descarnada ironía y la seriedad (*ibíd.*)[162]. Unas vacaciones en Cuau-

---

[162] Basándose en una lectura a todas luces incompleta, Borsò-Borgarello (1988: 178-179) opina que este amigo representa el "modelo cultural" del "barroco americano",

tla –y un primer y muy romántico enamoramiento– inician la liberación: "Algo vibraba en ella de sano, de puro y aun de modestamente viril. Acaso el deseo de una existencia propia, de caracteres más angulosos y duros", explica años después el narrador (*ibíd*., 137). No obstante, al reincorporarse al colegio y descubrir la ausencia del compañero, el protagonista decide ir a buscarlo. Pero no lo encuentra, sino que presencia, a través de la puerta entreabierta del cuarto indicado, el coito de la madre con un hombre –a todas luces un cliente–, y esa vivencia llena al joven de alegría y aturdimiento y le incita a tener esa misma tarde su primera experiencia sexual con una prostituta.

Efectivamente, esa novela de aprendizaje guarda poca relación con el hipotexto flaubertiano (*cfr*. también Borsò-Borgarello 1988: 180-181), sino más bien con la puesta de escena y la deconstrucción final de lo que Girard (1961) llamó el deseo mimético[163]. El protagonista-narrador percibe todo a través de la literatura, o sea, a través de las imágenes y los mundos modélicos que le proporcionan los distintos paradigmas y series literarios y a los que 'imita' en su interpretación de la realidad –y su búsqueda de la identidad–, movido por el prestigio de quienes le comunican esos mundos modélicos. Es decir, aquí hay dos instancias mediadoras: la literatura, en sus distintas orientaciones estéticas, y lo que respectivamente representan esas estéticas. Pero mientras que en la novela de Flaubert el protagonista finalmente reconoce las falacias de la mimesis, en la de Torres Bodet asume su inevitabilidad, el carácter ya desde siempre discursivamente 'mediatizado' de la apropiación de la realidad y la condición intertextual de todo texto literario. Hasta su descubrimiento del sexo hace pensar al protagonista en experiencias de lectura (Torres Bodet 1985: 150), y el júbilo que sigue a su decepción inicial sólo durante pocos momentos se caracteriza por la "total ausencia de semejanzas" (*ibíd*., 152): algo después sigue a una pareja de novios "en una especie de vagabundeo, lento que [...] no tenía nada de los azares activos de la caza, sino el azar inmóvil de la pesca que, como el sueño –o como la poesía– no persigue, sino espera sus hallazgos" (*ibíd*., 153). El Surrealismo, pues, impregna ahora las palabras finales del narrador...

Con razón Pérez Firmat (1982: 76-78) ha destacado que en *La educación sentimental* continúa la discusión de Torres Bodet con las ideas de *La deshumanización del arte*. Pero la novela no desarrolla el conflicto entre

---

o sea, el mestizaje, modelo que según ella adopta finalmente también el protagonista-narrador como paradigma de la propia identidad. El texto no corrobora esta tesis.

[163] Para una interpretación esclarecedora de este concepto, *cfr*. Gebauer/Wulf (1992: 327-335).

literatura ("mundo cerrado") y vida, sino la búsqueda de identidad como un proceso doble, el del protagonista de aquel entonces y el del narrador. En ambos casos el yo resulta esquivo y escindido, ya que tanto la percepción como la memoria se hallan 'mediatizados' desde su mismo origen. No hay, pues, una oposición entre arte y vida, sino al contrario una relación insoslayable entre los dos: la fascinación literaria conduce al descubrimiento del sexo y este a su vez a una nueva literatura. No será en absoluto casual que en este texto se fusionen al final precisamente el *discursive turn* y la concomitante problematización de la autonomía del sujeto con la evidente alusión al Surrealismo. Además, ¿qué o quién es aquí realmente el objeto oscuro del deseo? El júbilo "sin semejanzas" a causa del descubrimiento del amor heterosexual suena demasiado alto para hacer olvidar que el protagonista buscaba a su amigo, al "otro" bajo y frente a cuyo magisterio y misterio había empezado a definirse, en un acto "modestamente viril". El juego interminable entre identidad, lo otro y el deseo (mimético-erótico) ofrece distintos planos de significación, el estético –la problemática de la modernidad y su redefinición de la relación entre arte y realidad– y el filosófico –el cuestionamiento de la autonomía del sujeto–, el nacional –el "bastardismo" de la cultura mexicana (*cfr.* Borsò-Borgarello 1988: 185)– y, cómo no, el individual (ficcional): las perturbaciones (homo)eróticas de un escritor adolescente. Indudablemente, en 1929 una lectura en el último sentido era la públicamente menos posible, tanto en Madrid, donde apareció la novela, como en México[164]. Pero es igualmente indudable que precisamente esta pluralidad simultánea de sentidos/lecturas, que no se excluyen sino que se condicionan, compenetran y promueven mutuamente, configura la marca más vanguardista de la novela.

Con *Proserpina rescatada*, todo parece más fácil. Esta narración autodiegética de los recuerdos de Delfino, un médico, en torno a Proserpina, su compañera de estudios y ex-amante, ya desde las primeras frases ostenta rasgos narrativo-estilísticos entonces ya típicos si no de la Vanguardia, sí de la modernidad. A través de un discurso fragmentado y algo 'caótico' que en varios pasajes de narración simultánea parece monólogo interior (*discours immédiat*) –otros pasajes, en cambio, 'delatan' la presencia de una voz narradora extradiegética, aunque sólo levemente diferida en el tiempo (p. ej., Torres Bodet 1985: 163; 239)–, la narración se centra en el proceso asociativo de memoria(s) suscitadas por la llamada telefónica de Proserpina,

---

[164] Cabe recordar que los Contemporáneos se veían atacados por homosexuales en rigor ya desde 1925.

que acaba de pedir la asistencia médica de Delfino. El yo narrado se hace invadir por el recuerdo de escenas, vivencias, emociones y reflexiones relacionadas con esta mujer misteriosa a la que "todos le habían adjudicado una doble personalidad, un talento de diosa cortada en dos partes por las diversidades del clima, como la Proserpina de la leyenda" (*ibíd.*, 163). Escucha otra vez el disco que ella hizo grabar con la narración de sus memorias un tanto fantásticas y grotescas de su infancia, recuerda el amor con ella, su desaparición repentina, el reencuentro sorprendente (para Delfino) en Nueva York, sus paseos por esa ciudad y la *séance* espiritista en que participaron –pues Proserpina, entretanto, se había convertido en una médium famosa–, sus "evasiones nocturnas" comunes –entre ocultistas y eróticas (*cfr. ibíd.*, 232)–, la desaparición repentina de Proserpina, el regreso a México... Finalmente, o sea, unas pocas horas después, Delfino acude al lecho de muerte de su antigua amante y le inyecta la reclamada sobredosis de morfina. Quiere salir a la calle para comprar el brazalete que piensa regalar a Hortensia, la enfermera que trabaja con él y con la que quiere casarse. Pero la sonrisa de Proserpina, que de repente le parece uno "de esos personajes de Poe, muertos hace mucho tiempo y conservados en cierta vida aparente, hipnótica, por el esfuerzo de una voluntad invisible" (*ibíd.*, 248) le detiene en la puerta, temeroso de que al abrirla se deshaga el cadáver.

Entre los rasgos temáticos y estructurales inconfundiblemente vanguardistas de esta novela descuella primero, como ha observado Burgos (1986: 143-144, también en Burgos 1995) la dialéctica de la relación memoria/olvido, cifrada en la "persistencia del recuerdo como una inútil e imposible imagen de fijeza: la disolución de la memoria –alternativa frente al olvido– trae [...] la experiencia de un tiempo fragmentado". Ese movimiento dislocado de la memoria se perfila, asimismo, en la fragmentación de los estratos narrativos, en la diversidad y simultaneidad expresadas a través del personaje, de los planos de la narración y de la recurrencia del recuerdo (*cfr.* Burgos 1986: 145-146). Otras dos marcas a subrayar en este contexto son la textura "polifónica" del personaje (Burgos 1986 y 1995; Bustos 1996: 85-89), que corresponde al deseo de expresar lo diverso, y la atracción obsesiva por la ciudad 'moderna' por antonomasia: Nueva York (Burgos 1986 y 1995). Esta atracción resulta ya inseparable de la percepción de la ciudad a través del ojo 'moderno', (re)presentada por una escritura que más de una vez sigue el principio del montaje fílmico (*cfr.* Bustos 1996: 89-94). El conflicto central que así expondría la novela sería, como con buenos argumentos ha destacado Bustos (1996: 77-87), la relación entre modernidad burguesa, encarnada por el personaje de Delfino, y la modernidad estética, cifrada en Proserpina, así como la concomitante descentralización del "hombre moderno" (*ibíd.*, 96-98). Indudablemente, Delfino puede leerse como imagen de la atracción que la modernidad (burguesa) siente por lo oscuro y "los infiernos" de los que procede y a los que vuelve Proserpina (*cfr.* Torres Bodet 1985: 235, 239), o sea, como expresión de la pertinencia de los *anti-mondes*, de los lados negados/desechados del proceso de la modernización a la modernidad misma. Y la imposibilidad de una reconciliación entre ambas modernidades bajo la égida de una u otra no subraya sino el juego de pertinencia y diferencia, atracción y rechazo, memoria y olvido entre ambas: Delfino ayuda a morir a Proserpina[165], mas ello no significa la liberación (olvido) del recuerdo sino su fragmentación y su persistencia como pérdida[166].

Ahondando en la temática ya presente en *Margarita de niebla*, esta novela es la más proustiana y a la vez la más vanguardista de cuantas escribió Torres Bodet. Hace suya no sólo la puesta en escena del proceso de memoria, sino también la práctica de una poética de la memoria, como intento de "superar la deficiencia de la *connaissance* del mundo cotidiano por una experiencia nueva, estética de la *reconnaissance*" (Jauß 1982: 161; la traducción es mía). Pero a diferencia de Proust, aquí ya ni siquiera se abre la posibilidad de la identificación entre el sujeto y su pasado a través de la obra de arte –"demain j'écrirai"–. No, *Proserpina rescatada* expone la pérdida definitiva del pasado: Proserpina vuelve a sus infiernos, y la búsqueda del narrador de fijar la imagen de ella no conduce sino a su disolución. Y todo ello se vuelve una experiencia estética que cobra relieve precisamente sobre el trasfondo de la persistencia del deseo de lograr unidad y sentido auténtico a través del proceso de la memoria/narración.

Esa "vanguardización" del modelo proustiano corre pareja con la apropiación de rasgos ya inconfundiblemente surrealistas[167]. No obstante los reparos de Torres Bodet frente a *Nadja*, la figura de Proserpina demuestra un claro parentesco con el personaje del texto de Breton: desde su existencia fuera de los límites burgueses, pasando por sus desapariciones/apariciones súbitas hasta sus contactos con lo fantástico y 'los espíritus' y la fascinación

---

[165] No la mata, como opina Bustos (1996: 98-99), sino que sólo acelera la agonía, pues su diabetes es incurable y ya le falta poco para entrar en el coma final (*cfr.* Torres Bodet 1985: 244).

[166] Así, el título de la novela queda ambiguo: ¿para qué o quién y en qué sentido se rescata a Proserpina? A todas luces la novela quiere hacer surgir mas no responder a tales preguntas.

[167] El interés de Torres Bodet por la estética surrealista se manifiesta también en los poemas a-lógicos de *Destierro* (1930); *cfr.* Meyer-Minnemann (1987: 18).

mezclada con la reserva que el protagonista-narrador siente por esta existencia al borde de los infiernos. La recurrencia al mito, así como la tendencia, en algunos pasajes, hacia cierta 'notación' a-lógica, automática de los recuerdos, remiten en este contexto igualmente al *ismo* francés, reformulado desde la perspectiva de un Contemporáneo. Finalmente, es el principio de la razón y de la casi dolorosa lucidez el que se impone en el plano de la diégesis y el de la expresión, que en conjunto siguen el patrón de una narrativa orientada hacia la re-presentación mimética (auto)crítica, consciente de sus limitaciones. Con todo ello y el cosmopolitismo estético y temático más evidente que en los textos anteriores, la novela marca su reivindicación de modernidad en la línea de las ideas sobre la novela contemporánea del mismo Torres Bodet. Y a la vez ahonda en la distancia respecto de varios 'frentes' literarios, cuyo perfil en 1928 todavía no había sido tan claro. Así, la indagación en 'lo humano' aparece no sólo como algo recién posibilitado por la novela vanguardista –en oposición a lo que había postulado Ortega y Gasset–, sino que significa el despliegue de lo fragmentario e inestable como marca no rescatable de todo proceso de *reconnaissance*: rechazo muy tajante de las reforzadas pretensiones totalizantes e instrumentales de modelización de lo nacional y/o del proceso social que caracterizan el *mainstream* de la novela mexicana del momento y su vuelta a un realismo más o menos ingenuo.

Aunque comparte ciertos puntos de arranque y de orientación con *Proserpina rescatada*, la narrativa del chileno Rosamel del Valle (Moisés Gutiérrez Gutiérrez, 1901-1963) representa un paso mucho más extremo en la continuación/diferenciación de la novela vanguardista. Si en algún caso tiene sentido hablar de "novela poemática", es en el de *País blanco y negro* (1929)[168]. Y si en algún texto se ha de constatar la apropiación/transculturación del Surrealismo francés no sólo como parte de la actualización histórica de la propia poética vanguardista, sino como compromiso con la actitud vital y artística del movimiento, es en esta novela y en *Eva y la fuga*, que a este respecto resulta aún más radical que *El autómata*, de Xavier Abril. Rosamel del Valle, en 1925 fundador del grupo y de la revista vanguardista *Andarivel* y autor del poemario *Mirador* (1926), a partir de mediados de los años 20 había aprendido francés para poder leer ante todo a Breton, Aragon,

---

[168] Santiago de Chile: Ediciones "Ande". Desgraciadamente no hay una segunda edición de este texto tan fundamental de la Vanguardia chilena e hispanoamericana, como con excepción del breve estudio de Burgos (1991) tampoco hay trabajos que se dediquen a él.

Apollinaire y Eluard[169]. Representa, pues, uno de los pocos autores de la Vanguardia hispanoamericana que estaban íntimamente familiarizados con el Surrealismo sin haber salido de su país natal[170].

País blanco y negro consume la disolución de la diégesis, su transformación en puro proceso de conciencia, que en cierta medida ya se había anunciado en *Escalas melografiadas*, pero que ahora abarca también el mismo acto de enunciación. El texto consta de once apartados que tratan de las vivencias, reflexiones y recuerdos de un yo anónimo que se dirige a un narratario, un vosotros igualmente sin nombre, presente *tácitamente* desde el comienzo:

> En primer lugar, qué sentido tienen mis ojos. Suponiendo que irremediablemente esto tuviera que suceder al ahogarse la tarde, yo tendría que hablar o contar todo desde la habitación del sentimiento (Del Valle 1929: 7),

y apelado directamente al final:

> Os he dado, sin duda, lo que menos amaba, lo que vivía en mí como un pequeño océano pronto a desbordarse. Una flor sin nombre, una ola de extraño sonido, una bebida de largo delirio, o quizá si habéis tenido un sueño parecido a la menor o mayor de mis desapariciones a lo largo de la memoria. ¿Y qué cosa es el hombre vuelto de espaldas hacia este punto? (*ibíd.*, 86).

El discurso, pues, se inicia y termina a plena conciencia y por boca de un yo que se presenta como narrador. Pero lo que ofrece es una sucesión a-lógica, fragmentada y heterogénea de enunciados entre metafórico-poéticos y denotativo-ensayísticos, entre casi convencionalmente narrativos y marcadamente metatextuales. A través de ellos se construye una serie de isotopías: 'ojos', 'lo mágico/fantástico', 'realidad', 'lo primero/original', 'naturaleza', 'palabras', 'poesía', 'sueño', 'azar', 'deseo', 'memoria', 'angustia', 'mujer' y 'ciudad'. La organización paradigmática a través de equivalencias semánti-

---

[169] *Cfr.* el testimonio de su amigo, el poeta Homero Arce (1966).

[170] Cabe recordar que muchos autores, entre ellos Vallejo, Carpentier y Abril, recién en París llegaron a un conocimiento íntimo del movimiento francés. En los círculos vanguardistas hispanoamericanos de los años 20 el grado de información sobre el Surrealismo solía variar, desde el conocimiento amplio y detallado que se tenía en el Perú a partir de 1925 hasta una noción bastante general en el caso de Torres Bodet, quien en aquel entonces parece que sólo conocía los manifiestos y algunas obras de Breton, principalmente *Nadja*; *cfr.* cap. II, 1.1.

cas que se repiten y reformulan continuamente otorgan al texto el carácter de un auténtico poema en prosa vuelto sobre sí mismo, a la búsqueda del 'estado poético', el estado/proceso que antecede a la escritura/comunicación:

> Está bien que haya cosas como el conocimiento del conocimiento que es menos absurdo que decir: la muerte de la muerte. Pero en la memoria no viven las cosas del mismo modo que mueren en el conocimiento, donde es muy probable que impere lo concreto de un modo inverosímil [...]
> Con seguridad que yo he estado alguna vez contemplando el sueño del Puente de las Pirámides, preocupado tal vez de una posible poesía de la ciudad [...]
> Inmediatamente recordé que una vez al atravesar el Puente de las Pirámides me repetí una frase algo parecida con respecto al agua, frase entonces que era la noción, el conocimiento, la realidad "real" de una cosa: "Yo veo correr el agua". Establecida la gran diferencia entre una frase y otra, entre una realidad y la otra, veo que la noción me es inútil al menos cuando deseo expresar un pensamiento que, resumiendo mi entusiasmo o mi sorpresa, lo quiero cada vez más satisfactoria [...]
> No hablo de la soledad, sino de una zona poblada de fantasmas que a veces alcanza una vastedad insospechada. Sólo en este plano es posible que uno distinga los pies del viento o el párpado fijo de la nube. Y posible, además, que en esta zona pueda uno hablarse a sí mismo con las palabras o los sonidos que el deseo contiene en su primera estructura, es decir, en el impulso o en el color con que salta de su plano oscuro de la vida (Del Valle 1929: 58-63).

La cita puede ilustrar no sólo la organización 'poética' del texto, su despliegue de la recurrencia y diferencia de las isotopías y algo de su concepción del estado poético, 'pre-escritural'[171]. También ejemplifica cómo en este discurso pasajes narrativos, mejor dicho, pasajes que contienen el germen de una narración y que incluso aluden a lugares referenciables –Santiago de Chile–, dan paso a incursiones en las zonas interiores de la conciencia sin dejar de tener conciencia de sí misma y del papel intermediario de "las palabras". Y semejantes auto-transformaciones y metarreflexiones del discurso se dan a cada paso, así cuando el yo narra su relación –¿soñada o 'real'?– con una mujer misteriosa (re)conocida por el azar y cuya vida "no era más que un constante automatismo" (*ibíd.*, 35), para hablar acto seguido del "ojo de lo inverosímil" y jugar con la escritura ideogramática (*cfr. ibíd.*, 43, 47), volver sobre el tema de la angustia, reproducir –montar– anuncios "reales" (*ibíd.*, 52, 54), seguir con la reflexión sobre la poesía de la ciudad y

---

[171] Es éste el aspecto del texto brevemente analizado por Burgos (1991).

la falacia de las palabras, etc. Las referencias a Santiago de Chile y a escritores-amigos –Humberto Díaz Casanueva, Pablo Neruda y Vicente Huidobro (*ibíd.*, 76; 79)– juegan un papel no menos irrisorio, subrayando la imposibilidad de distinguir entre novela y poema, ficción y realidad, sueño y vigilia, en fin, entre vida y literatura.

El carácter y la intención surrealistas de este texto despuntan así de manera clarísima[172]. Pero eso no ofusca la ambigüedad de su sentido (intencionado), orientado hacia la exploración del origen y las condiciones de la "poesía"/comunicación (literaria) y, a la vez, de la angustia y el deseo del "hombre oscuro de las calles, de los bares, de los tranvías o de los cines" (*ibíd.*, 79), así como de los efectos posibles de la poesía para la (conciencia de la) propia existencia. Y tampoco encubre las diferencias que el texto marca con respecto a sus hipotextos franceses. Ya la 'transterración'[173] al Santiago de Chile coetáneo, cronotopos del yo narrado/narrador ficcional lo mismo que de la producción y la recepción (enfocada) del texto, significa una diferencia considerable en un momento en el cual el Surrealismo todavía tenía un centro bien definido, para el cual América Latina no era sino el lugar (ideal) de la otredad (*cfr.* cap. I, 4.2)[174]. Pero en las novelas de Rosamel del Valle, Santiago de Chile, en rigor, no se distingue de París: aparece como escenario de experiencias bien parecidas. La importancia de la memoria, así como la persistencia del plano metatextual/metaliterario y la cautela ante la escritura automática –cuyos asomos se refrenan por los comentarios metatextuales, marcando el alto grado de autoconciencia de la enunciación/escritura–, configuran otros rasgos distintivos de esta apropiación de la estética y visión del mundo surrealistas desde la perspectiva vanguardista chilena/hispanoamericana[175]. Ella se manifiesta precisamente en la libertad con la cual aquí se ensaya una novela surrealista en atención al proyecto de

---

[172] Curiosamente, Burgos (1991) no presta atención a este hecho, tampoco lo hace en los análisis (1989b, 1995) de la segunda novela de Rosamel de Valle.

[173] Uso aquí este término acuñado por el filósofo José Gaos, español emigrado a México durante la Guerra Civil, en el preciso sentido de que aquí se trata del traslado de una actitud vital y estética ficcionales y una poética a un contexto que aunque no es el original tampoco resulta tan ajeno como se podría creer.

[174] Cabe agregar que Chile ni siquiera apareció en el *mapa mundi* surrealista de 1929; *cfr.* "Le monde aux temps des surréalistes", *Variétés*, junio de 1929; tambien en Klengel (1994).

[175] Podría verse en el último aspecto un punto de contacto con la posición de Huidobro ante el Surrealismo, pero tampoco se debería sobreestimar la influencia del poeta creacionista.

las Vanguardias hispanoamericanas –aquí ante todo el problema de la modernidad en relación con un cambio de conciencia con respecto a la percepción y concepción del continente– y las dominantes ya perfiladas de la novela vanguardista hispanoamericana, entre ellas el *discursive turn* y la afirmación de la autonomía del arte. Tal vez por eso *País blanco y negro* prescinde también de problematizar explícitamente su estatus entre ficción y no-ficción, cuestión central de *Nadja* y, aunque en grado algo menor, de *Le paysan de Paris*. Los *documents* y las referencias autobiográficas que se insertan –algo que ya hizo Arqueles Vela en 1924– llaman la atención sobre el límite. Pero lo hacen no tanto en función de indicar autenticidad, sino mucho más para demostrar la posibilidad de la ficción (vanguardista) de convertirse en lugar privilegiado de la convergencia de percepción e imaginación en la búsqueda y la expresión del estado poético.

La segunda novela, *Eva y la fuga*[176], se presenta como la continuación de la primera: "¿El hombre vuelto de espaldas a su propia memoria?" (Del Valle 1970: 11), comienza la narración autodiegética y se remite en una nota a pie de página a la novela anterior. El texto, enmarcado por algo como un prólogo y un epílogo en los que un yo reflexiona en imágenes bastante herméticas sobre su estado interior, parece más "novela" que *País blanco y negro*. Cuenta la historia del amor del narrador por Eva, una mujer misteriosa que aparece y desaparece –la misma mujer que ya había aparecido en *País blanco y negro*– y que comparte con él algunas de sus andanzas por Santiago de Chile. Y a la vez habla del proceso de la escritura del texto, que en más de una ocasión parece una narración simultánea dirigida a Eva:

> ¿Y esta gran estatura borrosa de las cosas? Yo lo pregunto, Eva. Me lo pregunto a mí mismo y a tu sabiduría pacientemente forjada en la llama dura o blanda del sueño. Yo lo pregunto, Eva. Pero es en vano (Del Valle 1970: 11 s.).

> Después de escribir esto último pienso en el gesto con que ella, al leerlo, rechazaría la palabra amor como a una droga, aunque no siempre inútil, pero con cuya eficacia no desea contar. ¿Cómo destruir en Eva esta invariable negación de lo que es ella misma? En esta noche en que la ciudad duerme tan cerca de mí –y no sé por qué no debía ser en otra circunstancia– opongo esta desesperada indiferencia de Eva a las vacilaciones de que me parecen ser víctima mis sentimientos con respecto a su presencia en mi vida (*ibíd.*, 67).

---

[176] El texto se escribió en 1930, como reza la indicación al final del epílogo (Del Valle 1970: 84), pero no se publicó sino en 1970.

La fusión entre enunciado y enunciación, entre la voz del yo narrador y la del yo narrado a menudo hace dudar acerca de si los sucesos y pensamientos comunicados son 'realmente' vividos (en la ficción) o, al contrario, imaginados durante el proceso de escritura (igualmente ficcional). A veces se refleja esta oscilación casi explícitamente en el discurso, agregándole como un meta-metaplano de reflexión:

> Una violenta necesidad me obliga a descomponer este pequeño fenómeno visual por medio de ciertas variaciones verbales aunque absolutamente fáciles: "[...]Por esta vez mi realidad delirante no es sino un monólogo alrededor de una mujer que algo tiene que ver con mi existencia [...]" (*ibíd.*, 16 s.),

Las notas a pie de página dificultan aún más ese juego entre narración y metatextualidad. Remiten a la novela anterior (*cfr. ibíd.*, 34), indican otro de los intertextos aludidos (*cfr.*, p. ej., *ibíd.*, 23 s.), se refieren a la topografía de Santiago de Chile (*ibíd.*, 29) o al problema de la ficcionalización de personas reales: "Que se me excuse esta referencia a dos de mis mejores amigos, referencia que no da ninguna luz sobre lo que ellos son verdaderamente ni tampoco sobre lo que deben ser como personajes, aunque circunstanciales, de un relato" (*ibíd.*, 38). La 'imposibilidad' de presentar una ficción coherente se tematiza, asimismo, en el texto: "La ninguna historia de Eva o la imposibilidad absoluta de creerme capaz de mezclarla en asuntos de dominio de la fábula" (*ibíd.*, 67), y no tiene que ver sólo con la figura de Eva, "invasión poética que en la novela se llama Eva aunque nunca es un personaje", como opina Burgos (1995: 183). También y aún más se debe a esta incesante búsqueda del narrador de ahondar en el estado poético, de aclarar el papel de la memoria y del lenguaje y de llegar así a un momento en el cual la vivencia y su enunciación/escritura sean lo mismo. Efectivamente, en más de un pasaje de este texto a la vez altamente fragmentario y a-lógico –si se le busca una linealidad narrativa convencional y un mundo narrado 'realista'– y sorprendentemente 'coherente' –si se lo enfoca en la línea de *Les chants de Maldoror*, de Lautréamont, y *Les Illuminations de Rimbaud* (*cfr.* Balakian 1994)–, resulta "un intento de absorción en zonas de lo onírico como impulso por un conocimiento, desatado con modos expresivos radicalmente disidentes del relato normativo" (Burgos 1995: 181). Pero la revelación de lo maravilloso, la "iluminación profana", como llamó Walter Benjamin (1977: 297) el anhelo supremo de los surrealistas, nunca se produce por completo. Al lado de Eva el yo narrado/narrador vive en su deambular por la ciudad algunos momentos mágicos (*cfr.*, p. ej., Del Valle 1970: 59 s.). Pero no puede retener la reflexión (*cfr. ibíd.*, 60), la escisión entre la vivencia –¿o imaginación?– y su observación/escritura:

> ¿Se reconocería Eva al [!] través de estas páginas? No es difícil preverlo. Sin embargo, mi mano trabaja en una idea que tanto puede ser el pequeño resplandor de esta Eva errante, como el secreto de un pensamiento opreso entre tinieblas. Suponiendo que la existencia no siempre precisa de Eva tenga alguna relación con el suceso que ahora mismo toma en mí la forma de una inclinación como, por ejemplo, escribir un libro, habría que admitir que la casualidad nos ha hecho víctimas de uno de sus singulares juegos. Porque la aparente vaguedad [...] de Eva, no deja de tener algún punto de contacto con el sopor en que entra mi ser momentos antes de trabajar los hechos y el lenguaje de esta vida [...] y el deseo de llenar estas páginas (Del Valle 1970: 73 s.).

El texto no acaba con lo que Burgos (1995: 183) llama el autocontrol de la narración –por más que anule el hecho narrativo–, sino que expone su persistencia a través de la insistencia constante en la fisura entre experiencia y enunciación. Aparte de los comentarios metatextuales el texto está plagado de preguntas y de frases en subjuntivo o potencial. "Y, sobre todo, Eva, que nada suceda sino en sueños" (Del Valle 1970: 82), termina la narración, aplazando la revelación, la experiencia auténtica hacia un momento que debería darse, pero que todavía no se ha experimentado sino como presentimiento o memoria.

La cercanía a los postulados del Surrealismo y en particular al texto de *Nadja* resultan más que obvias (*cfr.* también Balakian 1994). Desde luego, también hay coincidencias con la escritura nerudiana, como ya lo notó la crítica coetánea. Pero ante todo hay una orientación común en la apropiación crítica del Surrealismo, en la cual Del Valle podía ir más lejos que Neruda en 1925/1926. Eva, la mujer enigmática que vive una existencia libre de cualquier compromiso burgués/racional y se halla al borde de la locura, de la pérdida de "vida" (Del Valle 1970: 78) y que resulta tan necesaria al yo narrado/narrador por su contacto o inmersión en lo mágico, parece Nadja trasladada a Santiago de Chile. Y la puesta en escena de la búsqueda del 'estado poético' (Balakian 1994: 264) apunta en la misma dirección. Sin embargo, en otros aspectos resaltan considerables diferencias/modificaciones del hipotexto francés. Primero y otra vez llama la atención la equiparación (tácita) entre París y Santiago de Chile, desprovisto de todo rasgo 'americano'; segundo la inversión de la relación entre el yo masculino y la mujer: en *Eva y la fuga* es él quien está enamorado, mientras Eva sólo le ve como amigo (*cfr.* Del Valle 1970: 67). Y tercero destaca la elaboración de una escritura que resulta no sólo menos heterogénea sino también conscientemente literaria y hasta ficcional en oposición al texto bretoniano[177]. No obstante, ahonda mucho más radicalmente en la problemática del sujeto y de la presunta autenticidad/inmediatez de su discurso, cuyo "apparent disorder" en *Nadja* se había propuesto "as a mimetic analogue of the disorder of lived experience" (Motte 1988: 233): "j'en parlerai sans ordre préétabli, et selon le caprice de l'heure qui laisse surnager ce qui surnage" (Breton 1964: 23-24). Así, el "relato"[178] de Rosamel del Valle no deja lugar a dudas de su intencionado carácter de novela vanguardista hispanoamericana que se apropia del Surrealismo desde una premisa opuesta: la fe en la literatura y la ficción como ámbitos que precisamente en y por su autonomía posibilitan la experiencia de la aventura y la exploración del desorden. *Eva y la fuga* –título que anuncia lo efímero del personaje pero que también alude a este mismo problema del orden/desorden artístico[179]– no se propone el protocolo de una recuperación 'real' de la experiencia auténtica, sino su creación a través del arte. Pero ambos textos, al final, no presentan sino la aporía de sus intentos. El primero vuelve al respeto del orden racional burgués[180] y revela que "Breton's game [...] is one of expropriation and domestication, and its stake is the authoritative circumscription of *convulsive* beauty within the limits of a text" (Motte 1988: 244), el segundo no puede/quiere 'olvidar' la conciencia (auto)crítica del narrador/escritor 'moderno' y su esencial duda lingüístico-literaria-epistemológica. Frente al mito, por nuevo que fuese o pareciese, la Vanguardia hispanoamericana afirmaba el *logos*, sus posibilidades tanto como sus limitaciones. Será

---

[177] Sobre el (pretendido) carácter "anti-literario" –autobiográfico– y la concomitante renuncia a las descripciones, reemplazadas por las fotografías, así como la heterogeneidad de los tipos de discurso reelaborados –entre ellos el de la documentación científica de un caso psicopatológico– que caracterizan a *Nadja*, *cfr*. Bürger (1996: 119-133) y Motte (1988), quien llama además la atención sobre la cantidad de alusiones marcadas y no-marcadas que contiene el texto.

[178] Así el subtítulo de la edición de 1970, no se sabe si debido al manuscrito original o a la estrategia de la editorial.

[179] Cabe recordar que la fuga es el tipo de composición musical más "reglamentado" por leyes absolutamente autónomas, o sea, debidas únicamente a las exigencias del desarrollo de los temas en cuanto tales. Es, para decirlo así, la más abstracta, menos expresiva y/o mimética de las formas musicales.

[180] A esta conclusión crítica llega Bürger (1996: 130-133), y aun cuando no se comparten ni su tesis de que el proyecto surrealista de la liberación total del hombre se vuelva inhumanidad en el preciso momento cuando deja su estado de utopía y busca convertirse en realidad, ni su concomitante juicio moral, hay que reconocer que el yo del texto bretoniano afirma el límite de la locura impuesto por la racionalidad burguesa y que el texto precisamente no rescata la voz de Nadja, sino la de "Breton" sobre ella.

consecuencia de su específica voluntad y conciencia de modernidad: ya no busca lo moderno con tal de que resulte moderno, sino la respuesta estética a la altura del proceso de modernización que la hizo posible y cuyo horizonte reconoce como intrascendible en uno y otro ámbito.

Esta conciencia trasluce, asimismo, en *El autómata*, de Xavier Abril (1905-1990), escrito casi al mismo tiempo que *Eva y la fuga*[181]. Durante su viaje a Europa de 1926 a 1927 el escritor peruano había entrado en contacto con Breton y los otros surrealistas, y en 1927 había realizado junto con Juan Devéscovi un exposición de poemas y dibujos que Breton –quien no sabía castellano– no tardó en ubicar en la línea surrealista[182]. En 1928 estaba de vuelta en el Perú. Colaboró en *Amauta* –entre otras cosas con traducciones de textos bretonianos (*cfr*. Silva-Santisteban 1992)– y en 1931 publicó en Madrid *Hollywood. Relatos contemporáneos*, una serie de prosas escritas entre 1923 y 1927, que ostentan un tono marcadamente cosmopolita y ya parecen reelaborar la escritura de las greguerías, ya se acercan algo al Surrealismo. Sin embargo, en la "Autobiografía o invención" que abre el libro y que fue escrita después de la muerte de Mariátegui, Abril declara su conversión al marxismo (Abril 1931: 21), y en la "Postbiografía o constatación presente" dice: "ya he pasado la etapa de la desesperación suprarrealista" (*ibíd*., 25).

Pero *El autómata*, dedicado a James Joyce y publicado enteramente recién en 1993, no cumple las expectativas que podrían despertar semejantes declaraciones. El texto consta de ocho capítulos, algunos partidos en apartados aún más breves. Ofrece la narración heterodiegética altamente fragmentaria y metafórica de la historia apenas reconstruible de un padre y su hijo loco, experiencias/imaginaciones de ambos, la muerte del primero y finalmente la "metamorfosis" del segundo, que no se sabe si significa su muerte 'real' o el desprendimiento definitivo del mundo (burgués) por la inmersión completa en la locura. Pronto la voz del narrador se torna más y más dominante y esquiva en cuanto a su identidad. La narración se disuelve en evocaciones y comentarios a-lógicos en torno a Sergio, el loco, en apóstrofes dirigidos a unos narratarios anónimos, y en el cuestionamiento de la identidad del yo narrador:

> Ya conocéis sus movimientos. Flujo y reflujo. Su discurrir bajo, plano en resacas de marea olvidadas para el triángulo. ¿Sabéis su posición? Buscadlo. Si

---

[181] El primer adelanto de esta novela se publicó en la revista *Bolívar* (Madrid) 13, noviembre de 1930.

[182] *Cfr*. la nota en *Amauta* 18, octubre de 1928, así como los comentarios de Silva-Santisteban (1992: 81)

yo lo hiciera, él saldría como trompo de mi interior, de entre las venas más dadas a la circulación febril, desesperada.

Todo él –Sergio– va siendo mi intimidad. Una nueva vida en la que todo se abre de naturaleza, de persona, de encanto.

¿Soy yo mismo Sergio, acaso en otro tiempo pasado o por venir? No es esta autopregunta debida a crisis lógica y meditada, sino más bien repentina urgencia sin pecho de aire, de contacto íntimo (Abril 1993: 200).

La locura y la muerte, el terror, las experiencias, necesidades y mutilaciones del cuerpo, el sexo, la enajenación de los ciudadanos "normales" que aparecen como autómatas en el contexto de las ciudades modernas, que a su vez viven del manicomio –"Vive la ciudad del manicomio [...] La ciudad olvida a sus hijos como las calles olvidan, a la alta noche de clamores en celo, los ecos de los pasos del día, los estertores de los agónicos" (*ibíd.*, 203)– la búsqueda de lo primigenio y de la inocencia de las palabras –"Yo iría a un país desconocido a buscar sus palabras, para pronunciarlas en la primera inocencia de las vocales maternas [...] Apáguese la voz cerrando los oídos de los impotentes [...] MUERTE coja, sin pene" (*ibíd.*, 180)– son las isotopías más importantes del texto. En su creación confluyen narración y comentarios, impregnados ambos de una actitud abiertamente polémica y rebelde frente a los narratarios, obviamente representantes del orden y la normalidad (burgueses).

El texto relaciona la ya existente tradición de la narrativa vanguardista peruana –Vallejo y Adán– con la reelaboración de ciertos *topoi* surrealistas. Recuerda a *Escalas melografiadas* no sólo por la insistencia en el cuerpo y el dolor y porque la historia tiene lugar, básicamente, en el espacio cerrado de una celda (ahora de manicomio, no de cárcel, pero ¿dónde está la diferencia?), sino también en su tendencia de hacer confluir la voz del narrador con la del personaje en apartados/capítulos que tanto podrían ser monólogo interior de éste como 'digresión' lírica de aquél (*cfr.*, p. ej., *ibíd.*, 175, 179). La sucesión a todas luces no-cronológica de los capítulos y, en general, la suspensión del orden temporal y causal remiten igualmente al mencionado texto vallejiano. Y con *La casa de cartón* comparte el juego con la identidad del narrador, cierta tendencia al humor, el cambio entre presente y pasado en los pasajes narrativos e, igualmente, la disolución de la cronología en un discurso fragmentado. La novela de Abril radicaliza estos procedimientos hasta llegar a una escritura ya casi automática y ensayar desde ella el cuestionamiento de las nociones convencionales de locura y normalidad, un tema surrealista muy prominente, que en *Nadja* había adquirido un perfil bastante ambivalente. *El autómata* persigue un planteamiento distinto, más crítico si se quiere. Aquí la enajenación de normales y locos es casi igual, la diferencia gradual estriba en que el loco todavía no ha perdido por completo su recuerdo/deseo de una existencia auténtica y su capacidad de sufrimiento. Pero su vida en absoluto es libre. Y el manicomio, que en *Nadja* aparece como objeto de una larga crítica (perfectamente lógica y racional) por su falta de eficacia terapéutica, en la novela de Abril resulta instrumento y cifra de poder y violencia que la sociedad vierte contra los que no se atienen del todo a sus normas[183].

De especial importancia en todo este contexto resulta el tratamiento del sexo y de la sexualidad. En *El autómata* cobra un relieve inusual tanto para la novela vanguardista hispanoamericana como para el Surrealismo francés. Las descripciones tremend(ist)as de las mutilaciones que sufre el loco –"La muerte le ha sorprendido el pene erecto y un testículo. La enfermera le ha salvado el otro, pero sin pene, naturalmente como cumple a una enfermera sin ovarios" (*ibíd.*, 172)–, configuran sólo el apogeo de las relativamente muchas menciones y alusiones sexuales, que establecen la sexualidad como plano fundamental de la vida del hombre: "Concuerda el vello, el sexo, el deseo, la forma, el cuerpo" (*ibíd.*, 185). Pero, y ello no es menos significativo, la sexualidad no se vincula en absoluto con algo como amor, o sea, con alguna trascendencia. Aparece en su carácter físico, primigenio, como parte esencial de la identidad preconsciente basada a su vez en la percepción del cuerpo y la sensación de la vida. La larga cita siguiente es sólo un ejemplo de cómo la sexualidad recorre a modo de una preocupación constante el discurso a-lógico del narrador en su narración-comentario sobre y su casi-identificación con la conciencia del protagonista[184]. A la vez ilustra cómo el discurso retoma fórmulas del discurso social tradicional (cristiano) sobre el sexo y las convierte en punto de partida para imágenes que les restituyen su significado corpóreo:

> Este es el recuerdo, el dolor que Sergio tiene desde la visión de la alcoba, a la que ya no entra el alba ni el canto de júbilo. Tenedle miedo a esa forma de ojos que arrastra el fuego; horror a la ceniza que es la continuidad. Toda la vida habréis de arder en deseos. Si no os apagáis, cochinos, la muerte gritará en vues-

---

[183] El texto, desde luego, merecería una lectura más detallada en la línea de *Surveiller et punir* (1975), de Michel Foucault, lectura que entre otras cosas creo que va a demostrar otra vez que el búho de Minerva empieza su vuelo recién al atardecer...

[184] Cabe destacar que a diferencia de otros pasajes del texto, que resultan imposibles de atribuir unívocamente a narrador o protagonista, aquí sí habla el narrador, mas expresa pensamientos muy afines a los de Sergio.

tros cuerpos. Y el pálido crecerá mártir, intermitente, frío, sin goce, lleno de dedos. Será horrible. Elegid. Es buena oportunidad. Nuevamente elegid. Es tiempo. El alba abre los lechos desaparecidos. El sonido de las campanas se refugia en los cristales. El sueño ya no puede ser más tiempo el refugio, la cueva, la oscuridad. Salid. Bajo las sábanas late despacio, sin sangre, el agotamiento del muslo derecho; el izquierdo se ha dado íntegro en poros abiertos, casi morados, completamente dichosos de contacto. Así, el muslo secunda a la mañana en su ascensión, en su jardinería de tulipanes crecidas en las nalgas. Si no fuera por el color perdido del hombre la mujer no hubiera existido. No fue la costilla sino la luz, el tono desprendido, azogado. Por otra parte, el hombre pierde sus costillas y ello no tiene importancia. La pelea perdura con fuego sobre el lomo; corre la llama en toda la espina dorsal, desde el culo hasta la nuca. Se abren las primeras flores en la piel del lecho. [...] Silencio de la flor en el seno. El seno recién abierto, colorido, clamante.

¿Qué hace el hombre perdiéndose en el vientre de la mujer? Verdaderamente vive siempre oculto para tornar a salir con nuevas ternuras apagadas. ¡Qué lenta es la caricia en la suavidad del vello! ¡Qué baja la marea en la orilla del vientre! (*ibíd.*, 187)

Paréntesis: "Muerte coja, sin pene"
o la novela vanguardista y el amor

Por lo general, amor y sexualidad desempeñan un papel bastante ambiguo en las novelas vanguardistas hispanoamericanas. En varias de ellas se los presenta como un sentimiento o una preocupación entre otras, tratada con un espíritu marcadamente 'moderno', o sea, desmitificador y burlón; piénsese en *La casa de cartón* o también *El intransferible*, con sus pasajes a veces rayando en lo carnavalesco, cosa que también vale para *Un año*, de Juan Emar. En todo caso aparece más interesante como objeto de reflexión casi fenomenológica sobre el modo de sentir y pensar/recordar que como experiencia 'real' e inmediata, *Dama de corazones* será el ejemplo prototípico. Además, la sexualidad raras veces aparece 'desnuda', sino que suele ser concebida como parte de un deseo más bien emotivo-espiritual que físico –concepción bien burguesa–, y en algunos casos –las novelas de los Contemporáneos– hasta parece casi completamente 'sublimada' o escondida detrás de lo que se llama amor. Aun en una novela como *Débora*, donde lo corpóreo adquiere tanto relieve, el sexo en cuanto tal no se da, sólo la crítica de los clichés y fórmulas pequeño-burgueses acerca del deseo. Y en las novelas de Vela, hasta entonces tal vez las más 'abiertas' en esta materia, no se desarrolla un lenguaje (estridentista) de la sexualidad y/o del deseo, sino que se echa mano del lenguaje estridentista (a secas) para evidenciar que amor y sexo participan del mismo proceso de modernización/racionalización burguesa al cual está subyugado el individuo.

A su apogeo llega este desenmascaramiento en *El amor brujo* (1932), la última novela de Roberto Arlt, la crítica más cáustica de los conceptos y la práctica de amor y sexualidad en/por la pequeña burguesía (porteña) de la época. Es así como la historia de la relación entre el ingeniero Balder, hombre casado, y la joven Irene en rigor no conduce a nada sino a la deconstrucción del ideal de felicidad pequeño-burgués y de la novela sentimental que lo estaba proclamando. Ella configura uno de los hipotextos 'triviales' que junto al imaginario del cine y las incrustaciones de fragmentos que parecen tratados de divulgación sociológica, histórica, psicológica, etc. expresan de nuevo la desjerarquización cultural y literaria emprendida por la narrativa de Arlt. Y en relación con la configuración ambivalente del discurso narrativo –hay un narrador heterodiegético y de focalización cero que cita del diario del protagonista a la vez que reproduce sus pensamientos en largos discursos indirectos libres, pero también hay pasajes que no parecen pertenecer a ninguna de las dos voces (*cfr.* también Jarkowski 1989)– otorgan a esta novela una ambigüedad y una 'maldad' de estilo muy a propósito para plantear la precariedad y la inevitable insipidez del amor en la sociedad burguesa moderna en toda su radicalidad y sin oponerle ningún otro ideal no menos falaz.

A sabiendas de ser un hombre casado, tanto Irene como su familia y sus amigos/vecinos aceptan a Balder como "novio", practicando la doble moral al uso que también permite ciertas prácticas sexuales, como la masturbación del novio por la novia en la sala de estar de la casa de su familia:

> La mancha blanca tiembla en el piso encerado. Balder retrocede y lanza una carcajada. Ocurre que al finalizar el espasmo erótico, ha visto sobre el perfil de la caja del piano, los tres cuartos del rostro del retrato del teniente coronel (Arlt 1980: 651).

Y también Balder admite "sin discusión alguna el ritual de la moral burguesa", reconociendo que por fin: "merced a tantos esfuerzos realizados, quedaré deformado... Entonces podré disfrutar de la felicidad... Al final me convertiré en un cero como ellos y entonces seré dichoso" (*ibíd.*, 668). Así, la novela en bonita ironía de su título "no reproduce el permanente conflicto de una pasión invulnerable, heroica, sino su progresiva traducción falsa a las convenciones de un amor posible" (Jarkowski 1989: 117). Matrimonio y noviazgo terminan invariablemente en un estado de normalidad y decepción en el cual la pasión y el deseo pierden toda autenticidad en un proceso de domesticación por las convenciones y, no menos, los clichés de pensamiento y sentimiento. Únicamente en la ciudad, ampliamente evocada en su espacialidad[185], modernidad y su carácter multitudinario, queda la posibilidad de la felicidad: "sólo hay verdadero amor si es en la calle, porque ahí es donde están el asombro, la variación, la aventura permanentes, y se supone que el amor es más o menos eso" (*ibíd.*, 118). Y de ahí que lo que finalmente produzca cierto desenlace de la situación no sea sino el hastío, que también abre la puerta para la reconciliación con la esposa y para el descubrimiento del objeto 'sagrado'/cercado por las convenciones del noviazgo, pues la virginidad de Irene no es sino una ilusión calculada, algo como la doble moral dentro de la doble moral, su centro vacío[186].

En las dos novelas anteriores de Arlt, *Los siete locos* (1929) y *Las lanzallamas* (1931), amor y sexualidad juegan, en rigor, un papel aún más decepcionante y más complejo[187]. En el mundo narrado de ambos textos configuran un elemento entre otros, disociados además en muy distintas facetas: lo grotesco y lo bello (imposible), lo mediocre y lo sublime (no menos imposible), lo imaginado y lo real, lo cursi y lo asqueroso, lo espiritual y lo puramente físico. Y se mezclan así la reelaboración del imaginario y las fórmulas de la novela sentimental, del cine hollywoodense y de la radionovela –son significativos los ensueños de Erdosain acerca de la "niña alta, pálida y concentrada que por capricho maneje su Rolls-Royce" (Arlt 1992b: 89 s.) o la escena de despedida entre Erdosain y Elsa (*ibíd.*,137 s.)–, con descripciones al estilo naturalista de la vida en el conventillo y el mundo de las (semi)prostitutas, por ejemplo el ambiente en que se mueve la Bizca o el aborto imaginado por Erdosain (Arlt 1994: 202 s.)[188]. A ello

---

[185] Sobre este tema, *cfr*. Giordono (1972), otro de los muy pocos estudios dedicados a *El amor brujo*.

[186] Balder 'respeta' ese límite de los contactos sexuales permitidos durante el noviazgo burgués y lo toma como prueba de la sinceridad de su amor y del de Irene, sobre cuyo carácter de *demi-vierge* por otra parte no se hace ilusiones por más que esto le moleste, ya que quiere ser él quien le 'enseñe' el placer. Pero Irene le había mentido a Balder cuando éste la preguntó si era virgen, hecho del cual una voz que no parece ser la del narrador-cronista informa muy temprano al narratario. La misoginia de protagonista, narrador y autor implícito –piénsense en la figura nada simpática de Irene y los otros personajes femeninos– ya ha sido destacada por Jarkowski (1989).

[187] Para el análisis de las dos novelas desde una perspectiva más amplia, véase el subcapítulo siguiente.

[188] Cabe subrayar que entre los muchos estudios dedicados a este díptico falta todavía uno que se ocupe de su intermedialidad, como por lo general falta una mono-

se agregan pasajes que por su carácter confesional y su búsqueda casi metafísica de lo humano en medio de un ambiente 'infrahumano' recuerdan a Dostoievski ("Dos almas", *ibíd.*, 274-289), un episodio que también recuerda otro posible intertexto ruso, *La sonata de Kreutzer* (1886), de Leo N. Tolstoi[189]. En alguna medida, todos estos aspectos diferentes y, no obstante, inseparables el uno de los otros se hallan relacionados a la misma angustia que mueve al protagonista Erdosain y su búsqueda de la verdad interior y de la felicidad. Así, Erdosain en algún momento cifra la gran aventura y la salvación de la vida mediocre en la aparición súbita del gran amor (¡y del dinero!) en la calle –y la duración de tal amor en el refrenamiento de los deseos sexuales–, o se figura la revelación y redención espiritual por "ser súbitamente compadecido por una ramera desconocida" (*ibíd.*, 275), o sea, por el reconocimiento y la comunión (espiritual) inmediatos entre dos almas. Otras caras de esos sueños impregnados de clichés son los innegables deseos sexuales, el miedo ante la sexualidad y el sexo femeninos y el asco ante las manifestaciones cotidianas de la sexualidad en el mundo denigrado y denigrante de las clases bajas/trabajadoras:

> Cuerpos cansados. Hombres que desnudan sus órganos genitales en cuartos oscuros y llaman a la mujer que pasa hacia la cocina con una sartén. ¿Por qué eso... eso?... (la palabra "eso" resuena en los oídos de Erdosain como el logaritmo de una cifra terrible, incalculable). El órgano genital se congestiona e inflama, y crece, la mujer deja su sartén en el suelo y se tiende en la cama, con una sonrisa desgarrada, mientras entreabre sus crines que le ennegrecen el sexo. El hombre derrama su semen en la oscuridad ceñida y ardiente. Luego cae, desvanecido, y la mujer entra tranquilamente a la cocina para freír en su sartén unas lonjas de hígado (Arlt 1994: 199 s.).

---

grafía sobre la presencia y función de las referencias intermediales en la narrativa hispanoamericana de la primera mitad del siglo XX. Dentro del marco del presente trabajo este aspecto, de relevancia muy distinta en las novelas vanguardistas, forma parte de las 'estrategias' empleadas en función tanto del *discursive turn* como de la apropiación de la modernidad; *cfr.* también lo expuesto sobre la "novela-film" en cap. II, 2.2.

[189] Mientras la crítica ha analizado detalladamente las referencias intertextuales de los dos textos arltianos a la obra de Dostoievski, en particular las *Memorias del subsuelo* y *Humillados y ofendidos* (*cfr.* Zubieta 1987), ninguna atención se ha prestado, que yo sepa, a la posible relación intertextual con *La sonata de Kreutzer*, aunque hay más de un paralelo: obsesión por la pureza/amor espiritual, asesinato de la esposa, narración como confesión, etc.

Ello configura otra faceta de la obsesión por la relación sexualidad-culpa-humillación[190] en Erdosain y los otros personajes: "el placer del cuerpo como pretexto para la humillación o la derrota", al decir de Masiello (1986: 224), íntimamente ligado a las cuestiones de control y sumisión. Así, como ha observado la mencionada crítica, prostitución y traición, impotencia y castración no sólo deben parodiar los banales pruritos de la pequeña burguesía argentina, sino que "forman parte de una intensa indagación tendiente a lograr una coherencia y un significado más amplios, dirigidos por el deseo de los personajes, de mejorar el yo social" (*ibíd.*, 223). El asesinato de la Bizca –llevado a cabo en un extraño maridaje entre renuncia a todo, pasión, asco y "un momentáneo sentimiento de indudable transcendencia" (*ibíd.*, 224) en tanto que auto-afirmación–, seguido por el suicidio de Erdosain, no hace sino confirmar la imposibilidad de salvación o plenitud existencial del yo aún a través de lo que más parecía ser suyo: el cuerpo y el deseo.

Esta dimensión casi metafísica de las esperanzas puestas en amor descuella, asimismo, en *Vida del ahorcado. Novela subjetiva* (1932)[191], la segunda y última novela de Pablo Palacio. Allí, el protagonista busca la solución a su experiencia de la ambivalencia (y sordidez) de la realidad, a la angustia y enajenación que caracteriza su vida y su autoconciencia en/frente a la modernidad, igualmente en el amor, en la mujer que en un sentido "es la personificación del ideal femenino inalcanzable y, en otro, es una mujer insulsa, caprichosa, frívola" (Robles 1980: 193 s.). Y también en esta novela: "La salida de la angustia que el amor parecía indicar se cierra al caer este en la costumbre y la rutina. La sensación de desengaño, de asfixia e inquietud ahorcan metafóricamente al protagonista" (*ibíd.*, 194). El amor, una vez tomado el camino de su práctica cotidiana en la vida en pareja, no resulta ser sino una nueva forma de la enajenación y la pérdida de la integridad del yo:

> [...] Ay, Ana, ¿por qué me pides el vaso de noche? Verdad es que tú eres mi mujer y yo soy tu hombre; pero mira...
> No, no pases por encima de mí. No me toques. ¿Qué derecho tienes para tocarme? Mi piel es mía. Somos extraños el uno al otro y de repente estás tú aquí, atisbándome, violando mi intimidad, turbándome.
> Tus ojos los tengo en todas partes. Sobre mis espaldas, sobre mis manos, sobre mis cabellos, en mi pensamiento. ¿Qué quieres aquí? Ya sabes todo lo mío; conoces mis calzoncillos, Ana.

---

[190] Los capítulos más significativos al respecto en *Los siete locos* son "El humillado" (Arlt 1992b: 126-138), así como "Ingenuidad e idiotismo" y "La casa negra" (*ibíd.*, 177-184); *cfr.*, además, el estudio de Masotta (1965).

[191] Más sobre esta novela en el subcapítulo siguiente.

Pero no te alejes. Anda, acércate que me haces falta. ¿Por qué te enojas? Orgullosa, caprichosa, estúpida. ¡Acércate! (Palacio 1964: 244).

Y resulta poco convincente atribuir este rechazo un tanto ambivalente de la mujer antes amada y ahora ante todo aborrecida, este deseo de mantener la identidad frente al control que significa la convivencia matrimonial o cuasi-matrimonial, a la agudización de los rasgos esquizofrénicos del protagonista, como pretende Fernández (1991: 270). Antes cabe pensar que en algo tenía razón Max Weber (1978: 558-560), cuando ubicaba también al Eros en el contexto de la racionalización moderna y sólo reservaba a la "vida sexual no-cotidiana" y en particular la no-matrimonial (y libre de tales pretensiones) la posibilidad de no estar sujetada a los mecanismos de ésta[192]. En todo caso resulta significativo que en tantas novelas vanguardistas —y a las ya mencionadas hay que agregar las de Labrador Ruiz, Humberto Salvador, Diego Padró, entre otras—, el amor aparezca tan vehementemente rechazado y des(con)struido como solución para los problemas del yo en/frente a la modernidad. Sus promesas de felicidad son falsas. Desembocan en la aceptación de codificaciones y convenciones que en vez de liberar al sujeto lo someten aún más a la angustia y la enajenación, si es que alguna vez se ha soñado con un amor fuera de los clichés, tan despiadadamente tratados ya en *Débora*. En el fondo, tampoco las novelas de los Contemporáneos apuntan en otra dirección que esta desmitificación amorosa, mientras en otras obras —como las de Uslar Pietri y Núñez—, el amor apenas aparece y la sexualidad lo hace sólo en cuanto necesidad física o violencia.

Pero también hay otras líneas. En *El Pez de Oro* amor y sexualidad no ocupan un lugar muy destacado. Mas están rodeados de connotaciones positivas en cuanto forman parte de la cosmovisión andina, de su valoración de la solidaridad —con los hombres y la naturaleza—, de su celebración de la fertilidad y de la figura de la madre. En *Ecue-Yamba-O*, en cambio, juegan un papel mucho más importante: amor (sexual) aparece como una fuerza natural y avasalladora, expresión máxima de la (ya entonces tópica) sensualidad afrocubana. No obstante, el 'secreto' no está en él, sino en la santería y sus posibilidades de hacer experimentar una relación con lo sobrenatural. Aún más llamativa es la (re)presentación de amor y sexualidad en algunas de las

---

[192] Sobre toda esta problemática de la relación entre (la historia de los discursos de) amor/Eros/sexualidad y la historia socio-cultural, tan detalladamente estudiada por Foucault y, desde otros ángulos, por Luhmann, *cfr.* también y otra vez el estudio de Klinger (1995).

novelas que más puntos de contacto crítico, a veces *avant la lettre*, demuestran con el Surrealismo. Es así como en *El intransferible* y *La casa de cartón*, en las novelas de Neruda y Del Valle –y en cierto sentido ya en *Escalas melografiadas*–, pero también en *Sátiro o el poder de las palabras* (1939), de Vicente Huidobro, y hasta en la "novela melliza" de Macedonio Fernández se da gran relieve a lo que se presenta no como amor ni como sexualidad según la dicotomía secular, sino como Eros, como fuerza existencial libertadora y esperanza de un presente pleno[193].

Cabe recordar a este respecto que el Surrealismo dio una importancia extraordinaria al amor[194]. "Il est temps d'instaurer la religion de l'amour" se leía ya en *Le paysan de Paris* (Aragon [1926] 1966: 218). *Nadja*, las investigaciones-encuestas sobre la sexualidad, los poemas y el Segundo Manifiesto iban a cimentar, a partir de 1926, la exaltación del amor/*désir* y de la mujer, su celebración en concepto de gran promesa, de libertad, de lo maravilloso, de gran revelación o iluminación profana[195]. En esa mitificación, el amor y la mujer aparecen como cifras y caminos para la reconciliación del hombre con la vida, para su salvación. Es decir, la revalorización surrealista de la experiencia erótica y de la libertad del *désir* frente a la moral burguesa –revalorización que reformulaba diversas tradiciones y teorías[196] bajo la

---

[193] Cabe destacar que en cuanto a la concepción y presentación del Eros, la poesía y la prosa ficcional de Neruda y Vallejo guardan bastante continuidad. Ello vale también para la obra de Del Valle, cuya poesía todavía no ha obtenido la atención que merece. Resulta curioso, sin embargo, que hasta el momento nadie se haya ocupado del papel del amor/Eros/cuerpo en la narrativa vanguardista, aunque el tema del cuerpo en los últimos tiempos ha hecho surgir una serie ya inabarcable de estudios de enfoque más o menos bajtiano a los que la novela vanguardista, si fuera más leída, ofrecería no poco material.

[194] Dentro del contexto de los *ismos* europeos sólo el Expresionismo alemán había ofrecido algo comparable, mas dentro de su visión vitalista-irracionalista del mundo y del arte, en la que Eros aparece tanto en su fuerza bruta como en su enajenación burguesa-moderna. Vale recordar que en *materia sexualis* el ambiente en los círculos de avanzada del Berlín de los años 20 se hallaba algo más liberalizado que en los de París, y que el Surrealismo ortodoxo, con su conocido veredicto de la homosexualidad –que no se extendía al lesbianismo, que los surrealistas (masculinos) se imaginaron "interesante" (!) de presenciar (*cfr.* Pierre 1990)– se auto-cerró el camino hacia un entendimiento más cabal del tema.

[195] Sobre toda esta temática, no poco debatida, *cfr.* el ya clásico estudio de Gauthier (1972). Para Breton, en todo caso, sexualidad y amor fueron cosas bien distintas como se desprende de los *Recherches sur la sexualité* (*cfr.* Pierre 1990), cuya primera sesión se publicó en 1928. En *Nadja*, leída sobre el trasfondo de otros textos de la Vanguardia europea, despunta así un considerable anerotismo.

[196] A este respecto hay que pensar no sólo en las teorías de Freud, sino también en el Romanticismo (negro) y en el Marqués de Sade, desde luego, así como en el Naturalis-

consigna de la revolución surrealista, pero que frenó su ímpetu iconoclasta justamente ante el dominio de la mirada masculina-heterosexual (*cfr*. Gauthier 1972)– ligaba la sexualidad a la ética revolucionaria. El ahondamiento en sus (supuestas) perversiones y aspectos demoníacos en el fondo no significaba sino la restitución de lo sublime, trascendente y auténtico a algo que en el proceso de la modernidad había perdido ya casi por completo su magia original.

Ahora bien, en las Vanguardias de América Latina, si es que se quería dar una visión 'nueva' del Eros, la versión surrealista requería modificaciones considerables, tanto para resultar vanguardista frente a la propia tradición literaria como para poder integrarse en el proyecto vanguardista hispanoamericano. No hay que olvidar, primero, que en Hispanoamérica no hacía mucho que el Modernismo había propuesto, en sus mejores momentos, una exploración y presentación renovadora del erotismo y los límites de la llamada perversión, en particular respecto a la relación entre Eros y violencia. No en balde los modernistas habían sido tildados de 'erotómanos'. El poco interés de la novela vanguardista hispanoamericana en desarrollar una nueva visión/expresión de lo erótico bien puede tener que ver con el hecho de que los modernistas, frente a los que los vanguardistas se habían de diferenciar a toda costa[197], ya habían hecho suyo este terreno. El tema, para decirlo así, estaba ocupado. Segundo, el discurso oficial de/sobre la sexualidad tenía en aquel entonces en América Latina unos límites aún más poderosamente defendidos que en la Europa occidental[198]. Y bien puede ser que los vanguardistas mismos atribuyeran a estas convenciones un carácter tan difícilmente cambiable que ya de antemano y para no perderse en una guerra que no podían ganar, desistieron del empeño – si es que lo tenían–. Pues, además, desde el proyecto de las Vanguardias hispanoamericanas también eran otros aspectos y problemas los que se presentaban como más urgentes, modernos y/o pertinentes a su intención inno-

---

mo –recuérdense los elogios del Huysmans naturalista que se expresan ya en las primeras páginas de *Nadja*–.

[197] No estará de más recordar que en cuanto a la vida personal, los modernistas también solían ser menos convencionales que los vanguardistas.

[198] El caso más obvio, claro está, es el de la homosexualidad, que en la Vanguardia hispanoamericana se empieza a tematizar recién muy tarde y veladamente –la poesía de César Moro después de 1940–, y ello no porque nadie hubiera tenido esta orientación –piénsese sólo en Xavier Villaurrutia, amante pasajero de Moro durante su estancia en México–, sino a todas luces por el clima general represivo; *cfr*. también Sobrevilla (1992).

vadora. Es así como el Eros se subordinaba a temas y dominantes tales como el cuestionamiento del principio del sujeto y la apropiación de la modernidad en y desde la periferia, para mencionar sólo estos aspectos, ¿o qué papel podría desempeñar una redefinición del Eros para la renovación de la novela con respecto a una nueva relación entre ficción y realidad como parte de la respuesta/propuesta vanguardista frente al proceso de modernización en el continente? Aquí, precisamente, se vislumbra la razón tal vez más importante para el poco interés que la novela vanguardista mostraba por un tratamiento del Eros en la línea ortodoxa surrealista: su cercanía peligrosa a una propuesta para la 'reconciliación' entre el individuo y la modernidad. Si se quería evitar cualquier posibilidad de una re-instrumentalización de la novela en el sentido de la función compensatoria para con el proceso de la modernización, también se había de esquivar toda hipóstasis del amor/Eros.

En todo caso, llama la atención que frente a las incursiones en las imposibilidades de un amor y una experiencia sexual auténticos y plenos bajo las condiciones de la sociedad moderna y de sus discursos y prácticas al respecto que despunta en las novelas de Vela, Arlt y Palacio, tampoco exista una exaltación del Eros en las novelas de Neruda, Abril y Huidobro. En ellas lo erótico o sexual ocupa un lugar privilegiado. Pero a lo largo de los textos aparece por fin más bien como motivo de desesperación, de pérdida de la esperanza cifrada en este camino, si no es que queda reducida a su esencia fisiológica, como en *El autómata*, o a su expresión más perversa, como la violación de la niña por el protagonista en *Sátiro...*, último intento de recobrar por la experiencia extrema la identidad y autenticidad del yo perdidas mucho antes. Es decir, exponen no sólo la falacia de la esperanza en la salvación del yo por el amor/Eros. Al mismo tiempo buscan mostrar que detrás de él no se halla ninguna trascendencia, como tal vez más consecuentemente lo comunica *El autómata*. Sólo en las novelas de Del Valle y de Macedonio resulta rastreable cierta consonancia con la re-mitificación del *désir* emprendido por los surrealistas, de la que se distinguen, empero, por la nota de autocrítica racional y en el caso de Del Valle también por la inmanencia y la insatisfacción –"el deseo es una pregunta cuya respuesta no existe", iba a decir Luis Cernuda–, que impregnan su desarrollo del tema. En el caso de *País blanco y negro* y *Eva y la fuga*, la relativización del Eros por su interrelación con planteamientos que apuntan hacia el *discursive turn* es, a primera vista, tal vez menos patente, ya que la búsqueda del "estado poético" y su traslado a la escritura bien permite leerse como reformulación de la trías surrealista de libertad, amor y poesía. No obstante, es la preocupación por el texto la que aquí se impone. Mejor dicho, la indagación en las posibilidades y limitaciones de la ficción narrativa es el *désir* que incluye a los demás.

Aun en las dos novelas de Macedonio Fernández es dable reconocer este proceso. Por cierto, de todos los autores mencionados es el único que en sus textos –y no sólo los novelísticos– emprendió la exaltación del amor y de la mujer en una línea que parece coincidir con la surrealista/bretoniana, lo que sin embargo no indica una afiliación directa del argentino al movimiento francés, sino un desarrollo paralelo independiente (*cfr.* Schiminovich 1986: 163-165). Es así como en *Adriana Buenos Aires (Última novela mala)*, en uno de los capítulos escritos ya en 1922, se vincula el amor con la experiencia de la "plenitud del ser":

> El asunto de mi relato es Adriana, es decir el amor, y no soy inoportuno, por esta vez, con la precedente digresión, pues quisiera llevar al lector al pensamiento del amor como la grandeza y exclusividad de valía que yo le atribuyo como finalidad y explicación única de la Vida, como estética de la Vida (Fernández 1996: 202).

Pero se trata de la "última novela mala" y se deja así al lector en la duda sobre si esta calificación también se refiere a la concepción del mundo (narrado) regido por el amor (*cfr.* también Niemeyer 1994). Y en *Museo de la Novela de la Eterna (Primera novela buena)* el "todo-amor" se cifra en la figura de Eterna –y su relación con el Presidente–, mas a diferencia de la "novela mala" ya ni se logra en el plano de los personajes:

> El presidente y la Eterna no alcanzan el todo-amor porque él no quiere posar su cabeza en el seno de la Eterna, para amparo, y ella no logra (es su única imperfección) liberarse de este declive maternal, que en el amor es error, y no puede vivir sin esta sensación en su pecho. Por su parte el Presidente tuvo la ineptitud de no poder amar a la Eterna sin pensarla, sin presentársela místicamente o sea como imposible en el ser, porque el ser es inintelectualizable.
> –Eterna: no eres perfecta –tiene que decirle aquí su novelista.
> –Hazme perfecta, pues, si lo puedes, como Dios a los hombres (Fernández 1993: 147).

El discurso metaficcional, que constantemente ironiza los enunciados y la enunciación (*cfr.* cap. II, 3.2), se extiende, como se ve, explícitamente también al todo-amor y sus encarnaciones necesariamente (?) imperfectas. Y el "método mágico" (*ibíd.*, 181) para que los personajes tengan vida, en todo caso, no consiste en el amor, sino en la potencia del lenguaje, en el juego de espejos de la ficción.

MÁS NOVELAS

La ya mencionada novela *Vida del ahorcado. Novela subjetiva* (1932)[199], de Pablo Palacio, ahonda en esta problemática de la ficcionalidad, vinculándola a las otras dominantes de la poética novelística vanguardista, desde el *discursive turn* hasta la orientación americanista. Ellas se perfilan en este texto de manera particularmente nítida a la vez que entran en un juego de espejos entre fuerzas iguales. De ello resulta, como se ha dicho, algo como una novela vanguardista 'total' y una respuesta/propuesta vanguardista muy específica frente a las circunstancias históricas y literarias del momento.

El texto consta de 32 breves capítulos más un apartado final en letra cursiva. Los primeros llevan títulos que sugieren la forma de un diario, "Primera mañana de mayo", reza el primero (Palacio 1964: 211), mas pronto se intercambian y a partir del capítulo 23 se suplantan definitivamente por títulos de orden genérico ("Oración matinal") o temático ("Amor: Universo"). Y de hecho se trata de una sucesión de fragmentos de muy diversa índole temática y estilística, que apenas parecen guardar una relación lógica entre sí. Tampoco la situación narrativa resulta muy unívoca. Por lo general predomina la voz homodiegética autorial de Andrés Farinango, el protagonista, quien suele presentar los sucesos –sus propias vivencias– en narración intercalada que también abarca la estrictamente simultánea de sentimientos, imaginaciones y reflexiones propios de su yo-aquí-ahora como narrador: "Ahora me pongo a decir mi hermosa oración matinal. // ORACION MATINAL // Mi Señor y mi Dios, Tú que todo lo puedes: con el mayor respeto y consideración [...]" (*ibíd.*, 216). Todo ello todavía corresponde a la situación narrativa típica de un diario. No obstante, la en este caso frecuente indeterminación o interferencia entre el discurso del narrador y el del personaje-protagonista ya llega aquí a límites insospechados. Muchos pasajes pueden leerse, por la falta de una referencia unívoca de los deícticos, de un discurso atributivo y de una relación (temporal) clara entre discurso y diégesis, como pensamientos referidos (en presente) del yo narrado a la vez que como reflexiones del yo narrador:

> Yo estaba en ausencia. Estaba ahí y no estaba. Esperaba algo y no esperaba nada. Una pasión crecía en mí y yo luchaba por cegarla. Soy mi enemigo.

---

[199] Quito: Talleres Gráficos Nacionales. Fragmentos de la novela ya se habían publicado en 1931 y a principios de 1932 en distintas revistas ecuatorianas; *cfr.* Manzoni (1994: 147).

Pero ¿qué pasa aquí, ¿qué pasa?
Recuerda:
"Cielo arriba, cielo abajo, éter arriba, éter abajo. Todo eso arriba, todo eso abajo, tómalo y alégrate".
Nada (*ibíd.*, 229).

El cambio frecuente de narratarios hace otro tanto para acrecentar esa polifonía del discurso. A veces, la segunda persona parece referirse al mismo narrador o protagonista –a modo del soliloquio–; otras veces, se refiere a Ana, la amada (*cfr. supra*); y en un tercer caso, se apela a una segunda persona plural, compañeros o conciudadanos de Andrés o simplemente todos los hombres: "Venid, entrad, señoras y señores burgueses, señoras y señores proletarios. Entrad vosotros los expulsados de todo refugio y los descontentos de todos ellos. Entrad todos vosotros, compatriotas de este chiquito país" (*ibíd.*, 212). Y aún más se dificulta la situación por la incrustación de dos capítulos a cargo de un narrador heterodiegético que refiere una historia que no guarda ninguna relación con la del protagonista ni con la situación del narrador (el capítulo "10") y que, en el capítulo final ("Ahorcado, Señor Intendente"), relata el descubrimiento de un hombre ahorcado –a todas luces el mismo protagonista-narrador– y reproduce el informe correspondiente del Jefe de Demarcación (*ibíd.*, 275 s.). Ambos capítulos rompen la unidad de enunciación del diario, haciendo traslucir una instancia detrás de la del narrador-autor y distinta de ésta. Por cierto, el narrador-autor también suele referir sucesos, escenas e historias que no tienen que ver con su propia vida sino que ha leído y observado ("Perro perdido"), sabido ("Hombre con pulgas") o que al parecer se imagina en el acto ("Reencarnaciones", "Junio 25", "30 // Elementos de la angustia"). Pero en todas ellas hay señales de su presencia, aunque sea sólo por medio de breves comentarios burlones entre comillas (*cfr.*, p. ej., *ibíd.*, 228). Pero en los dos capítulos mencionados no hay ninguna señal al respecto. ¿Y el apartado final, a quién atribuirlo sino a una voz aún detrás de la que está detrás de la del narrador-autor?

Ahora bien:
Esta historia pasa de aquí a su comienzo, en la primera mañana de mayo; sigue a través de estas mismas páginas, y cuando llega de nuevo aquí, de nuevo empieza allá...
Tal era su iluminado alucinamiento.

El enredo de los distintos niveles comunicativos y la ironía metatextual –y aún metaficcional–, la intercalación de fragmentos discursivos ajenos –anuncios de periódico, historias narradas por otros– y de pasajes que hacen uso de tipos de discurso extraliterarios/no-narrativos –la oratoria política, el discurso forense, el drama–, las frecuentes rupturas isotópicas en el interior de los capítulos y la falta de una interrelación narrativa lógica entre ellos, todo ello confiere a la narración una heterogeneidad, fragmentariedad y polifonía que impide la reconstrucción de una trama coherente. Su univocidad "es aquí abandonada intencionalmente" (Prada Oropeza 1981: 14). Más que nada, el texto propone "la incongruencia aparente como principio generador" (Rivas Iturralde, en Manzoni 1994: 132), el desplazamiento de la noción de argumento por el fluir de la conciencia y el cuestionamiento del creador tradicional en su noción autorial, como ha destacado Burgos (1995: 172). Y aunque no se trata de "la primera novela *collage* de la literatura latinoamericana" (Rivas Iturralde, en Manzoni 1994: 132) –el montaje[200] forma parte de los procedimientos de la novela vanguardista casi desde sus principios, como en los capítulos precedentes ya se ha podido ver–, es la que en su momento llevaba este principio hasta el máximo, con una orientación muy clara hacia la ruptura de las convenciones realistas. Así, este carácter de montaje se ofrece como la otra cara de los comentarios metatextuales:

> ¡Eh! ¿Quién dice ahí que crea?
> El problema del arte es un problema de traslados. Descomposición y ordenación de formas, de sonidos y de pensamientos. Las cosas y las ideas se van volviendo viejas. Te queda sólo el poder de babosearlas.
> ¡Eh! ¿Quién dice ahí que crea? (Palacio 1964: 222).

Y ambos contribuyen, en conjunción con detalles inverosímiles –el amigo cuya muerte se ha narrado en todos sus pormenores ("Viaje final"), se suma al coro condenatorio del crimen de Andrés; este crimen consiste, a todas luces, en el sueño o ensueño de la muerte del hijo de Andrés y Ana, de cuya existencia ella nunca ha sabido, etc.–, a la oscilación constante entre ruptura de la ilusión realista (convencional) y algo que con igual derecho que en el caso de *El Pez de Oro* puede llamarse verosimilitud cultural.

En y a través de su discurso particular, la novela logra comunicar un complejo haz de significados a la vez que convertirse en experiencia estética de la angustia y enajenación. Se vuelve experiencia de la pérdida de iden-

---

[200] Cabe insistir en la diferencia de intensión y extensión de ambos términos: montaje designa el procedimiento de integrar textos ajenos en el propio, *collage* el texto que exclusivamente contiene fragmentos de textos ajenos; *cfr*. Borchmeyer/Zmegac (1987, s. v. "Montage/Collage"). Rivas Iturralde (en Manzoni 1994) usa el término *collage* en la acepción dada para montaje.

tidad, integridad y de la propiedad creativa y autorial, del poder represivo y del sin sentido de los discursos sociales hegemónicos, en fin, de la degradación y soledad del sujeto/individuo en la modernidad. Ésta es otra vez claramente –y con mucha sorna– referida a la realidad "de este chiquitito país":

> El Gobierno de la República ha mandado insertar en los grandes rotativos del mundo esta convocatoria escrita en concurso por sus más bellos poetas:
> ¡ATENCIÓN! SUBASTA PÚBLICA
> Atención, capitalistas del mundo:
> El Chimborazo está en pública subasta [...] Vamos a deshacernos de esta joya porque tenemos necesidad urgentes: nuestros súbditos están con hambre, por más que tengan promontorios a la ventana (*ibíd.*, 216 s.).

A la vez comparte ciertos rasgos modernos 'universales' del momento, marcado por la crisis del capitalismo, la creciente conciencia política y las luchas de clase:

> Quería explicaros que soy un proletario pequeño-burgués que ha encontrado manera de vivir con los burgueses, con los buenos y estimables burgueses.
> He aquí un producto de las oscuras contradicciones capitalistas que está en la mitad de los mundos antiguo y nuevo, en esa suspensión del aliento, en ese vacío que hay entre lo estable y el desbarajuste de lo mismo (*ibíd.*, 212 s.).

Los hombres viven "en grandes cubos ad-hoc", donde durante la noche "se quedan ahí sin pensamiento, inmóviles, ciegos, sordos y mudos" (*ibíd.*, 211), humillados por los otros "que gobiernan en nombre del pueblo" frente a los que se volvieron "impotentes para reclamar su calidad de hombre" (*ibíd.*, 214). Dentro de este contexto y marcado por él se desarrolla la historia de Andrés, lo que de ella puede reconstruirse: la búsqueda de una salida a su angustia. Otra vez, pues, se sugiere una visión muy crítica del momento contemporáneo del proceso de la modernidad (social), asumido como horizonte histórico y con una leve esperanza de cambios futuros. Pero fallan las soluciones individuales a la angustia, como el amor y la escritura/creación, la una por los motivos ya expuestos (*cfr. supra*), la otra por la imposibilidad de una creación autónoma y original frente a la dominancia de la realidad y de la cuestión del 'orden'. Tampoco la salida al campo –o sea, la fuga ante la modernidad– resulta practicable. Esto se desprende de unas reflexiones del narrador que a la vez resultan una fina parodia de las reivindicaciones y los presupuestos de la novela regionalista:

> Ana, no te ilusiones. El campo sólo era tierra grande, con viento. Nosotros, americanos, no hemos podido conocerlo ni amarlo. ¿Recuerdas cómo era de

noche esa cosa grande, callada, oscura e impenetrable? Tengo miedo del campo; el límite, el límite es lo mío. Sólo aquí dentro de estas cuatro paredes, somos tú Ana y yo Andrés: allá éramos unos gusanillos (*ibíd.*, 242).

El siguiente capítulo, "Diálogo y ventana", continúa en un metaplano la refutación de las tesis orteguianas iniciada en *Débora* acerca de la autorreferencialidad o inmanencia como rasgo distintivo del arte nuevo y de la 'trascendencia' del realismo (decimonónico) en cuanto enfoque de los contenidos humanos. Esta tesis, que el realismo social(ista) en su oposición a toda "deshumanización" estaba afirmando vehementemente, se rechaza aquí mediante otra re-escritura del famoso símil orteguiano: a través de la ventana no se ve ningún jardín, sino el muro gris [de la casa de enfrente] con otra pequeña ventana... (*ibíd.*, 243). Es decir, la vuelta hacia el *status quo ante* será imposible también respecto a la estética, cuya participación en el proceso histórico general se señala no sólo con el reemplazo del 'jardín' por el 'muro', sino que despunta de la misma vinculación semiótica recíproca entre los rasgos de la escritura y los contenidos en cuanto a la experiencia estética de fragmentación y enajenación. Por último, falla también el proyecto de la revolución social, que a causa de nociones absurdas que se imponen en sus luchas de poder internos termina por dirigirse contra los que quería liberar. La rebelión del bosque, pensada contra el hombre, se dirige finalmente contra el árbol: "Destruid esta calidad [de árboles] y habréis renovado vuestra condición de seres libres" (*ibíd.*, 247).

Con todo, crecen la desesperación y la enajenación del protagonista-narrador. Se siente "un muerto mojigato" (*ibíd.*, 256). Y así (?), en un sueño ("Sueños"), asumiendo el sin sentido de la existencia (histórica) –"Los que han nacido dentro de una figurita no son de igual calidad que los que nacieron en otra, porque cada cual tiene sus ataduras. Según en dónde, se llaman rusos, polacos, alemanes" (*ibíd.*, 259)– y la falta de humanidad en el hombre, incluso en el propio hijo –"cosilla gelatinosa" (*ibíd.*, 258)–, da muerte a éste. Siguen la detención ("Orden, disciplina, moralidad") y la acusación de filicida ante el tribunal, escena onírica (?) con amplia reproducción (parodística) de los discursos forenses y las intervenciones de "El Pueblo" en sus diversos sectores, o sea, burguesía, proletariado e intelectualidad. Todos ubican al acusado en el otro bando o fuera de la sociedad, pero coinciden en su fanatismo y su sordidez ante las aclaraciones racionales/legales y así reclaman su muerte por tener "un concepto errado de la vida". Los reproches que Gallegos Lara iba a formular contra la novela de Palacio afirman que esa sátira daba en el blanco... Y la muerte se sentencia. "Yo voy a pensarlo detenidamente", es la última enunciación del narrador-protagonista, después ya viene el suicidio.

Ver en todo ello la historia de un "perturbado mental" (esquizofrénico), como lo hace Fernández (1991: 370, *cfr.* también *supra*), basándose para este diagnóstico ante todo en el desdoblamiento del personaje en sus soliloquios, su rechazo de la intimidad (rutinaria) y su sentirse muerto –¡rasgos típicos para la visión del yo/individuo (moderno) en la novelística vanguardista hispanoamericana!–, significa cortar una dimensión vanguardista específica de la novela: su presentación de la "locura", la enajenación y la escisión de conciencia como lo normal, como el destino inevitable del individuo en el proceso de la modernidad. Más acertado resulta la interpretación de la novela como expresión, un tanto *avant la lettre*[201], del existencialismo y la metaliteratura (Burgos 1995). De hecho, hay puntos de contacto entre esa filosofía y la novela de Palacio en lo que ésta ofrece de angustia, asco y agnosticismo. Pero tal interpretación olvida los aspectos de crítica cultural y discursiva –en el sentido literario lo mismo que en el foucaultiano– que caracterizan la apropiación de la modernidad en *Vida del ahorcado*. Ella manifiesta un enfoque a la vez 'moderno' e histórico-social[202]: no indaga en la *conditio humana* (*cfr.* también Robles 1980), sino en la *conditio moderna* y en las posibilidades, limitaciones y objetivos de la creación novelística dentro de este contexto.

Insistir en este punto no significa optar por la vuelta a una lectura predominantemente ideológico-crítica (*cfr.* Rufinelli 1979), pero implica reconocer que el 'desenmascaramiento' de los tópicos del discurso de izquierdas corre parejo con la crítica (cultural) no menos acerba de la ideología burguesa. Y a la vez que se hace traslucir el impacto de ambas ideologías también se revela, en pasajes impregnados del mismo humor negro y de la misma (auto)ironía que caracterizan todo el texto, su incapacidad de garantizar el sentido del individuo y sus deseos de integridad y unidad en la sociedad/modernidad. Significativamente, de ello no se puede deducir una posición propia unívoca salvo la negación rotunda y terminante de suplantar o compensar esta situación por medio de la novela, del arte. Con ello, la novela de Palacio emprende un camino opuesto al que tomaba la literatura ecuatoriana de los años 30. Puede que ello también tenga que ver con el

---

[201] Burgos (1995) usa el término pensando, a todas luces, en el existencialismo francés y no en la filosofía de la existencia alemana (Heidegger, Jaspers y otros), de hecho coetánea a la época de las Vanguardias.

[202] Cabe señalar que la falta de una perspectiva histórica fue uno de los principales reproches que la filosofía marxista solía hacer al existencialismo. Palacio, miembro fundador del Partido Socialista Ecuatoriano, sin lugar a dudas estaba al tanto de la filosofía marxista de la historia.

hecho de que su composición se terminara ya a finales de 1931, o sea, antes de las grandes manifestaciones (y represiones sangrientas) de la protesta contra el presidente electo y antes, también, de las primeras expulsiones del PSE, trámites en los que Palacio se mostró como "hombre de partido" y adicto a la disciplina (*cfr.* Fernández 1991: 153-156). En todo caso, no sólo se opone 'calladamente' sino que deconstruye el paradigma de la literatura proletaria, con cuyas presiones –¿o atractivos?– otros vanguardistas dentro y fuera del país ya estaban claudicando. Es así como Humberto Salvador, que con *En la ciudad he perdido una novela* (1930) había presentado una novela en la línea vanguardista de *Débora*, se atiene en su siguiente obra, *Camaradas* (1933), a los postulados del arte socialista. Pero la novela de Palacio significa un ejemplo raro también dentro de la novelística vanguardista hispanoamericana de la época, que a la creciente importancia de lo social e ideológico –y la exigencia general de 'rehumanización'– solía responder con el ahondamiento en la cuestión del sujeto y de la ficción, dejando de lado el tema de la sociedad, que en sus mundos narrados se perfila sólo muy vagamente.

La acometida vanguardista de "la cuestión social", mejor dicho, de los discursos al respecto, representa sólo una cara de esta novela de Palacio. La otra consiste en hacer participar al lector en este mismo proceso interminable de (re)creación y deconstrucción de significados y posibles soluciones. El "descrédito de la realidad", que Carrión (1930) había visto en *Débora* y que el propio Palacio iba a reclamar para *Vida del ahorcado*[203], se refiere no sólo a la realidad, sino también y aún más a los discursos sobre ella –hasta el de la misma novela–. Pues el "iluminado alucinamiento" que se le adjudica al final, sin duda el apogeo de la "conjunción de [auto]crítica y creación en un espacio inseparable" (Burgos 1995: 173) que practica el texto, ¿qué significa sino otra llamada auto-irónica sobre las posibilidades *sui generis* de la novela y sus concomitantes limitaciones frente a 'la realidad'? En términos generales se trata de un comentario metaficcional sobre la aclamada circularidad de la historia "a través de estas mismas páginas", o sea, sobre el "alucinamiento" como el poder de ilusionar tal circularidad por la escritura/ficción. Pero el problema de lo "iluminado" de ese alucinamiento –¿la lucidez de la locura, la posibilidad de des-engañar con la ficción o solamente la autoconciencia que acompaña el acto de alucinar (al lector)?– se deja abierto. Y así, es la ficción novelística lo único que queda. Su autonomía y su función vanguardista se rescatan precisamente a través de los cuestiona-

---

[203] Así se expresó en la carta que escribió con motivo de la crítica negativa sobre su segunda novela de la pluma de Gallegos Lara; cfr. Manzoni (1994:51 s.).

mientos que significa narrar y volver a narrar esta alucinante historia "a través de estas mismas páginas".

Mucho de lo que se acaba de decir sobre la última novela de Palacio también se puede referir, *mutatis mutandis*, de *Los siete locos* y *Los lanzallamas*[204] de Roberto Arlt. Las dos novelas se ofrecen entre los textos más radicales de la novela vanguardista hispanoamericana del momento, para no hablar de la Vanguardia argentina[205]. En algo tenía razón el propio Arlt cuando les adjudicaba "la violencia de un 'cross' a la mandíbula" (Arlt 1994: 8). La Vanguardia argentina, en todo caso, ya era prácticamente inexistente en aquel entonces: *Espantapájaros*, de Girondo, salió recién en 1932, Macedonio Fernández escribía en silencio, y los intentos de formar un grupo surrealista argentino no dieron en más que los dos números ya mencionados de la poco llamativa revista *Qué* (1928, 1930). Sólo con *El gato escaldado* (1929), de Nicolás Olivari, se tenía un libro de parecida irreverencia (*cfr*. Reichardt 1999)[206]. La situación

---

[204] La primera edición de *Los siete locos* apareció en Buenos Aires: Editorial Latina, 1929. Pronto siguieron dos ediciones en Editorial Claridad, en 1930 y 1931; *cfr*. Borré (1996: 182), hecho que parecen desconocer las ediciones posteriores, desgraciadamente no tan cuidadosas como sería deseable. Así, hasta la edición reciente de Guzmán (Arlt 1992b) tiene sus descuidos: atribuye ya a la *princeps* la Nota del Comentador en la que éste refuta que las manifestaciones del Mayor hayan sido sugeridas por los sucesos del 6 de septiembre de 1930, destacando la "anticipación de los hechos políticos que, seguramente, estaban ya en el ambiente y el mérito de Arlt de captar con fidelidad el discurso de los militares" (Arlt 1992b: 225), cuando de hecho la nota se escribió para la tercera edición (en Claridad); *cfr*. también Zubieta (1987: 49 s.), quien trabaja con la *princeps*. *Los lanzallamas* se editó primero por Editorial Claridad, octubre de 1931, pero fue un fracaso de ventas; *cfr*. Borré (1986: 185).

[205] Masiello (1986), Mattalia (1992a) y Unruh (1999) incluyen la obra novelística de Arlt en la Vanguardia latinoamericana, otros –Zubieta (1987), Corral (1992)– son más cautelosas al respecto, operando con la distinción Vanguardia (argentina) – modernidad (Corral 1992) y ubicando a Arlt, cuya contribución a la fundación de la novela "moderna" o "contemporánea" igualmente afirman, en un espacio intermedio entre Boedo y la Vanguardia/Florida (Zubieta 1987, Guzmán 1992). Lo último ya desde hace tiempo constituye casi un tópico (cómodo) de la crítica arltiana en el cual influye indudablemente también el hecho de que se suelen enfocar sus novelas en el contexto exclusivo de la literatura argentina y de sus lecturas europeas entonces en boga (Dostoievski, etc.), mientras que desde la perspectiva intercontinental –o sea, de la novela vanguardista hispanoamericana– la cosa resulta muy distinta, como ya lo indicó Rama (1982). Desgraciadamente, ni Leland (1986), ni Unruh (1994), que tan ampliamente se ocupan de *El juguete rabioso*, tratan las novelas posteriores.

[206] Otro caso a recordar en este contexto es el de Omar Viñole (1904-1967), ya totalmente al margen del campo literario, dentro del cual Arlt sí quería y lograba hacerse una posición. De las obras de Viñole ninguna se ofrece como novela (vanguardista), aunque

histórica –la crisis económica, el golpe de Uriburu–, tan lúcidamente denunciada en novelas como la ya mencionada *¡Estafen!*, de Filloy, y la sátira política *El tirano. Novela sudamericana de honestas costumbres y justas liberalidades* (1932), de Enrique González Tuñón (*cfr.* Reichardt 1983), así como el contexto literario-cultural no eran ya muy propicios para experimentos, ni mucho menos para la crítica cultural vanguardista. Y cuando se dio, ni siquiera siempre fue reconocida como tal, sino leída e integrada bajo el lema de "ardiente realidad humana", como sucedió con *Los siete locos* (*cfr.* cap. II, 1.2).

Desde luego, también las dos novelas de Arlt responden a las cambiantes circunstancias históricas, no sólo en tanto "expresan la violenta disminución de su fe [de Arlt] en el progreso" (Masiello 1986: 217), sino también y precisamente porque continúan la exploración y renovación vanguardistas de la novela, a todas luces para Arlt –al igual que para Palacio y otros vanguardistas latinoamericanos–, más necesaria que nunca. Es así como las dos novelas narran una historia semejante a la de *Vida de ahorcado*: la búsqueda de unos personajes inmersos en la modernidad urbana de una salida a su angustia, de autoafirmación y "verdad interior", de caminos para dejar atrás la vida mediocre y alcanzar poder sobre el medio ambiente. Pero este medio o mundo peligroso y hostil, reconocible muy pronto como el Buenos Aires de la época[207], adquiere mucho más relieve. Y también se presta más atención a la permeabilidad entre el mundo exterior y el sujeto, o sea, la borrosidad entre la conciencia aislada, angustiada y la percepción de la realidad (ficcional) como un mundo distorsionado y fragmentario. El "terror en la calle" (*ibíd.*, 89) –que contrasta con la esperanza de la aventura, que se ubica, precisamente, en la calle (cfr. *supra*)– y la llamada "zona de la angustia" que Erdosain se imagina sobre el nivel de las ciudades, a dos metros de altura (*ibíd.*, 85) destacan así entre "los indicios materiales de una experiencia límite" que las novelas exploran desde distintos ángulos (*cfr.* Corral 1992: 34). Y, otra diferencia sustancial, la salida ensayada/imaginada por los personajes arltianos, como la propuesta revolucionaria del Astrólogo y su sociedad secreta, se aparta considerablemente de las socialmente consagradas y, al fin y al cabo, muy 'racionales' que expone –¡y deconstruye!– la novela de Palacio. Lo que caracteriza este proyecto es su doble objetivo irracional: por una parte "la destrucción ciega, apocalíptica, de la sociedad de explotación

---

su *El hombre que se depiló la ingle*, publicada hacia finales de los años 30, demuestra un cuestionamiento de convenciones narrativas en varios aspectos compatible con el que por la misma época llevaba a cabo Macedonio Fernández; *cfr.* Reichardt (1991).

[207] Sobre este tema, *cfr.* el estudio de Gostaustas (1977).

capitalista y, por otra, el restablecimiento de la fe perdida, de un 'dios creador del cielo y la tierra'" (Corral 1992: 54). Esta pretendida solución a la enfermedad 'metafísica' del hombre contemporáneo, que reúne distintas facetas y modelos ideológicos y estéticos –utopía, ficción, anarquismo y poder (*cfr.* Zubieta 1987: 121-199)–, resulta sumamente a-lógica, contradictoria, delirante y difícilmente viable[208]. Así, es la incoherencia y lo delirante lo que se revela como principio y eje de esta propuesta, seductora para los personajes, no por su practicidad o su doctrina, sino porque les permite vivir "de un modo imaginario las fantasías que giran en torno a una sociedad futura, seducidos por la magia que emana de las palabras del Astrólogo" (Corral 1992: 65).

Desde un metaplano, bien se puede ver en el discurso del Astrólogo –no será casual que él e Hipólita sean los únicos personajes cuyo destino final quede abierto– y la fascinación de sus oyentes/cómplices una compleja *mise en abyme* (implícita) de los mecanismos y atractivos, de los poderes y también de los peligros de la ficción. Pues lo que interesa, como indicó Corral (*ibíd.*, 66) sin ahondar mucho en las consecuencias, "no es la verosimilitud o no del plan revolucionario [...] sino [...] la verdad de la mentira, o sea la verdad de la ficción, que sólo puede ser una verdad poética, imaginativa". Pero ese viraje conlleva una no pequeña ambivalencia. Primero, no sólo recuerda el sustrato imaginario de las utopías revolucionarias. Aún más: en el contexto de las demás fantasías de los personajes revela el poder ubicuo de la ficción y del anhelo por una vida según sus promesas. Y segundo, insiste en la marca distintiva de la ficción y su recepción estética: el *als-ob* o, en palabras del Astrólogo, "Yo sé que no puede ser, pero hay que proceder *como_si fuera* factible" (Arlt 1992b: 209; el subrayado es mío). No puede sorprender que a la hora de realizar los planes, todos los personajes involucrados ni siquiera lo intenten. Ello relativiza la sugerida borrosidad de límites entre la ficción (el arte) y "la vida", a la vez que otorga a la fascinación por la verdad imaginativa del plan revolucionario cierto tinte de *bovarysme*. Las fantasías de Erdosain se deben, en buena parte, a los clichés del cine y la radio-novela. El único acto original, auténtico, es, otra vez, el crimen: el asesinato de la Bizca, que brinda a Erdosain un momentáneo sentimiento de indudable trascendencia y, significativamente, lo releva del silencio –la confesión ante el cronista–, como ha destacado Masiello (1986:

---

[208] Esa amalgama de las más diversas ideologías, desde el fascismo hasta el comunismo, pasando por el catolicismo, la mafia, etc. ha suscitado en los años 70 y principios de los 80 más de un comentario crítico; para más detalles, *cfr.* Corral (1992: 52-67).

224 s.). Pero en el plano de la intención de sentido se relativizan hasta el "Ser' a través del crimen" y el consiguiente suicidio: resultan la duplicación de un crimen anterior y de las fantasías de Barsut, en cierto sentido "el otro" de Erdosain, y se vuelven objeto intercambiable de los relatos policiales en los grandes diarios locales y de las películas hollywoodenses.

No obstante, sería erróneo ver la disidencia de las dos novelas ante todo en su indagación en la precariedad del sujeto bajo las condiciones de la modernidad (porteña). Pues otra vez, para que de ello resulte una obra vanguardista es imprescindible su presentación a través de un discurso que recién posibilita la comunicación de estos significados. Es así como ambas novelas ostentan una mezcla casi monstruosa de discursos, voces y escrituras[209] en un lenguaje que hace gala de la misma apropiación devoradora de cuantos modelos literarios y no-literarios y facetas del habla coloquial rioplatense[210] estaban al alcance de la época. Ello otorga al díptico una heterogeneidad y desintegración de la 'organicidad' convencional de la novela (realista) que va por caminos en cierto sentido comparables a los ensayados en *Vida del ahorcado*. Por cierto, ésta ahonda mucho más en el principio del montaje, mientras que muestra menos agresividad en el empleo del habla coloquial y no se preocupa por la cultura *mid-cult*. Sin embargo, en uno y otro caso se trata de una muy semejante desarticulación de las nociones establecidas de lo narrativo y de lo literario.

Especial importancia adquiere en este contexto la configuración del narrador, la contienda "sobre el origen enunciativo de la historia, lo cual involucra al lector en una meditación implícita sobre autores y lectores" (Unruh 1999: 253). Como bien se sabe, la voz narradora extradiegética pertenece a alguien que se autodenomina "el cronista". No obstante, el discurso narrativo, ya desde el principio, ofrece tantas ambivalencias, incongruencias y, sobre todo, tal eminencia de la voz y, más aún, de la perspectiva del protagonista que difícilmente encaja en el marco (convencional) de una "cróni-

---

[209] Muchas de estas particularidades ya han sido apuntadas por la crítica: para las relaciones intertextuales, véase el trabajo de Zubieta (1987), para la cuestión de los "saberes", las (breves) explicaciones de Sarlo (1988); en cuanto a las técnicas narrativas, ofrecen análisis útiles Gnutzmann (1984), Zubieta (1987) y, sobre todo, Corral (1992); para los aspectos teatrales, véase el estudio de Unruh (1999). Falta, como ya se ha dicho, un estudio de la intermedialidad.

[210] Un análisis pormenorizado de este aspecto, uno de los tópicos de la crítica arltiana, se ofrece en los estudios de Ulla (1990) y Schäffauer (1998); ambos se centran en *El juguete rabioso*, pero sus resultados también resultan en gran medida válidos respecto de la obra posterior.

ca". Las notas a pie de página, bajo el encabezamiento de "Nota del Comentador" o "Nota del Autor" indican además otra instancia –¿u otra identidad del narrador?–, aunque las notas mismas algunas veces no hacen sino continuar la narración (*cfr*. Arlt 1992b: 173), enredando aún más la identidad de las voces y la cuestión concomitante de la autoridad narrativa. Aunque el cronista no se revela como tal sino recién en el segundo capítulo de *Los siete locos*, notas del Comentador, empero, ya hay antes. Ello significa una relativización súbita de la 'omniscencia' del narrador heterodiegético autorial –"Más tarde recordó que ni por un instante se le había ocurrido preguntarse" (*ibíd*., 85)–, que se ha manifestado durante todo el primer capítulo y también va a predominar en los restantes. Pero en su papel declarado de "cronista" resulta superficial, deficiente y poco fidedigno. Las referencias a su 'material' –la confesión oral de Erdosain, testimonios del "caso de Temperley"– tanto como las insistencias en lo verídico de su relato y la compleja realidad de los personajes que impide cualquier reconstrucción completa, son estrategias convencionales en este caso para subrayar la credibilidad de un cronista y cimentar el efecto de realidad de lo narrado[211]. Pero la credibilidad se subvierte por su llamativo desinterés por la narración cronológicamente exacta de los sucesos, tan frecuentemente interrumpida por la presentación de "estados de conciencia" y totalmente abandonada al omitir la narración de "los diez días de Erdosain", y por sus advertencias metatextuales, en *Los lanzallamas*, sobre ciertos procedimientos narrativos. Y más aún se deshace su papel 'oficial' de cronista por el simple hecho de que intenta "narrar" la historia, o sea, apoderarse de una dimensión de la historia que como cronista le estaría vedada y que tampoco le interesaría (*cfr*. White 1987). Resulta sólo consecuente que este intento falle, como resultado inevitable de la imposibilidad de reivindicar saber y autoridad narrativos respecto de una historia 'ajena'. En cuanto testimonios, la incorporación de su voz y en menor medida la de los otros –piénsense en "El discurso del Astrólogo" o la larga narración de Elsa referida en *Los lanzallamas*– no rompería con las convenciones de una crónica. Aquí, sin embargo, ya la enorme frecuencia y extensión con la cual se reproducen los discursos intradiegéticos significan un viraje llamativo del *récit des evenements* que sería típico para la crónica –y que también se propone el cronista– al *récit des paroles* en

---

[211] Cabe recordar en este contexto que también el "no-saber" puede formar parte de las estrategias de ilusionamiento de un narrador autorial según las convenciones realistas (decimonónicos); *cfr*. Paschen (1991: 121-124), y aún más si éste es figurado como cronista, o sea, alguien que compila y reconstruye una sucesión de hechos con atención exclusiva a su cronología; *cfr*. White (1987) y también Schlickers (1997: 339-343).

aquella tradición que arranca con el *Quijote*. Y aún más inquietante resulta la confusión de estas voces con la del narrador en los largos pasajes de discurso indirecto libre, así como la repetida adopción de la focalización interna, igualmente marcada hasta en el plano lingüístico por la compenetración casi completa entre narrador y protagonista:

> Cada vez más fuerte se hacía en él la revelación de que estaba en el fondo de un cubo de portland. ¡Sensación de otro mundo! Un sol invisible iluminaba para siempre los muros, de un anaranjado color de tempestad. El ala de una ave solitaria soslayaba lo celeste sobre el rectángulo de los muros, pero él estría para siempre en el fondo de aquel cubo taciturno, iluminado por un anaranjado sol de tempestad .
> Luego, la capacidad de su vida quedó reducida a aquel centímetro cuadrado de sensibilidad [...] Erdosain no quería y quería mirar... pero era inútil... su esposa estaba allí [...] No quería mirarla a Elsa... no... no quería (Arlt 1992b: 140).

La "enunciación compartida de naturaleza dialógica" (Corral 1992: 88) contradice las reivindicaciones 'oficiales' del discurso sin oponerle otro modelo no menos autoritario, y se somete igualmente a las notas de esa instancia enigmática que es el Comentador/Autor. Ello expresa una forma del *discursive turn* que, en su subversión tan radicalmente desde dentro de las convenciones y tradiciones novelísticas respecto de la relación entre narrador y personaje, apenas iba a encontrar paralelos en su tiempo. La mayor parte de las novelas vanguardistas escritas en la segunda fase cuestionan las convenciones novelísticas a través de la abierta reflexión metaficcional, incorporando a un plano que según la estética realista a toda costa había de quedarse fuera de la narración. En cambio, las novelas de Arlt acometen la renovación narrativa (vanguardista) aprovechando contradicciones entre la práctica y las reivindicaciones de la novela realista al uso, apuntando hacia la metaficción como plano sólo virtual. Las exigencias de 'verosimilitud' de la instancia narradora extradiegética y de la 'independencia' del cómo de su narración frente a la diégesis, desde siempre habían marcado la configuración del narrador heterodiegético autorial como *origo* del discurso. Y es así como el narrador queda investido del máximo poder y autoridad respecto de la narración y su significación. Pero el narrador escindido del díptico arltiano repite, en cierto sentido, lo que ha sucedido a los personajes con el discurso del Astrólogo. Está fascinado con la 'verdad' *sui generis* de los discursos, la imaginación y la visión del mundo de los personajes, ante todo de Erdosain, de modo que durante largos pasajes y hasta en la disposición tan poco cronológica participe de su realidad interior y asuma sus discursos. En el origen de la narración propia se halla el diálogo, la fascinación ante las narraciones de otros y el deseo mimético que al narrador hace lanzarse a la misma búsqueda de sentido que los personajes. Todo ello lleva a plantear otra vez el problema del 'realismo' arltiano. No cabe duda de que, en el fondo, también estas dos obras afirman la obligación mimética de la novela respecto de la realidad 'fáctica'. Así, no se preocupan tanto por la autonomía de la ficción, sino mucho más por sus posibilidades de apropiación 'auténtica' de una realidad que como tal se les escapa, ya que sólo ofrece las experiencias de heterogeneidad y desintegración del mundo. La llamada realidad interior de los personajes, sellada por el imaginario de la angustia y el terror, de la enajenación y la melancolía comparte rasgos parecidos, que en uno y otro caso remiten a la vivencia de la modernidad y su invasión hasta de los ámbitos interiores que se suelen considerar los 'refugios' ante el proceso de la racionalidad moderna[212]. Desde sus fueros, la locura de la modernidad –y la modernidad de la locura– no pueden 'conjurarse', pero sí transformarse en una experiencia que tal vez logre cambiar los modos de percibir la realidad contemporánea y la literatura que se produce en su seno. Y así, la "poética de lo disonante", como formuló el propio Arlt (1969: 187) hablando de los poetas coetáneos, ha de perfilarse necesariamente en la misma escritura de la novela que quiere apropiarse de esta realidad. Asimismo, esto es una experiencia de modernidad (estética) que las novelas de Arlt se proponen comunicar con la "violencia de un cross a la mandíbula" del lector.

La "triagonía" de las "novelas gaseiformes" del periodista y escritor cubano Enrique Labrador Ruiz (1902-1991) se apoya en conceptos muy parecidos respecto de la relación entre el yo y la modernidad y de la obligación del arte con ésta, como el mismo autor también dejó expuesto en el prólogo a *Cresival* (1936) y lo repitió en el de *Anteo* (1940) (*cfr*. cap. II, 1.2). Así, la primera de estas novelas, *El laberinto de sí mismo* (1933)[213] –la pertinencia de las tres a una "triagonía" recién se explica en el prólogo de *Anteo* (Labrador Ruiz 1940: XIV)– trata de la búsqueda frustrada de autoafirmación, identidad y un lugar social respetable de un joven que tiene aspiraciones de escritor. No logra salir de su situación social marginal ni superar la

---

[212] Así, predominan en la indagación en las zonas de angustia las imágenes de lo geométrico, técnico-mecánico e hipertrofiadamente racionalista, como muy acertadamente ha destacado Corral (1992: 92-109). Discutible resulta, sin embargo, por los motivos ya aducidos al tratar de *Vida del ahorcado*, su interpretación de este fenómeno como presentación de un pensamiento esquizofrénico, dejando de lado la provocación que significa exponer tal locura como el estado 'normal' del yo en la modernidad.

[213] La Habana: Carasa y Ca.

escisión de su conciencia. Al final, muere prematuramente, profiriendo sus últimas palabras desde la ultratumba, donde persisten los problemas. La narración autodiegética yuxtapone memorias y recuerdos, percepciones y reflexiones actuales, escenas breves e inconexas que a menudo consisten en diálogos entre personajes (casi) anónimos, así como monólogos del yo narrado/yo narrador. Con su carácter fragmentado y 'desordenado' y su abundancia de metáforas y frases incompletas, el discurso se acerca en largos pasajes a una escritura un tanto a-lógica y asociativa, a la expresión del fluir caótico de la conciencia, convertido ahora en principio constructivo de la narración en general. La lógica y la cronología de la trama se disuelven en la evocación de episodios aislados: el encuentro con un faquir y la vida en una sórdida casa de vecindad, el amor por la prostituta Teresa[214], la obtención de una radio, la visita a una exposición de pintura, el hambre, un cabaré barato, la vida carcelaria y el ajusticiamiento de un reo, la estancia en un hospital, y finalmente la muerte y el entierro. Estos fragmentos sólo adquieren cierta relación entre sí y con los momentos de introspección del yo narrado o yo narrador –otra vez la confluencia de voces a través del uso asistemático del presente y la frecuente falta del discurso atributivo– en cuanto forman parte de los contenidos de conciencia del yo y su discurso. La narración autodiegética, cuya focalización es básicamente interna, ambigua, empero, por algunos pasajes marcadamente autoriales[215], se interrumpe por la presentación heterodiegética del coloquio entre tres lápices que comentan el proyecto y procedimiento literario de "su" escritor. Ello confiere a la instancia narradora una unidad precaria y paradójica, y al final completamente 'des-realizada' por su traslado a la ultratumba[216]. Lo "gaseiforme", tal como lo iba a explicar el propio Labrador Ruiz más tarde (*cfr.* cap. II, 1.2), se presenta así en el plano de la expresión no menos que en el de los contenidos.

El texto, agrupado en tres largos capítulos cuyos títulos –"Un tiempo...", "Otro tiempo...", "Después..."– ya indican la disolución de un tiempo objetivo consumada en la narración, se abre con unas reflexiones del yo narra-

---

[214] Sobre este personaje, así como sobre el del faquir, *cfr.* el análisis de Molinero (1977: 26-33).

[215] Frases como "Estos son unos recuerdos... Cuando supimos que íbamos a tener una radio" (Labrador Ruiz 1933: 45), "Mas he aquí" (p. ej., *ibíd.*, 47, 138), "sino de [...] es que voy a hablar" (*ibíd.*, 85) indican esta perspectiva, pero por lo general predomina la focalización interna.

[216] Curiosamente, ninguno de los pocos estudios dedicados a esta novela y/o la "triagonía" de Labrador Ruiz –Molinero (1977), Sánchez (1981a y 1981b), García Llorente (1981), Rosencvaig (1990)– presta atención a este hecho.

dor sobre su educación literaria: "esto es, una falsa educación" por la que "me había enterado de todas las cosas... literariamente. Y cuando tuve que enfrentarme con la realidad no supe qué hacer" (Labrador Ruiz 1933: 13). Para poder escribir "una historia" que no sea la "de mis flaquezas adolescentes", faltaba aún lo primordial, algo que no se nombra pero que al parecer tiene que ver con una vida no "innocua entre aquellas vidas" (*ibíd.*, 14) de los contemporáneos. En este momento irrumpe la narración del coloquio entre los tres lápices[217], que "un día se negaron a continuar trabajando" (*ibíd.*) y que se burlan de su dueño y su caza de ideas en libros ajenos, pero que finalmente se apiadan de él porque nadie le publica (*ibíd.*, 18). Siguen las reflexiones del yo narrador, no exentas del tono (pseudo)filosófico del cual se mofaron los lápices: "el hombre sólo vale por sus reacciones frente a la vida [...] El hombre es un sujeto de reacciones, de estados [...] estos matices, hacen su carácter. El carácter es la vida, o la intervida, o la infravida. O nada" (*ibíd.*). Por tanto, "¿qué le quedaba a un hombre de mis hábitos sino anotar con paciencia los vaivenes de su espíritu y las oscilaciones de su materia" (*ibíd.*, 20). Y no obstante otro coloquio de los lápices acerca de que el amo roba literatura "para fabricar artificio. Y aunque es muy difícil, porque un espejo no copia nada frente a otro espejo" y su mérito de saber borrar (*ibíd.*, 22), la novela, en rigor, ofrece esto: vaivenes de espíritu y oscilaciones de materia. De los temas que así se tocan cobran especial importancia el de la "agonía existencial" (Molinero 1977: 36-38) y el de "la terrible tentación del suicidio" (Labrador Ruiz 1933: 144) ante la sordidez de la existencia y el "tedio de la vida" (*ibíd.*,137). La escisión de conciencia, el tema del doble y de las máscaras, que lleva el yo ante sí mismo, es en este contexto algo como la cifra o el hilo rojo de la situación del yo:

> Por todas partes máscaras, máscaras, máscaras.
> Yo veo las máscaras de los grandes alucinados, me veo a mí mismo; me acuerdo de todos los que se hundieron en el frenesí de la alucinación como en un limbo de irresistibles seducciones. ¿Qué doliente secreto; que imposible cosa encubría esas máscaras?
> [...]
> El que está dentro de mí me ha preguntado: –¿De dónde sacas tus máscaras tan idiotas?
> Máscaras, máscaras, máscaras por todas partes (*ibíd.*, 79-80).

---

[217] Sánchez (1981a: 41) supone que los tres lápices introducen la narración. Pero evidentemente no es así, y es que sólo yuxtapuesto su coloquio a los razonamientos del narrador pueden cumplir su función de un contrapunto humorístico-satírico respecto del discurso de éste.

Asimismo, en el delirio de la muerte y en la ultratumba sigue esta obsesión. Aparece en el largo monólogo interior dirigido a la amada imposible:

> ¿Te pasa igual que a mí, que digo cosas sin querer? ¿Tienes un doble? Cuando llegues a la cita verás cómo el doble de mí mismo, el doble de toda la vida, no me abandona nunca. Si él sueña yo me vuelvo un ser de realidades, pero si sueño yo esa alma terriblemente sarcástica me acuchilla de bajezas y de traiciones sucias y a veces todo eso se confunde y no se sabe a qué atenerse. Sin embargo soy yo, mi otro yo que soy yo mismo (*ibíd.*, 171),

lo mismo que en la apelación final a los narratarios que sigue a otro coloquio entre los lápices, esta vez escuchado por el yo narrado que ahora parece haber alcanzado el presente del yo narrador:

> Pero, ¿no sabéis? Leed los periódicos... Octubre de 1929: han prendido un pícaro. Más adelante, Agosto del 31, un hombre disipado ingresa en el hospital [...] Interrogo al hombre de allá dentro, al hombre que todavía es el otro hombre que está dentro de mí [...]
> No sigo transcribiendo lo que ha dicho (*ibíd.*, 179).

Y todo ello va 'enmarcado' por la indagación en la problemática metaliteraria y metaficcional que abre y cierra el texto, relativizando la presunta inmediatez y toda posible ilusión de realidad y autenticidad: "Y yo extraigo de cualquier parte con la fruición de un hurto limpio, las páginas amarillentas de mi novela de después...", termina el texto.

Dentro del panorama de la novela vanguardista, *El laberinto...* marca con su interrelación del cuestionamiento del sujeto, el rechazo vanguardista del realismo convencional –que se debe más a la reflexión metaficcional y la renuncia a datos topográficos y descripciones verosímiles que a la inverosimilitud de la narración de ultratumba, de vieja tradición literaria-filosófica-satírica– y la exploración de las técnicas de interiorización y autorreflexión narrativas, una posición contestataria y solitaria frente a la novelística cubana de la época. Por cierto, en los casos de Arlt y Abril se logra una visión más compleja y 'repugnante' de la agonía existencial y la 'locura' específica de la modernidad –una dimensión que falta casi por completo en esta novela de Labrador Ruiz–, y en los de Palacio y Del Valle se alcanza una compenetración mayor y más inquietante entre los problemas del sujeto, de la modernidad y de la creación/ficción literaria bajo estas condiciones. En el contexto cubano, sin embargo, ya la abierta renuncia al modelo regionalista-realista en relación con un discurso narrativo inmediatamente reconocible como vanguardista marcaba una oposición indudable cuyas implicaciones crítico-culturales se extendieron hasta la Vanguardia cubana misma. La orientación hacia la realidad nacional, si bien en atención sobre todo a sus aspectos marginados –como en Carpentier y Guillén– configuraba una de sus líneas dominantes. Y casi siempre se hallaba vinculada, además, a una considerable preocupación política, que persistía aun después de la disolución de la *revista de avance* en 1930, que a su vez no significaba el cese de las actividades vanguardistas. La narrativa cubana de los años 30, que integraba innovaciones narrativas e ideológicas sin comprometerse con el proyecto vanguardista –obras como *Pedro Blanco, el negrero* (1933), de Lino Novás Calvo, la narrativa de Pablo de la Torriente Brau, *Tilín García* (1939), de Carlos Enríquez–, reanudaba estas orientaciones (*cfr*. también Rodríguez Coronel 1990). Frente a todo ello, la novela de Labrador Ruiz, quien nunca participó en actividades vanguardistas, no chocaba tanto por amar "más el artificio que la realidad" y el detalle más que el conjunto, como dice uno de los lápices sobre el narrador (Labrador Ruiz 1933: 21). Su provocación residía, ante todo, en su 'cosmopolitismo'; mejor dicho, en su absoluta indiferencia frente a la cuestión del lugar en relación con la modernidad de la escritura, y en la renuncia a tratar alguna "gran verdad". Fue una provocación en cierto sentido comparable con la de los Contemporáneos, la novelística vanguardista hispanoamericana mejor conocida en Cuba a través de la *revista de avance*.

Cresival (1936), la segunda novela de Labrador Ruiz, retoma algunas líneas de la primera novela "gaseiforme", sobre todo en lo que se refiere al tema, al carácter escueto y episódico de la trama y la fragmentación y el 'desorden' del discurso. Pero a la vez presta mayor atención a la realidad exterior (ficcional) y disminuye el discurso metatextual hasta el mínimo: de la reflexión metaficcional sólo quedan en la narración, ahora heterodiegética y de focalización cero, los comentarios intraficcionales de otros personajes sobre la novela del protagonista. Otra vez se relata la búsqueda fracasada de autoafirmación de un individuo marginado. La historia de Cresival, narrada en 13 capítulos que siguen un orden cronológico –si de ello puede hablarse en atención al carácter episódico de la trama y lo fragmentario de su narración– abarca desde su nacimiento en el consultorio de una médica abortista, pasando por su afición al cine, sus contactos efímeros con la 'buena sociedad', sus intentos fallidos de hacerse una posición en el mundo de las letras y del periodismo, sus amores con prostitutas, hasta su muerte prematura a causa de una enfermedad del hígado. El protagonista es ante todo una conciencia, cuyos soliloquios y percepciones/emociones semiconscientes se reproducen ampliamente a través del discurso indirecto libre y el directo regido. Por lo general, el discurso de los personajes, muchas veces entes anónimos o tipificados –el periodista viejo, el escritor de cierto renombre, la mujer joven y rica y aburrida, el buen burgués, etc.– que tan pronto desaparecen como han aparecido, ocupan mucho espacio. Se revelan como una de las principales manifestaciones de la mirada satírica que impregna todo el texto y también se perfila en las escasas descripciones y los comentarios del narrador:

> Los repórters:
> –Eres el mejor sumiller de corps que hemos conocido, Bruzón. –¿Cuándo saldrás de la escala de los portapliegos y ordenanzas? ¿Quieres que se lo pidamos todos al Presidente?
> –Hum, no sé... No. Mejor será que sólo pidan al Presidente que vote cuanto antes todas estas leyes. Son necesarias a la estabilidad nacional. Urgentes. Buenas.
> Cresival pregunta:
> –En particular, Bruzón, ¿tienes algo para mí? [...] Toma este cigarro.
> –La ley de radio.
> [...]
> Cresival corre a la redacción. Saluda a Martirena, honrado editorialista pescuezudo que sigue escribiendo toalla con h, por no hurtar la rígida herencia comunera a esas dos vocales, viudas, que de juntarse se entenderían fácilmente. [...]
> Al otro día se puede leer en negrita de ocho puntos, junto con la nota de Palacio donde dicen que el señor Secretario de Finanzas estudia un proyecto para imponer impuesto suntuario al pollo fino de Marengo, las alcachofas y la miel de abeja; [...] que se va a votar un decreto-ley prohibiendo ciertos préstamos individuales, ya que fomentan el vicio, la molicie y la pereza más desastrosas (Labrador Ruiz 1936: 93 s.).

Ese tono satírico-sarcástico se extiende a todos los ambientes presentados de la ciudad, que por algunos pocos detalles se deja reconocer como La Habana coetánea (*cfr.* también (Molinero 1977: 54-58) y que con su atmósfera de sordidez, vicio y corrupción no significa sino el "acoso del medio que lo martiriza y destruye" al protagonista y, en general, al hombre (*ibíd.*, 55 s.). Así, Cresival –nombre que le dio la ayudante de la abortista que le acogió por una confusión de Parsival con el nombre de un medicamento– sólo puede gritar al final:

> –¡Cretinos! –grita–, ¿qué quieren de mí? No tengo nada para ganarme el pan y a nada me adapto. ¿Qué voy a hacer? No sé obrar de otro modo. Me muero; me moriré de hambre sin remedio. ¡Y del hígado!
> [...]

Este fermento de acre inconformidad, este sentimiento autocrítico excesivo, iba a su vertiente. Por un proceso de rigidez mental sus células pensantes se endurecían y no aceptaban más que una fórmula de habitual expresión: la agresividad (Labrador Ruiz 1936: 216).

Tampoco la literatura, "un subproducto de la vida, una cosa artificial, una forma pordiosera de los hechos" (*ibíd.*, 185), ni el amor han podido dar sentido a esta existencia de "pelele, trágico, risible" (*ibíd.*, 233), como constatan protagonista y narrador.

Con todo, *Cresival* sigue con la 'gaseiformidad', ante todo con respecto al carácter esquemático de la trama y lo "nebuloso" de los personajes, apenas descritos en su aspecto físico. La sucesión abrupta y, a primera vista, inconexa de las escenas que vive/presencia el protagonista –y que a veces ni siquiera están relacionados con él (*cfr.*, p. ej., *ibíd.*, 59-62)– subraya esta disolución de una historia convencional en un panorama que se construye a través del montaje de episodios. Si hay un acercamiento a la escritura fílmica en la obra de Labrador Ruiz hay que verlo en este procedimiento de la concatenación de escenas (*cfr.* también Sánchez 1981a). No obstante, la historia adquiere y mantiene unidad por la presencia de una voz narradora 'omnisciente' e incuestionada en su autoridad y auto-seguridad respecto del discurso. Ello, así como el enfoque satírico, que no exceptúa ni al protagonista y que expresa la distancia del narrador frente al mundo narrado, significa ya un alejamiento considerable de la participación del lector y de la renuncia a la "gran verdad" postuladas en el prólogo. Bien puede verse en ese acercamiento a la crítica social más o menos directa una cierta transigencia con el *mainstream* novelístico del momento –¡1936!–, sobre todo si se tiene en cuenta que de los rasgos no-realistas que habían despuntado en la primera novela –la indeterminación entre sueño y realidad y, más aún, entre ésta y lo fantástico; la no-referenciabilidad del mundo narrado–, y del *discursive turn* a través de la metaficción y el hablar desde la ultratumba, aquí ya no queda ni rastro.

Anteo[218], la última novela de la triagonía, ya anunciada en la última página de *Cresival*, mas escrita en 1938 y publicada recién en 1940 –por cuenta propia del autor ya que no encontraba editor–, representa otro paso en la atenuación del proyecto vanguardista original en favor de un mayor compromiso con 'la realidad' y un mensaje 'trascendente'. En rigor, ya el prólogo manifiesta este viraje: por un lado repite los rasgos de la novela "gasei-

---

[218] La Habana: Talleres Carasa.

forme", por el otro, explica que en esta triagonía "el primer personaje fue sometido por la herencia; el segundo, por el medio, y el tercero, éste, por el momento [...] tres seres que agonizan en su clima, estos es, que continúan viviendo a pesar de su clima y en contra de todas las tesis" (Labrador Ruiz 1940: XIV). No obstante, el esquema naturalista –"forma clásica un poco en entredicho ya pero cuya idea moral es elevada", dice el autor (*ibíd.*)– parece aducido *post hoc*. La primera novela todavía nada tiene que ver con él. Y aun *Cresival*, por más que demuestre atención por el "medio" –y el protagonista sí cumple la tesis 'clásica' al respecto en tanto que no logra liberarse del ambiente–, dista mucho de corresponder al Naturalismo. *Anteo*, por su parte, es indudablemente la novela menos "gaseiforme" y realista de las tres. Mezcla rasgos y técnicas de la novela psicológica moderna con la historia de una familia cubana y con la denuncia social y política de la situación histórica coetánea. Otra vez por boca de un narrador heterodiegético autorial se presenta al bombero Anteo y los recuerdos y reflexiones de éste durante unos quince minutos que tiene de recreo durante un entrenamiento. La sucesión un tanto arbitraria de los recuerdos de su propia vida y la de su familia –trasluce aquí el modelo de la memoria involuntaria proustiana– se entrecruzan con evocaciones de lugares típicamente urbano-modernos de La Habana –el cine, el gran almacén, bares, etc.– y con visiones/reflexiones en torno a la situación europea contemporánea, ante todo la Guerra Civil Española:

> Pero este pensamiento le llevó a pensar en España, donde los niños, las mujeres y los ancianos mueren alevosamente en todas partes, donde corre a toda hora un arroyo de sangre incontenible. Y gimiente, acezante, rumbo a la intimidad sagrada de su corazón, se preguntó: ¿La sangre humana no tiene otro destino que correr? (*ibíd.*, 104).

La presencia de la voz del narrador, por lo general exenta de ironía, resulta aún más sensible que en *Cresival*, donde a fin de cuentas predomina el diálogo, o sea, el *récit de paroles*. Sobre todo en cuanto a la censura de la situación política del mundo el narrador también comparte el punto de vista del protagonista. No sólo presenta los pensamientos y frustraciones de éste, también los busca explicar a través de descripciones y comentarios:

> Una luz deslumbró a Anteo. Vio el centauro de sus sueños en la bazofia de la miseria fisiológica; el centauro prostituído del tiempo zafio en que le tocó vivir. Lo vio allí, de una pieza, con dos sexos superpuestos, con una cara hombruna y feminoide, pintado y sudoroso, musculoso y lamido; besuqueante, boxeante,

avasallador y rey en todo grupo civilizador; engendro estéril y fementido que aprieta el convulso corazón del siglo (Labrador Ruiz 1940: 117).

Así, Anteo, quien había soñado ser pintor, es incapaz de auto-realizarse en un ambiente y un tiempo hostil (Molinero 1977: 69). Es decir, como antes en *Cresival* y a diferencia de *El Laberinto*... no se trata aquí tanto del problema de la identidad, sino de la imposibilidad del individuo sensible/artista de sobreponerse a su circunstancia. No logra aceptar las consecuencias dolorosas de la resistencia "a que la herencia, a que lo circunstante nos impongan unas acciones determinadas", de "este querer él ser él mismo" en lo que Ortega y Gasset en las *Meditaciones del Quijote* (1976: 139) había cifrado la heroicidad y también lo trágico, ya que la rebelión contra la realidad no desemboca sino en la victoria de ella. Desde este perspectiva, Anteo y Cresival no son sino inversiones casi auto-conscientes del "héroe" en tanto que a éste es esencial "querer su trágico destino" (*ibíd.*, 145), decidirse a ser constante en su empeño:

> Delirios, delirios. Los sueños danzan en las estrellas, en las más lejanas nubes, hacia el éter congelado, hacia el ápice de todos los delirios, de todos los arrebatos. El hombre vive en medio de sus sueños como un retoño de su propio sueño, como una flor de su sueño, como la pepita fabulosa de un fruto desgarrado. El hombre es sueño y nada más... ¿Puede cualquier piojo de muladar, cualquier bicho inmundo, cualquier bestia haceadora y maligna, romper pero el más alto sueño? Sonó un despertador. El dijo: –Puede... (Labrador Ruiz 1940: 210).

Junto a las reminiscencias orteguianas[219] también se pueden percibir en esta triagonía ciertos ecos de los célebres ensayos de Miguel de Unamuno, *Del sentimiento trágico de la vida* (1913) y *La agonía del cristianismo* (1925), en particular en lo que se refiere al concepto mismo de la agonía o, mejor dicho, la comprensión agónica de la vida[220]. Sobre todo en las dos últimas novelas, la escueta historia de los protagonistas se ofrece como la versión modernizada –y en cuanto tal más 'contextualizada' y desprovista

---

[219] Cabe recordar que las *Meditaciones*... fueron conocidas en Latinoamérica desde los primeros años 20 y la *revista de avance* en más de un sentido se orientaba hacia la *Revista de Occidente*, por más que rechazara el concepto de la deshumanización como rasgo definitorio del arte nuevo; *cfr.* también Rogmann (1991).

[220] A modo de síntesis sobre el pensamiento y la novelística de Unamuno, *cfr.* lo expuesto en Shaw (1980), para una perspectiva filosófica (cubana) de izquierdas, el estudio de Mendoza Portales (1988).

de toda inquietud religiosa– del personaje como agonizante: "Agoniza, el que vive luchando, luchando contra la vida misma. Y contra la muerte" (Unamuno 1942: 16), tan patente también en las novelas del vizcaíno a partir de *Niebla* y explicitada en el prefacio a *Tres novelas ejemplares* (1920).

La clara presencia intertextual del pensamiento y la novela de la (mal llamada) generación española del 98[221] –parece que Labrador Ruiz hasta recogió el término clave "gaseiforme" de la novela *Superrealismo* (1929), de Azorín (*cfr.* Rozencvaig 1990)– representa un hecho insólito en la novelística latinoamericana de la época, y no sólo en la vanguardista. De su referencias españolas, la "triagonía" de Labrador Ruiz no hace ninguna reivindicación de 'herencia hispánica' –la solidaridad con la República Española, en consonancia con la política cubana después de la caída de Machado, es algo bien distinto–, mas tampoco se inclina hacia otro polo en la tan debatida cuestión de nacionalismo vs. cosmopolitismo. En las novelas "gaseiformes" la cuestión de lo nacional/americano simplemente no cuenta, por más que la crítica haya querido ver en ellas un ambiente profundamente criollo (*cfr.* Molinero 1977). En el plano de la estética se profesa un eclecticismo que engloba tanto enfoques y procedimientos ya típicamente vanguardistas como reminiscencias de la tradición moderna, desde el Naturalismo hasta el "agonismo" unamuniano, y un paulatino acercamiento al nuevo *mainstream* del realismo social y la preocupación política. Todo ello se plasma en un tipo de expresión lingüística que sólo años más tarde iba a recibir su nombre propio. Significativamente, es sobre todo en *Anteo*, la novela más cercana al realismo psicológico y la denuncia político-histórica, donde el discurso del narrador en su verbosidad, su gusto por las metáforas y comparaciones, sus enumeraciones dilatadas y su sintaxis complicada efectivamente puede verse como el primer exponente cubano del estilo neobarroco (*cfr.* Molinero 1977, Rozencvaig 1990, García Llorente 1981).

Con todo, la "triagonía" representa en su propio transcurso, por cierto tardío respecto del desarrollo de la novela vanguardista a nivel intercontinental, un ejemplo a la vez típico y particular para las respuestas/propuestas

---

[221] El auge reciente de las publicaciones sobre la "generación del 98" promovido por el centenario del final de la guerra de Cuba –una buena muestra de la diferenciación de la intensión y extensión del término ofrecen Romero Tobar (1999) e *Iberoamericana* 74/75 (2000), un balance de los estudios hay en *Notas* 17 (2000)–, ha cundido en una serie de reformulaciones del concepto y su ensanchamiento hacia una noción cada vez más global en la línea de fin de siglo/modernidad (periférica), etc. Ello pone de manifiesto lo poco adecuado del término, para cuya gestación e instrumentalización inicial sigue siendo válida la crítica de Gullón (1969).

de la novela vanguardista frente al proceso histórico y literario. Resulta típico en cuanto efectúa el viraje hacia un mayor compromiso con la crítica social 'directa' y los contenidos 'trascendentes' sin desprenderse del todo de los logros narrativos fundamentales de la Vanguardia, como la subjetivización de la perspectiva narrativa, la fragmentación de la narración y del mundo narrado en función de superar el realismo-criollismo vigente, la relativización de la importancia de la trama en relación con el discurso y la afirmación de la autonomía artística. Y resulta particular en cuanto al eclecticismo creciente y la elaboración de una escritura casi neobarroca en relación con la preocupación persistente por la *conditio humana* que ya (?) no se necesita especificar como *conditio moderna*.

EL YO (MODERNO), ¿SÓLO FICCIÓN?

Otras dos novelas, escritas o terminadas casi al mismo tiempo que *Anteo*, manifiestan cada una a su modo posibilidades muy distintas de la novela vanguardista de responder a las circunstancias históricas y literarias del momento centrándose en la cuestión del sujeto (moderno) y las posibilidades de la ficción de expresar esta problemática. Me refiero a *Sátiro o el poder de las palabras* (1939)[222], la última novela de Vicente Huidobro, y a *En Babia. El manuscrito de un braquicéfalo* (1930/1940)[223], del puertorriqueño José Isaac de Diego Padró (1896-1974). Ambas obras comparten una serie de rasgos de contenido y expresión que en una u otra forma también se dieron en novelas vanguardistas anteriores: tratan de la búsqueda de personajes masculinos de autoafirmación y de un lugar seguro en la sociedad moderna urbana; ambos protagonistas escriben y se citan sus textos, lo que, empero, no configura sino uno de los planos metatextuales de las dos novelas; ambos protagonistas se ven acosados por la locura, la propia en el caso de *Sátiro*, la del amigo *alter ego* en *En Babia*; para ambos el camino del amor/Eros falla como solución a su angustia y enajenación; en ambos textos, bastante voluminosos –en la primera edición *En Babia* abarca 757 (!) páginas–, predomina la perspectiva del protagonista y desde ella se tiende a borrar paulatina-

---

[222] Santiago de Chile: Zig-Zag.
[223] Adelantos de la novela todavía inconclusa se publicaron en el diario *La Correspondencia* (San Juan, Puerto Rico) durante 1930; la primera edición en libro salió en 1940, en San Juan, Puerto Rico: Imprenta Puerto Rico. La segunda edición corregida, en México: Gráfica Panamericana 1961. Para la historia del texto, *cfr.* las declaraciones de De Diego Padró en Soto (1990: 137).

mente los límites precisos entre realidad exterior (ficcional), sueño e imaginación; las descripciones adquieren valor autónomo; y una y otra novela, finalmente, relacionan la indagación en la condición precaria del sujeto moderno con una serie de otras preocupaciones de índole tanto estética como social. Sin embargo, lo específico de los textos –así como su muy desigual carácter provocador– escapa a cualquier lista de rasgos comunes.

Sátiro, como bien se sabe, presenta por boca de una narrador heterodiegético-autorial la historia de Bernardo Saguen, quien a causa de la invectiva "sátiro" que se le echó en cara al comprar chocolates a una niña sufre de un creciente desequilibrio mental. Éste desemboca al final en un estado de locura completa y en la violación de otra niña:

> –Cuidado, que se escapa... El bandido. El repugnante. Quiere huir... Mátenlo. Mátenlo aquí mismo... El sátiro, el puerco... El repugnante sátiro.
> ¿Quién es? ¿Qué ha pasado? ¿Dónde gritan? ¿Qué señalan esas manos empuñadas en el aire?
> La niña yacía sobre le diván de la sala, los ojos vidriosos, desmesurados, abiertos al infinito y al pavor. La pequeña carne dolorosa palpitaba y gemía en medio de una mancha oscura (Huidobro 1964: 1472).

Intervienen en este proceso la obsesión por la idea de la muerte, la frustración de no poder producir la "gran" literatura que vislumbra en sus momentos de inspiración, así como el sentirse sólo en una sociedad hostil cifrada en las imágenes de la ciudad masificada anónima. Igualmente importante es su incapacidad de establecer relaciones humanas auténticas, debida a su miedo ante la intimidad. En medida creciente tiene la impresión de perder su identidad:

> Una idea horrible se le clava en el cerebro: "Estoy dejando de ser yo mismo". Su cuerpo tiembla como si comenzara a entrar en la agonía. [...]
> Cuando la palabra sátiro surgió en su cerebro, Bernardo batió la cabeza sobre la almohada con una ansiedad resignada. El ya lo sabía, ya lo presentía. Era inevitable, no había modo de evitarlo. "Sé muy bien que esa palabra me persigue [...] (*ibíd.*, 1401).

> Desgraciadamente, él sabía que no las había soñado. A menudo siente que algo crece en el fondo de su ser, siente como si un árbol estuviera desarrollándose en su alma.
> "¡Cómo crece, cómo se desarrolla el muy maldito!"
> Se cogía la cabeza, que le ardía terriblemente.
> "Es evidente que me estoy convirtiendo en otro ser. Otro ser se sustituye a mí por medio de un subterfugio diabólico" (*ibíd.*, 1433).

Y poco antes de cometer el crimen se pregunta: "¿Y si yo no fuera un personaje real, si fuera solamente la creación de un ser tan potente que me hace creer en mi realidad? [...] estoy viviendo una novela [...] ¿Qué autor desesperado me está haciendo cruzar su mundo de horrores" (*ibíd.*, 1451).

Durante largos pasajes, pues, la novela sigue el modelo de la novela psicológica entre finisecular[224] y realista. La narración se centra en la introspección del protagonista[225], usando los medios convencionales al respecto –significativamente faltan el monólogo interior joyceano tanto como otros procedimientos del enredo de perspectivas y voces ensayadas hacía tiempo por la novela vanguardista hispanoamericana–, a la vez que da comentarios y explicaciones. Al principio, hasta expresa cierta simpatía por el protagonista, que se torna pronto sólo en distancia crítica[226]. Y si por un momento se deja de lado el "poder de las palabras" que causa el trastorno, pero también la súbita creatividad del protagonista, este discurso que con intenciones al parecer miméticas convencionales busca "pénétrer au moyen des mots dans le mécanisme cérébral" (Verdevoye 1994: 114) se distingue relativamente poco del Realismo psicológico que en Chile ya desde hacía tiempo tenía carta de naturaleza, piénsese sólo en la obra de Eduardo Barrios y en *El socio* (1928), de Jenaro Prieto.

Sin embargo, la correlación del realismo psicológico con la reflexión en torno a la figura del poeta y la indagación en el "poder de las palabras" son los rasgos que alejan esta novela de los modelos al uso, otorgándole su (moderado) carácter vanguardista. La vinculación entre locura y creación –viejo tópico de la estética del genio– da con las páginas escritas por el protagonista, que exponen elementos básicos del credo creacionista teñidos de ecos surrealistas. Sin duda, estas reflexiones de Bernardo deben tomarse como *mise en abyme* metatextual:

---

[224] Sobre este aspecto, *cfr*. Garganigo (1979).

[225] Pérez López (1998: 122-124) atribuye a *Sátiro* una ambivalencia de focalización –cambio entre la focalización cero y la interna– que de hecho no tiene, ya que primero es una de las características de la focalización cero de poder asumir la perspectiva interna que quiera, hecho que ya sabía aprovechar el realismo decimonónico, y segundo no hay esta confluencia de puntos de vista y, menos aún, de voces que destaca tanto en las novelas arriba analizadas de Arlt. Si el narrador de *Sátiro* usa la primera persona plural, lo hace refiriéndose a sí mismo y al narratario, no al protagonista; *cfr*., p. ej., Huidobro (1964: 1342), donde la primera persona plural se emplea justamente después de formular unas preguntas que evidentemente anticipan las que el narratario se planteará.

[226] Sobre este aspecto llama la atención Pérez López (1998: 140 s.), relacionándolo con la concepción del protagonista como "anti-aventurero".

Si yo soltara la imaginación, si dejara libre curso a todos mis pensamientos y a todas mis sensaciones, si escribiera libremente todo lo que me pasa por la cabeza, sin trabas, sin retenciones, sin reservas... Ningún hombre ha escrito jamás así [...]
Allí está el ser enorme, el inmenso monstruo, rotas las cadenas a sus pies. (Huidobro 1964: 1359)

Pero, en general, la narración parece más interesada en re-presentar el desarrollo íntimo del protagonista, o sea, un 'caso' del poder de las palabras, que en hacer desplegar este poder en el propio texto. De ahí también la insistencia de protagonista y narrador en la superioridad del personaje Pedro Almora, quien reúne ser poeta –se le atribuye un poema que Huidobro más tarde iba a publicar en *Ver y palpar* (1941)– y el "camino perfecto" de comprometerse con la revolución social (*ibíd.*, 1347; *cfr.* también Pérez López 1998: 99). Indudablemente es ésta también la opción defendida por el autor implícito, que con la escena final destruye toda posibilidad de empatía y, desde luego, de simpatía del lector con el protagonista[227] y la concepción del poeta que éste encarna (*cfr.* también Garganigo 1979). La dimensión metatextual –que recién al final se convierte en metaficcional, cuando el protagonista en una escena de clásica ironía dramática se pregunta si no será un ente de ficción, expresando sin saberlo su condición 'verdadera' (verdaderamente ficcional)– cuestiona también al texto mismo en cuanto a su posición respecto de la tensión entre creación y locura, seducción por el poder de las palabras y responsabilidad social del artista.

Con todo, *Sátiro* continúa la indagación en temas muy 'huidobrianos' (*cfr.* Tovar 1991; Verdevoye 1994)[228]. Y a la vez significa la vuelta, después de largos años dedicados al trabajo político y la divulgación de las tendencias artísticas de avanzada (*cfr.* Lizama 1999) y de una novela como *Papá o*

---

[227] Una interpretación muy distinta ofrece Tovar (1991: 267): "El castigo final, que se supone habrá de sufrir el sátiro cumplido, es un premio para el que ha logrado realizar, aunque sea fugazmente, sus sueños perversos". Si de ello se tratara, Huidobro hubiera puesto algún indicio al respecto –'amoralidad' y/o rebelión de Bernardo, simpatía del narrador, etc.–, pero no lo hizo. Huidobro se sentía fascinado por la figura de Gilles de Raiz –piénsese en su obra de teatro del mismo nombre (1931)–, mas no, precisamente, por la obra y figura del Marqués de Sade, sin duda algo que en materia de 'lo perverso' distinguía a los en este aspecto muy 'burgueses' vanguardistas latinoamericanos de los surrealistas franceses.

[228] Ello ha inducido a parte de la crítica coetánea y posterior (*cfr.* cap. II, 1.2 y Garganigo 1979, entre otros) a ensayar una lectura en clave autobiográfica, lectura posible pero no necesaria desde el punto de vista del texto mismo.

El diario de Alicia Mir –que "pourrait être sous-titré: 'les milles et une raisons qu'une jeune fille de 18 ans a pour admirer son père'" (Verdevoye 1994: 112)–, a planteamientos más propiamente vanguardistas, aunque ya bastante atenuados[229]. Parece que precisamente esta moderación del proyecto vanguardista hacia un modo de narrar "al alcance de todos" fuera la intención del autor durante los años 30 tardíos[230]. *Sátiro* ocupa un lugar intermedio entre las exigencias de comprensibilidad y 'transcendencia humana' proclamadas por la novela *mainstream* del momento –en Chile ya predominaba claramente la narrativa de compromiso social de la llamada Generación del 38–, y la modernización vanguardista del campo cultural/artístico chileno que acababa de cundir en la revista y el grupo *Mandrágora*. La deuda de este grupo con Huidobro era evidente, también en la oposición al frentepopularismo poético encabezado por Neruda[231]. Significativamente, en la *Antología del verdadero cuento en Chile* (1938), de Miguel Serrano, se encuentran junto a cuentos de los jóvenes mandragoristas dos textos de Juan Emar, pero ninguno de Huidobro. La crítica coetánea, por lo general bastante hostil a esta muestra del Surrealismo narrativo chileno[232], reconoció a Huidobro como maestro de buena parte de los autores antologados, pero no le identificaba con su empresa: "Huidobro no está para tonterías" (*cfr.* Vergara 1994: 219). Las reseñas de *Sátiro*, por lo general muy elogiosas (*cfr.* cap. II, 1.2), confirmaron la 'razonabilidad' de su estrategia de moderación. Quedó únicamente en manos de Juan Emar continuar en silencio el proyecto de la novela chilena de Vanguardia.

---

[229] Algunos críticos ven por ejemplo en la "escritura de un personaje protagónico, destacada en cursiva", en las referencias intertextuales que abarcan desde Marlowe y Hölderlin hasta Rimbaud –lecturas del protagonista–, así como en la disminución de la acción y la "densidad sicológica" (Tovar 1991: 270) rasgos vanguardistas de la novela en su momento (¡1939!), cosa muy discutible pensando en las novelas vanguardistas de los años 20, donde todo ello ya se había llevado a innovaciones narrativas y un "universo artístico y enriquecedor" (*ibíd.*) mucho mayores; piénsese sólo en *La casa de cartón* o *Novela como nube*.
[230] Cabe recordar que ya había terminado la composición de los sumamente rupturales *Tres inmensas novelas* en 1931.
[231] Sobre la vinculación entre el programa literario de *Mandrágora* y la poesía y poética de Huidobro, quien siempre se mantenía a distancia (benévola) del Surrealismo pero que compartía con éste y con Mandrágora el rechazo de la literatura comprometida así como de la llamada "poesía de la claridad", *cfr.* el estudio de Meyer-Minnemann/Vergara (1990); en cuanto a las relaciones personales, el de Lizama (1999).
[232] Sobre la polémica que despertó esta antología, *cfr.* Vergara (1994: 216-225); para un estudio de los textos, Castellano-Girón (1994).

Muy distinto resulta el caso de *En Babia* Como bien se sabe, su autor pertenecía junto a Luis Palés Matos a los primeros vanguardistas puertorriqueños. En 1921 fundaron el Diepalismo[233], a cuyo perfil poético onomatopéyico y afro-antillano contribuyó Diego Padró también con su famoso poema "Fugas diepálicas". Mas al igual que el poema-manifiesto anterior tuvo escasa repercusión en el Puerto Rico de la época (*cfr.* Soto 1990: 59). La novela corta *Sebastian Guenard* (1924)[234], borrador de lo que iba a ser *En Babia* (Soto 1990: 7), parece que tampoco llamó la atención, muy al contrario de lo que sucedió cuando la novela en cuestión se publicó en 1940: inmediatamente se la reconoció como obra extraordinaria, de ancho aliento universal, apartada de clichés establecidos y resabidos de la novela regionalista, atrevida y desconcertante, anarquista y rebelde en cuanto a la técnica de la novela como género artístico[235]. "No es, ni mucho menos, una mala novela. Pero... es su propia iconoclastia", llegó a afirmarse en *Claridad* (Buenos Aires; diciembre de 1940), lo que no impidió que recibiera el Premio del Instituto de Literatura Puertorriqueña.

La obra empieza con un "Diálogo preliminar entre el señor Nóumeno y el señor Fenómeno" –todos los capítulos llevan epígrafes cómicos al estilo del *Quijote*[236]– en el cual se narra cómo dicho señor Nóumeno un día se le presentó al autor pidiéndole poner "la parte aparencial", como "personajes", "contornos de realidad aparente", tiempo, lugar y acción, palabras adecuadas –incluso las llamadas malas–, "espina dorsal filosófica" y "de cuando en cuando, la *literatura* necesaria" a un manuscrito suyo, titulado "manuscrito de un braquicéfalo" por el gusto de la gente por las palabras sonoras. El autor cumplió la tarea. A continuación, en siete partes que abarcan entre dos y siete capítulos, se ofrece el manuscrito reelaborado por el segundo autor en el cual el primer autor, un tal Jerónimo Ruiz, narra la historia de su estancia, mejor dicho, de sus andanzas y aventuras en Nueva York, donde trabaja en una casa de comercio. Entre los personajes con los que se encuen-

---

[233] Una síntesis de la Vanguardia puertorriqueña, tan rica en *ismos*, ofrece Schwartz (1991: 183-198).

[234] A pesar de todas mis pesquisas en las bibliotecas no me ha sido posible localizar un ejemplar de este libro ni en Puerto Rico ni en otro país latinoamericano o europeo. Agradezco a Frauke Gewecke y Gudrun Wogatzke su apoyo al respecto.

[235] *Cfr.* las críticas reproducidas en De Diego Padró (1961: 9-12).

[236] *Cfr.*, p. ej., "Sebastián Guenard. – En que se discurre con muchas palabras y no se dice gran cosa", "Un magno banquete de filósofos, que termina en un sensacional discurso acerca de la inutilidad de la filosofía", etc. El más típico será el del capítulo II de la séptima y última parte: "Donde se describe y se narra lo que en él se verá".

tra destacan Sebastian Guenard, rico, bisexual y un tanto loco, así como Catalina, puertorriqueña como el protagonista-narrador, dueña de la pensión en la que éste se hospeda durante cierto tiempo y donde llega a ser su amante, mostrando fuertes inclinaciones masoquistas, así como toda una tanda de personajes secundarios, relacionados entre sí y con el protagonista por vínculos de amistad, trabajo, amigos comunes, etc. Ruiz pierde su empleo y durante cierto tiempo es mantenido por su amante. Por causa de un bastonazo que de improviso le propina Guenard es llevado a un hospital donde se le somete a una intervención quirúrgica. Un tío suyo le ayuda a recuperarse, le consigue nuevo hospedaje y le aporta algún dinero hasta poder reservarle pasaje de vuelta a Puerto Rico. Ruiz y Geunard reanudan su amistad, pero en una visita el protagonista-narrador descubre que su amigo se ha ahorcado y escapa del apartamento. Poco después se embarca. Una vez a bordo, encuentra al mismísimo Guenard, quien le confesa haber fingido su suicidio. De nuevo amigos, continúan el viaje.

Ahora bien, ¿cómo se logra que la narración de esta historia relativamente pobre en sucesos ocupe más de 700 páginas[237]? ¿Y cómo se convierte la trama, por cierto rara y poco plausible, en parte integrante de una novela "desconcertante" e iconoclasta, como dijo la crítica? Pues re-escribiendo –vanguardizando, habría de decir– un modelo presente ya desde las primeras páginas y en todos los distintos planos comunicativos de la novela: "Nací en un lugar, no de la Mancha, sino... ¡Bueno, señor, bueno! Me parece que no vale la pena consignar aquí dónde ni cuándo fui echado al mundo" (Diego Padró 1961: 20), dice el narrador-protagonista después de haberse presentado al lector, reuniendo en su discurso el modelo cervantino[238] con el de la picaresca. Concretamente, somete éste –en cuanto autobiografía fingida (y continuable)[239] de un pícaro a lo moderno– a una transformación en atención a rasgos novelísticos propios del *Quijote*, leído a su vez desde la perspectiva del *discursive turn* vanguardista. Es así como gran parte de la novela consiste en la representación de las conversaciones entre los personajes, sobre todo de los largos coloquios y discusiones entre Jerónimo Ruiz y Guenard acerca de los temas más diversos, el *cannabis* (1, IV), las moscas

---

[237] En la segunda edición son ya "sólo" 640 páginas...

[238] A la influencia de Cervantes, reconocida por el propio autor, también alude Soto (1990: 33), pero sin ahondar en este aspecto ni reconocer la interrelación con la picaresca.

[239] De hecho, el protagonista-narrador Jerónimo Ruiz sigue narrando su historia en las dos novelas *El tiempo jugó conmigo* (1960) y *El minotauro se devora a sí mismo* (1965), ambos ya muy alejados del carácter picaresco-cervantino-vanguardista que despunta en *En Babia*...

(2, IV), la sociedad neoyorquina, las experiencias personales actuales y pasadas, etc. Pero la mayoría de las veces estas discusiones tratan cuestiones literarias, filosóficas y científicas –antropología, psicología, física, etc.–, y ello en un tono que oscila entre serio y humorístico-irónico, con muchas referencias bibliográficas –a menudo detalladas en notas a pie de página– y siempre sin que a lo largo de las discusiones o los pasajes narrativos consiguientes llegue a predominar uno de los puntos de vista en pugna. La superación de los límites convencionales de la novela hacia el ensayo ya ha sido destacada por la crítica coetánea (*cfr*. Soto 1990). Mas se mitiga por la puesta en escena de la plurivocidad y, además, por la evidente ficcionalización de estos coloquios-ensayos-discursos científicos:

> Las investigaciones psicoanalíticas han demostrado que en la fenomenología mental nada ocurre arbitrariamente, accidentalmente. En este caso, lo mejor sería dar por hecho que todo el mundo posee en cierta escala un cerebro capaz y en orden, ya que las experiencias sensorias no hacen sino variar con arreglo al mecanismo especial de cada individuo y a la movilidad de los estímulos externos, y que no podemos, por consiguiente, atenernos a una horma estable de la realidad.
> –Todo lo que has expresado –farfulló Guenard– está muy interesante. Te he venido prestando la más rigurosa atención, porque me deleita oírte hablar así, en serio. ¡Algún día! Sospechaba que tenías muchas cosas guardadas en la mollera. Pero, indudablemente...
> –Espérate, espérate, espérate –salté, ahuecando la voz con autoridad–. Tengo la palabra. Todavía no he terminado [...] Quiero decir, en resumen, que cada ser viviente capaz de hacerse cargo de lo que existe a su alrededor por la acción del pensamiento, está situado en un punto único del panorama infinitamente variado de las percepciones, el cual punto corresponde a su peculiar reacción cognoscitiva. (Doy aquí este sentido a la palabra percepción: sensación plus conciencia del objeto.) [...]
> –Sin embargo, a pesar de lo dicho, todo esto resulta aún confuso [...] si esto es así, según Einstein y la física moderna, ¿qué es en último análisis y dónde existe realmente ese escritorio que se hace tan evidente a mis sentidos? ¿Cómo concebir, pues, la realidad? [...]
> –Amigo mío, ante este problema de la realidad se pierde uno en un maremágnum de consideraciones (De Diego Padró 1961: 537).

Y a estos coloquios se agregan las historias intercaladas, entre ellas los esbozos de las novelas que están escribiendo Guenard y el mismo protagonista-narrador, las fantasías causadas por el *cannabis* y las digresiones del protagonista-narrador así como algunas intervenciones del autor en el mismo texto que deben facilitar la comprensión de la novela presente, recordando *en passant* su ficcionalidad y doble autoría (p. ej., *ibíd.*, 111). Descuella el "magno banquete de filósofos" al cual invita Ruiz "en el piso bajo de mi cerebro, allá en la Sala Capitular de las Contumelias" (*ibíd.*, 142), y que el autor en un nota a pie de página aconseja saltar al lector no interesado en las especulaciones filosóficas, ya que no ofrece sino "una profusa selva de metafisiqueos". Aunque obedece a "un determinado propósito", su exclusión "no interrumpe sino muy ligeramente el proceso de la trama o acción de esta novela" (*ibíd.*, 141). Sin embargo, este banquete, en el cual participan desde los pensadores presocráticos hasta Bergson, Peirce y Haeckel, tiene una función importante ya que expone –*more comico*– el relativismo epistemológico y la posición antidogmática que impregnan la obra hasta en su título. Después de discusiones más o menos detalladas con los distintos filósofos, entretanto todos ya un poco embriagados, Ruiz toma la palabra y suelta una auténtica arenga antifilosófica:

> La filosofía constituye, in extenso, una Babel de sistemas en oposición: un conflicto a muerte de críticos exaltados o modos hipertróficos de imaginar la verdad, la realidad, cada una de los cuales delira por imponerse [...] Se ha formulado repetidas veces, señores, que cada individuo es una manera particular, casi exclusiva, de representarse y explicarse el mundo de los fenómenos [...] hay que concluir que esa realidad no puede ser un arreglo estable, no nos es dada en virtud de un patrón fijo [...] Y siendo esta así, ¿cómo entonces fiar en la validez absoluta de este o aquel sistema filosófico? (*ibíd.*, 186).

Por tanto, opina, la filosofía (metafísica) "es eso, un valor léxico, y nada más" (*ibíd.*, 191) –aquí el protagonista parece coincidir con el Círculo de Viena, cuyos miembros, sin embargo, no aparecen entre los invitados–, lo que desde luego provoca airadas protestas. Antes de que la cosa llegue a mayores, Ruiz echa a sus invitados, quedándose con el abate Swift para cantar el *Matarile* y tomarse otro buen trago...

Por más que esta escena caiga bajo las mismas estrategias de ironización y comicidad que se observan a lo largo de la obra –y además se trata, no hay que olvidarlo, de una fantasía del protagonista–, es dable reconocer en ella otra *mise en abyme* de la poética de la novela: a plena conciencia de la pluralidad de las visiones del mundo y la indecisibilidad de sus reivindicaciones de 'verdad', la novela (moderna) ha de buscar la puesta en escena de lo múltiple y variado, de lo divergente y hasta incompatible, y ello a través de un caos narrativo que aun a riesgo de parecer más de una vez la obra de un beodo (nada sublime) se afirma como "*el* arte de hacer novelas en este tiempo".

Las descripciones detalladas de personajes y ambientes y la narración minuciosa de actos más o menos cotidianos –el trabajo en la casa de comercio, los actos de amor, el intento vano de hacer callar a dos niños en casa de un amigo...– son otros de los factores que aseguran la reclamada "variedad" de asuntos y discursos. Y al igual que los coloquios ostentan una marcada nota cómica, a menudo situacional –las flaquezas del cuerpo–, pero casi siempre lingüística, debida al retoricismo exagerado y la mezcla de estilos:

> "[...] Y ahora que se me ocurre... Sí, sí; ¡Clarita! Lo que es esta noche me la meto sin falta en el cuarto... ¡Ah, Clarita! [...] ¿La amo? ¿Locamente? No, hombre, no. Será que la deseo con todos mis sentidos, con toda la capacidad erótica que hay en mí. ¡Eso!"
> Y la imagen de Clarita ocupó unos instantes el centro de mis pensamientos. Principié a experimentar en las fibras, y más aún en las glándulas de rigor, un cachondo alacraneo de aguda voluptuosidad. Más explícito: me entraron ganas de mujer (*ibíd.*, 34 s.).

El "barroquismo" –derroche de imágenes, rodeos, construcciones sintácticas complicadas (*cfr.* Soto 1990: 31 s.)– hasta respecto de los objetos menos sospechosos, tampoco deja de llevar su nota burlona-(auto)irónica:

> Ya estaba de noche. La ciudad aparecía lo mismo que siempre a la misma hora: iluminada, soberbia, ruidosa, industrial. Los autos desfilaban en una dirección y en otra, escupiendo humo, jadeando con toses de petardo. Las aceras y las calles, sucias, empegotadas con la nieve del día anterior, resultaban estrechas para contener la hinchada ola de tránsito. Por todos lados, mujeres y hombres caminando muy de prisa, sin saberse a punto fijo por qué y para qué; viejas, chiquillos, ancianos, perros que se olfateaban por detrás, y gritos, risotadas y maldiciones. Era la multitud trabajadora, la turba de los de abajo, incansable y ávida, negra y triste desbordada a sus anchas. Y yo, formando una mínima parte de ella... (*ibíd.*, 315).

En fin, el modelo del *Quijote*, que *En Babia* aprovecha para subvertir el monologismo y cualquier posible univocidad del 'mensaje' del discurso autobiográfico (ficcional) –parece que fue esta la crítica principal de Cervantes frente a la picaresca (*cfr.* Meyer-Minnemann/Niemeyer en prensa)–, adquiere aquí una nueva dimensión en tanto que aparece como el hipotexto 'secreto' de la novela de Vanguardia. De las dominantes específicas de ésta se concretan, en cualquier caso, ante todo aquellas que desde la perspectiva vanguardista resultan compatibles con la poética cervantina. Así, las cuestiones de la apropiación de la modernidad (burguesa) y de una nueva visión del continente apenas se tocan, hecho muy llamativo en atención al cronotopos de la novela. Los contornos de Nueva York, la urbe moderna por antonomasia, quedan curiosamente pálidos, y la condición inmigratoria del protagonista tampoco adquiere un perfil y un significado más que secundario. No, la novela se centra en las dominantes epistemológico-estéticas de la poética vanguardista. Ello se plasma de manera evidente en las muchas reflexiones entre metaliterarias y metaficcionales que entrecruzan la novela y cuya nota predominante es la crítica burlona y despiadada de las reivindicaciones realistas de la novelística al uso –"Yo tampoco acierto a comprender cómo se las arreglan los novelistas de 'tercera persona' para averiguar lo que piensan o sienten sus personajes" (*ibíd.*, 327)–, así como la interrelación entre una nueva noción y práctica de la ficción –"una posición negativista de la realidad, la cual posición no concibe dentro y fuera de sí misma, como verosímil, nada más que fantasmas creados por el propio desequilibrio" (*ibíd.*, 473)–, el rechazo de cualquier didactismo, del buen gusto y de las limitaciones genéricas (*cfr. ibíd.*, 471), y la marcada conciencia de la "¡maldita técnica! ¡Técnica para ir a la mesa, para estar en sociedad, para hablar, para pensar, para escribir!" (*ibíd.*, 471). La problemática del sujeto en la modernidad se integra o, mejor dicho, se re-coge en la preocupación por la ficción: "escribo más bien por consolarme un poco de haber venido a este pícaro mundo, por entretenerme y olvidar, como hacen los que se dedican a la bebelata o al juego" (*ibíd.*, 390). Significativamente, es ante todo el loco Guenard quien expone estas ideas, interrumpido sin embargo continuamente por las intervenciones entre burlonas y admirativas de Ruiz, mientras que el (segundo) autor aquí no se hace oír. Las reflexiones metaficcionales participan así de las mismas ambigüedades y relativizaciones cómico-irónicas que caracterizan *En Babia*, ofreciéndose como doble *mise en abyme* –por lo que dicen y por cómo lo dicen– de la poética de una novela que combina autonomía de la ficción, comicidad, postura anticonvencional y pluralidad del sentido, reanudando el modelo que siglos atrás marcaba el origen de la novela moderna universal.

¿No podría ser éste el punto final del desarrollo de la novela vanguardista? ¿El punto donde la "ruptura de la tradición" (inmediata) vuelve a inscribirse intencionalmente en la tradición, rescatándola para la modernidad? ¿Y donde la experimentación con las innovaciones narrativas más actuales como seña de la propia avanzada da paso a la re-elaboración de procedimientos seculares, que si se los mira con "pupilas actuales y se expresa con un acento contemporáneo" son capaces de una modernidad y una rebeldía más duraderas? No deja de ser llamativo que *En Babia* –título que no necesariamente ha de referirse sólo al protagonista-narrador (*cfr. ibíd.*, 635)– apenas hace uso de las técnicas marcadamente vanguardistas de la fragmentación y subjetivización del discurso narrativo y de la 'des-realización' del mundo narrado. No obstante, articula una oposición tajante frente a la estética realista y, en particular, la novela regionalista y de crítica social, que dominaba en Puerto Rico a partir de las obras de Manuel Zeno Gandía y Ramón Juliá Marín y que en 1935 encontró su expresión actualizada a la situación histórica en *La llamarada*, de Enrique A. Laguerre. La ubicación de la trama en Nueva York sin tratar, por otra parte, las misérrimas condiciones de vida y trabajo de los miles de puertorriqueños que en la época emigraron a la Big Apple provocó fuertes críticas a la novela aun en años posteriores (*cfr.* Soto 1982). Pero la misma recurrencia al modelo del *Quijote*, junto con el empleo de un lenguaje 'castellanizado' marca, si bien de una manera muy sutil y específicamente estética, la simpatía para la llamada "generación de 1930", encabezada por Antonio S. Pedreira. La novela concuerda con la reivindicación de la hispanidad frente al predominio norteamericano[240], a la vez que se distancia claramente de cualquier intento de fijar el "genio nacional". Pues *En Babia* no fija nada, sino que opta por la polifonía y la ironía metaficcional, la heterogeneidad discursiva, la parodia, la universalidad, la superación de los convencionales límites genéricos y, sobre todo, el despliegue de la autonomía y de las posibilidades de la ficción como acto de enunciación y de imaginación de muy distintas visiones/filosofías del mundo. La problemática del sujeto y de la modernidad queda así recogida (en un sentido casi hegeliano) en la exploración y autorreflexión de la *invención poética*. Y la novela recobra de este modo, por fin, su dimensión de entretenimiento.

Sin embargo, aun así, *En Babia* no significa el punto final de la novela vanguardista. Marca una de las posibilidades de cómo su poética podía reintegrarse en la tradición desde una lectura heterodoxa de ésta y sin abandonar los planteamientos rupturales e innovadores respecto de las convenciones novelísticas e ideológico-morales vigentes en su contexto. Es decir, se opone a las novelas que como *La próxima*, *Anteo* y a su modo hasta *Sátiro* llevan a cabo la moderación de la poética vanguardista y vuelven a una escritura más asequible y convencionalmente realista en función del mayor compromiso 'directo' con la realidad y los llamados valores humanos[241].

---

[240] Recuérdese su ensayo *Insularismo. Ensayos de interpretación puertorriqueña* (1934).

[241] Cabe recordar que, a diferencia de su cuentística, la novela posterior de Labrador Ruiz, *La sangre hambrienta* (1950), consume el proceso iniciado en *Anteo*, volviendo a temas criollistas y manteniendo sólo el barroquismo del lenguaje narrativo y la preocupación por la soledad existencial de los personajes. Las novelas que De Diego Padró

Frente a este acercamiento de la Vanguardia al nuevo *mainstream*, *En Babia* se mantiene mucho más cerca del proyecto crítico-cultural vanguardista. Ahonda ante todo en sus dominantes estético-epistemológicos, y propone ampliar su valoración de la novedad como componente y criterio esencial de la modernidad estética por el recuerdo de lo 'siempre moderno'. Y tal vez no fue casual que semejante propuesta para la continuación de la novela vanguardista hispanoamericana viniera de su propia periferia, esto es, de un país donde la tradición de la novela moderna todavía se hallaba en ciernes y la vanguardista prácticamente no existía. Puede que ello influyera tanto en la lectura heterodoxa del *Quijote* como en el hecho de que De Diego Padró seguía trabajando en una novela vanguardista cuando en otros países ya no lo hacía casi nadie[242].

3. "La dejo libro abierto": final y nuevo comienzo

El problema tal vez más candente que durante esta segunda fase se les planteaba a la novela vanguardista y a las Vanguardias en general era la necesidad de reformular su noción y sus criterios de novedad vigentes hasta el momento. Si se quería poder seguir reivindicando no sólo la novedad sino también el estar a la altura y, aún más, en la avanzada de la modernidad, no se podía esquivar la cuestión. Y es de suponer que en este contexto el paulatino agotamiento de sus originales marcas de novedad y la mengua de su potencial iconoclasta –es ya trivial constatar que la provocación pierde efecto en la medida en la que se va convirtiendo en costumbre y hasta en expectativa– ni siquiera configuraban los retos mayores. Más grave parece haber sido el hecho de que los sucesos político-sociales estuvieran poniendo al descubierto que el objetivo vanguardista de cambiar la función y la posición del ámbito estético respecto del proceso de la modernidad social no sólo no se había logrado, sino que ahora parecía más inalcanzable que nunca. Ello contrastaba con los cambios logrados en el campo artístico y literario. Mejor dicho, con su voluntad de adelantarse críticamente al proceso de la modernidad, la novela vanguardista, como una de las manifestaciones de la Van-

---

publicó después de *En Babia* –y dos de ellas continúan narrando la vida de Jerónimo Ruiz– siguen con aspectos cruciales de la primera obra, sin perseguir ya intenciones vanguardistas; *cfr*. también Soto (1990).

[242] Por otra parte, *En Babia* no resulta 'excéntrico' en cuanto al desarrollo de la novela posvanguardista hispanoamericana: en varios aspectos parece anticipar el *Adán Buenos Ayres* (1948), de Leopoldo Marechal. Sería un tema para otro estudio.

guardia, había contribuido a acelerar la auto-dinámica del desarrollo estético, y a cimentar así la posición particular/marginal del ámbito estético dentro y para el proceso de la racionalidad moderna. Y si bien había logrado hacer más aceptable la idea de la correspondencia, en vez de la complementariedad, entre la modernidad estética y la técnico-social (burguesa), ello no había desembocado, a fin de cuentas, sino en la afirmación de la supremacía de ésta respecto de aquélla. El surgimiento y la pronta institucionalización del realismo social, que se definía también en oposición más o menos explícita frente a la estética de las Vanguardias, significaban en este contexto la reformulación más influyente del concepto de la relación entre las dos modernidades en función de la obligación afirmativa del arte para con el progreso social. Sin embargo, el intento de hacer justicia a lo heterogéneo, de encarnar una estética de la resistencia frente a los discursos y estructuras del poder socio-cultural, podía resultar aún más importante en los tiempos del totalitarismo, del predominio cada vez más abrumador de lo político-social y la creciente funcionalización ideológica –o sea, la creciente heteronomía– de lo estético. Y sobre este trasfondo, la opción moderadora de buena parte de las novelas vanguardistas tardías tenía su propia lógica.

En alguna medida también las obras de Juan Emar y Macedonio Fernández participan en este proceso. A primera vista sus novelas consumen la orientación autorreflexiva del proceso de la escritura como última seña todavía distintiva de la voluntad vanguardista/innovadora. La apropiación crítica de la modernidad social ya no les parece interesar, tampoco la indagación en la *conditio moderna* del sujeto/individuo o el acceso a la realidad específicamente latinoamericana y su modernidad periférica. Y bien se podrían entender sus experimentos escriturales como intento anacrónico de salvar ciertos planteamientos vanguardistas frente a una situación histórica y un estado de la novela que reclamaban textos y mensajes muy distintos.

No obstante, las novelas de ambos autores hacen de esta exploración de las posibilidades de la ficción y de cómo narrarla una preocupación que por su misma incondicionalidad y su constante reflexión en torno al proceso de significación confiere a las novelas una dimensión no sólo auténticamente filosófica, sino también marcadamente inquietante para el lector (implícito). Su cuestionamiento de las estrategias habituales de producción y recepción de sentido –el más radical hasta la fecha– desemboca en la suspensión del límite convencional entre experiencia estética y experiencia (de pensamiento) existencial. Es ello lo que da a las obras de ambos autores su carácter particular y su posición destacada dentro del desarrollo de la novela vanguardista. Pues a ella pertenecen, como ejemplos del adentramiento más consecuente en el *discursive turn*. A lo largo de los textos éste se revela como preocupación capaz de englobar y transformar las otras dominantes de la poética vanguardista en la práctica de la novela como "libro abierto", como aventura a la vez escritural y existencial que no terminará sino con la muerte.

3.1. Las novelas de Juan Emar

Juan Emar (Álvaro Yáñez Bianchi, 1893-1964), como se llamaba a partir de 1923 en cómica castellanización del francés "j'en ai marre", pertenece hoy en día a los más y mejor recordados de los escritores "olvidados" de la época[243]. Entre 1923 y 1925 y después de una larga estancia en París, donde se introdujo pronto en los círculos de la avanzada internacional, había difundido con sus escritos de arte publicados en el diario santiaguino *La Nación* los primeros conocimientos sobre la pintura y la plástica vanguardistas europeas[244]. Ello, así como la exposición del grupo Montparnasse que él había cofundado, le valieron una enardecida polémica con los academicistas, y le convirtieron en crítico vanguardista conocido. Pero no volvió a publicar nada –los años de 1925 a 1932 los pasó otra vez en París– hasta que, a mediados de 1935, dio a la imprenta sus tres novelas *Ayer*, *Miltín 1934* y *Un año*[245], escritas paralelamente entre 1933 y principios de 1935 (*cfr.* Brodsky 1995: 25 s.). Su incomprensión –si no ignorancia– por la crítica literaria coetánea (*cfr.* cap. II, 1.2) ya deja entrever algo del desconcierto que podían y pueden provocar, desconcierto que también tiene que ver con su postura de oposición fundamental frente a todas las corrientes novelísticas y literarias que se cultivaban en el Chile de la época. No hay que olvidar que, entretanto, el viraje hacia una mayor 'trascendencia' (social y/o existencial) se hallaba en pleno auge. Pablo Neruda representaba para muchos críticos coetáneos la fusión entre la modernidad estética (accesible) y el asentamiento en "la cuestión existencial del hombre" (*cfr.* Vergara 1994: 115-138; 130), y a este nuevo prestigio se debía la reedición de *El hombre y su esperanza*, acompañada de elogios. Predominaba la orientación socio-crítica, sea bajo

---

[243] Sobre la historia del "rescate" de Juan Emar, iniciado en la crítica académica por Lastra (1977), *cfr.* Canseco-Jérez (1989). Para la biografía del autor, *cfr.* Brodsky (1995; 1996).

[244] Véanse Emar (1992), así como los estudios de Lizama (1992; 1994). Cabe recordar que *La Nación* fue el diario fundado y dirigido por el padre de Emar, Eliodoro Yáñez, influyente político liberal. En 1927 fue expropiado por el gobierno de Ibáñez.

[245] Las tres novelas salieron en Santiago de Chile: Editorial Zig-Zag.

los auspicios de un Criollismo modernizado, sea con inclinaciones hacia la novela psicológica contemporánea o ambas cosas a la vez, como en *Lanchas en la bahía*, de Manuel Rojas (*cfr.* cap. II, 1.3). Y con *Hijuna* (1934), de Carlos Sepúlveda Leyton, se disponía del primer ejemplo chileno del Realismo social(ista), mientras la Vanguardia a todas luces ya se daba por concluida. Hasta el mismo Vicente Huidobro –uno de los mejores amigos de Emar– había vuelto a cauces más acordes con los nuevos imperativos novelísticos, pues las *Tres inmensas novelas*, publicadas casi al mismo tiempo que las novelas de Emar, representaban una poética hacía tiempo 'superada' por *La Próxima...* y *Papá...*

Ahora bien, dentro de este panorama, las tres novelas de Emar no parecían guardar relación sino consigo mismo. Eduardo Barrios ("Dos libros más de Juan Emar", *Las Últimas Noticias*, 28.8.1935) ya hizo hincapié en este hecho al constatar su comunidad poetológica así como su novedad sin precedentes. Pero no sólo se trata de eso. Una cuidadosa lectura de los textos evidencia toda una serie de rasgos y elementos de contenido y expresión comunes que más de una vez adquieren rango de referencias intertextuales implícitas y que hacen aparecer las tres novelas como partes/fragmentos de un mismo universo ficcional y, sobre todo, de un mismo proyecto narrativo. Es decir, no forman una trilogía en el sentido de continuar una historia única y lineal y/o de presentar distintas historias relacionadas a un mismo lugar, como a partir de 1929 lo haría William Faulkner con sus novelas situadas en el imaginario Yoknapatawpha County, que sin embargo, se llegaron a conocer en Latinoamérica recién hacia finales de la década del 30[246]. Las historias, si es que todavía se pueden llamar así, se desenvuelven todas en el presente del narrador y tienen lugar ya en Santiago y otras regiones de Chile –en *Un año* y *Miltín 1934*–, ya en San Agustín de Tango –*Ayer*–, una ciudad imaginaria ubicada en Chile "sobre el río Bárbara, a 32 grados de latitud sur y 73 grados de longitud oeste; 622,706 habitantes. Catedral, basílica y arzobispado. Minas de manganeso en los alrededores" (Emar 1935a: 5), como explica el narrador en una nota a pie de página, seguida pronto por un mapa del centro de dicha ciudad. Sin embargo, en los distintos escenarios novelescos, el protagonista-narrador se encuentra en parte con los mismos perso-

---

[246] La primera traducción de una novela de William Faulkner fue la que hizo el cubano Lino Novás Calvo en 1934 de *Sanctuary* (1931), traducción de escasa circulación. Recién gracias a la publicación en *Sur* (agosto de 1939) del cuento "Septiembre ardiente" y de la traducción hecha por Jorge Luis Borges de *The Wild Palms* (1939) en 1940 se despertó la atención por la obra de este autor que durante los años 30 gozaba de poco aprecio en su país natal; *cfr.* King (1989: 100).

najes: con su propia esposa y el pintor Rubén de Loa (en *Ayer* y *Miltín 1934*), con su hermano, el cínico de Valdepinos, Estanislao Buin y el doctor Hualañé (en *Un año* y *Miltín 1934*). Unos y otros y varios más vuelven a aparecer en *Umbral* (1996), la monumental novela de 4.134 páginas (!) que Emar escribió entre 1940 y finales de 1963, refundiendo en ella también sus textos narrativos anteriores, y cuyas muchas historias se ubican en San Agustín de Tango, en Santiago y otros lugares[247].

Pero lo que resulta más importante es la (virtual) identidad del protagonista-narrador-autor de las tres novelas. En *Miltín 1934* se presenta como Juan Emar (Emar 1935b: 12), también su edad y dirección coinciden con las del autor real. En las otras dos novelas no tiene nombre, pero aparece igualmente como hombre de mediana edad, sin oficio ni preocupaciones materiales, que pasa sus días paseando por la ciudad o viajando a regiones remotas, reflexionando, discutiendo, leyendo y escribiendo. Más que los sucesos que vive, le interesan los pensamientos que ocasionan y que muy pronto toman su propio rumbo. En el fondo, es un hombre sin particularidades, un observador de los otros y de sí mismo que como personaje carece de densidad psicológica convencional, pero que abunda en profundidad –y originalidad– de reflexión. Conflictos (convencionales) no los tiene ni con su entorno ni consigo mismo, y sería un hombre feliz si no se viera expuesto una y otra vez a problemas de carácter entre filosófico y lingüístico-literario a raíz de sorpresivas vivencias de la (sur-)realidad y, ante todo, del tiempo que le asaltan en la más trivial cotidianidad:

> Bajé al urinario. Apoyada la frente en el antebrazo derecho, dejé que, a su gusto, se vaciara la vejiga. Miraba yo los cincos pequeños agujeros labrados en la loza blanca: uno arriba, otro abajo, uno de cada lado, el quinto al centro. Se trata de irse por cada uno de ellos sucesivamente, girando como las manecillas de un reloj, mas sin tocar el del centro.
>
> Pues bien, en la tercera vuelta, cuando estaba en el agujero de la derecha y se trataba de pasar al de abajo, una mosca se detuvo bruscamente en el borde del mismo lado de la taza. Bastaba con un ligero movimiento, con tal que fuese

---

[247] Un estudio de *Umbral*, por somero que fuese, traspasaría con mucho los límites del presente trabajo. Además, esta novela ya no forma parte del corpus de la novela vanguardista, sino de una concepción novelística definitivamente posterior, que debe mucho al impulso y la experiencia de la Vanguardia, pero como parte de la (propia) historia literaria entretanto superada. Las pocas referencias que a esta novela se van a hacer en lo siguiente sirven para aclarar aspectos de las tres novelas de 1935, esto es, para indicar posibilidades de enfocarlas en conjunto, algo seguramente intencionado por el autor implícito.

rapidísimo, para dar sobre ella y aniquilarla. Pero si así procedía, las manecillas del reloj no seguirían su marcha. Había, pues, que optar o por las manecillas o por la mosca.

Un punto: la opción tenía que ser rápida, instantánea, mejor dicho, puesto que cualquier vacilación se trocaba en tiempo diferente: tiempo de marcha para las manecillas, de detención para mí al no decidirme. Y al diferenciarse así este tiempo, al bifurcarse, su unidad se quebraba en dos, siendo una parte la que seguía "siendo"; la otra, una separada a ella. Vale decir la otra fuera del tiempo (Emar 1935a: 91).

Y a partir de esta percepción se produce lo 'realmente' maravilloso:

En ese segundo triturado hasta su mínima duración, simultáneos, compenetrados, pero sin la más leve confusión, aparecieron todos los hechos del día, aislados y nítidos, y sin ninguna sucesión cronológica. Y al aparecer así –esto fue mi estupor, mi dicha, mi éxtasis, mi delirio sumo–, vi, sentí, supe, por fin, la vida, la verdad despojada de cuanto engañoso, de sensacional, digamos mejor, de cuanto la limita dentro de un suceder inexistente (*ibíd.*, 95).

En las otras novelas es la misma experiencia de unidad:

No vuelvo a mirar las calles. Ahora miro al frente, otra casa, grande como ésta en que estoy. Ventanas y más ventanas. Por ellas atisbo hacia la vida del interior.
Tercera [furia]:
La casa de enfrente. Apenas la vi, una idea me llenó entero, me fulminó: la idea de "un todo".
[...] Una casa, un total, un ser. [...]Un solo destino para ella, para toda ella [...]
Total: la casa, el destino de la casa con sus glóbulos.
Yo, otra suerte, otros designios.
Pero:
Tercera:
Yo veía lo que ellos hacían. Y ellos no se veían entre sí.
Primera: ira contra mí mismo. Segunda: ira contra los demás. Ahora: ira contra Dios.
[...]
Evoqué el último siglo de la era humana. Multipliqué más allá de todas las posibilidades de mi mente cuantos sucesos estén por acaecer y los lancé más allá de la Tierra, a los planetas, al Cosmos entero para implicarlo a su vez. Enormidad de hechos en inmensidad de tiempo.
Pues bien, por enormes que fuesen los hechos, por inmenso que fuese el tiempo, jamás, jamás un pequeñito hecho minúsculo en un instante fugaz e incoloro, jamás, jamás sería sabido por aquellos que fueron sus actores. Jamás por ellos. Y sí por mí (Emar 1935c: 26-29).

En *Miltín 1934* se dedica aún mayor atención a la vivencia de entrar súbitamente en un "globo sin tamaño pero con una lanceta que me picó en la cabeza" (Emar 1935b: 99), en el cual se suspende el tiempo lineal por la simultaneidad de objetos –" postes, lagunas, rieles, adobes" (*ibíd.*)–, de percepciones, recuerdos y reflexiones: "una cosa que fuí yo pensando, no desgranadamente, sino simultáneamente con ser yo siempre en cuanto hubiese podido pensar antes, durante y después" (*ibíd.*). Y es también en *Miltín 1934* donde más claramente se relaciona esa "iluminación profana"[248], ya en su presentación 'inmediata' impregnada de elementos entre carnavalesco-grotescos y paródico-auto-irónicos, con las reflexiones metalingüísticas y filosóficas en torno a la identidad, o sea, la *différance* entre significante y significado[249]. Entre burlas y veras ellas exponen la imposibilidad de una expresión adecuada, auténtica y no-mediatizada de la experiencia a la vez que relativizan toda posible 'sublimidad' tanto de la vivencia como de su representación:

> Y, naturalmente, yo ahora quería que ella [la esposa] supiese el globo, todo él, pues decirle algo que no fuese esa instantánea vibración total, me aparecía como la más abyecta mentira, ya que acababa de enterarme de que la verdadera verdad, la única, no eran ni momentos ni hechos ni nada que se mueva, por muchos millones de patas que tenga y ya que comprendía que, desde el momento en que empezara a hablar, echaría por mi boca cosas largas –con o sin patas, como se quiera–, en todo caso agusanadas, planas, ondulantes, y algo viscosas con la misma saliva por donde iban pasando al salir. ¿Y una verdad con saliva? [...]
> Y sobre esta calma quieren que te explique que yo no pienso, que nadie piensa, que es lo mismo, exactamente un pensamiento mío y un riñón mío, que ambos son lo mismo, que ambos no son. ¿Cómo hacerlo? Desde luego, lo que pensé al oír a la señora de Naltagua lo dejaremos para más tarde. [...]
> ¿Y gritarle "¡Riñón!"?
> Sí, podría entenderlo, pero al mismo tiempo podría creer que me hallaba en estado de ebriedad (Emar 1935b: 99-101).

Evidentemente, tales autorreflexiones deshacen toda posible 'creencia' en la iluminación como fin en sí mismo y como base suficiente para el cam-

---

[248] "¿Qué te pasa? Vienes como un iluminado", dice la esposa al protagonista-narrador al volver éste del urinario (Emar 1935a: 95).
[249] Es éste uno de los casos donde más valor heurístico tiene emplear esa noción de Derrida, sin que con ello quiera insinuar entender las novelas de Emar como exponentes de una escritura "antilogocéntrica" en el sentido derridariano como ha propuesto Vergara Báez (1993) para *Ayer*; *cfr.* más abajo.

bio de la práctica vital. No resulta difícil ver en ello una crítica implícita del Surrealismo, el movimiento vanguardista que más relieve adquiere en estos textos. Frente a una visión netamente surrealista –y la ocultista-esotérica que algunos críticos actuales quieren descubrir como la clave de la obra del autor[250]–, las novelas de Emar 'rescatan' de tales vivencias precisamente no 'lo otro' de la razón, algún misterio reservado a los iniciados, sino el impulso constante a la autocrítica lúcida e irreverente del pensamiento (de la identidad), del lenguaje y las convenciones literario-narrativas.

Esa perspectiva impregna, asimismo, el discurso narrativo. A lo largo de las tres novelas ofrece una serie de rasgos comunes. Estos abarcan, en un primer nivel, el particular empleo del lenguaje, patente ya en las citas aducidas arriba: marcadamente no-literario, preocupado por la exactitud y de ahí a menudo moroso, repetitivo, aparentemente torpe, oscilando entre lo coloquial y lo rebuscado, fórmulas retóricas gastadas, neologismos y expresiones agramaticales, metáforas sorprendentes y tecnicismos 'prosaicos'. Las frecuentes digresiones –explicaciones diegéticas, comentarios pseudocientíficos, relatos intercalados, reflexiones en torno a la propia narración/escritura y, en *Miltín 1934* y *Un año*, hasta acerca del mismo libro–, las muchas referencias intertextuales marcadas, la variedad de los tipos discursivos presentes en los coloquios de los personajes y otros fragmentos de discursos 'ajenos' reproducidos o recreados por el narrador, finalmente el persistente tono irónico, todo ello confiere al discurso una polifonía y una ambivalencia interna que no dejan de revelar al narrador-autor como instancia incapaz de garantizar la unidad de la obra. Al final de *Ayer*, éste intenta recordar los sucesos del día y llegar a revivir el momento de la unidad del tiempo para poder contárselo a su mujer. Pero es en vano ya que no hay recuerdo sin

---

[250] Así lo hacen Wallace (1993: 144-160) y Varreto (1992), también brevemente Olsson (1997: 47), pasando por alto la auto-ironía así como el enfoque filosófico-lingüístico crítico que caracterizan los textos de Emar. Ocultismo –o "ciencia secreta", como dicen los adeptos– es algo en lo que hace falta 'creer', y si bien las Vanguardias estaban atentas a tales fenómenos, piénsense en Arlt y, desde luego, en los surrealistas, no lo estaban como 'creyentes', sino como interesados en toda visión del mundo no-positivista. En la obra de Emar hay ese interés vanguardista por lo esotérico, patente ante todo en sus primeros escritos de juventud, las *Cavilaciones* [1922] (*cfr.* Wallace Cordero 1993). En comparación con ellas destaca en las tres novelas la ausencia de la terminología ocultista –astral, etc., *cfr. ibíd.*–, así como el hecho de que de las 'iluminaciones' no se infiere ninguna *doxa* y que también ellas se someten al ambiguamiento y la burla lúcida –que a menudo recuerda al joven Wittgenstein y su *dictum* de que todo problema filosófico es un problema del lenguaje–, muy en la línea del *discursive turn* de las Vanguardias (hispanoamericanas).

"desviación" y porque cada vez que se quiere recordar todo, ello abarca, asimismo, el acto de recordar, y el acto de recordar ese acto de recordar y el de recordar aquél y así *ad infinitum*... Al narrador narrándose se le afloja el cuerpo: "Segunda vez. Se aflojará más y líquido caerá al suelo para ser pisoteado [...] A no ser que contraiga codos y piernas y rellene la cabeza diciéndome: –Veamos. Empezó el día con la cuestión de la guillotina" (Emar 1935a: 112 s.). Sólo gracias al dibujo de su cuerpo con una única línea cerrada que ha rogado le haga su mujer siente que "haciendo formas en todo el derredor, nada se irá jamás. [...] ahora ha vuelto a ser" (*ibíd.*, 113).

Sin embargo, es el discurso en toda su heterogeneidad y sus continuas desviaciones, en parte ajenas al control del narrador-autor[251], el que así también recuerda la –¿única?– posibilidad de dar unidad, de establecer cierta cohesión entre los fragmentos dispares que configuran el mundo narrado. Pues también a este respecto se parecen las tres novelas: presentan unas historias que consisten en una serie de episodios inconexos dentro de un mundo altamente fragmentario, en el cual (casi) todo es igualmente importante y todo igualmente 'real'. Para el protagonista-narrador no hay diferencias categoriales entre sus lecturas, la muerte de un amigo y la vivencia de que el mar se retira en una gran globo de agua en el cielo (*Un año*), entre el almuerzo con su mujer y la leona que es devorada por un avestruz y la consiguiente defecación (*Ayer*), entre el deseo de escribir el "Cuento de Medianoche" y el viaje a las fucsias gigantes (*Miltín 1934*). Sin transición ni lógica, porque sí, se suceden los distintos episodios, de modo que la crítica ha hablado de los "diversos y variados 'mundos'" por los que transita el narrador (Varetto 1992: 72), en contraste con la intención de unidad y *continuum* sugerida por la narración y, desde luego, la coherencia convencional de los mundos narrados realistas. No obstante, hay rasgos comunes a los distintos episodios. Casi siempre ostentan un marcado carácter grotesco y absurdo[252]. Hay una carnavalización a partir de los menesteres físicos, en escenas como las del urinario, de la leona devorada o la del auricular que se le ha pegado a la oreja del protagonista (en *Un año*). Al lado de ella se da la sátira social antiburguesa, como despunta en el episodio del encarcelamiento y la ejecución de Rudecindo Malleco por la justicia eclesiástica que le culpa de su "cerebralización del amor" en función de mayor goce sexual (*Ayer*), o el que expone el falso exotismo de los *night clubs* y las fantasías "viciosas" burguesas (*Miltín 1934*). Y más aún destaca la súbita revelación de las con-

---

[251] Sobre este fenómeno, sobremanera patente en *Ayer*, llama la atención Vergara Báez (1993).

venciones del percibir y comprender el mundo y la literatura gracias a pequeñas pero decisivas desviaciones en el transcurso de los pensamientos y la correlación de las observaciones distintas, como sucede en los ya citados momentos de 'iluminación' y otros varios más. Detalles realistas y hasta referenciables se funden con elementos completamente fantásticos; lo maravilloso y el azar se compenetran con la normalidad cotidiana y las necesidades naturales; se borra la distinción entre lo cómico y lo serio y la reflexión y la imaginación se evidencian como inseparables de la experiencia vital.

Sobre este trasfondo común, cada uno de los tres textos ensaya una modalidad propia de sobre qué y cómo se debería/podría escribir una novela capaz de expresar y de provocar en el lector una nueva conciencia del mundo y de la ficción narrativa literaria. En esta *intención* general y el concomitante rechazo polémico de la estética realista y los modelos de mundo que la sustentan concuerdan las tres novelas, como también coinciden en los caminos principales escogidos al respecto. La comicidad, la liberación de la fantasía, la puesta en escena de un universo ficcional a la vez absurdo, abierto y autónomo, la metatextualidad, la polifonía y la fuerte intertextualidad del discurso y, *last but not least*, la práctica de una escritura que implícita pero constantemente reivindica la actividad creativa y reflexiva del lector. En parte, estas características poetológicas —que en *Umbral* se iban a reescribir entre otras cosas por medio de la multiplicación de los narradores, episodios y comentarios metaficcionales[253]— remiten al modelo del *Quijote*. No en balde su final se cita textualmente en el comienzo de *Un año*. Y en parte entroncan indudablemente en el Surrealismo —también respecto de lo cómico, piénsese en la afición surrealista por el humor negro—, pero que aquí aparece 'racionalizado' y/o 'depurado' por la intervención de planteamientos filosófico-lingüísticos y ontológicos, así como por el predominio indudable de la intención de una innovación específicamente novelística.

En este contexto, *Ayer* presta atención particular al problema del tiempo y del recuerdo y sus consecuencias para la narración como posibilidad de re-

---

[252] Hasta el momento, la crítica emariana apenas ha prestado atención a lo grotesco, lo satírico y lo carnavalesco en estas tres novelas de Emar, que en buena parte pueden leerse como renovación de la novela cómica, tanto en el plano del contenido como en el de la expresión (*cfr.* también el paréntesis en cap. I, 4.1). Algunas observaciones en torno a la subversión de lo cómico en *Un año* ofrece Niemeyer (1999b); *cfr.* también más abajo.

[253] Todavía no existe, que yo sepa, un estudio del texto completo de *Umbral*. Acerca del primer tomo del "primer pilar" de la obra, publicado en 1977, *cfr.* los estudios narratológicos de Urra Salazar (1981) y Carrasco Muñoz (1982).

establecer la identidad. Y si bien es el texto el que en su nivel literal prescinde de toda alusión intertextual, resulta evidente que en su estructura es el que más obviamente remite a un modelo concreto, como el de la *Recherche*. Frente a la novela de Proust, en la de Emar, empero, no se pone en práctica una "poética de la memoria", ni tampoco, desde el punto de vista narratológico, una estructura temporal particularmente atenta al proceso y los vaivenes del acto de recordar[254]. La narración es básicamente lineal. Sólo tres veces se interrumpe por analepsis: la historia de Rudecindo Malleco (Emar 1935a: 5-13), la de la noche pasada en el cementerio (*ibíd.*, 77-87) y el recuerdo de la "bella Lucrecia", que se le anunció al protagonista ya durante su vivencia de los sucesos de "ayer" y que forma parte de sus desviaciones durante sus intentos de recordar los sucesos del día (*cfr. ibíd.*, 108). Además, aunque la narración del día anterior se presenta como acto de memoria (voluntaria), como también lo exponen los breves comentarios autorreflexivos –"el espectáculo presenciado y evocador de mis recuerdos" (*ibíd.*, 26); "Ahora recuerdo algo que aclarará cuanto digo. No hace mucho [...] a que no me atrevería a pasar solo toda una noche en el Cementerio Apostólico" (*ibíd.*, 77)– , ello resulta relevante recién al final del texto. Los repetidos intentos de recordar lo acontecido se revelan como citas del texto a sí mismo, mejor dicho, como su 're-escritura' y su auto-comentario –el protagonista-narrador comenta sus recuerdos entre paréntesis– que anticipan al acto de narrar extradiegético, connotado así como otra vuelta del proceso interminable de la memoria.

La función de ella –y de la escritura que la intenta fijar– es, pues, muy diferente que la que se había puesto de relieve en la *Recherche*. Mientras en ésta aparece como la única posibilidad de apropiación de la realidad, como *reconnaissance* a través de la escritura artística –aplazada empero hacia el "demain j'écrirai"–, que supera las deficiencias de la *connaissance*[255], en la novela de Emar es ante todo la cifra del movimiento de la diferencialidad inherente a todo cuanto se halla expuesto a la temporalidad. El transcurso del tiempo impone las fisuras (principales) que condicionan la precariedad del sujeto empírico como "principio", como conciencia idéntica y una consigo misma. Y esta vivencia constante se intensifica por el ya citado momento de simultaneidad y totalidad en el cual se suspende el fluir del tiempo y se vislumbra algo como la 'plenitud del ser' a través de la confluencia del haber sido y del futuro en el presente.

---

[254] A este respecto basta recordar que buena parte del instrumentario narratológico –el *Discours du récit*, de Genette– se ha desarrollado, precisamente, a partir y para el análisis de esta novela de Proust.

[255] Remito otra vez a las reflexiones de Jauß (1982: 159-165).

La puesta en escena de esta experiencia límite no sólo manifiesta la inquebrantada fascinación de las Vanguardias por la simultaneidad y/o la idea del tiempo subjetivo (bergsoniana), sino que también revela una auténtica preocupación ontológica. Y ella demuestra más puntos de contacto con planteamientos filosóficos de la época, en particular la filosofía de la existencia[256] y, en el contexto latinoamericano, el pensamiento de Macedonio, que con teorías ocultistas. La orientación filosófica cobra aún mayor relieve gracias a la problematización final del recuerdo, que al fin y al cabo implica, a modo de una doble *mise en abyme* –metatextual y de enunciación– el cuestionamiento del discurso narrativo y su posibilidad de re-presentar lo vivido. Pues aquí se anuncia la exploración crítica de la misma premisa básica del pensamiento racionalista: su identificación del 'ser' con la 'presencia'' y del 'sentido'' del ser con el *logos*'. Pero como evidencia el intento entre desesperado y auto-irónico de encontrar alguna posibilidad de, por lo menos, acercarse otra vez a 'la verdad' –idea a la cual Emar no renuncia–, ello dista de desembocar en el antilogocentrismo posestructuralista (Vergara Báez 1993)[257], ni mucho menos en posiciones místicas o irracionales en el sentido convencional de los términos. Más bien se ofrece como el equivalente ficcional-cómico –"la metafísica es una rama de la literatura fantástica", iba a extremar esta posición Jorge Luis Borges– de la crítica de las posiciones metafísicas tradicionales y del intento de recuperación del 'acontecimiento del ser' en y a partir de la experiencia de la *Un-heimlichkeit*[258] de la existencia. Estas intenciones, que resultan muy compatibles con

---

[256] Cabe pensar aquí sobre todo en las preguntas y enfoques acerca del ser y la temporalidad que se plasman en *Sein und Zeit* (1927), de Martin Heidegger. Gracias a la *Revista de Occidente* y a otros intermediarios, como el filósofo argentino Carlos Astrada, Heidegger alcanzó cierta difusión en el ámbito hispánico ya durante los primeros años 30; *cfr*. entre otros documentos el artículo que sobre él publicó Astrada en *Síntesis* 30 (1930) y la traducción de "Was ist Metaphysik?" (1929) en *Sur* 5 (1932). Y *Sur* se leía también en Santiago de Chile... Además, es muy posible que Emar haya oído/leído algo sobre/de Heidegger durante su estancia en Francia. Con todo ello no quiero insinuar que la filosofía heideggeriana configure uno de los intertextos de *Ayer*, sino indicar que esa preocupación ontológica estaba "en el aire" de la época, lo que en parte explica también el enorme éxito de *Sein und Zeit*.

[257] A este respecto cabe recordar los argumentos que Borinsky (1993: 437) aduce en contra de la identificación del pensamiento de Macedonio con posiciones deconstructivistas.

[258] Como es bien sabido, no existe equivalente a los términos alemanes *unheimlich* y menos aún *Unheimlichkeit*. Pero en todo caso es más adecuada la traducción como "inquietante extrañeza" que como "lo siniestro", título de la versión española del ensayo

lo que se propone Macedonio a través del "mareo de la personalidad del lector" y, en una perspectiva más general, con ciertos aspectos de la ontología fundamental de Heidegger[259], se plasman aquí en el proyecto de una novela que precisamente gracias a su autonomía respecto de la noción convencional de la realidad se ofrece como camino más auténtico hacia ella.

Lo que todavía falta en este contexto es la problematización detenida del papel concreto del lenguaje y la literatura. Y a ello, justamente, se dedica *Un año*. Desde las primeras líneas, el texto se ofrece como la parodia de un diario y, en general, del discurso autobiográfico y sus reivindicaciones tanto de orden (temporal) como de ser el camino adecuado para cerciorarse de la identidad del sujeto a través del (auto)-conocimiento de su historia. El texto se halla repartido en 12 capítulos correspondientes respectivamente al primer día del mes. Sólo el último se titula "Diciembre 31". En ellos el protagonista-narrador-autor da cuenta de sucesos de tipo muy diverso –lecturas, historias ocurridas a otros, la muerte y el entierro de un amigo, observaciones de la naturaleza, iluminaciones y especulaciones metafísicas, un viaje en barco, etc.–, pero todos tienen el típico carácter entre fantástico, absurdo y grotesco-carnavalesco (*cfr. supra*). Del realismo psicológico a esperar en un diario no hay nada, también porque ya muy pronto la reflexión metatextual revela lo construido, arbitrario y nada 'confesional' de la narración, dirigida a un público amplio (*cfr.* Emar 1935c: 14). Es así como en una nota a pie de página el narrador-autor aclara que los funerales del amigo se efectuaron dos días después de su muerte y no un mes después y que la extrañeza que causará el que "en vez de fechar marzo 3 haya fechado abril 1.o [...] se disipará cuando diga que así he fechado poque [*sic*] así lo requiere la organización y construcción de este mi dietario" (*ibíd.*, 13). Otra larga nota a pie de página explica el empleo de la frase "una sonrisa de alambre", sugerida por el amigo Vicente Huidobro en vez de "una sonrisa estereotipizada", como el narrador-

---

Das Unheimliche (1919), de Sigmund Freud. En el caso de la *Un-heimlichkeit* heideggeriana se habría de pensar en algo como "inquietante pérdida (repentina) de la familiaridad con el mundo", que conduce al asombro del ser y la conciencia de la *Seinsvergessenheit* ("olvido del ser") que normalmente domina la vida cotidiana. ¿No es esto lo que experimenta el protagonista-narrador-autor en el urinario?

[259] Sobre este último, *cfr.* los estudios ya clásicos de Haeffner (1974; 1981). Análisis más detenidos seguramente van a demostrar más coincidencias (?) entre la obra novelística de Emar y el pensamiento heideggeriano, por ejemplo respecto de la súbita experiencia de extrañeza del mundo cotidiano como punto de partida para la reflexión filosófica. Coincidencias con la metafísica de Heidegger son por lo demás no del todo inusuales en la época, como lo testimonia el caso de Macedonio Fernández; *cfr.* Flammersfeld (1993: 403).

autor había puesto "en mi original" y que Huidobro criticó por ser "la frase fatal de cuantos se sienten literatos". Renglón seguido hace hincapié en los muchos "lugares comunes" que aparecen "en este diario" (*ibíd.*, 14 s.). Aparte de tal auto-ironización, las notas provocan el cuestionamiento de la relación convencional entre ficción y (supuesta) realidad también en otro sentido. Convencionalmente pertenecientes a una instancia extraficcional, la declarada identidad de la voz de estas notas con la ficcional del narrador desemboca en la ficcionalización del autor. El sujeto del diario aparece así como una categoría a la vez vacía y sin fundamento[260], en fin, otra contrafactura de la narración autobiográfica (fingida). La autorreflexión metaficcional llega a su apogeo en la última entrada, en la que se fusionan los planos intra- y extradiegéticos en el acto de la auto-lectura como parte de la historia:

> Hoy he releído este diario con lentitud y penetración. No lo dudo: tiene que estar bien por la muy simple razón que sigue:
> Todos los días en él anotados empiezan diciendo: "Hoy he..." seguido de un participio. [Sigue la enumeración de los participios, que efectivamente corresponde a los empleados].
> Y diario que comienza siempre de tal modo –puedo asegurarlo–, roza la perfección, pues, cumple, al respecto, con la inviolable ley, ¡ley sagrada!, que han promulgado, desde que los siglos son siglos, todas las jovencitas que se desahogan en papel y tinta, y todos los sabios profesores de gramática y retórica.
> Amén (*ibíd.*, 80).

La dimensión metatextual se da también en otros planos. Junto a la sátira implícita del Criollismo –por la descripción estereotipada de las distintas ciudades chilenas y peruanas visitadas durante el viaje, que todas son una "alegre y pintoresca ciudad en medio de una vasta y plácida bahía" (*cfr. ibíd.*, 68-79)–, descuellan las citas explícitas de distintos intertextos –desde el *Quijote* hasta Lautréamont–, que así trasluccen como posibles 'modelos' de una (la propia) novela no-convencional. Y de no menor importancia son las reflexiones igualmente intradiegéticas en torno al significado de las letras que emprende el protagonista-narrador al relatar la historia de su amigo César Miró, a quien se le cayeron todas las letras de la primera página del periódico y que ahora no sabe salir de la tarea "erizada de peligros que acechan la paciente y casi interminable labor de ajustar cada letra caída en el significado que la dió a luz" – dos "A" pueden nombrar a SU *A*LTEZ*A* tanto como a una R*A*MER*A* suicida (*ibíd.*, 39)–, problema ante el cual el

---

[260] Sobre este aspecto, *cfr.* Niemeyer (1999b).

protagonista–narrador no atina a dar ningún consejo. Tampoco logra salir del embrollo en el que se encuentra al querer explicar el paso entre la "observación directa del natural" y la consiguiente "meditación sosegada":

> –Caballero, entonces... (Tiene que haber un "entonces" ¿De qué modo evitarlo?) Entonces... púseme a meditar...; entonces..., pensé...
> No. Más vale no meditar ni pensar si por ello hay que pasar por ahí.
> Cambiemos el "entonces"; puede ser el causante de todo.
> [...]
> Peor, peor. Parece que la cosa no yace ni en el "entonces" ni en el "ante tal". ¿Estará en el meditar, pensar, decir, reflexionar, cavilar?
> [...] Si algo he de sacar en claro de lo observado, tengo que pasar por una frase guardián al tenor de aquellas. ¡Malo, malo! ¿No habrá otro medio, un sendero extraviado, un rodeo que evite los escollos? ¿Obligación de pagar a nuestra vieja amiga "literatura" con una frasesilla a su entero gusto? (*ibíd*., 49-50).

Otra vez, pues, los momentos de iluminación –lo maravilloso de la *Unheimlichkeit* en medio de la cotidianidad– no son ni repetibles ni comunicables en su verdad 'intrínseca'. El carácter general y codificado, la arbitrariedad y la estructuralidad de los signos verbales, la temporalidad/linealidad del acto de habla y, por encima de todo, la tendencia férrea de la literatura/narración de poner orden y cronología a experiencias y sucesos que no lo tienen, lo incapacitan para la expresión de lo individual y auténtico: el caos y la adivinación de sentido, la inmersión en la simultaneidad y la perspectiva superior. En su forma más abstracta, estos argumentos forman parte de una crítica del lenguaje que remonta a la filosofía romántica europea –piénsese en la problematización de "lo individual general" de Schleiermacher, que Emar indudablemente no conocía–, pero que aquí adquieren un decidido viraje estructuralista-metafísico-surrealista y, no hay que olvidarlo, cómico. El *discursive turn* de las Vanguardias (hispanoamericanas) apenas podía manifestarse más consecuentemente que en una novela como ésta. Y en la medida en la que integra la discusión siempre irónica de sus propias premisas y limitaciones en todos sus planos comunicativos y borra, a este respecto, las distinciones entre historia(s) y narración, ficción y realidad, la novela presenta el intento paradójico de narrar lo que sabe que (todavía) no se puede narrar. Lejos de apuntar hacia un orden secreto que a los 'iniciados' no resultara difícil de descifrar –Varetto Cabré (1992) descubre en los doce capítulos la reelaboración del zodíaco y en la historia de/sobre César Miró la visión cabalística del lenguaje–, *Un año* emprende la tarea de "hacer justicia a lo heterogéneo" a través del movimiento ya no dialéctico sino él mismo aleatorio de un sentido aplazado a cada vuelta de página.

La poética de la novela que así se vislumbra no deja lugar a dudas de su carácter vanguardista. Se centra en el propósito de cambiar la relación convencional entre ficción y realidad y lo interrelaciona con el *discursive turn* a través de la puesta en escena del antirrealismo –que en más de un aspecto raya en la surrealidad– y de la metatextualidad. Ello da lugar a una novela en la cual la narración de 'aventuras' se vuelve aventura del narrar. Y a diferencia de las novelas de Huidobro, con las cuales demuestra indudables puntos de contacto[261], esta aventura abarca, asimismo y ante todo, el "meditar, pensar, decir, reflexionar, cavilar". La autonomía absoluta de la ficción –de lo narrado tanto como de la narración– aparece así como único lugar donde explorar en y por el medio del lenguaje las posibilidades de la imaginación de abrir caminos a experiencias y conocimientos más 'intrínsecos' de la realidad: por el asombro del ser hacia el vislumbramiento de su plenitud y la conciencia de la todo-posibilidad, como diría Macedonio. Ello implica, como condición y correlato indispensables, la duda perenne frente a las seguridades y verdades establecidas. Y esa actitud abierta no debe ni puede frenarse ante el texto mismo. Es decir, el alto grado de autoconciencia semiótica entrecruza y distorsiona la concretización del sentido, atrapando al lector en el juego de espejos entre historia y discurso. Lo cómico desempeña un papel fundamental a este respecto. En su particular mezcla de la comicidad situacional con la lingüística y de la parodia de otros tipos de novela con la auto-ironía, provoca una risa liberadora que causa a su vez el distanciamiento y la continua relativización de las pistas de lectura sugeridas por esta novela "en falso".

Estas dominantes características de la poética vanguardista son rastreables también en *Miltín 1934*. Ante todo, esta novela –no en balde la más abultada de las tres[262]– ahonda en la dimensión metaficcional, como un plano capaz no de englobar –eso ya parece imposible, por lo menos en el sentido de dar cohesión–, pero sí de encarrilar y de establecer interferencias entre los más diversos planteamientos estético-narrativos y filosóficos. Es así como el texto no sólo presenta un mundo (ficcional) abierto para el azar y lo heterogéneo, sino que se somete él mismo al principio del azar, o sea, de la autonomía de la creación frente al 'creador', al control autorial. Y ésta es, justamen-

---

[261] Dada la íntima amistad entre los dos escritores es de suponer que Emar conociera los textos de Huidobro antes de publicarse, hecho relevante sobre todo respecto de *Tres inmensas novelas*; *cfr.* también *infra*.

[262] En la *editio princeps*, *Un año* abarca 80 páginas y *Ayer*, 113, mientras que *Miltín 1934* tiene 241 páginas.

te, la historia que narra la novela. El protagonista-narrador-autor quiere escribir el "Cuento de Medianoche", pero en vez de ello anota todo lo que piensa, le acontece y le viene a la memoria y/o lo que imagina que puede pensar y vivir durante el año 1934. El libro termina –ha de terminar– con los últimos minutos de 1934, después de una larga discusión entre Rubén de Loa y el yo narrado/narrador, en la cual éste de repente propone la cuestión de si este diálogo es ficción o realidad y que bien puede leerse como *mise en abyme* de las posiciones estéticas de la novela. Otra vez, despunta la mezcla emariana típica entre lo fantástico y lo cómico, lo metafísico y lo narrativo-paradójico:

> –¿Estás seguro –pregunto– que en este momento, ¡oh amigo desinteresado!, estamos charlando los dos y no estoy yo solo escribiendo ante mi mesa? (Emar 1935b: 210).

> –[...] Pero, justo es también que cuando uno ha visto tantas veces pasar a un hombre, llámese Martín Quilpué o como sea, justo es, digo yo, querer verlo pasar una vez más, aunque sea una sola, antes de que este libro se termine.
> –No sé a qué libro te refieras. Si hay alguno, haz en él lo que te plazca (*ibíd.*, 235).

> Aquí terminó mi diálogo con Rubén de Loa. [...]
> Javier de Licantén nos dijo:
> –He estado con el oído junto a ese montón de papeles [recortes de periódico que rodeaban a los dos, K.N.] [...] Me he enterado, pues, de cuanto habéis departido y os he seguido en una línea casi paralela: cuanto hablabais de pintura yo lo codeaba con literatura [...]
> –Discúlpame, Javier de Licantén, yo no podré escucharte. 1935 se acerca. Ya siento que está en el túnel del transandino y todos mis amigos saben, y la casa editora también, que yo ahora no soy más que aquello que se llama *Miltín 1934* [...]
> Quedaban aún algunos segundos de *Miltín 1934*. [...]
> ¡1935!
> Así me hallaba el buen año al llegar: solo, triste, mudo, sin haber vuelto a ver al hombre Martín Quilpué, sin haber escrito el Cuento de Medianoche y, lo que es peor, ¡oh Dios mío!, sin haberle encontrado un rol a Fredegunda.

> FIN (*ibíd.*, 239-241).

Paréntesis: la metaficción vanguardista en su segunda fase

La innovación narratológica que significa esta metalepsis así como las preguntas que *Miltín 1934* sugiere a lo largo de sus páginas en torno a la relación entre ficción y realidad y respecto del poder/control autorial, indudablemente pueden entenderse como hito fundamental en el desarrollo de los planteamientos y las técnicas metaficcionales de la novela vanguardista después de *Débora* y *Novela como nube*. En todo caso, representan la extensión más radical hasta la fecha de las propuestas iniciales para la deconstrucción de las convenciones novelísticas (realistas) vigentes a través de la ruptura del pacto de ficción.

El des-cubrimiento de la propia ficcionalidad que más o menos detenidamente se emprende en las novelas de Churata, Del Valle, Abril, Huidobro, De Diego Padró y 'veladamente' hasta en el díptico de Arlt, vía la lectura del discurso del Astrólogo como *mise en abyme*, se presenta como una parte de la indagación en las posibilidades, las condiciones y los efectos de la creación literaria, de la imaginación, la invención y la fantasía en general. Y tanto cuando se la enfoca como actividad humana fundamental, como cuando se pone el énfasis en su carácter de práctica socio-cultural institucionalizada, la imaginación –y la ficción narrativa literaria es en las novelas mencionadas sólo una de las modalidades de concretarla– aparece marcada por una ambivalencia interior. Por un lado, promete el acceso a una realidad más profunda y una libertad más allá de las convenciones (burguesas), por el otro puede instrumentalizarse fácilmente en cualquier dirección.

Esta revalorización de la ficción/imaginación –en uno y otro sentido– subraya, sin embargo, la diferencia entre ella y la llamada realidad. El cuestionamiento de los límites precisos entre ambos ámbitos, así como el llamamiento sobre el papel que el primero desempeña y debería desempeñar en el segundo, vive de la tensión entre ellos y desemboca en la inversión de su relación convencional. La autonomía de la ficción –puesta de relieve por la re-velación de la propia ficcionalidad– resulta la condición necesaria para la intencionada transformación de la visión de la realidad según el modelo del arte, esto es, su misma autonomía frente a las obligaciones y convenciones establecidas. Por consiguiente, la deslimitación del sujeto/yo narrador-autor ha de pararse justamente ante el cuestionamiento de la existencia previa a la obra de la instancia del autor, ancla imprescindible para mantener la doble codificación distintiva del discurso ficcional y, así, la tensión entre ficción y realidad. Y de ahí también, posiblemente, la preferencia por la ruptura del pacto ficcional en medio del texto/la lectura, ya que ello abre la posibilidad de la reflexión metaficcional a la vez más directa (para el lector) y más relativizada (por las otras dominantes ya actualizadas) sobre la experiencia de la ilusión y la autonomía ficcionales.

Las primeras novelas de Huidobro y *En Babia*, en cambio, se presentan desde su principio como "arte a la vista". Esta línea, iniciada por *Débora*, es también la que sigue *En la ciudad he perdido una novela*, escrita en 1929 y publicada en 1930[263], del ecuatoriano Humberto Salvador (1909–1982)[264]. Es la única novela vanguardista predominantemente metaficcional en esta segunda fase antes de *Miltín 1934* y, desde luego, la "novela melliza" de Macedonio. Y como tal vez no podía ser de otro modo, sigue muy de cerca el modelo de *Débora*. Así, en inversión de la "técnica pirandelliana" que la crítica coetánea ya quiso descubrir en Palacio, la novela de Salvador consiste en la narración autodiegética de un escritor que recorre el Quito de la época en busca de personajes y asuntos que le pueden servir para su novela. Continuas reflexiones auto-irónicas sobre cómo debería ser ésta, en particular respecto del problema del realismo y de la novedad estética (Salvador 1993: 146; 125 y 140, respectivamente), así como en cuanto a la conversión de las personas encontradas en "personajes" acompañan la presentación de esas andanzas, que más de una vez dan lugar a descripciones satíricas de las costumbres de la sociedad quiteña y sus pretensiones de modernidad. La importancia del cine y, en materia estética, del concepto de la deshumanización impregnan las reflexiones del narrador-autor, además de las muchas declaraciones de amor por Victoria, su protagonista principal.

Las tres partes de la novela –"Personajes", "Subpersonajes", "Novela"– guardan un orden de narración lineal. Primero se presenta la búsqueda de personajes, segundo las primeras esperanzas de que la novela va a resultar y algunos casi-ensayos, comentados entre paréntesis, finalmente el esbozo del reparto de papeles entre los personajes a modo de un juego de póquer. Pero en este juego Victoria se transforma "en la maravillosa bruma del arte" (*ibíd.*, 243) y desaparece, con lo que el proyecto de la novela se derrumba. Queda el novelista, con la leve esperanza de volver a encontrarla algún día, que "será el amanecer de mi arte" (*ibíd.*, 244). La imposibilidad de una novela 'realista' debido a la desavenencia entre las exigencias del arte y el carácter vulgar de la realidad, y la concomitante sátira de las reivindicaciones de la novela al uso de 're-presentar' la realidad y la burla de sus tópicos sentimentalistas, configuran los temas centrales de esta obra. Sus referencias intertextuales (implícitas) a *Débora* destacan hasta en el plano literal: "Este es un hombre. Un tipo real. Puede añadirse algún detalle naturalista: 'usa bigote pequeño', o bien: 'tiene estatura mediana'" (*ibíd.*, 148). Y si bien la novela de Salvador

---

[263] Quito: Talleres Gráficos Nacionales.

[264] Se trata de un autor muy poco estudiado, a pesar de haber dejado una obra abultada –¡doce novelas!– y bastante conocida en su momento; *cfr.* Fernández (1993), quien curiosamente no toma en cuenta las relaciones intertextuales entre *En la ciudad...* y *Débora*.

're-escribe' el modelo palaciano en un texto indudablemente más detallado, lúdico y ameno –más novelístico, si se quiere–, no agrega apenas nada a los planteamientos y procedimientos de aquél. Al contrario, más que nada parece una variación sobre el mismo tema y con las mismas técnicas. En el caso de la novela de Vanguardia, tan orientada hacia el efecto iconoclasta y la continua innovación, ello ya no podía significar sino un considerable 'rebajamiento' del proyecto inicial o tal vez su trivialización. Concha Espina alabó el libro por su "modernidad elegante y liviana", mientras que Gallegos Lara le atestiguó ser "literatura moza, cosmopolita, desasida que se pliega dócil a la exigencia deshumanizante de los públicos contemporáneos" (citado en Fernández 1993: 54 s.). De todos modos, la próxima novela de Salvador, *Camaradas* (1933), ya sigue el nuevo paradigma entonces a la moda de la literatura proletaria, pronto denominado realismo socialista.

De muy otro talante resultan en este mismo contexto histórico-literario las ya mencionadas *Tres inmensas novelas* (1935), de Vicente Huidobro y Hans Arp. Se trata de cinco brevísimos relatos –las tres de Huidobro/Arp y "dos ejemplares de novela" de Huidobro– que buscan la dimensión metaficcional a través de la evidente y desenfrenada parodia de subgéneros novelísticos populares en la época, convenientemente aducidos ya en los títulos (*cfr.* también Alegría 1979). La exageración con la cual aquí se pone en escena la burla deformadora de la novela policíaca ("El jardinero del castillo de medianoche") –que tiene su antecedente en "Un crimen provisional" (1926), de Arqueles Vela–, de la "novela patriótica y alsaciana" ("La cigüeña encadenada"), la "novela posthistórica" ("Salvad vuestros ojos"), la "novela póstuma" ("El gato con botas, y Simbad el marino o Badsim el marrano") y, por último, la "novela oriental" ("La misión del *gangster*, o la lámpara maravillosa"), desemboca en lo estrambótico y absurdo, en el ludismo ilimitado del lenguaje y el humor negro. En fin, trasluce el espíritu *dadá*, traspasado por el agua de la autoconciencia lingüístico-estética creacionista, así cuando se ensalza al "orador eléctrico":

> ¡Con qué colorido su palabra mágica sabía pintarnos la batalla de Lepanto, en donde Shakespeare perdió un brazo! Y la toma de Jerusalén, en donde Milton perdió los ojos; y la retirada de los Diez mil, en donde Tasso no perdió ni un sólo hombre y donde Nelson encontró gloriosa muerte con sus heroicos sicilianos (Huidobro 1964: 1329),

o cuando se narra cómo en honor a un héroe nacional todo recibe su nombre y hasta la lengua "se hace extremadamente hermosa y simple" por consistir ya sólo en una –esta– palabra:

Cuando dos amigos se encontraban en una calle o en un bar, se hablaban en el más puro duval. Uno decía al otro:"Duval, duval, duvalduval, duvalduval". Lo que antes se habría dicho: Es increíble el número de cochinos extranjeros que hay en el mundo (*ibíd.*, 1320 s.).

A la vez, los textos expresan "un mensaje serio por medio de la risa" (Forster 1986: 102, *cfr.* también Picón Garfield 1984), una crítica sociopolítica que se dirige contra la modernidad (burguesa), esto es, contra la tecnificación, pero también contra el nacionalismo, las guerras y la fascinación que en este contexto despierta en el gran público la oratoria populista/(protofascista). En cambio, bajo la perspectiva narratológica los cinco textos no ofrecen nada llamativo, tampoco una reflexión metaficcional más allá de la 'carnavalización' de las convenciones genéricas.

De vuelta, Juan Emar: *Miltín 1934*

Sobre este trasfondo resalta la envergadura de los planteamientos de *Miltín 1934*. También en esta novela la parodia ocupa un lugar prominente. Aún más, configura uno de los pocos hilos temáticos constantes a través del texto cuya composición mucho más que en las dos otras novelas de Emar parece seguir el principio del montaje de fragmentos diversos, entre ellos también recortes de periódico –la foto del asesino Landru–, y otros tipos de textos (supuestamente) ajenos[265], enhebrados sólo por el discurso extradiegético del narrador-autor[266]. Y no escapan a la parodia ni los códigos literario-narrativos vigentes ni los más diversos tipos discursivos extraliterarios. Así, se da una auténtica 'puesta en absurdo' del discurso científico, en las explicaciones fantásticas de los "sabios" sobre el funcionamiento de las fucsias gigantes y del mismo narrador sobre el movimiento de los planetas observado durante su viaje interestelar con el capitán Angol, acompañadas de un gráfico aún más absurdo (Emar 1935b: 176). El discurso historiográfico la narración inverosímilmente detallada y lógica-causal de la batalla entre españoles y araucanos, llena de anacronismos–, el discurso teológico

---

[265] Así, el poema de Javier de Licantén (Emar 1935b: 104) es evidentemente una ficción, ironizada por una nota al pie de página en la que el narrador-autor agradece a Salvador Reyes –el conocido poeta chileno– la transcripción de los versos.

[266] El trabajo de Olsson (1997), única monografía sobre *Miltín 1934* que se ha presentado hasta la fecha, ofrece un detallado análisis de los diversos fragmentos temáticos y de algunos de los tipos discursivos que se dan en la novela.

–la 'rectificación' de los juicios sobre "nuestro Padre Celestial" con motivo del encuentro con éste durante el cuarto viaje en avión con el capitán Angol (*cfr. ibíd.*, 191-197)–, y el 'culinario' –la receta de la "Sopa oceánica" que se presenta como uno de los "más sabrosos poemas" de Vicente Huidobro incluido en "nuestro monumento nacional de cocina *La Buena Mesa*" (*ibíd.*, 153)–, configuran otros objetos de ataque. Particular relieve adquiere entre ellos la burla de los procedimientos y tópicos de la crítica literaria y de la crítica de arte al uso. Más fuertemente aún que en los casos ya mencionados se relaciona con la sátira anti-burguesa. Tomando como blanco de los ataques el libro de Alone *Panorama de la literatura chilena durante el siglo XX* (1931), así como más tarde artículos de arte de críticos como Mackenna, Rezka-Melossi y Richon-Brunet (*cfr. ibíd.*, 39-52; 203-210), el protagonista-narrador-autor pulveriza la visión de la literatura y del arte que profesan estos representantes de la estética burguesa:

> Tengo un 99% de certeza que el señor Z habría escrito como el señor Alone, es decir, enumerando uno a uno a los autores, pinceleándoles pequeñitas cualidades y pequeños defectos y su opinión franca, categórica [...] no la diría.
> Tal vez no tengan opinión franca y categórica. En tal caso el asunto sería sin solución, pues, ¿para qué escribir volúmenes de librería y columnas de diarios sobre algo de lo cual nada se piensa? Sería un fenómeno rarísimo, para un psicoanalista, así es que más vale pensar que a todos los señores críticos literarios les importa la literatura una enormidad.
> Al ser así, deben de pronto, ante ciertas obras, amar volcánicamente; luego, ante otras, indignarse, clamar, creer de buena, de perfecta buena fe, que, de propagarse tales obras, el universo va a estallar (*ibíd.*, 42).

A esta re-velación de lo poco que 'en realidad' importa el arte en la sociedad (moderna), que con tanta eficacia ha hecho de lo estético un ámbito segregado de las demás esferas –¿alguna fórmula más significativa de las intenciones de la Vanguardia al respecto que la de hacer estallar el universo?– se junta, en la discusión sobre pintura con Rubén de Loa, la crítica de las funciones subsidiarias que se exige del arte, formuladas por la "Liga-Pro-Defensa-Bella-De-Las-Artes-Nacionales" (*ibíd.*, 203). La "dulzura de lo bello" y lo "netamente chileno" (*ibíd.*, 206) es lo que los 'artista-proveedores' ofrecen a los 'burgueses-reposados', que

> [...] quieren, insisten, exigen, tener, en cualquier parte, donde sea, pero tener su puntita de arte. Parece que el conocimiento de nuestro organismo, su cuidado y salvación, no bastará para llenar una vida; que el juego con los mercados mundiales no lograra imponer el reposo; que el producir cuanto la humanidad consu-

me no fuese suficiente actividad. Parece que todo ello, a la gran mayoría, les dejase un espacio de vago vacío. Y la manera de llenarlo que han encontrado es esa puntita de arte . Santa puntita cuya obligación es decirle a su poseedor:
"Caballero, usted no es lo que es; usted es inefable, fino, sutil y sensible como yo, puntita de mundo superiores; sólo que..." (*ibíd.*, 212).

Adorno no hubiera podido exponerlo más claramente. No obstante, como ya se ha dicho, también esta crítica de la (falsa) crítica y recepción del arte y la literatura se somete a la auto-ironía –la discusión con Rubén de Loa no está exenta de rasgos parodísticos, esta vez del diálogo filosófico platónico–. Así, *Miltín 1934*, en buena tradición vanguardista, evita cuidadosamente oponer a los discursos y sistemas de pensamiento parodiados algún modelo, que no sería sino la inversión de los establecidos.

La parodia de los códigos literario-narrativos vigentes se lleva a cabo, ante todo, a través de las narraciones intercaladas, que corresponden a los 'ensayos' cuentísticos del narrador-autor, y de algunos textos (ficticios) 'ajenos'. Abarcan la novela gótica ("Cuento de Medianoche"), el Criollismo (los cuentos de "color local"), la novela moderna cosmopolita ("*La tournée des Grands Ducs*"), la poesía sencillista (el poema a las flores de Javier de Licantén) y el "estudio del natural" psicopatológico ("Tiempo I", "Tiempo II" y "Tiempo III"). Incluso la escritura automática surrealista, en el protocolo de sueño y "la psicoanálisis de aceras y calzadas" (*ibíd.*, 56), corre idéntica suerte. Es decir, la metatextualidad, de la cual la parodia representa sólo una cara, es uno de los factores decisivos que causan el intencionado ambiguamiento del texto. Promueve la fragmentación y heterogeneidad de la narración y del mundo (ficcional) así presentado, a la vez que en cuanto metaperspectiva se ofrece como una de las líneas de su cohesión[267], que no subraya a su vez sino la pluralidad de la intención de sentido de la obra. Tal vez lo único que se exceptúa de la ambigüedad sea la propia literariedad. La llamativa presencia y diversidad de procedimientos intertextuales y hasta intermediales –las parodias, las muchas referencias explícitas a autores y pintores, las reproducciones de cuadros de Arp, Picasso y Max Ernst–, así como la constante metatextualidad señalan claramente la intencionada inscripción crítica de la obra en el ámbito de lo estético.

Dentro de todo este contexto, los comentarios metaficcionales que empiezan con el monólogo interior inicial sobre las dificultades de escribir

---

[267] Al estudio de esta oscilación entre "fragmento y cohesión" se dedica el mencionado trabajo de Olsson (1997).

el "Cuento de medianoche" y que terminan con la ya citada metalepsis, adquieren un perfil particular. Por un lado, significan otra vuelta en la innovación narrativa relacionada al *discursive turn* y, en particular, el enredo de los planos comunicativos. Éste ya se anuncia al referirse el narrador-autor al manuscrito y el título del presente libro, que encontró en su excursión al (ficticio) cerro Miltín, donde vio "todo cuanto aparece en este libro y cuanto en él aparecerá y pueda aparecer. De ahí que creí justicia llamarlo con su nombre" (*ibíd.*, 83). La ya citada metalepsis final (*ibíd.*, 210-241) consume la fusión entre el plano intraficcional de narrador y mundo narrado y el extraficcional –¿y hasta extratextual?– del autor, o sea, entre ficción y realidad, vida y literatura. El procedimiento remite al *Quijote*, a una de sus "magias" (Borges *dixit*, siguiendo a Macedonio), aquí la de hacer aparecer en la ficción el libro 'real' que el lector tiene entre manos y que presenta esta misma ficción[268]. A la vez la extiende a la figura y la instancia del autor –como instancia responsable para la producción y el sentido del texto– cuya declarada identidad con el autor real Juan Emar, por más que resulta inverosímil en vista de las historias fantásticas, no deja de aportar otro 'enredo' más en torno a la *origo* del discurso y de la obra. El autor no es más que una función del texto: "yo ahora no soy más que aquello que se llama *Miltín 1934*"[269].

La relativización del principio del sujeto y, en particular, de su autonomía no podía ser mayor. Junto a la polifonía de la narración debida a las muchas historias intercaladas y los extensos diálogos entre los personajes –otro rasgo que recuerda al *Quijote* y que comparten las novelas de Emar con las de De Diego Padró y Macedonio–, se ofrece como puesta en práctica novelística de las reflexiones entre metafísicas y crítico-lingüísticas en torno a la imposibilidad de expresar la unidad experimentada en el momento globo. La diferenciación de los signos, cuyo reconocimiento forma parte

---

[268] Claro está que frente al *Quijote* (II, 2-4), donde es la primera parte la que aparece en la segunda, aquí se trata del mismo libro, *Miltín 1934*, si bien como manuscrito a entregar, no como libro ya publicado. Mas aun así, la confusión entre el plano intraficcional y el extraficcional resulta mayor, como ya lo indica la citada apelación del narrador-autor a su amigo Rubén de Loa. El ensayo "Magias parciales del Quijote" (1949), de Borges, se refiere, como ya se habrá recordado, a otro fenómeno (y lugar del texto cervantino), pero apunta al mismo tema básico de la metalepsis.

[269] Sobre todo esta frase parece anticipar el famoso ensayo "La mort de l'auteur" (1968), de Roland Barthes. No obstante, precisamente la continua preocupación en torno a las categorías/instancias del autor y, en general, del sujeto, indica que aquí no se trata de hacer desaparecerlo, sino que se busca una nueva concepción de éste.

indisoluble de la experiencia de la plenitud del ser, como cara y cruz de la misma moneda, afecta el sujeto hasta en su más básica seguridad de existencia autónoma. Y es en este sentido, a plena y a veces gozosa conciencia de la ambigüedad de toda expresión y la precariedad de los supuestos fundamentos incuestionables, que la apertura hacia las posibilidades del asombro del ser por medio de la invención poética –y una vez superadas las estrecheces del pensamiento y del arte de los burgueses-reposados– anima la escritura de la novela.

Con todo, *Miltín 1934* propone una reformulación de la poética de la novela vanguardista en un punto decisivo, que en cierta medida aparece como la inversión de la propuesta de *En Babia*. Frente a la 'historización' de la Vanguardia por la reanudación de la tradición de la novela moderna universal, aquí se emprende la transformación de la Vanguardia en lo moderno absoluto en el sentido filosófico del término. Es así como se explica la fusión entre filosofía y estética en una escritura narrativa consecuentemente orientada hacia la exploración de sus propias condiciones tanto ontológicas como lingüísticas y literarias. A través de esta fusión –y del aprovechamiento de cuantos procedimientos narrativos 'perturbadores' ofrece la historia literaria– se ensaya un camino para superar la vinculación de la novela vanguardista a un contexto temporal y socio-geográfico específico y hacer más 'duradero' y universal el efecto iconoclasta liberador. La problemática de la modernización social y de la situación e identidad del sujeto empírico (moderno) se re-coge, pues, en planteamientos más abstractos, vinculados ante todo con la cuestión de la función general del arte y del lenguaje respecto de la realidad. Por consiguiente, se relativiza la obligación para con la apropiación crítica de la modernidad burguesa y/o la modernidad periférica hispanoamericana en el plano del mundo narrado. Santiago –como San Agustín de Tango– es ya una mera cifra de 'la ciudad', referible, al igual que las fechas, a cualquier momento y lugar de la época de la modernidad universal.

Miltín 1934 reúne en un mismo texto la deconstrucción de cuanto manifieste y cimente la visión racionalista hegemónica de la realidad, por una parte, con la búsqueda de modos narrativos y fenómenos narrados capaces de hacer entrever otras nociones del mundo, por otra. Mas la paradójica unidad de la 'todo-posibilidad' no resulta re-presentable por medio del lenguaje. Necesariamente, pues, la novela rehúsa establecer en este plano –o en algún otro– la unidad de sentido tan anhelada por los "lectores hembra", como alguien dirá más tarde. La discusión polémica y a la vez auto-irónica que en la novela se entabla con el arte y la literatura establecidos del momento corresponde al conflicto 'eterno' entre la mayoría de lectoresreposados/artistas-proveedores, por un lado, y la minoría de quienes siempre se hallan a la búsqueda y nunca se contentan con el *status quo*, por otro. Pero por encima de ello se convierte en algo como el principio poetológico del texto mismo. Resulta que, a pesar de lo extenso de los pasajes correspondientes, ni siquiera esta polémica estética configura el 'núcleo central' de esta novela, la clave secreta para re-construir la cohesión y la consistencia. Es otra pista falsa, otra burla de los criterios convencionales de la importancia/presencia, que sucumben ante la auto-ironía constante. Y es así como la novela hace justicia a lo heterogéneo precisamente donde más provocador y menos 'domesticable' resulta hacerlo: en el plano de la intención de sentido.

Cabe volver en este contexto sobre el hecho de que *Miltín 1934*, por más que se comprometa con la innovación narrativa y cite con simpatía, en la discusión sobre arte, diversos movimientos vanguardistas, evita consecuentemente adscribirse a alguno de ellos o seguir un determinado modelo de la avanzada narrativa. El monólogo interior inicial tiene visos del *stream-of-consciousness* –del fluir de la conciencia de un escritor ante su mesa de trabajo–, pero la novela dista de ser joyceana. Algunas de las posiciones estéticas explicitadas en la discusión sobre arte acusan cierta cercanía a *La deshumanización del arte* (*cfr.* Gottschlich 1988: 96; Olsson 1997: 45) –también se menciona a Ortega y Gasset–, sin embargo, la novela en su conjunto en absoluto se deja subsumir bajo las modelizaciones orteguianas. La mayor afinidad se da con el Surrealismo, varias veces mencionado y de cuyas publicaciones se nombra el *Traité du Style* (1928), de Louis Aragon, y se cita una crítica de arte de César Miró (Emar 1935b: 226; 230 s.). La puesta en escena de lo maravilloso, del azar, del humor negro y, también, de un final sorpresivo e inmotivado recuerda las breves recomendaciones "Para escribir falsas novelas" del Primer Manifiesto Surrealista y sus ampliaciones en el Segundo Manifiesto. Y el "hombre Martín Quilpué", que en ocasiones casuales puede ser observado por el narrador-autor cuando camina por entornos fantástico-grotescos –parecen tomados de los cuadros de Salvador Dalí–, y que encarna un personaje completamente independiente del narrador-autor, remite bastante fielmente al postulado bretoniano de la "vida propia" de los personajes (*cfr.* también Varetto Cabré 1992: 22-26). No obstante, la novela de Emar no es ni quiere ser una novela surrealista. Aparte de la parodia a la cual se someten, asimismo, la escritura automática y la ya casi moda del interés por los sueños y psicoanálisis, son el enfoque metaficcional, la crítica lingüística y, *last but not least*, la recurrencia a rasgos narrativos del *Quijote* los factores que aquí marcan una diferencia fundamental. Ello subraya que frente al Surrealismo la(s) novela(s) de Emar persigue(n) otros objetivos: una nueva práctica de la ficción narrativa que precisamente gracias a su autonomía absoluta, su siempre despierta autoconciencia lingüístico-semiótica y su concomitante apertura hacia la heterogeneidad del sentido y del ser, se convierte intencionadamente en el lugar de una vida más auténtica. Es el poder de la ficción –revelada como tal– el que sale así victorioso incluso del declarado malogro del propio texto ficcional.

3.2. *Las novelas de Macedonio Fernández*

Convendría imaginarse, por un momento, no haber leído ni las *Ficciones* (1944), de Borges, ni el *Adán Buenos Ayres* (1948), de Leopoldo Marechal, ni, mucho menos, *Rayuela* (1963) y *62, modelo para armar* (1968), de Julio Cortázar. Convendría imaginarse, por un momento, estar en la Argentina del año 1938. En alguna modesta pensión porteña, Macedonio Fernández (1874-1952) da los últimos retoques a su novela *Adriana Buenos Aires*, cuya primera redacción data de 1922, a la vez que supervisa la primera copia mecanográfica de lo que a partir de entonces lleva el título de *Museo de la Novela de la Eterna y la Niña de dolor la Dulce-Persona, De-Un-Amor que no fue sabido* (*cfr.* Fernández 1993: 3), una novela que ese escritor-pensador ya sesentón venía gestando y prometiendo desde mediados de los años 20 y en cuya existencia 'efectiva' apenas nadie creía hasta 1967[270].

El año 1938 fue, pues, una de las etapas más fecundas en la trayectoria literaria de Macedonio Fernández –quien nunca se consideró un escritor profesional–, el año en el cual su proyecto de la "novela melliza", que reuniera la "Última Novela del Género de Mala" con la "Primera Novela del Género de Buena" en una publicación a dos tomos de venta indivisible (Fernández 1974b: 13; 1993: 267), tomó cuerpo provisionalmente definitivo[271].

---

[270] Ello formaba parte, como ya se ha indicado en otro lugar, de la aureola mítica que pronto se empezaba a tejer en torno a Macedonio, un mito que en no pequeña medida fue impulsado por Borges; *cfr.* entre otros Engelbert (1978: 44 s.). Actualmente, la obra de Macedonio es indudablemente la más detenidamente estudiada de entre la narrativa/novela vanguardista hispanoamericana; *cfr.* también la bibliografía en Fernández (1993). Sobre la biografía de Macedonio, *cfr.* las contribuciones de Nélida Salvador en Fernández (1993).

[271] Sobre la historia de los textos, sumamente complicada en el caso de *Museo...* véanse la "Advertencia previa" de Obieta en Fernández (1974b: 7 s.), así como la excelente edición crítica de esta novela por Ana María Camblong (Fernández 1993, en especial pp. XXXI-LXXIX).

Incluso anticipó pasajes de *Museo...* en la revista porteña *Columna* (*cfr*. Salvador 1993: 343), paso decisivo en la larga historia de promesas-anuncios tanto privados como públicos en torno a la inminente –y siempre postergada– publicación de esta novela (*cfr*. Camblong 1993). Después de una década de silencio casi absoluto –debido tal vez también al ambiente represivo de la "década infame"–, uno de los intelectuales argentinos más 'raros' y 'rebeldes' de su tiempo volvió a estar presente en la escena literaria, donde entretanto ya se había convertido en algo así como una figura mítica. En los años siguientes iban a seguir, entre otras, la publicación de *Una novela que comienza* (1941) y la reedición de *Papeles de Recienvenido* (1944), así como las numerosas colaboraciones que figuran –junto a textos de Felisberto Hernández, Julio Cortázar y Ernesto Sábato– en la revista *Papeles de Buenos Aires* (1943-1945), dirigida por dos de sus hijos.

Pero las dos novelas vieron la luz pública sólo póstumamente y por separado, *Museo...* en 1967, *Adriana...* en 1974. Críticos y público no tardaron en descubrir en la primera un antecedente de la entonces *nueva novela latinoamericana*[272] –Kafka (o Borges, Cortázar etc.) crea a sus precursores–. Sin embargo, esta ubicación/valoración entusiasta ofuscaba –o domesticaba– la provocación que esta novela melliza debía significar e indudablemente hubiera significado al publicarse en su momento. En 1938 la Vanguardia ya desde hacía tiempo se consideraba una etapa histórica no sólo superada, sino además más o menos accesoria e irrelevante con respecto al desarrollo de la novela, y nadie podía sospechar que treinta años más tarde precisamente una escritura narrativa como la de Macedonio iba a convertirse en ejemplo celebrado por el *mainstream* auto-declaradamente posmoderno[273].

Cabe recordar, pues, a Macedonio el vanguardista. "Descubierto" y animado por Jorge Luis Borges, había participado en el primer movimiento vanguardista de Buenos Aires, cuyos representantes le consideraban su antecedente local[274]. Y desde sus colaboraciones para *Proa*, *Martín Fierro* y la *Revista Oral* (1925), de Alberto Hidalgo, pasando por su campaña presidencial en 1927 –auténtico *happening* político-literario– hasta sus publicaciones entre ensayístico-filosóficas, narrativas y metaestéticas, pero siempre humorísticas, de 1928 y 1929 –*No toda es vigilia la de los ojos abiertos*, *Papeles de Recienvenido*– se había destacado como uno de sus 'activistas' más irreverentes.

Esa irreverencia se plasma, asimismo, como ya se ha podido ver (*cfr*. cap. II, 1.2), en su teoría de la novela, de la novela-belarte (Fernández

---

[272] A modo de ejemplo, *cfr*. Engelbert (1978).
[273] Sintomático al respecto el trabajo de Lindstrom (1977).
[274] *Cfr*. Díaz (1990); también Sarlo (1982: 46-50) y Engelbert (1978: 26-44).

1974a). Demuestra más de un punto compatible con la práctica novelística de Emar. La idea de la novela (vanguardista) como "desconceptuación" de las nociones falsas del yo, de la materia, de tiempo, espacio y muerte, así como de las categorías dicotómicas ser-pensar, sujeto-objeto, etc., y como camino, mediante técnicas narrativas (rupturales) en función del "mareo de la personalidad en el lector" (*ibíd.*, 258), hacia la "visión pura" en la que se re-establece la unidad perdida de la percepción total del ser,¿no podría haberla firmado también el autor implícito de *Miltín 1934*? En todo caso resulta significativo que la interrelación entre estética y metafísica, novela y filosofía, que cuando se reivindicó por primera vez como rasgo específico de la innovación vanguardista de la novela podía parecer una propuesta excéntrica y singular, se concretara en obras narrativas de autores diferentes, obras gestadas casi al mismo tiempo, pero en distintos puntos del continente. Y no es menos significativo que tanto en las novelas de Emar como en las de Macedonio –y en cierta medida hay que agregar *En Babia*– esta interrelación se vuelve la condición de posibilidad del potencial contestatario-innovador de los textos respecto de las corrientes literarias y los sistemas de pensamiento hegemónicos en su momento y lugar. ¿Mera coincidencia u otro caso de *polygénisme*, que al final de la vigencia histórica de la Vanguardia reanuda su carácter de *common enterprise* también respecto de la transformación del proyecto inicial hacia algo otra vez nuevo? ¿Se vislumbra aquí un proceso de concienciación general –típica y hasta forzosa sobre el trasfondo de la 'lógica' de la Vanguardia– en cuanto a las posibilidades históricamente 'transcendentes' del cuestionamiento de la relación convencional entre realidad y ficción por medio del *discursive turn*? ¿Un proceso que por su auto-dinámica no podía sino desembocar en la práctica de una novela ya (casi) posmoderna?

Desde la retrospectiva, semejante reconstrucción parece bastante plausible. Pero es de temer que no haga sino proyectar sobre un conjunto de acontecimientos/textos un 'orden' y un 'sentido' (unidimensional) que los autores en cuestión hubieran sido los primeros en rechazar. Y no hay que olvidar otro aspecto que se impone en esta misma retrospectiva. La "fe" en el poder y el deber de la novela/literatura como práctica estética autónoma capaz de provocar un auténtico cambio de conciencia en el lector –y a este respecto el "cross a la mandíbula" no vale menos que el "mareo de la personalidad"–, como condición imprescindible y esencial de la "liberación del hombre"[275],

---

[275] Será ésta una expresión más adecuada que "cambio de sociedad", etc. para señalar el objetivo (intrínsecamente moderno) "detrás" de las reivindicaciones vanguardistas

impregna los textos desde *La señorita etc.* hasta *Museo de la Novela de la Eterna*[276]. Es esa creencia en las posibilidades revolucionarias 'reales' de la experiencia estética la que configura una de las marcas vanguardistas más típicas y constantes de las obras en cuestión, a la vez que señala de manera inequívoca su pertinencia a la modernidad, sin pos ni pero.

Ahora bien, dentro de todo este contexto, la "novela melliza" de Macedonio ocupa una posición especial. Por su misma configuración textual se ofrece como *mise en abyme* del proceso de la novela vanguardista durante los años 20 y 30 y de su juego dialéctico entre ruptura e innovación que, sin embargo, no acaba de cristalizarse en alguna síntesis, sino en otro peldaño de la escalera que en algún momento se ha de tirar. Es así como el conjunto se anuncia como la realización, aunque provisional, de la novela-belarte (o vanguardista) sobre la base de la deconstrucción de la novela tradicional o "novela mala", con la diferencia de que aquí la "novela mala" no es sólo un contexto de referencia intertextual más o menos explícita, sino un texto no menos presente que el ensayo de la "novela buena". En los títulos y las primeras notas preliminares (Fernández 1974b: 13 s; 1993: 267), pero también a lo largo de los textos se insiste repetidamente en el estrecho vínculo entre ambas novelas: cada una es modelo paradigmático para su género que como tal depende de la existencia del otro (Fernández 1993: 118). Sin embargo, y no obstante la gran correspondencia entre teoría y práctica literaria que caracteriza la obra de Macedonio –algo que en la historia de la novela vanguardista hispanoamericana sólo tiene cierto paralelo en la de Torres Bodet–, ni *Adriana...* ni mucho menos *Museo...* se dejan entender como meras ejemplificaciones de intenciones preconcebidas. Y mientras en *Adriana...* (Fernández 1974b: 13) el autor (ficticio) exhorta al lector de no confundir las dos novelas, en *Museo...* (Fernández 1993: 267 s.) confiesa que ha "corrido el riesgo de confundir alguna vez lo malo que debí pensar para Adriana Buenos Aires con lo bueno que no acababa de ocurrírseme para la Novela de la Eterna y Dulce-Persona" y promete "una próxima novela mala-buena, primerúltima en su género".

Pero ello no niega que en gran parte *Adriana...* sí debe ser la "novela mala" revelada como tal o, como se dice con cierto eco surrealista, la "nove-

---

de una nueva relación entre el ámbito de lo estético y las otras esferas de la racionalidad moderna en respuesta crítica al proceso de la modernidad.

[276] Sobre el alto grado de "dignidad" del proyecto literario que se "exhibe" en *Museo...* –y se connota por el mismo término–, llama también la atención Jakob (1997: 71).

la mala en falso" (Fernández 1974b: 13)[277]. De ahí que ofrezca simultáneamente dos niveles de lectura superpuestos: por un lado, como novela tradicional (capítulos I-III, V-X y XII) y, por otro, como su propia crítica, su propia "parodia" (los prólogos 2-4, las notas a pie de página y los capítulos IV, XI y XIII-XV)[278]. En su nivel tradicional, *Adriana...* es, pues, ante todo relato, abundante en "asunto" y "arte de copia". El protagonista, Eduardo del Alto, un hombre ya maduro, narra su propia historia de amor por Adriana, una mujer joven, relacionada con Adolfo, un hombre de su edad. Poco después de haberle conocido Eduardo, este joven se vuelve loco. Mas como Eduardo se siente amigo de él y quiere agradar a Adriana, no puede traicionarle, sino más bien hace todo lo posible por curarle. Adriana descubre en este tiempo su amor por Eduardo, mas tampoco puede dejar sólo al enfermo, del que por lo demás está embarazada. Adolfo no recobra la salud, y Eduardo y Adriana, agotados por estas adversidades y amarguras, pierden su capacidad de pasión: olvidan su amor. Los tres llegan a ser buenos amigos. Indudablemente, esta historia, aunque contiene algunos sucesos 'milagrosos', si bien no imposibles, corresponde al modelo de la ficción realista de tradición decimonónica. Su supuesta 'credibilidad' se subraya por gran cantidad de datos y nombres referenciables, desde fechas concretas (p. ej., el protagonista conoce a Adriana "en febrero de 1921", Fernández 1974b: 19) hasta lugares ubicables en la geografía argentina, ante todo en el Buenos Aires de la época[279]. El discurso autodiegético-autorial y cronológico empleado en los pasajes convencionales del texto sirve igualmente para producir un efecto de lo real según la tradición del realismo decimonónico. El narrador, que también se declara autor (*ibíd.*, 177), aprovecha sus poderes para autentificar, explicar y comentar los sucesos narrados al "lector" (p. ej.,

---

[277] Como se verá en lo siguiente, aparte de los paralelos con el Surrealismo en cuanto a la concepción del amor (*cfr.* cap. II, 2.2), en las novelas de Macedonio son muy raros los rasgos que remiten al proyecto y la estética del movimiento francés. Y sobre todo, a diferencia de las novelas de Emar y de varios otros vanguardistas –piénsense sólo para la segunda fase en Del Valle y Carpentier–, no resulta rastreable una intención de discusión (crítica) con el Surrealismo. Schiminovich (1986) sólo destaca coincidencias con el Surrealismo en algunos aspectos del contenido: amor, humor, eternidad (?), así como en la preocupación "metalingüística", este último punto por cierto discutible en atención a la tradición vanguardista hispanoamericana.

[278] *Cfr.* también Flammersfeld 1976: 179. Son estos también los pasajes que según Obieta (en Fernández 1974b) se agregaron en 1938.

[279] Se nombran bares y cafés, plazas y parques, líneas de tranvía y de ferrocarril, pero también películas, piezas de música y libros.

ibíd., 62-65;177), evitando salvo poquísimas excepciones las incursiones metanarrativas, a la vez que persigue dar la impresión de 'inmediatez' en la re-presentación de la subjetividad de Eduardo y del discurso directo de los personajes.

En suma, en su nivel convencional la novela resulta ser mimética 'realista' en el amplio sentido que Macedonio había dado a este término en su teoría. Enfoca un determinado aspecto de 'la realidad': la subjetividad, los distintos modos y capacidades de amar. Las descripciones de ambientes porteños y los datos configuran sólo el marco ubicador (local y temporal) dentro del cual se presentan los personajes con sus sentimientos y pensamientos relacionados, ante todo, con el amor. Otros aspectos de 'la realidad' –políticos, sociales, ideológicos– no aparecen. El principio decisivo que rige el mundo narrado y la visión del narrador es el amor, mejor dicho, el imponente deseo de vivir el "todo-amor" como "el Máximum y la única posibilidad de Vida-Felicidad" (p. 66), valor por encima de cualquier taxonomía moral. De todo ello resulta una curiosa mezcla entre ecos surrealistas (*cfr.* cap. II, 2.3) y el modelo de mundo de la novela sentimental, tan en boga en la Argentina de los años 20 (*cfr.* Sarlo 1985). A este género de la literatura de consumo masivo remite, asimismo, el estilo de cliché, lacrimógeno, altisonante y preconcebidamente poético de muchos pasajes textuales.

Pero en su segundo nivel, presente desde el principio, *Adriana* persigue la revelación de su condición de "novela mala" o "novelón". Quiere hacer visible al lector enfocado las técnicas empleadas y mostrarle que son técnicas, utilizadas deliberada y conscientemente. Por ende, tiene que mostrarle que la ilusión de realidad es precisamente esto: una ilusión. Esta intención se explicita, como ya se ha dicho, en el título y el prólogo del autor "M.F." –al cual preceden "Dos palabras de amigos del autor" que en una novela convencional afirmarían la autenticidad del relato– y se continúa en el capítulo IV ("Página de omisión"), una reflexión burlona sobre cómo el relato tendría que seguir para corresponder a las normas de la novela mala. El autor declara que va a saltar la narración de tales escenas, ya que "tiene hoy un día descolorido y se desempeñaría mal. Pide indulgencia" (*ibíd.*, 97). Las notas al pie de página persiguen un efecto semejante, al igual que los capítulos XI y XIII-XV. El autor se queja irónicamente de la dificultades de escribir la presente novela –"¡Qué tranquilo comía y lo pasaba yo cuando prometía novelas! ¿Quién me hace ahora los dos fascinantes y dificilísimos capítulos" (*ibíd.*, 231)– y confiere la tarea de seguir con ella al lector. Aún más radical y auto-irónico es el capítulo XIII, que contiene sólo una pregunta: "¿Conseguí hacerla última?" (*ibíd.*, 235). Termina la novela con la promesa del autor de escribir otras novelas, pues: "Lo único que falta a Adriana

Buenos Aires para ser del todo una novela 'mala', es continuar en otra" (*ibíd.*, 239).

Lo que en todo ello resulta más irritante para el lector (implícito) es la indeterminación de la instancia que enuncia estos pasajes. A veces, en algunas notas, parece ser el mismo autor-narrador-protagonista que se comenta a sí mismo desde otra perspectiva. En cambio, en el capítulo IV parece ser el autor (ficticio), idéntico con el que habla en los prólogos 2-4, que interviene en el discurso de aquél, revelando así su estatus ficcional. Mas en el capítulo XI este mismo autor ficticio aparece como idéntico con el autor-narrador-protagonista, que ahora también adquiere rasgos del autor real, pues recuerda los proyectos novelísticos que combinaba con Borges, Scalabrini y Dabove (los iniciales de Borges y los hermanos Dabove se hallan al final del primer prólogo), y acto seguido cuenta, igualmente en primera persona, dos episodios de la historia de Eduardo y los otros personajes, entre ellos, ahora, Borges. Todavía más se complica la situación cuando se busca la instancia responsable para la inserción de la opinión de "un lector" sobre *Adriana...* y de la réplica a ésta por un hablante nada figuralizado (cap. XIV).

En fin, en estos pasajes se establece un complejo enredo entre los planos comunicativos y sus distintas instancias. Ello subraya la ficcionalidad de lo narrado y, ante todo, de la narración. De este modo, no se deshace la puesta en escena del amor como fuerza decisiva, pero se la relativiza, mostrando que es mera invención –¿o legítima imaginación?– La ruptura de la ilusión de realidad no configura el único rasgo que hace de *Adriana...* la deconstrucción paródica de la "novela mala", ni representa, pues, la totalidad de su intención de sentido. Pero resulta ser el rasgo decisivo, también por carecer todavía de la dimensión metafísica tan buscada en la "novela buena".

En cierta coincidencia con *Miltín 1934*, también *Museo...* se auto-presenta como ensayo narrativo fallido. Debe ser la "novela-modelo" para el género de belarte, que el propio autor (ficticio) declara de antemano no haber logrado: "no encontré una ejecución hábil de mi propia teoría artística. Mi novela es fallida" (Fernández 1993: 18), cosa que repite al final, como principal razón por la cual la deja "libro abierto" (*ibíd.*, 253)[280]. No obstante, *Museo...* deja entrever en ciertos aspectos cómo podría efectuarse la realización –necesariamente provisional– del belarte y de su fin artístico, que es "el metafísico obtenido". Lo primero que manifiesta este objetivo es

---

[280] También en este sentido la novela es *Museo*, aparte de que la expresión connota el "museo imaginario" baudelaireano, lo que indica también el particular tratamiento de las tradiciones literarias. *Cfr.* también Jakob (1997: 70 s.).

la inusual y ya famosa repartición del texto en prólogos y capítulos. Más que la mitad de éste va configurada por la dedicatoria, los 49 prólogos y cuatro epílogos[281]. En ellos el autor (ficticio) expone, de manera versátil y lúdica, su teorías de la novela, del personaje y de la metafísica. Habla sobre la imaginación de la "no-muerte" y el "sofocón' en la certidumbre de continuidad personal" (*ibíd.*, 33) que impregnan su idea de la metafísica tanto como la presente novela, sobre el pretendido efecto y el "asunto" de ella y sobre lo que va a diferenciarla de la novela tradicional, sobre las dificultades que tiene en escribirla, sobre su persona de autor, los distintos tipos de lectores y sobre los prólogos mismos, "especie de 'Obras completas del Prologar'" (*ibíd.*, 115). La intención general de los prólogos es revelar la técnica de la novela, hacer visible su ficcionalidad, su carácter de obra de arte consciente. De ahí, también, que el autor no sólo aluda repetidas veces a la poca importancia que en su novela tiene el relato (*ibíd.*). También adelanta, en un prólogo titulado "A las puertas de la novela (Anticipación de relato). Cómo librarse, un verdadero artista novelista, del lector de desenlaces. Receta contra esta calaña lectora" (*ibíd.*, 68), el resumen de la historia. El lector que ahora queda para leer la novela es el 'ideal' para el autor: "El lector que no lee mi novela si primero no la sabe toda es mi lector (...), sólo el que no busca una solución es el lector artista" (*ibíd.*, 70 s.). Por motivos semejantes, el autor presenta ya en los prólogos a los personajes que van a figurar en la novela, así como a aquellos que no ha dejado o deja entrar en ella, relata lo que los personajes dicen o podrían decir antes de entrar en la novela, lo que quisiera que hubieran hecho y lo que hacen fuera de ella. En fin, como ya lo hizo notar Flammersfeld (1976: 167-171), no existe ni una relación unívoca, ni una diferencia clara entre prólogos y capítulos. No se puede distinguir cuándo terminan los prólogos y comienza la narración. Para acrecentar esta confusión, el último prólogo consiste –únicamente– en la exposición de esta misma duda: "Estos ¿fueron prólogos? Y ésta ¿será novela? Esta página es para que en ella se ande el lector antes de leer en su muy digna indecisión y gravedad" (*ibíd.*, 126).

No obstante esta 'invitación', ya el lenguaje 'hermético', abundante en neologismos y construcciones sintácticas raras, repentinos cambios de isotopía, términos técnicos (filosóficos), metáforas y coloquialismos, significa, sin embargo, un fuerte reto para quien quiera asumir uno de los roles ofrecidos al lector. Además, ¿cómo debe reaccionar frente al hecho de que no sólo se le adelanta lo que va a leer, sino también lo que debe e infaliblemente va

---

[281] Me atengo a la edición crítica de 1993.

a experimentar en la lectura? En un principio, podría parecer que *Museo*... persigue a este respecto una estrategia contraria a la liberación semiótica-hermenéutica vanguardista del texto, que vuelve al 'autoritarismo' de la comunicación del sentido en la novela realista hegemónica. Una cosa sería la revelación de la ficcionalidad de la novela presente por la tematización de su poética de la ficción, otra el anuncio, aún más, la anticipación de los efectos de la lectura. Sin embargo, son precisamente estos dos aspectos los que continuamente se interrelacionan, como cara y cruz de la misma moneda y con sorprendente capacidad 'dialogizante' respecto del sentido:

> La tentativa estética presente es una provocación a la escuela realista, un programa total de desacreditamiento de la verdad o realidad de lo que cuenta la novela, y sólo la sujeción a la verdad del Arte, intrínseca, incondicionada, auto-autenticada. El desafío que persigo a la Verosimilitud, al deforme intruso del Arte la Autenticidad –ésta en el Arte hace el absurdo de quien se acoge al Ensueño y lo quiere Real– culmina en el uso de las incongruencias, hasta olvidar la identidad de los personajes, su continuidad, la ordenación temporal, efectos antes de las causas, etcétera, por lo que invito al lector a no detenerse a desenredar absurdos, cohonestar contradicciones, sino que siga el cauce de arrastre emocional que la lectura vaya promoviendo minúsculamente en él.
> [...]
> Yo quiero que el lector sepa siempre que está leyendo una novela y no viendo un vivir, no presenciando "vida". En el momento en que el lector caiga en la Alucinación, ignominia del Arte, yo he perdido, no ganado lector. Lo que yo quiero es muy otra cosa, es ganarlo a él de personaje, es decir que por un instante crea él mismo no vivir. Esta es la emoción que me debe agradecer y que nadie pensó procurarle (*ibíd.*, 36 s.).

El tono auto-irónico de los prólogos, que en su carácter repetitivo/re-escritural en torno a unos mismos temas a menudo aparecen como partes de un *work in progress*, cuya disposición corresponde más a un principio paradigmático-aleatorio que a un orden sintagmático-lineal, pronto empieza a afectar al autor mismo. Por más que las alusiones a su yo-aquí-ahora correspondan con las circunstancias del autor real (*ibíd.*, 66, 76, 88), el "novelista" resulta ser una instancia ficticia. En más de una caso actúa en el mismo plano que sus personajes, otras veces se expone a sí mismo como una función del propio texto todavía por escribir: "Esta novela que fue y será futurista hasta que se escriba, como lo es su autor, que hasta hoy no ha escrito página alguna futura y aun ha dejado para lo futuro el ser futurista" (*ibíd.*, 43). Así, lo que en un primer momento podría parecer 'precepto' de lectura bastante unívoca, se convierte en aliciente para el lector de contar continuamente con la "irritación lectriz" (*ibíd*., 66), una y otra vez anunciada[282], una irritación que en sí misma forma parte de la 'técnica' que el texto ha de exponer en cuanto museo de la novela-belarte, o sea, "arte a la vista".

En los 18 capítulos que siguen a los interminables prólogos, todo ello adquiere dimensiones aún más llamativas. Como era de esperar, la historia presentada es extremamente pobre en "asunto". El narrador heterodiegético-autorial relata la historia de un grupo de personas que, convocadas por "el Presidente", vive con éste en la estancia "La novela", cerca de Buenos Aires. Entre varias de las personas existen lazos amorosos problemáticos: el Presidente tiene una relación de amor con la Eterna, relación que, empero, no corresponde a sus ideales del "todo-amor" (*cfr*. cap. II, 2.3); Dulce-Persona quiere al Presidente y es a su vez querida por Quizagenio y Deunamor. Además, Eterna y Dulce-Persona sufren por ser sólo "personajes" y desean la vida. Un día, instado por el Presidente, el grupo sale a la acción: a la conquista de Buenos Aires para la belleza. Concluida ésta y frustrado el intento de dar vida a la Eterna, el Presidente disuelve el grupo, ya que "las almas no se han colmado" (*ibíd*., 244). Los personajes se alejan de "La novela"; al "entrar esta novela en prensas, se ha cumplido la dispersión [...], la muerte académica [de los personajes, K.N.]" (*ibíd*., 246), y el autor deja la novela "libro abierto", invitando a "todo escritor futuro" a ensayar otra, más verdadera ejecución de su teoría novelística.

La puesta en escena de la propia ficcionalidad, mejor dicho, la construcción, a la vista del lector, de una ficción sin el menor rastro mimético-realista marca todos los planos de esta historia y su narración. La percepción del carácter ficcional configura el eje central del mundo narrado: promueve la acción en tanto que los personajes buscan medios para superar su estatus de entes de ficción –o, al contrario, desean ser sólo personaje (*ibíd*., 147)[283]– y determina la estructura del cronotopos, la supuesta diferencia entre ficción y realidad, entre "La novela" y lo que está fuera de ella. Los personajes se encuentran en un lugar abstracto, no captable con las categorías de lugar y tiempo: en la estancia "La novela", cuyas "afueras amplias" son los prólogos. Y cada día se van en tren a Buenos Aires, donde trabajan y "se sienten reales y ansían volver a latir en la novela; van a la ciudad como a la reali-

---

[282] Sobre este aspecto, *cfr*. también Jakob (1997: 73), quien sin embargo prescinde de correlacionar ese fenómeno con la teoría del "arte a la vista".

[283] Sobre esta escena, *cfr*. en particular Hulme (1977: 359 s.). Sobre los posibles paralelos que respecto a la conciencia de los personajes de la propia ficcionalidad demuestra *Museo*... con *Niebla*, de Unamuno, *cfr*. entre otros Díaz (1990: 502 s.).

dad, vuelven a la Estancia como al ensueño" (*ibíd.*, 140). No obstante, la diferencia entre uno y otro ámbito se disuelve pronto. En ambos las cosas ocurren "por milagro de novela", se suspende la ley de la causalidad y se produce una cómica incongruencia entre lo inverosímil-maravilloso y lo (presuntamente) realista. Es así como "La novela", hogar de la inexistencia, tiene una ubicación concreta "sobre la ribera del Plata", y los personajes, meras conciencias/elementos de ficción, se comportan a menudo como personas, con necesidades físicas y emocionales: comen, ceban mate, sufren desengaños amorosos, etc. Buenos Aires, del cual se mencionan otra vez lugares referenciables, aparece, empero, como lugar de lo absurdo y lo milagroso: en el momento de la muerte de Alfonsina Storni "en un día del año 193*", la ciudad se desplaza sobre su eje girando su perímetro unos centímetros y entra "al Misterio". El Presidente es el único testigo de este hecho (*ibíd.*, 204). No hay nada que pudiera asegurar, desde la perspectiva del lector, la distinción entre ficción y realidad (intraficcional). Los 'detalles realistas' y los datos referenciables son signos convencionales que en cuanto tales carecen de un significado unívoco y cuyo empleo en relación con otros de significado (supuestamente) inverosímil provoca "la creencia en lo absurdo", "el momento de la nada intelectual", el chiste, como iba a formular Macedonio en su "Para una teoría de la humorística" (1944)[284].

A todo este efecto de "desmentido de realidad" –y de ambigüedad de sentido– contribuye de manera decisiva la continua interrelación paradójica entre el mundo narrado, si es que puede llamarse así, y el acto de su narración, mejor dicho, el acto de la escritura y lectura del texto. Es en este plano donde la novela de Macedonio emplea toda la 'pirotécnica' metaficcional desarrollada a partir del *Quijote* hasta *Miltín 1934*, agregándola no pocos procedimientos nuevos. El hecho de que también "el autor" y "el lector" se vuelven personajes que aparecen de repente y entablan conversación entre sí acerca de la situación que en este momento están presenciando, esto es, escribiendo/leyendo, configura sólo la punta del iceberg. Esta aporía –"el autor" y "el lector" hablan, como si fueran instancias extratextuales, sobre la novela que les contiene como figuras intratextuales, un procedimiento que bien puede entenderse como la extensión rigurosa de la innovación que el final de *Miltín 1934* significa respecto del *Quijote*[285]– se acrecienta por el

---

[284] *Cfr.* al respecto el clásico estudio de Barrenechea ([1953], también en Fernández 1993), así como el reciente de Mattalia (1997).

[285] Sobre los paralelos entre *Museo...* y la novela cervantina, *cfr.* también Hulme (1977).

hecho de que la presencia de ambos, repetidas veces, es percibida por los personajes. Esto llega a un primer apogeo en la escena en la que un personaje le pregunta al lector si de veras "eres quien lee, o ahora eres leído por el autor, puesto que te dirige la palabra, habla a la representación que de ti tiene y te sabe como se sabe a un personaje?". Al lector esto le tiene sin cuidado, ya que le basta "este delicioso mareo que me entra en los ámbitos sutiles de la novela" (*ibíd.*, 176 s.). El enredo metaléptico culmina cuando se produce un momento de doble magia, no exenta, desde luego, de visos cómicos. Al leer otra novela, que no es otra que *Adriana...*, los personajes de *Museo...* empiezan a sentirse con vida, mientras que el lector, por consiguiente, siente perderse la suya y los personajes de la novela *Adriana...* se meten con todos los 'presentes':

–¿Y cómo concluye esta escena que me lees?
–Pues al inclinarse a besarla susurrándole "Busco tu boca, Adriana, besémonos", una sombra se movió en la entreluz de la puerta.
–¡Yo quiero la vida! ¡Yo quiero estos sobresaltos y tinieblas, yo quiero la vida!
–El lector: Quien la pierde soy yo. En este instante, siento que no existo. ¿Quién me llevó la vida?
–El autor: Pellízcate, pues necesitas sacar de ti el sonido del timbre de realidad, de ser. Nadie se pellizca, en el sueño.
–Quizagenio: ¿No te parece que nos está escuchando el lector?
–Dulce-persona: Sigamos, sigamos; es la Vida que se nos quiere filtrar.
[...]
–El lector: Vuelvo de mi mareo. La vida me recupera. ¿Dónde estuvo ese instante mi conciencia?
–Dulce-Persona y Quizagenio: La tuvimos nosotros, y supimos qué es ser hombres. Gracias.
–Adriana Buenos Aires: Por favor van a dejar en paz nuestra vida privada? (*ibíd.*, 217 s.)

Apuntan en las misma dirección técnicas metaficcionales en parte ya más 'usuales', como cuando un personaje habla "del novelista que nos está escribiendo" (*ibíd.*, 182), cuando el Presidente y el Autor discuten sobre lo que debería aparecer en las páginas de la novela (*ibíd.*, 228), cuando el autor se queja, entre paréntesis, de la rebeldía/autonomía de los personajes (*ibíd.*, 182) –¿otro eco de la "falsa novela" surrealista?– y cuando se ve necesitado de corregir la lectura del lector y explicarle que no es el Presidente: "estoy por saber quién soy ahora" (*ibíd.*, 209).

La paulatina pérdida de identidad que experimentan autor y lector tiene su correlato en la difuminación de las instancias y jerarquías narrativas. A primera vista, el narrador de los capítulos parece idéntico al autor ficticio del relato y, por consiguiente, de los prólogos. Ello sugiere también los muchos comentarios autorreferenciales y/o metaficcionales que se insertan en la narración. No obstante, resulta algo desconcertante el hecho de que tan a menudo "el autor" sea designado como tercera persona, sobre todo en las muchas presentaciones escénicas de los coloquios entre personajes, lector y autor (*cfr.* cita más arriba). ¿Quién es aquí la instancia que emplea el discurso atributivo? Todo parece corroborar la tesis de un desdoblamiento entre un yo que narra y un autor ficcionalizado (*cfr.* también Bustos 1996: 59) –y subordinado al narrador–, que en rigor no resulta ser sino otro personaje. Especialmente importante al respecto es la reproducción de los apuntes del Presidente acerca de la novela que éste piensa escribir (*ibíd.*, 223-228). Ofrece una auténtica *mise en abyme* de los rasgos esenciales de la novela, retomando también el gesto iconoclasta y el estilo de la teoría novelística expuesta en los prólogos. Entre los personajes proyectados para esta "novela en la novela" constan también algunos que aparecen en la diégesis. Mas al final de la exposición de este proyecto novelístico se ambigua su adscripción (*cfr.* 228); en otras ocasiones el autor declara poder ser el autor lo mismo que Quizagenio (*ibíd.*, 193) o simplemente se deja abierta la cuestión de la *origo* del discurso en cuestión, como en cuanto al capítulo VI, que consta de un poema en prosa y en verso a Eterna.

La interrelación significativa de los rasgos de expresión y contenido de esta novela-museo varía a cada vuelta de página. Lo único que no sufre relativizaciones es la llamada constante al lector –a través de las distintas figuras intratextuales del lector ficticio– y su colaboración activa, para que en la íntima vinculación entre escritura y lectura se produzca la belarte, la conmoción total de la conciencia que desemboca en la experiencia de la todoposibilidad del ser. El lector es objeto de preocupación constante y configura así un –¿el único?– factor de cohesión frente a la fragmentación y disparidad del discurso de los prólogos y capítulos[286]. Y es esta orientación hacia el lector, que se plasma en la teoría y la práctica de una novela que hace de la teoría de la lectura y la conciencia del lector también el objeto teórico de su narración (*cfr.* Jakob 1997: 79), la que distingue a *Museo...* frente a las otras novelas (metaficcionales) de la Vanguardia tardía, como las de Emar y De Diego Padró. En ellas el cuestionamiento del sujeto se realiza ante todo como cuestionamiento del narrador, que por analogía resulta

---

[286] La crítica, desde diversos ángulos, ha llamado la atención sobre este hecho; *cfr.*, entre otros, Lindstrom (1981), Bustos (1996) y Jakob (1997).

válido, asimismo, para las otras instancias en la medida en la cual la identidad precaria del yo y la falacia de sus construcciones de sentido son fenómenos generales. *Miltín 1934* extiende esta problemática al autor como el sujeto supuestamente autónomo e independiente del texto que produce. Mas continúa dejando de lado al narratario y al lector. Con su estética orientada hacia el efecto (iconoclasta), la Vanguardia veía en esta última instancia ante todo el correlato apelativo de la provocación, el recipiente 'irritado' por la experiencia estética nueva o también el lector cómplice capaz de entender, compartir y apreciar la disidencia. Pero no entendía al lector como el coproductor en la acepción básica del término: como instancia responsable para que el texto cobre "su" sentido[287]. Hacia esta noción apunta *Museo*..., a través de la particular integración de los "personajes por absurdo: el lector y el autor" (Fernández 1993: 80), reivindicando la actividad del lector –como juego de irritación y complicidad– en una medida antes nunca vista. Con plena razón Macedonio hacía proclamar por boca de su autor o narrador la novedad de su decisión de dejar la novela "libro abierto".

¿Qué quedaba, pues, del proyecto de la novela vanguardista en la "novela melliza" de Macedonio, que tan decididamente se orienta hacia una "novela futura" que no se actualiza en el texto (*cfr.* Jitrik 1973)? Ante todo quedaban el proyecto de un cambio radical de la relación entre ficción y realidad, la exploración y afirmación de la autonomía de la novela/ficción y sus posibilidades como estética de la resistencia. A este respecto la pluralidad del sentido y el juego de espejos entre escritura y lectura, autor y lector, resultan, finalmente, más decisivos que el rechazo de la mimesis o la metaficción en cuanto tales. La orientación artístico-metafísica de la intención de sentido, cifrada en el cambio que *Museo*... quiere suscitar en la autoconciencia del lector, en su modo de sentir la propia existencia y la del mundo a partir de la experiencia de la lectura, equivale a una experiencia estética que remite muy a las claras a la función y posición generales que la Vanguardia anhelaba para el arte y la literatura en la modernidad. Frente al dominio del proceso de la racionalización moderna (burguesa) sobre el ámbito de lo estético –otros aspectos de la modernidad efectivamente no parecen relevantes en/para *Museo*...–, la novela-belarte encarna la disidencia y la resis-

---

[287] El hecho de que por los mismos años Labrador Ruiz desarrollara una concepción parecida en torno a la colaboración del lector –en el prefacio a *Cresival*; *cfr.* cap. II, 1.2–, que en los textos literarios del mismo autor, sin embargo, se concreta sólo en medida muy reducida, comprueba que no sólo Macedonio veía el problema, sino que formaba parte de las preocupaciones vanguardistas.

tencia desde los fueros del arte moderno, que se intenta establecer como modelo para la modernidad en general. El pretendido efecto estético-ontológico de la novela-belarte, que corre parejo con la conversión del "lector de desenlaces" en "lector artista" y debe desembocar, así, en la revolución de la conciencia, era, a este respecto, indudablemente la universalización más consecuente del proyecto crítico-cultural de la Vanguardia hispanoamericana que se podía dar en la novela de su promoción. Y a la vez significaba la versión tal vez más extrema de la "operación cultural" vanguardista en torno a la redefinición de la noción de la modernidad universal, mejor dicho, de las asimetrías que en cuanto a la posibilidad/legitimidad de la reivindicación de universalidad se seguían (¿y siguen?) estableciendo entre la modernidad del centro y la de la(s) periferia(s).

La "descontextualización sistemática" (Bustos 1996: 65), a la que en *Museo...* se someten el mundo narrado y las instancias del autor y del lector, posibilita la universalización en este doble sentido vanguardista e hispanoamericano. Se revela como respuesta específica a un contexto histórico-cultural determinado, desde y para el cual precisamente la máxima "irreverencia" frente a las tradiciones occidentales que representa el intento universalizador de Macedonio se ofrece como camino para inscribirse en la modernidad y transformarla en un sentido a la vez universal y latinoamericano. Es decir, la descontextualización no es tan completa como se suele suponer. No cabe duda de que la intención de sentido va dirigida, ante todo, al lector, que al principio de la lectura todavía comparte la concepción de la relación ficción-realidad vigente en la época y que dispone del concepto entonces convencional del mundo y de su propio papel de lector. Pero tal como *Museo...* niega la tradición mimético-realista, también deconstruye las nociones del ser y los fundamentos y hábitos de lectura más básicos de la época de la llamada modernidad universal. Y en este sentido, el lector enfocado por la novela puede encontrarse lo mismo en París que en Buenos Aires, en Madrid o en Barrancos. La referencia a la realidad de la época va así 're-cogida' en la "conmoción total de la conciencia" a la vez que configura el horizonte real dentro del cual ella debe tener lugar. Y también impregna la llamada a la continuación del empeño, a la perpetuación autocrítica del gesto fundacional vanguardista que no se para ante sus propias manifestaciones. Es así como el prólogo final, dirigido "Al que quiera escribir esta novela", también ya anticipa el cambio del horizonte histórico como factor que va a influir en futuras re-escrituras de "esta novela":

> La dejo libro abierto: será el primer 'libro abierto' en la historia literaria, es decir que el autor, deseando que fuera mejor o siquiera bueno y convencido de

que por su destrozada estructura es una temeraria torpeza con el lector, pero también de que es rico en sugestiones, deja autorizado a todo escritor futuro de buen gusto e impulso y circunstancias que favorezcan un intenso trabajo, para corregirlo lo más acertadamente que pueda y editarlo libremente, con o sin mención de mi obra y nombre. No será poco el trabajo. Suprima, corrija, pero en lo posible que quede algo (Fernández 1993: 253).

Como corriente histórica, la novela vanguardista hispanoamericana terminó alrededor de 1938, cuando, en alguna modesta pensión porteña, se escribió una novela que, como parte esencial de su intención vanguardista, comprende el reconocimiento y la comunicación de la propia historicidad. La "novela futura" entrevista y exigida por esta obra ya no será una novela vanguardista. Pero habrá de recordarla como condición de posibilidad de su formación. Queda, así, la memoria de un proyecto que como nunca antes ni después ha explorado las posibilidades de la novela de convertir, en el horizonte de la modernidad latinoamericana-universal y sus problemas y anhelos, la innovación estético-narrativa en "revolución de la conciencia". Y en este sentido, la novela vanguardista no deja de poder inquietar: "El imaginador no conocerá el no ser".

BIBLIOGRAFÍA

1. Textos

1.1. Novelas y narrativa de la época

ABRIL, Xavier (1931): *Hollywood. Relatos contemporáneos*. Madrid/Buenos Aires: Ulises (Colección Valores Actuales).
— (1993): "El autómata", en Jorge Kishimoto Yoshimura (comp.), *Narrativa peruana de vanguardia. Documentos de literatura* (Lima) 2-3, pp. 157-204.
ADÁN, Martín (1961): *La casa de cartón*. Lima: Ediciones Nuevo Mundo.
AMORIM, Enrique (1988): *La carreta*. Edición Crítica. Coordinador Fernando Aínsa. Madrid: CSIC (Colección Archivos).
ARAGON, Louis (1966): *Le Paysan de Paris*. Paris: Livre de Poche.
ARCINIEGA, Rosa (1934): *Vidas de celuloide. La novela de Hollywood*. Madrid: Cenit.
ARLT, Roberto (1980): *El amor brujo*. Buenos Aires: Losada.
— (1992a): *El juguete rabioso*. Ed. Rita Gnutzmann. 2.ª ed. Madrid: Cátedra.
— (1992b): *Los siete locos*. Ed. Flora Guzmán. Madrid: Cátedra.
— (1994): *Los lanzallamas*. Buenos Aires: Losada.
ASTURIAS, Miguel Ángel (1977): *Tres obras: Leyendas de Guatemala. El Alhajadito. El Señor Presidente*. Caracas: Biblioteca Ayacucho.
— (1978): *El Señor Presidente*. Edición crítica. París/México, D.F./Madrid/Buenos Aires: Klincksieck/FCE (Obras completas 3).
AZUELA, Mariano (1932): *La luciérnaga*. Madrid/Barcelona: Espasa Calpe.
— (1958-1960): *Obras completas*. 3 tomos. México, D.F.: FCE.
— (1989): *Los de abajo*. México, D.F.: FCE.
BOMBAL, María Luisa (1990): *La última niebla. La amortajada*. Barcelona: Seix Barral.
BRETON, André (1964): *Nadja*. Paris: Gallimard.
CARPENTIER, Alejo (1989): *Ecue-Yamba-O*. Madrid: Alianza.
CUADRA, José de la (1995): *Los Sangurimas/Die Sangurimas*. Ed. Jürgen Günsche. Bamberg: Universitäts-Bibliothek (Bamberger Editionen 10).
CHURATA, Gamaliel (1957): *El Pez de Oro (Retablos de Laykhakuy)*. La Paz/Cochabamba: Canata.
DAMMERT ELGUERA, Enrique (1931): *Biografía del joven que no vale nada. Novela*. Lima: Unión.
DIEGO PADRÓ, José Isaac de (1961): *En Babia. El manuscrito de un braquicéfalo*. Segunda edición corregida. México, D.F.: Gráfica Panamericana.

Die großen Brände: ein Roman von 25 Autoren. (1997). Trad. Rosemarie Tietze. Ed. Fritz Mierau. Berlin: Ullstein.

EMAR, Juan (1935a): *Ayer*. Santiago de Chile: Zig-Zag.

— (1935b): *Miltín 1934*. Santiago de Chile: Zig-Zag.

— (1935c): *Un año*. Santiago de Chile: Zig-Zag.

ENRÍQUEZ, Carlos (1977): *Tilín García*. Novela. La Habana: Huracán.

ESTRADA, Genaro (1983): *Obras*. México, D.F.: FCE.

Fantoches 1926: folletín moderno por doce escritores cubanos (1993). Ed. Dolores Nieves Rivera. La Habana: Capitán San Luis.

FERNÁNDEZ, Macedonio (1974b): *Adriana Buenos Aires. Última novela mala*. Obras completas. Tomo V. Buenos Aires: Corregidor.

— (1987): "Una novela que comienza" *Relatos, Cuentos, Poemas y Misceláneas*. Obras completas. Tomo VII. Buenos Aires: Corregidor, pp. 11-28.

— (1993): *Museo de la Novela de la Eterna*. Edición crítica. Coordinadores Ana Camblong y Adolfo de Obierta. Madrid: CSIC (Colección Archivos).

FILLOY, Juan (1937): *Caterva*. Buenos Aires:

— (1967): *Op Oloop*. Buenos Aires: Paidós.

— (1968): *¡Estafen!* [1932]. Buenos Aires: Paidós.

GALLEGOS, Rómulo (1991): *Doña Bárbara*. Ed. de José Carlos González Boixó. Madrid: Espasa-Calpe (Colección Austral 176).

GARMENDIA, Julio (1976): *La tienda de muñecos*. Caracas: Monte Ávila.

GÜIRALDES, Ricardo (1988): *Don Segundo Sombra*. Edición crítica. Coordinador Paul Verdevoye. Madrid: CSIC (Colección Archivos)

GONZÁLEZ TUÑÓN, Enrique (1932): *El Tirano. Novela sudamericana de honestas costumbres y justas liberalidades*. Buenos Aires: Gleizer.

HERNÁNDEZ, Efrén (1965): *Obras*. México, D.F.: FCE.

HERNÁNDEZ, Felisberto (1969): *Obras completas*. Tomo I: Primeras invenciones. Montevideo: Arca.

HUIDOBRO, Vicente (1964): *Obras completas*. Tomo II. Edición Braulio Arenas. Santiago de Chile: Zig-Zag.

— (1993): *Cagliostro*. Madrid: Anaya & Mario Muchnik.

— (1995): *Mío Cid Campeador. Hazaña*. Santiago de Chile: Editorial Universitaria.

ICAZA, Xavier (1961): *Panchito Chapopote. Retablo tropical o relación de un extraordinario sucedido de la heroica Veracruz*. Maderas originales de Ramón Alva de la Canal. México, D.F.: Aloma.

JIMÉNEZ, Max (1928): *Unos fantoches...* San José de Costa Rica: El Convivio.

— (1936): *El domador de pulgas. 20 maderas del autor*. La Habana: Hermes.

LASCANO TEGUI, Vizconde de (1995): *De la elegancia mientras se duerme*. Buenos Aires: Simurg.

LÓPEZ ALBUJAR, Enrique (s.f.): *Matalaché. Novela retaguardista*. Lima: Juan Mejía Baca & P.L. Villanueva.

LÓPEZ PORTILLO Y ROJAS, José (1937): *Fuertes y débiles*. Madrid: Librería Española.

LABRADOR RUIZ, Enrique (1933): *El laberinto de sí mismo*. Novela. La Habana: Carasa y Cía.
— (1936): *Cresival. Novela*. Portada y grabados de Hercar. La Habana: Carasa y Cía.
— (1940): *Anteo*. La Habana: Carasa y Cía.
LANGE, Norah (1927): *Voz de la vida*. Buenos Aires: Proa.
LYNCH, Benito (1961): *El romance de un gaucho*. Buenos Aires: Guillermo Kraft.
MALLEA, Eduardo (1947): *Cuentos para una inglesa desesperada*. Buenos Aires/México, D.F.: Austral.
MARÍN CAÑAS, José (1990): *Tú, la imposible. Memorias de un hombre triste. Novela*. Costa Rica: UNED.
MARÍN, Juan (1932): *Margarita, el aviador y el médico*. Prólogo de Hernán del Solar. 2a. Ed. Santiago de Chile: Zig-Zag.
— (1933): *La muerte de Julián Aranda*. Santiago de Chile: Zig-Zag (Narraciones Zig-Zag 13).
— (1935): *Un avión volaba*. Santiago de Chile: Ercilla.
— (1936a): *Paralelo 56º Sur*. Santiago de Chile: Ercilla.
— (1936b): *El secreto del Dr. Baloux*. Prólogo de Augusto d'Halmar. Santiago de Chile: Ercilla.
MARTÍNEZ SOTOMAYOR, José (1987): *Trama de vientos. Cuentos y relatos completos*. Vol. I. Prólogo de Alberto Ruy Sánchez. México, D.F.: EOSA.
MENESES, Guillermo (1972): *Cinco novelas*. Caracas: Monte Ávila
NERUDA, Pablo (1926): *El habitante y su esperanza*. Novela. Santiago de Chile: Nascimento.
Novo, Salvador (1928): *El joven*. México, D.F.: La novela mexicana.
— (1931): *Lota de loco. Fragmentos*. México, D.F.: Suplemento de El Barandal.
— (1964): *Toda la prosa*. México, D.F.: Empresas Editoriales.
NÚÑEZ, Enrique Bernardo (1978): *Cubagua. La Galera de Tiberio*. La Habana: Casa de las Américas.
— (1987): *Novelas y ensayos*. Caracas: Biblioteca Ayacucho.
OWEN, Gilberto (1979): *Obras*. México, D.F.: FCE.
PALACIO, Pablo (1964): *Obras completas*. Quito: Casa de la Cultura Ecuatoriana.
PALMA, Clemente (1934): *XYZ: novela grotesca*. Lima: Perú Actual.
PARRA, Teresa de la (1982): *Obra. Narrativa, ensayos, cartas*. Caracas: Biblioteca Ayacucho.
— (1988): *Las memorias de Mamá Blanca*. Ed. Velia. Bosch. Madrid: CSIC (Colección Archivos).
— (1992): *Ifigenia. Diario de una señorita que escribió porque se fastidiaba*. Ed. Sonia Mattalia. Madrid: Anaya (Escritores de América 3).
POLAR, Mario (1935): *Un ángulo perdido*. Novela. Arequipa: sin pie de imprenta.
RIVERA, José Eustasio (1990): *La vorágine*. Ed. Montserrat Ordóñez. Madrid: Cátedra.
ROJAS, Manuel (1981): *Lanchas en la bahía*. Santiago de Chile: Zig-Zag.

SALVADOR, Humberto (1993): *En la ciudad he perdido una novela*. Ed. María del Carmen Fernández. Quito: Libresa.
TORRES BODET, Jaime (1985): *Narrativa completa*, Tomo I. México, D.F.: EOSA.
USLAR PIETRI, Arturo (1978): *Barrabás y otros relatos*. Caracas: Monte Ávila.
— (1993): *Las lanzas coloradas*. Ed. Domingo Miliani. Madrid: Cátedra.
VALCÁRCEL, Luis E. (1972): *Tempestad en los Andes*. Lima: Universo.
VALLE, Rosamel del (1929): *País blanco y negro*. Santiago de Chile: Ande.
— (1970): *Eva y la fuga*. Caracas: Monte Ávila.
VALLEJO, César (1967): *Novelas y cuentos completos*. Lima: Francisco Moncloa.
VELA, Arqueles (1977): *El intransferible*. México, D.F.: Gama.
— (1990): *El Café de Nadie*. México, D.F.: Dirección General de Publicaciones (Lecturas Mexicanas 20).
VILLAURRUTIA, Xavier (1966): *Obras: poesía, teatro, prosas varias, crítica*. México, D.F.: FCE.
ZALAMEA BORDA, Eduardo (1958): *Cuatro años a bordo de mí mismo*. Lima: Editora Latinoamericana.
ZALAMEA, Jorge (1925): "Una historia extrañamente sentimental (Novelín)", *Los Nuevos. Política, crítica, arte, literatura, asuntos sociales*, 1 (Bogotá), pp. 8-16.
Zig zag: il romanzo futurista; Soffici, Corra, Conti, Ginna, Benedetta, Spiridigliozzi, Sanzin, Marinetti. A cura di Alessandro Masi. Milano: Il Saggiatore.

1.2. *Otros textos*

AITA, Antonio (1931): *La literatura argentina contemporánea 1900-1931*. Buenos Aires: Talleres Gráficos Argentinos.
ALONE (Hernán Díaz Arrieta) (1931): *Panorama de la literatura chilena durante el siglo XX*. Santiago de Chile: Nascimento.
ARLT, Roberto (1969): *Cronicón de sí mismo*. Buenos Aires: Edicom.
ASTURIAS, Miguel Ángel (1972): *América, fábula de fábulas y otros ensayos*. Ed. Richard Callan. Caracas: Monte Ávila.
— (1988): *París 1924-1933. Periodismo y creación literaria*. Edición crítica de Amos Segala. Madrid: CSIC (Colección Archivos).
BENDA, Julien (1927): *La trahison des clercs*. Paris: Grasset.
Cantar de Mío Cid (1993). Ed. Alberto Montaner. Barcelona: Crítica (Biblioteca Clásica 1).
BORGES, Jorge Luis (1974): *Obras completas*. Buenos Aires: Emecé.
— (1993): *El tamaño de mi esperanza*. Barcelona: Seix Barral.
CARDOZA Y ARAGÓN, Luis (1977): *Poesías completas y algunas prosas*. México, D.F.: FCE.
— (1986): *El río. Novelas de caballería*. México, D.F.: FCE.
CARPENTIER, Alejo (1979): *Bajo el signo de la Cibeles (Crónicas sobre España y los españoles 1925-1937)*. Comp. Julio Rodríguez Puértolas. Madrid: Nuestra Cultura.

CARRIÓN, Benjamín (1930): *Mapa de América*. Madrid: Sociedad General Española de Librería.
EMAR, Jean (1992): *Escritos de arte (1923-1925)*. Edición de Patricio Lizama A. Santiago de Chile: dibam.
EMAR, Juan (1996): *Umbral*. Santiago de Chile: dibam.
ESCUDERO, Gonzalo (1927): "Pablo Palacio y su primer libro", *Llamarada* 3, Quito, 28.1.1927.
FERNÁNDEZ, Macedonio (1967): *No toda es vigilia la de los ojos abiertos*. Buenos Aires: Centro Editor de América Latina.
— (1974a): *Teorías*. Obras completas t.III. Buenos Aires: Corregidor.
— (1996): *Papeles de Recienvenido y continuación de la nada*. Obras completas t.IV. Buenos Aires: Corregidor.
GÁLVEZ, José (1915): *Posibilidad de una genuina literatura nacional*. Lima: Tesis universitaria.
GIRONDO, Oliverio (1968): *Obras Completas*. Buenos Aires: Losada.
GÓMEZ DE LA SERNA, Ramón (1969): *Ismos*. Montevideo: Medina.
— (1979): *Greguerías*. Ed. Rodolfo Cardona. Madrid: Cátedra.
GONZÁLEZ PEÑA, Carlos (1928): *Historia de la literatura mexicana*. México, D.F.: Cultura (Publicaciones de la Secretaría de Educación Pública).
HENRÍQUEZ UREÑA, Pedro (1928): *Seis ensayos en busca de nuestra expresión*. Buenos Aires/Madrid: Biblioteca argentina de buenas ediciones literarias.
HUIDOBRO, Vicente (1989): *Altazor. Temblor de cielo*. Ed. René de Costa. Madrid: Cátedra.
ICAZA, Xavier (1934): *La revolución y la literatura*. México, D.F.: Conferencias del Palacio de Bellas Artes.
JIMÉNEZ RUEDA, Julio (1928): *Historia de la literatura mexicana*. México, D.F.: Cultura.
LANGE, Norah (1968): *Estimados congéneres*. Buenos Aires: Losada.
LIACHO, Lázaro (1934): *Palabra de hombre*. Buenos Aires: Edición del autor.
LIST ARZUBIDE, Germán (s.f. [1926]): *El movimiento estridentista*. Jalapa: Horizonte.
MALLEA, Eduardo (1954): *Notas de un novelista*. Buenos Aires: Emecé.
MAÑACH, Jorge (1927): "Vanguardismo", *revista de avance* (marzo y abril de 1927), reproducido en H. Verani (1990), *Las vanguardias literarias...*, pp. 128-135.
MARIÁTEGUI, José Carlos (1959): *El artista y la época*. Lima: Biblioteca Amauta.
— (1979): *7 Ensayos de interpretación de la realidad peruana*. Caracas: Biblioteca Ayacucho.
MARINELLO, Juan (1937): *Literatura Hispanoamericana*. México, D.F.: UNAM.
MIRANDA KLIX, José Guillermo (ed.) (1929): *Cuentistas argentinos de hoy*. Buenos Aires: Claridad.
NERUDA, Pablo (1994): *Confieso que he vivido* [1974]. Barcelona: Plaza & Janes.
ORTEGA Y GASSET, José (1976): *Meditaciones del Quijote. Ideas sobre la novela*. Madrid: Espasa-Calpe.

— (1987): *La deshumanización del arte y otros ensayos de estética*. Madrid: Espasa-Calpe.

ORTIZ, Fernando (1940): *Contrapunteo cubano del tabaco y del azúcar*. La Habana: J. Montero.

PONCE, Aníbal (1975): "El realismo socialista [1935]", en id., *Obras*. La Habana: Casa de las Américas, pp. 329-339.

RAMOS, Samuel (1934): *El perfil del hombre y la cultura en México*. México, D.F.: Mundial.

ROJAS, Ricardo (1917-1922): *La literatura argentina. Ensayo filosófico sobre la evolución de la cultura en el Plata*. 4 tomos. Buenos Aires: Juan Roldán y Cía.

ROJAS JIMÉNEZ, Alberto (1994): *Se paseaba por el alba*. Recopilación y prólogo Oreste Plath. Santiago de Chile: dibam.

ROKHA, Pablo de (1966): *Escritura de Raimundo Contreras*. Santiago de Chile: Orbe.

SÁNCHEZ, Luis Alberto (1933): *América: novela sin novelistas*. Lima: Librería Peruana.

TORRE, Guillermo de (1925): *Literaturas europeas de vanguardia*. Madrid: Caro Raggio.

TORRES BODET, Jaime (1928): *Contemporáneos. Notas de crítica*. México, D.F.: Herrero.

UNAMUNO, Miguel de (1942): *La agonía del cristianismo*. Buenos Aires: Espasa-Calpe.

VALLEJO, César (1991a): *Trilce*. Edición de Julio Ortega. Madrid: Cátedra.

— (1991b): *Poemas en prosa. Poemas humanos. España, aparta de mí este cáliz*. Edición de Julio Vélez. Madrid: Cátedra.

VASCONCELOS, José (1958): *Indología*, en id., *Obras completas*, tomo 2, México, D.F.: Libreros Mexicanos Unidos.

2. Estudios

AA.VV. (1976a): "Homenaje a José Isaac de Diego Padró", *Sin Nombre* 6, 3, pp. 5-66.

AA.VV. (1976b): *Cinco estudios y dieciséis notas sobre Pablo Palacio*. Guayaquil: Casa de la Cultura Ecuatoriana.

AA.VV. (1981): *Recuerdo de José Marín Cañas*. San José: Instituto Costarricense de Cultura Hispánica.

AA.VV. (1983): *Estridentismo: memoria y valoración*. México, D.F.: FCE.

AA.VV. (1987): *Recopilación de textos sobre Pablo Palacio*. La Habana: Casa de las Américas.

AA.VV. (1992): *Avatares del Surrealismo en el Perú y en América Latina. Avatars du Surréalisme au Pérou et en Amérique Latine* Actas del coloquio internacional Lima 1990. Lima: Institut Français d'Études Andines/Pontificia Universidad Católica.

ACHUGAR, Hugo (1996): "El museo de la vanguardia: para una antología de la narrativa vanguardista hispanoamericana", en Hugo Verani (ed.), *Narrativa vanguardista hispanoamericana*. México, D.F.: UNAM, pp. 7-40.

ADORNO, Theodor W. (1970): *Ästhetische Theorie. Gesammelte Schriften Band 7*. Frankfurt-M.: Suhrkamp.

ADOUM, Jorge Enrique (1980): "Prólogo", en *Narradores ecuatorianos del 30*. Caracas: Biblioteca Ayacucho, pp. IX-LXI.

— (1984): *La gran literatura ecuatoriana del 30*. Quito: El Cornejo.

AGUIRRE, Mariano: "Huidobro narrador", *Atenea* 467 (1993), pp. 101-102.

AHLERS, Michael (1993): *Die Stimme des Menelaos: Intertextualität und Metakommunikation in Texten der Metafiction*. Würzburg: Königshausen und Neumann.

ALBALADEJO, Tomás (1992): *Semántica de la narración: la ficción realista*. Madrid: Taurus.

ALBERSMEIER, Franz-Josef (2001): *Theater, Film, Literatur in Spanien: Literaturgeschichte als integrierte Mediengeschichte*. Berlin: Erich Schmidt.

ALBERT, Mechthild (1996): *Avantgarde und Faschismus. Spanische Erzählprosa 1925-1940*. Tübingen: Niemeyer (mimesis, 27).

ALEGRÍA, Fernando (1979): "'Tres inmensas novelas': La parodia como antiestructura", *Revista Iberoamericana* 106-107, pp. 301-307.

ALONSO, Carlos J. (1990): *The Spanish American Regional Novel: Modernity and Autochthony*. Cambridge/Nueva York: Cambridge University Press.

ALONSO, Fernando, y REZZANO, Arturo (1971): *Novela y sociedad argentinas*. Buenos Aires: Paidós.

AMBORT, Mónica (1992): *Juan Filloy. El escritor escondido. Entrevista de Mónica Ambort*. Prólogo de Jorge Torres Roggero. Buenos Aires: Op Oloop.

Anales de Literatura Hispanoamericana 26, 2 (1997). *Prosa de vanguardia y otros estudios. Homenaje a Jesús Benítez.*

ANDERSON IMBERT, Enrique (1985): "La prosa vanguardista de Neruda", en I.J. Levy/J. Loveluck, *Simposio Pablo Neruda: Actas*, Columbia: University of South Carolina, 1975, pp. 293-299.

ANDRADE, Oswald de (1928): "Manifesto antropófago", *Revista de Antropofagia* 1, 1.5.1928 (también en J. Schwartz, *Las Vanguardias latinoamericanas...*, pp. 143-153.)

AQUÍZOLO, M. (ed.) (1976): *La polémica del indigenismo: Juan Carlos Mariátegui y Luis Alberto Sánchez*. Lima: Mosca Azul.

ARANGO L., Manuel Antonio (1981): "Relación social e histórica afro-espiritual y el "realismo mágico" en Ecué-Yamba-O!, de Alejo Carpentier", *Cuadernos Americanos* 40, 244, pp. 84-91.

ARAUJO, Orlando (1988): *Narrativa venezolana contemporánea* [1972]. Caracas: Monte Ávila.

ARCE, Homero (1966): "La mágica existencia de Rosamel del Valle", *Boletín de la Universidad de Chile* 63, pp. 103-111.

ARCELUS, Juana Mary (1977): *Estilística en las lanzas coloradas de Arturo Uslar Pietri*. Torino: Quaderni Iberoamericani.

ARELLANO, Jorge E. (1989): "El movimiento nicaragüense de vanguardia", *Cuadernos Hispanoamericanos* 468, pp. 7-44.
ARMBRUSTER, Claudius (1997): "Discursos literarios y etnológicos. Intertextualidades en la descripción de las culturas afroamericanas en el Brasil y en Cuba", en Susanne Klengel (ed.), *Contextos, historias y transferencias en los estudios latinoamericanistas europeos. Los casos de Alemania, España y Francia*. Madrid/Frankfurt-M.: Iberoamericana-Vervuert, pp. 167-182.
AUSTIN, John (1962): *How to Do Things with Words*. Cambridge, Mass.: Harvard University Press; Oxford: Clarendon Press, 1962.
AZNAR SOLER, Manuel (1978): *II Congreso Internacional de Escritores Antifascistas (1937). Tomo I. Pensamiento literario y compromiso antifascista de la inteligencia española republicana*. Barcelona: Laia.
BACHTIN, Michail M. (1989): *Formen der Zeit im Roman. Untersuchungen zur historischen Poetik* [1975]. Frankfurt-M.: Fischer.
— (1990): "Wolfgang Kaysers Theorie des Grotesken" [1965], en id.: *Literatur und Karneval. Zur Romantheorie und Lachkultur*. Frankfurt-M.: Fischer.
BACIU, Stefan (1980): "Max Jiménez: Correspondencia de un Costarricense Universal", *Cultura. Revista del Ministerio de Educación de El Salvador* 68-69, pp. 161-173.
BAKER, Armand F. (1986): "El tiempo y el proceso de individuación en la última niebla", *Revista Iberoamericana* 52, pp. 393-415.
BALAKIAN, Anna (1994): "When Prose is Poetry", en Stamos Metzidakis (ed.), *Understanding French Poetry: Essays for a New Millenium*. New York/London: Garland, pp. 261-268.
BARRENECHEA, Ana María (1993): "Macedonio Fernández y su humorismo de la nada" [1953], en Macedonio Fernández, *Museo...*, pp. 474-480.
BARRERA, Trinidad (1988): "Escalas melografiadas o la lucidez vallejiana", *Cuadernos Hispanoamericanos* 456-457, pp. 317-328.
— (1997): "Oliverio Girondo: la transgresión de los límites cotidianos", *Anales de Literatura Hispanoamericana* 26, 2, pp. 395-406.
BARTHES, Roland (1953): *Le degré zéro de l'écriture* Paris: Editions du Seuil, 1953.
— (1970): *S/Z* . Paris: Seuil
BASTOS, María Luisa (1985): "Relectura de La última niebla, de María Luisa Bombal", *Revista Iberoamericana* 51, pp. 853-865.
BAUDELAIRE, Charles (1961): *Œuvres complétes*. Paris: Gallimard (= Bibliothèque de la Pléiade).
BELLER, Hans (1991): "Gegen den Krieg: Im Westen nichts Neues (1929)", en Werner Faulstich/Helmut Korte (eds.): *Fischer Filmgeschichte. Band 2: Der Film als gesellschaftliche Kraft 1925-1944*. Frankfurt-M.: Fischer, pp. 110-129.
BELLUZZO, Ana María de Morães (ed.) (1990): *Modernidade: Vanguardas artísticas en América Latina*. São Paolo: Unesp.
BENJAMIN, Walter (1977): *Illuminationen*. Frankfurt-M.: Suhrkamp.

BERISTÁIN, Helena (1988): *Diccionario de Retórica y poética*. México, D.F.: Porrúa (segunda edición).
BERLAGE, Andreas (1994): *Empfindung, Ich und Sprache um 1900. Ernst Mach, Hermann Bahr und Fritz Mauthner im Zusammenhang*. Frankfurt-M./Berlin/Bern: Peter Lang.
BERNECKER, Walther L. et al., (eds.) (1992ss.): *Handbuch der Geschichte Lateinamerikas*. 3 tomos. Stuttgart: Klett-Cotta.
BETHELL, Leslie, (ed.) (1987ss.): *The Cambridge History of Latin America*. 7 tomos. Cambridge: Cambridge University Press.
BIEBER, León Enrique (1982): *En torno al origen histórico e ideológico del ideario nacionalista populista latinoamericano*. Berlín: Colloquium Verlag.
BLANCO, José Joaquín (1977): *Se llamaba Vasconcelos*. México, D.F.: FCE.
BLUM, Cinzia Sartini (1996): *The Other Modernism. F.T. Marinetti's Futurist Fiction of Power*. Berkeley: University of California Press.
BOEHLICH, Walter (1995): "Nachwort", en Vizconde de Lascano Tegui, *Von der Anmut im Schlafe. Intimes Tagebuch*. Edición de W. Boehlich. Berlin: Friedenauer Presse.
BOHÓRQUEZ RINCÓN, Douglas (1990): *Escritura, Memoria y Utopía en Enrique Bernardo Núñez*. Caracas: La casa de Bello (Colección Zona Tórrida).
BOLAÑO, Roberto (1976): "Tres estridentistas en 1976: Arqueles Vela, Maples Arce, List Arzubide", *Plural*, 62, pp. 48-60.
BONILLA, Abelardo (1967): *Historia de la literatura costarricense*. San José: Editorial Costa Rica.
BORCHMEYER, Dieter, y ŽEMGAČ, Victor (eds.) (1987): *Moderne Literatur in Grundbegriffen*. Frankfurt-M.: Athenäum.
BORINSKY, Alicia Ester (1972): "Macedonio: su proyecto novelístico", *Hispamérica* 1, pp. 31-48.
— (1987): *Macedonio Fernández y la teoría crítica - una evaluación*. Buenos Aires: Corregidor.
BORINSKY, Alicia Ester (1993): "El aprendizaje de la lectura", en Macedonio Fernández, *Museo...*, pp. 431-444.
BORRÉ, Omar (1996): *Arlt y la crítica (1926-1990)*. Buenos Aires: América Libre.
BORSÒ-BORGARELLO, Vittoria (1988): "Das experimentierende Mexiko in der Erzählliteratur der 30er Jahre: Jaime Torres Bodet", en Kurt Hölz (ed.), *Literarische Vermittlungen: Geschichte und Identität in der mexikanischen Literatur*, Tübingen: Niemeyer, pp. 171-191.
BOSI, Alfredo (1991): "La parábola de las vanguardias latinoamericanas", en Schwartz, *Las vanguardias latinoamericanas..*, pp. 13-24.
BOSSHARD, Marco Thomas (2002): *Ästhetik der andinen Avantgarde. Gamaliel Churata zwischen Indigenismus und Surrealismus*. Berlin: wvb.
BOURDIEU, Pierre (1979): *La distinction. Critique sociale du jugement*. Paris: Les éditions de minuit.
— (1992): *Les règles de l'art. Genèse et structure du champ littéraire*. Paris: Seuil.

Bravo, Víctor (1994): "Fundación y tradición de la modernidad literaria en Venezuela", *Revista Iberoamericana* 60, 166-167, pp. 97-108.
Bremer, Thomas (1991): "Canté un día la alegría de las locomotoras. Aspekte der Futurismus-Rezeption bei Juan Parra del Riego (Perú/Uruguay) und Manuel Maples Arce (México) und der Übergang vom Modernismus", en H. Wentzlaff-Eggebert (ed.), *Europäische Avantgarde im lateinamerikanischen Kontext...*, pp. 105-146.
— (1993): "The Constitution of Alterity: Fernando Ortiz and the Beginnings of Latin-American Ethnography out of the Spirit of Italian Criminology", en Thomas Bremer/ Ulrich Fleischman (eds.), *Alternative Cultures in the Carribean*. Madrid/Frankfurt: Iberoamericana-Vervuert, pp. 119-129.
Brodsky, Pablo et al. (1990): "Ausencia-presencia de Juan Emar", *Escritura* 15, 29, pp. 199-213.
— (1994): "Prólogo", en Juan Emar, *Antología esencial*. Santiago de Chile: Dolmen, pp. 7-42.
— (1996): "Biografía para una obra", en J. Emar, *Umbral*. Tomo 1.., pp. XVII-XXVII.
Brushwood, John S. (1982): "Las bases del vanguardismo en Xavier Icaza", *Texto Crítico* 8, 24-25, pp. 161-170.
— (1988): "Efrén Hernández y la innovación narrativa", *Nuevo Texto Crítico* 1, pp. 85-95.
— (1989): *Narrative Innovation and Political Change in Mexico*. New York: Peter Lang.
Bürger, Peter (1974): *Theorie der Avantgarde*. Frankfurt-M.: Suhrkamp.
— (1996): *Der französische Surrealismus. Studien zur avantgardistischen Literatur. Um neue Studien erweiterte Ausgabe*. Frankfurt-M.: Suhrkamp.
Burgos, Fernando (1986): "Proserpina rescatada: Metáforas de una metamorfosis", en M. H. Forster/J. Ortega (eds.), *De la crónica a la nueva narrativa mexicana. Coloquio sobre literatura mexicana*, Oaxaca/México, D.F.: Oasis, pp. 139-149.
— (1989a): "La vanguardia hispanoamericana y la transformación narrativa", en *Nuevo Texto Crítico* 2, 3, pp. 157-169.
— (1989b): "Eva y la fuga. La narrativa vanguardista de Rosamel del Valle", en *Actas del X Congreso de la AIH*. 4 tomos. Barcelona: Promociones y Publicaciones Universitarias, pp. 489-494.
— (1990): "La producción novelística de la vanguardia hispanoamericana", en J. Fernández Jiménez, Juan et al. (eds.), *Estudios en homenaje a Enrique Ruiz-Fornells*, Erie: Asociación de Licenciados y Doctores Españoles en Estados Unidos, pp. 38-43.
— (1991): "El vanguardismo narrativo de Vicente Huidobro y Rosamel del Valle: Tres inmensas novelas y País blanco y negro", en Harald Wentzlaff-Eggebert (ed.), *Europäische Avantgarde...*, pp. 273-286.
— (1995): *Vertientes de la modernidad hispanoamericana*. Caracas: Monte Ávila.
— (ed.) (1986): *Prosa hispánica de vanguardia*, Madrid: Orígenes.

Bustos Fernández, María (1996): *Vanguardia y renovación en la narrativa latinoamericana*. Madrid: Pliegos.

Caballero, María (1994): "Tradición y renovación: la vanguardia en Colombia", *Cuadernos Hispanoamericanos* 529-530, pp. 71-81.

— (2002): "El ensayo en la época de las vanguardias", en F. B. Pedraza Jiménez (coord.), *Manual de literatura hispanoamericana. Tomo IV: Las Vanguardias*. Madrid: Cénlit, pp. 569-710.

Cairo, Ana (1978): *El Grupo minorista y su tiempo*. La Habana: Editorial de Ciencias Sociales.

Calinescu, Matei (1974): "'Avant-Garde': Some Terminological Considerations", *Yearbook of Comparative and General Literature* 23, pp. 67-78; también en Hardt (1989), pp. 90-112.

— (1977): *Faces of Modernity. Modernism, Avant-Garde, Decadence, Kitsch*. Bloomington: Indiana University Press.

Camblong, Ana (1993): "Estudio preliminar", en Macedonio Fernández, *Museo de la Novela de la Eterna...*, pp. XXXI-LXXIX.

Cambours Ocampo, Arturo (1963): *El problema de las generaciones literarias*. Buenos Aires: A. Peña Lillo.

Canseco-Jerez, Alejandro (1989): "La recepción de la obra de Juan Emar a través de la crítica literaria periodística", *Revista Chilena de Literatura* 34, pp. 129-147.

— (ed.) (1994): *L'avant-garde littéraire chilienne et ses précurseurs. Poétique et réception des œuvres de Juan Emar et de Vicente Huidobro en France et au Chili*. París: L'Harmattan.

Cardoza y Aragón, Luis (1974): *Pintura contemporánea de México*. México, D.F.: Era.

Carpentier, Alejo (1949): "Prólogo", en id., *El reino de este mundo*. México, D.F.: Imagen

Carrasco Muñoz, Hugo (1982): "Guni Pirque, narratario de Umbral", *Revista Chilena de Literatura* 20, pp. 63-78.

Carrera, Gustavo Luis (1994): "Cubagua y la fundación de la novela venezolana estéticamente contemporánea", *Revista Iberoamericana* 60, 166-167, pp. 451-456.

Carrillo Narváez, Alfredo (1959): *La trayectoria del pensamiento filosófico en Latinoamérica*. Quito: Casa de la Cultura Ecuatoriana.

Carter, Boyd G. (1959): *Las revistas literarias de Hispanoamérica. Breve historia y contenido*. México, D.F.: Andrea.

— (1968): *Historia de la literatura hispanoamericana a través de sus revistas*. México, D.F.: Andrea.

Castellano-Girón, Hernán (1994): "La Antología del verdadero cuento chileno de Miguel Serrano, notas de relectura", *Revista Iberoamericana* 168-169, pp. 961-980.

Castellvi de Moor, Magda (1988),: "La modernidad de Mío Cid Campeador: una hazaña huidobriana", *Letras de Buenos Aires* 7, pp. 23-31.

CASTRO ARENAS, Mario (1964): "Cimientos estéticos de la Casa de cartón", en id., *De Palma a Vallejo*. Lima: Populibros Peruanos, pp. 125-135.

CASTRO-URIOSTE, José (1998): "Ambigüedades, mestizaje y tensiones irresueltas en la narrativa indigenista de Enrique López Albujar", en Mabel Moraña (ed.), *Indigenismo hacia el fin del milenio. Homenaje a Antonio Cornejo Polar*. Pittsburgh: Instituto Internacional de Literatura Iberoamericana, pp. 149-158.

CATZARAS, Marina (1991): *Negrismo y transculturación en Cuba: El pensamiento de Ortiz y las obras tempranas de Carpentier y Guillén*. Diss., University of Pittsburgh.

EL COLEGIO DE MÉXICO (ed.) (1988): *Historia general de México* [1976]. 2 tomos. México, D.F.: El Colegio de México/Harla, S.A. de C.V.

COLLAZOS, Oscar (1977): *Los vanguardismos en la América Latina*. Barcelona: Ediciones Península.

CONTRERAS, Álvaro (1996): "Vanguardia narrativa latinoamericana. Discusiones", *Estudios* 4, 7, pp. 133-153.

CORNEJO POLAR, Antonio (1977): *La novela peruana: siete estudios*. Lima: Horizonte.

— (1989): *La formación de la tradición literaria en el Perú*. Lima: CEP.

— (1994a): "Mestizaje, Transculturación, Heterogeneidad", *Revista de Crítica Literaria Latinoamericana* 40, pp. 368-371.

— (1994b): *Escribir en el aire. Ensayo sobre la heterogeneidad socio-cultural en las literaturas andinas*. Lima: Horizonte.

— (1998): "Mestizaje e hibridez: los riesgos de las metáforas. Apuntes", *Revista de Crítica Literaria Latinoamericana* 47, pp. 7-11.

CORRAL, Rose (1990): "Aproximación a un texto de vanguardia: Espantapájaros (al alcance de todos) de Oliverio Girondo", *Nueva Revista de Filología Hispánica* 38, 1, pp. 497-511.

— (1992): *El obsesivo circular de la ficción. Asedios a Los siete locos y Los lanzallamas de Roberto Arlt*. México, D.F.: FCE.

CORRAL, Wilfrido H. (1979): "Colindantes sociales y literarios en Débora de Pablo Palacio", *Texto Crítico* 5, 14, pp. 188-199.

— (1988): "La recepción canónica de Palacio como problema de la modernidad y la historiografía literaria hispanoamericana", *Revista Iberoamericana* 54, 144-145, pp. 709-724.

— (1996): "Raros y canónicos", *Cuadernos Hispanoamericanos* 557, pp. 7-25.

COSTA, René de (ed.) (1975): *Vicente Huidobro y el Creacionismo*. Madrid: Taurus.

— (1979): "Sobre Huidobro y Neruda", *Revista Iberoamericana* 106-107, pp. 379-386.

— (1984): *Vicente Huidobro. The Careers of a Poet*. Oxford: Clarendon Press.

— (1989): "Introducción", en Vicente Huidobro, *Altazor. Temblor de cielo...*, pp. 9-52.

— (1993): "Introducción", en V. Huidobro, *Cagliostro...*, pp. 7-18.

COUFFON, Claude (1988): "Una versión inédita de Escalas", en: Nadine Ly (ed.): *César Vallejo: La escritura y lo real*. Madrid: La Torre, pp. 39-52.

COWART, David (1989): *History and the Contemporary Novel*. Carbondale: Southern Illinois University Press.

COYNÉ, André (1968): *César Vallejo*. Buenos Aires: Nueva Visión.

CROS, Edmond (1971): *Ideología y genética textual. El caso del 'Buscón'*. Madrid: Cupsa.

CUADRA, Pablo Antonio (ed.) (1978/79): *50 años del movimiento de vanguardia de Nicaragua*. Número especial de *El pez y la serpiente*, 22-23, Managua.

CUEVA, Agustín (1977): *El desarrollo del capitalismo en América Latina*. México, D.F.: Siglo XXI.

— (1988): "Literatura y sociedad en el Ecuador 1920-1959", *Revista Iberoamericana* 54, 144-145, pp. 629-647.

DÄLLENBACH, Lucien (1977): *Le récit speculaire. Essai sur la mise en abyme*. Paris: Seuil.

DANNEBERG, Lutz (1991): "Zur Explikation von Epochenbegriffen und zur Rekonstruktion ihrer Verwendung", en K. Garber (ed.), *Europäische Barock-Rezeption*. Wiesbaden: Harrasowitz, pp. 85-93.

DAPÍA, Silvia G. (1993): *Die Rezeption der Sprachkritik Fritz Mauthners im Werk von Jorge Luis Borges*. Köln/Wien/Weimar: Böhlau.

DEHENNIN, Elsa (1991): "El caso incierto de Borges", en H. Wentzlaff-Eggebert (ed.), *Europäische Avantgarde...*, pp. 165-182.

DELEUZE, Gilles, y GUATTARI, Félix (1972): *Capitalisme et schizophrenie tome 1: L'Anti-Oedipe*. Paris: Minuit.

DESSAU, Adalbert (1972): *La novela de la Revolución Mexicana* [1967]. México, D.F.: FCE.

DEUSTUA, J., y REÑIQUE, J. L. (1984): *Intelectuales, indigenismo y descentralismo en el Perú 1897-1931*. Cuzco: Centro de Estudios Rurales Andinos "Bartolomé de las Casas".

DÍAZ MONTERO, Lilia R. (1981): "Vivencias realistas en las novelas de Enrique Labrador Ruiz", en Reinaldo Sánchez (ed.), *Homenaje a Enrique Labrador Ruiz...*, pp. 37-41.

DÍAZ, Lidia (1990): "La estética de Macedonio Fernández y la vanguardia argentina", *Revista Iberoamericana* 56, pp. 497-511.

DILL, Hans-Otto; GRÜNDLER, Carola; GUNIA, Inke, y MEYER-MINNEMANN, Klaus (eds.) (1994): *Apropiaciones de realidad en la novela hispanoamericana de los siglos XIX y XX*. Madrid/Frankfurt-M.: Iberoamericana-Vervuert.

DOTTORI, Nora (1995): "El discurso ficcional vallejiano y el programa de Amauta", *Travesías de la escritura en la literatura hispanoamericana. Actas de las X jornadas de investigación*. Buenos Aires: Instituto de Literatura Hispanoamericana, pp. 145-152.

DRAE (1982) = Real Academia Española: *Diccionario de la Lengua Española*. 19.ª edición [1970]. Madrid: Espasa-Calpe.

DUFFEY, J. Patrick (1996): *De la pantalla al texto. La influencia del cine en la narrativa mexicana del siglo veinte*. México, D.F.: UNAM.

Eco, Umberto (1976): *A Theory of Semiotics*. Bloomington: Indiana University Press.

Echevarren, Roberto (1979): "La estética de Macedonio Fernández", *Revista Iberoamericana* 106-107, pp. 93-100.

Egbert, Donald D. (1967): "The Idea of 'Avant-Garde' in Art and Politics", *The American Historical Review* LXXIII, 2, pp. 339-366; también en Hardt (1989), pp. 44-65.

Elmore, Peter (1993): *Los muros invisibles. Lima y la modernidad en la novela del siglo XX*. Lima: Mosca Azul.

El Saffar, Ruth (1975): *Distance and Control in Don Quijote. A Study in Narrative Techniques*. Chapel Hill: University of North Carolina Press.

Engelbert, Jo Anne (1978): *Macedonio Fernández and the Spanish American New Novel*. New York: New York University Press.

Engelhardt, Daniela (1991): *Die argentinische Zeitschrift Nosotros. Die Sicht der nationalen Literatur und Kultur in der Zeit von 1918 bis 1930*. Frankfurt-M.: Peter Lang (Europäische Hochschulschriften XXIV/33).

Engler, Winfried (1984): *Lexikon der französischen Literatur*. Stuttgart: Kröner.

Enzensberger, Hans Magnus (1962): "Die Aporien der Avantgarde", en id., *Einzelheiten*. Frankfurt-M.: Suhrkamp, pp. 290-315.

Escalante, Evodio (1995): "La complejidad estética de Maples Arce", *Memoria* 79, pp. 37-40.

— (1996): "El estridentismo ante los espejismos de la crítica", *sábado* 969 (27 de abril de 1996), pp. 1-3.

— (2002): *Elevación y caída del estridentismo*. México, D.F.: Conaculta.

Espejo Asturrizaga, Juan (1965): *César Vallejo. Itinerario del hombre 1892-1923*. Lima: Juan Mejía Baca.

Fama, A. (1977): *Realismo mágico en la narrativa de Aguilera Malta*. Madrid: Playor.

Fell, Claude (1994): "El ideario literario de José Vasconcelos (1916-1930)", *Nueva Revista de Filología Hispánica* XLII, 2, pp. 549-562.

Fernández, Jesse (1994): *El poema en prosa en Hispanoamérica del modernismo a la vanguardia (estudio crítico y antología)*. Madrid: Hiperión.

Fernández, Magali (1988): *El discurso narrativo en la obra de María Luisa Bombal*. Madrid: Pliegos.

Fernández, María del Carmen (1991): *El realismo abierto de Pablo Palacio. En la encrucijada de los 30*. Quito: Libri Mundi.

Fernández, María del Carmen (1993): "Estudio introductorio", en Humberto Salvador, *En la ciudad he perdido una novela*, pp. 7-53.

Fernández, Teodosio (1990): *Los géneros ensayísticos hispanoamericanos*. Madrid: Taurus.

Fernández Retamar, Roberto (1975): *Para una teoría de la literatura hispanoamericana y otras aproximaciones*. La Habana: Casa de las Américas.

Ferrari, Américo (1983): "Macedonio Fernández: belarte contra realismo y las perspectivas de la narrativa hispanoamericana contemporánea", en: J. M. López de Abiada/T. Heydenreich (eds.): *Iberoamérica. Historia-sociedad-literatura. Homenaje a Gustav Siebenmann*. München: Fink, pp. 221-238.

FLAMMERSFELD, Waltraud (1976): *Macedonio Fernández (1874-1952): Reflexion und Negation als Bestimmungen der Modernität*. Frankfurt-M./Bern: Lang.

— (1993): "Pensamiento y pensar de Macedonio Fernández", en Macedonio Fernández, *Museo de la Novela de la Eterna*..., pp. 395-430.

FOSTER, David William (1986): *Social Realism in the Argentine Narrative*. Chapel Hill: University of North Carolina Press.

FORSTER, Merlin H. (1964): *Los Contemporáneos, 1920-1932. Perfil de un experimento vanguardista mexicano*. México, D.F.: Andrea.

— (1976): "La obra novelística de Jaime Torres Bodet", en: Beth Miller (ed.), *Ensayos contemporáneos sobre Jaime Torres Bodet*, México, D.F.: UNAM, pp. 61-72.

— (1986): "Elementos de innovación en la narrativa de Vicente Huidobro: Tres inmensas novelas", en Fernando Burgos (ed.), *Prosa hispánica de vanguardia*..., pp. 97-103.

— (1990): "Toward a Synthesis of Latin American Vanguardism", en Forster/Jackson, *Vanguardism in Latin American Literature*..., pp. 1-11.

FORSTER, Merlin H. (1974): "Latin American 'Vanguardismo': Chronology and Terminology", en id. (ed.), *Tradition and Renewal. Essays on Twentieth-Century Latin American Literature and Culture*. Urbana: University of Illinois Press, pp. 12-50.

FORSTER, Merlin H., y JACKSON, K. David (1990): *Vanguardism in Latin American Literature: An Annotated Bibliographical Guide*. New York: Greenwood.

FOUCAULT, Michel (1966): *Les mots et les choses*. Paris: Gallimard.

— (1976-1984): *Histoire de la sexualité. I-III*. Paris: Gallimard.

FRANCO, Jean (1983): *The Modern Culture of Latin America. Society and the Artist*. London: Pall Mall Press.

— (1984): *César Vallejo. La dialéctica de la poesía y el silencio*. Buenos Aires: Sudamericana.

FRANK, Manfred (1986): *Die Unhintergehbarkeit von Individualität*. Frankfurt-M.: Suhrkamp.

— (1990): *Das Sagbare und das Unsagbare. Studien zur deutsch-französischen Hermeneutik und Texttheorie*. Erweiterte Neuausgabe. Frankfurt-M.: Suhrkamp.

— (1991): *Selbstbewußtsein und Selbsterkenntnis. Essays zur analytischen Philosophie der Subjektivität*. Stuttgart: Reclam.

FUENTES, Victor (1988): "La literatura proletaria de Vallejo", *Cuadernos hispanoamericanos* 454-455, pp. 404-414.

FUHRMANN, Manfred (1992): *Dichtungstheorie der Antike. Aristoteles – Horaz – 'Longin'*. 2. überarb. und veränd. Auflage. Darmstadt: Wissenschaftliche Buchgesellschaft.

GALLARDO, Andrés (1968): "Vicente Huidobro y las novelas de poetas", *Aisthesis* 3, pp. 95-112.

GARCÍA CANCLINI, Nestor (1989): *Culturas híbridas. Estrategias para entrar y salir de la modernidad*. México, D.F.: Grijalbo.
GARCÍA GUTIÉRREZ, Rosa (1996): "Ulises vs. Martín Fierro (Notas sobre el hispanismo literario de los Contemporáneos)", *Literatura Mexicana* 7, 2, pp. 408-444.
— (1997): "Contemporáneos: La otra novela de la Revolución Mexicana", *Ínsula* 611, pp. 19-21.
GARCÍA LLORENTE, Isabel (1981): "Preocupación estética de Enrique Labrador Ruiz", en Reinaldo Sánchez (ed): *Homenaje a Enrique Labrador Ruiz*... pp. 42-46.
GARGANIGO, John F. (1979): "Sobre 'Sátiro' o el poder de las palabras'", *Revista Iberoamericana* 106-107, pp. 315-323.
GARRAMUÑO, Florencia (1996): *Genealogías culturales: La reescritura en la novela contemporánea*. Diss. Princeton University.
GARSCHA, Karsten (1991): "Alejo Carpentiers Verhältnis zur europäischen, besonders zur französischen Avantgarde", en Harald Wentzlaff-Eggebert (ed.), *Europäische Avantgarde*..., pp. 511-520.
GASPARINI, Sandra (1994): *Resquicios de la Ley. Una lectura de Juan Filloy*. Buenos Aires: UBA (Hipótesis y Discusiones 3).
GAUTHIER, Xavière (1972): *Surréalisme et sexualité*. Paris: Gallimard.
GEBAUER, Gunter, y WULF, Christoph (1992): *Mimesis. Kultur-Kunst-Gesellschaft*. Hamburg: Rowohlt.
GELADO, Viviana (1992): "La apropiación como operación de la cultura: El Mío Cid Campeador de Vicente Huidobro", *Revista de Crítica Literaria Latinoamericana* 35, pp. 21-31.
GENETTE, Gérard (1972): *Figures III*. Paris: Seuil.
— (1977): "Genres, 'types', modes", *Poétique* 32, pp. 490-506.
— (1982): *Palimpsestes. La littérature au second degré*. Paris: Seuil.
— (1983): *Nouveau discours du récit*. Paris: Seuil.
GEWECKE, Frauke (1992): "Arturo Uslar Pietri: Las lanzas coloradas", en Volker Roloff/H. Wentzlaff-Eggebert (eds.), *Der hispanoamerikanische Roman*... pp. 167-179.
GILMAN, Stephen (1989): *The Novel According to Cervantes*. Berkeley: University of California Press.
GIORDANO, Jaime (1972): "El espacio en la narrativa de Roberto Arlt", *Nueva Narrativa Hispanoamericana* 2, 2, pp. 119-148.
— (1985): "Roberto Arlt: Escritura expresionista", *Revista de Estudios Hispánicos* 19, pp. 55-70.
GIRARD, René (1961): *Mensonge romantique et verité romanesque*. Paris: Hachette.
GNUTZMANN, Rita (1984): *Roberto Arlt o el arte del calidoscopio*. Bilbao: Universidad del País Vasco.
— (1986): "Roberto Arlt: Redescubrimiento de un pionero", *Letras de Deusto* 16, 36, pp. 153-159.
— (1992): "Introducción", en R. Arlt, El juguete rabioso..., pp.
— (1996): "Bibliografía de y sobre Roberto Arlt", *Chasqui* 35, 2, pp. 44-62.

— (1997): "Pablo de Rokha: 'Raimundo Contreras', una educación sentimental y poética", *Anales de Literatura Hispanoamericana* 26, II, pp. 461-472.

GOIC, Cedomil (1977): "El Surrealismo y la literatura iberoamericana", *Revista Chilena* 8, pp. 5-34.

— (1992): *Los mitos degradados: Ensayos de comprensión de la literatura hispanoamericana*. Amsterdam/Atlanta, GA: Rodopi.

GÓMEZ-MARTÍNEZ, José Luis (1987): "La presencia de Ortega y Gasset en el pensamiento mexicano", *Nueva Revista de Filología Hispánica* 35, 1, pp. 197-221.

GONZÁLEZ BOIXÓ, José Carlos (1988): "Feminismo e ideología conservadora", en Teresa de la Parra, *Las Memorias de Mamá Blanca...*, pp. 223-236.

GONZÁLEZ ECHEVARRÍA, Roberto (1990): *Myth and Archive: A Theory of Latin American Narrative*. Cambridge: Cambridge University Press.

GONZÁLEZ-STEPHAN, Beatriz (1986): "El café de nadie y la narrativa del estridentismo", *Texto Crítico* 12, pp. 49-64.

— (1987): *La historiografía literaria del liberalismo hispanoamericano del siglo XIX*. La Habana: Casa de las Américas.

GONZÁLEZ VIGIL, Ricardo (1991): *El Perú es todas las sangres. Arguedas, Alegría, Mariátegui, Martín Adán, Vargas Llosa y otros*. Lima: PUC del Perú.

GOODRICH, Diana S. (1986): "Semiótica de los géneros literarios en textos hispanoamericanos", en M.A. Garrido Gallardo (ed.): *Crítica semiológica de textos literarios hispánicos*. Tomo II, Madrid: CSIC, pp. 935-940.

GORDON, Samuel (1989): "Modernidad y vanguardia en la literatura mexicana: Estridentistas y Contemporáneos", *Revista Iberoamericana* 55, pp. 1083-1098.

— (1994). "Notas sobre la vanguardia en México", *Cuadernos Hispanoamericanos* 524, pp. 57-69.

GOSTAUTAS, Stasys (1977): *Buenos Aires y Arlt: Dostoievsky, Martínez Estrada y Scalabrini Ortiz*. Madrid: Ínsula.

GOTTSCHLICH, Guillermo (1988): "El 'Pájaro Verde' de Juan Emar: proposición de una poética", *Revista Chilena de Literatura* 32, pp. 91-107.

GREENBLATT, Stephen, y GUNN, Giles (eds.) (1992): *Redrawing the Boundaries. The Transformation of English and American Literary Studies*. New York: MLA.

GRIMM, Gunter (1977): *Rezeptionsgeschichte*. München: UTB.

GRÜNDLER, Carola (1994): "Apropiaciones de realidad en la novela hispanoamericana entre 1914 y 1940", en Dill/Gründler/Gunia/Meyer-Minnemann (eds.), *Apropiaciones de realidad...*, pp. 171-183.

GRÜNFELD, Mihai G. (1989): "Cosmopolitismo modernista y vanguardista: una identidad latinoamericana divergente", *Revista Iberoamericana* 55, 146-147, pp. 33-41.

GUERRA-CUNNINGHAM, Lucía (1977): "El habitante y su esperanza de Pablo Neruda: primer exponente vanguardista en la novela chilena", *Hispania* 60, pp. 470-477.

— (1987): *Texto e ideología en la narrativa chilena*. Minneapolis: The Prisma Institute.

GUILLÉN, Claudio (1971): *Literature as System. Essays towards the Theory of Literary History*. Princeton: University Press.
— (1989): *Teorías de la historia literaria*. Madrid: Espasa Calpe.
GULLÓN, Ricardo (1969): *La invención del 98 y otros ensayos*. Madrid: Gredos.
GUMBRECHT, Hans-Ulrich (1978): "Modern, Modernität, Moderne", en O. Brunner, W. Conze, R. Koselleck, *Geschichtliche Grundbegriffe. Historisches Lexikon zur politisch-sozialen Sprache in Deutschland*. Tomo IV, Stuttgart: Klett, pp. 93-131.
GÜNSCHE, Jürgen (1995): "Einleitung", en José de la Cuadra, *Los sangurimas/Die Sangurimas*. Übersetzt und eingeleitet von J. Günsche. Bamberg: Universitäts-Bibliothek (= Bamberger Editionen 10), pp. 7-10.
GUZMÁN, Flora (1992): "Introducción", en R. Arlt, *Los siete locos...*, pp. 9-80.
HABERMAS, Jürgen (1978): "Urgeschichte der Subjektivität und verwilderte Selbstbehauptung", en id., *Politik, Kunst, Religion*. Stuttgart: Reclam, pp. 33-47.
— (1985): *Der philosophische Diskurs der Moderne*. Frankfurt-M.: Suhrkamp.
— (1988): *Nachmetaphysisches Denken. Philosophische Aufsätze*. Frankfurt-M.: Suhrkamp.
HAEFFNER, Gerd (1974): *Heideggers Begriff der Metaphysik*. München: Berchmannskolleg-Verlag.
— (1981): "Martin Heidegger", en Otfried Höffe (ed.), *Klassiker der Philosophie. Band II: Von Immanuel Kant bis Jean-Paul Sartre*. München: C. H. Beck, pp. 361-384.
HALPERIN DONGHI, Tulio (1994): *Historia contemporánea de América Latina*. Madrid: Alianza.
HAMILTON, Carlos D. (1982): "Arturo Uslar Pietri, novelista contemporáneo", *Cuadernos Americanos* 41, 242, pp. 209-227.
HANDELSMAN, Michael (1981): *El Modernismo en las revistas literarias del Ecuador: 1895-1930. Ensayo preliminar y bibliografía*. Cuenca: Casa de Cultura Ecuatoriana.
HARDT, Manfred (1983): "Zu Begriff, Geschichte und Theorie der literarischen Avangarde", en W. Hirdt/R. Klesczewski (eds.), *Italia Viva. Festschrift für Hans Ludwig Scheel*. Tübingen: Gunter Narr, pp. 155-168; também en Hardt (1989), pp. 145-171.
— (ed.) (1989): *Literarische Avantgarden*, Darmstadt: Wissenschaftliche Buchgesellschaft.
HARMUTH, Sabine (1994): "La novela indigenista", en H.-O. Dill/C. Gründler/I. Gunia/K. Meyer-Minnemann, *Apropiaciones...pp. 184-200*.
HARSHAW, Benjamin (1984): "Fictionality and Fields of Reference. Remarks of a Theoretical Framework", *Poetics Today* 5, 2, pp. 227-251.
HAYES, Aden W. (1980): "Reality and the Novel: The Case of Roberto Arlt", *Romance Notes* 21, pp. 48-53.
— (1981): *Roberto Arlt: La estrategia de su ficción*. Londres: Tamesis.
HIELSCHER, Martin (ed.) (1992): *Fluchtort Mexiko*. Hamburg: Luchterhand.

HIGGINS, James (1992): "Two Poet-Novelists of Peru", en A.L. Mackenzie y D.S. Severin (eds.), *Hispanic Studies in Honour of Geoffrey Ribbans*. Liverpool: LUP (Bulletin of Hispanic Studies. Special Hommage Volume), pp. 289-296.
HOPFE, Karin (1994): "María Luisa Bombal: La última niebla", en Dill/Gründler/ Gunia/Meyer-Minnemann, *Apropiaciones de realidad...*, pp. 229-241.
— (1996): *Vicente Huidobro, der Creacionismo und das Problem der Mimesis*. Tübingen: Gunter Narr.
HOVESTADT, Volker (1987): *José Carlos Mariátegui und seine Zeitschrift Amauta (Lima, 1926-1930)*. Frankfurt-M./Bern/New York...: Peter Lang.
HUAMÁN, Miguel Ángel (1994): *Fronteras de la escritura. Discurso y utopía en Churata*. Lima: Horizonte.
HULME, Peter (1977): "Macedonio Fernández's 'Técnica del mareo': the Analysis of a Literary Device", *Ibero-amerikanisches Archiv N.F.* 3, 1, pp. 352-634.
HUTCHEON, Linda (1984): *Narcissistic Narrative. The Metafictional Paradox*. New York/London: Methuen.
IFE, B. W. (1985): *Reading and Fiction in Golden-Age Spain. A Platonist Critique and Some Picaresque Replies*. Cambridge: Cambridge University Press.
ILLE, Hans-Jürgen; MEYER-MINNEMANN, Klaus, y NIEMEYER, Katharina (1994): "Apropiaciones de realidad en la novela hispanoamericana entre 1860 y 1914", en H.-O. Dill/C. Gründler/I. Gunia/K. Meyer-Minnemann, *Apropiaciones...*, pp. 90-103.
INVERNIZZI, Lucía (1991): "Alejandro Canseco-Jerez estudia a Juan Emar", *Revista Chilena de Literatura* 37, pp. 89-95.
ISER, Wolfgang (1976): *Der Akt des Lesens. Theorie ästhetischer Wirkung*. München: Fink.
— (1991): *Das Fiktive und das Imaginäre. Perspektiven literarischer Anthropologie*. Frankfurt-M.: Suhrkamp.
JAKOBSON, Roman (1960): "Linguistics and Poetics", en Th. A. Seboek, *Style in Language*. New York: Wiley, pp. 350-377.
JAÉN, Didier Tisdel (1992): *Borges' Esoteric Library: Metaphysics to Metafiction*. Lanham: University Press of America.
JAKOB, Michael (1997): "'Biografía del lector'. Narrative Theorie und Praxis des Leserbewußtseins in Museo de la Novela de la Eterna", *Compar(a)ison* 1, pp. 69-94.
JAKOBSON, Roman (1979): "Die Dominante", en id., *Poetik. Ausgewählte Aufsätze 1921-1971*. Frankfurt-M.: Suhrkamp, pp. 212-219.
JANIK, Dieter (1985): *Literatursemiotik als Methode. Die Kommunikationsstruktur des Erzählwerks und der Zeichenwert literarischer Strukturen*. Tübingen: Narr.
JARAMILLO-ZULUAGA, J. Eduardo (1994): "4 años a bordo de mí mismo: una poética de los cinco sentidos", en id., *El deseo y el decoro. Puntos de herejía en la novela colombiana*. Bogotá: Tercer Mundo Editores, pp. 83-106.
JARKOWSKI, Aníbal (1989): "El amor brujo: La novela 'mala' de Roberto Arlt", en Graciela Montaldo (ed.), *Borges entre Yrigoyen y Arlt...*, pp. 109-127.

JAUß, Hans Robert (1967): *Literaturgeschichte als Provokation der Literaturwissenschaft.* Konstanz: Universitätsverlag.
— (1982): *Ästhetische Erfahrung und literarische Hermeneutik.* Frankfurt-M.: Suhrkamp.
JITRIK, Noé (1973): *La novela futura de Macedonio Fernández.* Caracas: Universidad Central de Venezuela, Ediciones de la Biblioteca.
— (1976): "Entre el dinero y el ser: Lectura de El juguete rabioso de Roberto Arlt", *Dispositio* 1, pp. 99-133.
— (1987): "Notas sobre la vanguardia latinoamericana. Papeles de trabajo", en id., *La vibración del presente*, México, D.F.: FCE, pp. 60-78.
JOFRÉ, Manuel Alcides/NÓMEZ, Naín (1992*): Pablo de Rokha y Pablo Neruda. La escritura total.* Santiago de Chile: Documentas/Cordillera.
JURT, Joseph (1995): *Das literarische Feld. Das Konzept Pierre Bourdieus in Theorie und Praxis.* Darmstadt: Wissenschaftliche Buchgesellschaft.
KARSEN, Sonja (1971): *Jaime Torres Bodet.* Nueva York: Twayne.
KASON, Nancy M. (1986): "'La próxima': Hacia una teoría de la novelística creacionista", en Fernando Burgos (ed.), *Prosa hispánica de vanguardia...*, pp. 105-113.
KING, John (1989): *Sur. Estudio de la revista argentina y de su papel en el desarrollo de una cultura 1931-1970.* México, D.F.: FCE.
KINSELLA, John (1979): "The artist as Subject: A study of Martín Adán's La casa de cartón", en P.S.N. Russel-Gebbett et al.: *Belfast Spanish and Portuguese Papers.* Belfast: Queens University, pp. 69-77.
— (1981): "Realism, Surrealism, and La casa de cartón", en S. Boldy (ed.), *Before the boom: Four essays on Latin-American litterature before 1940.* Liverpool: University of Liverpool, pp. 31-39.
— (1987): "La creación de Barranco: Un estudio de La casa de cartón, de Martín Adán", *Revista de Crítica Literaria Latinoamericana* 26, pp. 87-96.
— (1989): *Lo trágico y su consuelo. Estudio de la obra de Martín Adán.* Lima: Mosca Azul.
KIRKPATRICK, Gwen (1998): "Presentación [a la sección monográfica Las vanguardias en América Latina]", *Revista de Crítica Literaria Latinoamericana* 48, pp. 9-10.
KISHIMOTO YOSHIMURA, Jorge (comp.) (1993): *Narrativa peruana de vanguardia* = *Documentos de literatura* (Lima), 2-3.
KLENGEL, Susanne (1994): *Amerika-Diskurse der Surrealisten. "Amerika" als Vision und als Feld heterogener Erfahrungen.* Stuttgart/Weimar: Metzler.
KLINGER, Cornelia (1995): *Flucht-Trost-Revolte. Die Moderne und ihre ästhetischen Gegenwelten.* München/Wien: Carl Hanser.
KOHEN, Myrian (1984): "Sociología de la función social en la obra de Pablo Palacio", *Cultura* (Quito), 20, pp. 103-123.
KÖNIG, Irmtrud (1984): *La formación de la narrativa fantástica hispanoamericana en la época moderna.* Frankfurt-M./Bern/New York: Lang.

— (1994): "Ficción narrativa y discurso poético en escalas melografiadas de César Vallejo", en Jorge Cornejo Polar/Carlos López Degregori (eds.), *Vallejo y su tiempo*. Actas del Coloquio Internacional, Universidad de Lima, 1992. Lima: Universidad de Lima, pp. 273-283.

LAFLEUR, Hector René/Sergio D. Provenzano/Fernando P. Alonso (1968): *Las revistas literarias argentinas 1893-1967*. Ed. corr. y aument. Buenos Aires: Centro Editor de América Latina.

LANGE, Norah (1968): *Estimados congéneres*. Buenos Aires: Losada.

LANGOWSKI, Gerald J. (1982): *El surrealismo en la ficción hispanoamericana*. Madrid: Gredos.

LANSER, Susan S. (1992): *Fictions of Authority. Women Writers and Narrative Voice*. Ithaca/London: Cornell University Press.

LARRAZÁBAL HENRÍQUEZ, Osvaldo (1987): "Prólogo", en E. B. Núñez, *Novelas y ensayos*. Caracas: Biblioteca Ayacucho, pp. IX-XXXIX.

LASARTE VALCÁRCEL, Javier (1992): *Sobre literatura venezolana*. Caracas: La Casa de Bello (Colección Zona Tórrida).

— (1994): "Nacionalismo populista y desencanto. Poéticas de modernidad en la narrativa de Guillermo Meneses", *Revista Iberoamericana* 60, 166-167, pp. 77-96.

— (1996): "Historia de una de treinta y seis vanguardias. El caso venezolano", *Estudios* 4, 7, pp. 175-194.

— (1998): "Postmodernismo y vanguardia desde la postmodernidad. La narrativa venezolana", *Revista de Crítica Literaria Latinoamericana* 48, pp. 49-60.

LASTRA, Pedro (1977): "Rescate de Juan Emar", *Revista de Crítica Literaria Latinoamericana* 5, pp. 67-73.

LAUER, Mirko (1983): *Los exilios interiores. Una introducción a Martín Adán*. Lima: Mosca Azul.

LAVIN CERDA, Hernán (1983): "La poesía de Pablo de Rokha: Chile entre la epopeya y el cataclismo", *Cuadernos Americanos* 42, 248, pp. 82-102.

— (1984): "Pablo Palacio: El vértigo de la figura", *Cuadernos Hispanoamericanos* 257, pp. 70-81.

LEAL, Luis (1989): "Mariano Azuela: Precursor de los nuevos novelistas", *Revista Iberoamericana* 55, pp. 859-867.

LEAL FERNÁNDEZ, Pilar (1996): "Entre la memoria y el olvido: el indígena en las letras de México", *Literatura Mexicana* 7, 2, pp. 383-406.

LELAND, Christopher Towne (1986): *The Last Happy Men: The Generation of 1922, Fiction and the Argentine Reality*. Syracuse (N.Y.): Syracuse University Press.

LEVINSON, Brett (1997): "The Death of the Critique of Eurocentrism: Latinamericanism as a Global Praxis/Poiesis", *Revista de Estudios Hispánicos* 31, 2, pp. 169-201.

LEÓN VEGA, Margarita (1999): "El discurso erótico en la poesía mística de Concha Urquiza", en *Actas del XII Congreso de la Asociación Internacional de Hispanistas, Birmingham 1995*, Tomo VII: Estudios Hispanoamericanos. Birmingham: Department of Hispanic Studies, The University of Birmingham pp. 15-24.

LINDSTROM, Naomi (1977): "Macedonio Fernández and Jaques Derrida: Co-Visionaries", *Review* (Center for Inter-american Relations, New York) 21-22, pp. 149-154.

— (1981): "El discurso 'disparatado' en Arlt: El texto del ocultamiento", *Escritura* 6, 12, pp. 357-373.

— (1985): "Macedonio Fernández y su reinvención del discurso metafísico", *Revista Crítica de Literatura Latinoamericana* 11, pp. 151-164.

LIZAMA, Patricio (ed. e intr.) (1992): *Jean Emar. Escritos de arte (1923-1925)*. Santiago de Chile: dibam.

— (1994): "Jean Emar/Juan Emar: la vanguardia en Chile", *Revista Iberoamericana* 168-169, pp. 945-960.

LOHSE, Rolf, y SCHERER, Ludger (eds.) (2004): *Humor und Avantgarde*. Amsterdam: Rodopi (en prensa).

LIZAMA, A. Patricio (1999): "Huidobro y la vanguardia de los años 30", www.uchile.cl/cultura/huidobro/ensayo_patricio_lizama.htm.

LONDERO, Eleanor (1989): "Vanguardia y nacionalismo: La polémica del meridiano (Madrid-Buenos Aires, 1927)", *Iberoamericana* 36, pp. 3-19.

LOPEZ, Pierre (1993): *Pablo Palacio entre le drame et la folie. Le cas d'un narrateur equatorien des annes 30*. Perpignan: CRILAUP (Marges 11).

LÓPEZ ALFONSO, Francisco José (1995): *César Vallejo. Las trazas del narrador*. Valencia: Dpto. de Filología Española (Anejo XI de Cuadernos de Filología).

LÓPEZ CAMPILLO, Evelyne (1972): *La Revista de Occidente y la formación de minorías (1923-1936)*. Madrid: Taurus.

LOSADA, Alejandro (1980): *La literatura en la sociedad de América Latina. Los modos de producción entre 1750-1980*. Berlin: Lateinamerika-Institut der Freien Universität.

LOSADA, S. Miguel (1988): "Presencia de la literatura hispanoamericana en las revistas españolas de vanguardia: 1918-1939", *Anales de Literatura Hispanoamericana* 17, pp. 41-59.

LOYAZA, Luis (1974): "Martín Adán en su casa de cartón", en id., *El sol de Lima*. Lima: Mosca Azul, pp. 127-141.

LOYOLA, Hernán (1980): "El habitante y su esperanza: relato de Vanguardia", *Cuadernos para la Investigación de la Literatura Hispánica* 2-3, pp. 213-223.

LUDMER, Josefina (1988): *El género gauchesco. Un tratado sobre la patria*. Buenos Aires: Sudamericana.

LYOTARD, François (1979): *La condition postmoderne. Rapport sur le savoir*. Paris: Minuit.

— (1983): *Le différend*. Paris: Minuit.

MANGONE, Carlos (1989): "La República Radical: Entre *Crítica* y *El Mundo*", en Graciela Montaldo (ed.), *Yrigoyen, entre Borges y Arlt...*, pp. 73-103.

MANZONI, Celina (1993): "Vanguardia y nacionalismo: Itinerario de la *revista de avance*", *Iberoamericana* 49, pp. 16-32.
— (1994): *El mordisco imaginario. Crítica de la crítica de Pablo Palacio*. Buenos Aires: Biblos.
— (1996): "La polémica del meridiano intelectual", *Estudios* 4, 7, pp. 121-132.
MAPLES ARCE, Manuel et al. (1970): "Homenaje a Arqueles Vela", *Vida Literaria*, 1, pp. 10-11
MÁRQUEZ RODRÍGUEZ, Alexis (1985): *Acción y pasión en los personajes de Miguel Otero Silva y otros ensayos*. Caracas: Academia Nacional de la Historia.
MARTER, Inka (1998): *Konstruktion fiktionaler Welten in "Personas en la sala" und "Los dos retratos" von Norah Lange*. Magisterarbeit, Universität Hamburg.
MARTÍNEZ BONATI, Félix (1992): *La ficción narrativa (su lógica y ontología)*. Murcia: Universidad de Murcia, Secretariado de Publicaciones.
MARTÍNEZ, Eliud (1988): *The Art of Mariano Azuela: Modernism in La malhora, El desquite, La luciérnaga*. Pittsburgh: Latin American Literary Review Press.
MARTÍNEZ CUTIÑO, L./Carricaburo, Norma (1979): "Una picaresca porteña: El juguete rabioso de R. Arlt", en Manuel Criado de Val (ed.), *La picaresca. Orígenes, textos y estructuras*. Madrid: Fundación Universitaria Española, pp. 1137-1146.
MASI, Alessandro (1995): "Introduzione", en *Zig zag: il romanzo futurista...*, pp. 7-35.
MASIELLO, Francine (1985): "Texto, ley, transgresión: Especulación sobre la novela (feminista) de vanguardia", *Revista Iberoamericana* 51, 132-133, pp. 807-822.
— (1986): *Lenguaje e ideología. Las escuelas argentinas de vanguardia*. Buenos Aires: Hachette.
— (1988): "La política de la marginalidad en la vanguardia argentina", *Nuevo Texto Crítico* 1, 2, pp. 301-314.
MASOTTA, Oscar (1965): *Sexo y traición en Roberto Arlt*. Buenos Aires: Jorge Álvarez.
MATTALIA, Sonia (1988): "Escalas melografiadas: Vallejo y el vanguardismo narrativo", *Cuadernos Hispanoamericanos* 454-455, pp. 329-343.
— (1992a): "Modernización y desjerarquización cultural: El caso Arlt (de La vida puerca a El amor brujo)", *Revista Iberoamericana* 58, 159, pp. 501-516.
— (1992b): "Introducción", en Teresa de la Parra, *Ifigenia...*, pp. 9-69.
— (1997): "Del tropezón conciencial. Humorística, deriva del placer y del goce en Macedonio Fernández", *Compar(a)ison* 1, pp. 28-41.
MATTHEWS, J. H. (1966): *Surrealism in the Novel*. Ann Arbor: University of Michigan Press.
MAURY, Debra Alice (1993): "*In Praise of the Hero: The Prose Works of Vicente Huidobro*". *Dissertation Abstracts International. 54(6):2165A. 1993 Dec*
MELIS, Antonio (1999): *Leyendo Mariátegui 1967-1998*. Lima: Biblioteca Amauta.
MENDOZA PORTALES, Lissette (1988): *Unamuno, el filósofo. Crítica al antropologismo idealista de Miguel de Unamuno*. La Habana: Editorial de Ciencias Sociales.

MENTON, Seymor (1993): *La nueva novela histórica de la América Latina, 1979-1992*. México, D.F.: FCE.

MERINO, Antonio (1996): "Estudio preliminar", en César Vallejo, *Narrativa completa*. Edición de Antonio Merino. Madrid: Akal, pp. 5–86.

MERRIM, Stephanie (1988): "Desire and the Art of Deshumanization: Macedonio Fernández, Julio Cortázar and João Guimarães Rosa", *Latin American Literary Review* 16, pp. 46-64.

MEYER, Doris (ed.) (1995): *Reinterpreting the Spanish American Essay. Women Writers of the 19th and 20th Centuries*. Austin: University of Austin Press.

MEYER-MINNEMANN, Klaus (1975): "Sinngebung, Erzählweise und die geschichtliche Wirklichkeit bei Eugenio Cambaceres", en J.M. Navarro et al. (ed.), *Homenaje al profesor Hans-Karl Schneider*. Hamburg: Buske, pp. 465-495.

— (1982): "Der Estridentismus", *Iberoamericana* 15, pp. 31-42.

— (1984): "Narración homodiegética y 'segunda persona': Cambio de piel de Carlos Fuentes", *Acta Literaria* 9, pp. 5-27.

— (1985/86): "G. Pérez Firmat, Idle Fictions. The Hispanic Vanguard Novel 1926-1934, Durham, N.C., 1982.", *Nueva Revista de Filología Hispánica* 34, pp. 233-240.

— (1987a): "Lo moderno del Modernismo", *Ibero-amerikanisches Archiv N. F.* 13, 1, pp. 77-91.

— (ed.) (1987b): *Avantgarde und Revolution. Mexikanische Lyrik von López Velarde bis Octavio Paz. Eine Anthologie*. Madrid/Frankfurt-M.: Iberoamericana-Vervuert.

— (1988): "Octavio Paz in den dreißiger Jahren: Rekonstruktion einer mexikanischen Avantgarde", en Karl Hölz (ed.), *Literarische Vermittlungen: Geschichte und Identität in der mexikanischen Literatur. Akten des Kolloquiums Trier 5. bis 7. Juni 1987*. Tübingen: Niemeyer, pp. 121-136.

— (1991a): *La novela hispanoamericana de fin de siglo*. México, D.F.: FCE.

— (1991b): "La Urbe de los estridentistas", *Neue Romania* 10, pp. 103-113.

— (1997): "La construcción de lo hispanoamericano en algunas novelas de lengua alemana: Raubmenschen de Max Dathendey, Der Schatz der Sierra Madre de B. Traven, y Der Schlangenbaum de Uwe Timm", *Poligrafías* 2, pp. 101-117.

— (1999): "Poeta vates und persönliches Ich: zum Ausdruck von Subjektivität in Andrés Bellos Großgedicht América", en Sybille Große/Axel Schönberger (eds.), *Dulce et decorum est philologiam colere. Festschrift für Dietrich Briesemeister zu seinem 65. Geburtstag*. Berlin: Domus Editoria Europaea, pp. 481-488.

MEYER-MINNEMANN, Klaus, y SCHLICKERS, Sabine (eds.) (en prensa): *Formación y vigencia del género de la novela picaresca*. Madrid/Frankfurt-M.: Iberoamericana-Vervuert.

MEYER-MINNEMANN, Klaus, y VERGARA, Sergio (1990): "La Revista Mandrágora: Vanguardismo y Contexto Chileno en 1938", *Acta Literaria* 15, pp. 51-69.

MIERAU, Fritz (1997): "Hintergründe zur Entstehungszeit der großen Brände", en *Die großen Brände...*, pp. 264-287.

MIGNOLO, Walter (1980-1981): "Semantización de la ficción literaria", *Dispositio* 15-16, pp. 85-127.
— (1984): "Sobre las condiciones de la ficción literaria", en id., *Textos, modelos y metáforas*. México, D.F.: FCE.
MILIANI, Domingo (1978): "Prólogo", en E. B. Núñez, *Cubagua. La Galera de Tiberio*. La Habana: Casa de las Américas, pp. VII-XXXII.
— (1993): "Introducción", en Arturo Uslar Pietri, *Las lanzas coloradas...*, pp. 11-116.
MILLER, Beth (ed.) (1976): *Ensayos contemporáneos sobre Jaime Torres Bodet*. México, D.F.: UNAM.
MINGUET, Charles (1978): "Tradición y modernidad en El Señor Presidente", en Miguel Ángel Asturias, *El Señor Presidente...*, pp. CXLI-CLIV.
— (1991): "Miguel Ángel Asturias ¿creador de conceptos vanguardistas?", en Harald Wentzlaff-Eggebert (ed.), *Europäische Avantgarde...*, pp. 393-411.
MOLINERO, Rita (1977): *La narrativa de Enrique Labrador Ruiz*. Madrid: Playor.
MOLINO, Jean (1993): "Les genres littéraires", *Poétique* 74, pp. 3-28.
MONGUIÓ, Luis (1954): *La poesía postmodernista peruana*. Berkeley/Los Angeles/México, D.F.: University of California Press/FCE.
MONSIVÁIS, Carlos (1988): "Notas sobre la cultura mexicana en el siglo XX", en El Colegio de México, *Historia general de México*, t. II, pp. 1375-1548.
MONTALDO, Graciela (ed.) (1989): *Yrigoyen, entre Borges y Arlt, 1916-1930. Historia social de la literatura argentina.Tomo VII*. Ed. por David Viñas y Eva Tabakian. Buenos Aires: Editorial Contrapunto.
— (1993): *De pronto, el campo. Literatura argentina y tradición rural*. Buenos Aires: Viterbo.
MORA, Carmen de (1992): "Ironía y ficción en la narrativa de Julio Garmendia", *Revista Iberoamericana* 58, 159, pp. 516-526.
MORAÑA, Mabel (1984): *Literatura y cultura nacional en Hispanoamérica (1910-1940)*. Minneapolis: Institute for Study of Ideologies & Literatures.
MOTTE, Warren F. (1988): "Metaliterary Games in Nadja", *Symposium* 42, pp. 232-245.
MULLEN, Edward (1981): "Rubén Salazar Mallen's Cariátide: A Forgotten Chapter in Mexican Literary History", en Catherine Vera/George R. Mc Murray (eds.), *In Honour of Boyd G. Carter. A. Collection of Essays*. University of Wyoming: Department of Modern and Classical Languages, pp. 59-67.
MÜLLER-BERGH, Klaus (1983): "El hombre y la técnica: Contribución al conocimiento de corrientes vanguardistas hispanoamericanas", en *Philologica Hispaniensia in Honorem Manuel Alvar*. Tomo 4, Madrid: Gredos pp. 279-302.
— (1989): "De agú y anarquía a la Mandrágora. Notas para la génesis, la evolución y el apoyo de la vanguardia en Chile", en *Actas del 9º Congreso de la AIH*, t. II, Madrid/Frankfurt-M.: Iberoamericana-Vervuert, pp. 643-656.
MUÑOZ GONZÁLEZ, Luis, y OELKER LINK, Dieter (1993): *Diccionario de movimientos y grupos literarios chilenos*. Concepción: Ediciones Universidad de Concepción.

NAGEL, Susan (1991): *The Influence of the Novels of Jean Giraudoux on the Hispanic Vanguard Novels of the 1920s-1930s*. Lewisburg: Bucknell University Press.
NEALE-SILVA, Eduardo (1987): *César Vallejo, cuentista*. Barcelona: Salvat.
NEGRÍN, Edith (1998): "Una corriente de literatura proletaria en Xalapa", *Actas del XII Congreso de la Asociación Internacional de Hispanistas, Birmingham 1995*, Tomo VII: Estudios Hispanoamericanos. Birmingham: Department of Hispanic Studies, The University of Birmingham pp. 151-160.
NIEMEYER, Katharina (1992): "José Gaos. Der mexikanische Philosoph aus Spanien", en Martin Hielscher (ed.), *Fluchtort Mexiko...*, pp. 87-89.
— (1994): "Las novelas de Macedonio Fernández", en Dill/Gründler/Gunia/Meyer-Minnemann, *Apropiaciones de realidad...*, pp. 242-256.
— (1998a): "Mechthild Albert: Avantgarde und Faschismus. Spanische Erzählprosa 1925-1940. Tübingen: Niemeyer 1996", *Iberoamericana* 70, 2, pp. 100-103.
— (1998b): "Acercamiento a la novela vanguardista hispanoamericana", *Actas del XII Congreso de la Asociación Internacional de Hispanistas, Birmingham 1995*, Tomo VII: Estudios Hispanoamericanos. Birmingham: Department of Hispanic Studies, The University of Birmingham pp. 161-169.
— (1999a): "Arte-vida: ¿Ida y vuelta? El caso del estridentismo", en Harald Wentzlaff-Eggebert (ed.), *Naciendo el hombre nuevo.... Las vanguardias a principios de siglo en el Mundo Ibérico*. Actas del Coloquio de Berlín 1996. Madrid/Frankfurt-M.: Iberoamericana-Vervuert.
— (1999b): "Einleitung", en Juan Emar, *Un año. Ein Jahr*. Edición de Katharina Niemeyer y Sven Olsson (traducción). Bamberg: Universitäsverlag, pp. 7-20.
— (2000): "Novela y modernidad entre 1920 y 1940", *Iberoamericana* 78/79: *Historia, cultura y literatura de Venezuela*, pp. 139-163.
— (2001): "Ficción y realidad en la novela vanguardista hispanoamericana", *Iberoromania* 53, pp. 50-67.
— (2002): "How to make films with words. Sobre los comienzos de la escritura fílmica en la literatura hispanoamericana", en Dieter Ingenschay/Gabriele Knauer/Klaus Meyer-Minnemann (eds.), *El pasado siglo XX. Una retrospectiva de la literatura latinoamericana. Homenaje a Hans-Otto Dill*. Berlin: edition tranvía, pp. 161-177.
NIEVES, Dolores (1990): "Fantoches 1926: Una novela vanguardista", *Universidad de La Habana* 239, pp. 23-39.
Notas 17 (2000). Reseñas iberoamericanas. Literatura, sociedad, historia. Madrid/Frankfurt-M.: Iberoamericana-Vervuert.
NÜNNING, Ansgar (1993): "Renaissance eines anthropomorphisierten Passepartouts oder Nachruf auf ein literaturkritisches Phantom? Überlegungen und Alternativen zum Konzept des *implied author*", *Deutsche Vierteljahrsschrift* 67, 1, pp. 1-25.
— (1995): *Von historischer Fiktion zu historiographischer Metafiktion*. Trier: WVT.
NÚÑEZ, Estuardo (1965): *La literatura peruana en el siglo XX*. México, D.F.: Pormaca.
OLEA FRANCO, Rafael (1993): *El otro Borges. El primer Borges*. México, D.F.: FCE (Estudios de Lingüística y Literatura, XXIV).

OLEA FRANCO, Rafael, y STANTON, Anthony (1994): *Los Contemporáneos en el laberinto de la crítica*. México, D.F.: FCE.
OLSSON, Sven (1997): *Zwischen Fragment und Kohäsion: Inhaltsstruktur, Diskursorganisation und poetologische Selbstreflexion im Roman* Miltín 1934 *von Juan Emar*. Magisterarbeit (unveröffentlicht), Universität Hamburg.
ORDÓÑEZ, Montserrat (1990): "Introducción", en J. E. Rivera, *La vorágine...*, pp. 11-72.
ORTEGA, Julio (1983): "La escritura de vanguardia", *Quimera*, 31, pp. 56-60.
— (1986): *Cultura y modernización en la Lima del 900*. Lima: CEDEP.
— (1991): "Introducción", en C. Vallejo, *Trilce*. Ed. J. Ortega. Madrid: Cátedra, pp. 9-39.
ORTIZ-MÁRQUEZ, Mabel (1997): "Transculturación narrativa y la polémica posmoderna", en Mabel Moraña (ed.): *Ángel Rama y los estudios latinoamericanos*. Pittsburgh: PA, pp. 193-212.
OSORIO, Nelson (1977-1978): "La tienda de muñecos de Julio Garmendia en la narrativa de la vanguardia hispanoamericana", *Actualidades* 3-4, pp. 11-36.
— (1979): "El primer libro de Uslar Pietri y la vanguardia literaria de los años veinte", *Revista de Crítica Literaria Latinoamericana* 5, 9. pp. 135-139.
— (1981): "Para una caracterización histórica del vanguardismo literario hispanoamericano", *Revista Iberoamericana* 47, pp. 227-254.
— (1982): *El futurismo y la vanguardia literaria en América Latina*. Caracas: Centro de Estudios Latinoamericanos Rómulo Gallegos.
— (1985): *La formación de la vanguardia en Venezuela. Antecedentes y documentos*. Caracas: Biblioteca de la Academia Nacional de La Historia.
— (1988a): "Contextualización y lectura crítica de Las Memorias de Mamá Blanca", en Teresa de la Parra, *Las Memorias de Mamá Blanca...*, pp. 237-251.
— (ed.) (1988b): *Manifiestos, proclamas y polémicas de la vanguardia literaria hispanoamericana*, Caracas: Biblioteca Ayacucho.
— (1994): *Al margen de las letras*. Caracas: Fundarte.
OYARZÚN, Kemy (1987): "Ecolalía e intertextualidad en La última niebla", *Discurso literario* 1, pp. 163-183.
PACHECO, José Emilio (1976): "Torres Bodet, 'Contemporáneo'", en Beth Miller (ed.), *Ensayos contemporáneos sobre Jaime Torres Bodet*, México, D.F.: UNAM, pp. 5-12.
PAGNI, Andrea (1991): "Macedonio Fernández o la escritura del lector", en Harald Wentzlaff- Eggebert (ed.), *Europäische Avantgarde...* , pp. 201-212.
PANABIÈRE, Louis (1983): *Itinerario de una disidencia. Jorge Cuesta (1903-1942)*. México, D.F.: FCE.
PANTIGOSO, Manuel (1999): *El ultraorbicismo en el pensamiento de Gamaliel Churata*. Lima: Universidad Ricardo Palma.
PASCHEN, Hans (1991): *Narrative Technik im Romanwerk von Gustavo Álvarez Gardeazábal*. Madrid/Frankfurt-M.: Iberoamericana-Vervuert.
PAZ, Octavio (1978): *Xavier Villaurrutia en persona y en obra*. México, D.F.: FCE.

— (1990): *Los hijos del limo. Del romanticismo a la vanguardia* [1974]. Barcelona: Seix Barral.

PELLICER, Rosa (1997): "La tradición en la vanguardia: Mío Cid Campeador de Vicente Huidobro", *Anales de Literatura Hispanoamericana* 26, 2, pp. 485-496.

PENZKOFER, Gerhard (1996): "Anacleto Morones oder von der Unmöglichkeit, Schelm zu sein. Überlegungen zur Poetik von Juan Rulfos El llano en llamas", *Iberoamericana* 62, pp. 22-47.

PERASSI, Emilia (1993): "Intorno alla narrativa dei Contemporáneos. "Dama de Corazones" di Xavier Villaurrutia ovvero: il faut se perdre pour se retrouver", en Consiglio Nazionale delle Ricerche (ed.): *El Girador: Studi di letterature iberiche e ibero-americane. Offerti a Guiseppe Bellini*. Tomo 2, Roma: Bulzoni, pp. 793-802.

PÉREZ FIRMAT, Gustavo (1982): *Idle Fictions. The Hispanic Vanguard Novel 1926-1934*, Durham, N.C.: Duke University Press.

PÉREZ LÓPEZ, María Ángeles (1998): *Los signos infinitos. Un estudio de la obra narrativa de Vicente Huidobro*. Lleida: Edicions de la Universitat de Lleida/A.E.E.L.H. (Serie Americana 3).

PÉRU, Jean-Michel (1991): "Une crise du champ littéraire français. Le débat sur la 'littérature prolétarienne' (1925-1935)", *Actes de la recherche en sciences sociales* 89, pp. 47-65.

PÉRUS, Françoise (1982): *Historia y crítica literaria. El realismo social y la crisis de la dominación oligárquica*. La Habana: Casa de las Américas.

PICARD, Hans Rudolf (1986): "La reinterpretación de un tema medieval: Mio Cid Campeador (1928) de Vicente Huidobro o la identificación enfática con el mito", *Actas del VIII Congreso de la Asociación Internacional de Hispanistas*, t. II. Madrid: Istmo, pp. 455-459.

PICÓN GARFIELD, Evelyn (1984): "Tradición y ruptura en 'Tres novelas ejemplares' de Vicente Huidobro y Hans Arp", en Picón Garfield/Schulman, *"Las entrañas del vacío"*..., pp. 126-144.

PICÓN GARFIELD, Evelyn, y SCHULMAN, Iván (1984): "La estética extraVASANTE de la InNegAusencia o la modernidad de Arqueles Vela", en id., *"Las entrañas del vacío": ensayo sobre la modernidad hispanoamericana*. México, D.F.: Cuadernos Americanos, pp. 155-166.

PIERRE, José (ed.) (1990): *Recherches sur la sexualité, Janvier 1928 – août 1932*. Paris: Gallimard.

PIGLIA, Ricardo (1974): "Roberto Arlt: La ficción del dinero", *Hispamérica* 3, 7, pp. 25-28.

— (1980): *Respiración artificial*. Buenos Aires: Sudamericana.

PINO, José M. del (1995): *Montajes y fragmentos: Una aproximación a la narrativa española de vanguardia*. Amsterdam/Atlanta, GA: Rodopi.

PIZARRO, Ana (1991): "América Latina: vanguardia y modernidad periférica", *Hispamérica* 59, pp. 23-35.

PÖPPEL, Hubert (1994): *Tradition und Moderne in Kolumbien. Das Neben- und Gegeneinander lyrischer Strömungen in den 20er Jahren.* Madrid/Frankfurt-M.: Iberoamericana-Vervuert.
— (1999): *Las vanguardias literarias en Bolivia, Colombia, Ecuador, Perú. Bibliografía y antología crítica.* Madrid/Frankfurt-M.: Iberoamericana-Vervuert.
POGGIOLI, Renato (1968): *The Theory of Avant-Garde* [1962]. Cambridge: Harvard University Press.
POLIZZOTTI, Mark (1996): *Revolution des Geistes. Das Leben André Bretons.* München: Hanser.
POZUELO YVANCOS, José María (1993): *Poética de la ficción.* Madrid: Síntesis.
PRADA OROPEZA, Renato (1981): "La metaliteratura de Pablo Palacio", *Hispamérica* 10, 28, pp. 3-17.
PROMIS, José (1994): "Programas narrativos de la novela chilena en el siglo XX", *Revista Iberoamericana* 168-169, pp. 925-934.
— (1995): *Testimonios y documentos de la literatura chilena.* Ed. corr. y aument. Santiago de Chile: Andrés Bello.
QUINTERO, David (1988): "'Un hombre muerto a puntapiés': Lectura introductoria", *Revista Iberoamericana* 144-145, pp. 725-737.
RAMA, Ángel (1974): "Los procesos de transculturación en la narrativa latinoamericana", *Revista de Literatura Hispanoamericana* (Maracaibo) 5, pp. 9-38.
— (1977): "La familia latinoamericana de Julio Garmendia", *Papel Literario. El Nacional* (Caracas), 10 de junio, p. 4.
— (1982): "Medio siglo de narrativa latinoamericana (1922-1972) [1973]", en id., *La novela latinoamericana 1920-1980.* Bogotá: Procultura, pp. 99-202.
RAMA, Carlos M. (1976): *Historia del movimiento obrero y social latinoamericano contemporáneo.* Barcelona: Laia.
RAMOS, Julio (1988): "Saber del otro: Escritura y oralidad en el Facundo de D.F. Sarmiento", *Revista Iberoamericana* 143, pp. 551-569.
REICHARDT, Dieter (1983): "Enrique González Tuñón: El tirano (1932). Ein unbekannter Diktatorenroman", en J.M. López de Abiada/T. Heydenreich (eds.), *Homenaje a Gustav Siebenmann.* München: Wilhelm Fink, pp. 749-761.
— (1989): "Engagierte Literatur und Avantgarde in Argentinien", *Iberoamericana* 37/38, pp. 51-69.
— (1991): "Macedonio Fernández y Omar Viñole: dos caras del vanguardismo en Argentina", en Harald Wentzlaff-Eggebert (ed.), *Europäische Avantgarde...*, pp. 213-228.
— (1999): "La nueva sensibilidad martinfierrista y los desplantes de Nicolás Olivari: El gato escaldado", en Harald Wentzlaff-Eggebert (ed.), *Naciendo el hombre nuevo...*, pp. 231-248.
REISZ DE RIVAROLA, Susana (1986): *Teoría literaria. Una propuesta.* Lima: F.E.P.U.C.
RESINA, Joan Ramón (1988/1989): "La teoría de la vanguardia de Ortega y Gasset", en Gregorio C. Martin (ed.), *Selected Proceedings of the Pennsylvania Foreign Language Conference.* Pittsburgh: Duquesne Univ., pp. 274-280.

RICŒUR, Paul (1983-1985): *Temps et récit*. Vol. I-III. Paris: Seuil.
RILEY, Edward C. (1962): *Cervantes's Theory of the Novel*. Newark: Juan de la Cuesta.
RIVAS ITURRALDE, Vladimiro (1991): "Pablo Palacio", en id., *Desciframientos y complicidades*. México, D.F.: Dirección de Difusión Cultural, pp. 45-74; también en Celia Manzoni (1994), *El mordisco...*, pp. 115-134.
RIVAS ROJAS, Raquel (1996): "La aureola en el fango. Función literaria en los manifiestos vanguardistas", *Estudios* 4, 7, pp. 105-119.
RIVERA-RODAS, Oscar (1986): "El discurso narrativizado en Owen", en Fernando Burgos (ed.), *Prosa hispánica de vanguardia...* pp. 115-123.
ROBB, James Willis (1986): "La cena de Alfonso Reyes, cuento onírico: ¿Surrealismo o Realismo mágico?", en Merlin H. Forster/Julio Ortega (eds.), *De la Crónica a la Nueva Narrativa*. pp. 115-125.
ROBLES, Humberto (1979): "Genésis y vigencia de Los sangurimas", *Revista Iberoamericana* 106-107, pp. 85-91.
— (1980): "Pablo Palacio: el anhelo insatisfecho", *Caravelle* 34, pp. 142-156.
— (1988): "La noción de vanguardia en el Ecuador: Recepción y trayectoria (1918-1934)", *Revista Iberoamericana* 54, 144-145, pp. 649-674.
— (1989): *La noción de vanguardia en el Ecuador: Recepción-Trayectoria-Documentos*. Guayaquil: Casa de la Cultura Ecuatoriana.
— (1991): "De san Borondón a Samborondón. Sobre la poética de José de la Cuadra", *Nuevo Texto Crítico* 4, pp. 173-178.
RODIEK, Christoph (1995): *La recepción internacional del Cid*. Madrid: Gredos.
RODRÍGUEZ, Osvaldo (1994): *Ensayos sobre poesía chilena. De Neruda a la poesía nueva*. Roma: Bulzoni.
RODRÍGUEZ CASTELO, Hernán (1987): "Pablo Palacio y sus obras", en AA.VV., *Recopilación de textos sobre Pablo Palacio...*, pp. 85-96.
RODRIGUEZ CORONEL, Rogelio (1990): "La novela cubana contemporánea. Alternativas y deslindes", *Revista Iberoamericana* 56, 152-153, pp. 899-912.
RODRÍGUEZ PERALTA, Phyllis (1984): "Sobre el indigenismo de César Vallejo", *Revista Iberoamericana* 50, 127, pp. 429-444.
RODRÍGUEZ REA, Miguel Ángel (1985): *La literatura peruana en el debate, 1905-1928*. Lima: Ediciones A. Ricardo.
RODRÍGUEZ TORRES, Carmelo (1969): *Estilo de En babia*. Tesis doctoral inédita. Río Piedras: Universidad de Puerto Rico.
— (1976): "Las ideas de Pío Baroja y José Isaac de Diego Padró sobre la novela", *Sin Nombre* 6, 3, pp. 18-40.
ROGMANN, Horst (1991): "Cuba y Puerto Rico: De la vanguardia a la tradición", en Harald Wentzlaff-Eggebert (ed.), *Europäische Avantgarde...*, pp. 531-546.
ROJAS, Mario (1980-1981): "Tipología del discurso del personaje en el texto narrativo", *Dispositio* 15-16, pp. 19-55.
ROJAS PIÑA, Benjamín (1982): "La hazaña de 'Mío Cid Campeador' (1929), un modo de novela nueva", *Atenea* 445, pp. 201-217.

ROLOFF, Volker, y WENTZLAFF-EGGEBERT, Harald (eds.) (1992): *Der hispanoamerikanische Roman. Band 1: Von den Anfängen bis zu Carpentier.* Darmstadt: Wissenschaftliche Buchgesellschaft.
ROMANO, Eduardo (1981): "Arlt y la vanguardia argentina", *Cuadernos Hispanoamericanos* 373, pp. 143-149.
— (1984): "Las revistas argentinas de vanguardia en la década de 1920", en: *Cuadernos Hispanoamericanos* 411, pp. 176-200.
— (1994). "Horacio Quiroga, ¿primer escritor rioplatense de vanguardia?", *Cuadernos Hispanoamericanos* 529-530, pp. 21-32.
ROMANO, Eduardo/Seminario Raúl Scalabrini Ortiz (1990): "El joven Scalabrini Ortiz: La literatura como anticipación", en id., *Las huellas de la imaginación.* Buenos Aires: Puntosur, pp. 65-95.
ROMERO, Armando (1982): "Ausencia y presencia de las vanguardias en Colombia", *Revista Iberoamericana*, 118-119, pp. 275-287.
ROMERO, José Luis (1965): *El desarrollo de las ideas en la sociedad argentina del siglo XX.* México, D.F.: FCE.
— (1976): *Latinoamérica: las ciudades y las ideas.* Buenos Aires: Siglo XXI.
ROMERO TOBAR, Leonardo (1999): "Entre 1898 y 1998: la historiografía de la literatura española", en *Del 98 al 98. Literatura e historia literaria en el siglo VV hispánico.* Pamplona: RILCE (*Rilce* 15, 1), pp. 27-49.
ROSENCVAIG, Perla (1990): "Las novelas 'gaseiformes' de Enrique Labrador Ruiz", *Revista Iberoamericana* 56, pp. 967-974.
RÖSSNER, Michael (1988a): *Auf der Suche nach dem verlorenen Paradies.* Frankfurt-M.: Athenäum.
— (1988b): "Europäische Avantgarde und Ethnologie im Kontext der Suche nach nationaler Identität. Gedanken zum frühen Asturias und zum frühen Carpentier", *Iberoamericana* 32/32, pp. 23-38.
— (ed.) (1995): *Lateinamerikanische Literaturgeschichte.* Stuttgart: Metzler.
RUFINELLI, Jorge (1979): "Pablo Palacio: Literatura, locura y sociedad", *Revista de Crítica Literaria Latinoamericana 5,* pp. 47-60.
SAID, Edward (1979): *Orientalism.* New York: Vintage.
SALAÜN, Serge (1988): "La novela vallejiana a la conquista conflictiva de la madurez (1927-1938), en Nadine Ly (ed.): *César Vallejo: La escritura y lo real.* Madrid: La Torre, pp. 71-86.
SALVADOR, Nélida (1962): *Revistas argentinas de vanguardia (1920-1930).* Buenos Aires: Universidad de Buenos Aires-FFyL.
— (1986): *Macedonio Fernández, precursor de la antinovela*, Buenos Aires: Plus Ultra.
SÁNCHEZ, Reinaldo (1981a): " Enrique Labrador Ruiz y la novela gaseiforme: Una aproximación al texto narrativo*", Crítica Hispánica* 3, 1, pp. 37-46.
— (ed.) (1981b): *Homenaje a Enrique Labrador Ruiz.* Montevideo: Editorial Ciencias.
SARLO, Beatriz (1982). "Vanguardia y criollismo: La aventura de Martín Fierro", *Revista de Crítica Literaria Latinoamericana,* vol. 8, no. 15, pp. 33-69.

— (1985): *El imperio de los sentimientos. Narraciones de circulación periódica en la Argentina (1917-1927)*. Buenos Aires: Catálogos.

— (1988): *Una modernidad periférica: Buenos Aires 1920 y 1930*. Buenos Aires: Nueva Visión.

— (1997): "Oralidad y lenguas extranjeras. El conflicto en la literatura argentina durante el primer tercio del siglo XX", en Walter Bruno Berg/Markus Klaus Schäffauer (eds.), *Oralidad y Argentinidad. Estudios sobre la función del lenguaje hablado en la literatura argentina*. Tübingen: Gunter Narr, pp. 28-41.

SCHÄFFAUER, Markus Klaus (1998): *scriptOralität in der argentinischen Literatur. Funktionswandel literarischer Oralität in Realismus, Avantgarde und Post-Avantgarde (1890-1960)*. Madrid/Frankfurt-M.: Iberoamericana-Vervuert.

SCHAEFFER, Jean-Marie (1989): *Qu'est-ce qu'un genre littéraire?* Paris: Seuil.

SCHIMINOVICH, Flora H. (1986): *La obra de Macedonio Fernández: Una lectura surrealista*, Madrid: Pliegos.

SCHLEIERMACHER, Friedrich (1977): *Hermeneutik und Kritik*. Frankfurt-M.: Suhrkamp.

SCHLICKERS, Sabine (1997): *Verfilmtes Erzählen. Narratologisch-komparative Untersuchung zu El beso de la mujer araña (Manuel Puig/Héctor Babenco) und Crónica de una muerte anunciada (Gabriel García Márquez/Francesco Rosi)*. Madrid/Frankfurt-M.: Iberoamericana-Vervuert.

SCHMIDT-WELLE, Friedhelm (1996): *Stimmen ferner Welten. Realismus und Heterogenität in der Prosa Juan Rulfos und Manuel Scorzas*. Bielefeld: Aisthesis.

SCHMIDT, Siegfried J. (1980): "Fictionality in Literary and Non-Literary Discourse", *Poetics Today* 9, 5/6, pp. 525-546.

SCHNÄDELBACH, Herbert (1985): "Philosophie", en Ekkehard Martens/Herbert Schnädelbach (eds.), *Philosophie. Ein Grundkurs*. Hamburg: Rowohlt.

SCHNEIDER, Luis Mario (1970): *El Estridentismo o una literatura de la estrategia*. México, D.F.: Ediciones de Bellas Artes.

— (1975): "El Vanguardismo", en id.: *Ruptura y continuidad. La literatura mexicana en polémica*. México, D.F.: FCE, pp. 159-189.

— (1978a): *México y el surrealismo (1925-1950)*. México, D.F.: Arte y Libros.

— (1978b): *II Congreso Internacional de Escritores Antifascistas (1937). Tomo II: Inteligencia y Guerra Civil en España*. Barcelona: Laia.

— (comp.) (1985): *El Estridentismo. México 1921-1927*. México, D.F.: UNAM.

SCHOPF, Federico (1989): "Figura de la vanguardia", *Revista Chilena de Literatura* 33, pp. 133-138.

SCHULZ-BUSCHHAUS, Ulrich (1991): "Ansichten vom Ende der Avantgarde – Octavio Paz' *Los hijos del limo* und *Tiempo nublado*", en Harald Wentzlaff-Eggebert (ed.), *Europäische Avantgarde...*, pp. 473-492.

SCHWARTZ, Jorge (1993): *Vanguardia y cosmopolitismo en la década del Veinte. Oliverio Girondo y Oswald de Andrade*. Buenos Aires: Viterbo.

— (ed.) (1991): *Las vanguardias latinoamericanas. Textos programáticos y críticos*. Madrid: Cátedra.

SELBMANN, Rolf (1994): *Dichterberuf. Zum Selbstverständnis des Schriftstellers von der Aufklärung bis zur Gegenwart*. Darmstadt: Wissenschaftliche Buchgesellschaft.

SERRANO, Miguel (1938): *Antología del verdadero cuento en Chile*. Santiago: Gutemberg.

SHAW, Donald L. (1968): "Introduction", en Eduardo Mallea, *Todo verdor perecerá*. Ed. D.L. Shaw. Oxford: Pergamon Press, pp. vii-xxxv.

— (1980): *La generación del 98*. Madrid: Cátedra.

SHERIDAN, Guillermo (1985): *Los Contemporáneos ayer*. México, D.F.: FCE.

SICILIA, Javier (1980): *Cariátide a destiempo y otros escombros*. Xalapa: Gobierno del Estado de Veracruz.

SIEBENMANN, Gustav (1988): "El concepto 'Vanguardia'en las literaturas hispánicas", en id.: *Ensayos de Literatura Hispanoamericana*, Madrid: Taurus, pp. 75-87.

SILVA-SANTIESTEBAN, Ricardo (1992): "André Breton en el Perú", en AA.VV., *Avatares del surrealismo...*, pp. 79-108.

SILVER, Phillip W. (1978): *Ortega as Phenomenologist. The Genesis of Meditations on Quixote*. New York: Columbia University Press.

SOBREVILLA, David (1992): "Surrealismo, homosexualidad y poesía. El caso de César Moro", en AA.VV.: *Avatares del Surrealismo...*, pp. 167-188.

SOLA, Graciela de (1967): *Proyecciones del surrealismo en la literatura argentina*. Buenos Aires: Ediciones Culturales Argentinas.

SOLDEVILLA DURANTE, Ignacio (1985): "Ortega y la narrativa vanguardista", en M.H. Hull Jr. (ed.), *Ortega y Gasset Centennial/Centenario Ortega y Gasset*. Madrid: Porrúa Turanzas, pp. 187-202.

SOMMER, Doris (1991): *Foundational Fictions. The National Romances of Latin America*. Berkeley/Los Ángeles/London: The University of California Press.

SORIA OLMEDO, Andrés (1988): *Vanguardismo y crítica literaria en España (1910-1930)*, Madrid: Istmo.

SOTO, Pedro Juan (1982): "La ciudad y yo", *Casa de Las Américas* 23, 135, pp. 147-150.

— (1990): *En busca de José Isaac de Diego Padró*. Puerto Rico: Ediciones de la Universidad de Puerto Rico.

SUBERCASEAUX, Benjamín (1998): *Genealogía de la vanguardia en Chile: la década del centenario*. Santiago de Chile: LOM.

SUERBAUM, Ulrich (1985): "Intertextualität und Gattung", en Ulrich Broich/Manfred Pfister (eds.), *Intertextualität. Formen, Funktionen, anglistische Fallstudien*. Tübingen: Niemeyer.

SZABOLSCI, Miklós (1984): "Diffusion des Avant-Gardes", en Jean Weisgerber (ed.), *Les avant-gardes littéraires au XXe siècle...*, pp. 608-617.

TAMAYO HERRERA, José (1980): *Historia del Indigenismo Cuzqueño*. Lima: Lumen.

TOBLER, Hans Werner (1984): *Die mexikanische Revolution. Gesellschaftlicher Wandel und politischer Umbruch, 1876-1940*. Frankfurt-M.: Suhrkamp.

TOVAR, Francisco (1991): "Los registros vanguardistas en la prosa novelesca de Vicente Huidobro: 'Sátiro, o el poder de las palabras'", en Harald Wentzlaff-Eggebert (ed.): *Europäische Avantgarde...*, pp. 259-272.

THIES, Christian (1997): *Die Krise des Individuums: zur Kritik der Moderne bei Adorno und Gehlen*. Reinbek bei Hamburg: Rowohlt.

TRIVIÑOS, Gilberto (1994): "Profecía, nueva novela y utopía en La Próxima de Vicente Huidobro", *Atenea* 470, pp. 83-96.

TSCHILTSCHKE, Christian von (1999): "Ceci n'est pas un film. Die filmische Schreibweise im französischen Roman der Gegenwart", en J. Mecke/V. Roloff (eds.), *Kino-(Ro)Mania. Intermedialität zwischen Film und Literatur*. Tübingen: Stauffenburg, pp. 203-245.

TUGENDHAT, Ernst (1975): *Vorlesungen zur Einführung in die sprachanalytische Philosophie*. Frankfurt-M.: Suhrkamp.

ULLA, Noemí (1990): *Identidad rioplatense, 1930. La escritura coloquial (Borges, Arlt, Hernández, Onetti)*. Buenos Aires: Torres Agüero Editores.

UNRUH, Vicky (1984): *The Avant-Garde in Peru: Literary Aesthetics und Cultural Nationalism*. Diss., University of Texas.

— (1994): *Latin American Vanguards. The Art of Contentious Encounters*. Berkeley/Los Ángeles/Londres: University of California Press.

— (1998): "Una equívoca Eva moderna: Performance y pesquisa en el proyecto cultural de Antonia Rivas Mercado", *Revista de Crítica Literaria Latinoamericana* 48, pp. 61-84.

— (1999): "¿De quién es esta historia? La narrativa de vanguardia en Latinoamérica", en H. Wentzlaff-Eggebert (ed.), *Naciendo el hombre nuevo...*, pp. 249-266.

URRA SALAZAR, Marcos (1981): "Sobre la situación narrativa de Umbral de Juan Emar", *Estudios Filológicos* 16 (Valdivia), pp. 183-188.

USLAR PIETRI, Arturo (1948): *Letras y hombres de Venezuela*. México, D.F.: FCE.

VAIHINGER, Hans (1911): *Die Philosophie des Als Ob. System der theoretischen, praktischen und religiösen Fiktionen der Menschheit auf Grund eines idealistischen Positivismus*. Leipzig: Mainer.

VARGAS, Margarita (1986): "Las novelas de los contemporáneos como 'textos de goce'", *Hispania* 69, pp. 40-44.

VARRALLANOS, José (1971): "Churata, su obra y el indigenismo o peruanismo profundo", en *Gamaliel Churata: Antología y valoración*. Lima: Instituto Puneño de Cultura, pp. 400-414.

VARETTO CABRÉ, Patricio Francisco (1992): *Algunos aspectos fundamentales de la escritura de "Un año"*. Tesis, Universidad de Chile.

VERANI, Hugo (ed.) (1990): *Las vanguardias literarias en Hispanoamérica. Manifiestos, proclamas y otros escritos*. México, D.F.: Fondo de Cultura Económica.

— (1992): "La casa de cartón de Martín Adán y el relato vanguardista hispanoamericano", en *Actas del X Congreso de la AIH*. Tomo 4. Barcelona: PPU, pp. 1077-1084.

— (1996a): "La narrativa hispanoamericana de vanguardia" [1990], en id. (ed.): *Narrativa vanguardista hispanoamericana...*, pp. 41-73.

— (ed.) (1996b): *Narrativa vanguardista hispanoamericana.* México, D.F.: UNAM.
— (1996c): *De la vanguardia a la posmodernidad: narrativa uruguaya (1920-1995).* Montevideo: Trilce.
— (1996d): "The Vanguardia ans ist Implications", en *The Cambridge History of Latin American Literature.* Vol. II. Cambridge: Cambridge University Press, pp. 115-147.
VERDEVOYE, Paul (1994): "Vicente Huidobro ou l'ebauche de l'anti-roman", en Alejandro Canseco-Jerez (ed.): *L'avant-garde littéraire chilienne et ses précurseurs. Poétique et réception des oeuvres de Juan Emar et de Vicente Huidobro...*, pp. 109-124.
VERGARA ALARCÓN, Sergio (1994): *Vanguardia literaria. Ruptura y restauración en los años 30.* Concepción: Universidad de Concepción.
VERGARA BÁEZ, Esteban (1993): "Ayer de Juan Emar: una escritura antilogocéntrica", *Acta literaria* 18, pp. 113-126.
VICH, Cynthia Maria (2000): *Indigenismo de vanguardia en el Perú. Un estudio sobre el Boletín Titikaka.* Lima: Universidad Católica.
VIDELA DE RIVERO, Gloria (1982): "Poesía de vanguardia en Iberoamérica a través de la revista La Pluma, de Montevideo (1927-1931)", *Revista Iberoamericana* 118-119, pp. 331-350.
— (1983): "Poesía de vanguardia en Hispanoamérica a través del Repertorio Americano de San José de Costa Rica (1924-1930)", *Revista de Literaturas Modernas* 16, pp. 97-122.
— (1988): "En torno al concepto de 'vanguardia literaria' y sus matices en Hispanoamérica", *Revista de Literaturas Modernas* (Mendoza) 21, pp. 57-71.
— (1990): *Direcciones del vanguardismo hispanoamericano.* 2 tomos. Mendoza: Universidad Nacional de Cuyo.
VILLACÈQUE, Sol (1995): "Stéréotypes et modernité. Quelques Repères morphogénétiques à propos de El juguete rabioso", *Imprevue* 1, pp. 51-68.
VILLANES, Carlos (1988): "El indigenismo en Vallejo", *Cuadernos Hispanoamericanos* 456-457, pp. 751–760.
VILLANUEVA, Darío (1992): *Teorías del realismo literario.* Madrid: Espasa-Calpe.
VITALE, Ida (1977): "Una novela de Arqueles Vela", *Vuelta* 12, pp. 43-45.
WALLACE CORDERO, David (1993): *Cavilaciones de Juan Emar.* Tesis, Universidad de Chile.
WARNING, Rainer, y WEHLE, Winfried. (eds.) (1982): *Lyrik und Malerei der Avantgarde.* München: UTB.
WARNKEN LIHN, Cristián (1986): *Dimensión de Juan Emar.* Tesis. Pontificia Universidad Católica de Chile.
WAUGH, Patricia (1984): *Metafiction. The Theory and Practice of Self-Conscious Fiction.* London/New York: Methuen.
WEBER, Johannes (1999): *Antonio Espina und die spanische Avantgarde. Zwischen "entmenschlichter" Kunst und gesellschaftspolitischem Engagement.* Berlin: edition tranvía.

WEBER, Max (1978): *Gesammelte Aufsätze zur Religionssoziologie*. Tübingen: Mohr.
WEISGERBER, Jean (1974): "Les avant-gardes littéraires au XXe siècle: Problémes théoriques et pratiques", *Neohelicon* 2, 2-4, pp. 414-.
— (ed.) (1984): *Les avant-gardes littéraires au XXe siècle*. 2 vols. Budapest: Akadémiai Kiadó.
WELSCH, Wolfgang (1990): *Ästhetisches Denken*. Stuttgart: Reclam.
WENTZLAFF-EGGEBERT, Harald (1992): "José Eustasio Rivera: La vorágine", en Volker Roloff/Harald Wentzlaff-Eggebert (eds.), *Der hispanoamerikanische Roman...*, pp. 118-131.
— (ed.) (1991a): *Europäische Avantgarde im lateinamerikanischen Kontext/La Vanguardia europea en el Contexto Latinoamericano. Actas del Coloquio Internacional de Berlín 1989*. Madrid/Frankfurt-M.: Iberoamericana-Vervuert (Bibliotheca Ibero-Americana 37).
— (1991b): "Sieben Fragen und sieben vorläufige Antworten zur Avantgarde in Lateinamerika", *Iberoromania* 42, pp. 125-139.
— (1991c): *Las literaturas hispánicas de vanguardia. Orientación bibliográfica*. Madrid/Frankfurt-M.: Iberoamericana-Vervuert (Bibliotheca Ibero-Americana 38).
— (1999a): "Vorkämpfer der einzig wahren Welt. Die Literaturkritik im Schußfeld hispanoamerikanischer Avantgardisten", en Thomas Bremer/Jochen Heymann: *Sehnsuchtsorte. Festschrift zum 60. Geburtstag von Titus Heydenreich*. Tübingen: Staffenburg, pp. 223-234.
— (ed) (1999b): *Naciendo el hombre nuevo. Fundir literatura, artes y vida como práctica de las vanguardias en el Mundo Ibérico*. Madrid/Frankfurt-M.: Iberoamericana-Vervuert (Bibliotheca Ibero-Americana 72).
WETZEL, Hermann H. (1982): "Das Leben poetisieren oder 'Poesie leben'? Zur Bedeutung des metaphorischen Prozesses im Surrealismus", en Peter Brockmeier (ed.): *Französische Literatur in Einzeldarstellungen. Bd. 3. Von Proust bis Robbe-Grillet*. Stuttgart: Metzler, pp. 71-132.
WILKE, Jürgen (ed.) (1992): *Massenmedien in Lateinamerika. Bd. 1. Argentinien, Brasilien, Guatemala, Kolumbien, Mexiko*. Madrid/Frankfurt-M.: Iberoamericana-Vervuert.
— (ed.) (1994): *Massenmedien in Lateinamerika Bd. 2. Chile, Costa Rica, Ecuador, Paraguay*. Madrid/Frankfurt-M.: Iberoamericana-Vervuert.
WILLIAMS, Raymond L. (1979): "Lectura de Mio Cid Campeador", *Revista Iberoamericana* 106-107, pp. 309-314.
WHITE, Hayden (1976): "The problem of Change in Literary History", *New Literary History* 7, pp. 97-111.
— (1987): *The Content of the Form. Narrative Discourse and Historical Representation*. Baltimore: The Johns Hopkins University Press.
WINTER, Ulrich (1998): *Der Roman im Zeichen seiner selbst: Typologie, Analyse und historische Studien zum Diskurs literarischer Selbstrepräsentation im spanischen Roman des 15. bis 20. Jahrhunderts*. Tübingen: Narr.

WISE, David (1984): Vanguardismo a 3.800 metros: El caso del 'Boletín Titikaka' (Puno, 1926-1930)", *Revista de Crítica Literaria Latinoamericana* 10, pp. 89-100.

— (1987): "Amauta (1926-1930): Una fuente para la historia cultural peruana", *Biblioteca Amauta*. pp. 125-154.

YURKIEVICH, Saúl (1984): *A través de la trama: sobre vanguardias literarias y otras concomitancias*. Barcelona: Muchnik.

ZEA, Leopoldo (1984): *Filosofía de lo americano*. México, D.F.: Nueva Imagen.

ZEVALLOS AGUILAR, Ulises Juan (2002): *Indigenismo y nación: Los retos a la representación de la subalteridad aymara y quechua en el Boletín Titikaka (1926-1930)*. Lima: IFEA.

ZAITZEFF, Serge I. (1990): "Los años veinte: Xavier Icaza y Genaro Estrada", *Nuevo Texto Crítico* 5, pp. 171-183.

ZUBIETA, Ana María (1987): *El discurso narrativo arltiano. Intertextualidad, grotesco y utopía*. Buenos Aires: Hachette.

ZULETA, Emilia de (1990-91): "Lecturas españolas en la prensa argentina", *Cuadernos del Sur* 23/24, pp. 65-80.

ÍNDICE ONOMÁSTICO
(AUTORES Y CRÍTICOS DE LA ÉPOCA)

Abril, Xavier 138, 241, 244, 245, 267, 355, 356, 363-366, 374, 392, 428
Adán, Martín 9, 21, 22, 45, 46, 138, 152, 157, 177, 178, 181-190, 197, 203, 204, 253, 267, 364
Aguilera Malta, Demetrio 287
Aita, Antonio 47, 258
Alegría, Ciro 311
Alone (= Díez Arrieta, Hernán) 24, 47, 48, 61, 19, 211, 238, 260-262, 264, 265, 288, 432
Alonso, Lisardo 63
Andrade, Raúl 115, 120
Andrade, Oswald de 155
Andreyev, Leonid N. 44, 288
Apollinaire, Guillaume 43, 106, 224, 333, 356
Aragon, Louis 43, 45, 165, 166, 242, 355, 372, 436
Arciniegas, Rosa 284
Arévalo Martínez, Rafael 40, 49, 267
Arguedas, Alcides 94, 316
Arlt, Roberto 9, 21, 43, 46, 63, 138, 142, 152, 167-178, 196, 203, 204, 206, 238, 244, 257-259, 293, 322, 350, 367-370, 374, 383-389, 392, 401, 418, 428
Arp, Hans 265, 295, 308, 430, 433
Arraiz, Antonio 339
Asturias, Miguel Angel 36, 43, 158, 196, 240, 267, 297-301, 307, 308, 313

Aymé, Marcel 206
Azorín 189, 238, 398
Azuela, Mariano 38, 48, 49, 100, 160, 270-272, 283, 292, 308, 341

Barbieri, Honorio 258
Baroja, Pío 256
Barrios, Eduardo 48, 49, 260, 264-266, 276, 401, 414
Benda, Julien 234, 235
Bergamín, José 291
Bianco, José 291
Bioy Casares, Adolfo 128, 291
Bombal, María Luisa 276, 277, 279, 280, 283, 292
Bonet, Carmelo M. 59
Borges, Jorge Luis 36, 42, 60, 156, 236, 239, 240, 260, 269, 278, 285, 292, 320, 414, 422, 434, 437, 438, 443
Breton, André 43, 79, 213, 215, 241, 245, 249, 253, 299, 322, 354, 356, 362, 363, 372
Bustamante, José Rafael 114

Cambours Ocampo, Arturo 241
Cardoza y Aragón, Luis 296
Carpentier, Alejo 21, 138, 196, 240, 244, 264, 297-307, 319, 343, 350, 356, 393, 441
Carrasquilla, Tomás 320
Carrera Andrade, Jorge 115

Carrión, Benjamín 9, 47, 59, 67, 247, 254, 267, 382
Castelnuovo, Elías 288
Churata, Gamaliel 9, 21, 138, 182, 196, 277, 296, 300, 308-318, 350, 428
Cocteau, Jean 106, 327
Conti, Primo 42
Córdova Iturburu, Cayetano 258, 259
Coronel Urtecho, José 46
Crevel, René 43
Cruchaga, Angel 262, 263
Cuadra, José de la 63, 114, 237, 287
Cuesta, Jorge 273

Dammert Elguera, Enrique 267, 349
Danke, Jacobo 262, 263
Delmar, Serafín 182, 196
Desnos, Robert 301
Díaz Casanueva, Humberto 262, 263, 358
Diego Padró, José Isaac de 9, 21, 22, 38, 46, 138, 152, 179, 244, 293, 371, 399, 404-411, 428, 434, 449
Diego, Gerardo 291
Döblin, Alfred 43
Doll, Ramón 66, 67, 256, 258, 277
Dos Passos, John 36

Edwards, Jacques (véase Edwards Bello, Joaquín)
Edwards Bello, Joaquín 20, 48, 211, 267

Eguren, José María 40, 49, 94, 184, 189
Ehrenburg, Ilja 44
Eloy Blanco, Andrés 339
Emar, Juan 9, 138, 139, 179, 211, 277, 293, 295, 322, 350, 366, 403, 412-427, 431, 437, 441, 449
Enríquez, Carlos 393
Escudero, Gonzalo 115, 116
Espina, Antonio 41, 228
Estrada, Genaro 229

Falcón, César 183
Fernández, Macedonio 9, 11, 44, 46, 53, 70, 132, 136, 138, 178, 179, 196, 219, 230, 238, 244-247, 249-252, 257, 277, 292, 293, 295, 318, 327, 350, 372, 374, 375, 383, 384, 412, 422, 423, 426, 429, 434, 437-452
Filloy, Juan 271, 274-276, 282, 283, 384
Fingerit, Julio 43
France, Anatole 114, 334
Frank, Waldo 237
Frías, Carlos Eduardo 340

Gallegos Lara, Joaquín 246, 267, 289, 380, 382, 430
Gallegos, Rómulo 48, 235, 285, 308, 311, 339, 340
Gálvez, Manuel 48
Gangotena, Alfredo 115
Gaos, José 237, 358
García Calderón, Ventura 93
Garmendia, Julio 21, 44, 70, 196, 339
Gide, André 41, 44, 114, 220, 221, 248
Giono, Jean 55, 206

Giraudoux, Jean 41, 42, 44, 106, 107, 111, 184, 201, 226, 248, 278
Girondo, Oliverio 20, 177, 241, 242, 267, 295, 296, 383
Gómez de la Serna, Ramón 41, 42, 119, 158, 248, 284
González Martínez, Enrique 273
González Peña, Carlos 47, 74, 238
González Prada, Manuel 93, 94
González Tuñón, Enrique 384
González Tuñón, Raúl 243
Guillén, Alberto 94, 95
Guillén, Nicolás 305, 393
Güiraldes, Ricardo 48, 56, 59, 66, 67, 167, 239, 258, 308, 311
Guzmán, Martín Luis 100
Guzmán, Nicomedes 288

Heidegger, Martin 141, 236, 381, 422, 423
Hernández, Efrén 196, 291
Hernández, Felisberto 21, 196, 269, 291, 438
Hidalgo, Alberto 20, 42, 94, 95, 438
Himiob, Nelson 340
Huidobro, Vicente 9, 11, 20, 35, 36, 42, 46, 133, 138, 167, 180, 181, 211, 213, 215, 239, 240, 242-244, 260, 261, 262, 263-265, 272, 283, 288, 293, 295, 297, 298, 322-335, 349, 358, 372, 374, 399-403, 414, 423, 424, 426, 428, 430, 432
Husserl, Edmund 104, 141, 205, 222

Icaza, Jorge 285, 316
Icaza, Xavier 21, 22, 46, 99, 153, 215-219, 223, 274

Jaramillo Alvarado, Pío 114
Jarnés, Benjamin 41, 238, 248, 257, 268, 278
Jiménez Rueda, Julio 47, 48, 74
Jiménez, Max 9, 223, 229-231, 349
Joyce, James 42, 43, 60, 184, 189, 213, 224, 239, 248, 261, 267, 363
Juliá Marín, Ramón 410

Keyserling, Herman Graf 55
Kin Taniya, Luis (= Quintanilla, Luis) 46, 216

Labrador Ruiz, Enrique 9, 138, 244, 246, 247, 251, 252, 371, 389-398, 410, 450
Laguerre, Enrique 410
Lange, Norah 239, 262, 276, 277, 279
Larbaud, Valery 60, 119
Larreta, Enrique 258, 321
Lascano Tegui, Conde de 247, 255
Latcham, Ricardo A. 48, 239, 260, 261, 282
Latorre, Mariano 61, 211
Lautréamont, Comte de 43, 116, 360, 424
Liacho, Lázaro 258, 259
Llerena, José Alfredo 267
López Albujar, Enrique 94, 95, 97, 320
López Velarde, Ramón 49, 99
López y Fuentes, Gregorio 286

ÍNDICE ONOMÁSTICO

López-Portillo y Rojas, José 74
Loveira, Carlos 285, 306, 320
Lynch, Benito 320, 321

Magdaleno, Mauricio 286
Mallea, Eduardo 236, 237, 239, 257, 291
Mañach, Jorge 24, 237, 246, 268
Mancisidor, José 289
Maples Arce, Manuel 19, 36, 72, 99, 160
Marechal, Leopoldo 411, 437
Mariani, Roberto 69
Mariátegui, José Carlos 24, 37, 42-44, 63, 86, 93, 94, 136, 156, 174, 181, 182, 219, 237, 239, 246-248, 253, 254, 298, 316, 363
Marín, Juan 284, 288
Marín Cañas, José 276, 283
Marinello, Juan 268, 285
Marinetti, F. T. 42
Martínez Estrada, Ezequiel 236, 237
Martínez Sotomayor, José 276-279
Martínez, Luis A. 114
Mayo, Hugo 115
Meneses, Guillermo 282, 339
Miranda Klix, José Guillermo 39
Miró Quesada, César 266, 424, 436
Monterde, Francisco 74
Morand, Paul 39, 42, 184, 189, 248, 261
Moro, César 241, 373

Neruda, Pablo 9, 21, 22, 24, 36, 45, 46, 140, 153, 184, 189, 203, 204, 207-215, 239, 240, 243,
244, 260, 262, 263, 272, 288, 299, 358, 361, 372, 374, 413
Novás Calvo, Lino 393, 414
Novo, Salvador 21, 38, 98, 152, 178, 190-194, 202, 203, 322, 349
Núñez, Enrique Bernardo 9, 308, 339, 341-349, 371

Ocampo, Victoria 234
Olivari, Nicolás 383
Onetti, Juan Carlos 292
Oquendo de Amat, Carlos 182
Ortega y Gasset, José 42, 46, 53, 55, 57, 59, 104, 108, 110, 111, 121, 124, 178, 206, 234-237, 245, 262, 274, 355, 397, 436
Ortiz, Fernando 298, 301, 302, 304
Ortiz de Montellano, Bernardo 289
Orwell, George 334
Otero Silva, Miguel 339
Owen, Gilberto 21, 46, 98, 109, 195, 203, 222-228, 230, 231, 241, 278

Palacio, Pablo 9, 10, 21, 46, 70, 112-126, 175, 179, 197, 219, 223, 230, 231, 244, 246, 247, 255, 256, 266-268, 289, 293, 350, 370, 371, 376-383, 392, 429
Palés Matos, Luis 404
Palma, Angélica 93
Palma, Clemente 93, 128, 283, 284
Pareja Diezcanseco, Alfredo
Parra, Teresa de la 49, 66, 247, 255, 276, 277, 281, 298, 320, 321

Payró, Roberto J. 320
Paz, Octavio 241-243
Peralta, Alejandro 182, 309
Pérez de Ayala, Ramón 60, 238, 248
Petit de Murat, Ulises 258
Pinetta, Alberto 240
Pirandello, Luigi 189, 219, 250, 251
Pocaterra, José Rafael 40, 49
Polar, Mario 290
Ponce, Aníbal 288
Portal, Magda 182, 196
Prado, Pedro 40, 49, 66, 128
Prieto, Jenaro 267, 401
Proust, Marcel 41-44, 60, 109, 111, 184, 189, 201, 248, 250, 251, 267, 281, 354, 421

Radiguet, Raimond 189
Ramos Sucre, José Antonio 21
Ramos, Samuel 109, 237
Reverdy, Pierre 106
Reyes, Alfonso 119, 217, 285, 329
Reyes, Jorge 115
Reyes, Salvador 61, 62, 211, 431
Rilke, Rainer Maria 213, 239
Rivera, José Eustasio 48, 56, 66, 235, 282, 285, 308
Rodó, José 169
Rodríguez, Luis Felipe 284, 306
Rojas, Gonzalo 241
Rojas, Manuel 271, 414
Rojas, Ricardo 47, 55, 235
Rojas Jiménez, Alberto 41, 220
Rokha, Pablo de 20, 211, 215, 242, 244, 262, 288, 296

Rolland, Romain 114, 256

Salazar Mallén, Rubén 271, 272, 274

Salvador, Humberto 9, 113, 114, 223, 244, 290, 295, 350, 371, 382, 429, 430

Sánchez, Luis Alberto 93, 181, 237, 245, 247, 267, 285

Sanzin, Giordano Bruno 42

Scalabrini Ortiz, Raúl 236

Sepúlveda Leyton, Carlos 288, 414

Serrano, Miguel 39

Silva Castro, Raúl 211, 260

Soupault, Philippe 43, 45, 239

Spengler, Oswald 55, 57, 189, 206, 236, 247, 311, 336

Tablada, José Juan 40, 49, 79, 192

Torre, Guillermo de 24, 100, 120, 261

Torres Bodet, Jaime 21, 41, 43, 46, 98, 100, 103, 107, 109, 111, 136, 152, 156, 167, 197-202, 204, 227, 268, 278, 293, 299, 349, 350-355, 440

Torri, Julio 273

Torriente Brau, Pablo de la 393

Turrent Rozas, Lorenzo 288

Unamuno, Miguel de 128, 218, 220, 397, 398, 446

Uslar Pietri, Arturo 9, 240, 297-299, 307, 335-341, 371

Valcárcel, Luis. E. 183, 309, 316

Valdelomar, Abraham 94

Valle, Rafael Heliodoro 131

Valle, Rosamel del 138, 239, 241, 243-245, 262, 263, 355-362

Vallejo, César 20-22, 38, 46, 85-97, 138, 156, 174, 183, 184, 190, 240, 243, 244, 290, 291, 299, 318, 322, 334, 356, 364, 372

Vasconcelos, José 55, 56, 71, 72, 99, 192, 215, 227, 233, 277, 315

Vega, Daniel de la 239

Vela, Arqueles 9, 11, 19, 21, 38, 43, 45, 46, 71-85, 87, 100, 101, 110, 111, 133, 138, 152, 156-167, 175, 177, 299, 313, 359, 366, 374, 430

Villaurrutia, Xavier 21, 45, 70, 97-112, 133, 152, 177, 227, 246, 278, 373

Viñole, Omar 29, 242, 383

Vitri, Atanasio 267

Wells, H.G. 334

Westphalen, Emilio Adolfo 241

Woolf, Virginia 42

Zalamea Borda, Eduardo 276, 280-283, 292

Zalamea, Jorge 46

Zeno Gandía, Manuel 410